ACCESO GRATIS *a la Lectura en la Nube*

Para visualizar el libro electrónico en la nube de lectura envíe junto a su nombre y apellidos una fotografía del código de barras situado en la contraportada del libro y otra del ticket de compra a la dirección:

ebooktirant@tirant.com

En un máximo de 72 horas laborables le enviaremos el código de acceso con sus instrucciones.

EMPRESAS Y EMPRESARIOS EJEMPLARES EN SOSTENIBILIDAD:

ESTRATEGIAS, PRÁCTICAS Y RESULTADOS DE ÉXITO A PARTIR DE UN ESTUDIO DE CASOS

En caso de erratas y actualizaciones, la Editorial Tirant lo Blanch publicará la pertinente corrección en la página web www.tirant.com.

Colección dirigida por:

Ana Belén Campuzano
(Catedrática de Derecho Mercantil)

Enrique Sanjuán y Muñoz
(Magistrado)

EDITA: TIRANT LO BLANCH
C/ Artes Gráficas, 14 - 46010 - Valencia
TELFS.: 96/361 00 48 - 50
FAX: 96/369 41 51
Email: tlb@tirant.com
www.tirant.com
Librería virtual: www.tirant.es
DEPÓSITO LEGAL: V-3784-2024
ISBN: 978-84-1071-962-0

Si tiene alguna queja o sugerencia, envíenos un mail a: *atencioncliente@tirant.com*. En caso de no ser atendida su sugerencia, por favor, lea en *www.tirant.net/index.php/empresa/politicas-de-empresa* nuestro procedimiento de quejas.

Responsabilidad Social Corporativa: http://www.tirant.net/Docs/RSCTirant.pdf

Listado de autores

César Camisón Zornoza

Sergio Camisón-Haba

Melanie Grueso Gala

María López-Trigo

José María Fernández Yáñez

Beatriz Forés Julián

Silvia Doñate Hernández

Montserrat Boronat Navarro

Alba Puig Denia

Carles Camisón-Haba

Olga Broto Ruiz

Mª Carmen Lacuesta Sobrino

Irina Celades López

Belén Salvador Chema Rabasa

Índice

PRÓLOGO: LAS EMPRESAS COMO MOTORES DEL CAMBIO SOCIAL Y ECONÓMICO

El Estado del Bienestar construido tras la segunda guerra mundial ayudó a forjar un estado de ánimo optimista en que éramos capaces de gobernar el mundo, dando esperanzas a la mayoría de que podía progresar con su esfuerzo, y creando confianza en un modelo que durante varias generaciones hizo pensar en el triunfo definitivo sobre la escasez y la pobreza. La crisis financiera global, los escándalos corporativos, la corrupción política e incluso los desastres naturales han roto bruscamente la fe y la confianza en el modelo dominante en Occidente durante la segunda mitad del siglo XX, originando el crecimiento de la desmotivación, la desesperanza y el sufrimiento en amplias capas de la población. A esta desestabilización del andamiaje socio-económico se ha unido otra ola de pesimismo mesiánico y milenarista, presidido por la obsesión por un Armagedón medioambiental auspiciado por el cambio climático y por el temor al fin del mundo que la pandemia del coronavirus ha traído consigo.

El descorazonador periodo vivido a caballo de las dos primeras décadas de este no debiera hacernos olvidar las fuerzas positivas que laten en la evolución de la humanidad. Aunque persisten demasiadas sombras y excesivas cortapisas al progreso, es innegable que el pasado cuarto de siglo ha sido cuando más personas han logrado vivir con más ingresos, más tiempo y más pacíficamente, en un planeta cada vez más democrático, libre y desarrollado científica y tecnológicamente. La batalla contra la pobreza, la ignorancia y la enfermedad, así como el avance en el bienestar humano, han dado pasos gigantescos, como atestiguan los estudios publicados por la Oxford University (2013) y la ONU (2013). Pero este avance general de la calidad de vida en la Tierra parece importar poco a los acomodados ciudadanos de Occidente, España incluida.

La siniestra sensación de decadencia se ha instalado en los mega-concienciados europeos y norteamericanos, que tienen la sensación de estar viviendo la peor crisis de la historia, debido al débil pulso de la actividad económica y a las dificultades para la supervivencia. Son múltiples los estudios que lo confirman. Un estudio realizado por YouGov indica que el 65% de los europeos y estadounidenses piensan que el mundo va a peor y que las nuevas generaciones serán más pobres que las anteriores, frente a sólo un 6% que piensa lo contrario. En el pasado, esta falta de fe en el futuro se traducía en apatía política y abstencionismo. En cambio, ahora ha sido el desánimo, la desazón, el pesimismo y la indignación de la gente, unidos al descrédito de la clase política, lo que ha dado alas a los movimientos políticos populistas de distinto cuño dispuesto a a capitalizar el pesimismo social para movilizar votos, en unos casos vendiendo la promesa de un futuro utópico mejor y en otros casos enarbolando el recurso de la nostalgia y el regreso a un pasado mejor.

Es innegable que las formas en que se organizaron la financiación, la producción, el trabajo y el consumo durante el ciclo expansivo vivido por la economía mundial durante el siglo XX sembraron ya las raíces del mal. Las responsabilidades de diseño son amplias y no escapan a ellas ni financieros, ni productores, ni consumidores, ni trabajadores, ni reguladores, ni políticos. Pero la natural pulsión del ser humano a buscar culpables de todas las desgracias que le afligen, combinada con el rechazo del optimismo y del ideal racional de progreso, ha encontrado, en este teatro de la culpa, un chivo expiatorio con un gran poder para atraer críticas, odios y resquemores: el libre mercado, la empresa privada y el dinero, o si le damos rostro los empresarios, los directivos y los banqueros. La empresa como institución mollar de una economía de mercado y el mercado como escenario donde opera libremente se enfrentan ahora a una serie de desafíos ideológicos, algunos de ellos de gran calado.

Elena Herrero-Beaumont, miembro del comité ejecutivo de Transparencia Internacional, se declaraba no hace mucho sorprendida del espíritu anti-empresa que hay en España, y añadía: "*su demonización no ayuda a crear valor y refleja una sociedad muy maniquea, falta de espíritu crítico. Las empresas no son organizaciones que quieran hacer el mal, defienden sus intereses. La solución no es menos empresa, sino más rendición de cuentas a la sociedad*". Pero la sensatez de estas palabras no es el sentir general. Hasta José Antonio Marina[1] entremezcla en un mismo párrafo la condena del crimen económico y otra "criminalidad de baja intensidad, que envisca el mundo económico como otra invasión de chapapote", añadiendo: "esta falta de escrúpulos ha provocado una desconfianza generalizada hacia la economía de mercado (...) La corrupción está distorsionando el mundo de los negocios". Cerraba su alegato con el testimonio de Klaus Schwab, entonces presidente del World Economic Forum, que en un número especial de Newsweek para el año 2003 decía: "mucha gente piensa que el mundo de los negocios se ha distanciado de la sociedad, que los intereses de las empresas no coinciden con los intereses sociales". Algunos productores cinematográficos (como J.C. Chandor) han puesto otra piedra en el camino con películas, como Margin Call (2011) y El año más violento (2014), que relatan los dilemas éticos del empresario, y que inducen a preguntarse si es posible dedicarse a los negocios y ser honesto.

---

1 En su artículo "El crimen de baja intensidad" publicado en *El Mundo Semanal, 22 de diciembre de 2002, pp. 10.*

No es así sorprendente la atribución a la empresa de responsabilidad en remediar todos los males de nuestra sociedad, como si a través de ella pudiesen enfrentarse y resolverse todos los desafíos y contradicciones que las sociedades capitalistas avanzadas encierran. Peter Drucker (1993: 106), apostillado por *Harvard Business Review* como el teórico de la gestión empresarial más importante de nuestro tiempo, se pregunta: "*¿quién más hay que pueda cuidar de la sociedad, sus problemas y sus males? Estas organizaciones colectivamente son la sociedad (...) El rendimiento económico no es la única responsabilidad de una empresa, como tampoco el rendimiento académico es la única responsabilidad de una escuela ni los resultados en atención sanitaria la única responsabilidad de un hospital. El poder debe equilibrarse siempre con la responsabilidad; de lo contrario es tiranía, pero además, sin responsabilidad el poder también degenera en falta de resultados, y las organizaciones tienen poder, aunque sólo sea poder social*".

Por ello, desde múltiples frentes se ha abierto una carrera desenfrenada por establecer nuevos desafíos para justificar su supervivencia como forma de organización económica. El proteico escenario que la empresa ha debido vivir durante las últimas décadas la ha enfrentado a un entorno cada vez más turbulento. Todas estas tendencias de cambio están auspiciando nuevos retos a la dirección de empresas, modificando de raíz la forma de competir de la empresa durante el siglo XXI (Hamel & Prahalad, 1994). Cuando habíamos aprendido a gestionar los activos intangibles y los recursos financieros, se le demandó aprender a gestionar las tecnologías, luego las personas, y en la última década los intangibles. En esta espiral de exigencias, ahora se ha dado un paso más y se exige a la empresa que se comprometa en el bienestar humano y en los problemas sociales y medioambientales que pesan sobre la humanidad. La consolidación de la ética empresarial y la responsabilidad social de la empresa (RSE) en el primer plano de actualidad en el mundo de los negocios es indudable.

La percepción pública del papel que la empresa debe jugar dentro del sistema está cambiando pues de raíz. Las presiones de los distintos grupos de interés, pero especialmente de los activistas políticos y ecológicos, se han convertido en referencias obligadas de la agenda de la empresa del siglo XXI y han ayudado a los directivos a comprender que una transformación fundamental con efectos profundos y duraderos sobre los negocios está teniendo lugar, y que deberán aprender la mejor forma de lidiar con ella porque nada hace pensar que sean modas efímeras, sino mareas de fondo cuyas manifestaciones apenas han empezado a intuirse pues sólo han asomado a la superficie. Un estudio del *Center for Corporate Citizenship* del Boston College (Blowfield & Googins, 2006: 1), para trazar la agenda de la empresa en el siglo XXI, cifraba en el 71% los ejecutivos entrevistados que estaban de acuerdo con esta idea, y apuntaba tres mensajes que habían calado en este colectivo: (1) la percepción pública del papel de la empresa ha cambiado desde los años 70; (2) nuevas responsabilidades están siendo confiadas a las compañías; (3) el modelo de negocio actual está en curso de colisión a menos que las organizaciones reconozcan que los retos sociales están impactando, tanto positiva como negativamente, sobre el éxito a largo plazo de la empresa.

Paradójicamente, los movimientos en pro de la responsabilidad social organizativa, la ética en los negocios, la sostenibilidad empresarial y la ciudadanía organizativa, que en principio eran críticos con la función empresarial tradicional, han contribuido a elevar a la empresa como el actor clave de la sociedad en este umbral del nuevo siglo. Hoy en día, la empresa constituye el más importante motor de cambio y progreso en las sociedades capitalistas avanzadas, hasta el punto de que muchas de las funciones que el Estado había desempeñado tradicionalmente están empezando a ser asumidas por las compañías privadas. La orfandad de pautas utópicas de referencia, de nuevos proyectos de cambio político, económico y social, ha dejado a la empresa como la institución clave de la sociedad. La economía moderna es un sistema de organizaciones, que desempeñan los roles esenciales para la organización de la producción y la satisfacción de las necesidades económicas y sociales.

Con todos los avances que la empresa ha ido consiguiendo asimilar, y sin ser seriamente discutible su capacidad de crear riqueza, de innovar y de adaptarse al paso de los tiempos, fuerzas oscuras siguen maniobrando para imputarle todos los males que al mundo aquejan. Según los principios morales acuñados en estos enfoques de lo que sería un comportamiento justo de la empresa, la misma debe devolver a la sociedad se supone que todo aquello que "le ha robado", así como resarcir a la naturaleza por todo el daño que le ha causado. El Exsecretario General de la ONU Kofi Anan dijo en cierta ocasión: "*en un momento en que las empresas dedican gran parte de su tiempo a luchar contra la percepción de que son responsables por muchos de los males del mundo, el desempeño de un papel más protagonista en la lucha contra la pobreza demostrará que las empresas son parte de la solución*". Las empresas están pues emplazadas a demostrar que son más la solución que el problema.

Para conseguir demostrar que son más parte de la solución que del problema, la empresa moderna ha debido desarrollar nuevas competencias y poner en circulación prácticas innovadoras, todas ellas adecuadas a los retos a enfrentar en los mercados y en la sociedad. Muchas de las modas, ideas y técnicas que la profesión ha incorporado en los últimos tiempos responden a este movimiento.

El *Estudio Delphi sobre los Factores de Cambio para la Empresa Española en el Umbral del siglo XXI* (Camisón, 2007, 2008) ha trazado las coordenadas hacia las que debería navegar la empresa del siglo XXI, que se han plasmado en una agenda de temas esenciales difícilmente prescindibles (si se quiere garantizar la supervivencia y el crecimiento de la compañía), entre los que cabe remarcar las siguientes notas a modo de decálogo:

1. Desarrollar la capacidad de adaptación de la empresa a todos estos nuevos y los que puedan suceder, a través de la implantación de sistemas y estructuras flexibles. Para ello, es esencial potenciar las competencias prospectivas de la dirección, que en el caso de la empresa española están especialmente desguarnecidas a causa de su deficiente percepción de muchos desafíos que tiene planteados, en especial de aquellos referidos a la responsabilidad social de la empresa y la ética en los negocios.

2. Crear modelos de negocio abiertos, competitivos, creativos e innovadores que exploren los límites de lo que una empresa gestionada por valores puede alcanzar, y transformando los problemas en oportunidades. Por ejemplo, enfocándose a segmentos de mercado en eclosión (demanda de productos verdes o socialmente responsables, productos que respondan a necesidades sociales, negocios que contribuyan al ahorro energético y a la ecoeficiencia, productos para los consumidores situados en la base de la pirámide que suelen ser colectivos desfavorecidos, etc.).
3. Trabajar con clientes, proveedores y competidores para el desarrollo de estrategias conjuntas y compartidas para beneficio mutuo, rehuyendo comportamientos oportunistas y rentas fáciles a corto plazo que suelen castigar la cuenta de resultados a largo plazo.
4. Explorar nuevas oportunidades para aumentar la eficiencia de la empresa, que no sean a costa del capital humano, sino aprovechando sus potencialidades e introduciendo innovaciones que mejoren la organización del trabajo, para lo que se precisa crear entornos de trabajo humanos y atractivos para el personal con talento.
5. Desarrollar el capital intelectual y la dotación de intangibles de la empresa (diseño, marca, reputación, calidad), maximizando la captación de la inteligencia y la experiencia de las personas, y distribuyéndola por la organización en aras a apalancar el aprendizaje y la innovación.
6. Buscar activamente nuevas estrategias que permitan maximizar la función de creación de riqueza, así como los medios para distribuirla con el máximo apoyo y consenso social, manteniendo el contrato fiduciario con la propiedad, el contrato social y el contrato con la naturaleza que le darán la máxima legitimidad.
7. Fomentar el comportamiento ético de todos los miembros de la organización (incluyendo la exclusión de cualquier conducta discriminatoria, represiva o lesiva de derechos humanos), así como la colaboración de la empresa asumiendo responsabilidades en materia social y medioambiental hasta donde sus competencias alcancen, pero sin que dicho compromiso interfiera seriamente en su capacidad para realizar su principal misión.
8. Construir estrategias para comprender, medir y comunicar el impacto que las acciones de comportamientos responsables, comprometidos y sostenibles tienen sobre la creación de valor de la empresa.
9. Construir una perspectiva de resultados a largo plazo para los inversores y los mercados de capitales, en el marco de un modelo de gobierno corporativo que asegure la participación de todos los accionistas.
10. Potenciar las competencias directivas y organizativas, introduciendo todas aquellas innovaciones y sistemas de gestión (como los estándares certificables, memorias de sostenibilidad o códigos éticos) que ayuden a la empresa en dar respuesta competente a todos los retos anteriores.

Este libro recopila 11 casos de empresas que han desarrollado estrategias y prácticas con resultados sobresalientes en estos campos, pertenecientes a distintas industrias y de distintos tamaños. La elaboración de estos casos fue una de las partes del ***Proyecto CaSOS. Identificación y difusión de casos de excelencia en prácticas de sostenibilidad***, promovido por la Asociación de Empresas del Polígono Industrial Fuente del Jarro (ASIVALCO) en el año 2021 y que contó con una financiación de la Consellería de Economía Sostenible, Sectores Productivos, Comercio y Trabajo de la Generalitat Valenciana. Los primeros resultados de este proyecto fueron entregados ese mismo año, pero la publicación definitiva de los casos redactados se ha demorado tres años más mientras sus autores pulían y completaban las historias que relatan.

El fin general ha sido la búsqueda de casos de empresas que pueden servir de acicate para muchas otras que siguen dudando de la verdad de la afirmación de que se puede alcanzar la triple sostenibilidad económica, social y medioambiental con compromisos valientes en defensa del entorno natural y del resto de valores consustanciales a la RSE.

Dos objetivos específicos han sido:

1. Incrementar el convencimiento de las empresas en los beneficios y las ventajas que les pueden reportar las prácticas ejemplares de sostenibilidad, incentivando así su disposición a introducir innovaciones en sus productos y procesos para hacerlos más eficientes social y medioambientalmente al tiempo que más rentables, así como su trabajo de transparencia en materia no financiera.
2. Difundir las mejores prácticas de sostenibilidad, RSE y transparencia no financiera de manos de sus responsables, para favorecer procesos de aprendizaje y de compartición de conocimiento y empujar a la adopción por empresas más reacias o atrasadas de las mejores prácticas encontradas en los líderes de su entorno.

La temática abordada en este conjunto de casos se extiende sobre 21 tópicos distintos, que incluyen desde aspectos vinculados a la estrategia de empresa a problemas vinculados a las operaciones en diferentes áreas funcionales, así como a los componentes del ciclo completo de diseño e implantación de prácticas de sostenibilidad social, medioambiental y económica. En el cuadro 1 de este prólogo se detallan los aspectos tocados en cada caso.

El material ofrecido en el libro se espera que tenga un alto valor práctico para las empresas comprometidas en avanzar en sostenibilidad. El grupo de investigación GRECO de la Universitat de València y la Universitat Jaume I ha recogido en los últimos años una evidencia amplia de la forma en que las empresas perciben los retos de la sostenibilidad y las prácticas que han introducido para responder a ellos. Las conclusiones alcanzadas, tanto entre las empresas localizadas en polígonos industriales donde la necesidad de mejorar el desempeño social y medioambiental es evidente (Camisón et al., 2020; Camisón, Forés & Fernández, 2020), como entre las empresas situadas en parques tecnológicos y por tanto limpias en procesos y avanzadas en innovación (Camisón et al., 2021), son coincidentes. En ambas poblaciones, se detectó una percepción completamente polarizada en cuanto a la utilidad de este tipo de prácticas, y por tanto un compromiso con las mismas de una intensidad extremadamente heterogénea. No obstante, aún persiste una gran cantidad de empresas con una política de sostenibilidad inexistente o, en su defecto, opaca y por tanto no comunicada. Incluso entre aquellas empresas obligadas por la normativa actual a comunicar sus acciones en materia de sostenibilidad, el estudio apreció un porcentaje muy elevado de organizaciones que parecían no cumplir con sus obligaciones legislativas. El cambio hacia la sostenibilidad de estas organizaciones escépticas o reacias al mensaje de la RSE se nutre sobre todo de comportamientos miméticos, es decir, de observar lo que hacen otras empresas a las que admiran. Por ello, la difusión de las experiencias de estas empresas admirables puede ser el punto de arranque de cambios organizativos y tecnológicos decisivos entre las compañías retrasadas en el camino hacia un mayor compromiso social y medioambiental.

Los casos incluidos en esta publicación tienen también un alto potencial como material didáctico a manejar en acciones formativas en materia de sostenibilidad de todos los niveles, desde iniciativas de reciclaje a cursos superiores universitarios. Su conjunto brinda a los docentes experiencias actuales, completas y avanzadas para conseguir un aprendizaje real, aplicado y útil de sus alumnos en todas las facetas que la estrategia de sostenibilidad obliga a abordar.

La utilidad de este libro no se limita al conocimiento de estas experiencias ejemplares en sostenibilidad, sino al desvelado de las claves de los resultados sobresalientes conseguidos por las empresas estudiadas en esta materia. Los autores de los casos han hecho un notable esfuerzo por extraer lecciones y claves de los casos, que revelan los puntos críticos explicativos de las decisiones tomadas por los responsables de las empresas estudiadas. La caja negra de la dirección se hace así más transparente, aproximando a los lectores a un aprendizaje profundo de las claves del éxito en materia de sostenibilidad. Los directivos podrán con este material mejorar sus procesos decisorios y su conducción de procesos de mejora en sostenibilidad; y los alumnos podrán acceder a metodologías y formas de analizar la información ofrecida por los cursos que les serán de gran valor para sus tareas. El *Libro del Instructor*, que se ofrece como un volumen independiente y complementario, constituye una innovación señalada que acrecienta considerablemente el interés de este libro.

Referencias

Blowfield, M., Googins, B.K. (2006), *Step up: A call for business leadership in society. CEOs examine role of business in the 21*st century. Boston College, Center for Corporate Citizenship, Chestnut Hill MA

Camisón, C. (2007), "Quo vadis la empresa industrial española?: Fortalezas y debilidades ante los factores clave de éxito". Universia Business Review, primer trimestre, nº 13, pp. 42-61.

Camisón, C. (2008), Los desafíos de la empresa del siglo XXI y las respuestas de las teorías de la gestión". En Granda, G., Camisón, C. (dirs.), El modelo de empresa del siglo XXI: hacia una estrategia competitiva y sostenible. Ediciones Cinca / Forética, Madrid, pp. 17-38.

Camisón, C. et al. (2019), Guía práctica para la implementación del Reporting No Financiero. Cuadernos de trabajo de la Cátedra de Empresa y Humanismo, Universidad de Valencia, Valencia

Camisón, C. et al. (2020). Reporting No Financiero: una demostración empírica de los efectos de la transparencia informativa sobre el desempeño organizativo. Cuadernos de trabajo de la Cátedra de Empresa y Humanismo, Universidad de Valencia, Valencia.

Camisón, C.; Forés-Julián, B., Fernández-Yañez, J.M. (2020). La innovación en las áreas empresariales concentradas. Tirant lo Blanch, Valencia.

Camisón, C., Forés-Julián, B., Camisón-Haba, S., Fernández-Yañez, J.M. (2021), Difusión de las prácticas de responsabilidad social empresarial, sostenibilidad y transparencia informativa. Un estudio del caso del Parque Tecnológico de Paterna. Tirant lo Blanch, Valencia.

Drucker, P.F. (1993), La sociedad poscapitalista. Ediciones Apóstrofe, Barcelona

Hamel, G., Prahalad, C.K. (1994), Competing for the future. Harvard Business School Press, Cambridge.

ONU (2013), Human Development Report 2013. The rise of the south: Human progress in a diverse world. ONU, Nueva York.

Oxford University (2013), The end of the Third World? New study shows world poverty could be eradicated in 20 years. Oxford University Press, Oxford.

Cuadro 1. Temáticas abordadas en los casos.

Temática de los casos	1 Vicky Foods	2 Inditex-Mercadona	3 Closca	4 Grefusa	5 DAM	6 Unión Mutuas	7 Gourmet	8 Happydonia	9 Robotnik	10 Itinerantur	11 ITC
1. Gestión responsable de los RRHH		X		X		X		X			X
2. Empresarios y RSE		X									
3. Gestión medioambiental	X				X					X	X
4. Economía circular y simbiosis industrial					X						X
5. Compromiso social	X	X		X			X				
6. Código ético	X					X					
7. Modelo de negocio basado en la sostenibilidad	X		X							X	
8. Productos ecosalu-dables y sostenibles	X						X			X	X
9. Cadena de suministro sostenible							X				
10. Estrategia y política de sostenibilidad	X	X							X	X	X

Temática de los casos	1	2	3	4	5	6	7	8	9	10	11
	Vicky Foods	**Inditex-Mercadona**	**Closca**	**Grefusa**	**DAM**	**Unión Mutuas**	**Gourmet**	**Happydonia**	**Robotnik**	**Itine-rantur**	**ITC**
11. Innovación social	X								X		
12. Informe de sosteni-bilidad. Transparencia informativa	X							X			
13. Sostenibilidad, marca y reputación		X	X				X				
14. Mecenazgo		X							X		
15. Sostenibilidad y TIC			X						X		
16. Sostenibilidad e innovación tecnológica					X				X		
17. Sostenibilidad energética	X								X		X
18. Reestructuración de industrias maduras							X			X	X
19. Sellos y marcas de sostenibilidad	X										
20. Auditorías y certificaciones de sostenibilidad					X						
21. Sostenibilidad y gobierno corporativo	X										

CASO 1
VICKY FOODS: EL COMPROMISO DE UNA FAMILIA CON UN MODELO DE EMPRESA 3S (SALUDABLE, SOSTENIBLE Y SOLIDARIA)

César Camisón Zornoza
(Universitat de València)

Objetivos de aprendizaje

1. *Asimilar la importancia de un producto como el pan para satisfacer necesidades sociales y económicas y comprender cómo se despliega el proceso para construir sobre él un mercado y una industria capaces de sobrevivir a todas las adversidades.*
2. *Desarrollar la capacidad de identificar tendencias y retos en el entorno general o específico de una empresa.*
3. *Adquirir habilidades para incluir los retos de la sostenibilidad y la competitividad en la adopción de decisiones estratégicas, incluyendo las referentes tanto a la formación de la cartera de negocios como a la elección del posicionamiento competitivo.*
4. *Desarrollar la capacidad de análisis del impacto de la sostenibilidad sobre la gestión empresarial en industrias sensibles al cambio de los hábitos de compra y la mayor valoración de aspectos relacionados con la salud, el bienestar y el medio ambiente.*
5. *Mejorar la comprensión sobre las prácticas globales de sostenibilidad que una empresa puede llevar a cabo y el porqué de las mismas.*

6. *Aprender buenas prácticas en elaboración de memorias de sostenibilidad y en comunicación de información no financiera.*

Material recomendado para el estudio del caso

— Juan, R. (2021). *Una Historia Dulce.* Profit Editorial, Barcelona.

— *Monográfico Bolleria Alimarket. Septiembre 2021*

— *Informes de Consumo Alimentario de España (Ministerio de Agricultura, Pesca y Alimentación)*

— *Barómetro de Consumo. IRI. Julio 2021*

— *Plan Life 2020. Vicky Foods.*

— *Memorias ESG Vicky Foods.*

— www.vickyfoods.com

— www.dulcesol.com

— www.beplus.com

— www.hnosjuan.com

— http://www.aesan.gob.es/AECOSAN

1. ¿Alimentar un mundo mejor o alimentar mejor al mundo ?

"Porque seguimos siendo una familia, alimentando a nuevas familias". Así expresaba Victoria Fernández su visión de cuál era la razón de ser de Vicky Foods. Tan simple enunciado traslucía un empeño muy profundo: un compromiso mantenido por generaciones para construir a través de la alimentación un mundo integrado por grupos sociales hermanados que desean crecer sanos y fuertes, como toda familia bien avenida. Tal y como explica su actual CEO, Rafa Juan, la clave del éxito del grupo ha sido este proyecto compartido.

El cambio de nombre de Grupo Dulcesol a Grupo Vicky Foods, materializado en junio de 2019, no fue solamente una decisión de marketing que simbolizaba la nueva etapa que la empresa había iniciado ya hacía más de una década, marcada por la vocación de ser una compañía internacional y dedicada a la elaboración y comercialización de alimentos en diferentes categorías. Fue sobre todo un reconocimiento a la visión de su fundadora, una mujer que, 60 años atrás, había cambiado el rumbo de la familia Juan y, con la misma sabiduría que había derramado en su hogar para hacerlo crecer saludable y próspero, había revolucionado un pequeño negocio panadero, sentando las bases para convertirlo en uno de los principales actores de la industria agroalimentaria española.

Al cumplir el 70 aniversario de su fundación, Vicky Foods ha culminado su transformación desde un fabricante local de pan y bollos en líder por volumen y valor del mercado español de alimentos horneados. En estas décadas, la compañía se ha configurado como una corporación multinacional, multimarca, multicategoría y multicanal, que a finales de 2022 contaba con seis plantas productivas, un portfolio extendido a lo largo de toda la cadena de valor de más de 350 referencias organizadas bajo cuatro marcas comerciales, con 2.944 empleados, más de 70.500 puntos de venta en España y cerca de un 20% de ventas exteriores en 58 países (hasta superar por vez primera los 100 millones de euros, un 23% más que el año anterior). Su CEO declaraba, al hacer balance del 70 aniversario de su creación (Arufe, 2022):

"De cara a los próximos 70, continuaremos trabajando para ser una compañía de alimentación líder, innovadora y sostenible. Con proyección internacional y orientada a satisfacer las demandas de sus clientes y consumidores"

Este desarrollo no ha sido tarea fácil en un sector como el de productos horneados ciertamente complejo, que ha estado en la historia (sobre todo el pan) bajo un estricto control político de precios, producción y mercados que obstaculizó la innovación tecnológica, la modernización industrial y el crecimiento empresarial, y que en tiempos más recientes ha visto recrudecidos los obstáculos para crear valor. Los retos críticos que los fabricantes de productos horneados han debido afrontar en las últimas décadas se han sucedido, incluyendo desde el crecimiento de las marcas blancas ligado al poder ascendente de las grandes cadenas de distribución, a la dura competencia tanto de fabricantes nacionales como de poderosas multinacionales y a la transformación de los hábitos de consumo y de una demanda ávida de continuas innovaciones. Su exposición a los conflictos políticos ha sido asimismo notoria, como lo ha constatado Vicky Foods tras la ruptura del acuerdo de amistad entre España y Argelia que la impactó significativamente por su exposición en este segundo país donde realiza actividad productiva directa.

Los problemas estratégicos que esta actividad tiene planteados son de tal envergadura que ha visto como se desplomaban los mayores grupos empresariales, desde Panrico hasta Siro, y en el que multinacionales potentes como Bimbo han atravesado periodos críticos que pusieron en duda su supervivencia en el mercado español. Subsistir y prosperar durante ya casi tres cuartos de siglo en esta industria es una proeza que casi ninguna compañía nacional ha conseguido. Empresas que lo fueron todo en el sector de la bollería y pastelería industrial, como Productos Cropan, Ortiz, La Bella Easo o Repostería Martínez (líderes nacionales sucesivos de los años 60, 70, 80 y 90, respectivamente), con nacimientos y perfiles muy semejantes a Vicky Foods, tuvieron que echar la toalla ante estos retos.

Esta empresa, en cambio, ha demostrado una colosal resiliencia. Su historia está cuajada de momentos críticos desde los que ha remontado con renovadas fuerzas. Las dos primeras generaciones de esta empresa familiar han ido superando con ingenio primero y más tarde con innovación, tecnología y diversificación todos estos retos críticos. Quizás el mejor ejemplo de la brillantez con que esta compañía ha superado esta larga singladura de duras pruebas fue la manera en que gestionó el desenganche en 2008 de Mercadona. La apuesta estratégica de la compañía en aras a labrarse su propio camino se puso a prueba cuando tuvo que afrontar el dilema que Mercadona le planteó de convertirse en su interproveedor de bollería y pastelería, una elección que mal planteada llevó a otros competidores de primera fila (como Siro) al declive y a una reestructuración que la salvó in extremis de la quiebra. En cambio, Vicky Foods salió fortalecida de tan duro trance, iniciando un proceso de reinvención que ha transformado completamente su campo de actividad, su dinámica competitiva y su papel social.

La redefinición de las relaciones con los canales de distribución no ha sido la única amenaza que Vicky Foods ha debido reconducir en las dos últimas décadas. El cambio radical de los patrones alimentarios y la exigencia de una responsabilidad social a la empresa alimentaria en cuanto a su contribución a la mejora de la salud, como una manifestación de sostenibilidad social, así como los crecientes requisitos para un comportamiento medioambiental responsable, han surgido como nuevos desafíos que amenazan con laminar a cualquier empresa que se desentienda de ellos.

El cambio estratégico iniciado por Vicky Foods a finales de la primera década de siglo, auspiciado por la necesidad del desenganche de Mercadona y por su visión prospectiva de las tendencias de la demanda alimentaria, la llevaron ya a articular una apuesta que ha girado alrededor de un compromiso social con la mejora del bienestar y la salud a través de la innovación y la diversificación alimentarias, de la cual su nueva denominación no fue sino la traslación externa de un cambio interno ya avanzado. El CEO del grupo,

Rafa Juan, en el momento de presentar la iniciativa de cambio de nombre del grupo, fue meridiano al expresar el alcance del cambio estratégico que tras ella latía:[1]

"Crear Vicky Foods ha sido una decisión muy meditada que responde a los objetivos estratégicos que persigue la compañía. En los últimos años, hemos pasado de operar sólo en la categoría de pan, bollería y pastelería con una misma marca a tener un catálogo de más de 300 productos con diferentes marcas en nuevas categorías de alimentación. Necesitábamos desarrollar una nueva identidad que mostrara lo que realmente somos a día de hoy, y Vicky Foods representa sin ninguna duda esta nueva realidad"

Evidentemente Rafa Juan estaba destacando la aportación de Vicky Foods a una mejor alimentación, que considera *"el eje de nuestra estrategia de crecimiento para los próximos años (...) Las nuevas generaciones son el futuro y desde Vicky Foods, como empresa del sector agroalimentario, tenemos el deber de ser responsables favoreciendo una alimentación saludable y un estilo de vida saludable"* (Briasco, 2019). Aunque la pandemia ha reforzado el interés por la salud, Vicky Foods había expresado ya durante la década anterior su voluntad de trabajar por un consumo alimentario más saludable mediante la oferta de productos ajustados a criterios de salud y bienestar. El objetivo de trabajar en pro de una alimentación más saludable y de enriquecer y mejorar el perfil nutricional de sus productos quedó bien enunciado en el lema de la *Memoria ESG 2021: Llevando la sostenibilidad y la innovación a tu mesa*. Todo el enfoque de sostenibilidad de Vicky Foods tiene la innovación de producto como eje vertebrador, combinada con la innovación de procesos y un desarrollo tecnológico avanzado que absorbía a más de 150 personas (Ramos, D., 2023). Así pues, parece indudable que Vicky Foods había interiorizado *una misión orientada a alimentar mejor al mundo*.

No se trata de un propósito baladí, teniendo en cuenta la crítica emitida por voces autorizadas contra la calidad de la alimentación contemporánea. Es el caso del paleoantropólogo Juan Luis Arsuaga, que cuenta con un impresionante curriculum, y que en 2008 despachaba en una entrevista la siguiente afirmación en respuesta a una pregunta sobre si los avances han ayudado a que la sociedad pueda ahora comer mejor y más saludable: [2]

"Es una paradoja universal lo que se produce. En el primer mundo nunca ha habido tantas oportunidades y tanta variedad de productos alimenticios para comer bien y sano, pero nunca se ha comida peor que ahora"

1 "Grupo Dulcesol se transforma en Vicky Foods y anuncia una inversión de 150 millones". Sweet Press, 19 de junio de 2023. https://www.sweetpress.com/noticias/grupo-dulcesol-se-transforma-en-vicky-foods-y-anuncia-inversiones . Consultado el 15 de diciembre de 2023.

2 "Nunca hubo tantos alimentos ni se comió peor que ahora". Entrevista a Juan Luis Arsuaga en *El Norte de Castilla, 6 de marzo de 2008.* https://www.elnortedecastilla.es/20080306/vida/nunca-hubo-tantos-alimentos-20080306.html. *Consultado el 20 de abril de 2024.*

La inquietud de Vicky Foods por alimentar mejor al mundo está especialmente justificada por su condición de empresa fabricante de productos horneados que toman los cereales como materia prima fundamental, pues han sido estos vegetales el blanco elegido en ciertas diatribas historicistas sumamente críticas con el cambio que supuso la agricultura. Quizás el mejor ejemplo de este pensamiento negativo sean las obras del historiador Yuval Noah Harari. En su bestseller De animales a dioses. Breve historia de la humanidad, Harari (2014: 98) escribe:

"La revolución agrícola amplió la suma total de alimento a disposición de la humanidad, pero el alimento adicional no se tradujo en una dieta mejor o en más ratos de ocio, sino en explosiones demográficas y élites consentidas. El agricultor medio trabajaba más duro que el cazador-recolector medio, y a cambio obtenía una dieta peor. La revolución agrícola fue el mayor fraude de la historia.

¿Quién fue el responsable? Ni reyes, ni sacerdotes ni mercaderes. Los culpables fueron un puñado de especies de plantas, entre las que se encuentran el trigo, el arroz y las patatas"

¿Cómo no inquietarse ante semejante descalificación del papel civilizador y nutritivo del principal cereal y base productiva de la panadería y pastelería que están en el núcleo del campo de actividad de la compañía? Teniendo en cuenta, además, la controversia existente sobre los efectos de los cereales en la salud, con posturas enfrentadas entre quienes los consideran una parte esencial de una dieta saludable y quiénes los juzgan como perjudiciales. Mientras que las autoridades sanitarias siguen recomendando su consumo, aunque moderado (no sobrepasando las cinco porciones diarias), los partidarios de dietas paleo y cetogénicas los eliminan por completo.

Pero no siempre fue así. El pan fue elevado a la condición de icono en las culturas clásicas por su papel esencial a la hora de salvaguardar a la población del hambre, y ello con independencia del poderío de emperadores y reyes que la gobernasen. Todas las civilizaciones que han marcado el signo de los tiempos, desde la egipcia pasando por la griega, la romana o la española, hicieron de los cereales panificables y de su principal producto, el pan, baluartes con los que alimentar a una población con una tendencia natural al crecimiento. Existen testimonios desde tiempos inmemoriales del papel que el pan jugó para paliar la endémica hambre que aquejó a la población popular. Ese rol histórico parece haber caído en el olvido, oscurecido por otro debate que seguro figura también en la agenda de cuestiones estratégicas para Rafa Juan: la opción entre la panadería artesanal e industrial. Nacida como panadería tradicional, Vicky Foods es ahora una gran fábrica especializada en la elaboración industrial de pan de molde y para hamburguesas y *hot dogs*, lo que la sitúa en el centro de las actividades que reciben mayor número de juicios desfavorables.

El CEO de la compañía, en unas declaraciones recientes a un medio de referencia en el mundo de la distribución comercial, ha afirmado rotundamente: [3]

"El futuro de Vicky Foods, y de cualquier empresa de alimentación, se tiene que basar en las tres S: salud, sostenibilidad y responsabilidad social, y solidaridad. Es la única forma de garantizar un futuro próspero y equilibrado para las generaciones futuras"

Rafa Juan declara así que la triple visión de la sostenibilidad defendida en el modelo ESG, es decir, la responsabilidad con el medio ambiente, lo social y el buen gobierno (*Environmental, Social* y *Governance*), nutre el sistema de valores sobre el que se ha organizado la cultura corporativa y los criterios que inspiran la definición del modelo de negocio de Vicky Foods (Capital, 2021). En la *Memoria ESG 2021*, construida ya plenamente con esta convicción, Rafa Juan confiesa que este concepto es el punto de llegada de la trayectoria que la familia Juan y Vicky Foods han cubierto en sus 70 años de historia:

"En estas siete décadas, hemos tenido la oportunidad de aprender que nuestra evolución se debe, en gran medida, al apoyo de las personas que han colaborado con la compañía, a la riqueza natural del entorno que nos rodea y al esfuerzo de las tres generaciones de la familia para gestionar los recursos de un modo ético y responsable"

No es pues extraña la evolución que ha experimentado la misión que Vicky Foods ha completado, hasta llegar al enunciado recogido en su *Memoria ESG 2021*:

"Nuestro propósito es continuar alimentando a las familias del hoy y del mañana, garantizando la calidad, pensando en la salud y cuidando del entorno. Nuestro propósito es seguir innovando para alimentar un mundo mejor"

Es esta evolución desde una filosofía de la sostenibilidad centrada en "alimentar mejor al mundo" a otra de "alimentar un mundo mejor" la que inspiró un sueño: hacer de Vicky Foods una empresa saludable, sostenible y solidaria (Juan, 2022b). Esta gran meta no debería, en palabras de Rafa Juan (2021: 189), perder los valores que han sustentado el desarrollo de la compañía: las personas, el trabajo en equipo, la tecnología, la eficiencia, la innovación, la diferenciación y la internacionalización. La madurez de la compañía y de la familia Juan ante la misión que se han otorgado la está obligando además a importantes avances en productos, procesos, personas, equipos y sistemas que avalan la aplicación continuada y mejorada de los criterios ESG; así como a multiplicar su volumen de inversión.

Hasta ahora, la evolución económica y competitiva ha refrendado la estrategia de Vicky Foods aupándola al liderazgo en la industria española del *bakery*. Sin embargo, la materialización futura del sueño corporativo tropezará con resistencias y dificultades aún más considerables que serán determinantes para el propio devenir de Vicky Foods. Especialmente

---

3 Entrevista en *Distribución / Actualidad Retail, 20 de octubre de 2023.* https://www.distribucionactualidad.com/entrevista/rafael-juan-liderazgo-y-valores-de-una-empresa-solida-y-comprometida-con-el-futuro. *Consultado el 16 de diciembre de 2023.*

importante será la evolución que experimente el mercado de la panadería, con un creciente peso en su cartera de productos y en su facturación. El pan sigue formando parte hoy de las prácticas alimentarias cotidianas de todos los grupos sociales, sin que haya cambiado su nota distintiva, la universalidad, porque desde su producción masiva se hizo omnipresente en todo lugar, desde el zurrón del mendigo a las mesas de los grandes banquetes. Pese a ello, la panadería lleva siglos inmerso en momentos críticos ante los cambios estructurales que ha debido afrontar motivados por el rol de este alimento en problemas sociales de la trascendencia de los relacionados con la lucha contra el hambre y la desnutrición. Ahora, el debate ha subido de temperatura al agregarse nuevos temas como la industrialización de la producción alimentaria, la alimentación saludable y la sostenibilidad.

La difusión de actitudes refractarias al consumo de derivados de los cereales va a tener repercusiones de alcance en el volumen y la naturaleza de los alimentos derivados del trigo, tanto el pan como el resto de la extensa oferta de productos horneados en bollería y pastelería que aún sostiene una cuota sustancial del negocio de Vicky Foods. El grupo ha seguido una trayectoria estratégica ejemplar en materia de sostenibilidad y responsabilidad social, acreditando una preocupación genuina por alimentar mejor al mundo reduciendo los ingredientes dañinos para la salud y mejorando la composición nutricional de sus productos. También ha liderado los avances hacia la emisión cero, la economía circular y la eficiencia energética. Sin embargo, ¿serán suficientes estas innovaciones y acciones para compensar la ola crítica con el consumo de cereales? Inmersa en pleno proceso de internacionalización y a punto de abrir una nueva planta productiva, la primera en terreno europeo fuera del territorio nacional, Vicky Foods tiene encima de la mesa la reflexión sobre si su actual modelo de negocio sigue siendo válido para satisfacer a unos consumidores, distribuidores y reguladores cada vez más decantados por productos que concilien precio, calidad y salud; y si tiene los recursos y capacidades necesarios para sofocar los potenciales riesgos de negocio, de precios y de mercado que puedan eclosionar en cualquier momento.

2. El sector del *bakery* (alimentos horneados)

2.1. Alcance y estructura del sector

El sector de alimentos horneados (*bakery*) reúne a todas aquellas empresas que comparten el uso de materias primas esenciales tales como cereales, harina, levadura, agua y sal, junto a muchos otros potenciales ingredientes (huevos, leche, mantequilla, azúcar, carne, frutos secos, especias, emulsionantes, aromas, conservantes, aditivos, gluten, vitaminas y ácidos alimentarios), para formar pastas o masas que son procesadas y horneadas a fin de obtener bienes de consumo alimentario (IBISWorld, 2021). Aunque estos alimentos son elaborados con distintos ingredientes, comparten dos notas: la importancia de los cereales como materia prima; y que sufren procesos de cocción en horno para su elaboración final.

Los alimentos horneados a menudo se toman como tentempié, postre, desayuno o merienda, e incluso como bases para comidas principales (como pizzas), en muchas formas diferentes. Se trata pues de bienes de gran consumo que son distribuidos a través de distintos canales de comercialización, incluyendo tanto panaderías y pastelerías independientes como establecimientos con los distintos formatos comerciales (supermercados, hipermercados, tiendas de comestibles), tiendas de conveniencia (que ofrecen una amplia gama de productos adicionales como bebidas calientes y frías o sándwiches) y otros retailers (como el vending). Otros canales complementarios son el de establecimientos de servicios alimenticios (canal HORECA) y el canal institucional formado por las organizaciones que prestan servicios a personas y además incluyen la alimentación (residencias, escuelas, etc.).

El sector de alimentos horneados forma un agregado complejo y plural de actividades económicas en el que suelen distinguirse distintas especialidades diferenciadas por la naturaleza del producto elaborado (distinguiéndose básicamente entre productos frescos y congelados, de corta y larga duración, a granel o envasados) y de los procesos o tecnologías manejados en su elaboración (diferenciándose entonces entre la producción artesanal, tradicional e industrial). La clasificación más importante desagrega el sector en actividades por las necesidades que satisfacen.[4] Los estudios de mercado más sólidos segregan el **mercado global de alimentos horneados (*Bakery*)** distinguiendo claramente las **industrias de panadería (*Bread*)**, frente a **bollería y pastelería (*Cakes and pastries*)**, separando además ambos segmentos del resto de actividades orientadas al horneado de otro tipo de alimentos. Por tanto, la gama de productos manufacturados en la industria de alimentos horneados comprende las siguientes categorías: panadería, bollería, pastelería y repostería, galletería y otros.

En España, la reglamentación del pan en todas sus variedades se recoge en la norma de calidad aprobada como Real Decreto 308/2019. Esta disposición define el pan como "el producto resultante de la cocción de una masa obtenida por la mezcla de harina y agua, con o sin adición de sal, fermentada con ayuda de levadura de panificación o masa madre." El ingrediente principal del pan es la harina, que supone en peso el 64% de la masa panaria. La industria panadera ofrece actualmente una amplia variedad de productos, que puede clasificarse como indica el *gráfico 1*.

---

4 En España, la CNAE 2009 las encasilla, dentro del grupo *10. Industria de la alimentación*, en el subgrupo *107. Fabricación de productos de panadería y pastas alimenticias.* La CNAE recoge de forma deficiente la naturaleza de la panadería y la bollería-pastelería, pues no distingue entre ambas, lo que impide saber a partir de la estadística oficial las empresas que sólo se dedican a cada una de las dos industrias. Asimismo, la CNAE incluye en el mismo grupo otras actividades con gamas de productos alejados de los panes, bollos y pasteles, bien por no usar la harina como materia prima principal o por no recurrir al horneado de masas. Es el caso de los productos de confitería (turrones, mazapanes, caramelos, chicles, bombones), que frecuentemente se confunden de forma errónea con la repostería, y que deberían segregarse en otro sector. Este enfoque clasificatorio soslaya las significativas diferencias de producto y de mercado que caracterizan estas industrias.

Gráfico 1. Clasificación de los tipos de pan según la naturaleza del producto.

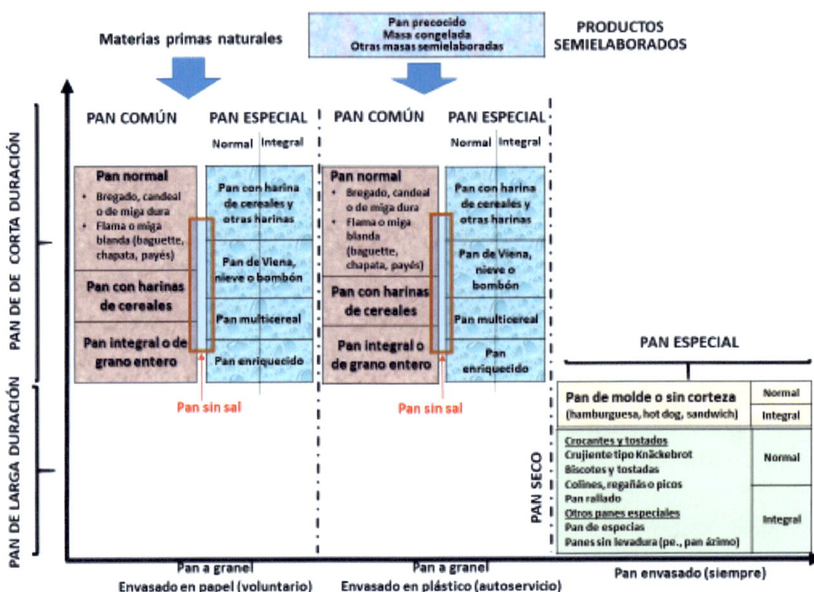

Esta clasificación permite distinguir entre pan común y panes especiales. El pan común es "el pan de consumo habitual en las 24 horas siguientes a su cocción (elaborado con harina o harina integral de cereales), pudiendo incorporar en su composición salvado de cereales". En cambio, los panes especiales tienen alguna característica distinta en su elaboración o composición. El pan especial es "un pan no incluido en la definición de pan común" por variar en sus ingredientes o en el procedimiento tecnológico para su producción.

El pan común ofrece tres modalidades: pan normal (en dos variantes conocidas como pan bregado y pan de flama o de miga blanda), pan integral o de grano entero y el pan elaborado con harinas de cereales de trigo y de otros cereales. Todas ellas son panes de corta duración.

Los panes especiales ofrecen una tipología aún más plural, en la que cabe diferenciar entre panes de corta y larga duración. Los **panes de corta duración** incluyen los panes que, al igual que el pan común, son para consumo inmediato, pero diferenciándose por una composición que incluye ingredientes adicionales a las materias primas naturales del primero. Se distinguen cuatro modalidades, que a su vez pueden elaborarse en versión normal e integral: pan elaborado con harina de cereales y otras harinas, pan de Viena, pan multicereal y pan enriquecido. Por su parte, la categoría de **panes de larga duración** incluye aquellos panes cuyo consumo puede demorarse más de 24 horas y comprende diferentes clases de panes secos (como pan tostado, colines, regañas y picos y pan rallado) y el **pan de molde**. El segundo es aquel pan cuya masa se enriquece con mantequilla o leche y se hornea dentro de un molde, adquiriendo así una corteza blanca y dorada y una miga suave y esponjosa. La adición de grasas permite considerarla una masa enriquecida. La adición de grasas es la que permite conservarlo por más tiempo que el pan común, además de darle mayor valor nutricional. Se suele vender envasado y en rebanadas.

El segundo segmento diferenciado dentro del *bakery* agrupa los **productos de bollería, pastelería y repostería.** En España, estos productos están regulados actualmente por la norma de calidad aprobada como Real Decreto 496/2010. Los productos de este grupo son alimentos elaborados con masa de harina, fermentada o no, rellena o no, cuyos ingredientes principales son harinas, aceites o grasas, agua, con o sin levadura, a la que se pueden añadir otros alimentos, complementos panarios o aditivos autorizados; y que han sido sometidos a un tratamiento térmico adecuado. Los productos de repostería abarcan todos los dulces confeccionados de forma artesanal (es decir, sin usar maquinaria sofisticada y en cantidades limitadas) y con la incorporación de pocos aditivos y conservantes. En cambio, la bollería y la pastelería producen tortas, pasteles, postres de restaurante, mousses y dulces, utilizando técnicas más elaboradas, maquinarias e inputs especiales que facilitan la producción en serie. Es habitual distinguir entre bollería dulce y salada; y según el tipo de producto entre bollería ordinaria, sin relleno y rellena.

La industrialización de la bollería y la pastelería ha derivado en la oferta de producto envasado, mientras que su confección artesanal sigue ofreciendo el producto a granel. Al igual que el pan, la oferta se ha ampliado notablemente con productos semielaborados (masas precocidas y congeladas) que forman la llamada V Gama.

Además de ingrediente principal para la producción de harina, el grano de los cereales ha encontrado utilidad para la elaboración de muchos otros alimentos horneados, ampliando así los límites del sector. Los nuevos segmentos incluyen las galletas (*biscuits*); y una diversa gama de productos clasificados con frecuencia en una categoría de "Otros" donde se recogen principalmente los cereales para el desayuno (*morning goods*), mezclas para postres (*dessert mixes*) y bases para pizzas. Esta ampliación del sector ha expandido las aplicaciones de los productos horneados a todas las comidas diarias.

Las industrias de alimentos horneados llevan siglos inmersas en cambios estructurales tanto en el entorno general como en el entorno competitivo de cada industria. Los retos no se han limitado al crecimiento de la competencia y de la complejidad del sistema de valor y de las tendencias del mercado, así como al cambio del comportamento del consumidor y la evolución de sus patrones de consumo (dietas). Los desafíos a gestionar se han multiplicado con el tiempo y han crecido de rango por la propia importancia de los productos horneados (el pan, sobre todo) como multi-industria de la que depende la alimentación y una nutrición suficiente y saludable de amplias capas de la población, sobre todo en países menos desarrollados; que sostiene diversas actividades económicas de carácter industrial y comercial que aseguran un buen número de puestos de trabajo y un desarrollo tecnológico socialmente productivo; y con un potencial impacto sobre el entorno natural que obliga a gestionar su sostenibilidad con precaución.;

2.2. Desarrollo e industrialización de la panadería : los modelos panadero artesanal e industrial

El proceso de elaboración del pan mantuvo su estructura de procesos de forma casi invariable desde los egipcios, pero la forma de organizar la producción y el comercio del pan han seguido unas prácticas que se han ido adaptando a las circunstancias sociales y tecnológicas imperantes en cada momento. Igualmente, los oficios vinculados al proceso del pan han ido cambiando y diversificándose, al ritmo que la cadena de valor se iba desarrollando en actividades especializadas. El peso social de dichos oficios y la rentabilidad esperada de los negocios asociados a la producción y venta del pan han mutado también bajo la presión de distintas fuerzas.

La industria del pan dio un salto monumental en Roma. Es en el siglo I a.C. cuando se asienta el oficio de moledores de trigo-panaderos, los famosos pistores, llegándose a contar ya 328 panaderías en una ciudad de poco más de un millón de habitantes. Aunque en las casas de la nobleza romana disponían de pequeños molinos y hornos domésticos, la mayoría de la población debía cocer su pan en los hornos públicos o comprarlo en el pistrinum. Algunos obradores llevaban a cabo todo el proceso de producción del pan, dividiendo las fases en compartimentos diferentes, siguiendo una estrategia de integración vertical ejemplar, en tanto que otros sólo horneaban las hogazas con la harina ya preparada elaborada por molinos especializados y las vendían. Las pistrinum romanas eran verdaderas fábricas de pan, especialmente el reducido número de ellas (25 en la Roma del siglo IV) que abastecían al Estado para la distribución pública. Las panaderías de más envergadura en Roma llegaban a emplear a más de 100 personas entre jornaleros y esclavos, explotando entre cuatro y cinco molinos de los que podían extraer cada día cerca de 1.000 barriles de harina (Montal, 1997: 101). No parece entonces exagerada la afirmación de Gisslen (2004: 4) de que fue en la Antigua Roma donde el pan y la bollería empezaron a producirse en masa.

Ilustración con el interior de un pistrinum romano

Pistrinum en la Galia, ilustración de Jean-Claude Golvin

El afán de perfeccionamiento de la herencia griega por los romanos no sólo llevó a innovaciones en el producto, sino a conseguir un conocimiento completo de las técnicas de manipulación de los diversos tipos de cereales. El proceso de producción desarrollado en las pistrinum romanas fue modélico para toda la industria panadera posterior, aportando una configuración de procesos que se mantuvo incólume hasta el siglo XX:

— La panificación se iniciaba con la molienda del grano en molinos rotativos accionados manualmente por esclavos o con tracción animal (es decir, la llamada tracción a sangre). El producto resultado era objeto de un tamizado para depurar las impurezas, con tamices de morfología circular y rejilla fina que los romanos fueron perfeccionando hasta permitir la obtención de una harina muy refinada en grandes cantidades.

— La contribución romana fue igualmente significativa en la mejora del amasado, que en una primera fase se llevaba a cabo en grandes artesas pétreas, dentro de las que giraba una madera vertical movida primero manualmente y más tarde por animales. El objetivo de este proceso era homogeneizar la mezcla de ingredientes y obtener una masa de consistencia uniforme que, tras airearla, fuese flexible. La pasta resultante pasaba a las mesas de trabajo donde se procedía al amasado manual final, al modelado de las formas y a su marcado con sellos.

— El proceso siguiente era la cocción, en la que los romanos también introdujeron innovaciones importantes en el diseño y la operativa de los furnus, hasta el punto de que aún hoy en día se llama "horno romano" al horno de calentamiento directo. La organización del proceso de panificación giraba alrededor del horno o fornacalia, hasta el punto de institucionalizar la diosa Fornax como tuteladora del buen funcionamiento del horno y del horneado idóneo del pan.

— La fase final de fermentación de la masa cocida fue igualmente mejorada por los pistores, que partiendo de la tradición griega avanzaron diversas formas de obtener agentes acidificantes. Sin embargo, no descubrieron el valor de la levadura de cerveza hasta encontrar la técnica en Hispania, que permitía obtener la legendaria ligereza de sus panes de trigo.

La caída del Imperio Romano en el año 476 fue un golpe de muerte para la industria del pan, tal y como se forjó durante su ascenso, aunque los tahoneros italianos siguieron siendo famosos en toda Europa hasta el Renacimiento y muchos de ellos trabajaron como cocineros particulares de las familias nobles inglesas y francesas. Durante la Alta Edad Media, el oficio panadero se mantuvo gracias a la conservación en las abadías, conventos y monasterios benedictinos del conocimiento y los medios necesarios.

En una primera etapa, tras la desaparición de las pistrinum romanas, la elaboración de pan adoptó un modelo descentralizado que reposaba total o parcialmente sobre la autoproducción. Durante más de un milenio, buena parte de la clase pudiente, así como las casas muy aisladas de núcleos urbanos, tenían sus propios pequeños lagares y hornos en la cocina. Para el resto de la población existían los hornos de pan cocer, que consistían en lugares comunales en los que los horneros se dedicaban a cocer hogazas para vecinos cercanos y para dar servicio a varios tahoneros de la zona. Luego la elaboración del pan fuera de la unidad familiar se convirtió en una tarea comunal conducida por artesanos especializados. Sin embargo, en muchos otros lugares, los ciudadanos incluso horneaban ellos mismos sus propios panes, abonando una cuota al hornero que era una figura centrada en el mantenimiento del horno y la organización de turnos para su uso. Este modelo de autoproducción asistida perduró con los árabes y se mantuvo en vigor en España hasta entrado el siglo XX. En cualquier caso, la producción de pan a gran escala para el mercado en grandes panaderías industriales típica del Imperio Romano fue sustituida por la elaboración de pan a menor escala con destino al consumo familiar en una comunidad local.

Tahona típica del siglo XV. Biblioteca Nacional, París.

La unidad del oficio ligado a la producción de pan empezó a resquebrajarse cuando se percibieron las ventajas de la especialización y la división del trabajo, especialmente en las grandes ciudades europeas donde las tahonas adquirieron una mayor escala. Las tareas de moler el grano y hornear la masa fueron las primeras en requerir trabajo especializado, consolidando así los oficios de molinero y hornero respectivamente. El resto del proceso de panificación (amasado y venta al consumidor) no necesitaba inicialmente de personal especializado porque lo asumía el propio ciudadano, que amasaba sus propios panes y los obtenía directamente del hornero, ni incorporaba tecnologías avanzadas que justificaran la percepción de altas rentas. Con su crecimiento, la especialización avanzó más aun distinguiendo personas centradas en moler el grano (molinero), en hacer la masa (tahonero), en introducirla en los hornos comunales (horneros) y en vender el pan una vez horneado (panaderos). Los primeros panaderos en el sentido moderno debieron actuar como meros distribuidores de los hornos de cocción, para facilitar el abastecimiento preferentemente en las zonas más pobladas. Pero con el desarrollo de nuevas tecnologías de amasado y horneado que facilitaban estos procesos, los panaderos fueron integrando todas las funciones posteriores a la molienda adquiriendo el nivel de competencias que hoy en día caracteriza a las panaderías artesanales.

El modelo artesanal de panificación sufrió una nueva revolución con el cambio tecnológico surgido desde finales del siglo XVIII en mecánica y química, que abrió las puertas a nuevos métodos de producción de pan típicos ya de la panadería industrial y alejados de las costumbres artesanales ancestrales. Las líneas de avance cursaron en diferentes campos:

1. La innovación tecnológica que mejoró radicalmente la molinería fue el molino de cilindros metálicos que se introdujeron acompañados de nuevas tecnologías de tracción como la máquina de vapor. El producto final de estos avances era una harina mucho más refinada y blanca y de mayor calidad, pues la nueva técnica de moler estrujaba el grano en lugar de pulverizarlo dejando el germen con la cascarilla del grano, cuya resistencia al tiempo era más prolongada, a costa de perder en calidad nutricional. Además, permitía elaborar panes más finos de corteza y miga a cualquier escala de producción y con mayor rapidez. Más tarde, la invención del molino de tres fases facilitó nuevos avances en la reducción de costes de la harina y la mejora de su calidad, haciendo del pan un alimento más accesible económicamente para toda la sociedad.
2. A nivel químico, tras completar el conocimiento de la composición del pan en 1728 con el descubrimiento del gluten por Jacopo Bartholomew Beccari y de cómo separarlo y de comprobar las ventajas de la incorporación de la fase de aireación en el amasado, hay que destacar los avances logrados en el siglo XIX de nuevas formas de leudar el pan que permitieron iniciar el proceso de sustitución de los fermentos naturales por los químicos, con el desarrollo de cepas de levadura especialmente diseñadas para la panadería. La levadura de cerveza fue a su vez reemplazada con el invento de la levadura seca, que aceleró el tiempo de fermentación facilitando el aumento de la productividad y que eliminó el sabor amargo que confería al pan. Las innovaciones que dieron definitivamente forma a la panadería industrial fueron las nuevas levaduras que no precisaban refrigeración y se activaban rápidamente en presencia de agua, patentadas en Estados Unidos por Charles y Max Fleischmann en 1876 (patente Active Dry Yeast, aún usada hoy en día); y la tecnología de control de la humedad durante el horneado que facilitó la fabricación en serie. A ellas se agregó en 1961 el proceso de panificación *Chorleywood Bread Process*, desarrollado por la empresa británica Flour Milling and Baking Research Association, que permite elaborar pan industrial a gran rapidez debido a las veloces fermentaciones (del orden de los 20 minutos). La cámara eléctrica de fermentación con temperatura controlada vio la luz en la

década de 1930 en Alemania. Hasta entonces, la fermentación se realizaba a temperatura ambiente en cajones o armarios. La nueva técnica facilitaba controlar la temperatura para sacar la hornada de pan a la hora deseada, y también detener el proceso de fermentación y reemprenderlo cuando se desease.

3. Los progresos en la mecanización del resto de fases de la cadena de valor del pan fueron igualmente decisivos. El cambio tecnológico radical se logró con la electrificación del proceso de amasado. La mayor potencia de la tracción eléctrica permitió además desarrollar amasadoras de brazos y espiral, en las que la masa no se remueve en una artesa fija, sino que rota al tiempo que lo hacen las piezas que entremezclan los ingredientes.
4. La electrificación fue igualmente decisiva para revolucionar la cocción. Los hornos de leña fueron reemplazados primero en el siglo XVIII por hornos de gas, que ya eran más eficientes y potentes permitiendo cocer más panes al mismo tiempo, con lo que su coste unitario disminuía. A principios del siglo XX, fueron sustituidos por los hornos eléctricos, que aportaban una cocción más rápida y regular, y por tanto una mayor productividad. El primer horno eléctrico entró en funcionamiento en Austria en 1909, para difundirse rápidamente por todo el continente tras la primera guerra mundial.
5. La última etapa de la mecanización de la panadería fue la introducción de nuevas máquinas eléctricas como las divisoras y las formadoras automáticas, que permitían cortar y dar forma a la masa multiplicando la productividad en ambas tareas.
6. Las necesidades del suministro de pan a los ejércitos durante la segunda guerra mundial trajeron consigo un último avance tecnológico que fue decisivo para consolidar la producción en serie en la panadería industrial: la línea automática de producción en la que se entrelazan en un tren continuo todas las máquinas. Finalizada la guerra, las líneas de producción automáticas se difundieron con rapidez en Europa y Estados Unidos por empresas que abordaron la producción a gran escala de pan mecanizando todo el proceso de panificación.

El desarrollo moderno de las industrias panadera y pastelera ha prosperado especialmente con el desarrollo de los primeros ensayos de aplicación del frío al pan nada más salir del horno, realizados por las industrias panificadoras británicas y alemanas más avanzadas tecnológicamente. La primera referencia de las masas congeladas data de mediados de los años 50 de Estados Unidos. Concretamente, en 1955 se patentó el proceso de elaboración de la masa congelada enrollada para la producción de pasteles. La aplicación del procedimiento se extendió rápidamente al resto de productos horneados. Actualmente, la producción industrial cubre toda la gama de panes, bollos y pasteles en base a **productos semielaborados,** que se definen como los productos obtenidos mediante la interrupción del proceso de elaboración del producto acabado normalmente por no haber recibido el tratamiento térmico adecuado en su totalidad, y que tras un tratamiento de conservación a bajas temperaturas durante un periodo de tiempo superior a varios meses en congeladores o refrigeradores criogénicos, reciben una cocción final se realiza en el punto de venta permitiendo al comprador adquirir el producto caliente y recién horneado.

Gráfico 2. Modelos de producción de pan.

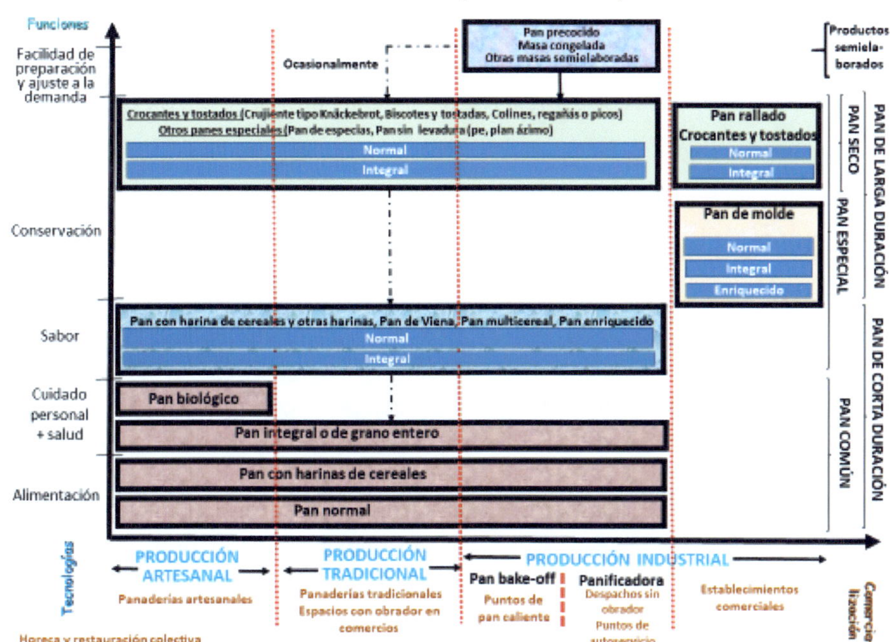

Actualmente es pues factible distinguir diversos **modelos de producción de pan** según la naturaleza del producto, las funciones que satisface y su forma de elaboración (*gráfico 2*). Este esquema permite distinguir entre pan de producción artesanal, pan de producción tradicional y pan de producción industrial. Permite asimismo diferenciar los distintos canales de comercialización por los que el pan llega al consumidor final y las peculiaridades del producto vehiculizado por cada canal: panaderías, sean artesanales o tradicionales, puntos de pan caliente, despachos (especializados o no) en panadería y pastelería sin obrador y puntos de autoservicio, y establecimientos de restauración comercial (canal HORECA) y de restauración colectiva.

Las **panaderías artesanales** son los únicos establecimientos autorizados para comercializar su producto con la expresión "de elaboración artesana". El Real Decreto 308/2019 define qué se entiende por **pan artesanal**. El pan se considerará "de elaboración artesana" y podrá incluir esta expresión en su denominación, si se respetan en su elaboración los requisitos del método de elaboración artesanal establecidos en el artículo 10 del mencionado decreto:

a) En el proceso de elaboración primará el factor humano sobre el mecánico.

b) Se realizará una fermentación en bloque de la masa inmediatamente tras el amasado y antes de la división de esta, salvo en las masas refinadas con cilindros. La fermentación en bloque de la masa se realizará.

c) La producción no se hará en grandes series. El formado de las piezas se realizará, total o parcialmente, de forma manual de manera que se obtenga un resultado final individualizado.

d) La elaboración de llevará a cabo bajo la dirección de un maestra panadero o asimilado, o artesano con experiencia o conocimientos demostrables.

Aunque no se diga expresamente, cabe entender que el pan artesanal:

e) Utiliza ingredientes naturales, evitando por completo los artificiales.

f) Respeta los tiempos de fermentación y no los acelera ni precipita de manera artificial.

g) Es siempre un pan fresco que descarta cualquier uso de productos semielaborados.

El pan artesanal puede ser cualquier variedad de pan común (normal, con harinas de cereales, integral y biológico) o de pan especial de corta duración (con harina de cereales y otras harinas, de Viena, multicereal y enriquecido, sean como pan blanco o integral). También puede ser pan seco elaborado con las mismas precauciones artesanales, con la excepción del pan rallado y del pan de molde que deben ser necesariamente producidos industrialmente. Los panes secos crujientes tipo Knäckebrot y otros panes especiales (de especias o sin levadura) pueden venderse a granel, mientras que el resto de crujientes y tostadas deben envasarse. Su gama de pan incluye las variedades más ancestrales y clásicas, así como el pan biológico en algunos casos. A reseñar que la norma de calidad del pan no hace referencia alguna al pan biológico, ecológico u orgánico, dejando así desprotegidos a los panaderos artesanales que desean su desarrollo. Otras modalidades de pan artesanal son el pan elaborado con larga fermentación», el pan elaborado con masa madre y el pan de horno de leña. El pan fresco comercializado en estos establecimientos puede venderse a granel o voluntariamente envasado, en este caso en papel. Se trata de establecimientos amplios, que requieren mucho espacio para alojar todos los enseres que sus procesos precisan.

Un segundo grupo de establecimientos de comercialización de pan son aquellos que, aun disponiendo de su propio obrador independizado de la zona de venta al público, renuncian al proceso artesanal de elaboración del pan. El consumidor podría distinguirlos del pan artesanal porque no llevan la denominación "de elaboración artesanal". Es el caso de las **panaderías tradicionales** y de los espacios especializados en panadería y pastelería atendidos por personal dedicado solamente a esta sección dentro de locales de comercio de alimentación al por menor.

Al igual que las panaderías artesanales, los establecimientos de este grupo siguen siendo productores y distribuidores. La producción se desarrolla en el propio obrador de la panadería que puede tener características idénticas a las de un obrador artesanal. La comercialización del pan tradicional en estas panaderías se vehicula asimismo a granel.

Excepcionalmente, algunas panaderías tradicionales podrían también comercializar su pan fresco hacia autoservicios (en este caso envasado), canal HORECA y restauración colectiva. También podrían preparar y distribuir a granel pan industrial, que viene ya precocido, limitándose entonces a su última cocción.

El pan elaborado en las panaderías tradicionales es el **pan tradicional**. Se trata del pan común (exceptuando el pan biológico) o especial de corta duración que parte de las materias primas tradicionales y sigue el proceso clásico de amasado, fermentación y cocción, pero sin llegar a cumplir todos los requisitos que la regulación impone al pan para poder etiquetarse como artesanal (por ejemplo, por sustituir ingredientes naturales por artificiales). Al igual que éste, es un pan fresco que se hornea todos los días a partir de harinas listas para usar, que proceden de molinos harineros industriales que trabajan con harinas de cereales de producción convencional. Su gama de otros panes especiales y de pan seco sería la misma que la de la producción artesanal.

Las **panaderías industriales** se distinguen por su alta escala de producción y el nivel de automatización de sus procesos. El proceso productivo del pan industrial puede seguir tres patrones, que resultan en productos totalmente distintos y que se distribuyen a través de canales de comercialización diferentes.

— El primer patrón es el denominado **pan *bake-off*.** Se trata de pan común o especial de corta duración elaborado a partir de productos semielaborados cuyo tratamiento finaliza antes de la obtención del producto acabado. Los últimos adelantos tecnológicos dan que hablar de la ultracongelación, que consiste en una congelación muy rápida (entre 20-40 minutos), a una temperatura muy baja (inferior a -40°) para alcanzar rápidamente la temperatura de máxima cristalización en un tiempo no superior a cuatro horas. Para garantizar el descenso de la temperatura se utilizan fluidos criogénicos (nitrógeno líquido y anhídrido carbónico). Este proceso se realiza en los llamados túneles de ultracongelación. La ultracongelación permite conservar al máximo la estructura física y las características sensoriales y organolépticas de los alimentos, así como evitar el desarrollo de microorganismos, la actividad enzimática o la pérdida nutritiva.

  Este producto semielaborado es producido por firmas especializadas, en instalaciones alejadas del punto donde se procede a su cocción final tras la descongelación para acabar el horneado. La producción final y la comercialización del pan *bake-off* a granel se realiza a través de los espacios especializados en panadería y pastelería dentro de locales de comercio de alimentación al por menor, llamados usualmente "**puntos de pan caliente**". Se trata de áreas que no cuentan con un obrador propiamente dicho sino con un horno para la última cocción, eso sí, independizado de la zona de venta al público. El personal que atiende estos espacios, aunque esté especializado y se desempeñe solamente en la sección panadera, no precisa ninguna cualificación especial. Se trata de establecimientos de menor dimensión que las panaderías, por necesitar menos espacio al desarrollarse la mayoría de procesos en casa del proveedor o panificadora.

— El segundo patrón es el pan industrial confeccionado cada día en **panificadoras industriales** y comercializado en establecimientos (especializados o no) que carecen de obrador y venden simplemente el pan ya cocido. Estos establecimientos son **despachos especializados en panadería y pastelería sin obrador; y los puntos de autoservicio incluidos** en supermercados e hipermercados, gasolineras y otros puntos de venta no especializados. Al no tener personal especializado propio de la sección, el pan debe venderse obligatoriamente envasado y etiquetado. El pan industrial que sigue este proceso cubre el pan común o especial de corta duración, además de toda la gama de panes especiales de larga duración excepto el pan rallado y el pan de molde, que se venden envasados en establecimientos comerciales sin ninguna separación especial.

— El tercer patrón de producción industrial de pan es el del **pan de molde**. En 1912 el estadounidense Otto Frederick Rohwedder lanzó una máquina que permitía cortar el pan en rodajas. Sin embargo, la introducción de cortadoras y formadoras automáticas, al acortar el tiempo de reposo previo a la fermentación final que se practicaba con el proceso tradicional, confirió al pan resultante unas características diferentes y en principio indeseadas: la pérdida de frescura por un envejecimiento prematuro. Los problemas de pérdida de frescura fueron definitivamente resueltos en 1928 por el mismo Rohwedder, quien lanzó la máquina que al mismo tiempo cortaba en rodajas y envasaba el pan y que supuso un avance definitivo para el desarrollo del mercado del pan de molde o rebanado. Se trataba de un pan de miga y corteza blandas que incorporaba nuevos ingredientes como grasas, emulsionantes y estabilizantes desconocidos en la panadería europea, además de otros elementos para mejorar sus cualidades nutritivas. El pan en rodajas fue introducido de forma masiva en EEUU por la Wonder Bread Co. en 1930. Las grandes corporaciones mundiales de panificación, como la mexicana Grupo Bimbo, hicieron de éste su producto emblema.

Sea cual sea el patrón productivo escogido, la producción industrial de pan conlleva la disociación de las funciones productiva y comercial. La labor productiva es cubierta por las firmas especializadas en masas congeladas y por las panificadoras industriales que elaboran panes en base a ellas. La función comercial compete a los establecimientos que venden el pan precocido tras su horneado final y el pan completamente cocido que les sirven las panificadoras. Luego una parte muy importante de sus costes lo absorbe la masa congelada.

Gráfico 3. Características del pan artesanal y el pan industrial

Pan artesanal	***Pan industrial***
Producción en lotes reducidos e incluso de forma individualizada.	Producción del pan en grandes series.
Elaboración con ingredientes naturales incluyendo masa madre de calidad.	Uso de aditivos para acelerar el proceso de fermentación, junto a conservantes.
Amasado que, aunque combine manual y mecanizado, predomine el factor humano.	El amasado se puede realizar de forma manual o con maquinaria, pero prima el mecanizado.
La masa se deja reposar para producir la primera fermentación.	La masa se divide y se deja reposar para que fermente por primera vez.
La masa fermentada se divide en piezas horneables.	Precocción de las piezas.
Las piezas se dejan reposar una segunda vez para que se produzca la segunda fermentación.	Las piezas se congelan para su distribución.
Las piezas se hornean a 200° C.	Las piezas, una vez descongeladas, sufren una segunda cocción.
Es un pan fresco, descartándose el uso de productos semielaborados.	Es un pan que utiliza productos semielaborados, resultando en panes precocidos.

Gráfico 4. Los procesos de elaboración artesanal e industrial del pan.

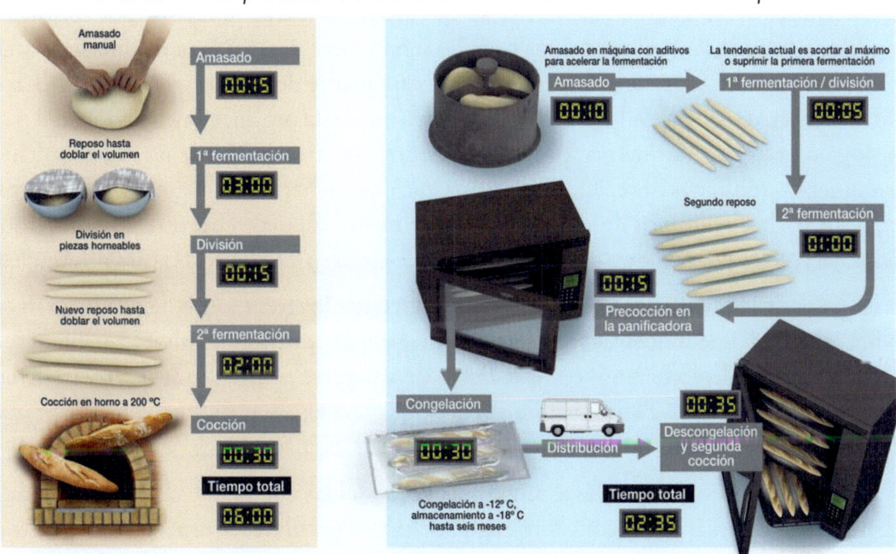

Fuente: https://www.xn–elmesondespeaperros-63b.es/diferencias-del-pan-artesano-vs-industrial.

Las diferencias entre el pan artesanal y el pan industrial se sintetizan en los *gráficos 3 y 4*. La producción artesanal es mucho más lenta y apropiada para pequeñas tiradas, sobre todo porque implica procesos de fermentación (doble, cuando su alternativa actual tiende a recortar o suprimir la primera de ellas) y cocción prolongados que son notablemente recortados en la producción industrial. El amasado manual y el respeto en la producción artesanal de los tiempos de fermentación, reposo y cocción lleva el tiempo necesario para la obtención del pan a las seis horas en promedio, frente las poco más de dos horas y media necesarias en la producción industrial amasando con aditivos y máquina para acelerar la fermentación. Otra diferencia crítica es que el pan artesanal se elabora manualmente y por unidades, mientras que el pan industrial se dirige a la producción mecanizada en masa. El pan tradicional puede durar fresco varios días sin degradarse, sobre todo si se mantiene envuelto en un paño de tela, mientras que el pan industrial se pone duro o gomoso en horas. El pan artesanal, además de ser más irregular, en todos los aspectos, pesa más (hasta el triple del pan industrial) y su corteza es más gruesa, tostada y crujiente; su miga es más oscura y esponjosa; y adquiere un olor característico de la harina y la masa madre, que no desprende el pan industrial por no haber reposado lo suficiente.

Ambos tipos de panadería también se distinguen por los componentes que añaden a los elementos básicos (harina, sal y agua). El pan artesanal se elabora con ingredientes naturales, mientras que el pan industrial necesita el añadido de ingredientes artificiales como conservantes, colorantes y saborizantes. El pan industrial suele incorporar mejorantes panarios (diacetil tartárico E-472e, ácido ascórbico E-300 y enzimas a-amilasas) que mejoran las condiciones iniciales de la harina evitando el arrugamiento del pan durante su enfriamiento. En cuanto a la harina, la panadería industrial se inclina por cereales o trigos que aportan valores nutritivos pero no sabor, mientras que la panadería artesanal trabaja con productos naturales (incluyendo masa madre de calidad) y mezclas de harinas seleccionadas por su valor nutritivo y sabor. Incluso la producción artesanal del pan biológico opta por harinas ecológicas que tienen la certificación de no haber sufrido tratamientos químicos ni recibir aditivos artificiales. La harina ecológica se elabora con trigo triturado en molinos de piedra y con masa madre cocina en horno de leña y elaborada con recetas propias de cada panadero que le aportan su sabor y textura diferencial.

A pesar de las diferencias notorias que existen entre los tres modos de producción de pan, la realidad de la industria panadera está plagada de confusión, publicidad engañosa y fraudes, por el deseo de unos competidores de arrogarse títulos cuando carecen de las condiciones requeridas. El debate gira alrededor de las denominaciones de pan artesanal y pan de masa madre.

Las panaderías tradicionales aspiran a ser reconocidas como panaderías artesanales, pese a que no encajen en el concepto regulado por el perfil de los especialistas que trabajan en ellas o por el mayor uso de mecanización e ingredientes artificiales. El personal de las panaderías tradicionales no siempre dispone de la pericia como maestro panadero que la producción artesanal requiere. Por otra parte, la creciente demanda de pan de calidad ha motivado que una parte de las panaderías tradicionales, en busca del aumento de su capacidad productiva y la reducción de costes, hayan recurrido a la automatización de fases del proceso panario; en otros casos, el objetivo ha sido acelerar el proceso de producción y mantener el sabor y otros atributos del pan artesanal que podrían haberse perdido recurriendo a aditivos alimentarios artificiales. Aunque por su volumen de producción (por ejemplo, 10.000 barras diarias) y la aceleración de los procesos de amasado, fermentación o cocción, cabría entender que estas panaderías tradicionales han entrado en la fabricación industrial, siguen defendiendo que son panaderías artesanales para conservar la imagen de calidad que el consumidor asocia con tal calificación. Más discutible aún es mantener el encuadre como panaderías artesanales cuando recurren a masa congelada o precocida para la producción de pan, limitándose entonces a su última cocción y perdiendo así la función productiva.

La falta de transparencia del mercado panario se manifiesta también en el uso de la denominación de pan "elaborado con masa madre". El interés por el uso de esta denominación es la percepción de alimentación de calidad y salud asociada al nombre que otorga al producto un plus de diferenciación que justificaría un diferencial de precio sobre el pan común. Se destacan especialmente sus ventajas en cuanto a sabor (que recibe un extra de los aminoácidos derivados de la fermentación), aroma, durabilidad y nutrición; su mejor digestibilidad porque con la lentitud de la fermentación el gluten se descompone, se facilita la absorción de las proteínas en vivo y se generan (en las bacterias del ácido láctico) probióticos que mejoran la salud gastrointestinal; y su enriquecimiento de B12. Estos valores positivos han hecho que el rótulo pan de masa madre cada vez esté más expuesto en carteles o con etiquetas especiales en panaderías y supermercados en pan elaborado a partir de masas congeladas. Sin embargo, la gran mayoría de ese pan carece de tal condición. Un estudio del mercado del pan en Reino Unido concluye que el 75% del pan que allí se comercializa como de masa madre a través de supermercados no lo es en realidad (Hosie, 2018). Por supuesto, el pan industrial vendido en las panaderías tradicionales debería quedar igualmente excluido de la posibilidad de rotularse como artesanal al usar masas congeladas.

La diferencia estriba en que el pan de masa madre se elabora mediante la fermentación de la masa, con harina y agua, en tanto que en la producción de pan tradicional se utiliza levadura fresca o levadura seca. La masa madre natural es un fermento mucho menos eficiente que la levadura de panadero, pues no incorpora ningún tipo de levadura y por tanto la fermentación se realiza de modo espontáneo por las levaduras y microorganismos que la propia harina contiene. Ello hace que los tiempos de fermentación sean más largos, llegando a superar las 24 horas. Una vez se empieza a trabajar con la masa madre para hacer el pan, debe además reposar un mínimo de ocho horas. Es precisamente la lentitud de la fermentación el factor que le da al pan de masa madre las mejores cualidades. Sin embargo, la normativa actual permite llamar pan elaborado con masa madre a un pan elaborado con sólo un mínimo de 5% de masa madre, pero fermentado con levadura industrial o con siembra de microorganismos autorizados, e incluso empleando una masa madre deshidratada o pasteurizada cuando ya no le quedan microorganismos vivos. Esto significa que pueden añadirle todo tipo de aditivos, dando una imagen falsa de calidad y artesanía» (Gastronomistas, 2019).

2.3. Los retos de la salud y la sostenibilidad

La creciente preocupación de los consumidores por seguir una dieta equilibrada y saludable ha elevado el debate sobre la condición saludable de los productos de panadería y bollería-pastelería, especialmente de los elaborados industrialmente. Los nutricionistas habían incluido clásicamente el pan y los cereales como productos de consumo diario que deberían estar en la base de la pirámide nutricional tradicional. Es más, se les consideraba componentes básicos de la dieta mediterránea y, por ello, su consumo frecuente se ha predicado como altamente saludable. Así se reconoció por la UNESCO en 2010 al incluir el pan como uno de los alimentos constitutivos de la dieta mediterránea elegida como Patrimonio Cultural Inmaterial de la Humanidad.

Sin embargo, la convención clásica respecto al patrón de alimentación saludable ha sido replanteada por las tesis científicas sobre el valor de algunos alimentos antes considerados básicos, como es el caso de los aportadores de hidratos de carbono entre los que se incluyen el pan y otros derivados de los cereales, así como los dulces y bollos. En especial, el pan de molde, la bollería y la pastelería industrial han sido denostados por muchos nutricionistas por considerarlos productos poco saludables, cuyo consumo trae consigo efectos secundarios indeseados. En esta línea, se insiste en los riesgos derivados del consumo excesivo de hidratos de carbono de mala calidad y de rápida absorción, con efectos negativos demostrados como el aumento de la glucosa en sangre y la obesidad, que pueden derivar en enfermedades metabólicas como la diabetes. La evidencia científica ha denunciado especialmente los peligros del refinado de la harina que supone la eliminación de 22 nutrientes esenciales (proteínas, minerales y fibras).

Esta crítica radical no es compartida por todos los especialistas. Desde una posición más moderada, se apunta que los productos derivados de los cereales no sólo aportan hidratos de carbono, sino otros macronutrientes básicos, recomendándose entonces no prescindir sino ajustar la ingesta de hidratos de carbono a las necesidades de cada persona en función, entre otras cosas, de su nivel de sedentarismo o de actividad física. Otra recomendación esencial es optar por panes que sean ricos en hidratos de carbono complejos, como son los aportados por los cereales integrales, por ser fuentes importantes de fibra, compuestos fenólicos y carotenoides; así como por panes frescos y biológicos integrales, que aseguran el no uso de productos químicos en todo el proceso productivo del cereal y en la elaboración del propio pan, además de tener un contenido reducido de azúcar y grasas. Su crítica se centra en el pan industrial de levaduras químicas por el uso de aditivos blanqueadores, anticongelantes y anticontaminantes, así como por su superior contenido en grasa y el mayor peso en ella de ácidos grasos trans. Desde esta postura, se reconocen los beneficios del consumo moderado de panes con este perfil, centrándose pues la crítica hacia los panes industriales especialmente los elaborados con harinas refinadas y añadidos de múltiples ingredientes artificiales.

El debate sobre la condición saludable de los alimentos horneados se encuadra además en la inclinación ascendente del consumidor hacia la nutrición natural y la vida saludable. El concepto de **"alimentación saludable"** que se está consolidando en el mercado ha ido progresando de forma coherente con las recomendaciones de los nutricionistas. La tendencia "healthy" está en pleno auge, especialmente entre las generaciones urbanas y más jóvenes. Un 74% de consumidores se inclina por las alternativas alimenticias más saludables a nivel global y un 72% en el caso español (Puratos, 2011). Por tanto, un creciente porcentaje de consumidores buscan conseguir con la alimentación beneficios que van más allá de la nutrición y que se extienden a la mejora de la salud, la condición física y la prevención de enfermedades (*gráfico 5*). Aunque la bollería y la pastelería se asocian a menudo con la indulgencia, existe además un interés creciente por opciones más sanas que sigan siendo sabrosas y satisfactorias. Los atributos más asociados a la alimentación saludable según los consumidores estadounidenses son: ser productos frescos y naturales, con un procesado mínimo, con un añadido bajo o nulo de ingredientes artificiales y conservantes, con bajo contenido en azúcar y grasas (especialmente las saturadas) y aportantes de proteínas, nutrientes y fibra (*gráfico 6*).

Gráfico 5. Beneficios esperados con la alimentación por el consumidor estadounidense (% de consumidores que conceden importancia a cada ítem).

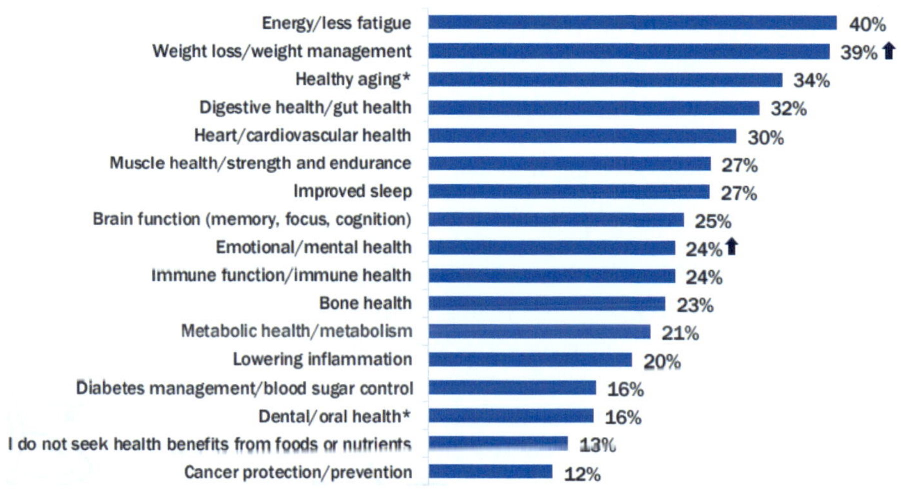

Fuente: IFIC (2021).

Gráfico 6. Definiciones de "alimentación saludable" según la percepción de los consumidores estadounidenses, 2023.

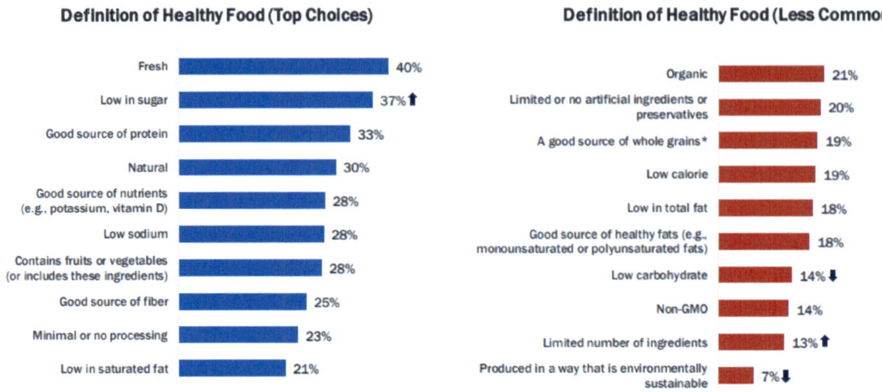

Fuente: IFIC (2021).

La respuesta del sector del *bakery* a esta tendencia ha sido una constante innovación sacando al mercado nuevos productos que respondan a las necesidades emergentes del mercado. Aunque encontrar nuevas ideas no es pues tarea sencilla cuando cada año penetran más de 8.000 nuevos productos en el mercado mundial (Euromonitor, 2020), el ritmo de nuevos productos no ha disminuido. La gama de productos se ha enriquecido con nuevas ofertas como los donuts, bagels, muffins, la focaccia, el pan zapallo o de calabaza o el pan árabe, gracias a la difusión de especialidades regionales y nacionales. A la tendencia al estancamiento o hacia una caída suave de la demanda de panes enteros, la industria ha respondido con el lanzamiento de productos tipo snack, los panecillos y las especialidades gastronómicas de pequeño tamaño. Los fabricantes están apostando además por el lanzamiento de bollería salada ampliando la oferta tradicional centrada en la pastelería y bollería dulce. Muchos competidores innovan continuamente con el lanzamiento de nuevos sabores, texturas e ingredientes, ampliando así el margen de elección de los consumidores. También destacan ingeniosos formatos para que el consumidor pueda disfrutar de la bollería 'recién hecha' dándole el horneado final a los productos de una forma sencilla, además del retorno de los formatos *on-the-go*. La mayoría de compañías de panadería y bollería y pastelería industriales también ha invertido en I+D+i para desarrollar productos con beneficios añadidos para la salud potenciando además su sabor y textura, intentado contrarrestar así el sambenito de la calificación negativa de sus productos. Esto ha llevado al lanzamiento de nuevos productos horneados relacionados con el desarrollo de alimentos más saludables.

La industria panadera y pastelera ha reaccionado a la posible visión adversa de su actividad comprometiéndose además en iniciativas conjuntas de alimentación saludable. ASEMAC (Asociación Española de la Industria de la Panadería, Bollería y Pastelería) ya firmó en 2004 un acuerdo con CEOPAN (Confederación Española de Organizaciones de Panaderías) para reducir el porcentaje de sal incorporado al pan a un máximo de 18 gramos por kilo de harina en cuatro años. Ha promovido igualmente reducciones en ácidos grasos trans por debajo de dos gramos por cada 100 gramos de grasa. Otra de las experiencias más destacadas en este sentido ha sido el acuerdo de colaboración firmado con AECOSAN (Agencia Española de Consumo, Seguridad Alimentaria y Nutrición) para promover la Estrategia Naos (Nutrición, Actividad Física y Prevención de la Obesidad) en el sector de productos horneados. Las iniciativas promovidas se orientan a corregir los excesos de sal, grasas, azúcares añadidos y calorías en los alimentos a fin de conseguir una mejor composición nutricional.

En la primera década del siglo XXI, se empezó a cocer otro cambio de alcance en la mentalidad del comprador caracterizado por su progresiva valorización de los atributos medioambientales de los productos. La elección de productos sostenibles se ha convertido así en un vector primordial para definir los hábitos de compra modernos y en una fuerza creadora de un pujante mercado de productos medioambientalmente eficientes. Otra fuerza emergente en el comportamiento de compra de productos de alimentación es la creciente preferencia por empresas responsables. El consumidor tenderá a seleccionar sus proveedores de alimentos analizando no sólo la salud y sostenibilidad de sus productos sino la responsabilidad de la propia empresa a la hora de hacer negocios y su impacto en la sociedad.

En especial, existe una fuerte concienciación desde múltiples grupos de interés para que el consumidor de pan y bollos asuma en sus decisiones de compra no sólo criterios de salud humana sino también de salud del planeta. El informe *Taste Tomorrow España 2022* reporta el avance experimentado en la adopción de este principio: un 72% de consumidores nacionales de pan ya no aspiran sólo a productos saludables, sino que además exigen artículos adaptados a un estilo de vida más responsable. Jorge Grande, director general de Puratos en España, es uno de los abanderados de este cambio:

"Llevar un estilo de vida ético nos ha hecho tomar conciencia del impacto de nuestro consumo de alimentos en el planeta y el bienestar de los demás. La ética sostenible se aplica a todos los conceptos: veganismo, proximidad, artesanalidad (...) Los productos que respeten este nuevo orden mundial serán claramente ganadores"

Las prácticas de sostenibilidad exigidas por los consumidores comprenden entonces, además de los requisitos exigibles a un alimento para poder ser certificado como orgánico, otras condiciones a cumplir por la empresa fabricante. Entre las demandas que comporta este patrón de consumo se incluyen: prácticas de eficiencia medioambiental, que incluyen desde la minimización de la huella de carbono, a la minoración del consumo de energías no renovables y de agua; el diseño de envases que contribuyan a la sostenibilidad del sistema alimentario por estar confeccionados de materiales que sean inocuos para la salud del consumidor y que impulsen la economía circular mediante el uso de materiales reutilizables y reciclables; el seguimiento de otras prácticas de economía circular que exigen políticas de reducción del despilfarro de alimentos, de reducción de mermas en el procesado y de reutilización de residuos; la preferencia por alimentos seguros que inspiren confianza al consumidor, el concierto de transacciones justas entre los eslabones de la cadena (comercio justo), junto al desarrollo de programas de gestión del cumplimiento y la calidad de los proveedores impulsando así una cultura de calidad y seguridad en toda la cadena de suministro; y la adopción de prácticas de bienestar animal que exigen la crianza de los animales de los que extraen los alimentos para el ser humano de manera responsable y ética.

Según el estudio de Puratos (2019), un 57% de los consumidores de productos horneados se declaran dispuestos a comprar más en los puntos donde todos sus alimentos se elaboran de forma sostenible, un 60% si limitan los envases de plástico y un 53% si consideran prioritario el bienestar animal; en el caso del consumidor español, los porcentajes respectivos son el 57%, 58% y 74%. Puratos (2022) coloca la gestión de residuos como otro driver de la compra de productos horneados, con un interés creciente del consumidor en packaging sostenible (82%), *claims* de cero residuos (73%) y reutilización de alimentos (47%).

El compromiso de la industria alimentaria con la sostenibilidad ha quedado patente en el objetivo autoestablecido por las firmas asociadas a FIAB de alcanzar la neutralidad climática antes de 2050. El camino recorrido hasta la fecha permite albergar esperanzas de que se consiga, pues entre 2014 y 2021 ha mejorado su eficiencia energética un 13,4%; y ha reducido su consumo hídrico un 20% (equivalente a un ahorro de 14 millones de metros cúbicos de agua), su generación de residuos un 10,3% (equivalente a un ahorro de más de 721.000 toneladas) y sus emisiones de gases de efecto invernadero un 8,2%. Asimismo, un 89% están implicadas con los ODS. Las categorías con mayor implicación son producción y consumo responsable (69%), trabajo decente, crecimiento económico e igualdad de género (68%) y energía asequible y no contaminante (67%) (FIAB, 2022).

El cambio en el patrón de consumo alimentario ha progresado al mismo tiemo que avanzaban las **estrategias de *premiumización***. Este enfoque se desarrolló en los años 90 para abrir nuevas puertas al crecimiento en el mercado de las bebidas alcohólicas, ofreciendo experiencias de consumo destacadas (por la vivencia sensorial y la calidad intrínseca) o exclusivas a precios elevados una creciente predisposición a pagar un sobreprecio por productos que prometen un beneficio diferencial en un segmento significativo. El desarrollo actual de los productos premium se ha ampliado con la oferta de alternativas que apuntan a la alimentación saludable, al consumo responsable, al bienestar social o al cuidado de la naturaleza.

La premiumización constituye una de las tendencias principales en los mercados de gran consumo, que se ha extendido a un amplio rango de categorías de productos. Un informe de Deloitte concluía que un 42% de los consumidores de todo el mundo estaba dispuesto a pagar más por productos elaborados con ingredientes orgánicos y naturales, un 39% por productos elaborados de forma *eco-friendly* y casi un 31% por productos vinculados con prácticas responsables en algún ámbito de su producción o comercialización (Inforetail, 2017). Hay consumidores que están dispuestos a pagar más por productos horneados artesanales que son preparados con ingredientes de calidad y orgánicos, elaborados con cuidado y con métodos tradicionales con raigambre local. Son los consumidores más jóvenes los **más propensos a pagar más** por un producto premium, a pesar de sus limitaciones económicas. Se caracterizan pues por dejar de lado su sensibilidad al precio y optar por productos premium que perciban acordes con sus preferencias que priorizan valores como salud, sostenibilidad y responsabilidad social. La predisposición a gastar en alimentos horneados artesanales ofrece grandes oportunidades de diferenciación: (a) primando la calidad sobre la producción en masa; (b) con la explotación de nichos de mercado (DataM Intelligence 4Market Research LLP, 2023; Grand View Research, 2022).

Pero la premiumización no se extiende a todo el mercado, sino que una cuota significativa del mismo sigue manifestando una gran sensibilidad al precio y escoge principalmente productos *low cost*. Esta pauta debe haber crecido en los últimos años a raíz de los acontecimientos internacionales que han estrangulado la producción y las cadenas de suministro de alimentos, llevando a un importante encarecimiento de la cesta de la compra. La reacción ha sido recortar la adquisición de los productos no esenciales y sustituirlos por marcas más baratas, principalmente MDD. Persiste pues una importante demanda de productos horneados *low-cost* por consumidores con un bajo poder adquisitivo, que la pandemia y las crisis económicas han exacerbado. El éxito de las panaderías que ofrecen pan congelado de bajo precio y el mismo avance del pan congelado sobre el pan común fresco atestiguan la subsistencia de un segmento de mercado más sensibilizado con el coste de la compra que con su calidad. Aunque en el mercado global el 48% de consumidores compran los productos horneados en panaderías artesanales, el 64% también los compran en supermercados y un tercio los prefieren por disponibilidad, frescura, conveniencia y precio (Innova Market Insights, 2023).

Aunque la difusión de la alimentación saludable y la exigencia de un comportamiento responsable de las empresas alimentarias parecen imparables, hay que tener en consideración la **asequibilidad en precios** de sus productos a la hora de calibrar su demanda. Nielsen, en su informe *Global New Product Innovation Survey*, apuntó a este factor como la principal causa de la decisión de los consumidores de probar nuevos productos. En el caso del consumo alimentario, las políticas de precios son determinantes del tipo de alimentación que el consumidor adquiere, así como la principal barrera para incrementar el peso de los productos saludables en la cesta de la compra por su elevado precio. Es decir, una cuota significativa de consumidores no está dispuesta a pagar cualquier precio por alimentos más saludables. El informe del IFIC (2021) indica que el 56% de consumidores estaría dispuesto a pagar más por un snack que posea la etiqueta de la Food and Drug Alimentation (FDA), pero la mayoría (40%) sólo aceptarían un premium ligero de precio (1 dólar más), otro 15% un encarecimiento de dos euros y no llega al 1% los que seguirían interesados si el precio se doblase. El crecimiento del mercado global de alimentos horneados orgánicos puede verse entonces restringido por su alto precio en comparación con los sustitutos convencionales, que entre otros factores se debe a los costes adicionales que entraña la agricultura ecológica y a las tasas por certificación. Una encuesta reciente sobre hábitos de consumo de la Mesa de Participación (MPAC, 2023), integrada por varias asociaciones de consumidores y usuarios junto con Mercadona, concluyó que está en ascenso el porcentaje de consumidores (llegando ya en 2022 al 42%) que considera los productos ecológicos demasiado caros, mientras que retroceden los que los perciben como una opción más sana y natural (quedando ese año en el 24%).

Gráfico 7. La polarización del mercado de productos horneados.

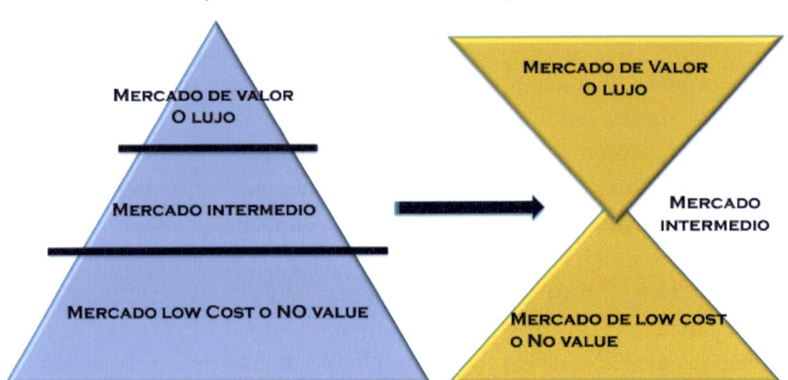

La consecuencia de la premiumización y del empobrecimiento relativo de una parte de la población ha sido la polarización del mercado de productos horneados (gráfico 7). Las marcas Premium buscan competir en la parte superior de la pirámide, mientras que las marcas *low cost* aspiran a atraer a consumidores que priorizan el precio sobre otros atributos ligados al proceso de elaboración y los ingredientes que suponen un plus de coste. La tendencia hacia la polarización motivada por el cambio de las preferencias de los consumidores está cambiando sustancialmente la estructura del mercado. Tradicionalmente, los productos *low cost* o *non value* se han situado en la base de la pirámide acaparando la mayor parte de la demanda, mientras que los productos Premium, de lujo o de valor se han ubicado en su parte alta respondiendo a una demanda más selectiva y bastante menos nutrida. Entre ambos segmentos, existiría un mercado intermedio importante integrado por los consumidores que buscan optimizar la relación calidad-precio. La polarización puede trastornar esta distribución de la demanda según el valor aportado por el producto. Un estudio de McKinsey realizado entre 1999 y 2004 sobre 25 categorías de producto en Europa y Estados Unidos ya advertía que los segmentos *low cost* y Premium crecieron anualmente un 4,2% y un 7,8%, respectivamente, mientras que el segmento medio se contrajo un 5,7% cada año (Pérez, 2008). Esto significa que, al mismo tiempo, pueden engordar los segmentos de mercado Premium y low cost y adelgazar el segmento intermedio.

3. Desarrollo de Vicky Foods

3.1. Los duros orígenes de un líder

El nacimiento de la tradición panadera en la familia Juan se produjo durante el primer tercio del siglo XX. En dichos momentos, España era un país semi-industrial inmerso en una industrialización acelerada que, si bien no permitía homologarlo a las sociedades europeas más avanzadas por subsistir áreas en las que la modernización apenas había progresado, sí se había desarrollado lo suficiente para superar el estadio de sociedad rural anclada en núcleos agrarios cerrados con una perspectiva vital eminentemente local y propulsar una acelerada urbanización. El Estado y los sindicatos tomaban empuje como nuevos actores económicos que estaban participando ya de forma significativa en la definición de las condiciones de producción y de trabajo, en la línea de proteger los derechos de los consumidores y los trabajadores. España aprovechó la neutralidad durante la primera guerra mundial para acelerar su crecimiento económico que, tras un bajón en la primera mitad de la década de 1920, retomó y mantuvo hasta el inicio de la guerra civil.

El creciente empleo industrial y el aumento de la productividad, dentro de un contexto macroeconómico de estabilidad de precios que se extendió desde 1830 hasta 1936 (con algún breve periodo inflacionario, sobre todo entre 1914 y 1919), permitieron el alza de los salarios reales, que sólo entre 1913 y 1935 aumentaron un 48,2% (Maluquer & Llonch, 2005: 1179), hasta el punto de permitir un gasto familiar cada vez mayor en alimentos. La eclosión de esta demanda creciente en volumen y capacidad adquisitiva fue necesariamente acompañada de avances significativos de la productividad y la producción agrarias en general y de los cereales en particular, que permitieron la generación de unos excedentes suficientes para alimentar un importante crecimiento urbano. Este proceso arrastró el desarrollo de explotaciones agrarias cada vez más tecnificadas y concentradas, así como una industria de primera transformación, como los molinos, que adquirieron pronto un tamaño importante.

Gráfico 8. Consumo anual per cápita en kilos de pan en España, 1550-2020.

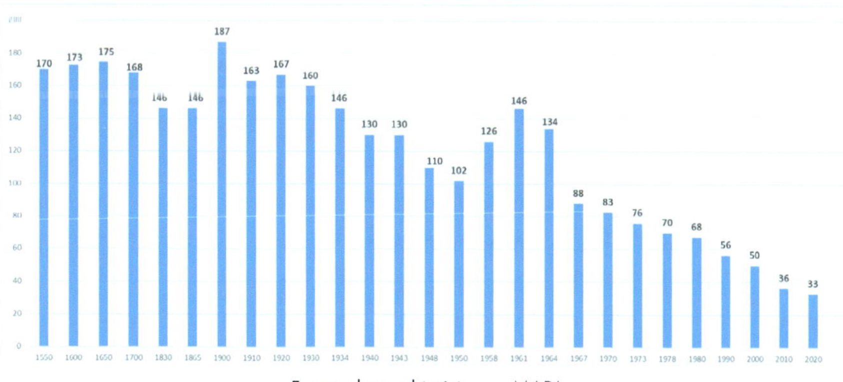

Fuente: bases históricas y MAPA.

Gráfico 9. Consumo calórico per capita diario en kilocalorías en España, 1650-2020.

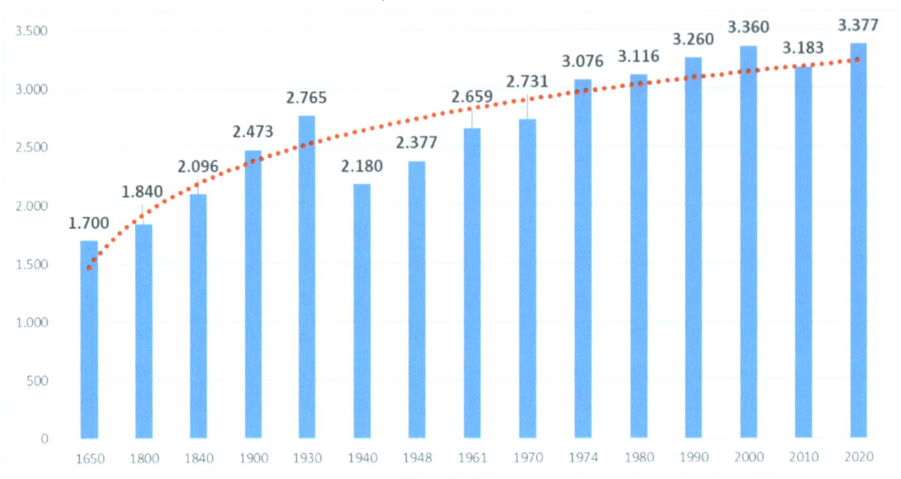

Fuentes: bases históricas y MAPA.

El pan y otros cereales eran el puntal fundamental de la dieta media española llegando a suponer alrededor del 40% del gasto en alimentación hasta el último tercio del siglo XIX. La panadería ganaba en atractivo a medida que crecían la producción cerealera y su capacidad de sostener una población urbana que formaba mercados masivos con una demanda alcista de alimentos preparados. El crecimiento de la renta real disponible per cápita iniciado en el último tercio del siglo XIX ayudó al progreso de la primera transición nutricional caracterizada por la práctica desaparición de las crisis por hambrunas y la reducción acelerada de la desnutrición, gracias a una mejor alimentación que llegaba a cubrir las necesidades nutritivas mínimas fijadas en promedio en unas 2.300 kilocalorías diarias. Aunque la desigualdad haría que la ingesta fuese inferior en los segmentos más pobres de la población, el consumo calórico medio per cápita siguió subiendo espectacularmente hasta los años 30, cuando alcanzó las 2.765 kilocalorías de media diaria (gráfico 9), revelando que el hambre se estaba convirtiendo en un mal recuerdo para la gran mayoría de la población española. El pan seguía siendo el alimento básico, con un consumo per cápita en alza desde principios del siglo XIX y que alcanzaba en 1900 un máximo de 187 kilos anuales y se mantenía en niveles superiores a los 160 kilos hasta 1930 (gráfico 8). La demanda agregada de pan creció igualmente, bajo el empuje del aumento tanto del consumo pear cápita como de la población (gráfico 10). No obstante, desde la década de 1860 los derivados de los cereales perdieron peso en el presupuesto familiar con el rápido aumento de la ingesta de otros alimentos vegetales y animales.

La panadería española se había distanciado del proceso de industrialización de la producción panadera que progresó vigorosamente en Europa durante el siglo XIX. No obstante, ya existían en España algunos antecedentes de panificadoras industriales que, a fin de reducir los costes de producción y ampliar los horizontes del mercado, optaban por la concentración y la mecanización de la producción, explotando así las economías de escala. Era el caso de La Panificadora de Reinosa, impulsada por el almacenista de cereales y harinas Federico Amor, constituida en la década de 1920. Este mismo año fue el de nacimiento de la Compañía Viguesa de Panificación, S.A., que instaló la industria panificadora más moderna de España equipada con las últimas tecnologías, altamente mecanizada y capaz de producir 50.000 kilos de pan al día. No obstante, se trataba de experiencias singulares pues la gram mayoría de panaderías eran pequeños negocios artesanales que practicaban la venta directa al consumidor final en un mercado local. Todas ellas fueron compañías innovadoras que lideraron la industrialización panadera española, aunque su crecimiento se vio limitado por las inhóspitas circunstancias competitivas que atenazaron la producción de alimentos horneados durante la guerra y la postguerra.

Era el caso de la panadería regentada por Ismael Juan y Dolores Mascarell, un pequeño obrador artesanal con un horno de leña situado en los bajos de la casa familiar, con el que proveían de pan a todo el vecindario. Los orígenes geográficos de la compañía hunden sus raíces en el pequeño pueblo valenciano de Villalonga, situado en el sureste de la provincia de Valencia y cercano a Gandía, capital histórica de la comarca de La Safor. A pesar de tener una economía agraria significativa, Villalonga fue desde finales del siglo XIX un municipio con un importante desarrollo industrial que mantuvo su esplendor hasta la década de 1960, aprovechando el valor de su curso fluvial y su proximidad al puerto de Grao-Gandía. El Serpis se configuró como un río eminentemente papelero e hidráulico, aglutinando en sus orillas dentro del término municipal de Villalonga fábricas papeleras como "Moltó Santonja y Cía", construida en 1904, que llegó a ser un centro productivo importante (5.001-10.000 Tm) dando empleo a una plantilla igualmente significativa para la época (50-150 trabajadores) (Botella, 1981: 192); las *fàbriques de la llum*, una serie de mini-centrales construidas desde finales del siglo XIX por los Santonja, destacados empresarios de Alcoy y Villalonga, con el objetivo de abastecer de electricidad a sus propias instalaciones industriales; una serie de molinos harineros enclavados en el tramo del Serpis entre l'Orxa y Villalonga; así como varias industrias cerámicas de interés, entre ellas, Cerámicas Moratal y Cerámicas Caisal.

Las perspectivas económicas de la tahona debieron ser positivas en sus inicios, a la luz del tamaño de la casa familiar y de la comodidad de la vida que disfrutaron sus fundadores y sus descendientes hasta la guerra civil española, aunque su actividad se limitó durante este periodo al ámbito local. Este escenario propicio para el desarrollo de la panadería se rompió bruscamente con el estallido del conflicto, dando lugar a un contexto mucho menos atractivo que se prolongó de forma dramática durante la postguerra. La disminución de la disponibilidad de alimentos, el aumento imparable de los precios y una regulación desbocada y desacertada de la producción, los costes y los precios, se conjugaron para dificultar la obtención de ganancias e incluso la supervivencia.

La destrucción de producción agraria durante la guerra y el fracaso de la política autárquica instaurada tras finalizar la contienda condujeron a un desabastecimiento de materias primas esenciales como el trigo y la harina. La reacción política fue el recrudecimiento del intervencionismo que intensificó más aún las restricciones al ejercicio libre de la panadería que esta industria llevaba soportando siglos. La nueva regulación franquista iniciada incluso antes de finalizar la contienda con el *Decreto-Ley de Ordenación Triguera*, firmado en Burgos el 23 de agosto de 1937 (BOE de 25 de agosto de 1937), otorgaba al Estado el poder para controlar la producción, la circulación y la comercialización de cereales, harina y pan, que fueron objeto de una regulación y supervisión férreas que no descuidaban el menor aspecto del proceso productivo que culminaba en el pan. Las señales del mercado fueron sustituidas por las señales artificiales emitidas por los burócratas oficiales.

La regulación aprobada en 1939 prohibía la apertura de nuevas panaderías en el pueblo. El Decreto-Ley de Ordenación Triguera de 1937 establecía incluso una distancia máxima de cinco kilómetros desde el despacho o tahona al punto de entrega cuando era a domicilio, debiendo realizarse en estos casos la recarga por piezas en la cantidad que señalase la Junta Harino-Panadera. Además, las decisiones regulatorias no fueron neutrales perjudicando claramente al sector panadero frente a otros actores dentro de la cadena de valor. La producción de pan permitida debía venderse a los precios oficiales. Con el teórico propósito de garantizar a la población el acceso a bajos precios al alimento básico por excelencia, los precios del pan se establecían por decreto a la baja aun a costa de una rentabilidad mínima para el panadero.

De hecho, la regulación ya introducía como uno de los componentes del precio regulado el beneficio permitido para el panadero que era seriamente restringido: el beneficio máximo del panadero se fijó en 1937 en 0,03 pesetas por kilo de pan, y sólo se actualizó en 1945 cuando se amplió a 0,08 y 0,20 pesetas por kilo de pan de tercera y primera respectivamente.[5] En cambio, el precio del trigo y de la harina no cesaron de crecer, disparando así el peso de este input crítico en la estructura de costes de la panadería, que en las tahonas de la época ubicadas en pueblos pequeños podía llegar a representar el 80% del coste total. La contención del coste del factor trabajo debió ser una ayuda importante para rentabilizar el negocio. Durante los primeros años de la postguerra, los sueldos de los trabajadores de panadería fueron muy bajos. Entre 1936 y 1945, los salarios nominales por hora para el conjunto de los panaderos cualificados crecieron un 51,5%, aunque sus salarios reales seguían en 1948 un 18% por debajo del nivel de 1936 (Paris, 1960: 180, 182), ante la creciente carestía de la vida.

5 El beneficio máximo regulado en 1937 se fijó en el decreto de 23 de agosto de 1937 (art. 11), mientras que la actualización de 1945 fue desarrollada en la Circular nº 511 de 12 de marzo de 1945 emitida por la CGAT (Revista de Legislación de la CGAT, II, pp. 254-291).

Fuente: Redacción EFE. Tomado de Ortí (2023).

La harina disponible fue racionada dando a cada panadero un cupo asignado por la Comisaría General de Abastecimientos y Transportes, que se calculaba en función del rendimiento mínimo esperado según el número de empleados y el grado de mecanización del negocio. La incapacidad del sistema para resolver el déficit de producción de pan se resolvió igualmente con la supervisión del consumo mediante un sistema de racionamiento al consumidor final de los productos de primera necesidad. La cartilla de racionamiento fue puesta en marcha mediante la orden ministerial de 14 de mayo de 1939 e incluía la regulación del consumo de 178 productos de primera necesidad, el pan entre ellos. La ración tipo de pan fijada oficialmente establecía una cantidad de 400 gramos diarios para un hombre adulto, que se reducía en un 20% para las mujeres adultas y los hombres mayores de 60 años y en un 40% para los niños de hasta 14 años. Pero en la realidad la situación aún fue peor, pues las deficientes cosechas y la política autárquica impedían siquiera garantizar las raciones prefijadas. Al menos hasta finales de los años 40 las cantidades suministradas de pan (frecuentemente adulteradas) fueron significativamente inferiores. La consecuencia fue una dramática caída del consumo medio per cápita de pan hasta 110 kilos anuales en 1948 y, tras la desastrosa cosecha de 1949, a 102 kilos en 1950. La demanda agregada no sufrió mejor suerte cayendo continuamente hasta 1950.

El empobrecimiento tanto en la renta nacional como en la renta per cápita fue una segunda derivada de la autarquía económica. La renta per capita retrocedió hasta la liberalización de 1959 un 23% respecto al nivel previo a la guerra. Al problema de la magra renta familiar se agregó el castigo a la capacidad adquisitiva de los salarios nominales que supuso la alta inflación imperante desde 1936, que sólo entre 1936 y 1942 llegó al 274% (Carreras & Tafunell, 2010). En el caso de los obreros agrícolas, los salarios reales llegaron a caer entre un 50% y un 75% entre 1935 y 1954 (Gómez & Luque, 2006: 12-13), mientras que el descenso medio para los trabajadores industriales fue del 35% entre 1936 y 1942 (Maluquer & Llonch, 2005: 1180). Los alimentos básicos no escaparon a este encarecimiento. La consecuencia inmediata fue la necesidad de destinar el 90% de los ingresos a alimentación, porcentaje que se reducía al 60% en las clases medias y al 50% en las altas (Gómez & Luque, 2006: 12-13). La mayoría de españoles tuvieron pues que restringir su consumo de pan a la ración oficial, que buscaron aumentar moliendo y horneando cualquier tipo de cereal (desde centeno a avena, pasando por cebada, mijo, maíz o bellotas) dando con un producto de escasa calidad. La patata fue un sustituto parcial del pan por su intensidad calórica y facilidad de cultivo. Más complicadas de conseguir eran las raciones de carne, leche, huevos o azúcar, que frecuentemente sólo eran obtenibles por la vía legal a través de una receta médica. El consumo de todos estos alimentos cayó de forma muy intensa durante las décadas de 1940 y 1950. A principios de la década de 1940, el consumo calórico per cápita cayó a 2.180 kilocalorías quedando muy por debajo del nivel mínimo requerido por las necesidades cotidianas; y en el transcurso del decenio apenas logro recuperar el nivel de las 2.377 kilocalorías, que seguía denunciando problemas de desnutrición en una parte importante de la población.

El pan se convirtió así en el protagonista de una vida negra, no sólo porque el pan racionado era negro sino porque fue vital en una economía de subsistencia en la que lo único que prosperó fue el mercado negro. La escasez del suministro a través del racionamiento dió alas al desarrollo de un mercado de estraperlo en el cual se comercializaba una parte de la producción que podía llegar a representar el 50% del consumo, permitiendo a quien podía comprar pan con el que complementar las insuficientes raciones oficiales. No obstante, el acceso a este mercado negro no era fácil al venderse las mercancías a precios altísimos debido a la escasez y a los riesgos que esta actividad ilícita comportaba. En una sociedad altamente polarizada, el pan blanco elaborado con harina de trigo de primera era un sueño, un producto de lujo excluido de la cartilla y obtenible solo con el estraperlo a precios disparatados.

La pequeña panadería de la familia Juan debió ser pues una salvaguardia del bienestar familiar ante los duros problemas económicos generales que sacudieron al país durante las décadas de 1930 y 1940. Pero la regulación y el propio empobrecimiento nacional impidieron la formación de verdaderas empresas de panadería. La fabricación de pan durante las décadas de 1940 y 1950 en España seguía dominada por pequeños hornos escasamente mecanizados, mayoritariamente atendidos por un oficial que trabajaba ayudado por varios aprendices en la producción artesanal de pan. La pequeña panadería de la familia Juan en la España de la postguerra era una de ellas, un reducto contra la desnutrición, pero circunscrito al logro de una renta de subsistencia en un entorno local.

Era pues un mundo demasiado limitado para el primogénito Antonio, un espíritu emprendedor que entró a trabajar en la panadería familiar regentada por sus padres sólo tras fracasar en otros negocios de naranjos y plantones. Deseoso de nuevos proyectos, tuvo a principios de la década de 1950 la idea de transformar la panadería familiar artesanal en una industria de panificación. Dado que la familia carecía del capital necesario para ampliar su capacidad productiva. Antonio tuvo entonces la visión de asociarse con los otros dos panaderos del pueblo para montar una panificadora desde la que concentrar y mecanizar la producción, para reducir los costes de producción, y para ampliar su mercado suministrando no sólo al vecindario de las panaderías asociadas sino a despachos de pan de toda la comarca de la Safor con una pequeña furgoneta. Nació así en 1952 la compañía *Juan, Moratal y Cía.* con tres socios (Ismael Juan -padre de Antonio-, Salvador Juan y Juan Moratal).

En un primer momento, el negocio creció con rapidez pues la panificadora instaló pronto dos hornos más, adquirió varios vehículos de reparto y contrató personal (hasta ocho empleados), permitiendo que Antonio se concentrase en la gestión. Rafa Juan, hijo del fundador y líder de la segunda generación, atribuye este primer impulso a la limitada competencia: "*en la posguerra, el pan era un producto de primera necesidad y [mi padre] aprovechó una oportunidad de mercado, junto con otros horneros de la comarca, en un momento en el que su venta funcionaba bajo el modelo de monopolio en la comarca*".

Efectivamente, la nueva empresa se concebía y arrancaba bajo un régimen de monopolio de la venta de pan. Sin embargo, esta regulación restrictiva de la competencia estaba llegado a su final. La adhesión de España al Consejo Internacional del Trigo en 1950 y la buena cosecha cerealística de 1951-52 animaron al Gobierno a aprobar en el mismo año en que la compañía salía al mercado las disposiciones liberalizadoras de la producción y el comercio de trigo y harina, a suprimir el racionamiento del pan y a autorizar la libre apertura de establecimientos y de la producción del pan. La subsiguiente liberalización de la producción y distribución de pan condujo pronto al crecimiento de la competencia de las nuevas panaderías, unas montadas incluso por antiguos operarios de la empresa en su mismo pueblo de nacimiento y otras tahonas nuevas que fueron surgiendo por los pueblos de la comarca, que vendían el pan recién hecho y con una calidad superior al producido industrialmente.

Pero los vientos del cambio no soplaban todos de forma desfavorable. Eran también tiempos de cambio de ciclo de la economía española, que empezaba a despertar tras dos décadas de estancamiento y recesión. La economía encorsetada, dominada por actores poco preparados para decidir en condiciones de competencia y presidida por una política económica poco inspirada, había originado una alta inflación desde 1936, que pudo llegar a mermar en un 30% el nivel de salarios reales durante la segunda mitad la década de 1950. El resurgir económico empezaba a desmontar las estructuras e instituciones inadaptadas a las necesidades de una economía moderna, y que obstaculizaban el libre juego del mercado. Consecuentemente, el entorno macroeconómico caminaba ya hacia una mayor estabilidad de precios, que sólo crecieron en la década de 1950 un 65,7%, a una tasa anual acumulativa del 5,2% (Maluquer & Llonch, 2005: 1268).

A partir de 1951, la mayor estabilidad de precios se combinó con subidas salariales nominales significativas en todos los sectores, de modo que los salarios industriales reales recuperaron en la segunda mitad de la década los niveles de preguerra. El aumento de poder adquisitivo provocó que el consumo per cápita de pan rebrotase con fuerza, alcanzando los 126 kilos en 1958, sin que el alza de su precio detuviese su pujanza. La demanda agregada de pan creció durante la década de 1950 aún en mayor medida que el consumo per cápita al acelerarse el crecimiento demográfico.

Gráfico 10. Consumo anual total de pan en España, en toneladas, 1650-2020.

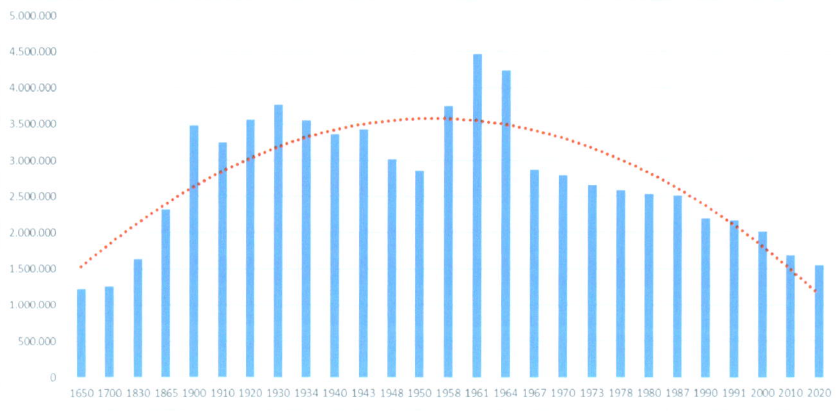

Fuente: bases históricas y MAPA.

La industria panadera artesanal progresó de forma apreciable empujada por esta creciente demanda y por la mejora adicional de su marco regulatorio. A pesar de que el aumento de los salarios impuesto por el nuevo Reglamento Nacional del Trabajo en la Industria de Panadería (Orden de 12 de julio publicada en el BOE de 19 de junio de 1946) acrecentase sensiblemente sus costes salariales directos, la liberalización de precios, que pasaron de estar regulados a ser autorizados, facilitó que aumentasen en mayor medida ayudando a recuperar margen de beneficio que alcanzó ya niveles atractivos a finales de los años 50.

La modernización económica no había llegado todavía a los canales de distribución, que seguían con una estructura primitiva y fragmentada, pero sí empezaba a despuntar en la industria panadera. Aunque la mayoría de panaderías seguían siendo pequeños negocios artesanales con una producción limitada a la venta directa al consumidor cercano, estaban empezando a constituirse nuevas empresas que industrializaban la elaboración de pan a gran escala aprovechando la recuperación de la demanda que podía observarse tras haber tocado fondo en 1949. Era el caso de la Sociedad Panificadora-Horno de San Roque, creada en 1930 en el pueblo valenciana de El Toro; o de la Harinera San Miguel creada en 1948, que dio un salto cualitativo en 1953 al transformarse en sociedad anónima.

El proyecto de Antonio estaba probablemente inspirado en estos antecedentes de panificadoras industriales primerizas, y quizás por sus antecedentes más lejanos de la preguerra. Pero había una diferencia sustancial: la escasez de capital. La nueva panificadora no llegó a alcanzar, probablemente por la falta de capital con el que financiar la inversión, una talla suficiente para lograr verdaderas economías de escala, convirtiéndose así en una macropanadería intensiva en trabajo e insuficientemente mecanizada, y con métodos de producción y gestión tradicionales y válidos quizás para pequeñas tahonas, pero no para una empresa industrial de mucha mayor complejidad.

La especial vitalidad que la economía y el mercado del pan habían alcanzado en la segunda mitad de los años 50 no se materializó en la panificadora, que en los años finales de esa década caminaba hacia una crisis financiera. La misma motivó la salida de uno de sus socios fundadores (Juan Moratal) y la refundación societaria ahora con el nombre de *Juan y Juan, S.R.C.*, razón social que ha perdurado hasta nuestros días, aunque con un formato jurídico distinto. La participación de la familia Juan en la nueva sociedad se instrumentalizó ya a nombre de la siguiente generación. Antonio y sus dos hermanas se convirtieron así en los primeros socios de la sociedad pionera del Grupo Vicky Foods hacia 1959.

Era un momento especialmente proclive para el reflotamiento. El consumo per cápita de pan se acercaba rápidamente a los 150 kilos anuales sostenido por el aumento continuo de los salarios reales. La mejora de la capacidad de compra del consumidor había dado margen a la población para encajar el aumento del coste del pan y aumentar su consumo. La demanda agregada crecía a un ritmo aun mayor gracias al alza de la población. La contención del coste de su principal materia prima, la harina, colaboró también en una mejora significativa del margen y la rentabilidad sobre ventas.

Sin embargo, ni la remodelación jurídica de la panificadora ni el creciente atractivo de la industria pudieron resolver los problemas de la empresa, que iba de mal en peor. El curso posterior de la empresa es imposible de comprender sin hacer referencia a la figura de Victoria Fernández, la esposa asturiana de Antonio con quien contrajo nupcias en 1958 y que, "más que la fundadora, fue alma, corazón y cerebro" de la misma (Domingo, 2021). Su hijo Rafa Juan ha recordado el carácter inquieto e inconformista de su madre, y su deseo de ayudar a su marido en contra de su voluntad. Esta voluntad se hizo realidad cuando

Victoria descubrió que el precio de los bizcochos no alcanzaba a cubrir el coste de la docena de huevos utilizados para su confección. Este descubrimiento abrió definitivamente las puertas de la empresa a Victoria en 1962, pero también fue fuente de continuos roces con las hermanas de Antonio. Los frecuentes conflictos indujeron a Antonio a propiciar la división de la herencia del abuelo Ismael, a resultas de la cual Antonio quedó como propietario de la participación familiar en el negocio y sus hermanas con el resto de propiedades.

La empresa cogió impulso con la complementariedad de habilidades del matrimonio, que sumó sinergias en la gestión y permitió salvar los momentos críticos vividos entre 1958 y 1962. Antonio y Victoria formaron entonces un tándem en el que Antonio aportaba visión de futuro y buenas ideas, que Victoria sabía llevar a la práctica. Rafa Juan evocaba la complementariedad de sus padres afirmando que su padre "tenía buenas ideas, pero muchas veces no podía ponerlas en práctica. Tenía visión de futuro, aunque le costaba el presente"; y ahí su madre era el complemento perfecto (Vila, 2022). El matrimonio familiar y empresarial moduló entonces una visión del futuro deseado para su negocio: construir un proyecto de calado que pudiese progresar en el mercado nacional.

La primera iniciativa de Victoria fue poner orden en una empresa que estaba muy desorganizada, buscando cómo mejorar los procesos y logrando enderezar su rentabilidad. A continuación, Victoria se planteó la modificación de la cartera de productos. Las panaderías de entonces tenían como costumbre completar la producción nocturna de pan con la elaboración artesanal durante el día de productos de bollería y pastelería, optimizando así la capacidad productiva instalada con el horno como cuello de botella y consiguiendo unos ingresos adicionales. Aunque los dos tipos de productos respondían a necesidades distintas, sus tecnologías y exigencias de equipos y capacidades eran similares y ofrecían elevadas sinergias en la producción y la comercialización. La panificadora familiar siguió inicialmente la misma política de complementariedad de productos de panadería y bollería-pastelería. Victoria desplegó entonces su creatividad en el desarrollo de nuevos productos en esta segunda categoría de productos horneados. De todos modos, la panificadora familiar seguía anclada fundamentalmente en la producción industrial de pan fresco.

3.2. Del pan al bollo: crecimiento y consolidación del grupo Juan y Juan

La industria panadera, en el contexto de una economía española en raudo desarrollo impulsada por la inversión y el consumo privados, vivía en los primeros años 60 una fase dulce. Aunque el consumo per cápita hubiese disminuido ligeramente, seguía en niveles altos y, unido a un crecimiento demográfico cada vez más acelerado, engendró una demanda total que entre 1958 y 1964 alcanzó unos máximos históricos cercanos a los 4,5 millones de toneladas. El margen de beneficio promedio seguía creciendo y, en 1963, alcanzaba ya 1,413 pesetas por kilo, lo que representaba una rentabilidad sobre ventas del 16,4%.

Pese a esta favorable coyuntura sectorial, la evolución de *Juan y Juan, S.R.C.* distaba de satisfacer las expectativas que Victoria y Antonio albergaban. El negocio, una vez enderezado financieramente, debió crecer de forma moderada expandiéndose por la provincia, pero los avances no eran completamente satisfactorios para sus propietarios ante el cúmulo de problemas que se les planteaba, que venían referidos principalmente a la actividad panadera. La duda de si la actividad panadera era el negocio adecuado para hacer realidad la visión de hacer del pequeño negocio comarcal un proyecto empresarial de mayor calado que progresase en el mercado nacional, y por tanto si se debía seguir compaginándo con la bollería y pastelería, había empezado a germinar.

El hecho de que el pan fuese un alimento básico e imprescindible para la seguridad alimentaria de la mayoría de la población, y que su escasez y encarecimiento hubiesen estado siempre ligados a crisis de hambre, lo hizo históricamente un sector objeto de gran escrutinio y regulación por el sector público. La regulación debía ser pues una dimensión del negocio panadero que inquietaba a Victoria y sobre la que pensaba que nada hacía presagiar un cambio a mejor a corto plazo. De hecho, la política de precio tasado y peso reglamentado de todas las piezas de uso cotidiano fue un motivo de conflicto entre los empresarios panaderos y la autoridad política, hasta la liberalización de precios en 1987.

La panificadora industrial planteaba también serios problemas de orden productivo y tecnológico. La producción a gran escala exigía resolver problemas de ingeniería industrial. La electrificación de las diferentes fases de la cadena de valor del pan había abierto las puertas a nuevos métodos de producción alejados de las costumbres ancestrales. *Juan y Juan, S.R.C.* abordó este reto con ingenio y dentro del marco de posibilidades que sus recursos financieros y humanos ofrecían, pero algunos problemas parecían escapar a sus capacidades. Las dificultades de mayor envergadura fueron las encontradas a la hora de controlar los procesos de fermentación, respecto a las cuales Rafa Juan (2021: 34) reconocía:

"Mi padre acabaría renegando (de la producción de pan) hasta el punto de prometer que nunca más volvería a fabricar ningún producto similar. Además de los problemas con la competencia, tenía muchas complicaciones con la fermentación, debido a que influían en ella demasiados factores, especialmente la calidad de la harina y de la levadura, y las condiciones de temperatura y humedad (...) Todo ello hacía que fuera difícil elaborar pan y que en repetidas ocasiones tuvieran que desechar la producción y no pudieran servir a los despachos de pan".

Otra barrera significativa era la creciente competencia de panaderos artesanos que surgía por doquier, pero cercana a los centros de consumo para suministrar el pan fresco en las mejores condiciones. Algunos de estos panaderos urbanos o ubicados en áreas de intenso trabajo industrial, animados por el crecimiento de la demanda agregada, empezaron a industrializar su producción, al mismo tiempo que aparecían grandes panificadoras industriales promovidas por empresarios de sectores conexos (harinería y trigueros). La incipiente introducción de las técnicas de congelación abría las puertas además a un producto sustitutivo del pan artesanal, el elaborado sobre masas congeladas, que terminaría polarizando la oferta de las panificadoras industriales en pocas décadas.

La competencia se incrementó además por el avance de otro producto sustitutivo tanto del pan artesanal como del industrial: el pan de molde. Las virtudes que se atribuyeron a este pan llevaron incluso al Ministerio de Agricultura a recomendar la confección del pan americano en 1931). La vieja recomendación del Ministerio de Agricultura de fomentar el pan americano se estaba haciendo realidad tres décadas más tarde con un éxito espectacular entre la emergente clase media. Panrico (Panificio Rivera Costafreda, S.L.) en 1962 y Bimbo, S.A.U. en 1965 fueron las dos empresas artífices de este cambio, constituyéndose rápidamente en las primeras grandes compañías panaderas españolas, gracias a que su producto envasado permitía la venta libre en todo el territorio nacional, desligando su venta de los establecimientos clásicos y colocándolo en supermercados y grandes superficies, sin problemas de conservación ni intervención de precios, mientras que el pan fresco común seguía constreñido a mercados locales y precios autorizados.

En el ámbito productivo, *Juan y Juan, S.R.C.* se encontraba en una posición intermedia entre la panadería artesanal y la industrial. El suministro de pan fresco sólo es posible con la producción artesanal, pero la opción por el modelo de panadería artesanal era ya complicada porque implicaba deshacer el camino ya recorrido hacia la producción de pan a gran escala. La opción de progresar en la panificación industrial era una alternativa que al menos parecía encajar con los planteamientos políticos entonces en boga, poco favorables para los pequeños negocios de producción artesanal. Un aviso de ello fue el *Plan de Desarrollo de España 1964-67*, que apuntaba a una reestructuración de la industria panadera por considerar excesiva la fragmentación de la oferta plasmada en 30.000 empresas (Prados, 1965: 98). Se señalizaba así la vía que la política pública deseaba promover la concentración de empresas para conseguir capital suficiente para la mecanización de la producción, optando así por fomentar la panadería industrial en detrimento de la panadería artesanal. La misma demanda de pan industrial daba vigorosas trazas de evolucionar al alza, a diferencia se la senda bajista en que parecía entrar el pan artesanal.

Sin embargo, el progreso en el modelo de panificación industrial no era tara sencilla La capacidad de prestar un servicio regular de pan a distancia en condiciones de calidad aceptables precisaba de un equipamiento y unas tecnologías de alto coste. Obligaba pues a la familia Juan a una importante inversión de capital del cual carecían. De hecho, la elaboración de los productos de bollería que la compañía lanzó en la segunda mitad de los años 60, se inició de forma artesanal en el antiguo obrador familiar, que cuando se abrió la nueva fábrica tuvo que venderse para reducir las deudas del negocio. La adopción de las nuevas tecnologías desarrolladas bien para el pan congelado bien para el pan de molde presentaba incluso mayores riesgos financieros al multiplicar la necesidad de inversión, además de un alto riesgo económico pues conducía a la competencia directa con las empresas panificadoras de mayor tamaño y con más recursos. La posibilidad de recurrir a capital externo fue entonces desechada por la actitud reacia de los fundadores ante el endeudamiento, y que ha perdurado hasta ahora con la práctica de un crecimiento autofinanciado. Rafa Juan (2023) así lo reafirma:

"Algo que hemos heredado de mi madre es que siempre quería la empresa autofinanciada. De jóvenes, mis padres andaban siempre con letras pendientes y problemas de liquidez. De ahí su obsesión por crecer solo con los recursos propios, sin endeudarse".

Por otra parte, a pesar del boyante aumento del consumo per cápita que se había vivido en los últimos años, las perspectivas de crecimiento futuro de las ventas de pan de la empresa parecían limitadas. El incipiente despegue económico español desde los años 60 había empezado a dinamizar las grandes ciudades y a conformar núcleos industriales potentes, disparando la demanda de pan en estas aglomeraciones urbanas e industriales. Aunque se estaba observando ya un retroceso del consumo per cápita de pan, el fuerte crecimiento demográfico seguía impulsado al alza el consumo total. Pero *Juan y Juan, S.R.C.* estaba alejada de los centros urbanos e industriales de mayor consumo. Villalonga era en los años 50 un ecosistema emprendedor con un desarrollo prometedor en industrias de proceso y la población en el pueblo y su entorno circundante se mantuvo estable hasta los años 60, gracias al dinamismo de su diversificada base productiva, que engendraron un nivel de renta significativamente superior al promedio comarcal y provincial. Pero el tamaño del mercado circundante era limitado en volumen y por las deficientes vías de comunicación. Todos estos factores cercenaban las perspectivas de crecimiento del negocio del pan para Juan y Juan.

La empresa hubiese podido dilatar su área de mercado penetrando en territorios extracomarcales. La tesitura del acceso a mercados cada vez más distantes y mal comunicados puso a la empresa frente a un hecho: las limitaciones del pan fresco para la distribución a gran escala ante su breve duración en condiciones aptas para el consumo. El área de mercado suministrable desde una única planta equipada con la tecnología tradicional de horneado como la que poseía la empresa estaba acotado por la distancia a la que podía garantizarse un suministro regular de pan fresco común. Para Victoria, éste era el principal cuello de botella para el crecimiento de la empresa. Por supuesto, *Juan y Juan, S.R.C.* hubiese podido abrir nuevos centros de producción más cercanos a las áreas de mayor demanda. Pero esta opción no encajaba con la filosofía de empresa de sus fundadores, que siempre desearon mantener la raigambre local del negocio y derramar riqueza en su origen.

Gráfico 11. Evolución del consumo de derivados de los cereales en España, 1964-1989.

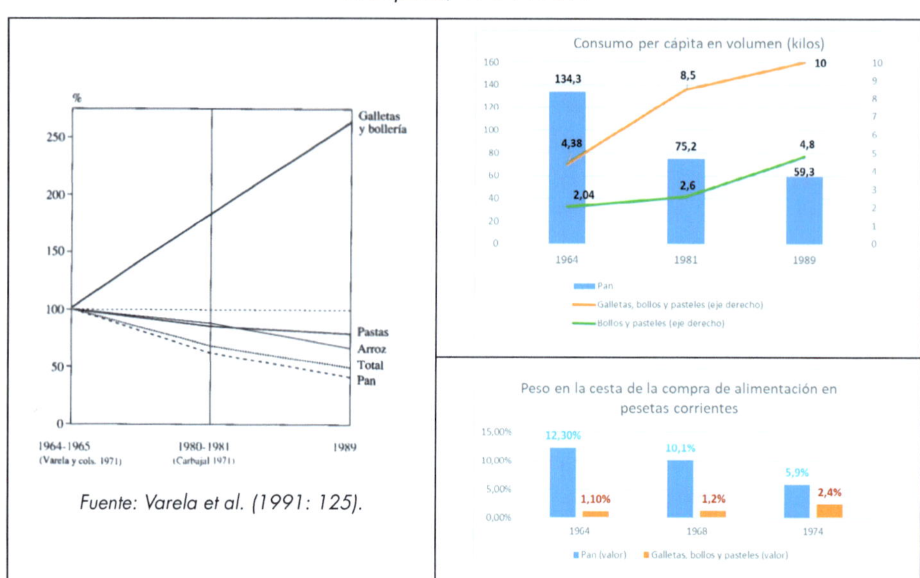

Fuente: Varela et al. (1991: 125).

El estudio del mercado de productos horneados añadía otras incertidumbres. Aunque a mediados de los años 60, el mercado del pan daba la impresión de estar en una situación prometedora con altas cifras de consumo per cápita y demanda agregada, ambos indicadores habían empezado a descender desde principios de la década. Al mismo tiempo, existían evidencias indiscutibles del crecimiento del consumo de otros productos, principalmente de origen animal, cuya justificación residía en su aportación de vitaminas y proteínas. El aparente cambio de dieta incluía asimismo el crecimiento del consumo per cápita de productos no necesarios para la nutrición humana, como el azúcar, los dulces y la confitería.

La duda que entonces existía era si el cambio del patrón de consumo alimentario iba a persistir, y en qué medida y a qué velocidad iba a transformar la demanda de alimentos horneados. La primera *Encuesta de Presupuestos Familiares* del INE de 1958 cifraba el consumo de alimentos dentro del subgrupo de pan, pasta y cereales (que incluía todos los alimentos derivados de los cereales) en el 18,5% del gasto medio anual per cápita. La segunda oleada de 1964 apuntó ya una tendencia al retroceso del gasto en alimentos derivados de los cereales que caía al 16,2%, es decir, una disminución de 2,3 puntos porcentuales en apenas seis años. Este retroceso del gasto en alimentos derivados de cereales parecía tener su principal causa en la caída del consumo per cápita de pan, mientras que el consumo de galletería, bollería y pastelería daba signos de crecer, pero seguía en niveles muy bajos. Pero la extracción de conclusiones firmes sobre el cambio del patrón de consumo de los alimentos derivados de los cereales y cuál podía ser la tasa de traslación de gasto desde el pan a la bollería y a la pastelería era incierta.

La bollería y la pastelería no eran alimentos desconocidos, pues tenían una larga tradición en las civilizaciones egipcia, griega, romana y árabe. Pero a pesar de esta secular tradición y del arraigo de los dulces en la alimentación española, el consumo de bollería y pastelería elaborada por profesionales era limitado y se limitaba a las clases más favorecidas. Los dulces consumidos por la mayoría de la población hasta bien entrado el siglo XX eran elaborados en el ámbito doméstico, por lo que el volumen de su mercado era poco relevante. Hacia 1964, el volumen de la demanda de bollería, pastelería y galletería, aunque parecía evolucionar al alza, seguía siendo muy inferior al de pan, con un consumo per cápita de 4,4 kilos anuales que en volumen apenas representaba el 3,3% y en valor (pesetas corrientes) el 12,6% de este último. La cesta de la compra de alimentación seguía pues dominada por el pan, que suponía un 12,3%, frente a apenas un 1,1% para bollos, pasteles y galletas.

El problema latente que las empresas de panadería tenían planteado a principios de los años 60 era pues qué opción cabía juzgar como preferible: si mantenerse en un producto como el pan que seguía siendo de consumo masivo y aparentemente creciente tras los años de pobreza y absorbía un significativo porcentaje del gasto total medio en alimentación de una familia española; desplazarse hacia unos productos como los de bollería y pastelería con un consumo muy inferior, concentrado hasta entonces en la oferta artesanal, pero con serios indicios de un crecimiento industrial explosivo; o compaginar ambas actividades. Un cálculo erróneo podía sumergir a una empresa con una situación comprometida en una dinámica comercial peligrosa de reducción del negocio clásico que no se viese compensada con las nuevas ventas; y en un incremento del riesgo financiero derivado de las inversiones para el lanzamiento de los nuevos productos. Pero una actitud timorata podía ser antieconómica si terminaba germinando un mercado emergente de gran consumo y alta tasa de crecimiento, en el cual era vital "entrar primero" para aprovechar las economías de experiencia, seleccionar los mejores activos y crear posibles barreras de entrada a futuros competidores.

La falta de certeza sobre el atractivo respectivo de estas dos industrias se acentuaba por la dispar situación de la competencia en ambas. Mientras que la industria panadera ya sufría una rivalidad intensa, tanto dentro de la panadería artesanal como en la panadería industrial, la bollería y pastelería se caracterizaba por una oferta mucho más reducida y descentralizada en pequeños establecimientos artesanales, si bien estaba eclosionando una bollería y pastelería industrial de gran volumen concentrada en unos pocos competidores que estaban lanzando productos innovadores con una gran inversión publicitaria.

Gráfico 12. Consumo anual de bollería y pastelería en España, en toneladas, 1964-2021.

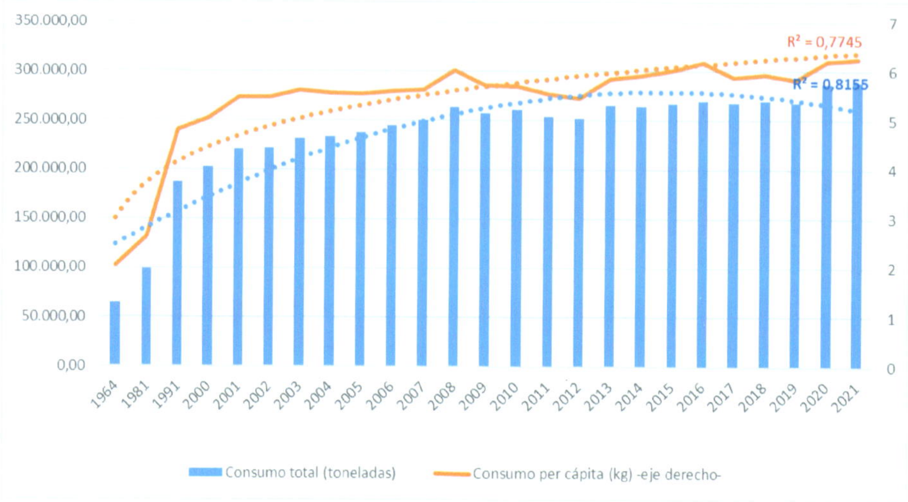

Fuente: bases históricas y MAPA.

La hipótesis de que el mercado de bollería y pastelería industrial parecía estar preparado desde principios de los años 60 para un crecimiento acelerado se veía apoyada por el éxito inmenso e inmediato que consiguió Andreu Costafreda al crear en 1962 la empresa Donut Corporation para producir en España los famosos Donuts®. A esta entrada pionera le sucedieron otras empresas como Bimbo, que sacaron a mediados de la década de 1960 productos icónicos como los pastelitos Mi Merienda (el primer bollo industrial popularizado en el país en 1964), Bony, Tigretón, Bucaneros, Tunos y Pantera Rosa.

En cambio, otras empresas que serían competidoras de Dulcesol en bollería y pastelería en la siguiente década optaron por seguir penetrando en la panadería industrial, tanto en la categoría clásica de pan fresco como en los nuevos segmentos de pan de molde o pan tostado (Bimbo y Panrico). Muchos otros obradores diseminados por toda España que se habían convertido en panificadoras se mantuvieron en la panificación industrial hasta la siguiente década, como Magdalenas de las Heras, S.A. (que dio el salto en 1975) o La Bella Easo (que se reposicionó en 1972). Hubo otras como Repostería Martínez, S.A. que se mantuvieron en ambas categorías de alimentos.

Fue Victoria quién finalmente en 1964 propuso enfocarse en la bollería y pastelería y abandonar la producción de pan. Esta fue la primera decisión crítica que Victoria hubo de tomar tras asumir el timón de la empresa con su marido. Aparentemente, la decisión se tomó justo en el momento ideal. Desde 1964, el consumo per cápita de pan cayó a un ritmo tan acelerado como el del aumento del consumo per cápita de bollería y pastelería. La transformación del mercado del *bakery* fue tomando forma a lo largo de las décadas de 1960 a 1990 en sintonía con una economía en rápido crecimiento, con importantes transformaciones estructurales y ganancias de productividad, que facilitaron un alza muy importante de las retribuciones salariales en términos reales; y con cambios de alcance relevantes en el patrón alimentario ligados a nuevas prácticas de consumo y al creciente trabajo femenino en ámbitos extradomésticos.

La primera oferta de productos de bollería, que constó de artículos de acompañamiento para el desayuno y entre horas dirigidos a un público adulto (palmeras, bizcochos y bollos), tuvo una favorable acogida. El producto de la empresa más vendido en la década de 1960 fueron los hojaldres, y en especial las Palmeritas, que se han mantenido ininterrumpidamente en producción desde 1965 y son la referencia más antigua incluida en catálogo. La oferta de la empresa encajó con las necesidades alimentarias de una población creciente en volumen y poder adquisitivo y con pautas cambiantes de consumo alimentario que favorecían la asignación de un presupuesto superior a alimentos no básicos.

Inmersa en un ciclo de acelerado crecimiento económico y nutrida de un atractivo catálogo de productos, la demanda avanzó rápidamente llevando al antiguo obrador a una infracapacidad permanente. El tándem Antonio-Victoria se vio así pronto obligado a ampliar su capacidad productiva. En 1969 inició la construcción de una fábrica en una nave industrial ubicada en las afueras de la ciudad, equipada con los dos hornos que ya poseían y un tercer horno en continuo (producido por IPSA con la patente alemana de Werner & Pfleiderer) que resultó de tan buena calidad que seguía activo 50 años después. Esta fue la primera fábrica del grupo y fue decisiva para ampliar significativamente la capacidad y variedad de producción, superando la inicial fabricación artesanal y permitiendo una mayor eficiencia. En especial, la enorme capacidad productiva del horno en continuo fue una ventaja competitiva cuando años después la demanda creció rápidamente.

Sin desmerecer la importancia de los primeros productos de esta categoría que fueron su tarjeta de visita para la entrada en el mercado de bollería, Victoria sabía que no dejaban de ser artículos ya conocidos y, por consiguiente, poco innovadores, y de un consumo limitado. Victoria tenía en la cabeza el objetivo de encontrar un producto más atractivo y con una demanda agregada más voluminosa, que sirviese de plataforma para acelerar el crecimiento de la empresa aprovechando plenamente la transformación del patrón nacional de consumo.

Es entonces cuando Victoria puso el foco de su interés en las magdalenas. Este era un producto estrella en la bollería de la época, con gran consumo y que podía aportar el volumen deseado, y que estaba permitiendo crecimientos espectaculares a empresas familiares con una trayectoria paralela a la suya, como eran los casos de Magdalenas Lázaro, Magdalenas El Zángano u Ortiz. El punto de inflexión en la historia de Vicky Foods llegó en 1972 precisamente cuando Victoria inventa las *Glorias*, las primeras magdalenas cuadradas del mercado. Su particular composición que le daba un sabor distinto, su original forma (que permitía ventajas logísticas de envasado, almacenamiento y transporte frente a las clásicas redondas) y su precio competitivo fueron todo un éxito que ayudó a poner el germen de lo que iba a ser la compañía en los próximos años. "*Una receta distinta, a un precio competitivo y en un formato cuadrado, un modelo que patentamos nos lanzó porque dejamos de copiar magdalenas e hicimos un producto propio, diferenciado*", explica Rafael Juan (Vila, 2022).

Las magdalenas Glorias se convirtieron en el producto madre de la empresa, en el talismán que le abrió las puertas al éxito. De su enorme atractivo habla que el producto siguiese en el mercado 50 años después de su lanzamiento con plena aceptación. La compañía informó en 2018 que 985 millones de magdalenas con la marca habían sido distribuidas por el mundo hasta entonces. Pero la compañía, sin perder el eje de su negocio que giró durante mucho tiempo alrededor de las Glorias, percibió pronto que la competencia en magdalenas cuadradas era enorme y que mantener el crecimiento requería nuevos productos. Por ello, aprovechando que el volumen de su producto estrella empezaba a menguar ligeramente dejando capacidad productiva libre en la planta de Villalonga, Victoria lanzó las *Valencianas* a finales de los 70, con la misma receta que las *Glorias* pero de forma rectangular que las hacía más aptas para mojar en la leche. Fueron otro éxito inmediato que reforzó el posicionamiento de Dulcesol en la bollería para desayuno o merienda de adultos. El progresivo aumento de la diversidad de la producción fue gestionado bajo la marca **Dulcesol**®, que data de 1976. Esta marca fue una palanca poderosa para la popularidad y crecimiento de la empresa. Efectivamente, las magdalenas Glorias de Dulcesol se convirtieron en un icono para el desayuno y la merienda familiares de la España de los años 70, acompañadas del clásico café con leche o vaso de leche según la edad del consumidor.

Los nuevos productos de bollería se vendían inicialmente en los mismos despachos que antes comercializaban pan, pero pronto la demanda desbordó los confines locales y la compañía empezó a crecer por La Safor y comarcas limítrofes durante la segunda mitad de los años 60. La distribución funcionaba con repartidores autónomos que tenían rutas fijas con visitas asignadas y que compraban el producto como un cliente más para luego revenderlo a precios preestablecidos. Este esquema facilitaba un control completo que aseguraba la visita semanal como mínimo a los clientes para garantizar la frescura del producto y el respeto de los precios marcados. Aunque la demanda seguía concentrada en Valencia y Alicante, pronto empezaron a surgir pedidos del resto de España. La cobertura de la demanda a un mercado nacional se basó en un sistema mixto de distribución, que combinaba la distribución directa al mercado cercano (en un radio de alrededor de 60 kilómetros alrededor de la fábrica, es decir, de Cullera a Benidorm) y a través de distribuidores independientes al resto de España, permitiendo que los productos de la empresa llegasen a muchos puntos de España.

La buena marcha del negocio obligó pronto a concentrar toda la capacidad de la planta en las magdalenas, a externalizar la elaboración de las Palmeritas (el único producto que sobrevivió al éxito de las Gloria) en un colaborador externo que las producía con la marca Dulcesol, y a ampliar de nuevo la capacidad productiva con una segunda línea más automatizada con otro horno IPSA y un tren de laminado que, en aras a la diversificación, se dedicó a producir referencias de bollería que tuvieron un impacto menor. Pero ni siquiera la ampliación de la plantilla, que alcanzó los 50 empleados en dos turnos, fue suficiente, obligando a construir una segunda planta en Gandía. La construcción de esta nueva fábrica dio pie a la constitución el 30 de diciembre de 1978 de **Dulcesa, S.A.** Luego ya antes de finalizar la década de 1970, la actividad productiva de la empresa emanaba de sus plantas productivas de Villalonga y Gandía, que siguen siendo hoy en día su pulmón industrial.

Aunque parezca sorprendente, la empresa carecía en esos momentos prácticamente de sistemas formalizados de gestión y control de los procesos, así como de sistemas administrativos rigurosos y de planes formalizados. El grupo directivo, que dedicaba la mayor parte de su tiempo a tareas operativas, tomaba sus decisiones a partir de su experiencia, sin más información que la que obtenía de canales informales y de la relación con sus colaboradores y distribuidores. Ni Victoria ni nadie de su equipo de colaboradores de entonces contaba con titulación superior ni con preparación especializada formal en gestión empresarial, hasta la incorporación en 1983 del primogénito de la familia Juan. A pesar de todo, a principios de los años 80, la compañía llegó a colocarse entre la élite de la industria española de bollería y pastelería armada sobre todo con el espíritu emprendedor de Antonio, el talento empresarial natural de Victoria y el trabajado denodado de todo el equipo que fueron constituyendo a su alrededor.

La expansión en el negocio de la bollería y pastelería industrial arrancó con un concepto muy simple de negocio lanzado por Victoria: elaborar "productos de primera calidad a precios muy competitivos". El énfasis en la calidad se sostuvo en dos elementos. Por un lado, la marca propia **Dulcesol** fue desarrollada como garantía de calidad del producto con altas especificaciones con un éxito notable, que hizo de ella un activo clave para la competititividad de la empresa durante más de 40 años. Por otro lado, el desarrollo de producto "de una calidad esmerada a un precio competitivo" requería un trabajo creativo basado en un gran dominio de las propiedades y tecnologías de bollería y pastelería. Este esfuerzo de lanzamiento de productos con alta calidad de diseño se complementó con la búsqueda de la máxima calidad de conformidad y del modo de conciliarla con el continuo incremento de la escala y variedad de producción para conseguir el menor coste unitario. La calidad de conformidad en la elaboración de productos vendidos a bajos precios precisó aunar la capacidad de fabricar productos de altas especificaciones a gran escala y con los mínimos costes de no calidad.

En su empeño de ganar volumen sin que fuese en detrimento de la calidad del producto, la empresa sostuvo una inversión continua en tecnología e innovación de procesos. Una vez se vio la solidez del crecimiento de la demanda de sus productos, la compañía apostó decididamente por automatizar al máximo la producción y por perfeccionar los procesos de mantenimiento. Ya en los años 70 se introdujeron trenes en continuo para la manipulación y logística de los flujos de horneado y embolsado y los hornos más avanzados existentes en la industria en aquel entonces, dándoles una configuración propia que intentaba mantener la máxima velocidad y versatilidad productivas, apoyando así eficazmente la creciente variedad de productos. La empresa tomó así pronto ventaja en eficiencia y flexibilidad productiva con sus propios desarrollos técnicos, que siguió protegiendo y reforzando, y con una actitud práctica a la hora de resolver los problemas cotidianos que surgían en la producción.

Otro acierto de Victoria fue asentar dos ejes estratégicos: innovación y diversificación de la oferta. Estos dos conceptos han ido desde entonces ligados a la historia de esta empresa familiar y han sido claves para su crecimiento y su consolidación productiva, comercial y tecnológica. En especial, la prioridad concedida al eje de la innovación anticipaba una tendencia de la industria, que ofrecería una variedad de producto cada vez mayor hasta proporcionar en los años 90 más de 400 referencias diferenciadas. Por tanto, en esta industria el crecimiento en ventas dependía directamente de la variedad de productos que cada empresa lanzaba. La visión innovadora de Victoria se demostró con su desarrollo continuo de la gama de bollería y pastelería. Victoria también aportó los valores que sus sucesores reconocen han quedado impregnados en la cultura de la empresa y sobre los que se sigue trabajando en la actualidad.

La visión estratégica de Victoria de fabricar productos de la máxima calidad al menor precio requería materias primas excelentes a costes razonables. El huevo era la materia prima esencial sobre todo para la elaboración de su producto estrella de entonces, las magdalenas, que llevan un 25% de este input en su composición. Sin embargo, era difícil de conseguir en el mercado donde estaba sujeto a variaciones de precios significativas y a problemas de calidad. Para mejorar el suministro en precio de este input y evitar posibles rupturas de stock, se inició la producción propia de los huevos que precisaba con una calidad de primera y a un precio competitivo. El 20 de mayo de 1980 creó la sociedad Ovo, S.A. Esta empresa, sita en Ador (Valencia), se dedicó hasta su extinción en 2011 a almacenar en cámaras de frío los excedentes de producción de las granjas productoras consiguiendo así una gestión de compras más estable y un stock de seguridad, disponiendo además de una moderna rompedora de huevos para su primera transformación. El interés por conseguir una materia prima de la mayor calidad motivó la decisión de construir una granja propia en una zona cercana a las plantas. Nació así la SAT 3554 La Solaneta, S.L., más tarde redenominada Granjas Dulcesol, S.L.U. La primera producción de huevos propios se obtuvo en 1985. Esta granja tiene hoy más de medio millón de gallinas y abastece el 98% de sus necesidades de huevos.

Una línea de diversificación distinta fue la que condujo a la inversión de una importante cantidad de recursos en negocios ajenos al núcleo de actividad de la empreda, como es el inmobiliario. Esta línea fue reduciendo su absorción de excedentes a lo largo de los años 80 con la entrada de la nueva generación en la empresa.

Esta expansión de la talla de la empresa trajo inevitablemente consigo una mayor complejidad no sólo en el terreno productivo sino también en el jurídico. Cada una de sus dos fábricas estaba adscrita a una empresa distinta (Juan y Juan, S.R.C. la de Villalonga y Dulcesa,

S.A. la de Gandía), a las que se unirían poco después OVO, S.A. y la SAT 3554 La Solaneta, S.L. Las cuatro sociedades que la familia Juan controlaba a principios de los años 80 tenían accionistas distintos en cada caso, tanto familiares como no familiares. Pero al mismo tiempo las mismas tenían accionistas comunes que poseían una participación de control. Por ello, la compañía formaba ya de facto un grupo, aunque no se presentaron cuentas contables consolidadas hasta 1996. La denominación formal del grupo de facto era **Grupo Juan y Juan.**[6]

La compañía arrancó pues los años 80 con unos activos y unas estructuras productiva, comercial y jurídica razonablemente ordenados y dimensionados a las primeras necesidades de su proceso de crecimiento en dimensión, ventas y extensión de mercados servidos. No obstante, la expansión de la compañía durante la década de 1980 no fue fácil en absoluto, pese al entorno favorable de que gozaba la bollería y pastelería por el viento de cola favorable impulsado por la trayectoria ascendente de una demanda que había entrado en su ciclo de vida en la fase de crecimiento. La empresa afrontó, especialmente durante la primera mitad de los años 80, serios problemas tanto económicos como familiares y de gestión, para consolidarse entre los líderes del mercado ibérico.

Los problemas económicos tuvieron un componente macroeconómico, pues el periodo 1978-1985 que medio entre la aprobación de la Constitución y la entrada en la Comunidad Europea fue una fase difícil durante la cual la economía española se enfrentó a una crisis sin precedentes alimentada por los desequilibrios heredados de la transición política, los efectos desfasados de las crisis energéticas de los años 70 y el duro coste del ajuste necesario para la integración en la CEE. Las complicaciones económicas tuvieron otro componente sectorial, que resultó del fuerte crecimiento de la rivalidad en la industria durante los años 70 y 80. Aunque el mercado de pastelería y bollería está significativamente segmentado por categorías y la situación en cada una de ellas era diferente, la tendencia general era al endurecimiento de la competencia principalmente por el crecimiento de la oferta que llevó a una estructura sectorial bastante atomizada aunque con una cuota significativa del mercado en manos de pocas empresas. Dentro de la oferta cabía distinguir cuatro tipos de competidores:

— Competidores multiproducto que, además de su fortaleza en panadería, galletería u otras categorías del dulce, cubrían toda o buena parte del catálogo de productos de bollería y pastelería. Se trataba pues de rivales consolidados y con una base competitiva y financiera muy potente. Era el caso de Panrico (marca de la compañía Panificio Ribera Costafreda, S.L.), Bimbo, S.A. (que ya fabricaba magdalenas desde 1965) y Productos Cropan, S.A. (la empresa del grupo Agrolimen creada

[6] De hecho, esta fue la expresión que adoptó la empresa en sus declaraciones de cuentas anuales para referirse al grupo del que formaban parte las distintas sociedades hasta el año 2007. La denominación como Grupo Juan y Juan era coherente con el hecho de reconocer a Juan y Juan, S.A. como su sociedad de cabecera, como se reconocía en las cuentas anuales indicadas, y con ser propietaria de la mayoría del capital social de Dulcesa.

en 1964 que fue la mayor compañía de pastelería industrial durante la década de 1970). Otros grandes competidores provenían de otras categorías, pero habían entrado con fuerza en la bollería atraídos por el crecimiento de la demanda. Era el caso de Nutrexpa, creada en 1940 por José Ignacio Ferrero y José María Ventura, que hicieron fortuna con el descubrimiento del Cola-Cao y que en la década de los 70 entraron en la bollería industrial con Phoskitos.

— Existían además fabricantes especializados en magdalenas reconocidos en el mercado. Eran el caso de La Bella Easo, un competidor temible presente en el segmento desde 1972 con sus aclamadas magdalenas redondas; Repostería Martínez, cuya entrada en la producción de magdalenas venía de las mismas fechas y que en los años 80 penetró en la pandería industrial con la compra de Panaderías Unificadas Santanderinas (Panusa); y por supuesto Ortiz, el líder de la especialidad desde hacía una década, que contaba con un importante reconocimiento de marca merced a su intensa inversión publicitaría, una presencia en todo el mercado interno merced a sus delegaciones y a su flota propia de transporte, y desde la compra en 1973 por la multinacional británica United Biscuit, una enorme capacidad productiva de hasta 11.600 toneladas con dos fábricas en Denia y Verger, ambas dotadas de la más moderna maquinaria de la época.[7]

— Otra clase eran fabricantes especializados en algunas categorías y que estaban prosperando sobre la base de productos de calidad, muchos de ellos con un origen artesanal y familiar similar al de *Juan y Juan, S.R.C.* y con una penetración principalmente regional. La producción de magdalenas atrajo especialmente a muchos artesanos panaderos que encontraron en este producto la oportunidad para un desarrollo industrial, como Dulmatesa, Magdalenas Lázaro, Vigali, Magdalenas de las Heras, Codan, Magdalenas Heras Bareche, El Pequeño Molino, Productos Arenas, Dulca o Inpanasa.

— Una cuarta clase de competidores eran iniciativas oportunistas de fabricantes que imitaron la forma cuadrada de las Glorias. La competencia era tan dura que la empresa decidió modificar la inicial forma cuadrada del producto y elaborarlo en formato triangular. El nuevo diseño presentaba problemas logísticos y productivos, pero pese a ello se mantuvo bastantes años (Juan, 2021: 46).

El Grupo Juan y Juan también acusó el clima económico depresivo reinante durante la primera mitad de los años 80 y la intensa rivalidad en su industria. En su caso, el escenario era especialmente complicado porque, a los problemas coyunturales y sectoriales, unió las circunstancias familiares. En 1983, la compañía tuvo que enfrentar el problema de la desaparición prematura de Antonio, uno de sus cofundadores. La desaparición no sólo dejó un vacío en la familia, sino en la empresa. Antonio era una persona clave

---

7 Los datos de Ortiz proceden de Mas (1977: 36-37).

en el desarrollo de los procesos productivos y su pérdida conllevó la disipación de unas economías de experiencia que habían soportado hasta entonces la ventaja competitiva de la marca Dulcesol. Su papel era igualmente decisivo en el contacto con los clientes.

Además, en el filo de los años 80, la organización había llegado a unos límites en los que ciertas debilidades afloraron con intensidad, ralentizando su proceso de crecimiento. Los problemas más graves surgieron en las funciones administrativa, productiva y comercial. Los sencillos procesos administrativos instaurados por Victoria eran ya incapaces de cubrir la creciente complejidad de trámites nuevos, ni de aportar la información precisa para una toma eficaz de decisiones. Asimismo, a principios de los años 80, la ingeniería de procesos empezó a complicarse sobremanera con la llegada de nuevos sistemas productivos basados en las tecnologías de la información, que plantearon retos que excedían las capacidades de los voluntariosos mecánicos y el ingenio de Antonio y Victoria, pues las soluciones tradicionales de "ir por casa" no eran suficientes ante la discontinuidad tecnológica. El sistema mixto de distribución instaurado en los años 60 llegó también a una encrucijada, incapaz de responder a las nuevas necesidades de un mercado cada vez más disperso, amplio y variopinto. La simultaneidad de las crisis con el momento de la incorporación de la nueva generación añadió más dificultades y complejidad a la situación.

La incorporación en 1983 de Rafa Juan como responsable de las áreas de informática, comercial y producción fue la oportunidad para inyectar savia nueva y encauzar soluciones a los problemas que la empresa arrastraba, sobre todo en las áreas productiva y administrativa. El vástago de la familia fue pieza clave en resolver los problemas que pesaban sobre estas dos funciones en el momento en que se incorporó a la misma, por su acierto de impulsar las mejoras técnicas como aproximación alternativa para incrementar la productividad. El desarrollo tecnológico de la compañía sufrió una ruptura en los años 80 de la mano de Rafa Juan, cuya visión estratégica se percibe en la siguiente afirmación (Juan, 2021: 79-81):

"Hemos crecido gracias a la introducción de la tecnología en todos nuestros procesos. Cuanta más disponibilidad tenga nuestro equipo y mayor uso hagamos de la tecnología, más competitivos seremos y más flexible y adaptable será nuestra organización ante los cambios que se avecinan"

Su interés por las emergentes TICS le llevó a digitalizar todos los procesos administrativos y productivos en esa década, casi al mismo ritmo que se iban sucediendo los avances en hardware y software. La compañía se situó entonces en la cresta de la ola de la informatización, consiguiendo configurar aplicaciones que facilitaban la información necesaria para una gestión más eficiente de las compras y la producción e incluso la gestión compartida de información en tiempo real entre las plantas de Villalonga y Gandía. Tras contratar a profesionales competentes y de constituir el departamento de informática, que Rafa Juan considera clave para el crecimiento de la compañía, y de iniciar la conexión a internet en 1995, se culminó la digitalización con el desarrollo de un ERP avanzado y con la interconexión de todas las líneas de producción. La modernización tecnológica de la logística y la producción con su adelantada automatización, que culminó ya entrados en este siglo con la robotización plena de todas las líneas, fue otro cambio revolucionario para la empresa, que consiguió multiplicar su eficiencia y su adaptabilidad a las necesidades de cualquier supermercado o hipermercado y a la elaboración de distintos productos. En palabras de Rafa Juan (2021: 60):

"El desarrollo propio de nuevas máquinas y de ingeniería de procesos de producción nos permitió diferenciarnos de otros fabricantes y ser más ágiles y competitivos. Esta ha sido una de las claves para que la empresa no sólo haya sobrevivido durante muchos años, sino que, además, haya superado a la mayoría de los competidores".

Rafa Juan perseveró en el enfoque abierto por Victoria para asegurar el suministro de inputs clave, con la convicción de que "*para poder ser competitivos tenemos que controlar todo el proceso*" (Briasco y Moret, 2016). Las empresas de bollería y pastelería industrial tienen unas necesidades de packaging cada vez más amplias y diversas por producir. Además, la importancia del embalaje es alta por ser una parte significativa de sus ventas la compra por impulso y el desarrollo de nuevos eslóganes y nuevos packagings repercuten inmediatamente en el diseño y producción de los envases. Atendiendo a este hecho, Dulcesa, S.A. y Juan y Juan, S.A. entraron en el año 2000 en el capital social de Ducplast, S.L., tomando una participación del 24,51% cada una. Esta firma, localizada en la Pobla del Duc (Valencia), tiene como objeto social la impresión de bobinas y bolsas para envasado. Con ella, el grupo satisface un 98% de su demanda de packaging, cada vez más diversa por producir con marca propia y del distribuidor y cada vez más importante al menos en la compra por impulso. La empresa también desarrolló sus propias líneas de autoproducción de rellenos y coberturas de chocolates, tras llegar a la conclusión de que para obtener productos con rellenos de calidad a precios competitivos era necesario conocer la interacción de estos ingredientes semielaborados con los de bollería.

Más preocupante era el estado de la distribución, pues el sistema mixto diseñado por Victoria sostuvo la primera expansión comercial con la gama de productos desarrollada durante los años 60-70, pero solo permitía una comercialización controlada en un mercado de radio limitado con distribuidores de confianza, que ya había sido generosamente rebasado. La elección de una estrategia de distribución intensiva, que buscaba el mayor número de puntos de venta en todos los canales, obligó a concertar con múltiples distribuidores de ámbito provincial o regional lo que hizo de los problemas de servicio la moneda común. La nueva generación asumió pronto que para rentabilizar el continuo esfuerzo de innovación y mantener el crecimiento de las ventas en un mercado cada vez más extenso y reñido, sin que la calidad del servicio se viese comprometida, la compañía necesitaba resolver el problema de la distribución. El abordaje de la solución fue obra del segundo hijo del matrimonio fundador, Juanjo, recién incorporado a la empresa tras finalizar su carrera de Biología en 1985, que se dedicó primero durante la segunda mitad de los años 80 a taponar las vías de agua que el negocio había sufrido en el anterior quinquenio, y durante la siguiente década a crear una red de comercialización competitiva. Paradójicamente, fueron algunos de los mismos competidores los que fracasaron los que colaboraron con dar una primera solución a algunos de los problemas de la red comercial. Es el caso de la distribución hacia Andalucía y el centro peninsular, que se resolvió con los distribuidores que El Zángano tenía en estas zonas y que quedaron libres tras su compra por Panrico en 1986. La venta de Repostería Martínez a Bimbo en 1998, que comportó la sustitución de la red comercial de la primera por la de la segunda, también aportó vendedores competentes en zonas sin un distribuidor adecuado.

Victoria, encauzados ya los problemas productivos y comerciales, pudo aplicarse a su vocación innovadora para completar la gama de productos. Supo entonces percibir la maduración de los segmentos de bollería y pastelería para adultos y el crecimiento de la demanda dirigida al público infantil. La progresiva incorporación de la mujer al mercado de trabajo y la escolarización completa y con frecuencia por todo el día (incluyendo pues la alimentación en el colegio), unidas a una nueva estrategia de comunicación masiva, tuvieron un impacto importante en el cambio de conducta alimentaria de los menores, que se tradujo en la sustitución del pan con chocolate, el bocata de mortadela e incluso el pan con vino y azúcar, por bollos y pasteles, ya fuese en el recreo o en la merienda. Los primeros productos de leyenda surgieron ya desde principios de los años 60, como los ofrecidos por Panrico (Donuts -1962-) y Bimbo (Mi Merienda -1964-, Bony, Tigretón, Bucaneros, Tunos y Pantera Rosa -todos ellos de 1966-). A ellos se unieron en la primera mitad de los años 70 muchos otros lanzados por Productos Cropan (como Megatón, Chiu-Chiu, Búlgaro, Chapela, Bracito, Chocostein o Rufo), Panrico (Bollycao -1970-) o por Nutrexpa (Phoskitos -1972-).

El cambio de patrón alimentario del público infantil eclosionó a caballo de las décadas de 1970 y 1980. Es decir, fueron los retoños de la transición y de la democracia, las víctimas de la primera EGB, la generación que cayó rendida a los bollos y pasteles industriales abandonando los clásicos bocadillos caseros. El motor del cambio fue la creciente presión publicitaria desplegada por los grandes fabricantes a través de los anuncios en televisión y el lanzamiento de cromos, pegatinas y calcomanías incorporados a los envoltorios, que han llegado a calificarse como "armas de seducción masiva". Aún se recuerda la efectiva campaña del Bollycao con el lema "La merienda de una pieza", que consiguió convencer a muchos padres de las bondades del bollo para alimentar a su prole. Por no citar la estrategia de Productos Cropan, S.A. de asociar sus productos a personajes clave del entretenimiento infantil (Sandokán, Batman, Hulk, Mortadelo, Vickie el Vikingo, Naranjito, la bota Botilde, la calabaza Ruperta del programa *Un, dos, tres*, Starsky & Hutch o el malo de la serie Dallas); y de acompañarlos de cromos de todos los temas de impacto desde superhéroes de comics a princesas Disney pasando por estrellas del fútbol como Cruiff, personajes de Ibáñez y animales.[8] Cropan llegó incluso a montar su propia

---

[8] Véase https://www.burgosconecta.es/culturas/gastronomia/acuerdas-pastelitos-cropan-20210926134736-ntrc.html?ref=https%3A%2F%2Fwww.burgosconecta.es%2Fculturas%2Fgastronomia%2Facuerdas-pastelitos-cropan-20210926134736-ntrc.html. Consultado el 14 de enero de 2023.

editorial para sacar al mercado varias colecciones de tebeos basadas en los personajes que recreaba en sus cromos. Esta empresa fue pionera en el sector alimentario español en usar la televisión y la cultura pop para sus campañas publicitarias, que dejaron lemas históricos como "Con Cropan se relamerán", que jugaba con la evocación clásica a las virtudes del pan y el añadido de mayor sabor del dulce.

La marca Dulcesol destacaba por la ausencia en su gama de productos de ofertas dirigidas específicamente al público infantil. Fue pues importante el lanzamiento, ya en los años 80, de los Bocaditos (inspirados en los Coquetones de Inpanasa) y los Pandorinos. A este desarrollo de la gama de bollería siguió la ampliación de toda la gama de pastelería en los años 90, llegando a contar antes de finalizar el siglo con 60 variedades de productos en esta categoría, cuando a principios de los años 80 sólo tenía 10 referencias.

A pesar de la fuerte rivalidad, que la enfrentó directamente a grandes empresas como Panrico, Bimbo, Nutrexpa y Cropan en el segmento de los bonos rellenos dirigidos al prometedor público infantil, Juan y Juan creció a tasas de dos dígitos durante más de una década, hasta alcanzar en 1990 una facturación cercana a los 20 millones de euros que la colocó entre las 10 compañías más grandes de España en la industria de bollería y pastelería industrial. El crecimiento en ventas vino acompañado de una alta rentabilidad económica hasta niveles históricos del 18,6% y 21,4% en 1990 y 1991, un récord en la historia de la compañía.

Gráfico 13. Evolución de las ventas en valor (euros) y volumen (toneladas) de Vicky Foods, 1990-2022.

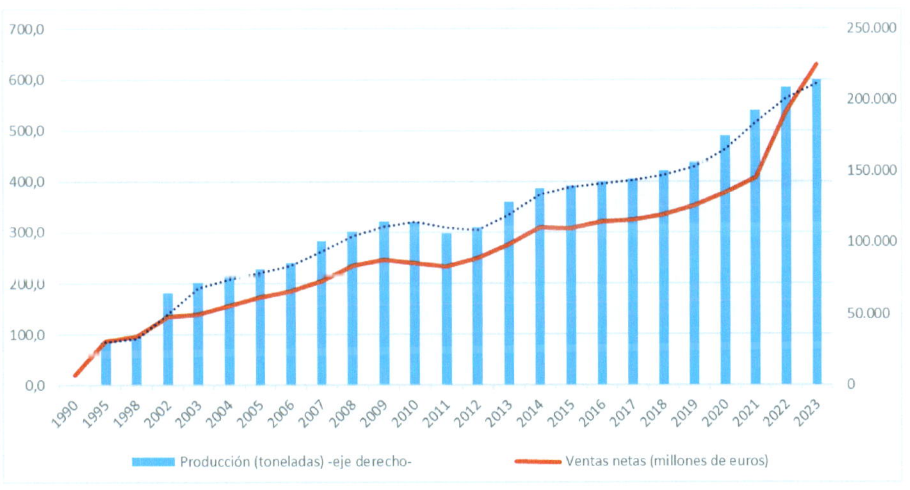

Fuente: elaboración propia a partir de SABI, *Alimarket* y *Actualidad Económica*.

En cambio, la elevada rivalidad unida a la severidad de la crisis económica de la década de 1980 dejó sus huellas sobre la oferta de la industria española de bollería y pastelería. El alto grado de competencia en el mercado interno condujo a una intensa guerra de precios, que la importante innovación de productos no pudo frenar y que unida a la debilidad de la demanda típica de una coyuntura recesiva, ocasionó el deterioro de la rentabilidad. El resultado fueron suspensiones de pagos y cierres. En esta fase crítica naufragaron incluso algunos de los líderes de esta industria. Fue el caso del líder global en el mercado de la bollería de los años 70, Productos Cropan, S.A., que fue declinando durante las dos últimas décadas del pasado siglo hasta ser extinguida formalmente en 2003.

Una revolución similar se produjo en la categoría de las magdalenas. Este era el principal producto por volumen en bollería y pastelería industrial acaparando el 40% del mercado. El caso más llamativo fue Ortiz, el líder nacional Ortiz en las décadas de 1960 y 1970, que tiró la toalla en 1984 para centrarse en las galletas y el pan tostado, productos menos perecederos y con menor competencia entonces, aunque terminó siendo disuelta en 1997. Magdalenas El Zángano desapareció del segmento prácticamente tras su compra por Panrico en 1986. No obstante, un selecto grupo de competidores sobrellevó también con éxito la crisis de los años 80. Cabe destacar especialmente a los dos líderes de la especialidad en aquellos momentos, Magdalenas Heras Bareche y La Bella Easo. La primera (redenominada como El Quiteriano en 1994), creada en 1962 como negocio familiar artesanal productor de artículos de bollería y repostería, pero que tras la gran aceptación de sus magdalenas se especializó ya en los años 80 en este producto. La Bella Easo era otro competidor que logró crecer de forma exponencial, más que triplicando sus ventas en esta década. Otro rival destacado era Repostería Martínez, cuyos orígenes como negocio pastelero artesanal datan de 1914, pero cuya conversión en empresa industrial acaeció en los años 70 cuando abrió dos fábricas (a las que añadió una tercera en 1993) y que hacia 1990 alcanzó el liderazgo nacional de productos frescos de bollería y pastelería con un surtido altamente diferenciado y una innovadora fórmula de venta a granel al ser los productos envasados individualmente.

3.3. Hacia el liderazgo de Grupo Dulcesol: estrategia de conquista del mercado español de bollería y pastelería

A pesar de las significativas mejoras alcanzadas, el progreso del Grupo Juan y Juan hacia el liderazgo en la industria de bollería y pastelería seguía severamente restringido por las carencias de su red comercial que distaba aún de ser capaz de soportar un mapa de distribución que cubriese eficazmente todo el mercado nacional. Este hecho la colocaba en desventaja competitiva frente a los dos grandes grupos multiactividad (Panrico y Bimbo), que se habían convertido en competidores directos tanto por la entrada del grupo en nuevos segmentos de mercado como por su deseo de estos rivales de ampliar su cartera de productos precisamente hacia las especialidades que mejor dominaba Juan y Juan. El grupo valenciano disponía, al igual que estos dos competidores, de marcas reconocidas y productos de alto valor añadido, pero estos últimos controlaban además redes comerciales potentes que cubrían todo el territorio español incluyendo las islas Baleares y Canarias.

La década de 1990 planteó un problema adicional para la comercialización con el crecimiento del poder de las grandes cadenas detallistas, que controlaban ya en 2000 el 83,5% del mercado nacional de bollería y pastelería. El protagonismo era sobre todo de los supermercados, que acaparaban el 56% con tendencia al alza. El papel decisivo que las redes detallistas iban asumiendo obligaba a los fabricantes a disponer de una estructura de distribución capaz de prestar servicio según sus exigencias, que requerían tiempos de entrega, frecuencias y fiabilidades que eran imposibles de alcanzar con algunos de los distribuidores independientes. La delimitación clara de las áreas de mercado de cada distribuidor era otra fuente de conflictos entre agentes, donde chocaban el criterio de servicio desde el punto de distribución más próximo y el deseo del comercio de tener un único distribuidor por zona para optimizar los costes logísticos.

La importancia de las redes detallistas para la distribución de productos horneados no residía solo en el volumen de demanda que canalizaban como punto de venta, sino también en el gran avance de las marcas blancas o del distribuidor (MDD) que apadrinaban y que era el responsable principal de su ganancia de cuota. El ascenso imparable de la MDD era la principal fuerza desestabilizadora de la industria de productos horneados. El poder de mercado de los fabricantes reconocido por el peso de sus marcas propias empezó a retroceder aceleradamente desde mediados de los años 90, carcomido por la competencia de una MDD cada vez más potente y que además presionaba constantemente a la baja los precios. Así, en la categoría de magdalenas que era aún el principal producto del Grupo Juan y Juan, la MDD pasó de representar el 20% de las ventas por volumen en 1996 a rebasar el 67% en 2006. La respuesta del grupo industrial a este reto marcó definitivamente su carácter.

Gráfico 14. Cuotas del mercado español de panadería y bollería-pastelería envasada por canal de distribución, 1990-2021 (% de las ventas totales en euros).

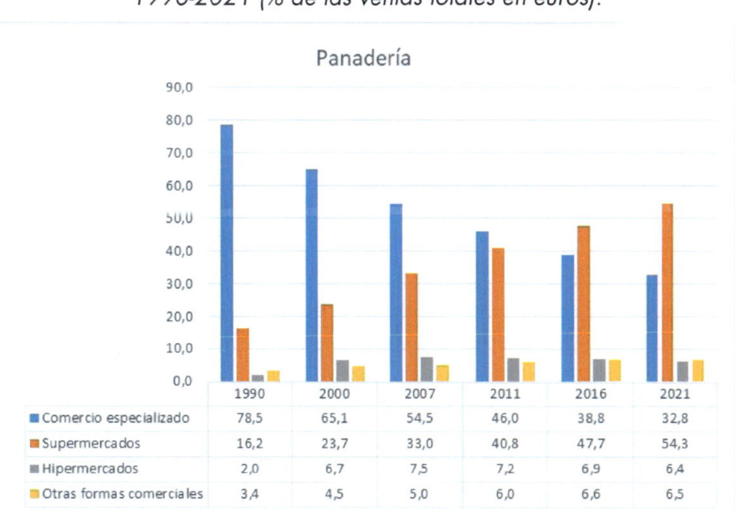

	1990	2000	2007	2011	2016	2021
Comercio especializado	78,5	65,1	54,5	46,0	38,8	32,8
Supermercados	16,2	23,7	33,0	40,8	47,7	54,3
Hipermercados	2,0	6,7	7,5	7,2	6,9	6,4
Otras formas comerciales	3,4	4,5	5,0	6,0	6,6	6,5

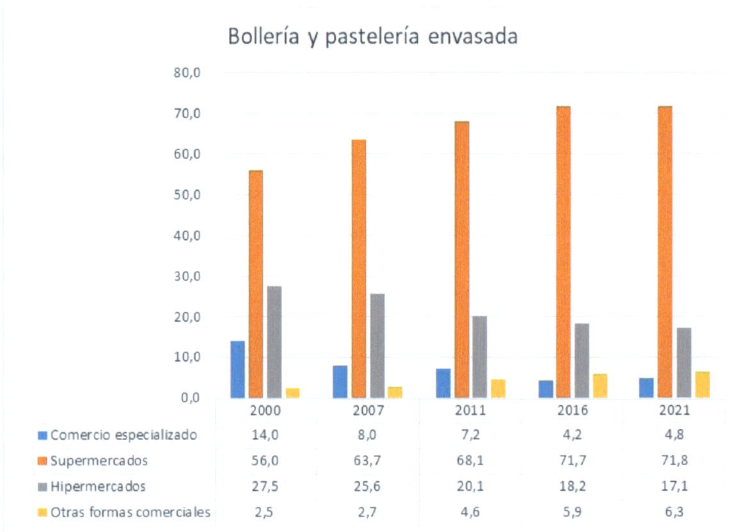

	2000	2007	2011	2016	2021
Comercio especializado	14,0	8,0	7,2	4,2	4,8
Supermercados	56,0	63,7	68,1	71,7	71,8
Hipermercados	27,5	25,6	20,1	18,2	17,1
Otras formas comerciales	2,5	2,7	4,6	5,9	6,3

Fuente: elaboración propia a partir de datos del panel de consumo alimentario de MAPAMA.

El primer cambio fue desarrollar una nueva estrategia de distribución, para los casos en que el distribuidor no funcionaba, a través de delegaciones, creando equipos de venta propios. El modelo comercial basado en distribuidores y delegaciones se desarrolló de forma acelerada entre 1992 y 2002, incluyendo la formación de 15 sociedades de comercialización bajo control del grupo consagradas como delegaciones provinciales o regionales, hasta construir una densa red que permitía la distribución capilar hasta los puntos de venta y que alcanzaba todos los rincones de España a través de su propia flota de camiones y furgonetas. A ella se sumó el inicio de la expansión internacional, que arrancó en 1998 cuando comenzaron las primeras exportaciones hacia Portugal a través de la filial Dulcesol Portugal I.E.A.P, Lda. Las delegaciones se instrumentalizaron con sociedades propias mayoritariamente propiedad al 100% del grupo, pues sólo dos (Hispadul, S.L. y Dulces Costa del Sol, S.A.) surgieron con propiedad compartida con distribuidores regionales.

Esta estructura comercial, que adoptó un enfoque coopetitivo pues distribuye también productos de la competencia y de otras empresas alimentarias, aportó beneficios como fueron garantizar la regularidad del servicio merced a un abastecimiento continuo, asegurar la frescura del producto en el momento de la venta al acortar al máximo la cadena de distribución, y facilitar la proximidad al cliente. Rafa Juan (2022: 83, 90, 93) hace una lectura constructiva de este trabajo en pos de la construcción de un modelo comercial competitivo:

"A pesar de todas las dificultades, la distribución nos ayudó a entrar en nuevos mercados y a diversificar, atendiendo tanto a los canales tradicionales como a las cadenas de supermercados, y nos obligó también a mejorar nuestro sistema de distribución y ventas para superar los muchos problemas que aparecían, fruto de los cambios constantes en el mercado

(...) Cuando un problema se alarga en el tiempo y se convierte en parte de ti mismo tienes que cambiar el enfoque. Entenderlo y abordarlo es crucial para crecer. De esta forma hemos logrado que nuestra red de distribución deje de verse como un problema y pase a convertirse en una importante palanca para el crecimiento y el desarrollo de nuestras marcas. Y, sobre todo, para que, a través de ella, nuestra innovación llegue a los consumidores (...) la red de distribución ha sido y es una parte esencial de nuestra estrategia, pues ha permitido crecer y llegar a muchos miles de clientes y a varios millones de consumidores".

El crecimiento de esta red comercial fue originando una compleja estructura distributiva y societaria que engendraba problemas de coordinación de los flujos logísticos y de control de las transacciones. La sociedad **Productos Dulcesol, S.A.**, con sede social en Gandía, se creó el 3 de noviembre de 1997 siendo precisamente su principal objeto social la comercialización y venta de pastelería y bollería. Productos Dulcesol pareció pues ser creada con el propósito de convertirse en la sociedad de cabecera de la división de distribución del grupo corporativo. Aunque formalmente el grupo siguió denominándose en las cuentas anuales consolidadas como Grupo Juan y Juan hasta 2008, en la práctica empezó a ser conocido como **Grupo Dulcesol** desde la creación de Productos Dulcesol, S.A.

Las inversiones encaminadas a fortalecer la estructura comercial fueron acompañadas de otras destinadas a ampliar la capacidad productiva. Antes de finalizar el pasado siglo, Grupo Dulcesol había organizado ya 19 líneas de producción dotadas de las últimas tecnologías que le permitían alcanzar una producción de 35.000 toneladas, acumulando un activo neto de 80 millones de euros que se multiplicó por 10 en el curso de la década de 1990. Este descomunal esfuerzo inversor se emprendió básicamente con fondos propios, es decir, con una política de autofinanciación que reservaba para estos fines los crecientes beneficios. Fue pues un crecimiento de volumen que se sostuvo en la más estricta ortodoxia, sin recurrir prácticamente a deuda financiera. Es más, hasta finales del pasado siglo la generación de fondos superó las necesidades de autofinanciación en el negocio productivo e indujo una desviación de excedentes hacia negocios inmobiliarios ajenos a su misión.

Gráfico 15. Evolución de la inversión y del número de líneas productivas de Vicky Foods, 1999-2023.

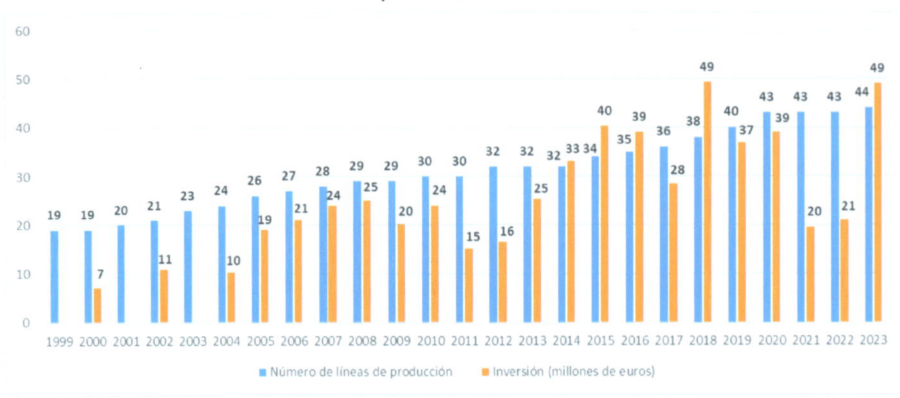

Fuente: elaboración propia a partir de diferentes fuentes.

Por último, Grupo Dulcesol armó una estrategia competitiva que pretendía forjar un posicionamiento de mercado defendible en precios, apoyado en la optimización de la eficiencia y el trabajo para MDD; al tiempo que con una diferenciación potente del producto basada en la calidad, la innovación y la potenciación de la marca propia. Esto significa, primero, que la compañía juega al céntimo, como indica su propio CEO, compitiendo en precios y tratando de colocar sus productos entre los más económicos de cada gama. Rafa Juan lo expresa sin tapujos: "*somos un fabricante sobre todo de marcas de distribución, queremos elaborar productos de máxima calidad a precios competitivos*" (Tobar, 2016). Pero también significa destinar recursos a la mejora de la calidad y a desarrollo de productos innovadores de alta calidad que se ofrecen tanto con marca propia como del distribuidor.

Rafa Juan defiende esta estrategia ambidiestra (Briasco y Moret, 2016; Tobar, 2016):

"Somos un fabricante sobre todo de marcas de distribución, queremos elaborar productos de máxima calidad a precios competitivos (...) Desde la aparición de la marca de distribución, pensamos que esta era una manera de afianzar nuestra relación con el cliente (...) Trabajamos tanto nuestra propia marca como la marca de distribuidor. Lo conjugamos dando una oferta muy diferenciada del producto que vendemos con nuestra marca del producto que ofrecemos con marca de la distribución".

La evolución positiva del grupo durante los periodos recesivos de las dos últimas décadas enseñó que la política de precios de Dulcesol se adaptaba mejor a un entorno de demanda estancada y de racionalización de la cesta de la compra (lo que ha dado en llamarse compra inteligente). Su énfasis en la competitividad en precios ha hecho de Dulcesol una empresa un poco anticíclica, en palabras de Rafa Juan (Tóbar, 2016), a la que el consumidor recurre en épocas de dificultades cuando debe ajustar gastos con productos de menor valor añadido.

Gráfico 16. Reparto del mercado de magdalenas en volumen por marcas, 1996-2006 (%).

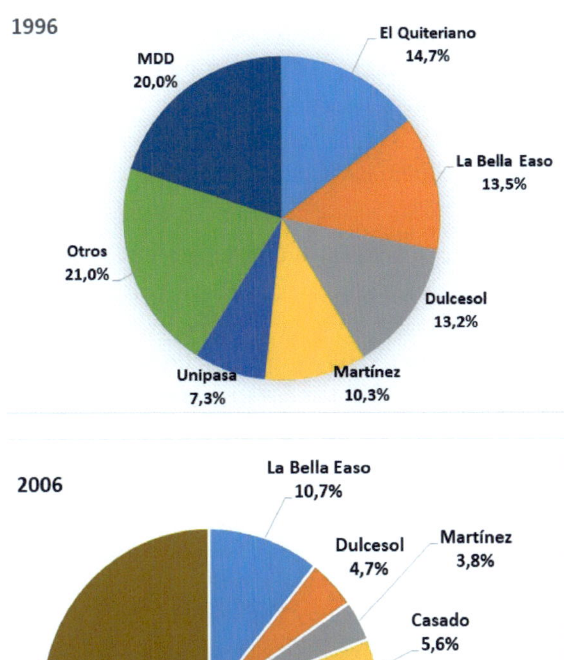

Fuente: IRI.

El crecimiento de la MDD castigó ***lógicamente las ventas basadas en marca propia*** de Grupo Dulesol que retrocedieron significativamente desde la década de 1990. El fuerte crecimiento del negocio en las décadas de 1970 y 1980, integrado exclusivamente por bollería y pastelería, se construyó sobre marcas propias que fueron dominantes hasta que la empresa aceleró sus ventas en los años 90, con la explosión de la producción para MDD, de modo que en 2001 la facturación con la marca Dulcesol en mercados organizados de redes detallistas sólo llegaba a los 47,3 millones de euros y aportaba únicamente el 35% del negocio del grupo y sus perspectivas eran a la baja. No obstante, la venta de marca propia por otros canales permitía aún que la marca Dulcesol aportase el 65% de las ventas totales (Resa, 2003: 116).

La decidida apuesta por esta estrategia ambidiestra permitió al Grupo Dulcesol mantener la velocidad de expansión de dos dígitos que había alcanzado en la segunda mitad de los años 80 hasta 1996, sobrellevando sin problemas la grave crisis económica del periodo 1992-95 que hundió la inversión y los beneficios empresariales de las empresas españolas. En el curso de la década 1991-2001, Grupo Dulcesol multiplicó su facturación prácticamente por seis, creciendo a una CAGR del 17,2% y convirtiéndose en un potente grupo industrial de más de 1.000 empleados, que extendía sus redes por toda la península. Su rentabilidad económica se mantuvo durante todo este periodo en los dos dígitos con una media del 15,3%.

Los fabricantes de bollería y panadería industrial que no quisieron o no consiguieron desplazar una parte creciente de su producción a la elaboración de productos bajo las enseñas de las grandes cadenas de distribución sufrieron un serio retroceso en el mercado. La competencia de la MDD pesaba ya sobre todos ellos incluyendo sus primeras espadas. El proceso de transformación que la industria de bollería y pastelería estaba viviendo iba a resolverse con un nuevo mapa de fabricantes del que algunos rivales principales (como La Bella Easo y Panrico) y otros medios (como Casado, Unipasa y Angel Garro) iban a ser pronto apeados.

Gráfico 17. Evolución del ranking nacional de empresas fabricantes y comercializadoras de bollería y pastelería industrial por volumen (toneladas), 1999-2022.

Rkg	1998		2002		2008	
	Empresa	Producción	Empresa	Producción	Empresa	Producción
1	Grupo Donut-Panrico	49.000	Grupo Dulcesol	65.000	Grupo Dulcesol	107.575
2	Grupo Dulcesol	35.000	Grupo Donut-Panrico	53.000	Grupo Donut-Panrico	65.000
3	Repostería Martínez	35.000	Grupo Bimbo-Martínez	39.000	Codan	27.500
4	Grupo Unipasa	28.000	El Quiteriano	26.000	Grupo Bimbo-Martínez	27.000
5	El Quiteriano	25.000	La Bella Easo	25.900	Grupo Siro	16.800
6	La Bella Easo	24.500	Codan	20.000	Brioche Pasquier Recondo	15.400
7	Codan	15.000	Grupo Unipasa	20.000	La Bella Easo	14.000
8	Casado	12.300	Casado	14.500	El Pequeño Molino	13.000
9	Grupo Bimbo	12.000	Grupo Europeo Gamifer	10.500	Grupo Europeo Gamifer	10.000
10	Grupo Europeo Gamifer	10.000	Castelló y Juan	6.941	El Quiteriano	7.500

Rkg	2012		2017		2022	
	Empresa	Producción	Empresa	Producción	Empresa	Producción
1	Grupo Dulcesol	110.496	Grupo Dulcesol	144.400	Grupo Dulcesol	203.000
2	Grupo Siro	78.000	Cerealto Siro Foods	70.500	Bimbo Donuts Iberia	nd
3	Grupo Panrico	45.000	Grupo Panrico	Nd	M&C Bakery	nd
4	Grupo Bimbo	22.000	Grupo Bimbo	nd	Codan	10.500
5	Grupo Dulca	9.940	Codan	11.808	Grupo MIA Foods	8.400
6	Codan	8.359	Grupo Dulca	10.200	Grupo Dulca	8.300
7	El Pequeño Molino	nd	Magdalenas Lázaro	5.600	La Granja Foods 1959	6.500
8	Halago Alimentaria	Nd	La Granja Foods	5.300	Magdalenas San Lázaro	3.789
9	Industrial Pastelera San Narciso (Inpanasa)	3.590	Magdalenas de las Heras	3.900	Brioche Pasquier Recondo	3.700
10	Inés Rosales	1.865	Inpanasa	3.600	Inpanasa	3.665

Fuente: Alimarket.

En el ranking nacional de bollería y pastelería por volumen de final de siglo, el Grupo Dulcesol ***sólo era superado por el grupo*** Panrico, con una producción de unas 49.000 toneladas, y tras él se situaban Grupo Dulcesol y Repostería Martínez con unas producciones estimadas de unas 35.000 toneladas. Pero en realidad ya era el primer competidor por volumen al ser toda su facturación de bollería y pastelería, mientras que buena parte del negocio de Donut-Panrico y Repostería Martínez provenía de la panadería. En el ranking por valor del total del sector de productos horneados, quedaba en la cuarta plaza por detrás únicamente de las grandes empresas Panrico, Bimbo y Siro. El año 2002 marcó un hito en la historia de Grupo Dulcesol al completar el desarrollo de su red comercial por todo el territorio nacional y alcanzar por vez primera el liderazgo por volumen en el mercado español de bollería y pastelería, con una producción de 65.000 toneladas, duplicando prácticamente la de seis años antes y superando en 12.000 toneladas al líder en valor, Panrico. El grupo se aproximaba a los 1.400 trabajadores, habiendo crecido su plantilla en apenas un quinquenio en un 94%.

Grupo Dulcesol entró en el siglo XXI constituido en un grupo familiar de segunda generación, con capital plenamente valenciano, con un liderazgo interno sólido y con una transición generacional ya engrasada, con una clara estratega de desarrollo basada principalmente en el crecimiento orgánico cuya dirección abarcaba, tanto la penetración en el mercado como la expansión con nuevos productos, y con una capacidad competitiva comprobada para codearse con los líderes nacionales en pastelería y bollería industrial. En especial, los analistas del sector consideraban entonces que una de las batallas más duras se estaba librando en la categoría de productos para el desayuno. Y Dulcesol se había labrado un puesto relevante en un mercado tan competitivo (Batalla, 2000), ostentando una cuota del 15%.

Grupo 18. Reparto del mercado de bollería y pastelería industrial por fabricante.

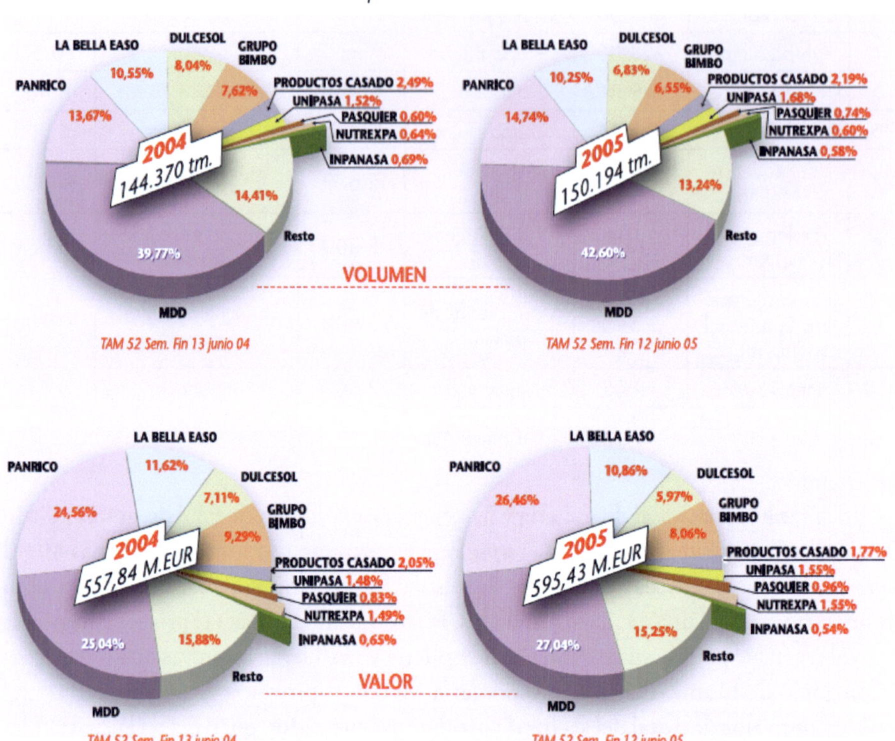

3.4. Juego de tronos: el regreso a la panadería y la apuesta por la diversificación de Grupo Dulcesol

Sin embargo, Grupo Dulcesol no fue inmune al crecimiento de las MDD y al mismo tiempo que progresaba en su camino hacia el liderazgo en la industria su ritmo de crecimiento y su rentabilidad se iban debilitando. El estancamiento del consumo y el estrechamiento de márgenes de los productos tradicionales (debido a la caída de los precios medios de venta por el importante aumento de la MDD), unidos a la estrategia de bajos precios, penalizaron el crecimiento en valor de Grupo Dulcesol llevando incluso a un estancamiento de sus ventas entre 2001 y 2003 y a un deterioro de las medias de las rentabilidades económica y financiera.

Gráfico 19. Evolución de las MDD en España, 2004-2006 (% de ventas por volumen).

SECCIÓN	VOLUMEN				
	2004	2005	2006	%CREC 2004-2005	%CREC 2005-2006
Congelados	58,7	62,1	62,8	5,5	1,1
Papel y derivados de la celulosa	54,3	54,7	58,6	0,7	6,7
Alimentación para animales	42,5	43,8	46,6	3,0	6,0
Alimentación seca	40,3	42,6	44,7	5,4	4,7
Productos de limpieza para el hogar	35,1	37,7	40,0	6,9	5,7
Lácteos	29,3	32,3	34,2	9,3	5,6
Panadería y bollería	30,2	31,7	34,2	4,7	7,3
Bebidas calientes	29,3	30,7	32,1	4,6	4,4
Productos gourmet y delicatessen	27,1	28,3	28,9	4,2	2,1
Bebidas alcohólicas	22,5	22,5	24,2	0,0	7,0
Higiene y belleza	20,1	22,2	23,3	9,5	4,7
Confitería	17,5	19,9	20,8	12,1	4,3
Bebidas no alcohólicas	19,3	19,8	20,5	2,5	3,4

Fuente: PLMA International Yearbook (2006, 2007).

Gráfico 20. Cuota de las MDD en las ventas en valor de productos de bollería-pastelería y panadería industrial por la distribución organizada, 2008-2009 (%).

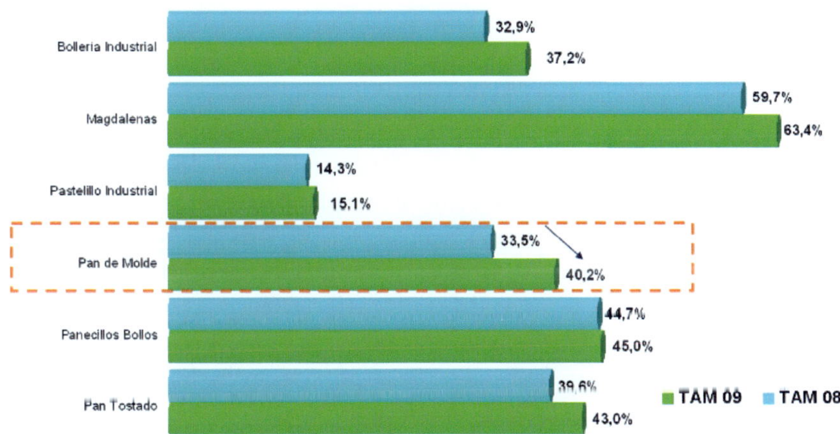

Fuente: Panel de Detallistas Nielsen.

A medida que se avanzaba en el nuevo siglo, la presión competitiva de las grandes cadenas detallistas fue creciendo de forma acelerada y hacia 2007 controlaban ya casi el 64% del mercado nacional de bollería y pastelería; y sus MDD suponían ya el 37,2%, tras haber crecido el último bienio un 7,3%, la mayor tasa de todas las categorías. Dos de las categorías de producto más importantes en la cartera de Grupo Dulcesol (magdalenas y pan de molde) fueron quizás de las más afectadas por el cambio estructural en las formas comerciales. En la primera de ellas, la MDD absorbía ya en 2007 el 69,1% de las ventas por volumen y el 57,1% por valor; mientras que en la segunda los pesos respectvos eran del 40,2% y 33,5%.

Del retroceso de las marcas del fabricante no se libraron ni las enseñas líderes. El segmento más voluminoso de la bollería y pastelería industrial, las magdalenas, representa bien el profundo cambio operado. El Quiteriano, que en 1996 lideraba el mercado nacional de magdalenas por volumen con una cuota del 14,7%, no aparecía siquiera entre los 10 primeros en 2006. La Bella Easo, segunda de la clasificación, había retrocedido en dicho periodo del 13,5% al 10,9%. Martínez había caído del 10,3% al 3,7%. Grupo Dulcesol no se libró tampoco de la dura competencia de las MDD ni siquiera en su categoría estrella. Su marca propia absorbía en 1996 el 13,2% del mercado español de magdalenas en volumen, y diez años después había caído al 4,7% con una tendencia decreciente que la rebajó en 2007 al 3,8%.

El desenlace de este drama competitivo fue que una de cada cinco marcas de fabricantes desapareció entre 2001 y 2009. Aunque en una primera fase los distribuidores tendieron a utilizar como proveedores de sus MDD a los fabricantes líderes en el mercado, esa política cambió pronto. El propio director general de ACES declaraba que las MDD eran ya elaboradas *"en muchos casos por pymes, que encuentran así su posibilidad de salir al mercado ya que, por sí solas, no pueden acometer inversiones en marca ni en diseño ni en empaquetado, así que se alían con un distribuidor y gracias a esa unión puede poner sus productos en el mercado"* (Puelles y Puelles, 2009: 17).

Todos los competidores enzarzados en la lucha por el liderazgo reaccionaron al retroceso de sus ventas por el avance de las MDD abriendo nuevas líneas de negocio (masas congeladas, sándwiches o pan de molde) y ampliando los canales hacia los que iban dirigidos. Pero la estrategia de Dulcesol fue distinta. El grupo mantuvo su esfuerzo inversor e innovador durante la primera década inicial del siglo, destinados a la mejora logística de las instalaciones destinadas a bollería y pastelería (almacenes robotizados) y a la ampliación de capacidad de producción en esta categoría añadiendo cinco nuevas líneas para hojadre, magdalenas, croissants y otros productos. La continua ampliación de la capacidad productiva y la expansión del catálogo de referencias con nuevos productos fueron las tarjetas de visita del grupo ante las cadenas de distribución para postularse como un socio fiable. El Grupo Dulcesol se rehízo pues de este bache de su marca propia renovando su apuesta por la MDD, en especial para Mercadona, que a finales de 2007 absorbía casi la mitad de su volumen de producción y aportaba el 70% del EBITDA.

En paralelo, la compañía hizo un viro sorprendente de su estrategia corporativa regresando a la producción de pan, un bien que había abandonado por completo 40 años antes. La reentrada en esta actividad ha exigido a Vicky Foods un alto compromiso de recursos para desarrollar la capacidad productiva y configurar un catálogo competitivo de referencias, que inicialmente se centraron en el pan de molde y para hamburguesas y *hot dogs*. En el arranque, en noviembre de 2003, Dulcesol abría dos nuevas líneas con capacidad para producir 7.500 panes de hamburguesa y 1.605 barras de 26 rebanadas por hora en su fábrica de Gandía (Batalla, 2023). Dos años más tarde añadía otras dos líneas para la producción de pan de molde con una inversión de 12 millones de euros.

El liderazgo en volumen de Grupo Dulcesol en el sector español de alimentos horneados parecía pues consolidado, en base a su dominio de la industria de bollería y pastelería, a su incipiente penetración en panadería y a su decidida opción por convertirse en un fabricante de MDD. La continua ampliación de la capacidad productiva y del catálogo de referencias, unida a las crisis sufridas por sus competidores más directos ampliaron la ventaja de Grupo Dulcesol sobre sus seguidores a medida que avanzaba el decenio. Entre 2002 y 2008, respecto a Grupo Donut-Panrico el diferencial pasó de 12.000 a 42.575 toneladas y en relación a Grupo Bimbo-Martínez de 26.000 a 80.575 toneladas. En la década 1999-2008, Grupo Dulcesol triplicó sus ventas en unidades físicas, rebasando en 2008 las 107.000 toneladas. Por el contrario, Grupo Donut-Panrico sólo pudo elevarlas en un 86% y Grupo Bimbo-Martínez incluso disminuyó en un 43%.

La situación se tornó especialmente compleja cuando la década de oro de la economía española entró en su fase final y la crisis financiera asomaba en el horizonte. Justo cuando la compañía estaba plenamente inmersa en su estrategia de crecimiento en volumen apoyada en un intenso proceso inversor para relanzar el crecimiento en el negocio de bollería y pastelería y abrir hueco en el mercado del pan, otro acontecimiento sacudió toda la organización: la crisis con Mercadona. En marzo de 2007, recién incorporada al puente de mando la segunda generación, el recién nombrado CEO Rafael Juan se enfrentaba a una disyuntiva que podía marcar el futuro de Grupo Dulcesol: aceptar o no el envite de Mercadona para convertirse en el interproveedor exclusivo de la sección de bollería y pastelería.

Desde luego, era una decisión crítica dado el peso de Mercadona como cliente tanto para la marca propia como para su MDD, y su liderazgo del mercado detallista nacional. La renuncia podía condenar a Dulcesol a un crecimiento orgánico, nada fácil en mercados maduros altamente concentrados, como la trayectoria de La Bella Easo había demostrado. Pero al mismo tiempo debía sopesar los conocidos reveses sufridos por líderes de la industria que habían fracasado en sus estrategias de crecimiento externo y en cooperación con la distribución. Además, la decisión exigía ponderar la consistencia de la conversión en interproveedor con la visión y la cultura consolidadas por Grupo Dulcesol como empresa familiar durante su primer medio siglo de vida, fuertemente arraigada en su territorio, durante el cual había construido un proyecto propio. Sus fundadores habían desarrollado con gran esfuerzo unos valores que han quedado impregnados en la cultura corporativa.

Los herederos de la propiedad se habían incorporado ya a la empresa en puestos de responsabilidad y tenían fe en el proyecto encauzado por sus progenitores, estando plenamente comprometidos en preservar y mejorar el negocio familiar para transmitirlo mejor a las siguientes generaciones. La decisión final de Grupo Dulcesol en octubre de 2008 fue mantener su independencia labrada a lo largo de sus más de 60 años de historia de entonces.

El CEO Rafa Juan confiesa que la salida de Mercadona "*les obligó a ponerse las pilas porque estaban medio dormidos*" (Economistas, 2011). Las principales debilidades del Grupo Dulcesol en aquellos momentos eran la escasa base estratégica de su dirección, su escasa experiencia y volumen de negocio internacional, la concentración de su oferta de producto en las categorías clásicas de bollería y panadería industrial, y un crecimiento acomodado al ritmo del hasta entonces su principal cliente Mercadona. La recuperación y posterior expansión de Grupo Dulcesol, tras el desenganche de Mercadona ejecutado en el periodo 2009-11, se basó en una estrategia de crecimiento nacional e internacional y de reposicionamiento en el mercado doméstico que ha compañía empezó ya a construir con su *Plan Estratégico de 2009* para el periodo 2010-2014. La renuncia a la propuesta de Mercadona fue el punto de arranque de un profundo cambio estratégico de la empresa, que sin renunciar a sus señas de identidad clásicas (calidad, innovación y diferenciación, aunque sin renunciar a los precios bajos) definió un nuevo rumbo que sumó dos nuevas prioridades competitivas: la potenciación de la dirección y la internacionalización. El Plan contempló la inversión de 140 millones de euros en el aumento de la capacidad productiva para MDD y marcas propias, la incorporación de la última tecnología a los procesos para maximizar la eficiencia, el fortalecimiento de la distribución tanto nacional como internacional (potenciando las delegaciones comerciales propias), y el desarrollo de nuevas gamas de producto que respondiesen a demandas insatisfechas de los consumidores.

La competencia basada en productos de primera calidad a un precio competitivo, que Grupo Dulcesol adoptó desde su despegue en los años 70, se reafirmó con la crisis apostando por la fabricación de productos al menor coste posible y la reducción de márgenes. De hecho, una de las novedades que mejor funcionó durante la crisis fue la gama de productos a un euro, que en poco tiempo se implantó en todos los canales de distribución. El mismo CEO destaca con satisfacción esta novedad: "*hace años que sacamos una línea de productos a un euro. Nos la ha copiado todo el mundo*" (Delgado, 2015).

Además, su apuesta competitiva basculó cada vez más hacia las MDD. La imparable ganancia de peso de las grandes redes de distribución y de sus MDD forzó a Grupo Dulcesol, desde el desenganche con Mercadona, a buscar canales alternativos por los que canalizar su creciente volumen de producción. Es así que desde 2011 el grupo pasó a producir para prácticamente todas las grandes cadenas españolas excepto Mercadona, e incluso para potenciales competidores. Entre estos últimos, Vicky Foods reforzó sus vínculos con Bimbo, sustituyendo a Grupo Siro y asumiendo desde 2013 la elaboración de gran parte de los lanzamientos realizados por el gigante mexicano, con lo que consiguió grandes volúmenes de trabajo en unos momentos en que el consumo nacional estaba estancado. Igualmente, en 2014 sellaba otro acuerdo de cooperación productiva con la marca italiana Balconi, pasando a comercializar todo su catálogo. El resultado fue un crecimiento significativo del peso de las MDD en la facturación. Es decir, paradójicamente, desde que se desvinculó de Mercadona el peso de la MDD en su facturación ha subido intensamente.

Su plan de expansión internacional llevó al grupo a vender sus productos en un número creciente de países en cuatro continentes. La selección de mercados priorizó los mercados más próximos por la naturaleza perecedera del producto, combinando además el crecimiento en mercados emergentes (de fácil penetración) y maduros (de alto volumen). Los mercados-objetivo fueron pues el Magreb (que abarca Argelia -donde ya es el líder en bollería- y Marruecos) y la parte occidental de la Unión Europea (siendo los de mayor volumen Francia, Portugal, Reino Unido, Italia, Alemania y Países Bajos), siguiendo la clásica política de "mancha de aceite". También penetró con pedidos ocasionales en China y Estados Unidos, "*dos mercados que cobrarán mucha importancia en los próximos años y donde queremos ser proactivos*", según declaraba Rafa Juan en 2019 (Europa Press, 2019).

En cuanto a su posicionamiento competitivo, la compañía intensificó su enfoque por destacar además de por su eficiencia por su innovación (McCoy, 2016). En particular, la innovación se erigió en "*nuestra principal palanca de crecimiento*" explica Rafael Juan, quien gusta de recordar: "*Llevamos la innovación en nuestro ADN*". La innovación de productos, impulsada por un equipo de I+D formado entonces por 12 personas, ha sido otra práctica continua en Grupo Dulcesol desde los años 60, sacando constantemente nuevas creaciones, pero se reforzó aún más tras el desenganche de Mercadona, asumiendo la compañía como objetivo que un 10% de las ventas fuesen de productos con menos de dos años en el mercado, para prevenir así el cansancio del consumidor (Briasco y Moret, 2016). Esta ambición innovadora duplicó el peso de los nuevos productos (con una vida inferior a dos años) sobre la facturación en 2009, llegando al 5%, más que duplicándose de nuevo en 2010 (11,4%) y situándose en 2013 cerca del 16%

Los objetivos de la innovación tras el giro estratégico se centraron inicialmente en dos frentes: renovación y ampliación de la cartera de productos en bollería y pastelería industrial, y potenciación del negocio de panadería industrial con el eje colocado en el pan de molde y para hamburguesas y *hot dogs*. La estrategia de desarrollo orientada a aumentar su facturación de bollería y pastelería industrial se basó en la ampliación del surtido clásico de la categoría introduciendo en 2007 las gamas de bollería rellena (sustanciada con novedades como la familia de pastelitos Blacks y Rounds dirigida al público infantil y competidora directa de los históricos Phoskitos, así como con el pastel alemán) y bollería frita (con las referencias Soles, Dolcesoles y Solettes, rosquillas con las que entró a competir directamente con los Donuts de Panrico y los Dupis de Bimbo). En 2008 fue el turno de la nueva gama de bollería fresca que se comercializó inicialmente con la marca El Obrador, con 15 referencias en croissants, napolitanas, ensaimadas, brioches, cocas de chocolate y crema, miguelitos, tartas de manzana y palmeras de azúcar y chocolate. A ellas se añadieron en abril de 2010 la gama de cremas de cacao para untar Top Cao (en sabores de cacao y avellana) y las barritas de cereales Vitasol en diferentes sabores y formatos penetrando en el mercado de snacks. La preparación de la gama premium "Dulcesol Back" para los paladares más exigentes en 2015 completó la oferta en este mercado. Mas estas nuevas líneas no produjeron los resultados esperados; en especial, la línea de bollería frita, en la que se invirtieron 20 millones de euros para conseguir la mitad de las ventas esperadas por los nuevos hábitos de los consumidores. Por ello, los productos clásicos (magdalenas, los productos de plancha de bizcocho y hojaldres) siguen siendo los artículos más demandados.

El desarrollo en nuevas categorías de pan bajo la marca Dulcesol Buen Pan dio lugar desde 2003 a más de 20 referencias distintas como el pan de molde (blanco, integral y multicereal, con y sin corteza), pan para hamburguesa y perritos calientes (*hot dogs*), pan tostado, pan rústico y pan de leche. La apuesta por el pan de molde subió varios enteros tras promover en 2010 y 2011 una nueva línea de pan de molde en la planta de Villalonga, la más grande de España, que permitió doblar la producción hasta las 24.000 toneladas, con una inversión de 12 millones de euros. En 2017, tras invertir 4 millones de euros, inauguraba en Gandía otra línea de pan que permitió triplicar la capacidad productiva de este producto.

El grupo también decidió penetrar en el negocio de bollería y panadería congelada con la marca **Horno Hermanos Juan**. El proyecto comenzó en 2015 y se lanzó en 2017 con el objetivo de atender a los profesionales de la restauración y la panadería tradicional y organizada, si bien en 2018 se extendió al canal distribución. Basada en la tradición panadera y pastelera de este holding y el poder del frío, ofrece una gama de productos de bollería dulce con 48 referencias (croissants, palmeras, napolitanas, magdalenas, berlinas, susos, muffins y tartas de manzana) que vende a granel o envasada, panes de molde (blancos, integrales y sin corteza) y panes para hamburguesas y perritos calientes, así como el sándwich Sottile. La gama se caracteriza por ser INSTAN, es decir sólo es necesario descongelar el producto para poder comerlo (no necesita horneado), lo que proporciona una gran ventaja a esos clientes. Esta nueva línea de negocio surge inspirándose en el éxito de competidores como Europastry que han crecido de forma increíble gracias a las masas congeladas.

No obstante, la apuesta más rupturista de Grupo Dulcesol fue la encasillada bajo la marca **Be Plus**, con dos líneas de productos distintas. La primera supuso la entrada en la alimentación infantil con la marca Be Plus Baby abierta en 2013 y, más recientemente, la línea Be Plus Baby Fresca (tarritos y puches Yogisan para alimentación infantil elaborados sólo con fruta fresca e ingredientes ecológicos, que es un avance innovador que permite un producto industrial de alta calidad similar a la alimentación natural). La gama cuenta con una completa línea de más de 30 referencias, que abarca tarritos, bolsitas de frutas, postres y natillas. La segunda, iniciada en 2017, responde a las demandas de alimentación funcional y saludable y se concretó en el desarrollo de productos ecológicos bajo el nombre Naturcream. Son purés *ready to eat*, sanos y ricos -aptos para veganos, intolerantes al gluten o a la lactosa, según la variedad- y vienen en cómodas presentaciones que permiten su consumo dentro o fuera de casa. La línea de alimentación funcional se completó con smoothies bioactivos (batidos no alcohólicos preparados a base de trozos y zumos de frutas y verduras ecológicas, concentrados o congelados, mezclados usualmente con productos lácteos, hielo o helado, con reconocidas virtudes energizantes y antioxidantes).

3.5. Vicky Foods: una nueva identidad corporativa comprometida con la alimentación saludable

El Grupo Dulcesol entró en una nueva fase en 2019 cuando la dirección decidió abordar un rediseño de su estructura para ajustarla a las nuevas necesidades nacidas de su proceso de crecimiento y diversificación. Es entonces cuando se replanteó el uso de la marca Dulcesol como denominación corporativa y marca paraguas, por considerarla contraproducente para design nuevas líneas de productos (como la alimentación infantil) al estar asociada a la bollería; y por creer que no aportaba nada a la exportación a países no hispanos.

Se decidió pues que Grupo Dulcesol desapareciese para dar paso a una nueva identidad corporativa adaptada a su innovadora visión de futuro bajo el nombre de **Vicky Foods**. Esta nueva marca rinde homenaje a Victoria. Pero no es un simple cambio de nombre, sino también la expresión corporativa de un giro a su propósito, ahora más amplio, pensando en un mercado global y con el objetivo claro de producir un surtido de alimentos adaptado a las demandas de los consumidores. Rafa Juan definió el propósito del cambio en los siguientes términos (Sapena, 2020):

"Vicky Foods nace para mostrar la nueva realidad de un grupo empresarial multimarca y multicategoría con foco en nuevos mercados y sectores de alimentación ligados a una nutrición saludable e innovadora, y que busca satisfacer las nuevas necesidades de los consumidores"

El Plan Estratégico 2019-22 supuso una redefinición relevante de los propósitos organizativos del grupo y de las líneas de acción que pensaba desplegar para conseguirlos. Vicky Foods define entonces su misión, su visión y sus valores para el próximo futuro, sin olvidar sus orígenes y su parte más humana y familiar de su creación. La misión del grupo mantiene la razón de ser de la empresa en servir a clientes y consumidores con productos que ofrezcan la mejor relación calidad-precio, posicionándose en mercados estratégicos y potenciando el crecimiento internacional.

Gráfico 21. Los propósitos estratégicos de Vicky Foods.

Los valores asumidos como definitorios de la cultura de Vicky Foods centrada en convertirse en una empresa innovadora y sostenible abarcan tanto principios clásicos que Victoria ya consagró en el impulso de la empresa desde los años 60, como la calidad, la satisfacción de los clientes, la mejora continua, la innovación y el compromiso de reinversión, como nuevos valores potenciados por la segunda generación como son el compromiso con la formación y el desarrollo profesional de las personas y la responsabilidad social.

Los ocho objetivos estratégicos que se planteó la compañía para 2019 – 2022 fueron los siguientes:

1. Mantener la rentabilidad sobre los activos netos.
2. Crecer en la familia de productos marca Dulcesol.
3. Potenciar las nuevas categorías de productos saludables BePlus, así como productos con marca Hermanos Juan.
4. Reforzar nuestra red de distribución, accediendo de modo más eficiente a clientes y consumidores.
5. Continuar con el desarrollo Internacional.
6. Mejorar la competitividad interna.
7. Potenciar la marca, el desarrollo de producto, la RSC y las nuevas tecnologías.
8. Atraer y retener el talento.

La estrategia de compromiso con la innovación, la diferenciación y la sostenibilidad ha dado pie a la entrada en nuevas líneas de productos de conveniencia, saludables y ecológicos. Unas de estas especialidades se han integrado en las categorías clásicas, como es el caso de la gama de panes especiales que incluye variedades de pan inspiradas en recetas artesanas, junto el pan ecológico (elaborado con ingredientes cultivados con producción ecológica plena), el pan de espelta, el pan de quinoa y el pan de semillas de lino -galardonados con el premio sabor del año 2019-.[9] Otra novedad en panadería han sido las tortas de trigo introducidas en 2023. Pero otras especialidades han sido en categorías totalmente ajenas al sector de productos horneados, como sucede con los helados, nuevas especialidades dentro de la marca Be Plus y nuevas líneas organizadas en dos innovadoras marcas: FIT´z e Il Forno di Giovanni.

El Grupo Vicky Foods ha pasado así de operar con una cartera de más de 400 productos, agrupados en 2024 bajo cinco marcas comerciales (Dulcesol, Be Plus, Hermanos Juan, FIT´z e Il Forno di Giovanni), que ofrece una gran variedad de referencias.

Dulcesol es la marca que aglutina más de 200 productos con una amplia diversidad de formatos de venta en cinco categorías diferentes:

— Bollería y pastelería industrial.

— Panadería industrial.

— Chocolates y derivados del cacao. Incluye las cremas untables Top Cao.

— Barritas de cereales Vitasol.

— Helados. Esta gama fue abierta en 2020 y reforzada en 2021 hasta dar lugar a más de 50 referencias.

Horno Hermanos Juan es la marca que recoge la oferta de bollería-pastelería y panadería congelada del grupo, dirigida a los canales profesionales (Horeca, panaderías y pastelerías y distribución).

Be Plus es la nueva marca destinada a liderar los lineales de alimentación saludable y de conveniencia con productos naturales, sin aditivos y con ingredientes ecológicos certificados. Todas sus referencias son *clean label* y se presentan en un formado *ready to eat*. Esta marca incluye productos dirigidos tanto al consumidor infantil como adulto:

— La gama de alimentación infantil Be Plus Baby y Be Plus Baby Fresca.

— Cremas untables de cacahuete, humus y pisto de verduras.

— Productos funcionales ecológicos como Naturcream.

— Postres lácteos (*Yogisan*).

— Smoothies bioactivos.

---

9 Véase https://www.retailactual.com/productos/20190213/pan-molde-dulcesol-sabor-premio#.Y3ITx8uZOUk. Consultado el 12 de noviembre de 2022.

— Platos preparados refrigerados (macarrones, alcachofas). El impulso de esta línea partió de la adquisición de productores complementarios como Ecoiberope, S.L., una *start up* sita en Xátiva especializada en producir platos precocinados, conservas y otros productos cárnicos y vegetales ecológicos y veganos, que fue comprada en 2019.

— Su primera bebida probiótica (incorporando bacterias que ayudan a restaurar el equilibrio de la flora intestinal) con agua de kéfir apta para veganos, intolerantes a la lactosa o al gluten y baja en azúcares y calorías, introducida en 2019.

— Bebidas personalizadas y deportivas. En 2022 se ha sumergido en el proyecto disruptivo BeBalance orientado a desarrollar una bebida diseñada por completo según las necesidades de cada consumidor y que incorporará los últimos avances en genética nutricional

La marca **FIT'z**, lanzada en septiembre de 2022, supone un paso decidido de diversificación hacia el negocio de los precocinados congelados. Las más de 30 referencias colocadas en el mercado ofrecen variedades de croquetas, churros, rabas, empanados de pechuga de pollo, nuggets, san jacobos, fingers de mozzarella, palomitas de pollo, varitas de merluza, saquitos de marisco, twisters de langostino, boquerones, anillas y puntillas enharinados, pimientos rellenos de bacalao, piruletas de langostino, cocktail de setas, queso camembert empanado, mejillones tigre, colas de gamba rebozadas y hasta ensalada de cangrejo. En 2023 se ha ampliado con cinco referencias más. Se ofertan en dos surtidos diferenciados dirigidos al canal de alimentación y a Horeca.

La marca más reciente introducida en 2023 es ***Il Forno di Giovanni***, especializada en el denominado frío negativo, que recoge un amplio potfolio de pizzas, mini pizzas y baguettes presentes ya en los arcones de congelados de la gran distribución y de los canales de alimentación tradicional.

La producción la realiza desde sus tres centros de producción sitos en Villalonga, Gandía y SIG (fábrica abierta en 2014 en Argelia) con el apoyo de las dos plantas de materias primas (huevos y envases) localizadas en Terrateig y La Pobla del Duc. Además, el grupo controla 14 sociedades filiales que integran la red de distribución propia en territorio nacional; cuatro filiales de distribución en el extranjero (Francia, Reino Unido, Marruecos y Argelia)

Para conseguir la eficiencia en la preparación de esta gran variedad de productos, aumentar su competitividad y estar preparados para dar respuesta a más sectores, este holding empresarial se organiza en 35 sociedades mercantiles. Cabe destacar las siguientes:

- Juan y Juan, S.L. Matriz del grupo corporativo.
- Vicky Foods Products, S.L.U. Transporte, comercialización y distribución de productos de alimentación.
- Dulcesa, S.L.U. Fabricación de productos de pastelería, bollería y panadería.
- Juan y Juan Industrial, S.L.U. Elaboración de productos de pastelería, bollería, panadería, cremas de cacao, alimentación infantil y platos preparados.

- Dulcesol Maghreb, S.A.R.L. Elaboración de productos de pastelería, bollería y panadería.
- Granja Dulcesol S.L.U. Explotación de granja avícola y transformación de ovoproductos.
- Ducplast, S.L. Impresión de envases plásticos flexibles para sus propias fábricas.

El empeño de Grupo Vicky Foods de buscar la excelencia incluye la gestión, la distribución y los procesos y métodos de trabajo. La organización está estructurada matricialmente. Además, todas las sociedades del grupo se rigen por procesos y sistemas de gestión similares y tienen implantado un Sistema de Gestión Integrado que cuenta con el compromiso e implicación de toda la plantilla, incluido el respaldo de la Dirección. Este sistema abarca desde la gestión de la calidad y seguridad alimentaria, a la gestión medioambiental, pasando por la gestión de la I+D+i y la gestión de los recursos humanos. El sistema está basado en normas y estándares internacionalmente reconocidos.

Gráfico 22. Instalaciones productivas de Vicky Foods.

Instalaciones

Fábricas de alimentación

	España GANDIA	España VILLALONGA	Argelia SIG
Productos	Croissants, napolitanas, ensaimadas, pan de leche, brioches, tortas de anís, magdalenas, bollería salada y pan de molde, etc.	Magdalenas, palmeras, cañas, sobaos, plancha de bizcocho, tartas de manzana, bollería frita y fresca, panecillos, platos preparados y alimentación infantil, además de productos semielaborados como cremas de relleno, chocolates y mermeladas.	Magdalenas, brioches, pan y plancha de bizcocho.
Superficie	59.692 m²	100.015 m²	12.690 m²
Líneas de fabricación	16	22	3
Plantilla	749	862	234
Producción 2022	92.000 t +4,4% vs. 2021	108.967 t +4,9% vs. 2021	8.024 t +16,2% vs. 2021

Instalaciones

Granja

	España TERRATEIG
Aves ponedoras	535.000
Plantilla	15
Producción 2022 (toneladas de huevo con cáscara)	7.387
Cobertura sobre total de demanda	95%

Fábrica de envases

	España LA POBLA DEL DUC
Productos	100% del material empleado para el envase y embalaje de nuestras fábricas.
Plantilla	61
Producción 2022	Film 2.015 t Bolsas 102 millones de unidades

Fuente: Memoria ESG 2022 Vicky Foods.

El sistema de gobernanza del grupo descansa en dos órganos: el Consejo Asesor y el Comité de Dirección. El máximo órgano de gobierno es el Consejo Asesor, que es el responsable de definir la misión, visión y valores de Vicky Foods, así como los objetivos estratégicos en ESG; de supervisar la evolución de la compañía en los tres frentes; y de la toma de decisiones estratégicas. Está formado por siete miembros, cuatro de ellos pertenecientes al núcleo familiar propietario y otros tres que son asesores externos independientes expertos en finanzas y estrategia, seleccionados por el Consejo Familiar en base a los criterios de experiencia en alimentación, honorabilidad, capacidad y profesionalidad. La Presidencia no ejecutiva de este Consejo la desempeña un miembro del núcleo familiar. Por su parte, el Comité de Dirección se encarga de las decisiones ejecutivas en materia económica, social y medioambiental y reporta directamente al CEO, que constituye el enlace entre los dos órganos de gobernanza. Está formado por los 12 ejecutivos responsables de las áreas funcionales y el CEO del grupo. El proceso de debida diligencia y la participación de los grupos de interés es delegada por el Consejo Asesor en el CEO, que a su vez delega en el equipo a cargo del área de ESG, que se encarga de la supervisión de los procesos y la gestión de los impactos, e informa de losa resultados a la Dirección General y al Consejo Asesor.

Gráfico 23. Estándares de certificación seguidos por Vicky Foods.

Gráfico 24. Organigrama funcional de Vicky Foods.

Fuente: Memoria ESG 2022 Vicky Foods.

3.6. Estrategia y resultados en sostenibilidad

Vicky Foods ha desarrollado un ambicioso plan de sostenibilidad y RSC, que integra sus acciones en estos ámbitos de forma transversal en sus objetivos estratégicos para revertir valor a la sociedad y cuidar del medioambiente. Su estrategia de innovación, su declaración de valores y los sistemas de gestión con los que se ha armado demuestran que Vicky Foods ha mantenido desde sus inicios hasta hoy una clara apuesta por la innovación para alimentar un mundo mejor y por la sostenibilidad para contribuir a una sociedad mejor. De esta manera la RSC impregna todas las áreas de la compañía y garantiza la coherencia y el impacto tangible de todas sus acciones. La transversalidad explica que José Vicente Castell defina el siguiente desafío: "*nuestro reto es que cuando hablemos de Vicky Foods como una organización cuyo fin es proporcionar alimentos de calidad a nuestros consumidores, se identifique nuestra marca con productos elaborados de forma sostenible*".

La actitud corporativa de Vicky Foods parte también del convencimiento de que, como afirma su Director de RSC y Relaciones Externas José Vicente Castell, "*la sostenibilidad aporta competitividad y al final se nota en el Ebitda (...) ya que se busca el ahorro de costes, la mejora de los procesos, la optimización de los recursos y menguar el impacto*". Rafa Juan reafirma este convencimiento: [10]

10 Declaraciones en *MadeinJijona, 7 de marzo de 2021*. https://madeinjijona.com/rafael-juan-dulcesol-las-empresas-que-adoptan-politicas-de-rsc-y-sostenibilidad-son-mas-rentables. Consultado el 20 de octubre de 2023.

"Las empresas que adoptan políticas de RSC y sostenibilidad son más rentables". Y subraya *"La responsabilidad social no debe entenderse como un coste para las empresas; las organizaciones son más rentables trabajando con modelos que cuiden el medio ambiente, la parte social y el buen gobierno. Y no solo eso, sino que las compañías sostenibles gozan de una mejor reputación, son más apreciadas por los consumidores, son más sólidas a largo plazo y disponen de mejores herramientas para superar las crisis económicas"*

No obstante, el interés de Vicky Foods por la sostenibilidad no se ciñe al interés económico exclusivamente. Nadie mejor que el CEO de la compañía para resumir sus planes y creencias:

"Al final, nuestra actividad tiene un impacto muy importante en nuestra sociedad [Por ello] desde nuestro nacimiento somos conscientes de que la sociedad y el entorno natural que nos acoge son fundamentales para garantizar nuestro éxito. Ser una empresa sostenible genera valor para nosotros, para las comunidades en las que operamos y el medio ambiente. A su vez, este valor nos beneficia por lo que se trata de un círculo positivo con el que todos prosperamos".

La estrategia de sostenibilidad y RSC de Vicky Foods tiene una materialización completa en la *Memoria de Sostenibilidad "Vicky Foods, memoria RSC"*. Este documento hace un recorrido por los retos, iniciativas y logros conseguidos cada año, ofreciendo así un ejercicio de transparencia que el grupo empresarial asume voluntariamente desde hace años con un doble objetivo: ofrecer información relevante sobre su desempeño en materia de sostenibilidad e informar a sus grupos de interés sobre cómo respondemos a sus expectativas. La memoria sigue las directrices marcadas por la Global Reporting Initiative a través de sus GRI Standards, adhiriéndose a sus principios de precisión, equilibrio, claridad, comparabilidad, fiabilidad y puntualidad. La memoria se estructura y se crea en torno al concepto de materialidad, poniendo el foco en aquellos aspectos que son importantes tanto para Vicky Foods como para sus grupos de interés. Además, en una firme convicción por contribuir a alcanzar los retos de la Agenda 2030 de las Naciones Unidas, se identifican y plasman en su memoria el impacto de la actividad en cada uno de los 17 Objetivos de Desarrollo Sostenible (ODS).

La cultura construida sobre su visión y su estrategia de sostenibilidad explica cómo ha configurado Vicky Foods la relación con sus grupos de interés:

- Con la Administración: Mantiene contacto directo con gobiernos y administraciones donde tienen presencia para crear sinergias y establecer colaboraciones.
- Con proveedores y distribuidores: Apoyándolos en su camino hacia una mejora continua, compartiendo buenas prácticas y haciéndolos participes del compromiso con la sostenibilidad para avanzar juntos hacia la excelencia.
- Con Clientes y Consumidores: ofrece canales de dialogo través de diversas plataformas y redes sociales con el fin de analizar su grado de satisfacción para implementar planes de mejora que nos permitan dar una respuesta adecuada a sus necesidades.

— Con el Tercer Sector: Involucrándose en iniciativas sociales y ambientales desarrolladas por ONG para dar respuesta a las necesidades de la comunidad.

— Con la Comunidad Local: Escuchando sus demandas, necesidades y propuestas para tenerlas presentes en sus prioridades y estrategia.

— Con el Equipo: Escuchando sus inquietudes y demandas e informándoles y haciéndoles partícipes de los retos y logros de la compañía.

— Con el Sector: Colaborando con entidades como la Agencia Española de Seguridad Alimentaria y Nutrición (AECOSAN) a través de diversas iniciativas de innovación.

Gráfico 25. Matriz de materialidad del Grupo Vicky Foods (2021).

Fuente: Memoria ESG 2021 Vicky Foods, pp. 34.

Gráfico 26. Objetivos y temas prioritarios en sostenibilidad del Grupo Vicky Foods (2021).

ASPECTO	ALCANCE
Respeto y protección de los Derechos Humanos	Definir e implementar procedimientos de trabajo y control, que garanticen la protección de los Derechos Humanos fundamentales (trabajo forzoso, obligatorio, infantil, esclavitud, libertad de asociación, negociación colectiva, etc.), tanto en las organizaciones del grupo como en su cadena de aprovisionamiento.
Seguridad y calidad alimentaria	Definir e implementar unos elevados estándares de calidad y seguridad alimentaria, que garanticen la producción y distribución de productos de alimentación acordes con dichos estándares.
Cadena de suministro sostenible y eficiente	Mantener una cadena de suministro que cumpla con los criterios de calidad, solvencia técnica e impacto social y medioambiental definidos.
Satisfacción de los clientes	Alcanzar y mantener una alta satisfacción de nuestras empresas clientes, tanto por nuestros productos, así como por nuestra eficiencia logística y operativa.
Tendencias de consumo	Conocer y entender las tendencias de consumo actuales y futuras, para adaptar nuestros productos y servicios a las exigencias del mercado.
Marketing responsable	Realizar una comunicación y promoción comercial transparente, ética y coherente con la cultura corporativa que proyecte una imagen y reputación de la marca.
Producto saludable y sostenible	Desarrollar una oferta comercial con alternativas saludables y respetuosas medioambientalmente.
ASPECTO	**ALCANCE**
Información al consumidor	Mantener una política de información a las personas consumidoras accesible, transparente, clara, fiable y útil.
Adaptación y lucha contra el cambio climático	Desarrollar las actividades empresariales del grupo de manera respetuosa medioambientalmente, tratando de reducir y/o mitigar las emisiones de GEI corporativas.
Contribución a la comunidad	Contribuir al desarrollo económico, social y medioambiental de la sociedad en general y en especial en las comunidades donde opera el grupo.
Ética y cumplimiento	Realizar una gestión empresarial ejemplar, basada en la ética y el cumplimiento normativo.
Economía circular	Desarrollar el modelo de negocio hacia la circularidad (reducir, reciclar y reutilizar), potenciando el uso de materiales sostenibles y realizando una gestión eficiente de los residuos, basada en la revalorización de los mismos.
Innovación sostenible	Orientar la innovación del grupo, tanto a nivel de procesos, maquinaria, infraestructuras, productos, etc. hacia la eco-eficiencia y eco-innovación.
Concienciación/sensibilización sobre alimentación saludable y consumo responsable	Contribuir al desarrollo de un consumo más responsable, saludable y sostenible.

Fuente: *Memoria ESG 2021 Vicky Foods*, pp. 7-8.

Gráfico 27. Estrategia de sostenibilidad de Vicky Foods: objetivos y resultados (2020-2021).

ÁREA DE ACTUACIÓN	OBJETIVO 2020 VS 2019	RESULTADO 2020	ODS VINCULADOS
Innovación	Cumplimiento de los compromisos con AECOSAN 2017/2020	• **73,5%** de nuestros productos cumplen en azúcar • **100%** de nuestros productos cumplen en grasas saturadas	
	Innovación en nuevos productos en un 10%	**11,13%** de ventas procedentes de nuevos productos	
Medio ambiente	Reducción del consumo de agua en un 5%	**-2,2%** de agua consumida	
	Disminución del consumo de energía eléctrica en un 3%	**-3,0%** de energía consumida	
	Reducción del uso de plástico en un 5%	**-6,1%** de plástico usado	
	Disminución del uso del cartón en un 5%	**-8,1%** de cartón usado	
	Reducción de la huella de carbono en un 5%	**-7,8%** de emisiones de CO_2	
	Disminución de los residuos no peligrosos generados en un 3%	**-15,3%** de residuos no peligrosos generados	
Personas	Incremento del valor económico distribuido	**+5,1%** más de valor económico distribuido	
	Reducción de la accidentalidad laboral	**-11,3%** menos de accidentes	
	Incremento de la plantilla	**+2,3%** más de personas en plantilla	
	Aumento de las horas de formación para la plantilla	**-34,0%** menos de horas de formación	
	Incremento de la inversión en acción social	• **+7,1%** más de donación de producto • **+20,9%** más en colaboraciones sociales y patrocinios	

ÁREA DE ACTUACIÓN	OBJETIVO 2021 VS 2020	RESULTADO 2021	ODS VINCULADOS
Innovación	Crecer en nuevas categorías de alimentación.	**+34,2%** de crecimiento en nuevas categorías.	
	Innovación en nuevos productos en un 10%.	**+14,4%** de ventas procedentes de nuevos productos.	
Medio ambiente	Reducción del consumo de agua en un 5%.	**-6,8%** de agua consumida.	
	Disminución del consumo de energía eléctrica en un 3%.	**-10,0%** de energía consumida.	
	Reducción del uso de plástico en un 5%.	**-9,2%** de plástico usado.	
	Disminución del uso del cartón en un 5%.	**-7,3%** de cartón usado.	
Medio ambiente	Reducción de la huella de carbono en un 5%.	**+5,3%** de emisiones de CO_2.	
	Disminución de los residuos no peligrosos generados en un 3%.	**+1,0%** de residuos no peligrosos generados.	
Personas	Incremento del valor económico distribuido.	**+9,1%** de valor económico distribuido.	
	Reducción de la accidentalidad laboral.	**+38,0%** de accidentabilidad laboral.	
	Incremento del número de personas.	**+2,9%** de plantilla.	
	Aumento de las horas de formación para la plantilla.	**+5%** de horas de formación.	
	Incremento de la inversión en acción social.	**+6,6%** de donación de producto **-11%** en colaboraciones sociales y patrocinios.	

Fuente: *Memoria ESG 2021 Vicky Foods.*

La memoria y la estrategia de sostenibilidad de Vicky Foods se estructuran en torno al concepto de materialidad, poniendo el foco en aquellos aspectos que son importantes tanto para Vicky Foods como para sus principales grupos de interés internos y externos. Para definirlos, la compañía realiza un análisis en el que cuenta con la aportación de todos aquellos agentes de interés de la empresa. Este estudio de materialidad se realizó por vez primera en 2019 y ha sido revisado luego en diversas ocasiones.

Esta matriz es la base de los objetivos y las políticas de sostenibilidad y de gestión de la empresa, así como el referente para la medida de sus progresos. La estrategia de sostenibilidad de Vicky Foods está presidida por los criterios ESG, que determinan el alcance de temas sobre los que la compañía quiere contribuir positivamente en su entorno y para ello se constituyen en parte fundamental de su estrategia de negocio. Vicky Foods entiende los criterios ESG del siguiente modo:

- Criterio ambiental: desarrollar nuestra actividad respetando el medio ambiente es fundamental para seguir utilizando los mejores ingredientes en nuestros productos y seguir disfrutando de nuestro entorno.
- Criterio social: las personas son el centro de todo lo que hacemos, tanto las que forman parte del equipo Vicky Foods como las de nuestro entorno, ya sean clientes, consumidores, proveedores o la sociedad en general.
- Criterio de gobernanza: ser honestos, íntegros y transparentes está en nuestra forma de ser, en todo lo que hacemos y en cómo lo trasladamos a todos nuestros grupos de interés, con una gestión responsable desde la alta dirección.

La integración de la sostenibilidad como eje estratégico en el modelo de negocio de Vicky Foods conlleva que sus acciones en materia de sostenibilidad se extiendan tanto sobre los productos como sobre los procesos y las personas. Las tres áreas sobre las que se desarrollan todas las acciones en materia de sostenibilidad son pues Innovación, Medio Ambiente y Personas.

1. Innovación

Todo el enfoque de sostenibilidad de Vicky Foods tiene la innovación como eje vertebrador. Desde la segunda mitad de la primera década del siglo, la innovación toma en Grupo Dulcesol un marcado acento social tipificado por el compromiso con una alimentación más saludable y la mejora de las propiedades para enriquecer y mejorar el perfil nutricional de sus productos. El lema de la *Memoria ESG 2021* es revelador: *Llevando la sostenibilidad y la innovación a tu mesa*.

Esta acción está alineada con las políticas de salud pública orientadas a crear entornos alimentarios más saludables promovidas por la OMS y los gobiernos nacionales. Las medidas impulsadas incluyen estrategias integrales de reformulación de alimentos y bebidas destinados a niños y restricciones a su publicidad. Una pieza clave es el compromiso Iniciado en 2017 entre AECOSAN y ASEMAC para potenciar la Estrategia NAOS en la producción de alimentos horneados, que fue rubricado por Grupo Dulcesol en las dos categorías de pan envasado (junto con Grupo Siro) y bollería-pastelería (junto a otros nueve competidores, entre los que se encontraba el líder en masas congeladas Europastry pero sólo Grupo Siro de entre los líderes de esta industria).

Gráfico 28. Hitos de la innovación aplicada a la mejora de la sostenibilidad en Vicky Foods.

Fuente: *Memoria RSC Vicky Foods 2020*, pp. 34.

Los hitos de esta apuesta por mejorar la salud a través de una alimentación innovadora son:

— Eliminación de los colorantes azoicos y su sustitución por colorantes naturales en 2008.

— La exclusión de las grasas hidrogenadas de todos sus artículos en 2010, sustituyéndolos por grasas vegetales no hidrogenadas.

— La mejora de nutrientes de todos sus productos entre 2010 y 2012.

— La inclusión de referencias con aceite de oliva en 2013.

— La introducción en la alimentación infantil con la marca Be Plus en 2013.

— El lanzamiento en 2015 de la Gama Dulcesol Innova, una colección de productos saludables de dos clases. Por un lado, incluye productos ricos en fibra y bajos en grasas, azúcares y sal: magdalenas (-40% de grasas y -60% de azúcares), croissants (-50% de grasas y -20% de sal; y pan de leche (-50% de grasa y -20% de azúcares); así como valencianas con omega 3 y palmeras integrales. Por otro lado, la línea ofrece productos con la microalga Chiorella, como son panecillos, bocaditos y valencianas de cacao. Esta microalga es un organismo unicelular, rico en pigmentos naturales como la clorofila y el beta caroteno que le otorgan propiedades antioxidantes y desintoxicantes; así como con un elevado contenido en proteínas vegetales de alto valor nutritivo, ácidos grasos omega 3 y diversas vitaminas. La empresa se autobastece de este componente que obtiene en su planta de Villalonga, donde la cultiva de forma natural, segura y sin utilizar organismos genéticamente modificados.

Además de sus valores nutricionales, esta microalga es beneficiosa para el medio ambiente pues emite gran cantidad de O_2 y capta CO_2 de la atmósfera.[11]

— La sustitución progresiva del aceite de palma y ácidos grados trans iniciada en 2018 en algunos de los productos más emblemáticos de las categorías de bollería, pastelería y repostería.

— Entre 2017 y 2020 se ha seguido trabajado la mejora de la composición de los alimentos reduciendo su contenido en azúcar, grasas saturadas y calorías.

— Otra dirección de innovación social ha sido el desarrollo de productos responsables con el entorno, donde sobresalen los productos ecológicos. A finales de 2021, la compañía ofrecía y hasta 102 referencias de productos certificados como ecológicos en tres gamas: cremas ecológicas, smoothies funcionales y alimentos infantiles, junto a una referencia dentro de la familia de panadería.

— Además, ha trabajado el desarrollo de nuevas líneas de productos beneficiosos para la salud, aunque impliquen procesos productivos más caros. El mejor ejemplo son sus productos BIO, por los que Vicky Foods hace una decidida apuesta porque entiende "que los productos biológicos van a centrar la demanda de los consumidores en el futuro" (Briasco y Moret, 2016), así como las cremas ecológicas, las ensaladas y los productos funcionales ecológicos como Naturcream y smoothies respectivamente.

Por una parte, la innovación de procesos se ha plasmado en la modernización tecnológica continua de las instalaciones y líneas de producción, que ha facilitado una fabricación muy eficiente económica y medioambientalmente.

La estrategia de innovación se sostiene en equipos de trabajo multi-departamentales liderados por el Comité de Innovación de la compañía. En 2019, el grupo ha abierto su Centro de Innovación, Nutrición y Salud (CINS), tras una inversión de 6,5 millones de euros y que cuenta con una superficie de 9.500 metros cuadrados en la que desarrollan proyectos un equipo de 150 profesionales internos y externos. La misión del centro es coordinar todo el esfuerzo innovador de la compañía de modo que pueda hacer realidad sus compromisos de innovación tecnológica e impulsar el bienestar de los consumidores y empleados a partir de una estrategia de salud. El centro está dividido en dos áreas. La primera es el centro de investigación nutricional y salud, cuyo foco está colocado en perfeccionar el perfil nutricional de los productos, el fomento de la investigación científica para enriquecer los productos con componentes bioactivos y la promoción de hábitos saludables entre los menores. La segunda está enfocada en hacer de Vicky Foods una empresa 4.0 en todos sus ámbitos.

---

11 "Grupo Dulcesol presenta Innova, su gama más saludable". *Food Retail, 30 de noviembre de 2015.* https://www.foodretail.es/food/Grupo-Dulcesol-presenta-Innova-saludable_0_949405075.html. Consultado el 17 de julio de 2023.

Además, en 2022, ha abierto su Centro de Innovación con la denominación Agro-Rural Innovation Hub (ARI Hub), que tiene como objetivos incentivar la cultura del emprendimiento, promocionar proyectos innovadores, implicar a diferentes agentes públicos y privados, generar sinergias y transferir conocimientos. El centro, ubicado en la planta de Villalonga, incluye una incubadora y aceleradora para start-ups y una agrupación de empresas innovadoras que, con Vicky Foods como empresa tractora, aspira a convertirse en un referente de innovación y desarrollo de la cultura del emprendimiento, así como en un foco de atracción de talento, que estará a disposición del ecosistema emprendedor para desarrollar proyectos de innovación seleccionados que podrán utilizar las instalaciones de CINS como espacio de trabajo.[12]

Vicky Foods también está plenamente comprometida con clientes y consumidores y por ello definen la calidad de los productos como la mejor herramienta de diferenciación y crecimiento. En línea con este compromiso, tiene una *Política de Calidad para la Fabricación de Productos* que ha sido desarrollada siguiendo las directrices de los principales estándares internacionales de calidad y seguridad alimentaria.

La compañía revisa periódicamente y certifica unos estrictos protocolos de calidad en base a los requisitos de la norma *ISO 9001:2015 de Sistemas de Gestión de la Calidad.* Además, para extender ese compromiso con la calidad a los proveedores, aplica los requisitos establecidos por el *Global Standard for Food Safety del BRC (British Retail Consortium*), uno de los estándares de calidad y seguridad alimentaria más reconocidos mundialmente, y aplica las exigencias del certificado *IFS FOOD* del International Featured Standard para la realización de las auditorías.

Finalmente, a través de los canales de atención al consumidor, fácilmente accesibles y a disposición de todos clientes y consumidores, gestiona las consultas, quejas, sugerencias o denuncias que puedan tener de sus productos. Su plan de comunicación trabaja además en crear conciencia en los consumidores de la necesidad de una alimentación saludable a través de productos y campañas.

2. Medio Ambiente

El medio ambiente es el segundo pilar fundamental de la estrategia de RSC de la compañía, declarando el cuidado del entorno natural y la minimización de su impacto como objetivos fundamentales de su estrategia ESG. En este ámbito, Vicky Foods asume cinco compromisos:

1. *Hacer.* Compatibiliza el objetivo de negocio con la preservación del medio ambiente, reduciendo las emisiones de CO_2, el volumen de residuos y el desperdicio alimentario, al tiempo que se promueve el bienestar animal.

---

12 Véase https://www.revistaaral.com/texto-diario/mostrar/3830578/nace-agro-rural-innovation-hub. Consultado el 11 de noviembre de 2022.

2. *Fomentar.* Esta segunda línea trabaja el diseño de productos y procesos para que minimicen el impacto de la actividad sobre el entorno.

3. *Cumplir.* Obliga en todo momento a respetar la legislación y reglamentación ambiental aplicable y además añade compromisos adicionales y ambiciosos de forma voluntaria. Para ello:

   - Disponen de un equipo y presupuesto anual para asegurar su correcto cumplimiento y desempeño.
   - Implementan un Sistema de Gestión Ambiental certificado en base a estándares reconocidos internacionalmente.

4. *Transmitir.* El compromiso ambiental se comunica a los grupos de interés, fomentando así su cumplimiento, a través de:

   - La Memoria de RSC.
   - Los envases de los productos.
   - Campañas de comunicación.

5. *Mejorar.* Se adopta el Sistema de Gestión Ambiental para cumplir las exigencias de la norma UNE-EN ISO 14001:2015 y el Reglamento 2017/1505 EMAS. La compañía ha creado dos Comités Ambientales para revisar continuamente su desempeño y proponer mejoras.

La compañía ha logrado mejoras significativas de su desempeño medioambiental con este enfoque de la sostenibilidad, reduciendo las emisiones, mejorando la eficiencia energética, acrecentando el recurso a energías renovables, mejorando el consumo de materias primas, creciendo la implicación con la economía circular y promoviendo la mejora del bienestar animal.

Gráfico 29. Desempeño medioambiental de Vicky Foods.

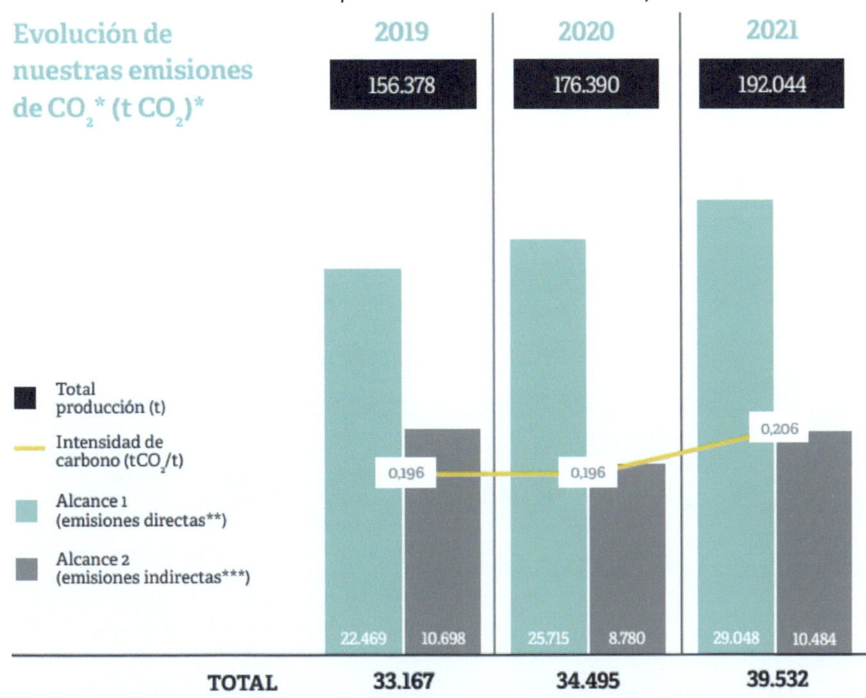

* Datos correspondientes a Dulcesa, S.L.U., Juan y Juan Industrial, S.L.U. y Vicky Foods Products, S.L.U.

** Combustión de gas natural y gasóleo en fuentes fijas (hornos), combustibles en fuentes móviles (vehículos de transporte), así como emisiones fugitivas de gases refrigerantes utilizados en equipos de refrigeración.

*** Consumo de energía eléctrica de la red.

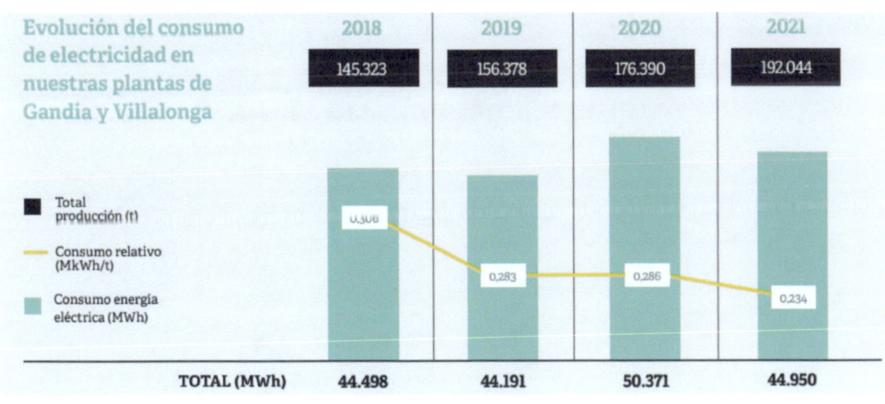

Fuente: *Memoria ESG 2021 Vicky Foods.*

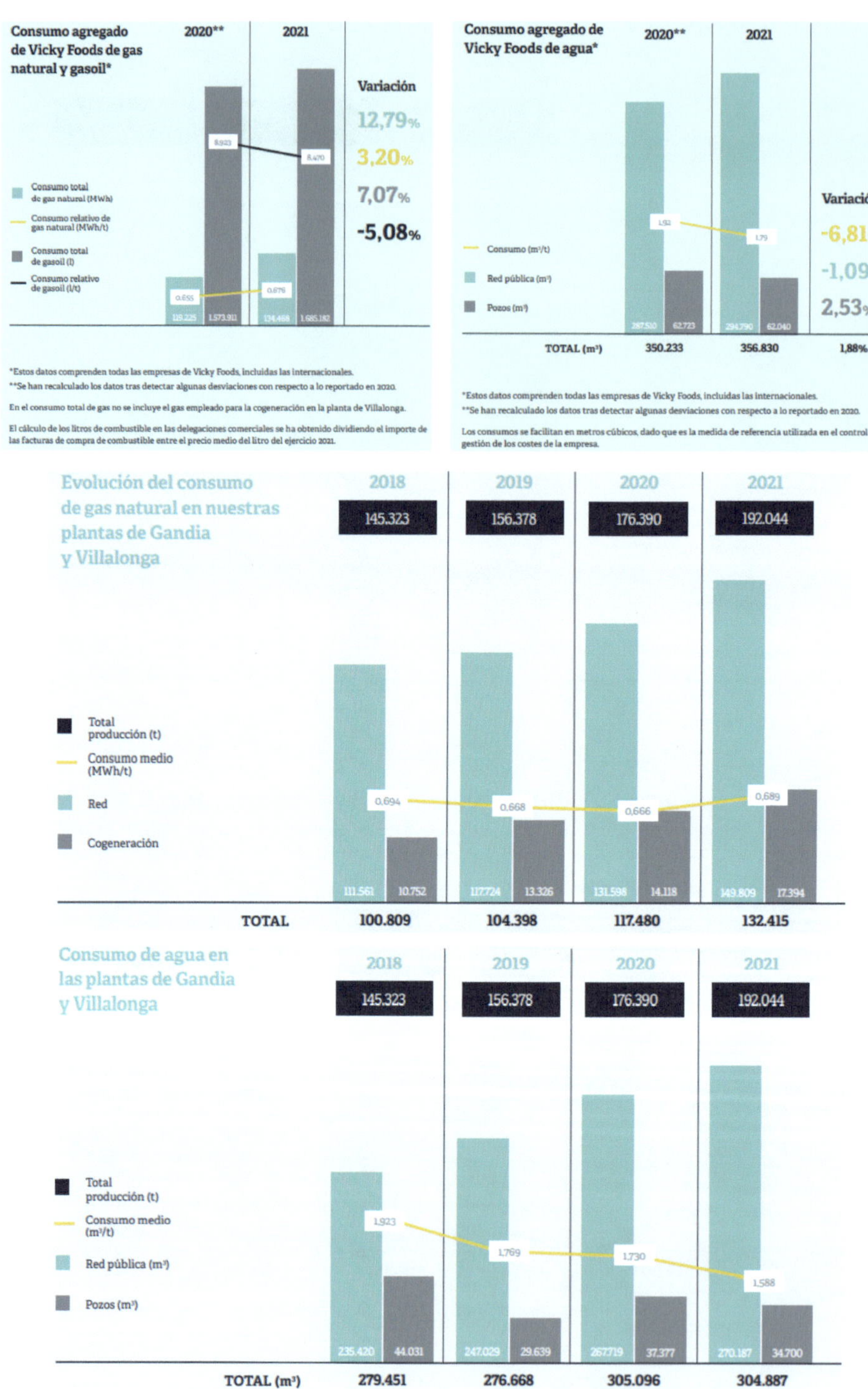

Fuente: *Memoria ESG 2021 Vicky Foods.*

3. Social

Este punto de iniciativas viene definido por tres grandes bloques de interés, cuya identificación ha cambiado en 2021. En las memorias precedentes Vicky Foods hablaba del equipo, las personas y la sociedad. Desde 2021, la dimensión social de la sostenibilidad se cuida desde tres puntos de vista: el equipo, las comunidades y territorios en que la compañía opera y los agentes de la cadena de valor.

1. Equipo.

Vicky Foods destaca que las personas son el centro de la compañía y la clave de su éxito. Su esfuerzo por contar con un equipo comprometido y competente la ha llevado a formar una plantilla creciente que en 2021 alcanzó los 2.650 profesionales, un 2,9% más que en el año previo. De ellos, el 79,7% tenían contrato indefinido y un 94% dedicación a tiempo completo. Se trata de un equipo diverso e inclusivo, que pone en valor la profesionalidad y las capacidades por encima de las características personales.

"Hacemos partícipes de los retos que afrontamos, compartiendo los logros alcanzados" es una máxima que llama mucho la atención y que tiene su vía de ejecución en un canal de comunicación interno muy desarrollado formado por muchas plataformas, gracias a las cuales todos los empleados conocen todas las iniciativas y acciones de todo tipo que pone en marcha el holding.

La Política de Gestión del Talento facilita el desarrollo e implementación de una serie de medidas que ponen a las personas en el centro de toda actividad para garantizar su bienestar y ofrecer las mejores condiciones laborales posibles. Además, aseguran que puedan permanecer en el equipo hasta el final de su vida laboral, en condiciones dignas, implicados y permitiendo su desarrollo profesional. Debe destacarse también el Protocolo de Actuación en Caso de Acoso, actualizado anualmente para adaptarlo a los cambios legales y a la realidad social, y que contempla procedimientos para denunciar y proteger a la víctima.

Gráfico 30. Los Planes de Igualdad en Vicky Foods.

Áreas de acción

- Conciliación de la vida laboral, social y familiar.
- Acceso al empleo.
- Retribuciones justas y equitativas.
- Clasificación profesional, promoción y formación.
- Seguridad y salud laboral.
- Comunicación y lenguaje no sexista.

Objetivos

- **Igualdad de género** en cuanto a oportunidades de acceso al empleo, desarrollo profesional, retribución y condiciones de trabajo; regulación de la Comisión de Igualdad; y prestación de especial atención a mujeres víctimas de violencia de género.
- Incremento en la **presencia de las mujeres** en las distintas áreas, grupos y puestos en los que tienen menor representación.
- **Prevención de conductas de acoso**, así como desarrollo de protocolos y medidas de actuación.
- **Sensibilización sobre la igualdad de oportunidades** a través de acciones de comunicación y diálogo social.

Esta política garantiza igualmente la igualdad de oportunidades, que en dos de las empresas del grupo (Juan y Juan Industrial y Dulcesa) se ha reafirmado con Planes de Igualdad. En Vicky Foods se considera que la igualdad se encuentra íntimamente ligada a la conciliación laboral con la vida familiar y personal de nuestro equipo, que puede beneficiarse de las siguientes medidas: horario flexible para determinados puestos de servicios generales, incluyendo jornada intensiva en verano; servicio de cafetería 24 horas en nuestras oficinas; flexibilidad en la adecuación de turnos de trabajo en función de las circunstancias de cada persona; y autonomía para la elección de los días de vacaciones.

Igualmente, se trabaja por la igualdad de oportunidades de las personas discapacitadas a quienes ofrece oportunidades laborales en colaboración con asociaciones como ASMI-SAF y Asociación Pro-minusválidos Psíquicos de La Safor. Además, la compañía trabaja para mejorar la accesibilidad de sus instalaciones a toda nuestra plantilla y visitantes, eliminando las barreras que puedan interferir en el acceso normal de cualquier persona.

En cuanto al desarrollo profesional cada año se hace un plan de formación, adaptado a las características de la producción y de los diferentes puestos de trabajo para apoyar al equipo en la actualización de sus capacidades y conocimientos. De este modo, contribuye a que se adapten mejor a su puesto de trabajo y les permita una contribución activa para alcanzar los retos y objetivos establecidos por la Dirección.

En la línea de promover la salud y seguridad se fomenta una cultura de trabajo seguro a través de diversas medidas de prevención y promoción de la salud con el objetivo de garantizar la seguridad en cada una de sus instalaciones y minimizar los índices de siniestralidad laboral. Estas medidas se concretan en una Política de Prevención de Riesgos Laborales y de Promoción de la Salud en el Trabajo que desarrolla según la norma OHSAS 18001:2007 de Seguridad y Salud Laboral, cuya migración a la norma ISO 45001 se ha completado en 2021.

2. Personas.

La principal iniciativa en este punto es el Plan LIFE Vicky Foods 2020, que tiene como objetivo poner en valor la importancia de las personas y conseguir su bienestar, crecimiento e implicación en la empresa. La compañía cree que sólo así creen pueden atraer y retener talento, seguir innovando y garantizar un futuro prometedor. El Plan LIFE refleja la voluntad de cambio y superación que persigue Vicky Foods. “Life” se centra en encontrar un adecuado equilibrio entre la vida personal y profesional del personal y se fundamenta en:

- **Liderazgo:** es imprescindible que el cambio implique y se promueva desde la Dirección. Además, debe ser respetuoso, de calidad y de confianza para conducir al equipo hacia la consecución de los objetivos.
- **Implicación:** para conseguir un cambio y poder mejorar continuamente en el ámbito de gestión del talento, es necesario comprometer e implicar en el proceso a todos los niveles de la organización.

— **Formación**: para fomentar el desarrollo continuo del talento interno, así como para atraer y retener actores clave para conseguir empresas realmente competitivas.

— **Enfoque hacia las personas**: únicamente cambiando la mentalidad y poniendo el foco en ellas conseguirán el éxito empresarial. Es necesario valorar y cuidar a las personas, velar por sus necesidades laborales y familiares y asegurar un buen clima laboral que promueva su sentimiento de pertenencia, implicación y motivación.

La compañía es plenamente consciente de que la dirección tiene un papel fundamental fomentando un entorno de trabajo seguro, saludable, con las mejores condiciones de trabajo posibles y en un clima laboral basado en el respeto y la confianza.

3. Sociedad.

Según Rafael Juan, Vicky Foods "no debe pensar sólo hacia dentro de la empresa, sino hacia el resto de la sociedad". Es pues coherente que, en su memoria de sostenibilidad, la compañía manifieste que "las comunidades en las que operamos, no solo nos proveen de las materias primas y recursos que necesitamos para nuestros productos, sino que son el lugar del que vienen los eslabones insustituibles de nuestra cadena de valor. Por ello, colaboramos con el desarrollo y crecimiento de las comunidades en las que estamos presentes mediante la creación de empleo de calidad, el apoyo a los más desfavorecidos, la promoción de la salud, la investigación o el apoyo a la cultura". La compañía prioriza la contratación en economías locales, trabajando con proveedores de proximidad, y se les hace partícipes de las mismas con altas exigencias de calidad a través de las áreas de Calidad y Compras.

Vicky Foods es pues el núcleo de una cadena de valor que no sólo se preocupa de elaborar productos de calidad y hacerlos llegar a sus consumidores, sino que además trata de hacerlo de forma respetuosa con el medio ambiente y las personas, y aspirando a provocar el efecto positivo mayor posible en las comunidades y territorios en que está arraigada.

Gráfico 31. La cadena de valor sostenible de Vicky Foods.

Otro botón de muestra del compromiso de Vicky Foods con su comunidad es la intensa participación de sus máximos responsables en asociaciones y eventos de calado para el progreso local y comarcal. Así, Rafa Juan ha desarrollado desde siempre una intensa labor en asociaciones vinculadas a La Safor: presidente de la Federación de Asociaciones de Empresarios de La Safor (2010-2018), vicepresidencia de Fomento de Agricultura, Industria y Comercio de Gandía y del Cercle d'Economia de La Safor. A nivel autonómico, su participación ha sido igualmente frenética en asociaciones empresariales, sectoriales e institucionales: miembro del Comité Ejecutivo y de la Junta Directiva de la Confederación Empresarial Valenciana, miembro del Consejo Rector Levante de la Asociación para el Progreso de la Dirección, miembro de las juntas directivas de ASEMAC y FEDACOVA, vocal del Consell Valencià de la Innovació, vocal del Consejo Social de la UPV y patrono de la Fundació Universitat-Empresa ADEIT.

Dentro de este apartado, en 2020 la compañía ha creado la Fundación Vicky Foods con el objetivo de vertebrar su acción social y orientarla con el propósito de responder a las expectativas de sus grupos de interés. La fundación ha asumido la gestión de los convenios de colaboración con varias cátedras de las Universidades de Valencia y Politécnica de Valencia, además de apoyar a la Fundación Palau de les Arts Reina Sofia, como parte del compromiso con la cultura y las artes escénicas. Entre otras iniciativas, la fundación continúa la organización del Campus Dulcesol, una actividad sin ánimo de lucro en el que participan cerca de 300 niñas y niños de entre 8 y 16 años que pueden disfrutar de una gran variedad de actividades deportivas, charlas, juegos y talleres, y en la que todo lo recaudado va destinado a diferentes asociaciones y ONGs. La fundación ha impulsado nuevas iniciativas como la creación del Campus Musical; o el premio de investigación 'Fundación Vicky Foods a la investigación en nutrición y salud', con el que pretenden "transmitir nuestro interés en la mejora de todo lo relacionado con el mundo de la alimentación".

4. Gobernanza

El tercer eje de la estrategia ESG es la gobernanza. Esta dimensión determina los valores que la compañía desea poner en práctica para responder a las necesidades de sus grupos de interés; y el modelo de negocio y de gestión que la dirección adopta para conseguir el equilibrio financiero y el balanceado de sus responsabilidades económica, social y ambiental.

Gráfico 32. Principios del Código Ético y de Conducta de Vicky Foods.

1. Prohibición del uso de mano de obra infantil	2. Prohibición del trabajo forzado	3. Derecho a sindicación	4. Respeto a la diversidad e igualdad
5. Derecho a la intimidad	6. Rechazo al acoso laboral	7. Salud, higiene y seguridad laboral	8. Conciliación laboral y descanso para el equipo
9. Diligencia y cuidado en el uso de los bienes de la empresa	10. Manejo responsable de la información	11. Propiedad intelectual	12. Política anticorrupción
13. Conflictos de interés	14. Trato con las autoridades	15. Relaciones y desarrollo del trabajo en las distintas comunidades	16. Respeto al medio ambiente
17. Calidad hacia consumidores, clientes, proveedores y competencia	18. Calidad de publicidad y marketing	19. Progreso y mejora continua	20. Promoción interna, formación y buenas condiciones de trabajo

Vicky Foods declara (en su Memoria ESG de 2021) su convicción en que los valores corporativos compartidos por el equipo son una de sus principales fortalezas competitivas. Parece pertinente señalar en este punto la importancia que Vicky Foods concede al compromiso con la ética y el buen hacer recogido en el **Código Ético y de Conducta**, un documento público que recoge las normas y principios generales que regulan la conducta tanto de las personas contratadas como de las que actúan en nombre de la compañía, junto a su sistema de debida diligencia. Es decir, Vicky Foods extiende la exigencia de cumplimiento de su estándar de comportamiento ético a toda su cadena de valor. Como documento público, el Código Ético es publicado en todas sus plataformas para conocimiento general.

La exigencia del cumplimiento legal es superada por Vicky Foods. Su sistema de debida diligencia va más allá de las exigencias impuestas por la ley. Este sistema se ha organizado por políticas específicas diseñadas para prevenir la materialización de los riesgos de blanqueo de capitales, corrupción o prácticas de soborno en las actividades y relaciones empresariales del grupo. Desde 2016 este sistema de prevención de delitos penales y de garantía del cumplimiento legal es encabezado por un Compliance Officer, cuya labor principal es prevenir y reducir al mínimo el riesgo de comisión de delitos en el trabajo por personas vinculadas al grupo. Dispone asimismo de un canal de comunicación específico, gestionado por un tercero independiente, para tramitar consultas, sugerencias de mejora y denuncias. El rigor del enfoque explica que en 2021 sólo se hayan recibido tres denuncias por este canal y que ninguna de ellas revele una infracción legal.

Gráfico 33. Distribución del valor económico creado por Vicky Foods.

Valor económico distribuido (miles de euros)

TIPO	2022	2021	2020
Pago a empresas y proveedoras y acreedoras	389.145	293.046	258.129
Retribuciones	62.746	57.271	57.802
Pago a proveedores de capital	1.850	1.367	1.067
Pago de impuestos	22.339	17.884	21.816
Inversiones en la comunidad	490	241	271

Información fiscal referente a los ejercicios 2022 y 2021 (miles de euros)

EJERCICIO 2022*	ESPAÑA	ARGELIA	RESTO	TOTAL
Beneficio obtenido	7.267	4.280	(154)	**11.393**
Impuesto sobre sociedades devengado	(1.151)	(516)	(71)	**(1.738)**
Ingresos por subvenciones	191	–	–	**191**

*Se corresponde con el RAI agregado previo a ajustes de consolidación. El RAI consolidado del Grupo asciende a 11.499 miles de euros positivos (€).

EJERCICIO 2021*	ESPAÑA	ARGELIA	RESTO	TOTAL
Beneficio obtenido	(1.329)	995	7	**(327)**
Impuesto sobre sociedades devengado	1.656	(178)	68	**1.546**
Ingresos por subvenciones	270	–	–	**270**

*Se corresponde con el RAI agregado previo a ajustes de consolidación. El RAI consolidado del Grupo asciende a 722 miles de euros negativos (€).

Fuente: *Memoria ESG 2022 Vicky Foods.*

La comunicación y la transparencia son máximas del grupo. La confianza de Vicky Foods en que todos los logros son posibles con la cooperación de los grupos de interés (internos y externos) explica su esfuerzo por mantener con todos ellos una relación fluida y por ofrecerles constantemente la información que requieran para tomar las mejores decisiones. El interés por la cooperación y la transparencia también explica la incorporación al Código Ético de un protocolo para la gestión de conflictos de interés que facilite la gestión de los conflictos de interés desde el enfoque ético de la compañía.

El último principio de gobernanza acuñado por Vicky Foods es la compartición de la riqueza generada. El equilibrio de la dimensión económica con la social y la ambiental se logra cuando los grupos de interés perciben una retribución justa por su contribución y una distribución equitativa del valor creado. El valor económico creado por Vicky Foods alcanzó en 2022 los 487 millones de euros, lo que supuso un crecimiento de un 20% respecto al año anterior y de un 44% en relación a hace dos años.

4. Epílogo

Vicky Foods parece pues ser un competidor ganador durante las dos últimas décadas a expensas de las compañías con las que compartía el liderazgo en diversos negocios de alimentación no duradera, que han reportado resultados muy inferiores con estrategias distintas. Panrico y Bimbo han fracasado con su estrategia de marcas propias e independencia de las grandes cadenas de distribución, y por ello han acentuado su búsqueda de acuerdos para la fabricación de MDD, pero con problemas notorios. Por su parte, Grupo Siro, tras especializarse como productor de la marca blanca para Mercadona y crecer de forma notable hasta convertirse en un gigante de la alimentación, con una capacidad plenamente ocupada y creciente y excelentes resultados financieros, entró en barrena y tuvo que ser rescatada de la quiebra. Vicky Foods, sin llegar a ser una compañía especializada pura en hacer marcas blancas a los distribuidores como Siro pues mantiene y aumenta sus marcas propias, ha sabido armar una estrategia ambidiestra exitosa.

Tras un periodo de cierto estancamiento entre 2014 y 2018, que castigó seriamente la cuenta de resultados y la rentabilidad y llevó incluso a pérdidas en 2021, el grupo ha conseguido en 2022 y 2023 resultados destacables, con crecimientos del 32% y del 17,2% respectivamente que han llevado al grupo a una facturación récord de 629 millones de euros. Esta expansión ha permitido el regreso a los beneficios, logro especialmente importante por haber sido 2022 un duro ejercicio para el sector de la alimentación que acusó el cierre de 361 compañías, sin que quepa ceñir tan duro impacto a las empresas de menor tamaño pues sólo 150 de ellas eran de menos de 50 trabajadores. El año 2023 ha sido igualmente en el que Vicky Foods ha alcanzado el liderazgo en el sector de productos horneados tanto en volumen como en valor, rebasando por fin a Bimbo Donuts Iberia.

Vicky Foods nació como una empresa innovadora que ha tratado siempre de compatibilizar la ampliación y diversificación de producto y la producción de alimentos de calidad certificada con las economías de escala, con la vista puesta en crecer. De su esfuerzo innovador habla el hecho de que sólo en el periodo 2018-2022 ha aumentado su cartera de productos de 200 a 350, tras haberla aumentado un 32% en el trienio previo. De su fijación en el crecimiento da fe la expansión de sus exportaciones, que se han multiplicado por 5,4 en el periodo 2012-2023 al tiempo que se doblaba el número de países-objetivo, hasta sobrepasar el 20% de la facturación total en 2020. De su compromiso con el desarrollo a largo plazo habla su proyecto de creación de la primera planta en Europa fuera de España, concretamente en Francia, con una inversión prevista de 79,5 millones de euros para la producción de panadería y bollería-pastelería, y que se espera inaugurar a principios de 2025, para servir no solo al mercado galo sino a otros mercados clave como Alemania, Suiza, Bélgica y Holanda. Al mismo tiempo, el grupo ha dejado muestras patentes de su trabajo por la alimentación saludable, como lo indica el hecho del avance de su producción de alimentos con certificación ecológica, que sólo en 2018 exhibió una progresión del 147%. La compañía valenciana apuesta por reforzar la cultura corporativa de la organización y hacer de ésta y de su modelo de negocio su principal ventaja competitiva. Las dificultades adheridas a su desarrollo han proporcionado a largo plazo un fortalecimiento de sus decisiones estratégicas en cuanto a los tres pilares claves: innovación, medio ambiente y personas. El compromiso de Vicky Foods con la sociedad es dar respuesta a las demandas de sus grupos de interés para generar valor compartido por todos ellos. La eficacia, la elaboración de alimentos más saludables, la reducción de emisiones de carbono y la economía circular son las claves de la línea estratégica de la compañía para salvaguardar la sostenibilidad.

Vicky Foods ha demostrado igualmente una enorme resiliencia ante crisis que pudieron poner en peligro su supervivencia. El cambio estratégico iniciado con la desvinculación de Mercadona fue superado con éxito. La valoración que ahora Rafa Juan hace de aquella decisión es positiva. "*Tomamos la decisión que creímos que más nos convenía y, como toda decisión difícil, asumimos su riesgo. Mirándolo en perspectiva no nos ha ido mal*", afirmaba en una entrevista publicada en *Valencia Plaza* (Briasco y Moret, 2016). Las convulsiones con que arrancó la década de 2020 también han sido superadas positivamente. Sin embargo, la dirección cree que es el momento de reflexionar sobre si las líneas estratégicas de creación de marca, innovación, diversificación y sostenibilidad impulsadas por el Plan Estratégico de 2009 y posteriores están produciendo los resultados deseados. La trayectoria de la última década ofrece un cuadro de claroscuros que aconsejan esta reflexión.

Un primer dato para la reflexión es la tendencia a la descompensación entre el crecimiento en ventas y en producción. Durante las dos últimas décadas (2002-2021), la facturación en valor creció un 298,7% frente al aumento de la producción en volumen que lo hizo un 221,5%. Sin embargo, si el análisis se realiza a partir de las tasas de variación interanuales pueden apreciarse realidades diversas en ese periodo. Durante el septenio 2002-2008 previo al anuncio de la ruptura con Mercadona, las ventas crecieron en valor un 74,4% frente a un 65,5% en volumen. Durante el periodo de desenganche (2009-2011), las ventas acumuladas cayeron más en volumen (-7,2%) que en valor (-5,5%). En el sexenio siguiente (2011-2016) la variación de ventas en valor y volumen se fue igualando, para invertirse a partir de 2017 de modo que en el sexenio (2016-2021) la variación de la producción superó netamente a la variación del valor de las ventas con variaciones acumuladas en el periodo del 27% y 34,7% respectivamente. El desequilibrio entre valor y producción fue especialmente significativo en los ejercicios 2020 y 2021; en este periodo, el crecimiento en valor fue del 6,9% y 7,8%, mientras que la producción report*ó* aumentos del 12,5% y 10% respectivamente.[13]

13 El año 2022 ha sido totalmente atípico, pues Vicky Foods con un aumento de la producción del 8,6%, significativamente menor al conseguido en los dos ejercicios anteriores, ha logrado un incremento histórico del valor de las ventas del 31,9% que más que duplica los avances del bienio previo. El incremento general de los costes y la situación inflacionaria vivida en ese año han forzado un importante

La tendencia hacia un crecimiento más basado en el volumen que en el valor puede indicar que la compañía juega al céntimo, como indica su propio CEO, compitiendo en precios y tratando de colocar sus productos entre los más económicos de cada gama. Pero la mayor progresión en volumen que en valor también revela la creciente opción por la MDD. El peso de la MDD ha crecido sensiblemente en el curso del siglo, pero Rafa Juan sigue defendiendo que "*la marca propia ha sido una de las palancas de crecimiento más importantes de la historia de la empresa. Y queremos que siga siéndolo. Desarrollamos marcas también en los mercados que aparentemente puedan estar más maduros, donde hay mayor presencia de la marca de distribución, que ha crecido mucho. Pero pensamos continuar creciendo en los próximos años con nuestra marca*". Lo cierto es que en 2001 la MDD aún significaba el 35% de las ventas en volumen del grupo, pero en 2018 representaba ya las dos terceras partes y en 2022 alcanzaba el 73%. Vicky Foods logró progresar adecuadamente en valor hasta 2008 potenciando sus marcas propias y complementando su expansión con MDD. La nueva estrategia emprendida tras renunciar a convertirse en interproveedor ha trastocado aquel balance y curiosamente, buscando no quedar prendido de una sola MDD (la de Mercadona), ha resultado en una dependencia mucho mayor de la producción de marcas blancas eso sí para distintos distribuidores.

Esta inversión de pesos de marcas propias y blancas no ha sido una elección deseada por Grupo Vicky Foods, sino más bien un resultado inesperado de las dificultades de penetración de las marcas propias tanto en los productos tradicionales de bollería y pastelería como en las nuevas categorías hacia las que ha diversificado. Desde luego, el éxito medido por el crecimiento de la producción es indudable, pero no es la marca que más factura ni tampoco la más conocida. La marca propia de Vicky Foods en pastelería y bollería supuso en 2022 el 4,1% del mercado nacional en valor y el 4,9% en volumen, con caídas de 0,2 y 0,3 puntos respectivamente, lejos del líder Grupo Bimbo que absorbe el 16,7% del valor de las ventas.

Un segundo elemento para la reflexión es que la fortaleza competitiva y financiera de Vicky Foods no ha sido óbice para que en 2021 el grupo sufriese pérdidas de explotación por vez primera al menos en sus últimos 40 años. Cierto es que buena parte de las mismas cabe atribuirlas a los problemas de encarecimiento y abastecimiento en ciertos factores derivados de la pandemia que han proseguido con la guerra de Ucrania. Pero no es menos cierto que, en 2022, el margen de beneficio sobre ventas apenas alcanzó el 2,2% y la rentabilidad económica un 2,7%. Es más, en 2022, los resultados ordinarios antes de impuestos imputables a las ventas nacionales fueron de apenas 7,3 millones de euros, frente a los 4,3 generados por la filial argelina. En el último quinquenio los valores de la rentabilidad sobre ventas y económica no han superado el 5% y 4% respectivamente, cuando en la década previa el promedio fue del 8,6% y casi del 9% respectivamente. La

incremento de los precios incluso en las MDD. A nivel sectorial, el año se cerró con una caída en volumen del 1,2% y un aumento en valor del 16,7%, que refleja igualmente la escalada de precios.

empresa está consiguiendo salvar su crecimiento con la fabricación para los distribuidores, a costa de presionar a la baja los precios y los márgenes. Las rentabilidades de dos dígitos del pasado siglo han ido declinando, sin que las compense la rotación de activos que ha seguido una senda declinante casi continua debido a la elevada inversión de capital.

Las altas tasas de crecimiento en valor durante los dos últimos ejercicios, significativamente superiores a las trayectorias en volumen (5,5% y 4,6%), han roto la tendencia inversa antes descrita. El crecimiento más acelerado de la facturación en valor es el fruto del aumento de precios al que la empresa se ha visto obligada por el encarecimiento generalizado del coste de las materias primas y la energía que lleva soportando desde mediados de 2020. Este crecimiento inflacionario ha sido viable a corto plazo, pero cabe dudar de su persistencia y temer probables nuevas guerras de precios. En su informe de gestión del ejercicio 2022, la compañía afirmaba lo siguiente respecto a los riesgos de precios: "*las potenciales subidas de precios previstas en los mercados de materias primas serían absorbidas sin impactos en los márgenes, mediante una repercusión de precios a los clientes finales, en el contexto de incrementos paulatinos al ritmo de las variaciones del mercado. Asimismo, el Grupo dentro de su política de diversificación y ampliación del portfolio de producto, está introduciendo una nueva gama de productos Premium, cuya consolidación justificará un incremento de los márgenes*".

En cuanto al riesgo de demanda, el mismo informe de gestión de 2022 aseveraba que "*el riesgo de potenciales descensos de la demanda y de los precios de venta a los clientes finales derivados del efecto de las circunstancias económicas o por cambios en los patrones de consumo (...) se encuentra mitigado por la consolidada posición del Grupo en su sector de actividad, la red comercial y de clientes en su área de influencia, así como los procesos de mejora continua, innovación e introducción de nuevos productos y de eficiencia en costes que permitirían absorber descensos coyunturales en los márgenes obtenidos, así como la adaptación a las necesidades y nuevos hábitos de consumo de los clientes*".

La progresión en la producción para MDD no ha contribuido a intensificar el crecimiento en pastelería y bollería industrial, en las que destacan las familias de magdalenas, seguidas de las de croissants y pastelitos de plancha de bizcocho, pues aún siendo el líder de fabricación de bollos a granel ha perdido posiciones tanto en términos absolutos como relativos en la gama. Este resultado no ha sido ninguna sorpresa para el grupo, pues Rafa Juan ya pronosticó en 2011 que las ventas de nuevas gamas, bollería frita y pan de molde ascenderían en detrimento de la bollería industrial, que pasaría de representar el 81,7% del total al 68% en 2015 (Economistas, 2011), aunque hubo que esperar el doble de tiempo para este cambio de pesos en la composición de la cartera de productos. A pesar de que el consumo nacional del dulce creció en 2021 un 2% en ventas, Vicky Foods retrocedió en facturación un 2,7% hasta los 220 millones, continuando la tendencia descendente que arrastra desde 2019 (con una caída en el trienio del 12,3%). La división de pastelería-bollería ha reducido así su peso en la compañía en 2021 al 54,3% de las ventas totales y al 46% de la producción (con caídas en ambos indicadores de 10,5 y 16 puntos en el último trienio). El segmento con mejor comportamiento ha sido la bollería congelada, que creció en facturación un 9% en 2020, duplicándose en 2021 gracias, entre otros factores, al buen funcionamiento de la línea de helados y al crecimiento en hostelería. Los datos parecen indicar pues que el crecimiento hacia la bollería y pastelería industrial iniciado en los años 60 del pasado siglo da claros síntomas de agotamiento.

Un tercer dato para la reflexión es que el crecimiento más intenso se está produciendo en la gama del pan. Fue esta nueva categoría de producto iniciada en 2003 la que sacó a Grupo Dulcesol del estancamiento en ventas que tuvo entre 2001 y 2003 y la que en mayor medida contribuyó a la revitalización de la facturación tras el desenganche de Mercadona, hasta alcanzar en 2021 unas ventas de 127,6 millones de euros (frente a 96,7 millones del año anterior) lo que supone un crecimiento en valor del 30,9%, con un aumento en volumen del 38% hasta las 100.100 toneladas (tras el 40% del año anterior). La empresa lleva encadenados cinco años de progreso ininterrumpido en este negocio con un acumulado del 265%. El pan de molde se ha erigido en el producto estrella de Vicky Foods. La estrategia de la empresa ha apostado también por seguir incrementando la producción de la gama de pan de hamburguesa y *hot dogs* para responder a la demanda creciente de clientes de España y Francia (Briasco y Moret, 2016). En 2020 anunciaba una inversión de 40 millones de euros para lanzar tres nuevas líneas de producción, de las que dos se han centrado en pan de molde y otra en pan para *hot dogs* y *burgers* (*food service*), y con las que esperaba duplicar la producción el año siguiente. En 2021 la compañía lanzaba tres novedades que engrosaban la gama de más de 10 productos distintos con que ya contaba en esta categoría. La innovación en esta categoría no cesa y en 2023 han visto la luz las tortitas de trigo, para cuya producción ha invertido cuatro millones de euros en una nueva línea; nuevos productos gourmet como Burger Brioche Supreme y Black Burger distribuido por cadenas como El Corte Inglés, Hipercor, Opencor y Eroski. Debe destacarse igualmente la nueva marca *Il Forno di Giovanni* que recoge un amplio potfolio de pizzas, mini pizzas y baguettes.

El pan parece pues recuperar protagonismo en la actividad de la empresa nacida como panificadora, alcanzando el 40% y el 52% de su volumen de producción en 2020 y 2021 respectivamente (frente al 20% de cinco años atrás). Como consecuencia de ser principalmente MDD, la participación de esta actividad en la facturación por valor es menor, habiendo crecido desde el 25,8% en 2020 al 31,4% de 2021, cuando en 2012 ya representaba el 20%.

La propia empresa calificaba los datos de la evolución en la gama de pan como "un gran hito para Vicky Foods que retorna a los orígenes de su nacimiento en Villalonga como una panificadora" (El Economista, 2022) fundada por Antonio Juan, padre del actual CEO. Rafael Juan, en su presentación de resultados de 2019, confirmaba esta apuesta estratégica: "*La compañía hace una fuerte apuesta por la categoría del pan. Nuestro objetivo es convertirnos en un referente del sector, como ya lo somos en el de la bollería y la pastelería*".

No obstante, aunque Vicky Foods pueda ser líder del segmento del pan industrial en volumen, dista de serlo en valor pues la siguen superando Bimbo, Monbake y Pepsico, y la competencia entre ellos se intensifica, azuzada además por la atomización de la industria con numerosos fabricantes de pequeño y mediano tamaño. En especial, el segmento del pan de molde está sufriendo una convulsión de consecuencias imprevisibles, tras la reestructuración de un proveedor histórico de la cadena Cerealto Siro Foods que ha conducido a que se desprenda de su fábrica de este producto transpasándola a Bakery Iberian Investment (Grupo Bimbo España). La filial de la multinacional mexicana ha afrontado este reto, inmersa igualmente en pleno proceso de reestructuración tras adquirir Panrico en 2016. Esta operación le valió pasar a controlar enseñas valiosas del mercado español como Donuts, Bollycaos, Donettes o La Bella Easo; pero también heredar una sobredimensionada estructura productiva y comercial que la llevaron a números rojos. El desenlace más desfavorable de esta transacción fue que la Comisión Nacional de los Mercados y la Competencia la obligó a desprenderse del negocio de pan de molde, que vendió a Adam Foods (Cuétara). Con la adquisición de los activos y contratos de Siro, Bimbo ha logrado entrar en Mercadona en la producción de pan de molde con la marca de Hacendado. Vicky Foods ha logrado lo mismo en 2020 y por tanto ambas firmas enfrentan el desafío de competir internamente por ganar más cuota de las compras de la cadena de este producto con su MDD. El resultado de esta competencia es imprevisible y, por tanto, el crecimiento futuro en panadería de Vicky Foods va a depender en gran medida del posicionamiento que logre en el lineal de Mercadona y también del resto de las principales cadenas de distribución, desde Carrefour A DIA, Consum, Eroski o Ahorra Mas.

La conciliación entre la apuesta por la MDD y por el crecimiento en panadería y pastelería-bollería-industrial y la responsabilidad social por una alimentación más saludable es otro reto complejo de articular. Vicky Foods ha apostado sin ambages por la mejora funcional y nutricional de sus productos y por la eficiencia medioambiental de sus procesos productivos. Sin embargo, el producto más emblemático de Vicky Foods ahora, el pan, ha estado históricamente en el núcleo de un intenso debate público sobre su papel como alimento básico en cuanto a los problemas del hambre y la escasez alimenticia. El pan forma parte de la trilogía de alimentos que constituyen la base de la dieta mediterránea, que ha sido reconocida como una pauta nutricional ideal para un estilo de vida saludable , hasta el punto de haber sido declarada por la UNESCO como Patrimonio Inmaterial Cultural de la Humanidad, la historia del pan es también la de la lucha ancestral por la supervivencia. El pan no daba la abundancia, pero su escasez condenaba a la penuria. Louis-Sébastien Mercier. en 1782, dejó escrita una frase que más bien parece una sentencia: *"el trigo que alimenta al hombre ha sido al mismo tiempo su verdugo"*. Rafa Juan debía conocer esta frase, porque el pan estuvo a punto de ser el verdugo del porvenir de su familia allá por los años 50 del pasado siglo. Ahora, sus esperanzas en el alimento-milagro de la humanidad renacían pues había sido un tónico decisivo para el nuevo impulso de Vicky Foods, pero no dejaba de preguntarse: ¿estaría el mundo preparado para acogerlo de nuevo como un nutriente básico o sus días como núcleo del modelo alimentario occidental estaban contados, al igual que parecía estar sucediéndole a la dieta mediterránea de cuya trilogía formaba parte desde tiempos inmemoriales?

Es más, la mayoría de productos que mantiene en cartera se ven afectados por la discusión abierta sobre la idoneidad nutricional de los modelos de producción industrial aplicados al sector de productos horneados. En particular, la mala prensa de los alimentos ultraprocesados es un torrente de consecuencias imprevisibles. Sin ludar a dudas, Vicky Foods ha destacado por su estrategia de desarrollo de nuevos productos con los que aspira a satisfacer las necesidades de los consumidores con alimentos innovadores, accesibles en relación calidad-precio y con calidad certificada. Pero la industrialización de la producción de productos horneados ha traído consigo cambios profundos de los procesos que pueden tener repercusiones negativas sobre la calidad del producto; así como modificaciones de la naturaleza del producto y de los ingredientes que incorpora, que suponen riesgos significativos para la salud del consumidor. Vicky Foods ha sido pionera en el lanzamiento de innovaciones de producto y de proceso orientadas a la recomposición de los productos, a la eliminación de ingrediente cuyos efectos dañinos habían quedado demostrados científicamente y a minimizar su impacto medioambiental. Vicky Foods ha rubricado el compromiso AESAN (Agencia Española de Seguridad Alimentaria y Nutrición) de 2017 definido en el *Plan de Colaboración para la Mejora de la Composición de los Alimentos y bebidas y otras medidas 2020*, y está ejecutando muchas acciones para hacerlo realidad, pero la inquietud sobre el giro de la percepción del consumidor y de la regulación no deja de crecer y aconseja revisar el alineamiento de la compañía con las expectativas de compradores y reguladores.

Un cuarto punto de reflexión proviene de la evolución hacia la diversificación en nuevas gamas de productos más cercanos al patrón de alimentación saludable. Grupo Dulcesol aprovechó el reto del desenganche de Mercadona para iniciar la diversificación de sus productos en esta dirección. El peso que el Plan Estratégico de 2009 esperaba consiguiesen las nuevas familias de alimentos saludables para 2014 se fijó en el 4,3% de las ventas totales. A pesar de que este objetivo no se consiguió, Rafa Juan reafirmaba en 2013 la apuesta de la empresa por productos más saludables, no sólo reformulando sus recetas en panadería, bollería y pastelería para rebajar azúcares, sales y grasas, sino también lanzando referencias en otras categorías diferentes. Seis años después, volvia a insistir: "*El sector de los productos saludables es el segmento con el que la empresa familiar más se aleja de sus orígenes y en el que quiere apoyarse para crecer y seguir potenciando la empresa*" (Escrivá, 2019).

Desde entonces, los nuevos productos saludables lanzados por Vicky Foods al mercado han tenido un éxito variable. Las barritas de cereales no funcionaron y fueron descartadas. La entrada en 2013, en plena crisis económica, en el segmento de alimentos infantiles, muy marquista, amenazado por una caída significativa de la natalidad y dominado por Hero y Nestlé, tampoco funcionó bien inicialmente. La idea de los potitos de postres que se pudieran conservar como los productos de bollería no alcanzó el éxito previsto.[14] Sin embargo, la

[14] Entrevista en *Alicanteplaza, 16 de mayo de 2022. Véase* https://alicanteplaza.es/rafael-juan-es-mas-importante-crear-un-talento-colectivo-que-fichar-talento-individual.

reformulación de las recetas para tarritos y el lanzamiento de un nuevo proyecto en forma de pouches y smoothies de frutas y verduras trituradas, un producto en crecimiento que a diferencia de los tarritos era apto para todo el mundo, ha tenido mucho éxito, permitiendo el crecimiento de la marca propia con presencia en varias cadenas de distribución.[15]

Aunque las ventas de *Be Plus*, su marca de alimentación saludable con una oferta que se basa en productos clean label y elaborados con ingredientes naturales, han subido significativamente, se mantuvieron estables en 2020 y 2021 a pesar del lanzamiento de nuevos productos. Los productos innovadores más radicales lanzados por Vicky Foods, agrupados bajo las marcas *Be Plus* y *Horno Hermanos Juan*, representaban ya 58 millones de euros equivalentes al 14,3% de la facturación total del grupo en 2021 (0,2 puntos más que el año anterior), con una tendencia claramente ascendente, con apenas el 2% del volumen productivo. Pero el grueso de las ventas de estas gamas reside en la panadería y bollería congeladas. Igualmente, las ventas de alimentos con certificación ecológica han progresado espectacularmente, pero su impacto en la cartera de la compañía sigue siendo residual.

Es innegable que la posición de la empresa en las nuevas áreas de negocio (desde congelados y precongelados a platos preparados, alimentación infantil y alimentos funcionales), siendo ascendente y habiendo rendido avances interesantes, sigue siendo una cuota menor de las ventas del grupo y no la sitúa entre los líderes respectivos. El citado informe de gestión de 2022 venía a reconocer esta realidad, cuando declaraba que "*el grupo presenta como principal línea de negocio la actividad de fabricación y comercialización de pastelería, panadería y bollería industrial, no siendo relevante (...) el resto de segmentos*". Los nuevos productos saludables han dado resultados limitados rebajando la contribución deseada de la diversificación hacia la alimentación saludable.

La reflexión actual gira en Vicky Foods gira pues alrededor de varias inquietudes. Vicky Foods ha diseñado estrategias de marca y de comunicación para sus dos marcas de bollería industrial y alimentos saludables. Por un lado, ha mantenido y potenciado la marca Dulcesol para seguir operando en el mercado de la bollería industrial a fin de preservar su liderazgo nacional sin que se vea debilitado por el resto de su oferta. Por otro lado, ha acuñado la marca Be Plus para amparar la oferta de productos dirigida a ese público que se identifica con los productos cuya descripción incorpora términos como ecológico, bio, antioxidante, natural, etc. Con esta estrategia dual se busca prevenir conflictos de intereses entre divisiones del grupo y problemas de imagen entre los consumidores de cualquiera de sus especialidades. ¿Será suficiente esta estrategia para mantener su atractivo ante todo tipo de consumidores? ¿Habrán sido suficientes los esfuerzos en innovación realizados desde hace más de una década para convertirse en una

---

15 Véase https://www.linkedin.com/posts/rafaeljuan_distribuci%C3%B3n-nutrici%C3%B3n-infantil-activity-7056982674120351744-pLQX/?originalSubdomain=es. Disponible el 26 de abril de 2023. Consultado en esa fecha.

gran empresa que no solo creciera en ventas sino en sostenibilidad en todos los aspectos? ¿La diversificación relacionada emprendida tiempo atrás tendrá el suficiente potencial de crecimiento para transformar la cartera de productos y colocar en cabeza los alimentos sobre cuya positividad sanitaria nadie dude? ¿La apuesta por la escala, la eficiencia y las MDD será compatible con la proyección de las marcas propias, especialmente de las que amparan los negocios nacientes?

Rafa Juan se preguntara además qué cambios estratégicos serían necesarios para convertirse, no sólo en una de las mayores empresas europeas en los mercados de panadería, bollería y pastelería industrial, sino en un modelo de referencia en alimentación saludable, perfectamente alineado con las necesidades de los consumidores, con las expectativas de otros stakeholders (asociaciones y expertos en nutrición y salud) y con los imperativos legales, capaz tanto de alimentar mejor al mundo como hacer de éste un mejor hogar.

La reestructuración del campo de actividad de Vicky Foods es además ciertamente compleja porque la producción de sus productos estrella en panadería y bollería-pastelería se concentra en un altísimo porcentaje en sus dos plantas localizadas en la Safor, cuya reconversión hacia productos distintos a los alimentos horneados es técnicamente poco viable. La familia Juan ha exhibido en toda su historia un elevado compromiso con su origen, y no es por ello insensible a los problemas de arruinar plantas productivas antes ejemplares y que eran corazones industriales de muchas comarcas. Es el caso de la planta de Briviesca, que era el motor de la comarca burgalesa de la Bureba, vendida por desavenencias entre las accionistas familiares en su mejor momento (1999) a Bimbo, que la transmitió a Grupo Siro diez años después y revendida en 2007 a Cerealto. Esta estrategia de venta de marcas y plantas como cromos, haciendo tabla rasa del papel social que las empresas desempeñan en sus territorios, no parece encajar con los valores de Vicky Foods que ha estado desde su nacimiento comprometida con su comarca natal. Pero ello supone una presión de gran calibre en la configuración de su oferta, que la obliga a proseguir en actividades cuyo alineamiento futuro con las nuevas preferencias del consumidor parece incierto. La entrada en mercados extranjeros como Francia con inversión directa puede reabrir el debate sobre la necesidad de diversificar las ubicaciones de sus plantas productivas y el impacto que tal estrategia puede conllevar en desarraigo territorial.

5. Cuestiones para el debate

1. (a) ¿Cuáles son las decisiones más importantes planteadas en este caso?; (b) ¿Qué tipo de decisiones son? (c) Explique cómo debería enfocarse su adopción, cómo cree que Vicky Foods las adoptó, por qué y los riesgos en que incurrió por ello; (d) Identifique la información externa e interna que cree necesaria y valore su importancia para decisiones de este género. Razone sus respuestas en base al relato del caso y a las recomendaciones extraídas de la teoría de la dirección estratégica.

2. Analice el atractivo de la actividad panadera para las panaderías instaladas en Villalonga durante la primera mitad del siglo XX, distinguiendo entre el periodo previo a la guerra civil y la fase abierta con el conflicto militar y la inmediata postguerra hasta la creación de *Juan, Moratal y Cía*. En especial, responda a las siguientes cuestiones:
   — Cómo evolucionó el consumo per cápita de pan y cuáles fueron los factores determinantes de su trayectoria.
   — Cómo evolucionaron los márgenes de beneficio en la panadería y qué factores explicarían su evolución.
   — Qué relación guarda el margen de beneficio en la panadería con la distribución de valor entre los agentes presentes en la cadena de producción y comercialización del pan (dibújela y analícela con cuidado).
   — Cómo encaja la evolución del consumo per cápita de pan en la transformación de la dieta dominante en la sociedad española y cuáles fueron los motores sociales y económicos de este cambio del modelo alimenticio.

   Apoye el análisis con datos (precios, costes, producción, consumo) y con el uso de las herramientas de análisis estratégico que sean oportunas para analizar el atractivo del entorno general y de la propia estructura de la industria para el desarrollo de la panadería en el territorio y tiempo indicados.
3. ¿Cuáles cree que fueron las razones de los problemas sufridos por la panificadora entre 1952 y 1964? ¿Qué importancia atribuye a factores externos como la regulación, la competencia y la tendencia del consumo de pan, y a otros factores vinculados a los fundadores de la nueva compañía? ¿Cuál cree que debió ser la estrategia adoptada para superar la crisis?
4. ¿Cree que el abandono de la panadería por *Juan y Juan, SRC* en 1964 fue una decisión estratégicamente correcta a la luz de la información disponible entonces? ¿Cuáles fueron los costes de salida? ¿Cómo se explica esta decisión en un momento en el que lo habitual era precisamente lo contrario, es decir, la entrada creciente de competidores en esta industria? ¿Realmente tenía acceso a mercados masivos considerando su localización y sus principios de inversión? ¿Podría cuantificar el volumen de su mercado potencial con la tecnología de producción de que disponía?

   Desarrolle sus respuestas con un análisis minucioso del atractivo de las distintas industrias de productos horneados a partir de la evolución de la demanda per cápita y agregadade los cambios en las preferencias alimenticias, de las expectativas de rentabilidad y crecimiento de cada industria y de las propias políticas y valores de la compañía.
5. ¿Tenía *Juan y Juan, SRC* en 1964 otras alternativas para permanecer en la industria panadera? ¿Cuáles cree que fueron las causas de que no fuesen consideradas? ¿Juzga estas causas como suficientes para la decisión de salida de la panadería?

6. ¿Cómo interpreta la decisión de Grupo Dulcesol de regresar al mercado del pan en 2003? ¿Cuáles cree que fueron sus motivos? ¿Seguían siendo válidos los argumentos que llevaron a abandonar la panadería 40 años atrás? ¿Pudieron surgir otras barreras a la entrada? ¿Cree que la elección del pan de molde y para hamburguesas y *hot dogs* como ámbito para ampliar el catálogo de productos fue la mejor en aquellos momentos?

   Apoye sus argumentos en el máximo uso posible de los datos que el caso ofrece sobre la magnitud y tendencias de los mercados de panadería y bollería-pastelería, la transformación de las relaciones de poder en la cadena de distribución y la evolución del grupo en ambas industrias, así como sus dinámicas de rentabilidad y crecimiento.

7. ¿Cómo definiría la estrategia competitiva de Vicky Foods desde sus inicios y los cambios que aprecie en su definición a lo largo del tiempo? Explique sus características, con qué arquetipo de estrategia se identificó en cada momento, los recursos y capacidades sobre los que se construyó, y su consistencia con las fortalezas y debilidades con que contaba y con las amenazas y oportunidades existentes o vislumbrables en cada momento.

   A la hora de examinar la estrategia competitiva que adoptó desde que el crecimiento de la MDD se aceleró, deténgase especialmente en identificar cómo se diferenció del resto de fabricantes, las exigencias de recursos y capacidades que suponía, las ventajas que ello le supuso y los riesgos que entraña su mantenimiento a la luz de sus impactos negativos.

8. ¿Cuál ha sido la estrategia corporativa seguida por Vicky Foods a lo largo de su historia ? Si ha cambiado en el tiempo, indique la estrategia de desarrollo (por dirección y método) seguida en cada fase temporal, con qué arquetipo de estrategia se identificó (indicando con precisión qué tipos de estrategias de expansión y/o diversificación se han seguido) y proponga una explicación de las causas del rediseño de esta estrategia corporativa en cada momento y sus consecuencias.

   Analice especialmente el impacto que tuvo la decisión de convertirse o no en interproveedor de Mercadona en el segmento de bollería y pastelería industrial sobre la estrategia corporativa del grupo. Indique las principales amenazas y oportunidades que pendían sobre Dulcesol en 2008 y cómo condicionaban esta decisión, los riesgos y ventajas que suponían las dos alternativas (aceptar o no aceptar) y su alineación con el perfil que tenía Grupo Dulcesol en el momento en que se planteó.

   Estudie igualmente de forma específica el rediseño de la estrategia corporativa en todos sus componentes que fue abordado al adoptar la nueva denominación Vicky Foods. Delimite el campo de actividad, dibuje las macroindustrias en que está presente en el plano de Abell, proponga una segmentación estratégica de la cartera de negocios del grupo y elabore una matriz de la cartera de negocios. Aporte un juicio crítico de la idoneidad del enfoque dado a su estrategia de desarrollo a partir de estos análisis.

9. Explique la redefinición de los propósitos corporativos del grupo a raíz de la creación de Vicky Foods y examine si responden a los consejos de la teoría estratégica. Explique igualmente el papel que conceden a la sostenibilidad y a la RSE en la estrategia y en la gestión de los productos, los procesos y las personas.

   Valore cómo ha cambiado el modelo de sostenibilidad de Vicky Foods desde la creación de la compañía, teniendo en cuenta su alcance, sus acciones, sus recursos y los resultados alcanzados. ¿Cree que este modelo será suficiente para responder a las tendencias del consumo alimentario y del cambio nutricional esperable y para hacer realidad su misión y visión? Valore singularmente su alineamiento a lo largo de los ejes necesidad-conveniencia/placer-salud.

   ¿Cree que la intensificación de su condición de fabricante de MDD y el posible desplazamiento de Vicky Foods hacia una estrategia de desarrollo externo pueden comprometer sus objetivos de sostenibilidad? ¿Cuáles cree que son los principales riesgos que las exigencias de sostenibilidad y RSE plantearán a Vicky Foods en el próximo futuro?

10. Tras la lectura y análisis del caso proponga cómo redefiniría los propósitos corporativos y cómo enfocaría las estrategias competitivas y corporativa de Vicky Foods para potenciar su capacidad de crecimiento, su creación de valor y su alineamiento con los retos derivados de la sostenibilidad y la RSE en su triple vertiente.

Bibliografía

Arufe, F. (2022), Vicky Foods resiste a la crisis : vende un 7% más, hasta los 405 millones. Economía3, 4 de mayo de 2022. https://economia3.com/2022/05/04/478039-vicky-foods-resiste-a-la-crisis-vende-un-77-mas-hasta-los-405-millones. Consultado el 11 de noviembre de 2022.

Batalla, E. (2000), El éxito de una receta tradicional. *El País*, 8 de mayo de 2000. https://elpais.com/diario/2000/05/08/cvalenciana/957813489_850215.html?event_log=go. Consultado el 9 de enero de 2023.

Batalla, E. (2003), Dulcesol invierte 8,2 millones para aumentar un 15% su producción. *El País*, 13 de noviembre de 2003. https://elpais.com/diario/2003/11/13/cvalenciana/1068754694_850215.html. Consultado el 22 de octubre de 2023.

Briasco, O. (2019), Vicky Foods invierte 6.5 millones en su centro de innovación para liderar la investigación nutricional. *Valencia Plaza*, 4 de diciembre de 2019. https://valenciaplaza.com/inauguracion-centro-de-innovacion-vicky-foods. Consultado el 20 de diciembre de 2022.

Briasco, O., Moret, X. (2016), Entrevista al Consejero Delegado de Dulcesol Rafael Juan: Las empresas que no innovan están abocadas al fracaso. *ValenciaPlaza*, 22 de agosto de 2016. https://valenciaplaza.com/entrevista-rafael-juan-dulcesol. Consultado el 11 de noviembre de 2022.

Capital (2021), Rafel Juan (Vicky Foods) : las marcas debemos reflexionar sobre cómo podemos aportar valor a la sociedad. *Capital*, 13 de mayo de 2021. https://capital.es/2021/05/13/rafael-juan-vicky-foods-las-marcas-debemos-reflexionar-sobre-como-podemos-aportar-valor-a-la-sociedad. Consultado el 13 de noviembre de 2022.

Carreras, A., Tafunell, X. (2010), *Historia económica de la España contemporánea (1789-2009)*. Crítica, Barcelona, 1ª ed. actualizada.

DataM Intelligence 4Market Research LLP (2023), *Global bread market 2023-2030*. Market.research.com. https://www.marketresearch.com/DataM-Intelligence-4Market-Research-LLP-v4207/Global-Bread-34513911. Consultado el 21 de agosto de 2023.

Delgado, C. (2015), El imperio del bollo industrial. *El País,* 7 de junio de 2015. https://elpais.com/economia/2015/06/06/actualidad/1433611435_779195.html. Consultado el 12 de noviembre de 2022.

Domingo, I. (2021), Antonio Juan y Victoria Fernández: la historia de amor que alumbró Dulcesol. *Las Provincias*, 8 de diciembre de 2021.

Economistas (2011), Rafael Juan, director general y consejero delegado del Grupo Dulcesol, participó en el Foro de Empresarios del Colegio. "Somos y tenemos vocación de ser una empresa familiar". *Economistas,* nº 423, noviembre. https://multimedia2.coev.com/ Economistes/n423/n423_art4.pdf. Consultado el 2 de octubre de 2023.

El Economista (2022), Vicky Foods (Dulcesol) aumenta su negocio de pan un 31% hasta 127 millones. El Economista, https://www.eleconomista.es/empresas-finanzas/noticias/ 11588533/01/22/Vocky-Foods-Dulcesol-aumenta-su-negocio-de-pan-un-31-hasta-127-millones.html. Consultado el 29 de agosto de 2023.

Escrivá, C. (2019), « Dulcesol es ahora Vicky Foods, un gran homenaje a su fundadora. *SomGandía,* 20 de junio de2023. https://somgandia.com/dulcesol-vicky-foods. Consultado el 6 de agosto de 2023.

Euromonitor (2020), *World confectionery 2019*. Datos tomados del artículo « La confitería mundial responde a los desafíos del mercado ». SweetPress, 21 de enero de 2020. https://www.sweetpress.com/noticias/la-confiteria-mundial-responde-a-los-desafios-del-mercado. Consultado el 29 de agosto de 2023.

Europa Press (2019), Grupo Dulcesol se transforma en Vick Foods para asaltar el mercado internacional. *Público,* 18 de junio de 2019. https://www.publico.es/economia/grupo-dulcesol-transforma-vicky-foods-asaltar-mercado-internacional.html. Consultado el 12 de noviembre de 2022.

FIAB (2022), *Informe de Sostenibilidad de la Industria de Alimentación y Bebidas 2021*. Federación Española de Industrias de Alimentación y Bebidas, Madrid.

Gastronomistas (2019), La nueva ley del pan en 5 claves. *Gastronomistas,* 30 de junio de 2019. https://www.gastronomistas.com/la-nueva-ley-del-pan-en-5-claves. Consultado el 13 de septiembre de 2023.

Gisslen, W. (2004), *Professional baking*. John Wiley & Sons, Nueva York, 4ª ed.

Gómez, C., Luque, E. (2006), *Imágenes de un mundo rural 1955-1980*. Ministerio de AGricultura, Pesca y Alimentación, Madrid.

Grand View Research (2022), *Artisanal bakery products market size, share & trends analysis report by type, by distribution channel, by region, and segment forecasts, 2023-2030*. https://www.grandviewresearch.com/industry-analysis/artisanal-bakery-products-market-report. Consultado el 31 de agosto de 2023.

Harari, Y.N. (2014), *De animales a dioses. Breve historia de la humanidad*. Debate, Barcelona, 4ª ed.

Hosie, R. (2018), 75% of supermarket sourdough breads don´t follow authentic recipe. *Independent,* 1 de octubre de 2018. https://www.independent.co.uk/life-style/food-and-drink/bread-to-buy-sourdough-best-where-real-extra-other-ingredients-recipe-a8563661.html Consultado el 14 de septiembre de 2023.

IBISWorld (2021), *Global bakery goods manufacturing industry trends (2016-2021)*. https://www.ibisworld.com/global/market-research-reports/global-bakery-goods-manufacturing-industry. Consultado el 22 de agosto de 2023.

IFIC (2021), *2021 Food & Health Survey*. International Food Information Council, mayo 2021. https://foodinsight.org/2021-food-health-survey. Consultado el 14 de septiembre de 2023.

Innova Market Insights (2023), *Global trends in bread and bread products*. https://www.innovamarketinsights.com/trends/bakery-trends-2023. Consultado el 22 de septiembre de 2023.

Juan, R. (2021), *Una dulce historia*. Profit Editorial, Barcelona.

Juan, R. (2022), Entrada en Linkedin de fecha 9 de diciembre de 2022.

Juan, R. (2023), Entrevista en *Food Retail & Food Service. El diario de la alimentación*, 13 de enero de 2023. https://www.foodretail.es/fabricantes/vicky-foods-exportaciones-sostenibilidad-rafael-juan_0_1729627036.html. Consultado el 19 de junio de 2024.

Maluquer, J., Llonch, M. (2005), Trabajo y relaciones laborales. En Carreras, A, Tafunell, X. (coords.), *Estadísticas históricas de España, siglos XIX y XX*. Fundación BBVA, Madrid.

Mas, J. (1977), Aspectos de la actividad industrial dianense. *Revista de Ciencias Humanas*, 1, pp. 29-47.

McCoy, S. (2016), El extraño caso de Dulcesol, el interproveedor que sobrevivió a Mercadona. *Cotizalia,* 18 de enero de 2016. https://blogs.elconfidencial.com/mercados/valor-anadido/2016-01-18/el-extrano-caso-del-interproveedor-que-sobrevivio-a-mercadona_1137032. Consultado el 10 de noviembre de 2022.

MPAC (2023), *Encuesta de hábitos de compra y consumo 2023*. Mesa de Participación de Asociaciones de Consumidores, Madrid.

Montal, R. (1997), *El pan y su influencia en Aragón*. Institución Fernando el Católico, Zaragoza.

Pérez, C. (2008), La polarización de los mercados hacia segmentos low cost y premium. *Maketísimo*, 16 de diciembre de 2008. http://marketisimo.blogspot.com/2008/12/la-polarizacin-de-los-mercados-hacia.html. Consultado el 9 de septiembre de 2023.

Ortí, A. (2023), La gran hambruna española : el trienio del gato por liebre. La Vanguardia, 14 de mayo. https://www.lavanguardia.com/historiayvida/historia-contemporanea/20230514/ 8957503/gran-hambruna-espanola-trienio-gato-liebre.html#foto-3. Consultado el 24 de mayo de 2023.

Paris, H. (1960), Renta nacional, inversion y consumo en España, 1939-1959. *Anales de Economía*, XVIII, 66, pp. 5-72.

Prados, J. (1965), *El Plan de Desarrollo de España 1964-67. Exposición y crítica*. Tecnos, Madrid.

Puelles-Gallo, M., Puelles-Pérez, J.A. (2009), Evolución, situación actual y perspectivas de las MDD en España. *Distribución y Consumo*, septiembre-octubre, pp. 7-20.

Puratos (2011), *Taste tomorrow* : Trends *cards*. https://www.puratos.es/es/consumer-insights/taste-tomorrow. Consultado el 1 de julio de 2023.

Puratos (2019), *Taste tomorrow 2019. Nine trends for setting a foodstep into the future*. https://www.puratos.es/es/consumer-insights/taste-tomorrow. Consultado el 1 de julio de 2023.

Puratos (2022), *Taste tomorrow 2022*. https://www.puratos.es/es/consumer-insights/taste-tomorrow. Consultado el 1 de julio de 2023.

Ramos, D. (2023), Vicky Foods : cómo facturar 536 M de euros a base de magdalenas cuadradas. *Emprendedores*, 30 de julio de 2023. https://emprendedores.es/casos-de-exito/vicky-foods. Consultado el 15 de diciembre de 2034.

Sapena, A. (2020), Rafael Juan, CEO de Vicjy Foods : El éxito consiste en ofrecer los mejores productos. *Faro de Vigo*, 30 de noviembre de 2020. https://www.farodevigo.es/sociedad/2020/11/30/rafael-juan-ceo-vicky-foods-25763386.html. Consultado el 14 de noviembre de 2022.

Tobar, S. (2016), Entrevista a Rafa Fernández. Dulcesol : el consumo de productos en el hogar ha crecido con la crisis. *Emprendedores,* 17 de febrero de 2016. https://www.eleconomista.es/emprendedorespymes/noticias/7358693/02/16/Dulcesol-El-consumo -de-productos-en-el-hogar-ha-crecido-con-la-crisis.html. Consultado el 28 de diciembre de 2022.

Varela, G., Monteagudo, E., Carvajal, A., Moreiras, O. (1991), *El pan en la alimentación de los españoles*. EUDEMA, Madrid.

Vicky Foods (2021), *Memoria ESG 2021*. Vicky Foods, Gandía

Vick Foods (2022), *Memoria ESG 2022*. Vicky Foods, Gandía.

Vila, C. (2022), La historia de amor de Antonio y Victoria : crearon Dulcesol y ahora facturan 200 millones. *El Español*, 28 de febrero de 2022. https://www.elespanol.com/reportajes/20220228/historia-antonio-victoria-crearon-dulcesol-facturan-millones/652935058_0.html. Consultado el 19 de diciembre de 2022.

Anexos

Anexo I. Población, producción y consumo de trigo y harina en España, 1891-1974.

Año	Producción de trigo (miles Tm)	Trigo para consumo alimentario (miles Tm) (1)	Producción de harina (miles Tm)	Población (millones)	Consumo per cápita de trigo (Kg/año) (1)	Consumo per cápita de harina (Kg/año)
1891-1895	2.438	2.264	1.698	17,9	126,5	94,1
1896-1900	2.707	2.396	1.797	18,3	131,1	97,3
1901-1905	3.197	2.983	2.237	19,0	157,0	118,4
1906-1910	3.497	3.169	2.377	19,7	161,1	120,9
1911-1915	3.434	3.113	2.335	20,4	152,8	114,5
1916-1920	3.804	3.502	2.626	21,1	166,0	123,9
1921-1925	3.876	3.413	2.560	21,8	156,8	117,7
1926-1930	3.892	3.418	2.557	22,6	151,2	112,9
1931-1935	4.364	3.781	2.837	24,2	156,0	117,0
1939-1940	3.180	3.364	2.523	25,6	129,8	97,4
1940-1941	2.395	2.430	1.823	25,8	93,2	69,9
1941-1942	3.078	2.822	2.117	26,1	107,3	80,5
1942-1943	3.662	3.617	2.713	26,3	136,5	102,4
1943-1944	3.127	3.100	2.325	26,6	116,1	87,1
1944-1945	3.769	3.533	2.650	26,7	131,3	98,5
1945-1946	2.262	2.374	1.781	26,9	87,6	65,7
1946-1947	4.131	3.736	2.802	27,1	140,4	105,3
1947-1948	3.180	3.014	2.261	27,3	109,4	82,1

1948-1949	3.275	3.158	2.369	27,5	113,8	85,4
1949-1950	3.035	2.867	2.150	27.,7	102,5	76,9
1950-1951	3.373	2.977	2.233	27,9	105,6	79,2
1951-1952	4.266	3.300	2.475	28,2	116,1	87,1
1952-1953	4.098	3.843	2.882	28,4	134,2	100,7
1953-1954	3.026	3.488	2.616	28,6	120,7	90,6
1954-1955	4.773	3.579	2.684	28,9	123,0	92,3
1955-1956	3.991	3.549	2.662	29,2	121,0	90,8
1956-1957	4.196	3.817	2.520	29,4	129,1	96,8
1957-1958	4.900	3.771	2.609	29,6	126,5	94,9
1958	4.540	4.195	3.146	29,8	140,8	105,6
1959	4.635	3.772	2.829	30,0	125,7	94,3
1960	3.520	3.749	2.812	30,3	123,7	92,8
1961	3.431	3.723	2.792	30,6	121,7	94,2
1962	4.812	3.817	2.863	30,9	123,5	95,6
1963	4.859	4.104	3.078	31,2	131,5	101,0
1964	3.976	4.063	3.047	31,6	128,6	97,6
1965	4.715	4.121	3.091	31,9	129,2	97,9
1966	4.876	4.121	3.091	32,3	127,6	98,3
1967	5.650	4.469	3.352	32,6	137,1	96,7
1968	5.312	4.372	3.279	32,9	132,9	95,0
1969	4.690	4.299	3.224	33.3	129,1	94,0
1970	4.126	4.248	3.186	33,6	126,4	91,2
1971	5.450	3.961	2.971	34,0	116,5	89,1
1972	4.562	4.073	3.055	34,4	118,4	87,9
1973	3.966	3.873	2.905	34,7	111,6	84,3
1974	4.534	3.743	2.807	35,1	106,6	82,1

1Kh de trigo =,0,75 kg de harina.

Fuentes :

— *Periodo 1891-1935 : Germán (2006 : 142) a partir de Gómez Mendoza y Martín-Aceña (1983).*

— *Periodo 1939-1957 (trigo) : Germán (2006 : 146) a partir de SNC (1959 : 62-64).*

— *Periodo 1958-1974 (trigo) : Barciela, Giráldez y López (2005: 307-308) a partir del Auario de Estadísticas Agrarias.*

— *Periodo 1956-1974 (harina): Germán (2006 : 150) a partir de Rico 1973, 1976).*

Anexo II. Beneficios, precios y costes en la panadería y sus proveedores en España en pesetas corrientes, 1914-1979.

	Salario medio diario en industria (pesetas) (1)	Coste medio salarial por hora (sin cargas sociales) en pesetas (2)	Salario medio diario (con aportaciones sociales) en panadería (pesetas) (2)	Precio de barra de pan de kilo sobre salario medio diario	Precio en cada cosecha de trigo candeal (pesetas por Qm)	Precio de la harina de trigo en el cupo de abastos o consumo (pesetas por Kg) (3)	Precio de barra de pan de kilo (pesetas) (4)	Margen precio-coste de la harina (pesetas por Kg)
1914	3.14		4,40	11,46%	30.52	0,381	0,36	-0,021
1920	6,33		8,10	13,59%	65.50	0,814	0,86	0,046
1924	6,89	0,99	9,70	8,13%	43.91	0,628	0,56	-0,068
1929	7,25		9,80	8,69%	50.48	0,615	0,63	0,015
1936	10,08	1,30	12,29	6,94%	49.69	0,629	0,70	0,071
1943	15,70	1,9[illegible]	15,95	7,01%	140.00	1,225	1,10	-0,125
1945	15,30	1,97	16,84	11,44%	171.00	1,717	1,75	0,033
1946	19,33	2,48	33,26	13,61%	183.00	2.604	2,63	0,026
1950	21,75	2,64	46,48	16,83%	335.00	4,115	3,66	-0,455
1951	25,23	2,64	46,48	20,61%	362.00	5,231	5,20	-0,031
1958	48,46		50,50	15,48%	506.00	6,252	7,50	1,248
1963	105,22		77,09	8,17%	607.00	7,187	8,60	1,413
1971	260,22			5,38%	670.00	8,504	14,00	5,496
1975	367,75			7,07%	954.00	11,082	26,00	14,918
1979	1.444,44			3,60%	1541.00	22,154	52,00	29,846

1. Los datos de salario medio de 1914 a 1963 son para los trabajadores industriales; y para el resto del periodo del conjunto de trabajadores. Fuente: Maluquer y Llonch (2005: 1224-1229)
2. Los datos de 1914 a 1929 corresponden a la media de trabajadores cualificados en panadería. Los datos de 1936 a 1963 corresponden a la media de un oficial panadero de amasado según el Anuario Estadístico de España. Fuente: Consejo Superior de las Cámaras Oficiales de Comercio, Industria y Navegación de España. *Comercio, Industria y Navegación de España*, 1952, nº 64, agosto-septiembre, pp. 58-61.
3. Carreras (2005), pp. 450-451.
4. Los datos de precios del pan de 1914 a 1934 proceden de la encuesta *Movimiento semestral de precios de artículos de primera necesidad en los pueblos de España* del INE. Los datos posteriores son la media de los precios autorizados por los órganos regionales.

Anexo III. Precios de productos alimenticios básicos en España, 1914-1980.

	Trigo candeal	Patatas	Aceite	Azúcar	Carne cerdo	Leche	Huevos
1914	30.52	14	126.16	85.5	160	44	11.20
1920	65.50	32	245.60	285.8	328	65	23.24
1924	43.91	32	230.34	165.0	323	65	25.88
1929	50.48	26	224.16	152.3	307	62	20.16
1935	49.69	24	171.32	159.1	246	60	20.46
1939	64,00	0.45		0.09		0.64	
1943	140,00	0.54		0.23		1.30	
1945	171,00	0.73		0.28		1.50	
1950	335,00	1.69		0.61		2.58	
1951	362,00	0.98		0.92		2.77	
1952	268,00	0.95		0.85		2.75	
1958	506,00	2.74		0.99	25.79	4.09	27.16
1963	607,00	2.35		1.16	31.11	5.04	29.36
1971	670,00	3.87		1.55	42.55	8.03	33.23
1975	954,00	7.43		2.72	73.95	14.47	33.32

1914-1935: Precios al por mayor en pesetas por QM, excepto leche (ptas/hl) y huevos (ptas/ciento). Datos del Ministerio de Trabajo (1942).

1939-1975: Precios percibidos por agricultores y ganaderos en pesetas por kilo, excepto leche (ptas/litro) y huevos (ptas por docena). Datos del Ministerio de Agricultura e INE.

Fuente: Barciela, Giráldez y López (2005: 336-338).

Anexo IV. Categorías profesionales y tabla de retribuciones en los empleados de la industria de la panadería, Reglamento Nacional de 1946.

CATEGORIAS	ZONAS 1.ª	2.ª	3.ª	4.ª	5.ª
TÉCNICOS:	*Mensual*				
Jefe de fabricación	1.000	900	800	700	600
Jefe de taller mecánico...	900	850	750	650	575
ADMINISTRATIVOS:					
Jefe de Oficina y Contabilidad	1.000	900	800	700	600
Oficial administrativo ...	800	750	700	625	550
Auxiliar de Oficina	500	450	425	400	375
OBREROS:					
Panaderías totalmente mecanizadas.	*Diario*				
Ayudante de encargado..	19	18	17	16	15
Amasador	18	17	16	15	14
Ayudante de amasador..	16	15	14	12	10
Oficial	17	16	15	14	13
Especialista	15	14	13	12	11
Fogonero	16	15	14	12	10
Gasista	17	16	15	14	13
Encendedor	17	16	15	14	13
Engrasador	16	15	14	12	10
Mecánico de 1.ª	19	18	17	16	15
Mecánico de 2.ª	17	16	15	14	13
Mecánico de 3.ª	16	15	14	13	12

CATEGORIAS	ZONAS 1.ª	2.ª	3.ª	4.ª	5.ª
Restantes panaderías.	*Diario*				
Maestro encargado	22,50	21,50	20,50	19,50	18,50
Oficial de pala	21	20	19	18	17
Oficial de masa	20	19	18	17	16
Oficial de mesa	18	17	16	15	14
Ayudante	16	15	14	12	10
Aprendiz primer año	5	5	5	5	5
Aprendiz segundo año ...	8	8	8	7	6
Categorías comunes a todas las panaderías					
PEÓN	13	12	11	10,50	10
Pinche de 14 a 15 años..	7	6,50	6	5,50	5
Pinche de 16 y 17 años..	8	7,50	7	6,50	6
Pinche de 18 y 19 años..	9	8,50	8	7,50	7
SERVICIOS COMPLEMENTARIOS:					
Mayordomo	18	17	16	15	14
Vendedor en despachos.	17	16	15	14	13
Vendedora en despachos.	13,60	12,80	12	11,20	10,40
Transportador de pan a despachos	15	14	13	12	11
Repartidor a domicilio ..	1,75 pesetas hora, con percepción mínima de 4 horas.				
Mujer de limpieza	1,50 hora.				

Anexo V. Cesta de la compra de alimentos en España (distribución del gasto anual en alimentación en %).

	1830	1844	1855	1868	1885	1914	1958	1964	1967	1973	1980
Pan, pastas, cereales	38,60	40,45	38,63	31,79	28,92	25,23	18,50	16,20	13,4	10,2	10,8
Patatas, hortalizas y legumbres	16,00	4,56	7,55	5,52	5,02	10,24	13,1	12	12,1	9,7	8,6
Frutas							5,3	5,7	6,5	7	8,6
Pescados						5,63	8,3	8,2	8,30	8,60	10,60
Carnes	17,90	28,60	29,08	25,81	23,48	26,53	17,60	22,60	25,80	29,00	28,70
Huevos				9,90	9,01	5,77	6,80	6,20	5,50	4,00	2,90
Leche, queso y mantequiulla					9,03	8,33	8,7	8,50	9,40	10,20	11,80
Azúcar, dulces y confitería				3,88	3,53	4,42	4,2	3,8	2,9	2,9	3,2
Café, malta y otras bebidas aromáticas				2,18	1,98		2,1	2,1	2,3	1,9	2,8
Vino, cervezas y licores	16,30	16,92	15,87	13,38	12,17	9,12	4,4	4	3,9	5,6	4,6
Aceite de oliva y grasas comestibles	11,20	9,47	8,97	7,56	6,88	4,73	8,5	9,3	8	6,6	4,9
Bebidas no alcohólicas							0,3	0,7	0,9	1,4	1,5
Otros							2,2	0,7	0,8	2,9	1,2
TOTAL	100,00	100,00	100,10	100,00	100,00	100,00	100,00	100,00	100,00	100,00	100,00

Fuente: Maluquer (2013: 46) a partir de los *Anuarios Estadísticos de la Ciudad de Barcelona* e INE (1959-1980).

Anexo VI. Consumo aparente medio anual per cápita de alimentos en España.

	1900	1910-15	1934-38	1949-50	1953-56	1961-62
Cereales panificables (Kg)	187		146		148	144
Patatas (Kg)		86	109	91	133	125
Leguminosas (Kg)	14	12	15	14		10
Verduras y hortalizas (Kg)	25		100	115		162
Frutas (Kg)	38-50		50	35		52
Carnes (Kg)	13	13	28	23	18	22
Pescados (Kg)	14		25	18	23	25
Huevos (Kg)	6	3	4	4	6	8
Leche Productos lácteos	23	31	76	68		83
Aceites vegetales (lit)	11		13			13
Aceites y grasas animales (lit)	10	12	15	12		2
Azúcar, dulces y confitería	3		12	9	14	21
Vino	81		80			59

Fuente: Andreu y Cussó (2014), FAO (1952) y FAOSTAT.

Anexo VII. El modelo de transición nutricional y los factores determinantes de la demanda de alimentos.

La transformación de la naturaleza de los sistemas de alimentación ha sido uno de los resultados más destacados del desarrollo económico. Por ello, la investigación ha dedicado especial atención a identificar los cambios que se han producido en la nutrición humana y los factores que los han generado, que se pueden considerar también los determinantes de la demanda de alimentos.

El modelo clásico de transición nutricional elaborado por Popkin (1993, 2006) aligera la amplia batería de posibles fuerzas determinantes de la demanda de alimentos y explica la composición de la dieta alimentaria tomando como variable principal los niveles de renta per cápita. Este modelo, inspirado en los modelos de transición demográfica y epidemiológica de secular tradición historiográfica (Notestein, 1944; Omran, 1971), fue aplicado originalmente a los cambios alimentarios producidos durante los siglos XIX y XX en la Europa atlántica. El modelo de Popkin dividió este proceso de cambio nutricional en dos grandes etapas: la fase de reducción del hambre, que situó desde principios del siglo XIX hasta diferentes momentos de la segunda mitad de este siglo o principios del siguiente, según los casos; y la fase de preeminencia de enfermedades degenerativas, cuyo transcurso abarcaría desde la finalización de la segunda guerra mundial hasta finales de la pasada centuria.

La fase de reducción del hambre es caracterizada por Popkin por la mejora de los ingresos reales en cantidad y estabilidad, que permitió la desaparición progresiva de las crisis de subsistencia hasta llegar en su fase final a una ingesta más estable y ajustada a las necesidades nutritivas en calorías, así como a una mejora significativa pero aún insuficiente del consumo de proteínas y grasas. El cambio nutricional experimentado en esta primera fase, que ayudó a la reducción del hambre para la gran mayoría de la población, descansaba pues en el aumento y la estabilización del consumo de los alimentos básicos en las dietas tradicionales (cereales y patatas), y en menor medida del consumo de alimentos de origen animal.

La fase de preeminencia de enfermedades degenerativas habría surgido bajo el empuje de un aumento más significativo de los ingresos reales y se habría plasmado en una progresiva reducción de la presencia en la dieta de los alimentos tradicionales y en un consumo más elevado de alimentos animales (carne, leche y productos lácteos) y azúcar, hasta alcanzar niveles excesivos que se asocian a distintas dolencias.

Las elasticidades precio y renta de los distintos alimentos han sido posteriormente incorporadas a este modelo para reforzar sus propuestas. La hipótesis de partida es que la elasticidad-renta de los alimentos básicos (pan y patatas) es menor que la de los alimentos animales y la de otros alimentos vegetales más procesados (como el azúcar, la bollería y la pastelería). De esta premisa se infiere que, a partir de cierto nivel de renta, los aumentos siguientes en los ingresos se traducirán en un consumo mayor de los productos con una elasticidad-renta más alta a costa de la demanda de los otros con una elasticidad menor o negativa.

Este modelo canónico de cambio nutricional ha sido cuestionado desde diferentes vertientes, que han incidido tanto en el restringido abanico de factores determinantes de los sistemas alimentarios, centradas además en las condiciones de la demanda soslayando las de oferta, como en la presunta debilidad de algunas de sus hipótesis de partida.

La presunta mejora del modelo que se basa en la incorporación de la elasticidad-renta como factor explicativo de los cambios en la dieta ha sido criticada con el argumento de que son precisamente las modificaciones de la sensibilidad del consumo los aspectos que deberían ser explicados. Por tanto, situarlos como eje argumental del cambio nutricional no haría sino retrotraer la explicación a causas más profundas y ofrecer una justificación estética poco reveladora de las fuerzas determinantes de la demanda de los alimentos. Diversos trabajos han sugerido que los cambios de la demanda de determinados alimentos obedecen más a la mutación de la valoración social del producto que a a la modificación del nivel de renta. Nicolau y Pujol-Andreu (2008, 2011) consideran especialmente revelador el caso de la leche, que a finales del siglo XIX era poco consumido por la baja valoración social que merecía como alimento (excepto para los enfermos) por los problemas que planteaba su conservación y por la preferencia que entonces se daba a los alimentos con mayor aporte calórico y proteínico; mientras que los años 30 pasó a considerarse un alimento de primera necesidad y a crecer su consumo a una tasa muy superior al aumento de la renta, una vez caló en el consumidor el mensaje médico de sus virtudes nutritivas. Nicolau y Pujol-Andreu (2005) han ampliado la evidencia del peso de la valoración social como guía del comportamiento del consumidor en la compra de otros alimentos (pescado fresco o en salazón, carne procedente de animales jóvenes o adultos, y los huevos) para momentos y zonas concretos. Pujol-Andreu y Cussó (2014) defienden que el renovado interés del mercado por la dieta mediterránea, a raíz de las recomendaciones de los nutricionistas por sus beneficios para la salud, es otro ejemplo en la misma dirección. El conocimiento sobre nutrición y su difusión en forma de mensajes de la comunidad científica y de políticas públicas surge pues como capacidad explicativa de primer orden.

Otra literatura crítica con el modelo de Popkin destaca que en los procesos de transición nutricional han jugado un papel destacado otras variables adicionales al nivel de renta per cápita y a las condiciones de la demanda (coste de adquisición y precios relativos al resto de alimentos, estructura poblacional en tamaño y por edades, pautas laborales en cuanto a esfuerzo físico y presencia femenina, concentración poblacional en ciudades -urbanización-, cultura alimentaria dominante en cada sociedad, etc.), que definen las condiciones de la oferta (Nicolau y Pujol-Andreu, 2005, 2008). En concreto, entre los motores del cambio a añadir se han señalado las propias virtudes nutritivas del producto, su calidad, la estructura productiva agraria en cada región, la eficiencia relativa en la producción de distintos cultivos, los avances tecnológicos en la producción y conservación de los mismos, las mejoras de las comunicaciones y de las infraestructuras comerciales, e incluso el marco institucional regulatorio de la actividad económica, el libre comercio y el derecho de propiedad.

Desde otra perspectiva crítica, se ha cuestionado la validez casi universal concedida a algunas hipótesis de partida (Collantes, 2009; Soto et al., 2013). La primera premisa puesta en tela de juicio es la "victoria sobre la escasez", la cual presupone que todo tiempo anterior fue peor desde el punto de vista nutricional y que el ascenso del valor calórico de la dieta es una medida equivalente a la reducción del hambre. El desacuerdo parece radicar aquí en la idea de que en las sociedades preindustriales el hambre y la desnutrición eran moneda común, por estar la ingesta calórica por debajo de las necesidades y ser además muy irregular; y que el cambio agrario acabó con el hambre y la desnutrición cuando la transición nutricional se completó. Esta crítica no ha sido demasiado compartida. La segunda premisa cuestionada es la "victoria sobre la monotonía", la cual asocia el grado de diversificación de la dieta (conseguida con la sustitución paulatina de cereales, patatas y legumbres por huevos, carne y productos lácteos) con su superioridad nutritiva. El contra-argumento en este caso es que se desconsideran otras alternativas dietéticas que, sin dejar de cumplir los requerimientos nutricionales fundamentales, se apartan del canon alimenticio occidental, como sucede con la misma dieta mediterránea o con las dietas vegetarianas orientales.

Anexo VIII. Consumo total de pan en España en toneladas, 1650-2021.

	Consumo total ™		Consumo total ™	Pan artesanal™	Pan industrial™
1650	1.225.000	1990	2.217.570	2.080.770	136.800
1700	1.259.250	1991	2.194.430	2.040.970	153.470
1830	1.629.108	1992	2.170.160	2.000.420	169.740
1865	2.324.320	1993	2.173.590	2.006.700	166.900
1900	3.477.154	1994	2.320.660	2.158.690	161.970
1910	3.248.125	1995	2.282.530	2.136.030	146.490
1920	3.557.628	1996	2.279.270	2.138.970	140.410
1930	3.770.219	1997	2.229.840	2.069.500	160.320

1934	3.554.954	1998	2.290.870	2.127.100	163.770
1940	3.364.136	1999	2.322.020	2.155.650	166.370
1943	3.430.310	2000	2.019.178	1.869.491	149.687
1948	3.018.070	2001	2.034.260	1.877.336	156.923
1950	2.853.629	2002	2.025.293	1.851.734	173.559
1958	3.754.548	2003	1.958.315	1.781.471	176.844
1961	4.466.432	2004	1.970.146	1.785.424	184.722
1964	4.240.925	2005	1.970.355	1.782.743	187.612
1967	2.871.620	2006	1.901.164	1.701.905	199.260
1970	2.790.886	2007	1.908.636	1.700.084	208.553
1973	2.653.996	2008	1.960.089	1.736.675	223.414
1978	2.587.970	2009	1.839.110	1.610.173	228.937
1980	2.533.073	2010	1.668.811	1.417.095	251.716
1987	2.511.080	2011	1.633.645	1.379.085	254.560
1990	2.217.570	2012	1.652.454	1.393.082	259.372
1991	2.194.430	2013	1.689.918	1.419.491	270.427
2000	2.019.178	2014	1.608.739	1.340.587	268.152
2010	1.668.811	2015	1.567.936	1.290.033	277.903
2020	1.515.296	2016	1.521.272	1.249.358	271.914
		2017	1.483.863	1.207.929	275.933
		2018	1.454.452	1.173.658	280.794
		2019	1.433.475	1.160.568	272.907
		2020	1.515.296	1.202.122	313.174
		2021	1.391.827	1.099.971	291.855

Fuente: MAPA

Anexo IX. Consumo per cápita de alimentos horneados en volumen y valor en España, 1964.

	Consumo medio diario (gramos)	Consumo medio anual (kilos)	Porcentaje de la ingesta media diaria de cereales (kilos)	Consumo medio anual (pesetas corrientes)	Peso medio en la cesta de la compra de alimentación en pesetas corrientes (%)
Panadería	368,0	134,5	84,4	1.442	12,3
Galletas, bollería y pastelería	11,9	4,4	2,7	181	1,1

Fuente: INE, Encuesta de Presupuestos Familiares de 1964.

Anexo X. Consumo de bollería y pastelería en España, 1999-2021.

	Consumo total en volumen (toneladas)			Consumo per capita en volumen (kilos)			Consumo total en valor (miles euros)		
	Total	Envasada	A granel	Total	Envasada	A granel	Total	Envasada	A granel
1964	64.419			2,04					
1981	98.696			2,63					
1991	186.888			4,80					
2000	202.728	130.305	72.423	5,03	3,23	1,80	739.655	434.679	304.976
2001	221.203	143.003	78.200	5,46	3,53	1,93	917.669	545.120	372.549
2002	222.215	146.042	76.173	5,46	3,59	1,87	944.313	582.799	361.514
2003	231.408	148.782	82.626	5,60	3,60	2,00	949.228	591.096	358.132
2004	233.581	150.777	82.804	5,56	3,58	1,98	976.464	593.430	383.034
2005	237.908	156.229	81.679	5,54	3,64	1,90	1.002.047	620.875	381.172
2006	244.836	168.080	76.757	5,58	3,83	1,75	1.130.375	715.200	415.175
2007	250.639	173.983	76.657	5,62	3,90	1,72	1.208.329	774.836	433.492
2008	263.741	187.752	75.989	6,01	4,28	1,73	1.410.710	912.676	498.034
2009	257.500	187.092	70.408	5,72	4,16	1,56	1.383.342	917.676	465.666
2010	261.424	199.185	62.238	5,70	4,34	1,36	1.347.601	937.138	410.462
2011	254.336	195.661	58.675	5,53	4,26	1,27	1.316.526	921.454	395.071
2012	252.571	197.192	55.379	5,45	4,26	1,19	1.249.839	907.834	342.005
2013	265.547	204.864	60.682	5,84	4,49	1,35	1.332.260	938.853	393.407
2014	264.904	200.185	64.719	5,91	4,46	1,45	1.320.352	899.797	420.555
2015	267.161	204.233	62.928	6,01	4,59	1,42	1.364.098	933.978	430.120
2016	269.763	207.229	62.534	6,17	4,73	1,44	1.375.132	946.203	428.929
2017	267.964	206.487	61.477	5,88	4,54	1,34	1.346.722	925.380	421.342
2018	269.667	204.781	64.887	5,92	4,49	1,43	1.370.544	920.031	450.513
2019	268.136	202.806	65.330	5,82	4,41	1,41	1.353.801	918.442	435.359
2020	286.584	217.573	69.011	6,20	4,70	1,50	1.466.979	1.003.575	463.404
2021	288.844	216.160	72.683	6,24	4,66	1,58	1.522.503	1.034.899	487.604

Fuente: MAPA

Anexo XI. Principales competidores en el sector de productos horneados en España, ventas en euros, 1985-2022.

	1985	1991	1995	2000	2008	2009	2010	2011	2012	2013
GRUPO BIMBO, S.A.	91.366.409	150.752.772	213.865.433	260.839.000	440.941.233	398.326.882	368.737.689	325.307.372	326.372.000	266.409.000
GRUPO PANRICO	30.030.786	80.502.660	78.505.019	140.778.870	645.536.000	631.024.000	563.345.000	553.447.000	513.623.000	382.385.000
GRUPO BIMBO PANRICO										
GRUPO SIRO		9.616.194	64.308.682	125.010.000	276.142.488	321.028.000	411.118.000	490.491.000	548.936.000	570.519.000
PRODUCTOS ORTIZ, S.A	22.832.587	22.820.360	22.330.260							
LA BELLA EASO, S.A	17.500.000	31.000.000	43.621.000	55.163.000	57.563.640	44.165.155	43.128.917			
REPOSTERIA MARTINEZ, S.A.	8.017.301	43.006.000	71.526.000	78.516.000						
GRUPO DULCESOL		23.561.360	58.298.525	118.888.670	234.419.785	244.317.933	239.707.145	232.257.672	249.200.572	275.479.967

	2014	2015	2016	2017	2018	2019	2020	2021	2022
GRUPO BIMBO, S.A.	276.849.000	270.996.000	266.488.000	284.211.000					
GRUPO PANRICO	345.538.000	349.868.000	330.579.000	345.350.000					
GRUPO BIMBO PANRICO					394.815.000	488.985.000	483.695.000	484.819.000	564.866.000
GRUPO SIRO	571.700.000	633.000.000	555.200.000	335.880.000	344.150.000	360.500.000	333.840.000	321.370.000	423.610.000
PRODUCTOS ORTIZ, S.A									
LA BELLA EASO, S.A.									
REPOSTERIA MARTINEZ, S.A.									
GRUPO DULCESOL	309.567.750	307.172.350	320.048.259	323.902.799	333.590.698	352.678.438	377.118.924	406.493.303	536.490.807

Fuente : SABI y otras fuentes.

Anexo XII. Consumo doméstico de pan en España en valor y volumen, 1993-2021.

	1993	1994	1995	1996	1997	1998	1999	2000	2001	2002
Consumo de pan de molde en valor (M. euros)	268007,776	287554,116	300117,852	321045,59	331039,199	336830,53	345188,202	383656,839	425990	479842
Consumo de pan de molde en volumen ™	178343	190871	190833	207228	209074	202159	204680	209185	231838	260846
	2003	**2004**	**2005**	**2006**	**2007**	**2008**	**2009**	**2010**	**2011**	**2012**
Consumo de pan de molde en valor (M. euros)	488054	531919	545162	582465	587290	562565	560690	495708	543783	594078
Consumo de pan de molde en volumen ™	250159	231721	285211	310318	317237	309204	304062	279491	270618	312866
	2013	**2014**	**2015**	**2016**	**2017**	**2018**	**2019**	**2020**	**2021**	
Consumo de pan de molde en valor (M. euros)	551779	610770	549063	531134	513478	653272	690670	538340	514720	
Consumo de pan de molde en volumen ™	293200	261947	232201	234523	265690	306136	333723	262985	234617	

Fuente : Encuesta Industrial de Productos, INE.

Anexo XIII. Evolución de las ventas de bollería y pastelería con marcas propias de Vicky Foods en los canales de distribución controlados por Nielsen, 2001-2022.

	Datos año MAPAMA						Datos globales TAM Nielsen							
	Ventas valor (M€)	Cuota del mercado doméstico en valor (%)	Posición en ranking por valor	Volumen (toneladas)	Cuota del mercado doméstico en volumen (%)	Posición en ranking por volumen	Ventas (valor) con marcas propias (M €)	Cuota ventas marca propia en ventas totales empresa (valor)	Cuota del mercado en valor (%)	Posición en ranking por valor de marcas propias	Ventas (volumen) con marcas propias (Tn)	Cuota ventas marca propia en ventas totales empresa (volumen)	Cuota del mercado en volumen (%)	Posición en ranking por volumen de marcas propias
2001	135,0	24,8%					47,3	35,0%						
2002	134,5	23,1%		65.000	44,5%	1								
2003	139,1	23,5%		71.828	48,3%	1								
2004	156,0	26,3%		76.662	50,8%	1	39,7	25,4%	7,1%	3	11.607,4	15,1%	8,0%	3
2005	173,0	27,9%		81.302	52,0%	1	35,6	20,5%	6,0%	4	10.258,3	12,6%	6,8%	3
2006	184,5	25,8%		85.894	51,1%	1	38,0	20,6%	6,1%	4	10.609,0	12,4%	6,8%	4
2007	203,5	26,3%		101.226	58,2%	1	nd							
2008	234,4	25,7%	4	107.575	57,3%	1	41,7	17,8%	6,0%	3	10.980,6	10,2%	7,1%	2
2009	240,2	26,2%	4	106.798	57,1%	1	40,2	16,7%	5,6%	2	9.899,5	9,3%	6,4%	2
2010	233,6	24,9%	4	101.442	50,9%	1	41,4	17,7%	5,3%	2	10.643,1		6,1%	2
2011	212,1	23,0%	3	92.425	47,2%	1	46,6	22,0%	6,2%	2	12.637,6		7,3%	2
2012	220,6	24,3%	3	94.507	47,9%	1	45,7	20,7%	5,7%	2	11.475,4	12,1%	6,3%	2
2013	241,9	25,8%	3	109.029	53,2%	1	45,9	19,0%	5,8%	2	11.331,2	10,4%	6,2%	2
2014	270,9	30,1%	3	116.000	57,9%	1	49,2	18,1%	6,2%	2	12.284,3	10,6%	6,6%	2
2015	260,0	27,8%	3	112.070	54,9%	1	50,7	19,5%	6,4%	2	13.591,9	12,1%	7,2%	2
2016	271,4	28,7%	2	113.000	54,5%	1	41,7	15,4%	5,9%	2	11.755,7	10,4%	6,8%	2
2017	257,0	27,8%	2	112.000	54,2%	1	40,8	15,9%	5,8%	2	11.567,3	10,3%	6,7%	2
2018	248,2	27,0%	2	111.000	54,2%	1	38,6	15,5%	5,0%	2	11.476,0	10,3%	6,0%	2
2019	251,2	27,4%	2	100.990	49,8%	1	37,5	14,9%	4,7%	2	10.581,3	10,5%	5,4%	2
2020	250,3	24,9%	2	99.239	45,6%	1	36,3	14,5%	4,3%	2	10.269,4	10,3%	5,0%	2
2021	228,6	22,1%	2	87.550	40,5%	1	34,9	15,3%	4,1%	2	9.961,9	11,4%	4,9%	2
2022	240,8	22,1%	1	91.490	41,0%	1	37,8	15,7%	3,9%	2	9.396,9	10,3%	4,7%	2

Fuente : estimaciones propias a partir de una simulación basada en datos de SABI, MAPA, Alimarket y Nielsen.

Anexo XIV. Mercado de pan industrial en España en volumen, valor y precio, 2004-2021

Volumen (toneladas)							
	2004	2005	2010	2015	2019	2020	2021
Pan industrial (total)	184.722	187.612	251.716	277.903	272.907	313.174	291.855
Pan industrial fresco integral	23.089	23.986	23.847	37.548	25.790	27.562	22.060
Pan industrial fresco normal	91.632	89.785	123.669	128.064	132.808	155.068	148.135
Pan industrial sin corteza	12.174	16.197	29.441	34.586	31.691	36.018	34.626
Pan industrial seco	57.826	57.644	71.759	77.706	82.619	94.526	87.035
Valor (miles de euros)							
	2004	2005	2010	2015	2019	2020	2021
Pan industrial (total)	455.869	480.279	685.969	745.915	765.542	866.932	818.744
Pan industrial fresco integral	50.417	51.260	54.952	84.317	62.621	64.006	55.090
Pan industrial fresco normal	184.544	179.979	253.510	263.452	279.888	331.663	317.510
Pan industrial sin corteza	55.836	74.293	116.516	109.255	92.011	104.548	95.674
Pan industrial seco	165.072	174.747	260.992	288.891	331.023	366.716	350.470
Precio medio por kg							
	2004	2005	2010	2015	2019	2020	2021
Pan industrial (total)	2,29	2,56	2,73	2,68	2,81	2,77	2,81
Pan industrial fresco integral	2,18	2,14	2,05	2,25	2,43	2,32	2,5
Pan industrial fresco normal	2,01	2,00	2,05	2,06	2,11	2,14	2,14
Pan industrial sin corteza	4,59	4,59	3,96	3,16	2,90	2,90	2,76
Pan industrial seco	2,85	3,03	3,64	3,72	4,01	3,88	4,03

Fuente : MAPA

Anexo XV. Composición de la cartera de negocios de Vicky Foods (valor en millones de euros y volumen en toneladas), 2002-2022.

Actividad	VENTAS DE VICKY FOODS (VALOR)									Ventas actividad 2022 (M. €)	Evolución ventas actividad 2019-2022	Ventas líder actividad 2022 (M. €)
	2002	**2009**	**2011**	**2013**	**2016**	**2019**	**2020**	**2021**	**2022**			
Bollería y pastelería industrial	134,5	235,2	212,1	241,9	271,4	251,2	250,3	228,6	240,8	970,2	+21,5%	234 (Bimbo-Panrico)
Panadería industrial	-	10,5	20,2	33,5	48,0	69,1	92,5	127,6	233,0	818,8	+ 7,2%	336 (Bimbo-Panrico)
Masas congeladas	-	-	-	-	-	≤ 5%				1.303,8	-5,3%	64,9% (Europastry)
Pizzas	-	-	-	-	-	-	-	-	≤ 1%	274,2	1.9%	36% (Dr. Oetker)
Snacks	-	-	-	-	≤ 1%					288,5	34,6%	8,9% (Tolfrit)
Cremas untables de chocolate	-	-	≤ 1%							149,8	19,6%	27,2% Idilia Foods
Alimentación infantil	-	-	-	≤ 1%	≤ 1%	≤ 3%				500,0	10,8%	17,5% (Nestlé)
Alimentación saludable / funcional	-	-	-	-	-	≤ 2%				2.750	50%	20% (Danone)
Helados	-	-	-	-	-	≤ 1%				804,7	19,3%	25% (Unilever)
Platos preparados	-	-	-	-	-	≤ 1%				526,2	4,5%	20% Platos Tradicionales
TOTAL	134,5	245,7	232,3	275,5	320,0	352,7	377,1	406,5	536			

<table>
<tr><th rowspan="2">Actividad</th><th colspan="9">VENTAS DE VICKY FOODS (VOLUMEN)</th></tr>
<tr><th>2002</th><th>2009</th><th>2011</th><th>2013</th><th>2016</th><th>2019</th><th>2020</th><th>2021</th><th>2022</th></tr>
<tr><td>Bollería y pastelería</td><td>65.000</td><td>106.798</td><td>92.425</td><td>109.029</td><td>113.000</td><td>100.990</td><td>99.239</td><td>87.550</td><td>91.490</td></tr>
<tr><td>Panadería</td><td>-</td><td>8.000</td><td>14.000</td><td>19.500</td><td>29.926</td><td>52.300</td><td>73.261</td><td>101.100</td><td>113.232</td></tr>
<tr><td>Alimentación infantil</td><td>-</td><td>-</td><td>-</td><td>-</td><td>-</td><td rowspan="4">2.294</td><td rowspan="4">2.500</td><td rowspan="4">3.850</td><td rowspan="4">4.197</td></tr>
<tr><td>Alimentación saludable</td><td>-</td><td>-</td><td>-</td><td>-</td><td>-</td></tr>
<tr><td>Bollería y panadería congeladas</td><td>-</td><td>-</td><td>-</td><td></td><td></td></tr>
<tr><td>Platos preparados</td><td>-</td><td>-</td><td>-</td><td>-</td><td>-</td></tr>
<tr><td>TOTAL</td><td>65.000</td><td>114.846</td><td>106.425</td><td>128.529</td><td>142.926</td><td>155.584</td><td>175.000</td><td>192.500</td><td>208.918</td></tr>
</table>

Fuente : estimaciones propias a partir de una simulación basada en datos de SABI, Alimarket y Nielsen.

Anexo XVI. Indicadores financieros de Vicky Foods.

	1990	**1991**	**1992**	**1993**	**1994**	**1995**
Ventas netas (euros)	19.311.640	23.561.360	34.606.485	42.852.421	nd	nd
Producción (toneladas)	nd	nd	nd	nd	nd	30.263
EBITDA	2.002.120	2.785.220	2.819.519	3.286.470	4.392.960	3.169.450
Resultados ordinarios antes de impuestos	1.551.120	2.216.350	2.018.110	2.336.110	3.614.820	1.965.360
Activo neto total	8.354.980	10.353.510	12.116.340	13.871.010	18.019.420	22.984.000
Número de empleados	122	163	358	528	nd	600
Costes de personal	1779730	2377390	3222260	4.058.020	4.885.780	5.497.630

	1996	**1997**	**1998**	**1999**	**2000**	**2001**
Ventas netas (euros)	85.724.520	87.495.920	96.729.200	105.709.430	115.887.080	134.965.010
Producción (toneladas)	33.556	nd	35.000	nd	nd	nd
EBITDA	9.986.380	11.171.650	13.777.270	16.446.960	15.402.770	17.485.374
Resultados ordinarios antes de impuestos	7.250.840	8.158.930	10.600.740	12.492.340	8.933.270	9.622.038
Activo neto total	50.655.900	56.629.140	66.163.440	75.761.430	80.495.140	90.610.013
Número de empleados	302	429	317	927	1.020	1.168
Costes de personal	11.165.000	11.753.060	12.715.640	14.926.640	17.607.630	20.784.956

	2002	**2003**	**2004**	**2005**	**2006**	**2007**
Ventas netas (euros)	134.448.816	139.063.120	156.012.704	172.990.078	184.500.000	203.496.124
Exportaciones (millones euros)	6,70	3,10	2,70	6,40	6,00	6,00
Producción (toneladas)	65.000	71.828	76.662	81.302	85.894	101.226
EBITDA	22.192.573	22.463.894	25.569.891	33.041.567	nd	29.268.707
Resultados ordinarios antes de impuestos	13.442.821	13.990.219	14.685.032	21.569.982	nd	16.246.593
Activo neto total	93.722.912	105.057.591	119.472.224	144.343.401	156.800.445	187.022.793
Inmovilizado material neto	43.430.706	56.510.013	56.247.690	79.043.041	nd	100.138.957
Reservas	63.408.151	77.243.516	87.971.878	109.784.806	nd	128.497.030
Deudas financieras	265.042	522.789	302.733	1.523.888	nd	nd
Número de empleados	1.382	1.439	1.541	1.718	1.770	1.810
Costes de personal	23.976.361	28.712.972	32.862.746	38.225.897	30.950.587	42.865.095

	2008	**2009**	**2010**	**2011**	**2012**	**2013**
Ventas netas (euros)	234.419.785	245.674.553	239.707.145	232.257.672	249.200.572	275.479.967
Exportaciones (millones euros)	7,00	6,00	11,00	16,00	25,00	32,00
Producción (toneladas)	107.575	114.798	114.442	106.425	110.496	128.529
EBITDA	35.575.919	54.864.923	44.575.554	26.917.402	27.774.800	41.763.023
Resultados ordinarios antes de impuestos	24.108.643	43.884.314	26.619.291	10.526.897	8.220.367	25.112.036
Activo neto total	192.269.130	224.288.268	241.996.135	240.571.984	253.635.272	288.904.354
Inmovilizado material neto	100.138.957	92.122.690	108.135.342	117.444.811	116.396.389	109.637.057
Reservas	128.497.030	143.095.333	173.828.554	192.212.021	196.439.476	203.383.842
Deudas financieras	nd	612.098	705.419	395.670	216.119	240.634
Número de empleados	1.728	1.618	1.598	1.538	n.d.	612
Costes de personal	46.558.625	46.068.135	44.449.419	41.491.509	43.280.393	47.375.802

	2014	**2015**	**2016**	**2017**	**2018**	**2019**
Ventas netas (euros)	309.567.750	307.172.350	320.048.259	323.902.799	333.590.698	352.678.438
Exportaciones (millones euros)	36,48	40,36	46,16	53,70	57,40	65,80
Producción (toneladas)	138.191	139.770	142.926	144.400	150.400	155.584
EBITDA	47.664.033	41.704.865	38.446.295	29.021.366	33.679.221	39.984.211
Resultados ordinarios antes de impuestos	32.418.895	20.075.249	16.038.780	4.636.263	4.866.064	12.790.122
Activo neto total	330.440.080	340.353.844	355.583.972	357.501.060	378.358.077	383.714.837
Inmovilizado material neto	142.361.150	152.361.869	165.708.206	173.217.779	185.251.743	201.990.236
Reservas	253.700.490	267.377.134	279.252.386	280.814.224	284.024.172	292.999.085
Deudas financieras	1.005.341	3.343.627	3.313.341	3.384.616	6.755.118	6.899.070
Número de empleados	1.811	1.954	2.100	2.039	2.483	2.518
Costes de personal	54.873.094	57.679.549	60.311.722	63.107.687	65.512.703	69.397.564

	2020	2021	2022	2023
Ventas netas (euros)	377.118.924	406.493.303	536.490.807	629.000.000
Exportaciones (millones euros)	78,00	89,00	116,00	136,00
Producción (toneladas)	175.000	192.500	208.991	212.301
EBITDA	46.504.238	31.939.453	50.429.054	
Resultados ordinarios antes de impuestos	15.721.174	-5.722.490	11.918.934	
Activo neto total	404.789.427	410.020.902	449.809.855	
Inmovilizado material neto	206.611.613	200.318.895	196.797.816	
Reservas	303.617.985	293.858.307	305.487.939	
Deudas financieras	6.059.493	7.409.455	10.435.811	
Número de empleados	2.653	2.714	2.809	2.870
Costes de personal	74.045.178	75.026.237	82.067.908	

CASO 2
INDITEX-AMANCIO ORTEGA Y MERCADONA-JUAN ROIG: ¿HÉROES O VILLANOS?

César Camisón Zornoza
(Universitat de València)

Objetivos de aprendizaje

1. Recordar las características del pensamiento económico y el papel que deja a la empresa, a la estrategia y a sus directivos en el juego de los mercados.
2. Explicar las diferencias existentes entre la mano visible del Estado, la mano invisible del mercado, la mano visible de la empresa (estrategia) y la mano visible de la calidad de la dirección como mecanismos de coordinación económica, y los fallos que cada uno presenta.
3. Debatir sobre cuál es la tendencia en las economías modernas de la rentabilidad del capital y la longevidad empresarial y sobre la facilidad para sobrevivir y alcanzar resultados extraordinarios sostenidos.
4. Explicar las causas del éxito y del fracaso empresarial, indicando los factores internos y externos que influyen de forma sobre los resultados y la supervivencia de la empresa, y si su efecto es sustitutivo o complementario.
5. Analizar las razones de los beneficios extraordinarios que algunas empresas consiguen incluso en momentos económicos desfavorables y la legitimidad de dichas ganancias cuando las rentas de otros agentes disminuyen. Enmárquelas en el análisis
6. Analizar la importancia del tamaño de la empresa en su competitividad y en sus resultados, confrontando las hipótesis de la colusión y la eficiencia y reflexionando sobre la extendida idea que considera un mal la gran empresa.

Material recomendado para el estudio del caso

- Camisón, C. (1999), *El espíritu emprendedor: reflexiones básicas sobre el empresario y la creación de empresas.* Foro Jovellanos de Fomento Empresarial y Fundación Generalitat Valenciana-Iberdrola, Castellón.
- Camisón, C. (2008), Los desafíos de la empresa del siglo XXI y las respuestas de las teorías de la gestión. En Granda, G., Camisón, C. (dirs.), *El modelo de empresa del siglo XXI: hacia una estrategia competitiva y sostenible.* Ediciones Cinca / Fonética, Madrid, pp. 17-31.
- Camisón, C., Dalmau, J.I. (coord., 2008), *Introducción a los negocios y su gestión.* Prentice Hall / Pearson, Madrid, caps. 1, 2, 3, 6, 7, 16.
- Camisón, C. (2012), La empresa y el emprendedor como actores clave para la salida de la crisis. En Fundación Encuentro (2012), *Informe España 2012. Una interpretación de su realidad social.* Fundación Encuentro, Madrid, pp. 39-114.
- Camisón, C. (2022), Los costes y las estricciones de la burocracia para crear y desarrollar empresas. *Documento de Investigación EST-022-001*, GRECO Grupo de Investigación en Estrategia, Competitividad e Innovación, Universitat de València, Valencia.

1. Introducción

Las grandes empresas y los empresarios que las controlan han sido el objeto de críticas múltiples tanto desde el ámbito del pensamiento económico como desde la práctica política. Dichas críticas entremezclan desde acusaciones más ideológicas y abstractas, como la de ser monopolistas que restan libertad a los mercados, hasta otras más concretas y pegadas a la calle, como es la de lograr beneficios extraordinarios abusando de los trabajadores con condiciones laborales leoninas. El riesgo de convertirse en el blanco de estas acusaciones no disminuye ni cuando los grandes empresarios siguen políticas prudentes para mantenerse al máximo en el anonimato y no participan de forma activa en los debates más controvertidos de la vida pública del momento, ni cuando despliegan una intensa acción filantrópica. Le sucedió al fundador y mayor propietario de Inditex, Amancio Ortega, y le sucede ahora a Juan Roig, fundador y principal propietario de Mercadona. El primero tuvo que soportar hace unos cuantos años unas críticas furibundas por su decisión de destinar una parte importante de sus rentas a la mejora de la sanidad pública cuando no pagaría los impuestos que debería y, más recientemente, por su riqueza. El segundo está siendo en estos momentos el blanco predilecto de ataques que llegan a la descalificación personal por considerársele un capitalista despiadado que aprovecha la inflación persistente para engordar sus ganancias y empobrecer a la ciudadanía. Este caso aborda esta polémica, dentro de un marco de reflexión sobre la figura del empresario y sus contribuciones en una economía moderna.

2. El caso de Inditex-Amancio Ortega

Amancio Ortega Gaona, natural de Busdongo de Arbas (León) y nacido el 28 de marzo de 1936, es conocido por ser el creador junto a su primera esposa Rosalía Mera del grupo textil Inditex. De orígenes humildes, hijo de ferroviario, Amancio Ortega dejó los estudios a los 12 años y se inició en el mundo textil a los 14 años al entrar como empleado en tiendas de La Coruña y Santiago de Compostela. Su primera aventura empresarial arrancó en 1963 con la creación de Confecciones GOA, S.A., dedicada a la producción de albornoces, que creció de forma progresiva durante la década llegando a exportar a distintos países europeos.

La primera tienda de Zara, que vendía ropa para mujer, hombre y niño, se abrió en una céntrica calle de La Coruña en 1975. La expansión de la compañía por toda España fue exponencial, así como la expansión internacional iniciada en 1988 con su primera tienda en Oporto (Portugal) y desarrollada aceleradamente en los años 90 por Europa, América, Asia, Oriente Medio y norte de África. El crecimiento se sostuvo en la creación de distintas sociedades con marcas propias especializadas por segmentos de mercado, como Pull & Bear, Bershka, Lefties y Oysho, ampliadas con la compra de otras como Massimo Dutti (1995) y Stradivarius (1999). El grupo Inditex se creó en 1985 y se convirtió en sociedad cotizada en 2001. Amancio Ortega fue su presidente hasta enero de 2011, siendo sucedido por Pablo Isla.

Durante su trayectoria al frente de Inditex, Amancio Ortega ha desarrollado un modelo de negocio innovador de "fast fashion", no sólo por la implantación del sistema JIT en la producción textil, sino por las novedosas prácticas manejadas. La hoy tan cacareada inteligencia competitiva, que al fin y a la postre no es sino la vigilancia de la competencia y la anticipación de las tendencias del mercado, ya la puso en práctica él mismo en sus orígenes, cuando viajaba hasta París para ojear las últimas tendencias de la alta costura y después trasladarlas a su catálogo al mejor precio; y siguió luego con sus famosos "ojeadores" repartidos por todos los espacios interesantes (desde pasarelas a encuentros sociales pasando por festivales musicales) de los que puedan extraerse los "musts" del momento. Este flujo de información se completa con la recibida diariamente de las tiendas de todo el mundo y que permite dibujar eficientemente las preferencias de sus compradores. Su apuesta por la creatividad se traduce en un potente equipo de diseñadores integrado por creadores de todo el mundo, que forman un crisol cultural capaz de trabajar todas las tendencias. Su sueño más ambicioso, según David Martínez (autor de su biografía no autorizada Zara, visión y estrategia de Amancio Ortega) es ser el protagonista de la moda global, "*que las clientas de Dior o Chanel también compren en Zara y que no se sientan avergonzadas por ello*".[1]

A pesar de sus esfuerzos por mantenerse en el más estricto anonimato, que le han llevado a no conceder nunca una entrevista y a demorar su aparición en foto en los medios hasta el año 2000, Amancio Ortega saltó de forma incontenible a los medios en los años 90 cuando el grupo Inditex empezaba una expansión internacional, hasta convertirse en el primer grupo textil del mundo. La salida a Bolsa de Inditex en 2001 y la concesión por el gobierno español en 2009 de la Gran Cruz de la Orden del Mérito Civil fueron aldabonazos de que tras la empresa había un personaje singular.

Pero sin dudas lo que definitivamente lo consagró como personaje público fue el ascenso en el ranking Forbes a la condición de persona más rica del mundo, con un patrimonio de 63.700 millones de dólares, que tuvo lugar durante un breve lapso de tiempo en la mañana del 23 de octubre de 2015 cuando Inditex alcanzó su máximo bursátil, superando a Warren Buffett (el mítico presidente de la firma de inversiones Berkshire Hattaway) y quedando tras Bill Gates según el índice de Bloomberg (figura 1).[2] Su liderazgo mundial se repitió por unos minutos el 7 de septiembre de 2016 cuando alcanzó los 78.600 millones superando a Bill Gates,[3] aunque a final de año quedó en segunda posición tras bajar su fortuna hasta los 67.000 millones de dólares (figura 2). Durante la primera década de

---

1 Ramírez, N. (2012), "Amancio Ortega, el hombre observador que soñó con vestir al mundo". El País, 6 de noviembre. https://web.archive.org/web/20140212075700/http://smoda.elpais.com/articulos/amancio-ortega-el-hombre-que-juro-que-nunca-volveria-a-pasar-hambre/2656. Consultado el 31 de enero de 2023.

2 El País (2015), "El fundador de Zara es ya el segundo hombre más rico del mundo". *El País*, 5 de junio. https://elpais.com/economia/2015/06/03/actualidad/1433325022_300520.html. Consultado el 31/1/2023.

3 El Economista/Europa Press (2016), "Amancio Ortega repìte como el hombre más rico del mundo durante unos minutos, según la revista Forbes". *El Economista*, 7 de septiembre. https://www. eleco-

este siglo, Amancio Ortega ha sido considerado como uno de los cinco hombres más ricos del mundo, aunque actualmente ya no forma parte del top 10 de millonarios mundiales.

Es curioso que los enemigos de Amancio Ortega nada dijesen en estos momentos cumbre de su vida, del valor de mercado de Inditex y por extensión de su patrimonio personal ligado en gran medida a su participación en esta mercantil, cuando alcanzaron niveles estratosféricos. El soslayo de este enriquecimiento induce a pensar que decidieron no atacarle entonces, quizás por el temor a que sus críticas se interpretasen como una envidia por alguien que estaba en esos momentos cosechando décadas de duro trabajo. Pero esta prudencia desapareció cuando Amancio Ortega se convirtió en personaje público por su altruismo.

Figura 1. Ranking Forbes-2015 de las personas más ricas del mundo.

Forbes The World's Billionaires — 2015 RANKING | REAL TIME RANKING

The List — 2015 Ranking — Real Time

Rank	Name	Net Worth	Change	Age	Source	Country of Citizenship
#1	Amancio Ortega	$79.6 B	+$3.8 B | 5%	79	Zara	Spain
#2	Bill Gates	$78.1 B	+$373 M | 0.7%	59	Microsoft	United States
#3	Warren Buffett	$64.4 B	+$1.9 B | 3%	85	Berkshire Hathaway	United States
#4	Carlos Slim Helu	$62.5 B	+$1.2 B | 2%	75	telecom	Mexico

Figura 2. Ranking Forbes-2016 de las personas más ricas del mundo.

nomista.es/empresas-finanzas/noticias/7808530/09/16/Economia-Amancio-Ortega-supera-a-Bill-Gates-como-el-hombre-mas-rico-del-mundo-segun-Forbes.html. Consultado el 31 de enero de 2023.

Amancio Ortega constituyó en 2001 la Fundación Amancio Ortega (FAO), con sede en Arteijo (La Coruña) y cuyo objeto es promover iniciativas sociales en el campo de la educación y la asistencia a colectivos desfavorecidos. Algunos de sus hitos han sido: la donación a Cáritas de 40 millones de euros (la mayor recibida por esta ONG en su historia) en octubre de 2012 gracias a la cual 158.000 familias pudieron ver cubiertas sus necesidades básicas y más de 250.000 hogares pudieron afrontar sus gastos de suministros, alimentos y medicamentos;[4] el Programa de Becas FAO para estudiar Bachillerato en Estados Unidos y Canadá, abierto en 2010, del que se han beneficiado desde entonces 3.500 estudiantes con una dotación superior a los 40 millones de euros; la construcción de residencias para ancianos para lo que sólo en 2019 donó 90 millones al gobierno gallego para levantar siete nuevas residencias para mayores; por no hablar de las ayudas a escuelas y centros infantiles integradas en la red pública de Galicia que han sumado otros 32 millones; los dos centros (educativo y residencial) abiertos para atender a las personas que necesitan apoyos especiales por sufrir minusvalías psíquicas o físicas; los 36,5 millones de euros gastados en la nueva sede de Padre Rubinos para personas sin hogar ni recursos; y los proyectos llevados a cabo en Tanzania, en colaboración con Agrónomos sin Fronteras, para crear una cooperativa de explotación agraria que sustenta a 6.000 personas y hasta 30.000 beneficiarios indirectos, enseñándoles técnicas de cultivo y ganadería que les permitan prosperar autónomamente. En total, sólo hasta finales de 2019 había donado ya desde 2010 más de 1.000 millones de euros en ayudas, a los que habría que añadir otros 403,5 millones previstos para el periodo 2019-2023, siempre en colaboración y atendiendo a las demandas de la sociedad civil.[5]

La inquina de la izquierda política y de uno de sus líderes más egregios fue creciendo al ritmo del altruismo de Amancio Ortega y estalló definitivamente en marzo de 2017 cuando el empresario se convirtió en uno de los primeros benefactores de la sanidad pública, a la que llevaba destinando cada año una porción significativa de su fortuna en apoyo a proyectos de diverso orden. Tras financiar en 2015 y 2016 a las comunidades autónomas de Galicia y Andalucía en la renovación de sus equipamientos para radioterapia en la lucha contra el cáncer, con 17 y 40 millones respectivamente, el año siguiente y a petición de otras autonomías lo extendió a toda España destinando 320 millones de euros a la compra de 290 equipos de última generación en detección y tratamiento de

---

4 Romero, A. (2012), "Amancio Ortega da 20 millones a Cáritas en la mayor donación privada a la ONG". El País, 25 de octubre. https://elpais.com/sociedad/2012/10/25/actualidad/1351191151_730538.html. Consultado el 31 de enero de 2013.

5 Berberana, E. (2019), "El altruismo de Amancio Ortega que hace rabiar a Pablo Iglesias: más de 1.000 millones en ayudas sociales". *LibreMercado*, 4 de noviembre. https://www.libremercado.com/2019-11-04/altruismo-amancio-ortega-que-hace-rabiar-pablo-iglesias-becas-oncologia-donaciones-1276647263. Consultado el 8 de febrero de 2023.

diferentes clases de cáncer,[6] siguiendo las necesidades indicadas por los profesionales de los servicios autonómicos de salud, triplicando así la dotación de equipos de radioterapia existentes en España y extendiendo a más de 100.000 los pacientes beneficiados con estos activos.[7] Estos equipos son vitales para enfrentar los 200.000 nuevos casos de cáncer que se diagnostican en España cada año, de los que un 60% precisa de tratamiento por radioterapia en alguna fase del tratamiento. A esta millonada se sumó otra donación de 47 millones de euros para la investigación de esta enfermedad en la sanidad pública.

Todo ello ha contribuido a hacer a España líder mundial en radioterapia y un referente internacional en la curación del cáncer. La Comisión Permanente del Consejo General de Colegios Oficiales de Médicos aplaudía en mayo de 2019 las donaciones de la Fundación por ser "*una ayuda inestimable que redunda en la calidad y seguridad en la asistencia a los ciudadanos*".[8] Carlos Ferrer, presidente de la Sociedad Española de Oncología Radioterápica, no ha dudado en afirmar (Vigario, 2019):

Su donación ha marcado un antes y un después. La aportación nos ha sacado de una situación en la que estábamos al borde de la catástrofe y nos ha puesto en primera línea social (...) Antes se utilizaba en pocos hospitales y gracias a Amancio Ortega prácticamente la podemos tener en casi todos los servicios de España

Fue entonces cuando Pablo Iglesias, en aquel momento secretario general de Podemos, inició su feroz campaña, en la que solo ha coincidido con algunas asociaciones autoproclamadas de defensa de la sanidad pública. Aprovechando una entrevista en Redacción Médica, desgranaba sus críticas contra las donaciones del empresario que calificaba como limosnas:[9]

Me ofende que la filantropía se plantee en un Estado de Derecho como un mecanismo para financiar la sanidad. Nuestro país es un país serio y no puede ser que la sanidad se vaya a financiar porque haya un millonario que quiere ser generoso con la sanidad de los pobres».

¿Usted que se ha creído: que esto es un país del tercer mundo? Lo que hay que hacer para mejorar la sanidad es hacer un sistema fiscal más justo para que a lo mejor la empresa de este señor pague los impuestos que tiene que pagar y que las condiciones de trabajo de

---

6 *Véase la página web de la fundación:* https://faortega.org.

7 Vigario, A. (2019), "La donación a la sanidad pública de Amancio Ortega criticada por Podemos ha triplicado los equipos de radioterapia en España". *El Economista*, 21 de mayo. https://www.eleconomista.es/empresas-finanzas/noticias/9889669/05/19/La-donacion-de-Amancio-Ortega-criticada-por-Podemos-ha-triplicado-los-equipos-de-radioterapia-en-Espana.html. Consultado el 8 de febrero de 2023.

8 "Los médicos apoyan a Amancio Ortega: es una ayuda inestimable a la sanidad pública. *El Confidencial*, 24 de mayo de 2019. https://www.elconfidencial.com/espana/2019-05-24/medicos-apoyan-donaciones-amancio-ortega_2020898. Consultado el 19 de julio de 2024.

9 https://www.facebook.com/redaccionmedica/videos/pablo-iglesias-me-ofende-que-la-sanidad-p%C3% BAblica-pueda-depend/792409807576035. Consultado el 8 de febrero de 2023.

sus trabajadores permitan unas cotizaciones a la seguridad social que puedan revertir en el sector sanitario. Mire usted, yo soy patriota y a mí me ofende que la sanidad pública de un país pueda depender de que un señor haga marketing y diga: «Ahora te voy a dar estas limosnas para financiar la sanidad pública". No me gustan las dinámicas tercermundistas del millonario que regala dinero al sector público para hacer un hospital.

No contento con su discurso, días después lo remachaba en un mitin celebrado en Palma:[10]

Una democracia diga no acepta limosnas de multimillonarios (...) No se puede consentir que la salud de nuestros hijos o de nuestros padres dependan de las limosnas de un multimillonario (...) España necesita que los ricos paguen impuestos que se traducen en hospitales en lugar de las donaciones del dueño de Inditex, Amancio Ortega

La cohorte de voceros que replicaron y difundieron el mensaje de Pablo Iglesias excusó este primer ataque y el rechazo a las donaciones de Amancio Ortega en acusarle de evasor fiscal, o al menos de prácticas ilegítimas aprovechando los mecanismos de ingeniería fiscal.[11] Dos años después, en la recta final de las elecciones autonómicas y europeas, la formación morada retomó los ataques contra el empresario gallego, llegando casi a declararle defraudador fiscal y pidiendo que no se aceptasen nuevas donaciones.

El resquemor y la zafiedad intelectual de las invectivas de Pablo Iglesias contra Amancio Ortega son tales que le llevaron al ridículo tras su intervención el día 31 de octubre de 2019 en el programa *El Hormiguero*, conducido por Pablo Motos. La audiencia del programa con tan ilustre invitado (1,5 millones) cayó por debajo de la mitad de su audiencia media, quedando significativamente por debajo de la conseguida por otros líderes políticos en la ronda que se organizó con carácter previo a las elecciones: 2 millones Iñigo Errejón y Pablo Casado, 2,5 millones Albert Rivera y 4 millones Santiago Abascal.[12] Esto es un signo de que la ciudadanía española es inteligente y no acepta de buen grado zafiedades como las que Pablo Iglesias vertió en esta entrevista, afirmando que "España no es una república bananera que dependa de que un señorito venga dando cosas"; y acusando de que de los 1.600 millones de euros cobrados en dividendos en 2008 por el empresario sólo había pagado el 5%.[13]

---

10 EFE, 19 de mayo de 2019. https://www.eleconomista.es/politica/noticias/9887529/05/19/Pablo-Iglesias-dice-que-una-democracia-digna-no-acepta-limosnas-de-Amancio-Ortega.html.

11 *Redacción Médica*, 21 de junio de 2017. https://www.redaccionmedica.com/secciones/sanidad-hoy/-por-que-rechaza-podemos-la-donacion-sanitaria-de-amancio-ortega--1692. Consultado el 8 de febrero de 2023.

12 Molina, P. (2019), "Pablo Motos hunde definitivamente a Iglesias en el ridículo". Libertad Digital, 1 de noviembre.https://www.libertaddigital.com/chic/entretenimiento/2019-11-01/pablo-motos-hunde-definitivamente-a-iglesias-en-el-ridiculo-1276647248/?_ga=2.225419993.2128228895.1675659345-2075265900.1674497241. Consultado el 8 de febrero de 2023.

13 https://www.youtube.com/watch?v=NgmAIeUuc4s.

Figura 3. Las cuentas de Pontegadea Inversiones. Tributación por países, 2018-2019.

MERCADO	CONTRIBUCIÓN AL RESULTADO BRUTO (MILL. €)	IMPUESTO DE SOCIEDADES (MILL. €)
America	327	99
Brasil	74	18
Canadá	22	6
EEUU	70	23
México	124	40
Otros	37	12
Asia y resto	553	117
Australia	11	3
China	364	71
Corea del Sur	31	8
Japón	56	21
Otros	91	14
España	1.761	380
Europa	1.511	404
Alemania	14	5
Bélgica	83	24
Francia	150	55
Grecia	31	12
Holanda	274	101
Hungría	2	1
Italia	89	26
Kazajistán	15	4
Polonia	38	12
Portugal	63	14
Reino Unido	96	20
Rumanía	67	10
Rusia	154	34
Suiza	257	60
Ucrania	28	5
Otros	140	21
Consolidación	430	101
Total	**4.582**	**1.101**

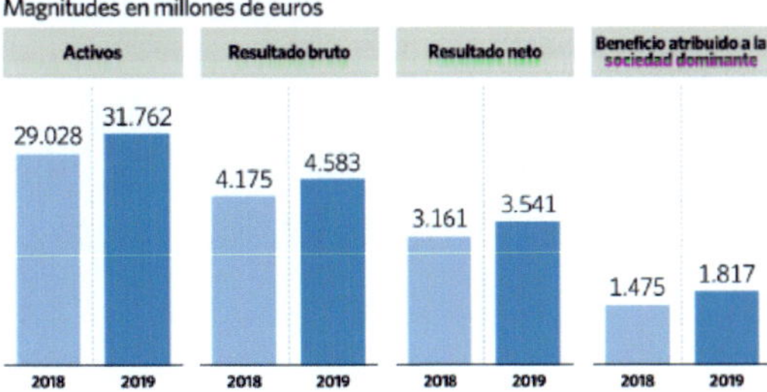

Fuente: Informa. Tomado de Romera. J. (2019), "Pablo Iglesias manipula los impuestos de Amancio Ortega para hacer campaña". *El Economista*, 1 de noviembre. https://www.eleconomista.es/empresas-finanzas/noticias/10174705/11/19/Pablo-Iglesias-manipula-los-impuestos-de-Amancio-Ortega-para-hacer-campana.html. Consultado el 8 de febrero de 2023.

Sin embargo, seguro que Pablo Iglesias y sus seguidores ya sabían entonces que Inditex había ingresado a la Hacienda Pública española una media anual de 1.600 millones de euros durante la última década. Habrían tomado nota de que Inditex había pagado por Impuesto de Sociedades más de 2.000 millones de euros en los últimos cinco años, lo que representaba un tipo efectivo del 22% que estaba por encima de la media de las grandes empresas españolas. Seguro que conocían que sólo en 2018, la compañía había ingresado a la Hacienda española, por todos los tributos directos e indirectos (IRPF, patrimonio, medioambiente, etc.) a que estaba sometida, la friolera de 1.692 millones de euros. Sin lugar a dudas, estaban al cabo de la calle que Inditex ese año había abonado por impuestos la descomunal cifra de 6.100 millones de euros, de los que cerca de 2.800 eran tributos directos por beneficios. Para colocar la cifra en su contexto, decir que la tributación de Inditex por sus beneficios era alrededor del 2% de lo que se recauda en España por ese concepto, y que los tributos pagados en este país eran cerca del 40% de los que pagaba a nivel internacional a pesar de que el mercado español sólo contribuía a las ventas totales en un 16%.[14]

Seguro que sabían que la sociedad Pontegadea Inversiones, el vehículo inversor del patrimonio personal del fundador de Inditex, había visto reducido sus beneficio de 2017 en un 13% debido a la importante donación realizada ese año a diversos programas sociales y educativos (entre ellos, la aportación ya comentada al Sistema Nacional de Salud) que sumaron 350 millones de euros.[15] Y cómo iban a ignorar que esta sociedad en 2018 había pagado en todo el mundo 1.100 millones de euros en concepto de imposición sobre sus beneficios, que equivalen al 24% del beneficio bruto (4.582 millones de euros). Las cuentas públicas de la sociedad atestiguaban que la Hacienda española había sido beneficiada con una recaudación de 380 millones de euros, lo que representó el 21,6% de su resultado bruto (1.761 millones). Una cifra casi igual a la tributada para el resto de Europa y que casi cuadruplicaba su aportación fiscal en América (figura 3).

No me cabe ninguna duda de que el gremio acusador era consciente de que las donaciones de Amancio Ortega provenían de su patrimonio personal, siendo vehiculizadas a través de la FAO cuyos fondos proceden de los dividendos que recibe cada año y por los que previamente ha liquidado los correspondientes impuestos. Ni tampoco albergo dudas de que sabían que las donaciones de Amancio Ortega no eran decididas arbitrariamente por el empresario, sino que respondían a solicitudes concretas cursadas desde las consellerías de sanidad de diversas comunidades autónomas en base a su estrategia y a sus planes de renovación tecnológica, siguiendo los procedimientos administrativos establecidos.

---

14 Pastor, F. (2019), "Iglesias ataca a Ortega pese a que Inditex tributó más de 2.000 millones en 5 años". La Información, 20 de mayo. https://www.lainformacion.com/empresas/iglesias-ataca-a-ortega-pese-a-que-inditex-tributo-mas-de-2-000-millones-en-5-anos/6501710/# Consultado el 8 de febrero de 2023.

15 *La Información*, 23 de julio de 2018. https://www.lainformacion.com/empresas/amancio-ortega-reduce-sus-beneficios-un-13-mientras-aumenta-las-donaciones/6352861. Consultado el 8 de febrero de 2023.

Mas nada de todo esto fue obstáculo para que la candidata de Unidas Podemos a la Comunidad de Madrid, Isa Serra, afirmase el 19 de mayo de 2019 en Twitter:

*La sanidad pública no puede aceptar donaciones de Amancio Ortega. Se debe financiar con impuestos. Los mismos que esquiva y elude Inditex. 600 millones en tres años [*Serra detallaba que, según sus estimaciones, Inditex se había ahorrado 218 millones en España, 76 en Francia, 57 en Italia, 25 en Alemania, 22 en Reino Unido y 20 en Grecia*] Las donaciones son una decisión personal, pero la sanidad es un derecho que debe garantizarse todos los días. Que no puede depender de la caridad, del humor o la bondad con la que se levanten los multimillonarios.*

En el hilo abierto en la red social, esta política aclaraba que su rechazo era a las donaciones finalistas de los millonarios que no venían precedidas de un análisis experto que estudie la mejor asignación de los recursos, porque

esto provoca desigualdades y enfermedades y pacientes de primera y segunda clase. Imaginad que un millonario como Amancio Ortega decide comprar las mejores máquinas para prevenir una enfermedad en el hospital público de su ciudad. ¿Qué os parece que sea un millonario quién decida qué enfermedades y qué ciudades deben tener mejores tratamientos y recursos?

Otros dirigentes de Podemos jaleaban las declaraciones de su compañera, siempre a través de la red social. Ramón Espinar, el mismo día, escribía:

> *Es muy de agradecer la donación de Amancio Ortega, pero en los países serios la salud no depende de donaciones.*
>
> *La diferencia entre donar y unos impuestos justos a los ricos es la distancia entre un Estado de Bienestar democrático y "Los santos inocentes".*

Lilith Verstrynge no quiso perder la oportunidad de decir su barbaridad, expresándose en los siguientes términos:

> *El empresario no es un filántropo sino un evasor fiscal al que si le importase el bienestar de los españoles, pagaría todos sus impuestos y no organizaría campañas de publicidad.*

El líder de la formación Pablo Iglesias, horas después, remachaba sus tesis:

> *Una democracia digna no acepta limosnas de multimillonarios para dotar su sistema sanitario, los hace pagar los impuestos que les corresponden y respetar los derechos de sus trabajadores.*

Pese a soportar este caudal de descalificaciones, Amancio Ortega volvió a demostrar su altruismo con las ayudas que concedió para luchar contra el coronavirus, financiando la compra de material sanitario (63 millones de euros) y su capacidad logística y de aprovisionamiento para la adquisición y transporte de 35 millones de unidades de material de protección sanitaria materializada en un corredor logístico que interconectó China con el aeropuerto de Zaragoza.[16] En esta ocasión, nadie criticó directamente la donación. Era una emergencia internacional y entonces se juzgó que las aportaciones de todos eran necesarias para superar la crisis sanitaria que se avecinaba. Nadie criticó que la aportación era finalista y podía discriminar entre ciudadanos, ni valoró las contribuciones como limosnas. Y nadie osó decir que el sistema sanitario público era auto-suficiente, porque era obvio que hacía aguas.

La colaboración público-privada fue una baza esencial para contener el coronavirus y preparar a sanitarios y ciudadanos para la lucha. Es decir, la sociedad civil y la clase empresarial fueron los que sacaron las castañas del fuego a la clase política dirigente, desbordada por los acontecimientos. Pero quizás haya sido precisamente que haya gente como Amancio Ortega que resuelva problemas sociales en que el Estado fracasa, con toda su parafernalia burocrática y su poder presupuestario, salvando la vida a miles y millones de personas sin pedir nada a cambio, lo que más molesta a la camarilla de críticos. Porque este altruismo del empresario derrumba definitivamente el simple discurso del "capitalista malvado" del que malviven estas formaciones políticas situadas en el extrarradio de la sociedad moderna.

Ni siquiera en esos momentos de lucha por la supervivencia en los que sacamos lo mejor de nosotros mismos, algunos pudieron evitar que sus resentimientos incubasen. Cuando las vetas de la acusación por elusión fiscal o por discrecionalidad en las donaciones se agotaron, entró en juego la demagogia. En base a ella, el rechazo se sostuvo en el riesgo de que fomentase un "consumismo tecnológico" excesivo que llevara al uso de las máquinas para hacer pruebas y tratamientos excesivos.

La última baza para la crítica ha recurrido al comodín de la desigualdad. La recompensa que Amancio Ortega recibió por su aportación a la lucha contra la pandemia fue el artículo "Los más ricos del mundo se han hecho más ricos durante la pandemia", que fue publicado en el portal digital La última hora el 24 de agosto de 2020. El libelo, que llevaba en su imagen de portada la figura del empresario, es una oda al populismo, al viejo adagio de que no dejes que la verdad te estropee un buen relato demagógico centrado ahora en el manido problema de la desigualdad. Pablo Iglesias señalaba la contradicción que, en su parecer y según sus fuentes, suponía que, cuando la riqueza del mundo habría disminuido entre un 6% y un 8%, la de los más ricos del mundo habría crecido considerablemente, y mencionaba expresamente a Amancio Ortega cuya fortuna habría crecido en 2020 en 2.000 millones de dólares. Tras este diagnóstico, concluía:

> *Algunos, cada vez que escuchan que queremos combatir la desigualdad, preguntan que de dónde se va a sacar el dinero. Lo que nunca se preguntan es dónde está saliendo el dinero para que siga y siga aumentando.*

16 Herrera, C. (2020), "El nuevo ataque de Podemos a Amancio Ortega para intentar explicar su idea de riqueza". *COPE*, 24 de agosto. https://www.cope.es/actualidad/espana/noticias/nuevo-ataque-podemos-amancio-ortega-para-intentar-explicar-idea-riqueza-nunca-preguntan-20200824_865782. Consultado el 31 de enero de 2023.

El análisis podemita de los orígenes de la desigualdad está cimentado en tres premisas: (1) El creciente enriquecimiento de los ciudadanos más pudientes, que son siempre los mismos; (2) las ganancias extraordinarias de las grandes empresas y el enriquecimiento de los grandes empresarios son injustos porque superan el crecimiento de los ingresos de los más débiles y responden pues a una lógica de explotación; (3) un corolario de estas premisas indica que la asimetría es mayor en épocas de crisis cuando el aumento de la riqueza de los más ricos coexiste con el empobrecimiento de los más pobres resultando en un importante ensanchamiento de la desigualdad.

Figura 4. El mito de que los ricos son siempre los mismos.

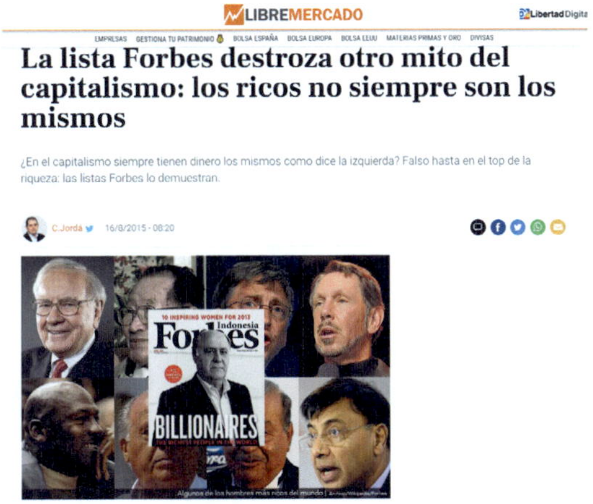
LIBREMERCADO · Libertad Digital

EMPRESAS · GESTIONA TU PATRIMONIO · BOLSA ESPAÑA · BOLSA EUROPA · BOLSA EEUU · MATERIAS PRIMAS Y ORO · DIVISAS

La lista Forbes destroza otro mito del capitalismo: los ricos no siempre son los mismos

¿En el capitalismo siempre tienen dinero los mismos como dice la izquierda? Falso hasta en el top de la riqueza: las listas Forbes lo demuestran.

C.Jordá 16/8/2015 - 08:20

Fuente: Jordá (2015), o.c.

Figura 5. Número de milmillonarios incluidos en la lista Forbes y su riqueza agregada (en billones de dólares), 2000-22.

Año	Número de milmillonarios	Riqueza	Año	Número de milmillonarios	Riqueza
			2011	1210	$4,5
2022	2688	$12,7	2010	1011	$3,6
2021	2765	$13,1	2009	793	$2,4
2020	2095	$8,0	2008	1125	$4,4
2019	2153	$8,7	2007	946	$3,5
2018	2208	$9,1	2006	793	$2,6
2017	2043	$7,7	2005	691	$2,2
2016	1810	$6,5	2004	587	$1,9
2015	1826	$7,1	2003	476	$1,4

Año	Número de milmillonarios	Riqueza	Año	Número de milmillonarios	Riqueza
2014	1645	$6.4	2002	497	$1,5
2013	1426	$5,4	2001	538	$1,8
2012	1226	$4,6	2000	470	$898

Fuente: elaboración propia a partir de las listas anuales de Forbes.

La primera premisa es el clásico mito labrado por los enemigos del capitalismo, según el cual son siempre los mismos los que tienen el dinero y los que más lo acrecientan. Esta hipótesis parte de una visión de la sociedad dividida en clases sociales separadas por barreras infranqueables y con intereses históricamente enfrentados. En términos simples, los obreros lo serán siempre y los millonarios también mantendrán su riqueza, y la perpetuación de esta oposición germinaría en la lucha de clases. Este tópico ha sido harto desmentido por el capitalismo a lo largo de su historia, demostrando que pese a sus deficiencias es el sistema que ha propiciado una mayor permeabilidad social al brindar a muchas personas oportunidades de mejora drástica de su riqueza gracias al esfuerzo y la capacidad, aderezadas ocasionalmente por la suerte (figura 4).

Esta movilidad social ha sido clásicamente estudiada en las zonas fronterizas entre clases, pero ahora se ha constatado igualmente en el estrato de las personas más ricas. El ranking Forbes de las personas con mayor riqueza del planeta revela muchas anomalías que desmienten la premisa que estamos desmenuzando y atestiguan la alta movilidad en el segmento más rico de la sociedad (figura 5):[17]

- ✓ El número de milmillonarios no ha dejado de crecer, habiéndose casi sextuplicado en lo que va de siglo.
- ✓ La lista de las 400 personas más ricas desde 1985 tiene continuas entradas y salidas de protagonistas, incluyendo los primeros puestos que han tenido también una rotación significativa. Existe un significativo proceso de renovación tanto de los milmillonarios como del *top ten* del ranking, que habla del empuje del espíritu emprendedor.
- ✓ Sólo 15 de los 50 americanos más ricos de 1985 habían heredado su dinero. El resto eran personas que habían hecho por sí mismos su fortuna. Sólo dos del *top ten* de la lista de los años 2000 y 2005 eran millonarios por herencia.

---

[17] Jordá, C. (2015), "La lista Forbes destroza otro mito del capitalismo: los ricos no siempre son los mismos". *LibreMercado*, 16 de agosto. https://www.libremercado.com/2015-08-16/la-lista-forbes-destroza-otro-mito-del-capitalismo-los-ricos-no-siempre-son-los-mismos-1276555001. Consultado el 8 de febrero de 2023.

- ✓ Nueve de los 10 mayores milmillonarios (Amancio Ortega entre ellos) de la lista de 2010 eran responsables de su propia fortuna y cuatro de ellos entraban en el *top ten* por vez primera.
- ✓ La rotación siguió aumentando en 2015 cuando cinco del *top ten* eran nuevos. En la lista de ese año, 290 de los 500 integrantes (un 58%) eran nuevos entrantes. Y sólo 21 de los 50 principales milmillonarios lo eran por herencia, y lo que es más interesante, en sólo 3 casos la fortuna databa más allá de sus padres; es decir, el 94% de las mayores fortunas del mundo son de primera o segunda generación.

Figura 6. Evolución del patrimonio de los más ricos del mundo y el valor de sus empresas durante 2015 (%).

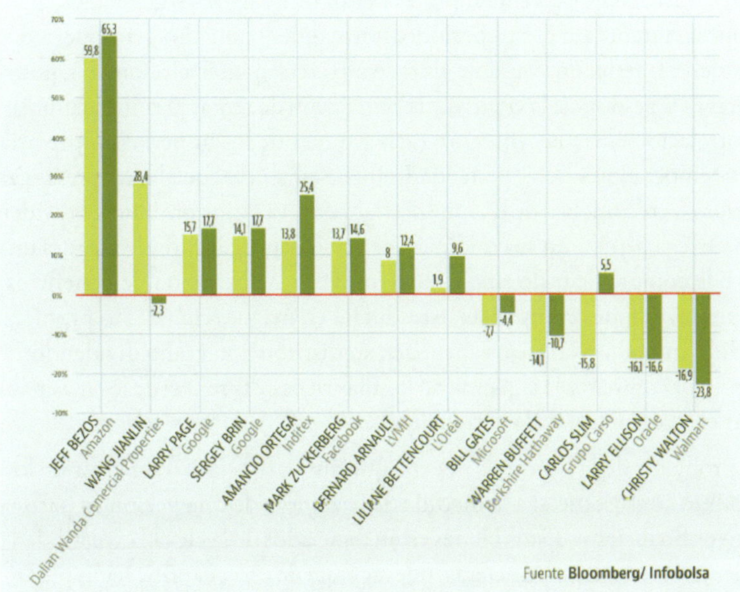

Fuente: Bloomberg / Infobolsa. Tomado de https://www.idealista.com/news/finanzas/inversion/2015/09/02/738996-quien-se-esta-enriqueciendo-mas-este-ano-los-super-ricos-o-sus-propias.

La segunda premisa de la teoría de la desigualdad la atribuye al crecimiento de las ganancias extraordinarias de las grandes empresas y del enriquecimiento de los grandes empresarios por encima de los ingresos de los más débiles. Para desmenuzar esta premisa, conviene aclarar las diferencias entre riqueza y rentas; así como prevenir de los problemas de medida de la riqueza y del abandono de las convenientes cautelas interpretativas de los datos.

Respecto a la medida de la riqueza, hay que recordar que Forbes detalla la evolución de la riqueza de las personas con una fortuna superior a los 1.000 millones en el mundo a partir de la gestión del cash y del valor de sus empresas participadas y otros activos inmobiliarios en el mercado. Incluye partidas de difícil valoración como los pasivos o ciertos derechos. Los grandes empresarios pueden tener otro patrimonio distinto a sus participaciones financieras en sus empresas. La riqueza así medida es pues una medida distinta de la del patrimonio personal regulada en términos impositivos. En el caso de Amancio Ortega, su patrimonio se compone de su cartera de acciones en Inditex (alrededor del 60%) otras inversiones en sociedades de cartera, participaciones de carácter financiero y filiales dedicadas al negocio inmobiliario (normalmente inmuebles de alto valor y ubicaciones Premium en las principales ciudades del mundo), todas ellas controladas desde Pontegadea Inversiones.

Riqueza y renta son conceptos que describen realidades diferentes: la riqueza representa el valor de los activos (netos de los pasivos) que constituyen un patrimonio en cierta fecha, mientras que la renta supone el valor de los ingresos generados con la gestión de esa riqueza durante un cierto periodo, normalmente un año. La riqueza es pues una variable-stock y la renta una variable-flujo. Ambas están interrelacionadas, pues la fuente de las rentas es la gestión de la riqueza y la generación de rentas permite acumular riqueza, pero la correlación entre la evolución de la riqueza de los imperios empresariales y sus respectivos emperadores no es perfecta. Es incluso habitual que las empresas ganen a sus propietarios en crecimiento de la riqueza (figura 6). El flujo continuo de dividendos que Amancio Ortega percibe en su condición de accionista de Inditex le asegura una elevada capacidad de compra de todo tipo de activos. Pero la obtención de beneficios extraordinarios por las grandes compañías se traducirá en mayor renta de sus propietarios sólo en la medida en que sus consejos aprueben su distribución como dividendos. Por todo ello, es un error comparar la riqueza (de los más ricos) y la renta (de los más pobres) para demostrar el crecimiento de la desigualdad.

Otro problema de la hipótesis del enriquecimiento relativo superior de los grandes empresarios es consustancial a la medida de la riqueza de una persona a partir del valor de sus activos financieros. Estos bienes están aquejados de la elevada volatilidad del valor bursátil de sus inversiones financieras, pues se trata de una cuantificación puramente nominal, que puede cambiar drásticamente en una sola sesión del parquet. Como se aprecia en la figura 7, el valor en Bolsa de Inditex ha sufrido importantes oscilaciones desde su salida a Bolsa en 2001. Tras alcanzar en 2017 su máximo histórico de 114.272 millones de euros, los títulos de la compañía iniciaron una senda bajista muy fuerte, cerrando ese año con una capitalización de 66.000 millones de euros. El valor de Inditex ha seguido con fuertes cambios durante 2022, cayendo a mínimos en octubre para luego escalar casi un 40% hasta finalizar el ejercicio con una capitalización que superó los 90.000 millones de euros. Por tanto, el enriquecimiento de los más ricos no es una variable siempre al alza y sufre acentuadas variaciones, si se mide según el índice Forbes.

Figura 7. Capitalización de Inditex desde su salida a Bolsa, 2001-21.

Las importantes oscilaciones del valor en Bolsa de Inditex han ido ligados tanto al ciclo económico como a la propia dinámica del grupo textil (figura 8). El fuerte proceso de crecimiento internacional del grupo lo llevó a alcanzar en 2017 su máximo histórico, mientras que la senda bajista posterior estuvo originada por las noticias de cambio en la presidencia y por la incertidumbre internacional. Por consiguiente, el valor de mercado de una sociedad no es necesariamente un indicador fiable de sus beneficios extraordinarios. De hecho, es interesante destacar que, a pesar de ser los de 2022 los mejores resultados de la historia de Inditex, la cotización de la sociedad ha bajado un 12%.

Figura 8. Evolución de la cotización y otros indicadores económicos de Inditex, 2005-21.

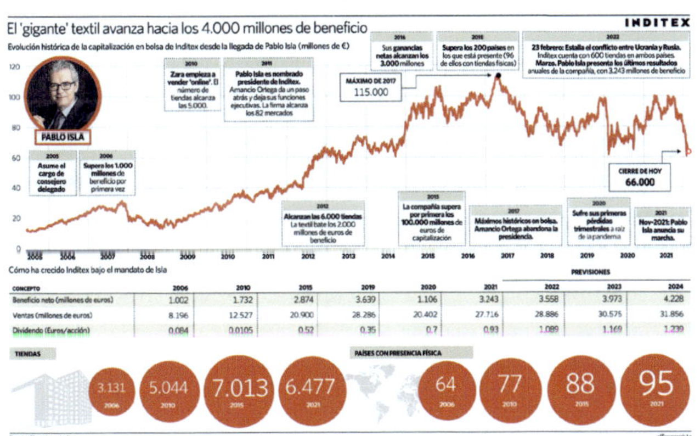

CONCEPTO	2006	2010	2015	2019	2020	2021	PREVISIONES 2022	2023	2024
Beneficio neto (millones de euros)	1.002	1.732	2.874	3.639	1.106	3.243	3.558	3.973	4.228
Ventas (millones de euros)	8.196	12.527	20.900	28.286	20.402	27.716	28.886	30.575	31.856
Dividendo (Euros/acción)	0,084	0,0105	0,52	0,35	0,7	0,93	1,089	1,169	1,239

Figura 9. Evolución de la cotización de Inditex y tendencias del título desde la pandemia.

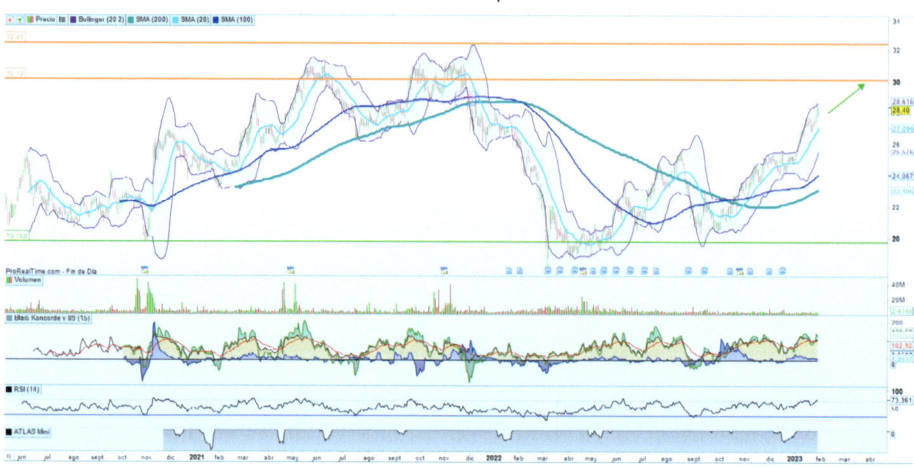

Fuente: https://www.precioobjetivo.com/inditex.

Es también interesante destacar que el valor de mercado de las acciones de Inditex se ha visto afectado por la pandemia, situándose durante 2020 en zonas de mínimos, y sólo tras un doloroso proceso de ajuste ha logrado recuperar su interés en el mercado (figura 9). Por tanto, tampoco es cierto que los más ricos se hagan más ricos en épocas de crisis.

La medida de la riqueza a partir del patrimonio personal de Amancio Ortega puede aproximarse con datos de la lista Forbes (figura 10). Este ranking acogió por primera vez a Amancio Ortega en 2001, tras la salida a Bolsa de Inditex ese mismo año. La primera posición del empresario gallego fue la 43, manteniéndose en meritorios puestos hasta ingresar en el *top ten* en 2007 (puesto 8), del que salió en 2008 para regresar de nuevo en 2009 y permanecer en él hasta 2020 incluido. Durante la segunda década del siglo, Amancio Ortega ha formado parte de la élite de los hombres más acaudalados del planeta, llegando a ser la segunda persona más rica del mundo en 2016 y la tercera en 2013 y 2014, aunque actualmente (2022) ha sido relegado al vigésimo tercer lugar.

Figura 10. Evolución de la riqueza de Amancio Ortega y puesto en la lista Forbes de las mayores fortunas mundiales, 2001-2022.

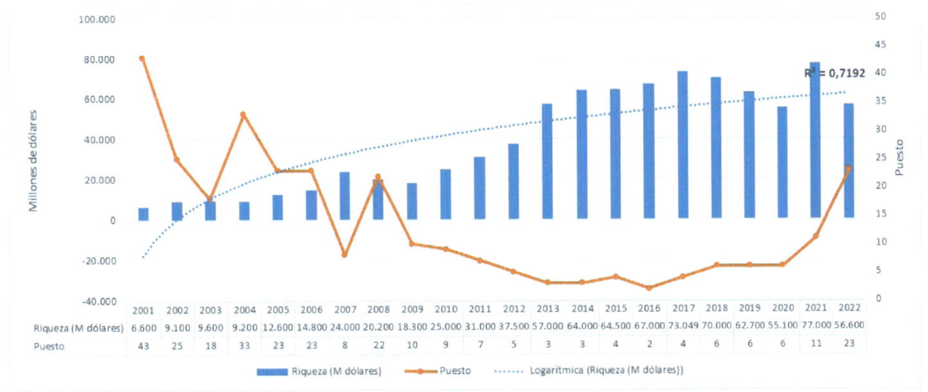

	2001	2002	2003	2004	2005	2006	2007	2008	2009	2010	2011
Riqueza (M dólares)	6.600	9.100	9.600	9.200	12.600	14.800	24.000	20.200	18.300	25.000	31.000
Puesto	43	25	18	33	23	23	8	22	10	9	7

	2012	2013	2014	2015	2016	2017	2018	2019	2020	2021	2022
Riqueza (M dólares)	37.500	57.000	64.000	64.500	67.000	73.049	70.000	62.700	55.100	77.000	56.600
Puesto	5	3	3	4	2	4	6	6	6	11	23

Fuente: elaboración propia a partir de las listas anuales de Forbes.

Figura 11. Evolución de la riqueza de Amancio Ortega según la lista Forbes de las mayores fortunas mundiales, 2013-2022.

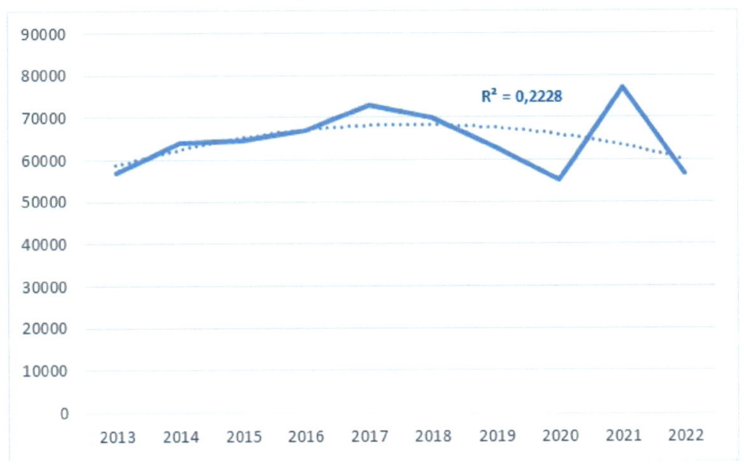

Fuente: elaboración propia a partir de las listas anuales de Forbes.

Pero este ranking no deja de ser material de consumo para el gran público. Lo realmente relevante de la lista es la riqueza absoluta del personaje analizado (figura 10). La riqueza de Amancio Ortega se ha multiplicado por 8,6 veces desde que se tiene registro en la lista Forbes hasta finales de 2022, cuando se fijó en 56.600 millones de dólares. Su máximo histórico lo obtuvo en 2021 cuando su fortuna se cifró en 77.000 millones de dólares. Por tanto, la principal debilidad de este enfoque de la riqueza económica de un individuo es su variabilidad, que es consecuencia inevitable del peso de los activos financieros cuyos precios están hay abocados a una alocada carrera de altibajos. Los datos de la figura 10 van referidos a una fecha concreta de cada año y ya permiten, con una comparación interanual, confirmar las significativas diferencias que se dan en su valor. Aunque su patrimonio ha oscilado alrededor de los 57.000 millones de dólares entre 2013 y 2022, en este periodo ha alcanzado su máximo (77.000 millones en 2021) y su mínimo (55.100 en 2020). La variabilidad es igualmente notoria dentro de cada año (figura 11). Por consiguiente, hay que tomar con precaución la medida de la riqueza a partir del patrimonio formado por las inversiones en activos financieros, inmobiliarios y empresariales, pues está sesgada por dinámicas ajenas al propio crecimiento de la riqueza que ajustan su valor de forma periódica pero imprevisible.

En cualquier caso, estos datos son los que habitualmente se utilizan para denunciar la creciente desigualdad en la distribución de la riqueza y que han colocado a Amancio Ortega como uno de los blancos preferidos de los detractores de la iniciativa privada. Esta crítica incide en el asimétrico crecimiento de la riqueza del empresario frente a la media de la población, especialmente desde la pandemia. Evidentemente, según el momento al que se refiera, las conclusiones pueden ser muy distintas dada la variabilidad de la medida, y la crítica oportunista espera con frecuencia a comparar los datos cuando la medida está en los picos ignorando la profundidad de los valles. Pero, además de la escasa fiabilidad de la medida por su tremenda variabilidad, hay dos hechos incontestables:

— La fortuna de Amancio Ortega ha sufrido fuertes bajadas tras los estallidos de las tres grandes crisis vividas ya este siglo. Tras alcanzar en 2007 los 24.000 millones de dólares, el patrimonio de esta persona se redujo hasta 18.300 millones en 2009, con una pérdida del 24% en apenas dos años. De igual modo, su riqueza ha caído en 7.600 millones en 2020 (un 12%) y en 20.400 millones en 2022 (un 26,5%) tras la pandemia y la guerra en Ucrania. A pesar de la recuperación lograda en 2021, su riqueza ha disminuido entre 2019 y 2022 en 6.100 millones (casi un 10%).

— Dicha fortuna, si contemplamos la evolución desde principios de siglo, sigue una tendencia creciente cuya pendiente se va ralentizando. Sin embargo, la observación de la serie pone de manifiesto una discontinuidad en 2013. Si ahora tomamos la serie para el periodo 2013-22, se confirma que durante esa década la riqueza de Amancio Ortega ha disminuido en términos nominales en 400 millones de euros e incluso su tendencia da signos de ser decreciente (figura 11). La riqueza acumulada por el empresario en 2013 fue el resultado del gran periodo de expansión y crecimiento mundiales de Inditex, es decir, de la buena marcha de la compañía por encima de los ciclos derivada de una gestión sobresaliente.

El patrimonio de empresarios como Amancio Ortega, Jeff Bezos (Amazon), Marc Zuckerberg (Facebook), Bill Gates (Microsoft) o Warren Buffett (Berkshire Hathaway) "*depende en gran medida de la sentencia que dicten los mercados sobre las empresas que ellos mismos han fundado. La correlación es obvia; cuanto más confíen los inversores en Inditex,*

Microsoft, Facebook o Berkshire Hathaway, más ricos se harán sus propietarios y cuanto mayor sea el castigo que reciban las acciones de estos gigantes empresariales, más millones perderán las cuentas corrientes de sus creadores".[18] Por tanto, la variación de la riqueza de estos personajes no procede de la expropiación de valor a los más pobres, sino que proviene principalmente de la revalorización del precio de sus acciones después del juicio experto de millones de inversores sobre la capacidad de sus empresas para seguir creando valor.

La extracción de conclusiones sobre el aumento de la desigualdad a partir de este cálculo es poco rigurosa. Así lo hace, por ejemplo, Oxfam, en sus informes donde destaca la concentración de la riqueza en las mayores fortunas dando a entender que la desigualdad se reduciría si el factor "grandes millonarios" no existiese. Por ejemplo, si la riqueza de Amancio Ortega (digamos 60.000 millones de euros) no existiese porque este empresario no hubiera nacido o no hubiera triunfado, la ilusión que venden esos informes es que cada español sería en números redondos 1.000 euros más rico. Pero la realidad es otra porque la innovación y el progreso empresariales no son juegos de suma cero, sino procesos que benefician a todos, Es más, si Inditex no existiese la renta real disponible por el ciudadano medio se reduciría porque debería acudir a comercios más caros, y muchos de sus empleados se verían ocupados en puestos con menores ingresos.

En cuanto a la prudencia valorativa, impone considerar el uso probable que la persona rica está dispuesta a hacer del principal componente de su riqueza, la participación en el capital de la empresa fundada o controlada por él. El hecho de que el núcleo de la riqueza de los milmillonarios sea éste convierte esta riqueza en un activo del que difícilmente se desprenderán. Efectivamente, en teoría cualquiera de estos empresarios podría transformar su riqueza en renta vendiendo dicho capital en el mercado bursátil. Pero los vínculos emocionales y familiares actúan como barreras a la venta liquidativa. Suban o bajen las cotizaciones de sus acciones, estos empresarios mantienen su inversión en sus sociedades de referencia sin perseguir plusvalías especulativas, como si hacen con frecuencia los pequeños inversores. Es la suya una riqueza atada al deseo de supervivencia de su compañía, y por ello difícilmente liquidable.

El corolario que predice un mayor enriquecimiento de los más ricos en fases de crisis, se supone que aprovechando la coyuntura para explotar aún más a los más débiles que estarían en situación de indefensión a raíz de la coyuntura económica, tampoco se cumple siempre. Así puede constatarse en los datos extraíbles de la lista Forbes. La observación de la serie del número de milmillonarios revelados por Forbes y del valor de su riqueza a lo largo de este siglo constata diversos episodios en los que ambos indicadores de la concentración de la riqueza apuntan pérdidas de riqueza. El estallido de la crisis financiera vivida en la primera década de este siglo tuvo efectos negativos inmediatos sobre

---

18 https://www.idealista.com/news/finanzas/inversion/2015/09/02/738996-quien-se-esta-enriqueciendo-mas-este-ano-los-super-ricos-o-sus-propias. Consultado el 5 de febrero de 2023.

los registrados en la lista. La riqueza de los milmillonarios del mundo retrocedió en dos billones de dólares (un 45%) sólo en el año 2009; además, los nombres incluidos en la lista se contrajeron en 332 (un 30%). La pandemia de 2020 supuso otro retroceso de la riqueza del colectivo de 0,7 billones de dólares (un 8%) y de su número en 58 (un 2,7%). La recuperación de 2021 ha sido seguida en 2022 de una nueva reducción de la riqueza agregada de los milmillonarios en 0,4 billones (un 3,1%) y 77 miembros (un 2,8%).

Ha tenido que ser un Premio Nobel de Economía, el laureado en 2008 Paul Krugman, por otro lado un exponente de la izquierda americana y defensor de un aumento sustancial de los impuestos a los ricos en Estados Unidos[19] aunque por unos motivos que no son extrapolables directamente al caso español, quien demuestre la incorrección de la tesis de que a los multimillonarios les ha ido muy bien durante la pandemia, mientras que la inmensa mayoría de la población común le habría ido muy mal. En sus propias palabras:

> La historia simplificada de que la pandemia ha sido muy buena para los ricos y mala para la clase trabajadora no tiene sustento"

Figura 12. Crecimiento de la riqueza real en EE.UU. según el nivel de riqueza, 2020-2022.

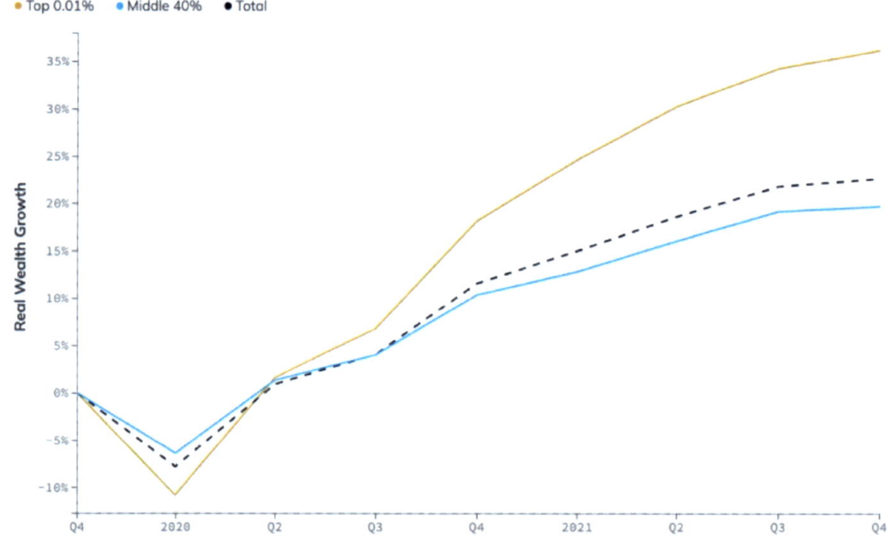

Fuente: Elaboración por Krugman (2021) a partir de Realtime Inequality.

[19] Krugman, P. (2021), "Can the rich pay for a better American?" *The New York Times*, 3 de junio. https://www.nytimes.com/2021/06/03/opinion/biden-taxation-rich.html. Consultado el 5 de febrero de 2023.

Figura 13. Crecimiento del valor de los activos financieros e inmobiliarios en EE.UU., 2020-2022.

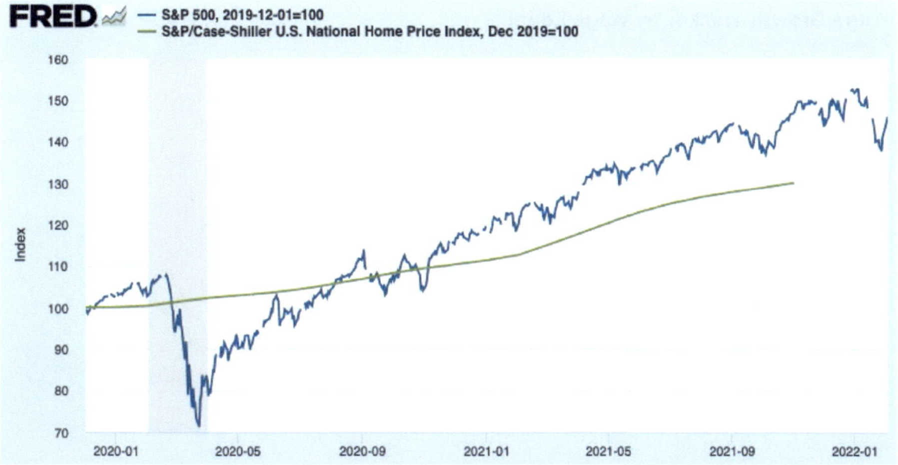

FRED
S&P 500, 2019-12-01=100
S&P/Case-Shiller U.S. National Home Price Index, Dec 2019=100
Index
160
150
140
130
120
110
100
90
80
70
2020-01
2020-05
2020-09
2021-01
2021-05
2021-09
2022-01

Fuente: Elaboración por Krugman (2021) a partir de S&P Dow Jones Indices LLC.

Figura 14. Crecimiento de los ingresos reales en EE.UU. según el nivel de riqueza, 2020-2022.

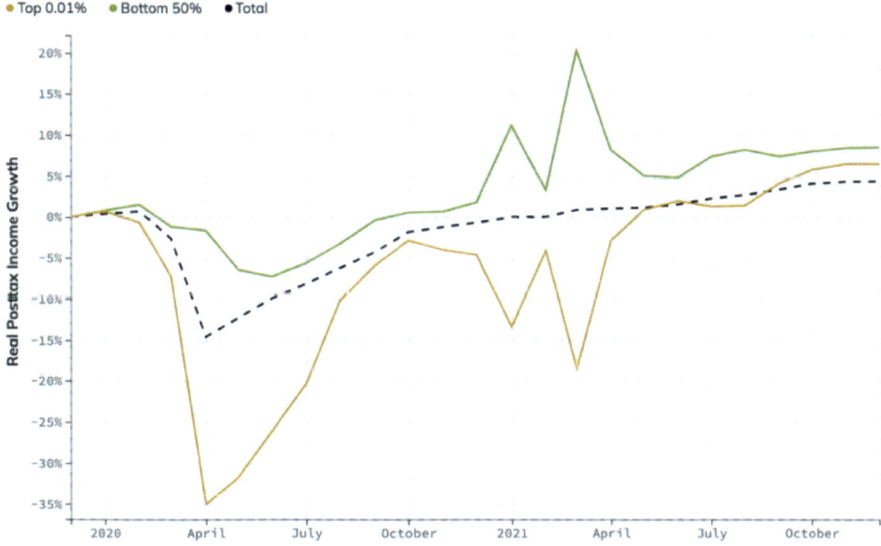

Top 0.01%
Bottom 50%
Total
Real Posttax Income Growth
20%
15%
10%
5%
0%
-5%
-10%
-15%
-20%
-25%
-30%
-35%
2020
April
July
October
2021
April
July
October

Fuente: Elaboración por Krugman (2021) a partir de Realtime Inequality.

Figura 15. Crecimiento de los ingresos salariales en EE.UU. por quartiles, 1998-2022.

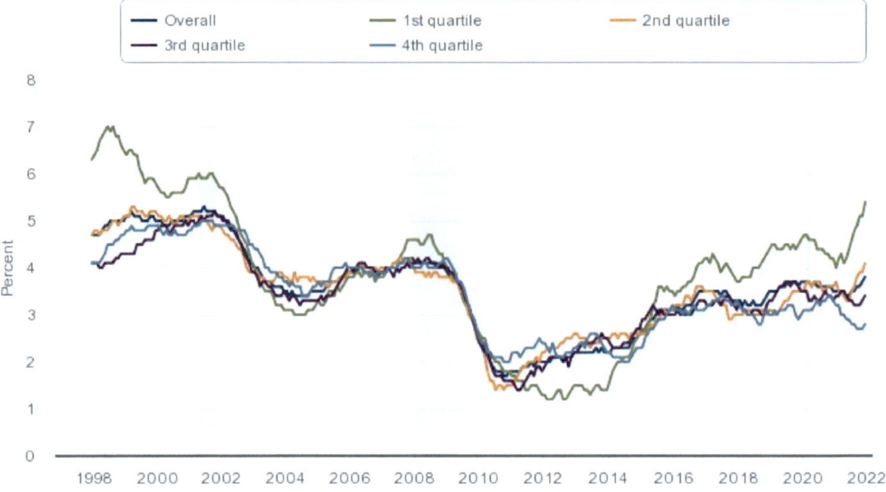

Fuente: Elaboración por Krugman (2021) a partir del *Current Population Survey* del Bureau of Labor Statistics de Estados Unidos.

Krugman, basándose en la distinción entre riqueza e ingresos y los datos ofrecidos por Realtime Inequality (una excelente herramienta estadística desarrollada con datos para Estados Unidos por economistas de Cambridge), extrae algunas conclusiones de alcance sobre cómo les ha ido a distintos grupos sociales con la crisis sanitaria:

- La riqueza de toda la población norteamericana ha crecido entre 2020 y 2022, aunque la de los más ricos lo ha hecho en mayor medida (figura 12).
- Este diferencial en el crecimiento de la riqueza proviene de asimétricas ganancias alcanzadas por el precio de los activos. Los más ricos tienen una mayor proporción de su riqueza en activos financieros, en tanto que la cuota mayor de la riqueza de la clase media está inmovilizada en activos inmobiliarios. Desde la pandemia, las inversiones financieras se han revalorizado bastante por encima que los precios de las viviendas debido a los bajos tipos de interés (figura 13).
- El comportamiento de los ingresos (alquileres, dividendos y otras rentas generadas por los activos integrados en su patrimonio) de los más ricos ha sido igualmente alcista, pero con tasas mucho más moderadas que su riqueza debido a la disminución de la tasa de rendimiento esperada de las nuevas inversiones financieras en que han ido arriesgando capital. Es por ello que el crecimiento de los ingresos ha sido menor en el 1% más rico de la población que en la mitad inferior de la misma (figura 14). El

aumento relativamente mayor de los ingresos del segmento con menores rentas se debe a la ayuda del gobierno estadounidense (cheques de estímulo, créditos fiscales y otros programas) y al incremento salarial superior al crecimiento de los precios debido a la poca oferta del mercado laboral estadounidense (figura 15).

Frente a la pretendida ejemplificación de la desigualdad, el caso Inditex-Amancio Ortega evidencia el compromiso de un gran empresario que, haciendo caso omiso de la agresividad verbal de unos críticos dogmatizados y asumiendo unos costes al alza a pesar de tener una riqueza declinante, han seguido apoyando el proyecto de empresa de su vida, y con su desarrollo y con las acciones filantrópicas que voluntariamente asumen, se mantienen como agentes que no sólo crean riqueza económica sino que arriman el hombro en resolver o atenuar problemas sociales y humanos, con especial fijación en su territorio de origen.[20]

Para confirmar esta tesis, no hay más que leer los datos de la creación de valor y su reparto por Inditex que se recogen en la figura 16. La tabla compila los resultados económicos de Inditex del periodo 2018-2021 y sus aportaciones a la comunidad, al equipo humano y a la sostenibilidad. Son cifras que hablan por sí solas. La riqueza aportada por Inditex a la comunidad global ha superado los 6.000 millones de euros en 2021, de ellos más de 1.500 en España. El número de beneficiados de la inversión por la compañía en la comunidad ha sido de 2,2 millones en 2021, pero en 2020 llegó a los 3,3 millones. Más de 165.000 personas viven del trabajo creado por la textil, un 76% de ellas mujeres (sin necesidad de cuotas). El número de problemas registrados por motivos de dignidad en el puesto de trabajo o de vulneraciones de derechos fundamentales es ridículo para la magnitud de la compañía y para el estado social que se vive en muchas naciones donde despliega actividades. En el tema del cacareado cambio climático, Inditex, que ya en 2001 firmó el Pacto Mundial de las naciones Unidas, reporta resultados que no son consignas sino logros constatados en 2021: un 91% del consumo energético de fuentes renovables (ha llegado al 100% en 2022), una reducción de las emisiones de gases efecto invernadero al 14% del nivel de cuatro años antes y una puntuación en el índice FTSE4GOOD de 4,9 puntos sobre 5.

Figura 16. Ganancias y contribución social de Inditex, 2018-21.

	2021*	2020*	2019*	2018*
RESULTADOS ECONÓMICOS				
Ventas (M €)	27.716	20.402	28.826	26.145
% de ventas online	25.5%	32%	14%	12%
Beneficio neto (M €)	3.243	1.106	3.639	3.444

20 Soriano D. (2014), "¿Cómo sería España si Amancio Ortega no existiera?". *Libre Mercado*, 4 de diciembre de 2014. https://www.libremercado.com/2014-12-04/como-seria-espana-si-amancio-ortega-no-existiera-1276535188. Consultado el 23 de julio de 2024.

N° de tiendas	6.477	6.829	7.469	7.490
N° de mercados con presencia comercial	215	216	202	202
Dividendos (M €)	2.898	2.181	2.742	2.349
RIQUEZA APORTADA A LA COMUNIDAD				
Contribución fiscal total (M €)	6.093	4.689	6.749	6.166
Impuestos propios	2.423	1.916	3.040	2.764
Impuestos recaudados	3.670	2.773	3.709	3.402
Contribución fiscal en España (M €)	1.501	1.201	1.874	1.692
Impuestos propios	780	620	1.049	764
Impuestos recaudados	721	581	825	764
N° de beneficiados de la inversión en la comunidad	2.217.342	3.313.581	2.441.300	2.425.639
Inversión en programas sociales de la comunidad (M €))	63.5	71.8	49.2	46.2
Número de proveedores en España	6.620	6.384	7.098	7.220
Facturación de proveedores de España M €)	5.376	4.221	5.140	5.248
EQUIPO HUMANO				
Número de empleados	165.042	144.116	176.611	174.386
% contratos indefinidos	81%	87%	77%	73%
% mujeres entre total de empleados	76%	76%	76%	75%
Nacionalidades	177	171	172	154
Cuestiones laborales y de recursos humanos, diversidad y respeto en el lugar de trabajo	159			
Número de cuestiones identificadas como potenciales vulneraciones de derechos fundamentales	63			
SOSTENIBILIDAD				
Energía de fuentes renovables	91%	81%	63%	45%
Artículos Join Life puestos en el mercado (% sobre el total)	47%	38%	19%	9%
Emisiones de alcance 1+2 market-based (tn CO2eq)	62.345	110.535	309.785	438.620
Puntuación en el FTSE4GOOD	4.9/5.0			
Puesto en ranking The Global 100 Most Sustainable Corporations in the World	73			

* El ejercicio fiscal de Inditex va del 1 de febrero al 31 de enero del año siguiente. Por tanto, el año que se indica se refiere al de fecha de apertura del ejercicio.

Fuente: *Colaboramos para transformar. Estado de información no financiera 2021*. Inditex.

Por no mencionar sus progresos en economía circular y cuidado medioambiental desde 2015, mientras los políticos al uso no sabían aun lo que esto significaba. El programa *join life* de Inditex etiqueta bajo este sello las prendas elaboradas por la compañía que cumplen con dos de los tres siguientes requisitos: constar de fibras cultivadas ecológicamente (*care for fiber*), ser producidas con procesos que ahorran agua (*care for water*) y ser elaboradas con energías renovables (*care for planet*). Además de este atributo ambiental, dichas prendas deben haber sido fabricadas por proveedores con una calificación A o B en su auditoría social y en su evaluación ambiental. Es el compromiso de Inditex con la producción de productos textiles elaborados con los mejores procesos y con las materias primas más sostenibles. Desde 2017, cuando las prendas con la etiqueta ya sumaban 73,6 millones, su peso no ha dejado de crecer pasando de ser el 9% al 47% del total de prendas confeccionadas entre 2018 y 2021. >Tras llegar el índice al 61% en 2022, la etiqueta ha muerto de éxito en 2023, cuando se ha retirado, porque la propia evolución de la compañía y su compromiso con la sostenibilidad la ha vuelto obsoleta, al integrarse sus principios, materiales, procesos y valores en el propio modelo de negocio de Inditex.[21]

Figura 17. Distribución de los fondos del instrumento Next Generation EU entre políticas palanca en España para el periodo 2021-2023 (millones de euros a precios corrientes).

I. Agenda urbana y rural, lucha contra la despoblación y desarrollo de la agricultura	**14.407**	**20,72%**
1. Plan de choque de movilidad sostenible, segura y conectada en entornos urbanos y metropolitanos	6.536	9,40%
2. Plan de rehabilitación de vivienda y regeneración urbana	6.820	9,81%
3. Transformación ambiental y digital del sistema agroalimentario y pesquero	1.051	1,51%
II. Infraestructuras y ecosistemas resilientes	**10.400**	**14,96%**
4. Conservación y restauración de ecosistemas y su biodiversidad	1.642	2,36%
5. Preservación del espacio litoral y los recursos hídricos	2.091	3,01%
6. Movilidad sostenible, segura y conectada	6.667	9,59%
III. Transición energética justa e inclusiva	**6.385**	**9,18%**
7. Despliegue e integración de energías renovables	3.165	4,55%
8. Infraestructuras eléctricas, promoción de redes inteligentes y despliegue de la flexibilidad y el almacenamiento	1.365	1,96%
9. Hoja de ruta del hidrógeno renovable y su integración sectorial	1.555	2,24%
10. Estrategia de Transición Justa	300	0,43%
IV. Una Administración para el siglo XXI	**4.315**	**6,21%**
11. Modernización de las Administraciones públicas	4.315	6,21%
V. Modernización y digitalización del tejido industrial y de la pyme, recuperación del turismo e impulso a una España nación emprendedora	**16.075**	**23,12%**
12. Política Industrial España 2030	3.782	5,44%
13. Impulso a la pyme	4.894	7,04%
14. Plan de modernización y competitividad del sector turístico	3.400	4,89%
15. Conectividad Digital, impulso de la ciberseguridad y despliegue del 5G	3.999	5,75%
VI. Pacto por la ciencia y la innovación. Refuerzo a las capacidades del Sistema Nacional de Salud	**4.949**	**7,12%**
16. Estrategia Nacional de Inteligencia Artificial	500	0,72%
17. Reforma institucional y fortalecimiento de las capacidades del sistema nacional de ciencia, tecnología e innovación	3.380	4,86%
18. Renovación y ampliación de las capacidades del Sistema Nacional de Salud	1.069	1,54%
VII. Educación y conocimiento, formación continua y desarrollo de capacidades	**7.317**	**10,52%**
19. Plan Nacional de Competencias Digitales (digital skills)	3.593	5,17%
20. Plan estratégico de impulso de la Formación Profesional	2.076	2,99%
21. Modernización y digitalización del sistema educativo, incluida la educación temprana de 0 a 3 años	1.648	2,37%
VIII. Nueva economía de los cuidados y políticas de empleo	**4.855**	**6,98%**
22. Plan de choque para la economía de los cuidados y refuerzo de las políticas de inclusión	2.492	3,58%
23. Nuevas políticas públicas para un mercado de trabajo dinámico, resiliente e inclusivo	2.363	3,40%
IX. Impulso de la industria de la cultura y el deporte	**825**	**1,19%**
24. Revalorización de la industria cultural	325	0,47%
25. España hub audiovisual de Europa (Spain AVS Hub)	200	0,29%
26. Plan de fomento del sector del deporte	300	0,43%
X. Modernización del sistema fiscal para un crecimiento inclusivo y sostenible		
27. Medidas y actuaciones de prevención y lucha contra el fraude fiscal		
28. Adaptación del sistema impositivo a la realidad del siglo XXI		
29. Mejora de la eficacia del gasto público		
30. Sostenibilidad a largo plazo del sistema público de pensiones en el marco del Pacto de Toledo		
Total (Recovery and Resilience Facility)	**69.528**	**100,00%**

Fuente: Plan de Recuperación, Transformación y Resiliencia.

21 Martínez, J. (2023), "Inditex retira y da un nuevo valor a la etiqueta Join Life. Fashion United, 24 de marzo de 2023. https://fashionunited.es/noticias/moda/inditex-retira-y-da-un-nuevo-valor-a-la-etiqueta-join-life/2023032440629. Consultado el 20 de julio de 2024.

Si queremos saber el grado en que las donaciones de Amancio Ortega son prescindibles por el país, como olímpicamente han proclamado voces autorizadas de ciertas formaciones políticas, veamos el presupuesto que los fondos Next Generation destinaban a fortalecer el sistema nacional de salud. De los 70.000 millones de euros que España esperaba recibir de la UE para 30 políticas palanca, sólo hay una en este ámbito, la número 18 con el título "Renovación y ampliación de las capacidades del Sistema Nacional de Salud". ¿Saben su presupuesto? 1.069 millones de euros, es decir, el 1,54% del total esperado (figura 17). La distribución no parece muy coherente con el objetivo de Next-Gen: adoptar medidas de emergencia para proteger la salud de la ciudadanía en el contexto de la emergencia sanitaria generada por la pandemia.

El dato destapa las vergüenzas de un discurso público ficticio, que no cesa de hablar de la defensa de la sanidad pública a la que luego destina magros recursos, si los comparamos con los que sólo una compañía, Inditex, ha comprometido entre 2019 y 2020 con el mismo fin. Si a los 320 millones que Amancio Ortega donó a hospitales públicos para equipos de lucha contra el cáncer, sumamos los más de 300 millones que el grupo gallego asumió en 2020 como "esfuerzo patriótico" para fabricar y traer a España el material sanitario[22] que el Gobierno era incapaz de conseguir, tenemos que las repudiadas aportaciones de Inditex (fuera de los pagos que realiza como impuestos) han supuesto en ese bienio el 58% de los fondos extraordinarios que España piensa recibir de la UE para modernizar las capacidades del sistema de salud nacional.

Este esfuerzo se ha realizado además en tiempo real, sin demoras ante la emergencia nacional, y justamente en un trimestre negro para la compañía que, tras cerrar temporalmente el 90% de las 7.412 tiendas que tenía extendidas por todo el mundo, incurrió en unas pérdidas de 409 millones de euros. Estos números rojos tenían su principal causa en la renuncia de Inditex a acogerse a un ERTE por causa de fuera mayor, al que con la ley en la mano tenía derecho, decidiendo en cambio mantener activos a empleados durante un mes asumiendo el 100% del coste de la plantilla de sus 48.000 trabajadores en España y sosteniendo activas las rutas logísticas que hubiese paralizado en otras circunstancias, poniéndose al servicio de la nación en la lucha contra el coronavirus.

Hablemos algo más de sus empleados, porque también aquí la campaña contra la compañía y su imagen ha empezado. A pesar de que Inditex renunció a presentar un ERTE con motivo de la pandemia, la hostilidad sindical contra la empresa no ha dejado de acrecentarse. Los sindicatos más radicales encabezados por la Confederación Intersindical Gallega (CIG), un sindicato de clase nacionalista muy vinculado al Bloque Nacionalista Gallego (BNG), llevan años acusando a la compañía de explotación

---

22 Ugalde, R. (2020), "El coste patriótico de Inditex: más de 300M entre salarios, donaciones y logística". *Cotizalia*, 11 de junio. https://www.elconfidencial.com/empresas/2020-06-11/coste-patriotico-inditex-salarios-donaciones-logistica_2633732. Consultado el 7 de febrero de 2023.

y precarización laboral.[23] Su agresividad ha ido creciendo hasta que el 23 de enero de 2023 la Confederación General del Trabajo convocaba dos escraches a dos de las tiendas del grupo Inditex en Madrid y también a su presidenta Marta Ortega, con la excusa de reivindicar una mejora salarial para los trabajadores del gigante textil. La convocatoria fue un verdadero fracaso en términos de asistencia.[24]

Figura 18. Salarios de los dependientes en tiendas de Inditex y su competencia en euros (2021).

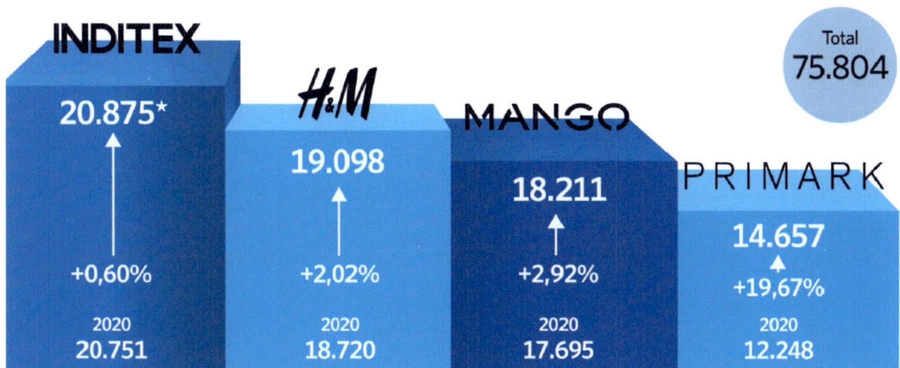

Fuente: Informes de sostenibilidad de las compañías. Tomado de El Economista, 13 de diciembre de 2022. https://www.eleconomista.es/retail-consumo/noticias/12072762/12/22/Inditex-es-lider-en-sueldos-y-paga-a-sus-dependientes-un-42-mas-que-Primark.html. Consultado el 7 de febrero de 2023.

¿Cómo extrañarse si analizamos la retribución de sus empleados con los pagados en promedio por la competencia? (figura 18). Según los datos declarados por las mismas empresas en sus informes de sostenibilidad, Inditex es la cadena de retail con sueldos más elevados, superando a H&M en un 9,3%, a Mango en un 14,6% y a Primark en un 42,4%. Es más, en realidad las dependientas de Inditex tienen unas remuneraciones aún mayores que la media indicada pues la misma es una cifra promedio de toda su plantilla en el mundo, y puesto que el personal empleado en España sólo constituye el 28% del total, hay un 72% localizada en mercados con salarios lógicamente menores por lo que la media española supera la media global.

A pesar de ello, la paz social en la empresa se ha visto alterada desde 2021 por el proceso de absorción comercial ligado a la digitalización y al comercio electrónico que el

23 Grela, P. (2021), "Inditex 2020. La caída del mito". *Viento Sur,* 30 de junio de 2021. .https://vientosur.info/inditex-2020-la-caida-del-mito. Consultado el 20 de julio de 2024.

24 Arriaza, J.M. (2023), "Estrepitoso fracaso del escrache a Marta Ortega e Inditex". EDATV, 23 de enero. https://www.edatv.news/noticias/38236/estrepitoso-fracaso-del-escrache-a-marta-ortega-e-inditex. Consultado el 1 de febrero de 2023.

grupo textil emprendió, y que suponía el cierre de 1.200 establecimientos (300 de ellos en España), con el consiguiente problema de reubicación de plantilla. Superado aquel conflicto, Inditex ha vivido momentos de tensión desde entonces en cada nueva negociación sindical. Pese a ser la que mejor paga de la industria del retail, Inditex ya tuvo que soportar en noviembre de 2022 una huelga en su sede gallega, que esta sí tuvo seguimiento. La demanda de mejoras salariales fue aceptada y la empresa firmó un acuerdo con CCOO y UGT anunciando un incentivo por ventas a las dependientes de toda España por valor de 1.000 euros (a abonar en la nómina de febrero de 2023) que supone un alza del 4,8% sobre la masa salarial bruta anual. El coste del acuerdo se cifró en 100 millones de euros anuales. La nueva escala salarial va desde los 18.000 euros en la categoría más baja hasta los 24.500 en la parte más alta, y supone en término medio un alza del 20% para todos los trabajadores. La homogeneización nacional de los sueldos se tradujo en aumentos de hasta un 40% en los salarios de los empleados ubicados en las provincias con salarios anteriores más bajos. ¿Saben quién se opuso" La Confederación Intersindical Gallega (CIG), que pedía un aumento de 500 euros mensuales para equiparar los sueldos de los empleados comerciales con los trabajadores de fábrica y logística; es decir, un "pequeño" esfuerzo que suponía aumentar los costes salariales un 28,7%.

3. El caso de Mercadona-Juan Roig

Juan Roig ha tenido una trayectoria profesional igualmente discreta, sin rehuir apariciones públicas contadas para informar de la evolución y los resultados de su empresa Mercadona. Su inusitado crecimiento y contratación de empleo, en una industria crítica para todas las personas, han atraído alabanzas puntuales en el pasado, al igual que la dinámica imparable de su modelo de negocio y su atractivo para los consumidores. Pero su caso explotó de forma virulenta en 2021, cuando se vio sumergido en otra campaña de demonización por un motivo distinto al de Amancio Ortega: la tendencia aparentemente incontenible al alza que experimentaban los precios desde inicios de ese año.

El detonante aparente de la campaña fue la evolución de la inflación en España, que empezó a mostrar una tendencia continua al alza desde principios de 2021, tras los moderados niveles de los años anteriores. La inflación, desde las crisis del petróleo de los años 70 y 80, se había moderado significativamente en las economías desarrolladas por el efecto de una serie de cambios estructurales: la globalización y la expansión del comercio internacional, el progreso tecnológico, el envejecimiento de la población y la aplicación de una política monetaria más enfocada que recortó las expectativas de alza de precios. La consecuencia fue que, entre 1990 y 2020, la tasa de inflación osciló entre el 1% y el 3% en Estados Unidos; en Europa, el alza media anual se mantuvo entre 1995 y 2020 entre el 0% y el 3%. Esta dinámica se rompió bruscamente a principios de 2021, de modo que en los países de la OCDE el aumento de precios llegó al 6% a finales de ese año (figura 19). España no fue una excepción y entre enero y diciembre de 2021 la tasa de aumento interanual del IPC saltó del 0% al 6,5%, su valor más elevado en décadas (figura 20).

En un primer momento se pensó que era un fenómeno transitorio provocado por el ajuste de los precios relativos inducido por los cambios en la oferta y la demanda agregadas originados por la pandemia. Las políticas monetarias y fiscales expansivas implantadas para mantener el nivel de ingresos de las familias, que en un principio se tradujeron en el aumento del ahorro, terminaron finalmente impulsando, a medida que se iban levantando las restricciones a la actividad económica, la recuperación del gasto. La consecuencia de la pujanza de la demanda fue una presión inflacionista sobre determinados productos, sobre todo alimentos, bienes duraderos y energía.

Figura 19. Evolución de la inflación en los países de la OCDE, 2018-2023.

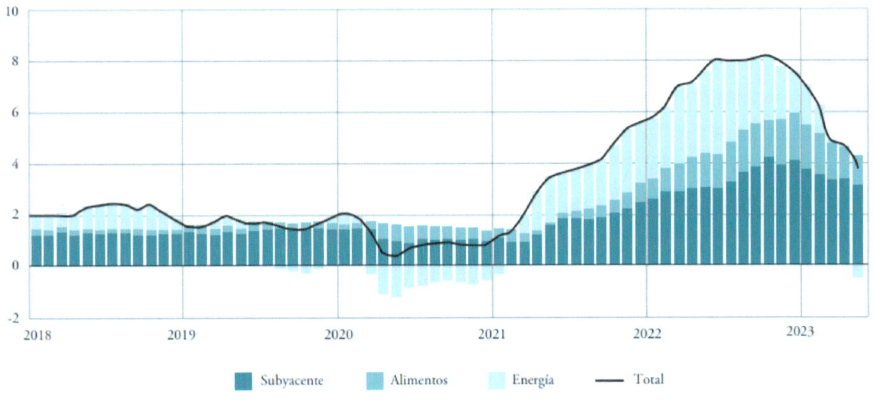

10
8
6
4
2
0
-2
2018 2019 2020 2021 2022 2023
Subyacente Alimentos Energía Total

Fuente: OCDE y BCE.

Figura 20. Evolución de la inflación en España (variación anual del índice general y del grupo alimentos y bebidas no alcohólicas del IPC en porcentajes), 2019-2023.

Fuente: INE.

Sin embargo, la extensión de las alzas a todos los bienes (se calcula que a finales de 2021 el porcentaje de ítems de la cesta de la compra que se habían encarecido más de un 5% suponía el 40% del PIB de las economías desarrolladas) y servicios evidenció que se estaba ante un proceso inflacionario generalizado y persistente que respondía a otras fuerzas.

La pandemia trajo consigo otras consecuencias por el lado de la oferta. Al estrangularse drásticamente la demanda, muchas empresas contrajeron sus compras de bienes intermedios. La rápida recuperación de la demanda en 2021 generó una enorme presión sobre los proveedores, que fueron incapaces de aumentar la producción al ritmo exigido. La cadena global de suministro había resultado dañada con la contracción de las compras. A este problema se añadieron conflictos políticos en zonas críticas para el transporte mundial (Canal de Suez, los grandes puertos y la bahía de Hong Kong por la que salía la mayoría de la producción china) que trabaron aún más el cumplimiento de los precios de entrega y dispararon los costes del transporte internacional. Aparecieron entonces cuellos de botella en sectores críticos como los semiconductores, el plástico, la madera y los metales para uso industrial. La invasión de Ucrania por Rusia el 24 de febrero de 2022 agravó aún más la situación, al estrangular la oferta de los recursos energéticos y de materias primas alimenticias, y motivar nuevos aumentos de los precios de la energía, inputs intermedios y los alimentos, que terminaron repercutiendo sobre toda la cesta de la compra. En el conjunto de la OCDE la tasa de inflación todavía superaba el 8% en octubre de ese año. En España, la inflación siguió al alza durante la primera mitad de 2022, alcanzando los máximos en julio y manteniéndose en valores superiores al 10% durante el verano, empezando entonces una caída continuada a medida que remitían los aumentos de precios de las materias primas.

Los datos macroeconómicos señalaban además que el IPC subyacente (que excluye bienes más volátiles como los alimentos no elaborados y la energía) había crecido de forma casi ininterrumpida durante 2022, superando al índice general desde abril de ese año y distanciándose del mismo en 1,3 puntos a finales de ejercicio. Este diferencial entre el índice general y el subyacente aumentó a 1,7 puntos en enero de 2023, tras crecer ese mes hasta el 7,5% con un incremento de medio punto porcentual respecto a diciembre (figura 21). Esta era la tasa más alta desde hacía 37 años. Mientras que el índice general empezó a contenerse gracias a las medidas fiscales y a las actuaciones sobre el precio de la energía, el precio de alimentos y bebidas no alcohólicas siguió su escalada hasta doblar la tasa general desde noviembre, situándose en diciembre de 2022 en el 15,7% (figura 20).

Figura 21. Evolución del IPC general y subyacente en España en porcentajes.

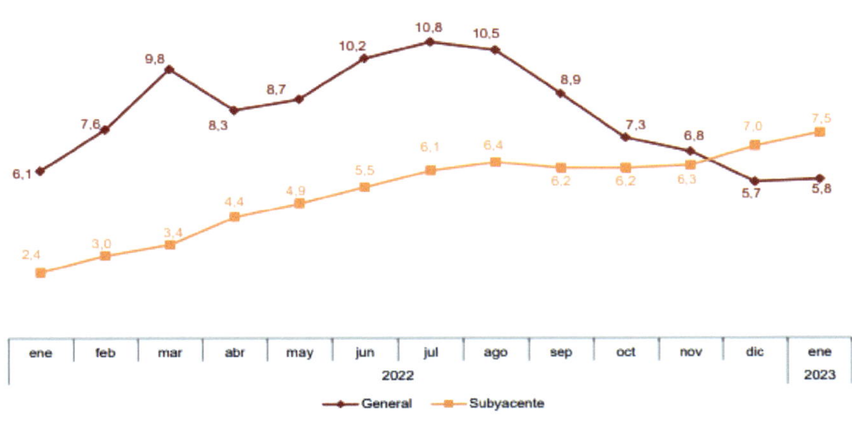

Fuente: INE.

En realidad, a nivel global, los precios de los alimentos entraron en una fase alcista ya en 2020, subiendo un 20% durante 2021 y llegando al 40% tras el inicio de la guerra en Ucrania. La relativa moderación observada durante la segunda mitad de 2022 sólo rebajó el incremento al 20-25% del nivel existente a principios de 2021.[25] La persistente presión al alza de los alimentos se nutría de la combinación de varios factores: la reducción de la producción agraria tanto los confinamientos obligados como por causas naturales, la minoración de la disponibilidad de cereales por las trabas a las exportaciones de Ucrania y Rusia, el aumento del precio del transporte y de los combustibles y el alza del precio de los fertilizantes. La trayectoria ascendente empezó a frenarse tras el acuerdo de julio de 2022 para abrir vías de salida a los cereales de los dos países enfrentados. El impacto de la carestía de los precios internacionales de las materias primas alimenticias se calcula que supuso 5 y 6 puntos porcentuales de inflación en 2021 y 2022 respectivamente, que se redujeron a 2 puntos el año siguiente.

Sin embargo, el cambio de tendencia fue menos notorio en España. Los datos oficiales del Ministerio de Agricultura apuntan que la subida de los precios percibidos en origen por agricultores y ganaderos fue en 2022 en promedio de un 38,7%. Pero no sólo se encarecía el coste de las materias primas, sino también de los materiales auxiliares necesarios para elaborar los envases y embalajes y de otros inputs del proceso productivo como la mano de obra, la energía y el transporte. En consecuencia, el índice de precios industriales de la industria alimentaria sufrió una subida del 21% en 2022.

---

25 Comajuncosa, J.M. (2024), Las causas de la reaparición de la inflación en 2020-2023. *Mediterráneo Económico*, nª 38, pp, 30-31.

Mientras que en 2022 la tasa de inflación interanual del capítulo alimentos, bebidas y tabaco fue del 14,7% en España y del 13,8% en la zona euro, las trayectorias empezaron a desviarse en 2023. En febrero de 2023, España era el decimoséptimo país europeo en el ranking de inflación alimentaria, pero un año después se colocaba en el tercer lugar. Los precios de los alimentos se han disparado un 38% entre 2020 y 2023, según el informe elaborado por la OCU en 2024 a partir del análisis de los precios de 122 productos básicos de la cesta de la compra.[26]

A pesar de estas evidencias estadísticas, la tesis política gubernamental siguió siendo que el alza de precios debía achacarse a los problemas ocasionados por la guerra de Ucrania, haciendo así caso omiso del origen estructural del problema y de la necesidad de promover políticas que mejorasen el funcionamiento de los mercados. Las medidas se centraron en la concesión de ayudas, unas con carácter general (como las subvenciones al consumo de combustibles) y otras específicas para los grupos vulnerables de la población; y en cambios impositivos como la reducción del IVA cuyo impacto fue igualmente limitado.

Figura 22. Evolución de la inflación y los salarios en España (datos de la variación anual del IPC y sueldos en convenio en porcentajes).

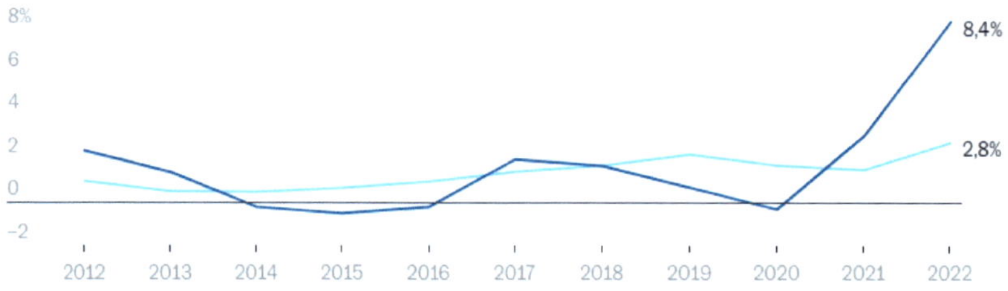

El dato de inflación es una media anual, mientras que el de salarios es un acumulado de las variaciones pactadas entre enero y diciembre de cada año.

Fuente: INE / Ministerio de Trabajo / El País.

El gobierno cerró rápidamente cualquier debate sobre las causas estructurales ligadas a los salarios. La evolución de los salarios desde 2013 hasta la entrada en la pandemia en 2020 había seguido una módica pulsión alcista que contuvo la variación anual en la franja de los dos puntos porcentuales, manteniéndose hasta 2020 por encima del aumento del IPC y permitiendo así una ganancia real de renta. Este incremento de la capacidad adquisitiva empezó a diluirse con la pandemia. La crisis de los suministros despertó el IPC, que rebotó con fuerza de forma que el gap en el crecimiento de precios y salarios fue ampliándose desde principios de 2020 hasta alcanzar los 5,6 puntos a finales de

26 OCU (2024), Los alimentos suben un 38% en tres años. https://www.ocu.org/ consumo-familia/supermercados/noticias/subida-alimentos-2020-2023, entrada de 3 de abril de2024.. Consultado el 16 de julio de 2024.

2022 (figura 22). Las subidas negociadas de sueldos se fueron acelerando durante ese año, despertando los temores al riesgo de un rebrote inflacionista si se materializaba la subida de precios de segunda ronda. Este fenómeno supone una espiral en el aumento de los precios causada por una subida excesiva de los salarios para recuperar la capacidad adquisitiva y su traslación al crecimiento de la demanda, que acaba repercutiendo en una mayor presión inflacionista. Aunque algunos expertos defendieron que este nocivo ciclo vicioso podría estarse ya produciéndose en la segunda mitad de 2022 basándose en el mayor aumento de la inflación subyacente sobre la general, la vicepresidenta de Asuntos Económicos, Nadia Calviño, descartó tajantemente que la inflación en España estuviese produciendo ya efectos de segunda ronda. Para la titular de Economía, el riesgo de segunda ronda era un peligro lejano en nuestro país por la diferencia de casi seis puntos que existía entre las subidas de precios y los aumentos de los salarios.

Sin embargo, según la Encuesta Trimestral del Coste Laboral del INE, lo cierto es que el coste salarial por trabajador (que incluye tanto las remuneraciones salariales como los pagos en especie y las cargas sociales) ha mantenido crecimientos significativos durante tres años consecutivos, que fueron del orden del 5% en 2022 y 2023, hasta alcanzar a finales de este último año un récord histórico de 2.359 euros. Este aumento superó netamente la tasa de inflación media, que fue del 3,5% (figura 23).

Figura 23. Evolución de la inflación y del coste salarial en España (datos de la variación anual del IPC y del coste salarial completo en porcentajes).

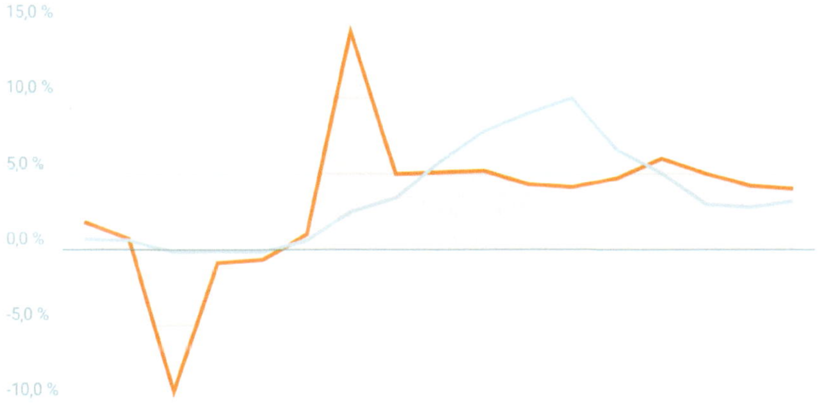

Fuente: INE.

El gobierno español, descartada la responsabilidad de los salarios en el problema inflacionario, tenía pues el problema de justificar ante la opinión pública su incapacidad para embridar el crecimiento de los precios de los alimentos. La atención política se fijó entonces en el sector de la distribución. El objetivo lo marcó el 13 de enero de 2023 la vicepresidenta segunda y ministra de Trabajo Yolanda Díaz, durante su intervención en las Jornadas Confederales de Acción Sindical de la UGT. La ministra partió del diferencial entre el ascenso de los precios en general y de los alimentos para cargar contra los empresarios con su proverbial sutileza:

> *Con los datos del IPC, y en algunos sectores, como en la alimentación (...), está claro que hay alguien aquí que se está forrando*

Su análisis atribuyó la desmesurada subida del precio de la cesta de la compra a razones ajenas a la lógica de los mercados, cargando contra las empresas de alimentación que, en su opinión, estaban "*engrosando sus beneficios a costa de los salarios y del esfuerzo de los trabajadores*", no subiendo suficientemente los sueldos de sus empleados. La tesis de la política era que parte de la escalada debía atribuirse a "los beneficios de las empresas" y que solamente podía explicarse por el aumento de los márgenes de las empresas. Es decir, contraponía el aumento de los beneficios de las empresas a la devaluación de los salarios y consideraba esto como algo que "no puede seguir pasando".[27] Entre los corifeos que opinaron rápidamente sobre el tema, podemos distinguir al secretario general de la UGT, Pepe Alvarez, quien afirmó que el problema eran las compañías de distribución de alimentos que repercutían de manera abusiva los aumentos de costes sobre los precios.[28]

No pasó sino una semana para que la entonces ministra de Derechos Sociales y Agenda 2030 y secretaria general de Podemos, Ione Belarra, en un acto partidista celebrado en Aragón el 21 de enero de 2023, tachase de "*indecente que las grandes empresas de la distribución en España, que los supermercados como Mercadona o como Carrefour, se estén haciendo de oro a costa de la crisis económica derivada de la guerra de Ucrania*". Y no contenta con la crítica global, la individualizó:

> *Es indecente que el señor Juan Roig (Mercadona) se esté llenando los bolsillos siendo un capitalista despiadado. Y hay que decirlo claro, son capitalistas despiadados. Tenemos que frenarles los pies*

Habituados a la sucia brega política en la cual las descalificaciones personales son la norma, la señora Belarra invocaba el derecho de la ciudadanía a la información y a una alimentación asequible y sana para denigrar a un empresario con nombre y apellido:[29]

---

27 *Bárcena, S. (2023), "Yolanda Díaz señala a las empresas por la subida de precios: Hay alguien aquí que se está forrando". El País*, 13 de enero. https://elpais.com/economia/2023-01-13/yolanda-diaz-senala-a-las-empresas-por-la-subida-de-precios-hay-alguien-aqui-que-se-esta-forrando.html. Consultado el 31/1/2023.

28 Expansión (2023), "Alvarez (UGT) enmienda a Belarra y recuerda que Mercadona es la que mejor paga del sector". *Expansión*, 30 de enero. https://www.expansion.com/empresas/distribucion/2023/01/30/63d7e219468aeb97548b45db.html. Consultado el 31 de enero de 2023.

29 "Belarra endurece la cacería contra la distribución alimentaria", *InfoRetail*, 2 de febrero de 2023. https://www.revistainforetail.com/noticiadet/quien-es-quien-informe-sobre-la-rentabilidad-de-35-distribuidores-alimentarios/cf4b7eb8b1533ce892c31df96f8b03fe. Consultado el 18 de julio de 2024.

> *No hay nombre propio, por pomposo que sea, que esté por encima del derecho de la gente de nuestro país a una alimentación asequible y sana. Y también quiero recordar que, desde que terminó el bipartidismo, en España ya no hay nadie innombrable, tampoco el señor Roig*

Incluso sesudos y sesgados expertos, como el televisivo economista Gonzalo Bernardos, profesor de Economía de la Universitat de Barcelona, quien igual opina de un reto que de un descosido, se sumaron a la creación de la *casus belli* afirmando: "*¿Buen empresario el señor Juan Roig? Sí. ¿Empresario que ha subido notoriamente los precios? También*".[30]

El entonces vicepresidente y Conseller de Habitatge i Arquitectura Bioclimàtica de la Generalitat Valenciana, Héctor Illueca, se unió rápidamente al coro manifestando:

> *Afirmar que las grandes superficies practican un ‹capitalismo despiadado› inflando los precios de los alimentos no es ningún insulto. Es una descripción muy ajustada de una realidad que está ahogando a millones de familias en nuestro país. No podemos seguir ignorándolo*

La desautorización por el exPresidente de la Generalitat Ximo Puig ("*Las empresas y empresarios están creando riqueza, empleo y los productos necesarios para la población*") y su lamento de unas declaraciones que valora como "*profundamente injustas y no atienden a la realidad de los hechos*", que hacen del sector de la distribución "*un activo enorme para el futuro de las personas de la Comunidad Valenciana*", no sirvió de gran cosa.[31] En una entrevista posterior, el político podemita se reafirmó en su tesis e incluso amplió los daños: [32]

> *El 90% de la inflación que sufrimos está relacionada con las decisiones de las grandes superficies y las grandes empresas para mantener su margen de beneficio (...) Detrás de la inflación están las ganancias de las grandes superficies. Inflan los precios, colocan en una situación complicada a las familias y ejercen una tiranía implacable sobre los proveedores locales.*

Nada cambió el Sr Illueca de su afirmación cuando se la preguntó sobre las cifras que hablan de la aguda escalada de los precios de los alimentos en origen por encima del encarecimiento de sus precios en los supermercados. Es más, fue todavía más allá al acusar a Mercadona de practicar "relaciones laborales autoritarias" y de "persecución a los trabajadores que quieren pedir una baja laboral".

---

30 *La Sexta*, 26 de enero de 2023. https://www.lasexta.com/programas/mas-vale-tarde/bernardos-critica-ataque-belarra-mercadona-asume-que-ministra-sino-activista-escasa-educacion_2023012663d2da66e-b5eb 600019a502e.html. Consultado el 8 de febrero de 2023.

31 Expansión (2023), "Ximo Puig defiende a Juan Roig frente a Ione Belarra". *Expansión*, 26 de enero. https://www.expansion.com/valencia/2023/01/26/63d2ae7ce5fdea896e8b4610.html?intcmp=MNOT23801&s_kw=1. Consultado el 31 de enero de 2023.

32 Valero, D. (2023), "Podemos usa un estudio de Intermón sin datos sobre supermercados para acusar a Mercadona de inflar precios". *Invertia / El Español*, 31 de enero. https://www.elespanol.com/invertia/empresas/distribucion/20230131/podemos-estudio-intermon-sin-supermercados-mercadona-deinflarprecios/737676495_0.html. Consultado el 31 de enero de 2023.

Héctor Illueca mencionó como apoyo el documento Sobra mucho mes a final de sueldo, señales de una nueva estructura de la desigualdad en España de Intermón Oxfam. Efectivamente este estudio concluye, con datos a final del tercer trimestre de 2022, que el 92,5% del aumento de precios se explicaba por los beneficios de las empresas; en promedio, los beneficios empresariales serían los responsables del 90% de la variación en todo el pasado año. Lo curioso del caso es que el informe se refiere al conjunto de las empresas españolas, sin aludir en momento alguno a la distribución ni a los supermercados. El estudio de Intermón/Oxfam (2023) sólo señala a la gran empresa (sin especificar sectores) cuando concreta (sin datos específicos): "*mientras la gran empresa y aquellas orientadas a la exportación parecen ser las grandes beneficiadas, las pequeñas y medianas empresas orientadas al mercado interno parecen ser las más perjudicadas*".

Un análisis más técnico debería haber tenido en cuenta la posibilidad de que quizás los precios de los alimentos estuviesen disparados por el alza incontenible del coste de las materias primas. Los mismos datos oficiales del Ministerio de Agricultura, Pesca y Alimentación informaban que en 2022 la subida de los precios percibidos en origen por agricultores y ganaderos llegó en promedio al 38,7% (llegando al 207,1% en cebollas y al 85,8% en huevos). Pero no sólo se había encarecido el coste de los alimentos frescos. La industria alimentaria había sufrido una subida del 21%, según el índice de precios industriales del INE, como consecuencia no sólo del crecimiento del coste de las materias primas básicas para la producción de alimentos (que en casos como los cereales o los fertilizantes llegaba a los tres dígitos), sino también de los materiales auxiliares necesarios para elaborar los envases y embalajes y de otros inputs del proceso productivo como la mano de obra, la energía y el transporte.

Figura 24. Posiciones y tasas medias de crecimiento por precios de las grandes cadenas detallistas españolas, 2021-2023.

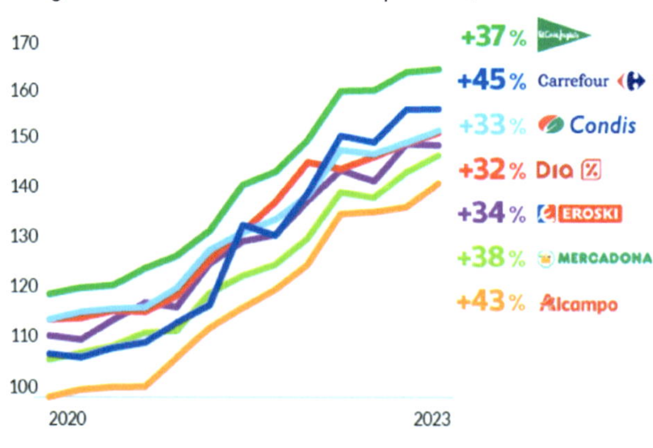

Fuente: OCU (2024).

Figura 25. Evolución de precios y costes en la distribución de productos de alimentación.

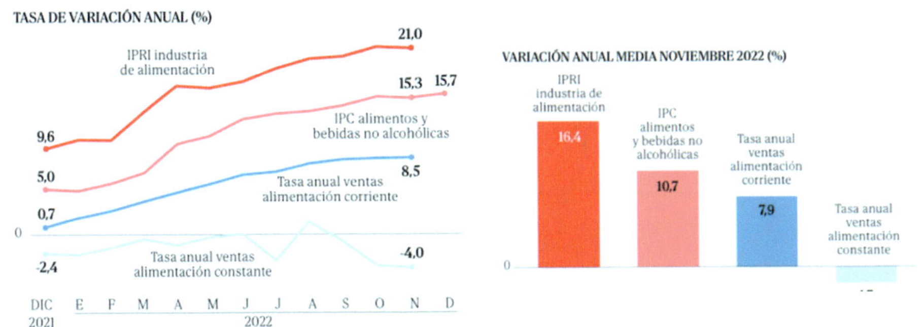

Fuente: elaboración propia a partir de datos del INE.

Según datos de NielsenIQ, el sector de gran consumo registró en 2022 unos ingresos de 105.000 millones de euros, que suponían un alza media del 9,9% en los precios de venta al público y una reducción del volumen vendido del 0,7%. El informe de la OCU (2024), con un horizonte más amplio 2021-2023, revelaba que todas las grandes cadenas estaban repercutiendo los incrementos de costes en sus precios, en un rango similar que oscilaba entre el 32% aplicado por Dia y el 45% de Carrefour. Curiosamente, Mercadona no era de las más agresivas y su repercusión había sido del 38%, muy similar a la de la cadena Eroski vinculada al Grupo Mondragón. El ranking de precios ofrecía una amplia horquilla y después de las subidas de precios Mercadona se mantenía como una de las redes que ofrecía precios más competitivos (figura 24).

Es más, el análisis de la repercusión de los costes sobre los precios por la distribución distaba efectivamente de apoyar la casus belli emprendida contra las grandes cadenas detallistas. La Asociación Nacional de Grandes Empresas de Distribución (ANGED) a partir de datos oficiales del INE y del Ministerio de Agricultura, concluía que la distribución estaba amortiguando el encarecimiento de los precios industriales con su política de precios. El precio medio de la cesta de la compra de alimentos para el consumidor subió en 2022 hasta 6,8 puntos menos que el incremento en costes sufrido por las empresas de este sector (figura 25).

El mismo informe de la OCU (2024) ya citado en diversas ocasiones contrastaba el aumento de los precios en origen y en venta al público de un conjunto de 13 productos frescos. Los resultados señalaban que había cinco productos (tomates, patatas, cebollas, pollo y huevos) cuyos precios en porcentaje subieron mucho más en origen que en el supermercado; en otros seis alimentos (lechugas, ternera, panceta de cerdo, naranjas, zanahorias y conejo) el porcentaje de subida en origen y destino había sido parejo; y sólo en otros dos productos (plátanos y manzanas) los precios habían subido más en tienda que en origen.

Figura 26. Margen de beneficio neto de los 35 principales operadores de retail alimentario en España, 2021.

Fuente: Datos de Retail Data extraídos de infoRetail, 2 de febrero de 2023. https://www.revistainforetail.com/noticiadet/quien-es-quien-informe-sobre-la-rentabilidad-de-35-distribuidores-alimentarios/cf4b7eb8b1533ce892c31df96f8b03fe. Consultado el 18 de julio de 2024.

Las acusaciones políticas deberían pues tener también en cuenta los ajustados márgenes de beneficio neto con los que trabajan las empresas de distribución y su evolución en el tiempo (Anexo I). Cuando se habla del retail alimentario hay que recordar su heterogeneidad, pues además de los 300 operadores de distintos tamaños alberga varios miles de pequeños establecimientos que compiten mediante asociación o franquicia. No obstante, dado que la crítica se ha dirigido contra los grandes operadores, pongamos el foco en el top 35 de la distribución alimentaria española. Los datos compilados por Retail Data referidos al ejercicio 2021 informaban que el margen neto de beneficio (resultado neto después de impuestos sobre ventas) era del 2,67%, situándose 18 de los 35 primeros operadores en la horquilla por debajo del 2%, 5 entre el 2-3% y otros 12 estaban por encima del 3%. Este margen era ligeramente superior al del año anterior (2,41%) (figura 26). Los datos de la evolución de este índice a lo largo de los últimos años tampoco apoyaban las críticas a que estaban hinchando los precios y consiguiendo rendimientos extraordinarios. Un análisis temporal más amplio de los resultados financieros de las principales cadenas tampoco apoya la acusación política.

Mercadona no es una excepción a este estado de estrechez de márgenes. Durante la presentación pública de las cuentas de 2021, Juan Roig informó que el incremento del coste de las materias primas había sido de un 28% y el coste añadido del precio del transporte de 65 millones de euros. La evolución de todas estas variables supondría un impacto negativo en el margen del 0,4% equivalente a unos 100 millones de euros. De hecho, a pesar de crecer sus ventas un 2,2%, gracias en buena medida a la apertura de nuevos establecimientos, el resultado neto del ejercicio disminuyó un 6,5%. Su margen de beneficio en 2021 se situó en el 2,70%, prácticamente en la media de la industria. La cadena ha remontado en facturación en los dos años siguientes (10,6% y 13,7% respectivamente), consiguiente acrecentar su beneficio neto en términos absolutos en un 5,6% y un 40,5% respectivamente. El resultado de 2022 se debe en gran medida a un ahorro de costes superior a los 200 millones de euros y un alza de la productividad del 9%. El año 2023 ha sido otro ejercicio brillante, consolidándose como el líder indiscutible de la industria de supermercados con una cuota del 27,6% (+0,6) y logrando por vez primera ganar dinero en Portugal y en el canal online. Pero este notable crecimiento de las ventas y del beneficio neto en 2023 no cabe imputarlo al aumento de los precios, pues ha realizado rebajas sensibles en unos 1.000 productos. Sin embargo, su margen bruto no ha dejado de disminuir cayendo del 26,9% en 2020 al 24,9% en 2023, atestiguando así que la facturación ha subido proporcionalmente menos que el coste de las compras. La mejora de negocio tiene mucho que ver con los 10.000 millones de euros invertidos para abrir nuevos establecimientos e ir adaptando progresivamente los ya existentes al modelo de tienda eficiente introducido en diciembre de 2016, que cuenta con las nuevas secciones de frescos y el servicio listo para comer, que duplica la rentabilidad frente a una tienda convencional. Otros factores explicativos son mejoras organizativas como la app DPP, que es capaz de determinar el coste y la rentabilidad de cada producto a nivel unitario y que ha generado un ahorro de costes de 150 millones de euros; y la reorganización del comité de dirección, que ha supuesto la reducción de su tamaño de 16 a 9 miembros y que ha redundado en una mayor agilidad en la toma de decisiones.

El ataque hace tabla rasa de la estrategia seguida por Mercadona y que la ha llevado al liderazgo del sector, plasmada en su famoso lema "precios siempre bajos" (PSB). Este enfoque convirtió a la cadena valenciana en hegemónica al lograr precios muy competitivos gracias a la eficiencia de toda su cadena de valor que le permitió ahorrar al máximo en todos los procesos y ofrecer a los consumidores precios bajos y constantes. Aunque Mercadona ha acompañado esta estrategia del objetivo de mejorar la calidad de los productos y servicios que ofrece, en especial durante la última década, ha mantenido el factor precio como principal elemento de atracción del comprador.

La campaña de la izquierda radical también omite la libertad de elección de establecimiento que el consumidor español aún retiene, y que habría originado un desplazamiento significativo de la demanda hacia competidores si el diferencial de precios hubiese sido notorio. Este insultante paternalismo supone tratar como inútiles a los ciudadanos, por considerarles incapaces de comparar precios y elegir otra cadena si Mercadona se hubiera vuelto tan prohibitiva e indecente.

Cierta literatura económica ha manifestado la posibilidad de que la economía mundial haya entrado en una fase caracterizada por el menor grado de competencia en los mercados y esta sea una de las causas de la persistente inflación de los últimos años. La tesis es que el excesivo poder de mercado de algunas empresas les permitiría mantener un elevado nivel de beneficios trasladando a precios cualquier aumento de costes. El aumento del *mark-up* (relación entre precio y coste marginal) se ha encontrado en ciertos sectores en el periodo 2000-2015, sobre todo entre las empresas que ya tenían un índice alto. En cualquier caso, los mismos estudios indican que las empresas agraciadas con un *mark-up* alto no trasladan íntegramente sus aumentos de costes a precios, absorbiendo un elevado porcentaje con cargo a beneficios; además, esta correlación parece haberse perdido desde la pandemia.

La muy experimentada ministra de Igualdad Ione Belarra, que llegó al puesto por una carambola del destino sin ninguna demostración de especiales habilidades, ha hecho tabla rasa de todos los comentarios que sus declaraciones han suscitado. Al igual que sus acólitos. Fieles al principio de que "no dejes que la realidad te desmienta un buen ataque", la cruzada contra Juan Roig lejos de amainar se ha intensificado. Desde su programa de *La Base*, el ínclito líder de Podemos iniciaba la última semana de enero con una serie de exabruptos contra Juan Roig, como que «*financió al PP, elogió la cultura del esfuerzo de los bazares chinos frente a los holgazanes parados españoles, dijo que la reforma laboral del PP era blanda, se cachondeó del lenguaje inclusivo*". Llegó a tacharle de ser «*un ideólogo liberal que suele pronunciarse contra los derechos de los trabajadores y cuenta con poderosos defensores en los medios*». Y concluía con una pregunta retórica cargada de mala intención: "*¿Debemos llamarle por su nombre? ¿Decir que es un capitalista despiadado es insultarle?*"

Las acusaciones contra Mercadona por sus prácticas laborales han tenido aún menos recorrido que las lanzadas por su presunto abuso en precios. Hasta el propio secretario general de la UGT, Pepe Alvarez, tuvo que recordar que los empleados de Mercadona cobran un 30% más que la media del sector y que "*poner el foco sobre la que mejor paga, no es la mejor manera de situar este problema*". Y no es que sea cosa de hoy, hace años que Mercadona es la cadena de distribución que mejor paga a sus empleados (figuras 27 y 28). El salario mínimo en Mercadona es por norma un 50% superior al SMI cuando el empleado lleva cuatro años en la empresa, una condición que cumple más del 90% de la plantilla. La cadena incrementó los salarios en un 6,5% y un 5,7% en 2022 y 2023 respectivamente, con la voluntad de mantener el poder adquisitivo de sus trabajadores, rompiendo así la tónica de otras muchas empresas de renegociar subidas salariales inferiores al indicador macro.

Podría haber añadido que Mercadona ha creado de forma directa hasta finales de 2023 más de 105.000 puestos de trabajo (7.000 de ellos en los tres últimos años) y, según el informe *Impacto Económico de Mercadona en 2021* elaborado por el IVIE, habría colaborado en la generación de más de medio millón de empleos indirectos hasta un total de 660.000 empleos. Podría haber mencionado que los 1.090 millones de euros invertidos en 2021 permitieron generar 20.000 empleos, lo que significa más del 3% del empleo de la economía española.

Figura 27. Retribuciones salariales de Mercadona en comparación con la competencia en la distribución de distintos modelos de negocio (2017).

El salario mínimo y máximo en el comercio

Salario base anual bruto en euros según el convenio, sin complementos

	Mínimo	Mínimo por hora	Máximo	Máximo por hora
Supercor[2]	11.793	6,55	13.562	7,52
Comercio de conveniencia	11.793	6,55	13.562	7,53
Comercio textil (Madrid)	11.937	6,69	15.506	8,69
Supermercados Carrefour	12.059	6,60	14.971	8,20
Sabeco (Simply)[2]	12.700	7,11	17.179	9,62
Dia[2]	12.925	7,24	20.953	11,74
Eroski[2]	13.020	7,24	14.655	8,15
Primark	13.514	7,63	19.756	11,16
Decathlon	13.832	7,13	17.468	9,01
Grandes superficies[1]	13.952	7,76	17.081	9,50
Mercadona	15.160	–	23.734	–
Lidl[1]	15.257	8,50	18.847	10,50

(1) Se calcula el anual con el número máximo de horas estipuladas por el convenio.
(2) Se calcula la remuneración por hora según el máximo de horas estipuladas por el convenio.

Fuente: *Cinco Días*, 16 de enero de 2017. https://cincodias.elpais.com/cincodias/2017/01/13/empresas/ 1484335514 941331.html. Consultado el 7 de febrero de 2023.

Figura 28. Salario medio anual de las principales cadenas de supermercados en España en 2021 (euros).

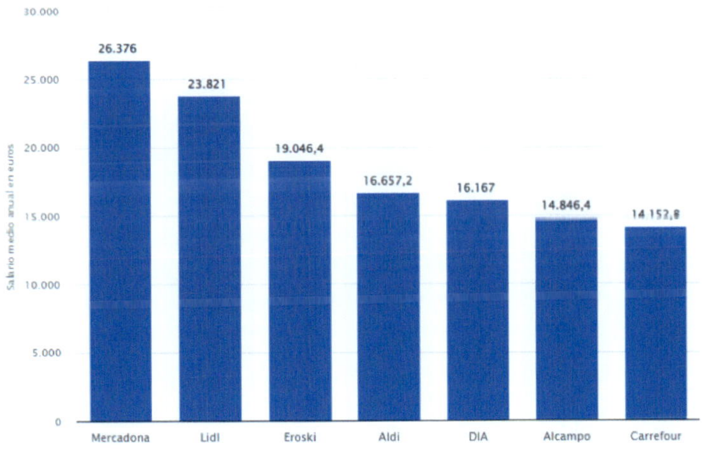

Fuente: http://es.statista.com/estadisticas/540608/salario-medio-en-los-grandes-supermercados-españoles

Podría haber recordado que la rotación laboral de Mercadona es del 2%, algo inédito en el retail mundial pues la rotación media en los supermercados británicos o canadienses está en el 35% y 39% respectivamente.[33] Y podría haber puesto a Mercadona como ejemplo en medidas de conciliación laboral y familiar al implantar en 2020 la jornada laboral de 5 días y garantizar 8 fines de semana largos al año, unos hitos en el sector por su política de empleo estable y de promoción interna, iniciada hace más de 25 años, que entre muchos otros ha sido reconocida y puesta de modelo por la OIT.[34]

Aunque, quizás, los datos más contundentes son los relativos a las primas que Mercadona abona cada año a sus empleados con cargo a los beneficios. La decisión de compartir el beneficio generado con los empleados se tomó en 2001 con el objetivo de reflejar "su compromiso con el crecimiento compartido y el reconocimiento al trabajo y al esfuerzo del conjunto de la plantilla". Desde entonces, Mercadona ha repartido más de 4.200 millones de euros (figura 29). En los años 2019 a 2021, Mercadona ha distribuido entre sus empleados un total de 1.124 millones de euros, lo que supone un 55% de los beneficios totales (2.030 millones). Dado que otro 25% es retenido por la empresa para fortalecer sus reservas o para financiar inversiones, la propiedad (Juan Roig y Hortensia Herrero con el 80%, Fernando Roig con el 9%, la familia Gómez con el 7% y un 4% de autocartera) sólo percibe el 20% de sus ganancias. A remarcar que, en 2020, como compensación a sus empleados en reconocimiento por su extraordinario esfuerzo durante la pandemia, la empresa les abonó una extra consistente en un incremento del 20% del sueldo del mes de marzo, que sumó 43 millones para toda la plantilla. A esta extra se le añadieron los 409 millones de la prima por beneficios. Y en 2021, pese a disminuir los beneficios, el reparto sumó 375 millones.[35]

---

33 https://www.linkedin.com/posts/laurenturienzo_excma-sra-ione-belarra-urteaga-siento-activity-7024093807738503169-h8KB/?utm_source=share&utm_medium=member_android.

34 http://www.ilo.org/global/about-the-ilo/multimedia/video/video-news-releases/WCMS_534897/lang--en/index.htm.

35 Navarro, N. (2021), "Mercadona reparte 409 millones de euros en primas a sus 90.000 trabajadores". La Vanguardia, 1 de marzo. https://www.lavanguardia.com/economia/20210301/6261652/mercadona-reparte-409-millones-euros-trabajadores-plantilla.html. Consultado el 8 de febrero de 2023.

Figura 29. Primas por beneficios pagadas anualmente por Mercadona a sus trabajadores.

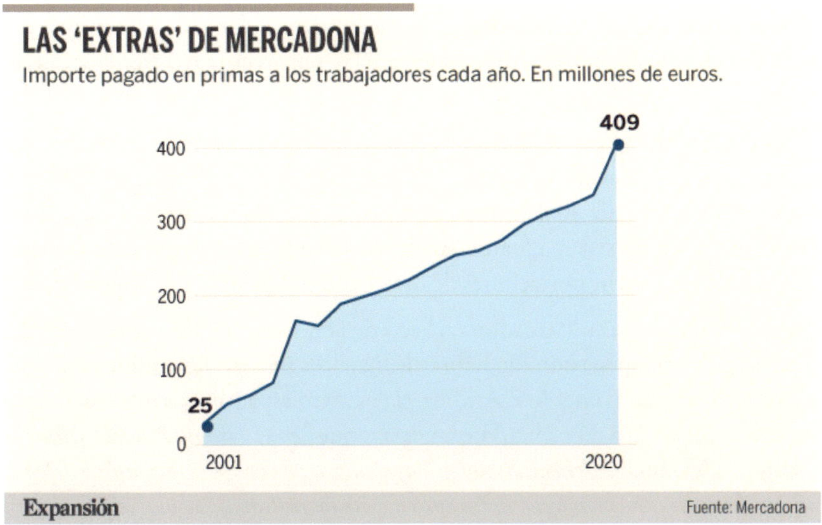

LAS 'EXTRAS' DE MERCADONA

Importe pagado en primas a los trabajadores cada año. En millones de euros.

409
400
300
200
100
25
0
2001
2020

Expansión Fuente: Mercadona

Fuente: Mercadona. Tomado de *Expansión*,

Figura 30. Declaraciones del chef José Andrés en reacción al ataque a Mercadona por la importación de naranjas.

No parece tampoco que haya hecho mella en sus detractores el importante ejercicio de filantropía que Mercadona y sus principales accionistas han desplegado. Juan Roig ha dinamizado la sociedad valenciana con proyectos como la escuela de negocios Edem, la aceleradora de *start-ups* Lanzadera, la sociedad de inversión Angels y las iniciativas deportivas como la Maratón de Valencia o el Valencia Basket, para el que está construyendo actualmente un pabellón ultramoderno en Valencia. Por su parte, la vicepresidenta de Mercadona y esposa de Juan Roig, Hortensia Herrero, destina ganancias a proyectos artísticos y de conservación del patrimonio que han permitido recuperar joyas del arte en la ciudad de Valencia.

Desautorizados otra vez, en vez de imitar a los avestruces y esconder su cabeza bajo las alas, han optado por seguir adelante con la campaña de destrucción de la imagen de Mercadona y de su cabeza visible. El día 30 de enero de 2023, Pablo Iglesias volvía a la carga acusando ahora tácitamente en un sweet a Juan Roig de no defender a los empresarios valencianos del sector agrario por sus importaciones de naranjas tipo Valencia con origen Sudáfrica.

Desgraciadamente para Mercadona, el eco de la noticia se difunde con rapidez por las redes sociales y en apenas un día había alcanzado a más de 1,2 millones de tuiteros. La buena noticia es que el chef José Andrés, el cocinero español más internacional, se ha entrometido en el asunto recordándole a Iglesias que "*en el campo, muchas frutas tienen temporadas (...) Naranjas valencianas no las hay siempre y a veces se importan*"; *y defendiendo a Juan Roig diciendo que el empresario "mantiene puestos de trabajo todo el año y crea nuevos*" (figura 30). La revista especializada *Valencia Fruits* felicitaba al chef por "*divulgar cómo funciona el mercado de importación citrícola en España*", indicando que "*tenemos los mejores cítricos del mundo, pero no producimos todo el año y hay que importar algunos meses*".[36]

El propio Juan Roig ha contestado con elegancia a los ataques de la ministra Belarra (y por extensión al resto de sus compañeros de cruzada) recordándoles, durante su intervención en la Nueva Economía Fórum Europa, que "los empresarios somos los que generamos riqueza y bienestar. Si los que luego gobiernan, lo saben hacer, pues hay riqueza para todos". Aunque ha rehuido la confrontación directa, sí ha defendido que "la ética debe ser uno de los valores de la cultura empresarial en España" al tiempo que ha llamado a los empresarios "a salir del armario y a sentirse orgullosos" de serlo.

Las reacciones a la campaña denigratoria contra las grandes empresas del sector de la distribución y en especial de Mercadona no se hicieron esperar. Las primeras fueron de Josep Sánchez Llibre, presidente de la patronal catalana Foment del Treball, quien apuntó que ni los empresarios ni los beneficios empresariales eran responsables del incremento de precios en el sector alimentario, exigiendo rigor y que no se hiciese populismo.[37] Por

---

36 Corral, M. (2023), "El zasca del chef José Andrés a Iglesias por su comentario sobre el origen de las naranjas". *El Español*, 31 de enero. https://www.msn.com/es-es/noticias/videos/el-zasca-del-chef-jos%C3%A9-andr%C3%A9s-a-iglesias-por-su-comentario-sobre-el-origen-de-las-naranjas-lea-esto/ar-AA16XPwa?ocid=msedgntp&cvid=ee3db03dba7f433ea7215a3e43b9f080. Consultado el 1/2/2023.

37 "Alguien aquí se está forrado: las falacias de Yolanda Díaz cuando acusa a las tiendas de la subida de precios". *Libre Mercado*, 16 de enero de 2023. https://www.libremercado.com/2023-01-16/alguien-aqui-se-esta-forrando-las-falacias-de-yolanda-diaz-cuando-acusa-a-las-tiendas-de-la-subida-de-precios-6975664. Consultado el 1 de febrero de 2023.

su parte, la CEOE publicó el 27 de enero de 2023 un comunicado en el que condenaba la "injusta estrategia de desprestigio y descalificación" que sufren los empresarios. Añadía que "es un grave error dirigir la atención de la opinión pública hacia los empresarios, culpabilizándoles de determinados problemas económicos", en una "estrategia peligrosísima de claro corte populista". Tras exigir un respeto por los empresarios españoles y rechazar las difamaciones, el comunicado proseguía: "*echamos en falta que determinadas fuerzas dentro del Gobierno se comprometan con la gestión de los problemas más importantes que arrastra la economía española*". Y finalizaba afirmando: "*Hemos asistido a una serie de declaraciones por parte de algunos actores políticos e, incluso, de miembros del Gobierno, que vienen a cuestionar el papel del empresariado con una agresión directa a la que se ha llegado a poner nombre propio*", en alusión a las críticas de Belarra a Roig.

De las críticas de los fundamentalistas no se libra nadie que apoye a sus víctimas. Inmediatamente a la publicación del comunicado de la CEOE, otro clásico de Podemos, el secretario estatal de Horizonte Republicano y Profundización Democrática Rafa Mayoral, se afanaba en el acoso en los siguientes términos:[38]

> *Ayer salía la CEOE enfadadísima porque se ha señalado a un hombre tan prestigioso como Juan Roig y lo hacía bajo un instinto de clase, de defender a los suyos [el presidente de Mercadona] no es un empresario cualquiera. Alguien que tiene el 25 por ciento de una cuota de mercado no es un empresario cualquiera, es un monopolista. ¿Qué hace la CEOE riéndole las gracias a un monopolista que estrangula pequeñas y medianas empresas en este país y que está tocando la cadena de valor alimentaria para abusar de productores y de consumidores?*
>
> *Que se dejen de instintos de clase, y empiecen a pensar en los intereses de la mayoría de los empresarios de este país, que no son precisamente los intereses de los monopolistas que los estrangula como hace Juan Roig o que los endeudan hasta las cejas para luego quedarse con sus bienes como hacen los bancos en este país con los pequeños y medianos empresarios.*

Otro de los grandes empresarios valencianos que ha sido objeto de ataques tras defender a Juan Roig y la figura del empresario es el presidente de la Asociación Valenciana de Empresarios (AVE) Vicente Boluda. Durante una conferencia pronunciada en Nueva Economía Fórum Europa, Boluda manifestó su apoyo a Juan Roig y el orgullo que los empresarios valencianos sienten por su trabajo, pidiéndole al gobierno respeto por los empresarios.[39] Esta simple manifestación originó que, de nuevo, Héctor Illueca arremetiera directamente contra él mostrando su rechazo al proyecto de la futura terminal de contenedores para evitar los "*intereses de una minoría y de empresarios raritos y oscuros como*

38 https://www.europapress.es/castilla-lamancha/noticia-podemos-critica-ceoe-reir-gracias-juan-roig-monopolista-estrangula-pequenas-medianas-empresas-20230128153623.html. *Consultado el 1/2/2023.*

39 Brines, J. (2023), "Roig y Boluda piden al Gobierno respecto hacia los empresarios". *Expansión*, 24 de enero. https://www.expansion.com/valencia/2023/01/24/63cfb4a4468aeba62b8b4624.html?intcmp=MNOT23801&s_kw=3. Consultado el 31 de enero de 20923.

el señor Boluda"; y censurándole por ser empresarios "*demasiado acostumbrados a que sus éxitos dependan de las subvenciones públicas*" y de "*seguir succionando los recursos públicos*".[40]

La descalificación de los medios que no secunden sus tesis o al menos informen objetivamente forma parte del programa. Véase sino la descalificación firmada por Pablo Iglesias, a través de su programa de *La Base* en la última semana de enero, contra el periódico Levante-EMV por la portada en la que simplemente reproducía las declaraciones de Juan Roig recordando que "los empresarios generan empleo":

> *"Prensa Ibérica* -el grupo editorial de *Levante-EMV- depende de Juan Roig y de Mercadona. Esta portada puede servir para que entiendan cómo funciona el periodismo y por qué ciertos políticos progres valencianos no se atreven a hablar claro a Roig a cambio de buen trato mediático"*

4. El ataque a la gran empresa privada y el menosprecio de la buena gestión

Inditex y Mercadona no han sido pues las únicas grandes empresas privadas atacadas, ni sus respectivos gestores los únicos empresarios vilipendiados. Cualquier corporación privada que en los últimos años haya destacado por su rentabilidad, y cualquier empresario o directivo suficientemente temerario para defender públicamente el papel que tales compañías juegan en la economía nacional, ha sido denigrado sin más.

El medio *LibreMercado* lo decía tras repasar los ataques en tromba de miembros del gobierno contra diferentes compañías y sectores: "*el Gobierno, en guerra contra las empresas españolas*", era el titular del artículo que publicaba el mismo día en que el BBVA fue objeto del ataque coral de varios miembros del Ejecutivo. El Presidente del BBVA, Carlos Torres, en su intervención de respuesta a la vicepresidenta, fue al fondo del asunto y no dudó al decir que "*los ataques a las empresas privadas conducen a resultados catastróficos (...) La historia está repleta de economías y sociedades que abandonaron la iniciativa empresarial por otros modelos con resultados catastróficos*".[41]

La acritud de la crítica es directamente proporcional al tamaño de la empresa. La gran empresa es asimilada sin ambages con el monopolio u el oligopolio, y se encarnan en ella los peores vicios del capitalismo despiadado. Lógicamente, a los responsables máximos de tan nocivas corporaciones se les descalifica sin más precauciones, al considerarles los actores necesarios de las maldades que sus organizaciones ejecutarían.

40 *El Economista*, 6 de febrero de 2023. https://www.eleconomista.es/economia/noticias/12138080/02/23/Podemos-reaviva-la-guerra-con-los-empresarios-Illueca-carga-contra-Boluda-por-el-puerto.html. Consultado el 7 de febrero de 2023.

41 Vaquero, L. (2023), "El Gobierno, en guerra contra las empresas españolas: tras Mercadona, se lanza contra BBVA". *LibreMercado*, 1 de febrero. https://www.libremercado.com/2023-02-01/el-gobierno-en-guerra-con-las-empresas-espanolas-tras-mercadona-se-lanza-contra-el-bbva-6981671. Consultado el 1/2/2023.

La incitación a la ciudadanía a la sospecha de la responsabilidad de las grandes empresas españolas en la actual encrucijada es ya una realidad. Así lo daba a entender la Proposición no de Ley presentada por Podemos ante el parlamento valenciano en enero de 2023, que además de abogar por impuestos extraordinarios y topes de precios, pedía "limitar la expansión" de Mercadona, Carrefour y Lidl, a las que consideran un oligopolio que, al concentrar el 41,4% del mercado, tienen "la capacidad para pactar precios, fijar condiciones a los productores y expulsar a la competencia". Su exposición de motivos afirmaba que «se está produciendo una dinámica especulativa por parte del oligopolio alimentario, que es uno de los principales beneficiarios y que, conforme avanza el calendario, evidencia con menos reparos su voluntad de seguir ganando dinero a espuertas pese a la crisis actual». Su propuesta, a nivel autonómico, era modificar el Plan de Acción Territorial Sectorial del Comercio de la Comunidad Valenciana (PATSECOVA) para "dejar sin efecto la moratoria que afecta a las grandes superficies comerciales, robustecer la regulación que limita la expansión de estas y reforzar las medidas de protección del pequeño comercio". Hay que recordar que el PATSECOVA tienen suspendidos los artículos que introducen la exigencia de una licencia autonómica para la apertura de tiendas de más de 1.000 metros cuadrados, lo que afectaría a la práctica totalidad de los establecimientos de las tres cadenas proscritas, pero también de Consum, Aldi y otras similares.[42]

La animadversión contra la gran empresa ha tenido en la banca un foco preferente. Así se demostró tras presentar el día 1 de febrero de 2023 el BBVA sus excelentes resultados de 2022, con un beneficio récord de 6.420 millones de euros, con un aumento interanual cercano al 40%. Ese mismo día, en un vídeo que colgó en Twitter, Ione Belarra decía: "*la banca no puede tener beneficios extraordinarios cuando la gente lo pasa realmente mal (...) hay mucha gente muy privilegiada, desde la banca a la gran distribución de la alimentación, que se está haciendo de oro a costa de la crisis y este gobierno que quiere proteger a la gente no lo puede permitir*".[43] En vez de alegrarse por la buena marcha de una empresa española líder, Belarra desgranaba duros calificativos: obscenidad, avaricia, codicia y usura. Sí, han leído bien, usura. Según esta dilecta exministra, "*cuando ganas 6.000 millones, 9.000 millones de euros en un año, no eres un empresario, eres un usurero*". Denunciaba así que la banca ganase miles de millones "de forma obscena" mientras los ciudadanos sufrían subidas de hipotecas a las que no podrían hacer frente. En su discurso no se privó de decir "*que la riqueza en España también tiene nombres y apellidos y los vamos a seguir nombrando y les*

42 Valero, D. (2023), "Podemos propone limitar la expansión de Mercadona, Lidl y Carrefour: Es un oligopolio capaz de fijar precios". *Invertia / El Español*, 1 de febrero. https://www.elespanol.com/invertia/ empresas/distribucion/20230201/podemos-expansion-mercadona-lidl-carrefour-oligopolio-defijarprecios/737926462_0.html. Consultado el 2 de febrero de 2023.

43 Investing.com, 1 de febrero de 2023. https://es.investing.com/news/stock-market-news/yolanda-diaz-y-belarra-piden-congelar-hipotecas-ante-ganancia-record-del-bbva-2352135. Consulta el 1 de febrero de 2023.

vamos a llamar lo que son: codiciosos y avariciosos (...) Mientras que Ana Patricia Botín esté nadando en billetes de quinientos euros les vamos a seguir llamando avariciosos".[44]

Unos días después, en un acto de partido, Ione Belarra llegó a tildar los beneficios milmillonarios de Banco Santander de obscenos y a los presidentes de BBVA y Santander de usureros, ambiciosos y codiciosos por "hacerse de oro" y "nadar en billetes de 500 euros". Aprovechando la ocasión, volvía a arremeter contra Juan Roig, al que ha tildado también de usurero por subir los precios de los alimentos en plena ola inflacionista tras dirigirse directamente a él en los siguientes términos: "*no eres un empresario, eres un usurero, y se lo vamos a seguir diciendo*".[45]

Yolanda Díaz reaccionaba igualmente al anuncio del BBVA casi al minuto afeando en Twitter los resultados conseguidos y apuntando que la crisis no puede servir de excusa para lograr ganancias extraordinarias aprovechando el encarecimiento de las hipotecas variables por el aumento de euribor: "*mientras la subida del euríbor encarecerá la hipoteca media en 250 euros al mes, los beneficios del BBVA crecen el 38 % hasta llegar a 6.420 millones, los mayores de su historia. La crisis no puede ser una excusa para ganar más*". Poco después, reclamaba a las entidades bancarias nacionales que "den un paso adelante, se comprometan con la ciudadanía de este país" blindándoles el coste de las hipotecas cuyo aumento valora como "inasumible" por cualquier trabajador. Su solución: "congelar hipotecas, moderar beneficios".

De nuevo la presunción de que los mayores beneficios proceden de trasladar el aumento de costes (ahora del dinero) a los precios de los productos (en este caso, los servicios de financiación hipotecaria variable). Los datos llevaban a dudar de tal hipótesis. El consejero delegado del grupo, Onur Genç, aportó algunos que sugieren que los resultados se deben a la buena gestión y no al crecimiento de los tipos de interés, que sólo afectan a las hipotecas variables más recientes, que son una minoría, pues el 80% de las nuevas hipotecas son fijas y el 76% de las variables ya contratadas son de 10 años ó más. El presidente del BBVA, Carlos Torres, remachó la falta de base de las críticas al puntualizar que los resultados eran fruto de una diversificación que ha hecho de México el mercado fuente principal de ingresos, y por ello los resultados generados en España sólo habían crecido un 8,4%"; y al recordar que en el camino ha habido muchos años de pérdidas en el mercado nacional.[46]

---

44 Molina, V. (2023), "Belarra: cuando ganas 9.000 millones de euros en un año no eres un empresario, eres un usurero". *Levante*, 5 de febrero de 2023. https://www.levante-emv.com/espana/2023/02/05/belarra-ganas-9-000-millones-82523015.html. Consultado el 19 de julio de 2024.

45 *El Economista*, 5 de febrero de 2023. https://www.eleconomista.es/economia/noticias/12136511/02/23/Belarra-tilda-a-los-grandes-banqueros-y-a-Juan-Roig-de-usureros-y-codiciosos.html. Consultado el 7 de febrero de 2023.

46 Gracia, M. (2023), "BBVA replica a Yolanda Díaz: Los ataques a empresas privadas conducen a resultados catastróficos". *El Independiente*, 1 de febrero. https://www.msn.com/es-es/dinero/noticias/bbva-replica-a-yolanda-d%C3%ADaz-los-ataques-a-empresas-privadas-conducen-a-resultados-catastr%C3%B3ficos/ar-AA16Z4Dv?ocid=msedgntp&cvid=98b4442793514da2b5d7e561a270ae07. Consultado el 1/2/2023.

La actitud negativa frente a los beneficios, tanto mayor cuanto más extraordinarios son, se ha alimentado también de su comparación con los salarios. Los informes de Oxfam[47] vuelven a ser uno de los medios aficionados a estas comparaciones para apoyar su tesis del avance de la desigualdad. Un argumento recurrente es que durante las crisis los beneficios de las empresas se redujeron menos que los salarios, al aplicar las empresas rebajas salariales importantes para sobrevivir; en cambio, durante las fases de recuperación el crecimiento de los beneficios sería más acentuado que las mejoras salariales. El resultado "*alimenta la desigualdad, pues los beneficios de las empresas se reparten como dividendos o rentas de capital, y estas están muy concentradas en las familias y hogares con mayores niveles de renta*".

Figura 31. La retribución de la alta dirección de Inditex.

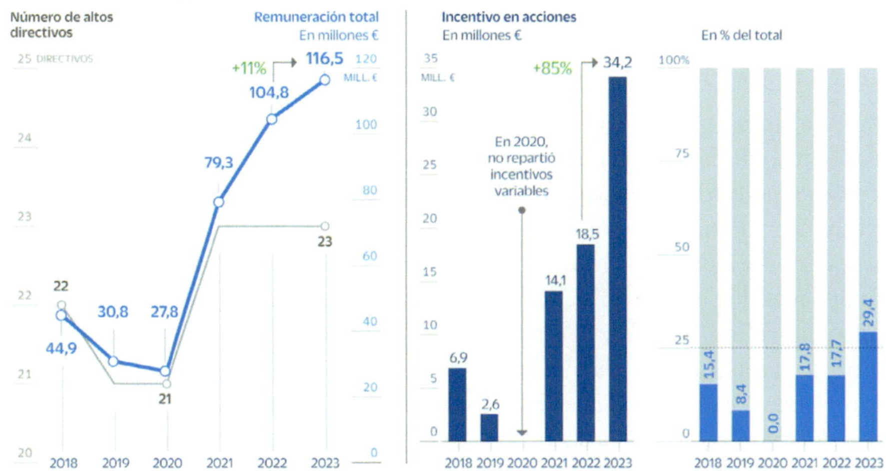

Fuente: Informe de Gobierno Corporativo de Inditex.

La animadversión contra los beneficios empresariales viene acompañada especialmente de la continua denuncia de las retribuciones percibidas por los altos directivos. Inditex ha sido nuevamente un blanco preferido. A pesar de las notables alzas salariales practicadas en los últimos años, que en 2023 fueron del 9% (triplicando el encarecimiento del coste de la vida, que fue del 3,1%), los sindicatos han convocado movilizaciones reclamando que la empresa reparta con sus empleados los importantes beneficios conseguidos durante ese año, apuntando además hacia la "enorme brecha salarial" entre su primer ejecutivo y sus

47 "Oxfam: la desigualdad no es resultado de la crisis, sino de una distribución injusta de rentas y oportunidades". *Idealista News*, 17 de enero de 2017. https://www.idealista.com/news/finanzas/laboral/2017/01/16/744943-oxfam-la-desigualdad-no-es-el-resultado-de-la-crisis-sino-de-una-distribucion-injusta-de. Consultado el 24 de julio de 2024.

trabajadores.[48] El informe Evolución de Indicadores de Buen Gobierno en las Empresas del Ibex 35 en 2022, elaborado por CCOO en colaboración con el Ministerio de Trabajo, denunciaba que la remuneración del CEO del grupo (27 millones de euros) era la más alta del selectivo español, mientras que la media salarial por empleado (25.000 euros) es la segunda más baja de las cotizadas, lo que suponía una diferencia de 1.000 veces. En la alta remuneración del primer ejecutivo de la textil se incluía una indemnización por cese de actividad de casi 23 millones de euros. Luego las retribuciones eran realmente de 4,1 millones de euros. Si tomamos al conjunto del equipo de alta dirección formado por 23 personas, la remuneración ascendía en 2023 a 116 millones. Dado que el 30% de los ingresos son incentivos variables en forma de acciones, que crecieron de modo relevante por el rally bursátil del título, el coste salarial medio por directivo era de 3,56 millones de euros (figura 31). La media de las cotizadas en el IBEX era de 4,6 millones de euros. La comparación de estos elevados emolumentos con los sueldos medios de los asalariados sirve de base a muchos medios para anunciar que la ya elevada desigualdad sigue al alza.

Sin embargo, estas voces críticas con los elevados emolumentos de directivos y empresarios nada dicen (en muchos casos, porque son sus beneficiarios) de las percepciones que muchos políticos consiguen con nombramientos políticos, netamente superiores a las que han obtenido en toda su carrera profesional fuera del servicio político, que además en muchos casos se reduce a puestos de militancia. Un caso que despertó eco mediático fue el equipo fichado para el Ministerio de Igualdad durante la pasada legislatura, encabezado por Angela Rodríguez Pam, Secretaria de Estado de Igualdad y contra la Violencia de Género. La retribución que percibía era de cerca de 120.000 euros, un sueldazo superior al del propio presidente del gobierno. Para llegar a este cargo, sólo necesitó escalar posiciones dentro de la burocracia de Podemos y llegar como diputada al Congreso entre 2016 y 2019.

5. ¿La solución es más intervencionismo?

¿Cuál es la causa última y el objetivo final de estas campañas de difamación? La proximidad electoral parecía ser una causa cortoplacista. Los partidos de izquierdas recurren, cada vez que ver urnas en el horizonte, a diferenciarse de sus rivales con propuestas populistas y polémicas que llenen los titulares de los medios, y que recurren a exaltar algunos de los más bajos instintos humanos, como la envidia y el resentimiento, al tiempo que entierran algunos de los valores más destacables como el talento y el esfuerzo.

---

48 García, E. (2024), "La brecha salarial en Inditex es abismal: su primer ejecutivo cobró mil veces más que los trabajadores en 2022". *Infobae,* 23 de mayo de 2024. https://www.infobae.com/espana/2024/05/23/la-brecha-salarial-en-inditex-es-abismal-su-primer-ejecutivo-cobro-mil-veces-mas-que-los-trabajadores-en-2022/#:~:text =A%20la%20brecha%20salarial%20por,favor%20de%20la%20plantilla%20masculina. Consultado el 23 de julio de 2024.

Teodoro León[49] responde a la pregunta de ¿Por qué odian tanto a Amancio Ortega? con una tesis inquietante: "*A Amancio Ortega no se le persona su éxito, porque hay algo en el español que le emponzoña las tripas de forma atrabiliaria contra quien triunfa*". Y nos trae a la memoria unos versos especialmente oportunos de Cernuda: "*hiel sempiterna del español terrible/Que acecha lo cimero/ Con su piedra en la mano*".

En realidad, estos políticos "*han encontrado en Mercadona el chivo expiatorio ideal al que cargarle la culpa de una inflación que está asfixiando a los consumidores del país, que el Gobierno no sólo es incapaz de controlar, sino que hace buen negocio de ella*" con los "*pingues beneficios que Hacienda se está embolsando con la desorbitada escalada de precios*". De todo este caudal de dinero, el Estado no ha devuelto nada a los ciudadanos para reducir el crecimiento del coste de la vida, a pesar de que, como advertía Juan Roig, "*el IVA es inflacionista. Cada vez que se sube el precio, el Estado se lleva pasta de nosotros*". El Estado sí ha obtenido ingresos extraordinarios por esta recaudación espuria del IVA. Las solicitudes reiteradas al Gobierno para que utilizase este caudal para aliviar el coste de la cesta de la compra para los ciudadanos cayeron en saco roto durante todo 2022, y sólo se decidió a rebajar el IVA de ciertos alimentos dejando como exentos los que estaban gravados al 4% (leche, pan, harinas panificables, queso, huevos, fruta, verduras, hortalizas, legumbres, patatas y cereales) y rebajando del 10% al 5% otra selección de artículos (entre ellos los aceites y la pasta) cuando el año estaba finalizando.

Pero en los dos casos analizados, como en tantos otros, también hay un motivo ideológico de fondo. La visión de la sociedad de estos políticos está marcada por la falta de confianza en la empresa privada y la preferencia por el intervencionismo público como la mejor forma de asignación de recursos. La propia ministra Belarra proponía: "*frente al capitalismo despiadado de Juan Roig y Mercadona, intervención pública de la gran distribución alimentaria para topar los precios de los alimentos básicos y que la gente pueda vivir mejor*". [50] La misma solución proponía para abaratar el crédito: "*Necesitamos una intervención pública de la economía que tope las hipotecas de tipo variable*". [51]

Su loa de la intervención pública era total. Tras criticar a los gurús neoliberales, sostuvo: "*las medidas más efectivas y más baratas son las de intervención pública en la economía. Podemos ha demostrado que es la mano visible del Estado la que puede construir un escudo protector (...) Es la intervención pública en la economía la que plantea las medidas más eficaces para proteger los derechos sociales en España*".[52]

---

49 León, T. (2021), "Por qué odian tanto a Amancio Ortega?". *The Objective,* 2 de diciembre de 2021. https://theobjective.com/elsubjetivo/opinion/2021-12-02/por-que-odian-tanto-a-amancio-ortega. Consultado el 21 de julio de 2024.

50 *InfoRetail,* 25 de enero de 2023, o.c. *El Economista*, 6 de febrero de 2023.

51 *Investing.com*, 1 de febrero de 2023, o.c.

52 *InfoRetail,* 25 de enero de 2023, o.c.

Las proposiciones que desde la izquierda radical se han lanzado para responder a los problemas inflacionista y de deterioro de la calidad de vida del ciudadano español abarcaban desde las acciones de inspección y control que fuesen necesarias para supervisar la rebaja del IVA, a instaurar sistemas de control y regulación de los precios de la cadena alimentaria, definir una cesta de la compra básica de alimentos con precios topados, la intervención pública directa sustituyendo a la oferta privada y medidas fiscales. Es más, en diciembre de 2022, la Vicepresidenta del Gobierno Yolanda Diaz llegaba a sugerir la posibilidad de penalizar a los distribuidores que no se adhiriesen a su plan de limitación de precios facilitando productos asequibles y de calidad a las familias, prohibiéndoles el reparto de dividendos.[53]

La imposición de limitaciones de precios y de márgenes empresariales, mediante la creación de cestas de productos básicos a precios limitados, ha sido uno de los grandes campos de batalla. La acritud contra los empresarios de la vicepresidente del Gobierno creció sensiblemente tras fracasar su proyecto de acuerdo con la gran distribución con este fin, pues sólo Carrefour secundó la iniciativa. Finalmente, la idea quedó en una recomendación para que cada gran empresa de distribución propusiese su oferta comercial y la composición de la cesta, que ha quedado en agua de borrajas.[54]

La base para el rechazo de este control de precios era sólida. Javier Millán-Astray, director general de la Asociación Nacional de Grandes Empresas de Distribución (ANGED), ha aclarado la razón del rechazo: "*Si se intenta fijar una cesta de la compra tipo, pues se están distorsionando las relaciones de las propias empresas de distribución con los propios proveedores*", añadiendo que se trata de un sector donde hay una competencia "feroz" y que si se intenta modificar ese libre funcionamiento del mercado, "*lo que se generan son distorsiones y por tanto ineficiencias de los precios*". Aurelio Pino, Presidente de la Asociación de Cadenas Españolas de Supermercados (ACES), insistió en la misma línea: el marco regulatorio no admite este tipo de regulaciones sobre precios, tras advertir la Comisión Nacional de los Mercados y la Competencia (CNMC) que cualquier acuerdo entre los operadores para fijar precios máximos aunque sea sólo en productos de alimentación básicos está prohibido por ley. Yolanda Díaz hizo tabla rasa de la advertencia llegando a afirmar: "*no es que no vulnere la legalidad española y europea, sino que la respeta absolutamente y está basada justamente en el principio de la competencia*".

53 "Yolanda Díaz estruja a la distribución. Tras imponer una cesta básica, estudia ahora prohibir el reparto de dividendos", *InfoRetail*, 15 de diciembre de 2022.

54 Tobar, S. (2022), "Los grandes supermercados rechazan la cesta de la compra de Yolanda Díaz". *Invertia / El Español*, 12 de septiembre. https://www.elespanol.com/invertia/empresas/distribucion/20220912/yolanda-diaz-volvera-reunirse-estudiar-medidas-asequible/702679911_0.html. Consultado el 2 de febrero de 2023.

Mikel Buesa ha denunciado el intervencionismo mediante la regulación de precios en los siguientes términos:[55]

> *Lo que pretendía era confundir al público para tratar de apuntalar esas propuestas demagógicas de la izquierda que lo fían todo al intervencionismo del Estado —de lo público, dicen ellos—, en este caso reinstaurando el control de los precios* —una política que tuvo su auge durante el franquismo y que fue desmontada al instaurarse la democracia, precisamente porque el abordaje de la inflación con ella había fracasado ya en los primeros años setenta, tal como mostré en mi libro *Economía Industrial de España* allá por el final del siglo pasado—.

No han gozado de mejor acogida las propuestas para acrecentar la regulación del sector alimentario, que ha disparado la hiper-regulación que ya sufrían las empresas españolas. Sólo entre 1979 y 2020, se aprobaron en España 386.850 normas emanadas del Estado, las comunidades autónomas y los ayuntamientos. La aceleración de la producción legislativa se aceleró primero con la aprobación de la Constitución, intensificándose esta profusión normativa en las dos últimas décadas con el desarrollo de la unión monetaria en la Eurozona. La consecuencia de ambos procesos es que la tasa de nuevas normas se disparó de menos de 3.000 entre 1964 y 1978 a más de 12.000 al año contabilizadas desde principios de siglo. El nuevo modelo político autonómico ha alimentado fuertemente esta febril tentación regulatoria, pues el 70% de ellas proceden de los gobiernos regionales, frente al 15% de la administración central y sólo el 5% del ámbito local.[56] Toda la presión normativa se intensifica aún más con la inestabilidad jurídica propiciada por la amenaza constante de cambios legislativos y procedimentales, que es especialmente notable en el ámbito tributario.

Pero lejos de frenar, el gobierno central ha añadido más leña al fuego con la aprobación en 2023 de una concesión a las demandas autonómicas, que ha supuesto la imposición de los convenios laborales autonómicos sobre los nacionales; y de la nueva regulación de los envases y el reciclado de los mismos que transponía una directriz comunitaria que permitía acomodar el ajuste empresarial hasta 2030 pero que el Ministerio de Transición Ecológica ha anticipado a 2025 sin diálogo previo con las compañías afectadas que son principalmente las grandes empresas de distribución. El sector de la distribución es precisamente uno de los que soportan mayor carga legislativa, como ha denunciado reiteradamente la Asociación de Fabricantes y Distribuidores AECOC.

La Cámara de Comercio de España, con motivo de las últimas elecciones al Parlamento europeo de 2024, ha preparado una lista de peticiones para los nuevos órganos legislativo y ejecutivo comunitarios, en orden a fortalecer la competitividad y la sostenibilidad de las empresas de la Unión. Entre ellas, se incluye en primer lugar corregir la proliferación normativa que además contiene un alto riesgo de que sea "excesiva, obsoleta, de mala calidad e innecesaria".

---

55 Buesa, M. (2023), Alguien se está forrando. *Libertad Digital*, 16 de enero. https://www.libertaddigital.com/opinion/2023-01-16/mikel-buesa-alguien-se-esta-forrando-6976443. Consultado el 1 de febrero de 2023.

56 Mora, J.S., Soler, I. (2024), *La regulación sectorial en España. Resultados cuantitativos*. Banco de España, Madrid.

Las principales críticas a la hiper-regulación aluden a sus efectos en la intensificación de los procedimientos burocráticos y el incremento de las cargas que suponen para la gestión de las empresas, que se traducen en una penalización de su competitividad. La factura por la introducción constante de nuevas normas y el rediseño continuo de complica y encarece sobremanera la gestión de las compañías, cercenando la seguridad jurídica y obstaculizando inversiones al dificultar el cálculo de su retorno esperado. Un estudio de Kox (2008) cifraba el peso de las cargas administrativas para las arcas empresariales en el 4,6% del PIB nacional, pero otro trabajo de la OCDE (2001) subía el coste provocado por el cumplimiento de la legislación vigente en el 6% del PIB, siendo el coste del cumplimiento de la regulación cinco veces mayor en las empresas con menos de 20 trabajadores que en las que alcanzan plantillas entre 50 y 400 empleados. La situación no parece haber mejorado mucho desde entonces.[57]

La avalancha de propuestas en pro de un mayor intervencionismo público que merme discrecionalidad a la empresa privada para decidir cómo competir, basado en análisis falseados de los procesos de formación de precios y márgenes, no es nada casual. Tras todas ellas late otro propósito de mucho más calado: demonizar a la empresa privada y hacer ver como antisociales y explotadores sus beneficios, para así justificar un nuevo régimen económico de corte claramente comunista que prescinda del empresariado. No es ninguna alucinación. Lean lo que dijo en Twitter Héctor Illueca, quien no se olvide fue Vicepresidente de la Generalitat Valenciana y candidato de Podemos a la Presidencia de la Generalitat en los últimos comicios:

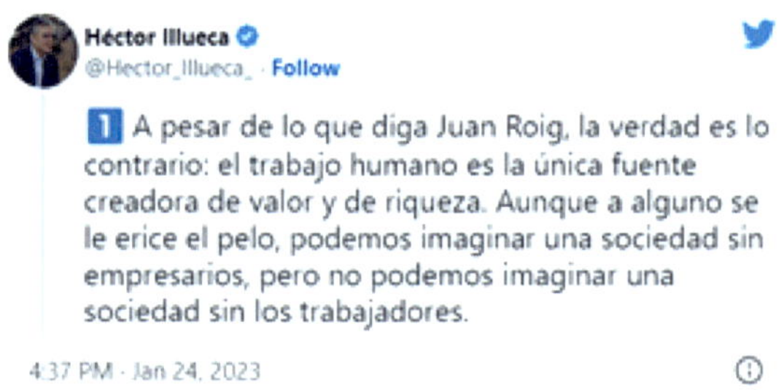
Héctor Illueca
@Hector_Illueca_ · Follow

1 A pesar de lo que diga Juan Roig, la verdad es lo contrario: el trabajo humano es la única fuente creadora de valor y de riqueza. Aunque a alguno se le erice el pelo, podemos imaginar una sociedad sin empresarios, pero no podemos imaginar una sociedad sin los trabajadores.

4:37 PM · Jan 24, 2023

La propuesta de Unidas Podemos es consecuente con su objetivo de sustituir la empresa privada por fórmulas de empresa social como las empresas agroalimentarias y de consumo bajo formas de propiedad cooperativa. El vídeo de una de las intervenciones de Pablo Iglesias en su programa *La Base*, donde sueña con un "paraíso comunista" que incluye la creación de supermercados públicos y de supermercados autogestionados por los trabajadores con

57 Camisón, C. (2022), Los costes y las estricciones de la burocracia para crear y desarrollar empresas. *Documento de Investigación EST-022-001*, GRECO Grupo de Investigación en Estrategia, Competitividad e Innovación, Universitat de València, Valencia

forma cooperativa, es muy ilustrativo.[58] La justificación de la necesidad de una empresa pública en la distribución alimentaria parte de la consagración de un nuevo "derecho social": el acceso a una alimentación asequible. Así lo dejaba ver la entonces diputada podemita Alejandra Jacinto: "*cuando hablamos de bienes de primera necesidad, la intervención del mercado a favor de las personas y de sus derechos es indispensable*».[59] La idea fue recogida por el movimiento Adelante Andalucía, que lanzó en marzo de 2023 una campaña con el ilustrativo lema "Los grandes supermercados nos roban", y que llevaba por bandera la necesidad de supermercados públicos que abaraten los precios de los alimentos básicos. La tesis era muy clara y defendía que "*la alimentación debería estar fuera del beneficio privado*", cuestionando que si existe una educación, una sanidad y una vivienda pública, "*¿por qué no supermercados públicos si la alimentación es también un derecho esencial?*".[60]

No obstante, las medidas estelares de la izquierda radical son de corte impositivo. La teoría izquierdista de la desigualdad basada en el enriquecimiento injusto no sólo consta de las dos premisas sobre sus orígenes antes analizadas. Además, incluye una tercera premisa: el aumento de la presión fiscal a las grandes fortunas. La estrategia de la izquierda radical para combatir la desigualdad pasa pues por poner nuevos impuestos a los más ricos para aligerarles la cartera del dinero que injustamente habrían acumulado con la explotación de la clase obrera precisamente en momentos donde los explotados estaban convirtiéndose en más pobres. Bueno, eso lo decía Marx, ahora se habla de implantar nuevos impuestos a los grandes patrimonios para sufragar la respuesta pública a la crisis implantando "un sistema fiscal más justo y progresivo" (así rezaba en el pacto entre PSOE y Podemos para sellar la coalición de gobierno). En términos de Ione Belarra: "*cerrar la brecha de desigualdad pasa porque la élite económica más privilegiada arrime el hombro en los momentos difíciles para proteger a la mayoría social* (...) *Que los que más tienen paguen lo que les corresponde*". [61]

La teoría del enriquecimiento injusto ha incitado aumentos importantes de la fiscalidad, no sólo a las personas con mayores ingresos y patrimonios sino también a las empresas que reporten beneficios extraordinarios. Yolanda Diaz fue la pionera al proponer

---

58 https://okdiario.com/espana/pablo-iglesias-suena-paraiso-comunista-pide-creacion-supermercados-publicos-10314676.

59 "Órdago de Podemos: pide intervenir urgentemente el mercado alimentario", *InfoRetail*, 16 de enero de 2023. https://www.revistainforetail.com/noticiadet/ordago-de-podemos-pide-intervenir-urgentemente-el-mercado-alimentario/89cb3c63c3db8817a6808596babbbdab. Consultado el 18 de julio de 2024.

60 Europa Press (2023), "Adelante Andalucía lanza una campaña para reivindicar supermercados públicos: Los grandes supermercados nos roban". *Europa Press*, 10 de marzo de 2023. https://www.europapress.es/andalucia/noticia-adelante-andalucia-lanza-campana-reivindicar-supermercados-publicos-grandes-supermercados-nos-roban-20230310152610.html. Consultado el 20 de julio de 2024.

61 *InfoRetail,* 25 de enero de 2023, o.c.

la subida en diez puntos del Impuesto de Sociedades a las cadenas de supermercados.[62] Podemos se unía a esta línea lanzando a principios de diciembre de 2022, la propuesta de instauración de un impuesto del 33% sobre los beneficios extraordinarios para las grandes empresas distribuidoras de alimentos, buscando recaudar fondos para sus prolíficos programas de ayudas sociales y al tiempo disuadir a las distribuidoras de que aumentasen los precios.[63] El asunto fue retomado a finales de enero de 2023 con la presentación en el parlamento valenciano de una Proposición no de Ley sobre la implementación de medidas para dar respuesta al alza de los precios de los alimentos básicos, de tramitación especial de urgencia, en la que abogaban por "la creación de un tributo que grave los beneficios extraordinarios de las grandes cadenas de distribución alimentaria y grandes supermercados que operan en el conjunto del Estado" (figura 32). La falta de evidencias sobre los beneficios extraordinarios abusivos de las cadenas hizo que estos proyectos embarrancasen, pero terminó generando el impuesto sobre los beneficios extraordinarios de las compañías eléctricas y los bancos.

La cuarta premisa de la teoría radical de la desigualdad es que el Gobierno gestionará la cuota de la riqueza expropiada fiscalmente a los más ricos mejor que los expropiados para aumentar la riqueza social. El aumento de la presión fiscal sobre las grandes fortunas necesita, para estar plenamente justificado, cumplir la condición adicional de que la gestión pública de la mayor recaudación lograda con una imposición superior a la riqueza extraída a la ciudadanía, sea invertida de forma que genere un crecimiento de la riqueza social media mayor y más equitativo que el alcanzable con la gestión privada de dicha recaudación.

---

62 Corbacho, J., Lozano, E. (2023), "La ministra Belarra pide intervenir los precios de los supermercados entre insultos al presidente de Mercadona". *Invertia / El Español*, 21 de enero. https://www.elespanol.com/invertia/empresas/20230121/ministra-belarra-intervenir-supermercados-insultos-presidente-mercadona/735426516_0.html. Consultado el 2 de febrero de 2023.

63 "Podemos oficializa el impuesto a la distribución alimentaria", *InfoRetail*, 12 de diciembre de 2022. https://www.revistainforetail.com/noticiadet/podemos-oficializa-el-impuesto-a-la-distribucion-alimentaria/1bcd8b607d4c5e33d7c69195098d32d4. Consultado el 18 de julio de 2024.

Figura 32. Petición para gravar los beneficios extraordinarios de los supermercados.

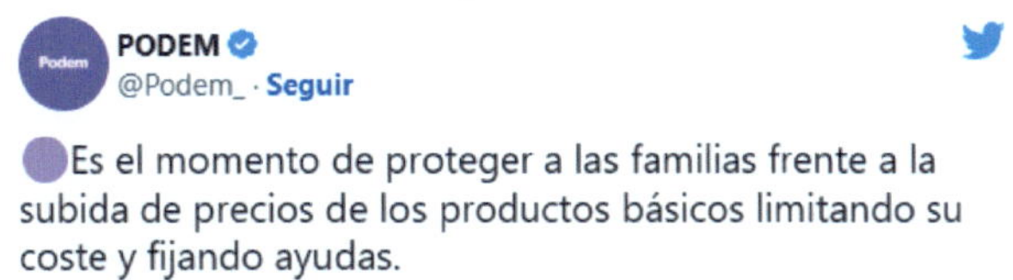

levante-emv.com/comunitat-vale...

3:02 p. m. · 31 ene. 2023

Francamente es muy improbable que el dinero recaudado a Amancio Ortega y a Inditex sea mejor invertido por el poder público cuya ineficiencia en la gestión del gasto público es clamorosa. Dejar la economía nacional en las manos de dogmáticos, que han pasado del activismo irrelevante a los sillones del poder, es un peligro muy serio, sobre todo cuando, además son unos incompetentes. Este riesgo queda de manifiesto en muchos temas.

Un caso llamativo ha sido el de Juan Manuel Serrano, cuyo principal mérito profesional fue haber sido jefe de gabinete de la ejecutiva socialista con Pedro Sánchez y amigo personal del prócer. Nada más acceder al poder en 2018, fue premiado con la presidencia de Correos, la empresa líder en mensajería de España con más de 250.000 empleados, a pesar de su nula experiencia en gestión de empresas, con unos emolumentos superiores a los 200.000 euros anuales. El año de su nombramiento fue el último hasta ahora en que este organismo reportó resultados positivos, quizás por la inercia de este icono del sector público español. Desde entonces hasta su salida a finales de 2023, acumuló un agujero de más de 1.200 millones de euros. La cuota de mercado en todos sus negocios se ha retraído considerablemente durante su mandato: en el caso del servicio postal del 97% al 85%, en paquetería del 37% al 21% y en transporte internacional del 71% al 26,6%.[64] Su papel en esta evolución queda bien reflejado en el comunicado conjunto publicado por los sindicatos UGT y CCOO:

> *La magnitud de la catastrófica gestión de Correos se agrava año tras año con la publicación de las cuentas de la compañía. Cifras sonrojantes que parecen no afectar al presidente del Gobierno, quien, a pesar de haber cambiado de opinión en otros temas, no parece tener intención de rectificar su mala decisión, la de nombrar a Serrano, asumiendo así, de forma personal, la responsabilidad de la deficiente gestión de la mayor empresa pública del país en términos de número de trabajadores.*[65]

Tras su destitución dejando Correos en ruinas, y después de cobrar una indemnización de 25.000 euros, no crean que ha pasado al túnel de la historia. El presidente del Gobierno le ha vuelto a nombrar máximo responsable de una entidad pública, la Sociedad Estatal de Infraestructuras del Transporte Terrestre (SEITT), que gestiona las autopistas rescatadas por el Estado en 2017, con un salario que puede alcanzar los 160.000 euros anuales. Están por conocer los daños que infligirá su mandato en su nueva responsabilidad. Pero no crean que esta sucesión de hechos ha mermado un ápice la fe de ciertos políticos en la cosa pública.

Veamos lo que está sucediendo con los fondos estructurales y de inversión que la UE ha concedido a España durante el periodo 2014-20 (figura 33). De los 69.862 millones recibidos para ese periodo, transcurrido más de un año de su final (febrero 2022), España sólo había ejecutado plenamente 29.613 millones (un 42%), quedando pues por gastar 40.250 millones. Aunque la UE aplica la regla n+3, que amplía el plazo para ejecutar dichos fondos tres años después de la fecha de conclusión comprometida, y según dice el gobierno tenían ya programado el gasto del 89% de estas subvenciones en el aire, la única certeza era que el gobierno español debía gastar en 2022 y 2023 más fondos regionales que los que había ejecutado en los ocho años anteriores; que además debía enviar a Bruselas sus planes de inversión para los 36.300 millones de euros adjudicados para 2021-2027 (es decir, habiendo perdido ya más de un año); y que encima debía gestionar los fondos recibidos de nuevos instrumentos comunitarios como REACT-UE y el Fondo NEXT-GEN de Recuperación y Resiliencia.

---

64 Sierra, M. (2024), "Pedro Sánchez premia a su amigo Serrano con otro sueldazo tras dejar Correos al borde la quiebra". *Voxpopuli,* 6 de julio de 2024. https://www.vozpopuli.com/espana/sanchez-serrano-correos-seitt-sueldo.html. Consultado el 18 de julio de 2024.

65 "Correos Serrano: el inútil del año". *El Confidencial,* 7 de julio de 2024. https://blogs.elconfidencial.com/espana/matacan/2024-07-07/correos-serrano-el-inutil-del-ano_3919126. Consultado el 18 de julio de 2024.

Figura 33. Dinero gastado de los fondos regionales de la UE de 2014-2020 (en % del total adjudicado).

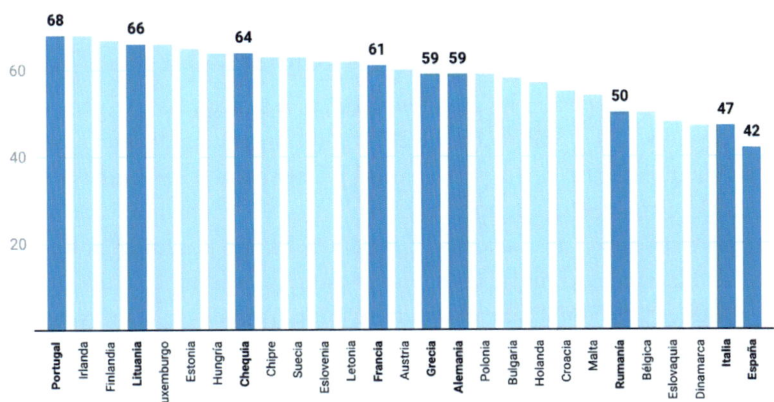

Fuente: Cohesion Open Data Platform. 2014-2020 ESIF Ovierview. Comisión Europea. https://cohesiondata.ec.europa.eu/overview/14-20.

Los errores en la regulación del campo preferido del intervencionismo radical, el terreno tributario, son continuos y suponen no sólo un atentado contra la seguridad jurídica sino un enorme coste financiero para las arcas públicas. La Autoridad Independiente de Responsabilidad Fiscal (AIReF), en su informe sobre ejecución presupuestaria de 2024, cifraba en 10.000 millones de euros el coste potencial derivado de las sentencias desfavorables dictadas en los últimos años.[66] Las normativas declaradas ilegales más importantes fueron el tramo autonómico del Impuesto de Hidrocarburos (sólo el efecto de este riesgo fiscal se calcula es unos 6.500 millones), la que obliga a devolver el IRPF a los pensionistas mutualistas o la del Impuesto de Actividades Económicas de los operadores de telefonía móvil por ser contrario al Derecho europeo. Otra bomba de relojería ha sido la declaración como anticonstitucional del Real Decreto-Ley 3/2016 de reforma del Impuesto de Sociedades, que obligará a unas devoluciones estimadas en unos 25.000 millones de euros por el Instituto de Estudios Económicos.[67] Este volumen de gastos podrá crecer considerablemente cuando se resuelvan otras causas judiciales pendientes, como son las de los arbitrajes internacionales en los pleitos por la retirada de primas a las

66 Triguero, B. (2024), "Los varapalos judiciales al Estado costarán a Hacienda más de 10.000 millones y elevarán el déficit público". *Voxpopuli*, 21 de julio de 2024. https://www.vozpopuli.com/economia_y_finanzas/varapalos-judiciales-estado-costaran-hacienda-mas-10000-millones-elevaran-deficit-publico.html. Consultado el 25 de julio de 2024.

67 Triguero, B, Serraler, M. (2024), "Los empresarios cifran en 25.000 millones la devolución de Hacienda por tumbar el TC la subida de Montoro". *Voxpopuli*, 4 de abril de 2024. https://www.vozpopuli.com/economia_y_finanzas/ empresarios-25000-millones-devolucion-hacienda-subida-montoro.html#:~:text=El%20Ministerio%20de%20Hacienda%20tendr%C3%A1,el%20pasado%20mes%20de%20enero. Consultado el 25 de julio de 2024.

energías renovables (en las que los laudos desfavorables, 20 hasta ahora, suman ya más de 2.000 millones de euros), las que afectan a las concesiones de las autopistas (con un coste previsible de 675 millones) o los recursos contra el bono social eléctrico (que sólo en 2022 conllevó un coste por sentencias de 366 millones).

El tan cacareado Impuesto a las grandes fortunas, la banca y las energéticas fue aprobado por el Senado el 21 de diciembre de 2022 con la intención de que fuese implantado inmediatamente. De hecho, el plazo para el primer pago se fijó entre el 1 y el 20 de febrero de 2023. Pero en el día de apertura del plazo, la norma no fue siquiera publicada en el BOE porque seguía encallada en el Consejo de Estado por un error de cálculo del Ministerio de Hacienda. El máximo órgano consultivo expresaba en un durísimo dictamen su malestar por la injustificada tramitación por vía de urgencia, que afecta a la calidad de las leyes y al necesario control de legalidad y constitucionalidad, exigiendo al gobierno un respeto al marco legal y a su propia función.[68]

¿Confiaría usted sus ahorros a un banco cuyo máximo responsable no sabe qué es el Euribor? Evidentemente que no, pero sí está forzado a confiar sus impuestos a una ministra ignorante que además exhibe públicamente su total desconocimiento de la materia. En una entrevista en RNE, la ínclita Irene Montero hizo el mayor de los ridículos afirmando: "*Vamos a topar el euríbor para impedir los incrementos de las hipotecas a tipo variable*". Extendiendo el despropósito, agregó sin el menor rubor que su partido llevaba meses defendiendo esta idea. Propósito fuera del alcance de cualquier gobierno nacional, pues el euríbor se calcula por el Instituto Europeo de Mercados Monetarios (EMMI) como una media recortada de los tipos de interés que 19 bancos de toda Europa (en España, BBVA, Santander, Cecabank y Caixabank) se aplican entre ellos.

Sólo al conocer la creación de valor y el impacto social de Inditex y Mercadona puede comprenderse el ensañamiento de ciertos políticos con Amancio Ortega y Juan Roig, que han sido utilizados como chivo expiatorio de sus fracasadas ideas sobre la creación y la distribución de la riqueza. El hilo abierto en *twitter* en 2019 con las primeras críticas a este personaje recogió miles de comentarios de usuarios anónimos, pero también de políticos de todos los partidos. Uno de los que participaron era Luis Garicano, prestigioso economista español y entonces europarlamentario de Ciudadanos, que escribía:

<table>
<tr><td>Economía Podemita:
MALO: Amancio Ortega: Inditex:
✓ genera 100,000 empleos
✓ paga 6000m en impuestos
✓ 1000m en España</td><td>BUENO: Maduro: Venezuela
✓ caída de la economía del 63%
✓ 1 de cada diez emigran en 2 años
✓ hiperinflación 2018:10,000,000 %</td></tr>
</table>

68 Serraller, M. (2023), "Un error de Hacienda le impide cobrar ya el impuesto a banca y energéticas". *Voxpópuli,* 31 de enero. https://www.vozpopuli.com/economia_y_finanzas/error-hacienda-impide-cobrar-ya-impuesto-banca-energeticas.html. Consultado el 2 de febrero de 2023.

Otro de los tweets suscitados por el debate era de Patricia Reyes y decía:

> *Amancio Ortega, un hombre de origen humilde que empezó de repartidor y con esfuerzo está donde está. Un hombre rico que quiere devolver a la sociedad lo que le ha dado.*
>
> *Que Podemos le declare la guerra es comprensible: su vida es una evidente refutación de todas sus teorías.*

El malestar de la izquierda radical con la creación de riqueza por Amancio Ortega y Juan Roig proviene pues, no de su creencia en la injusticia del enriquecimiento que acumulan, sino en la evidencia de que ha conseguido crear más riqueza para los ciudadanos y colaborar en la lucha contra problemas sociales críticos de nuestro país, en mayor medida que la creada desde el poder político. Y ya sabemos cómo nos las gastamos en esta nación con quien triunfa.

6. Cuestiones para el debate

1. ¿Cuál es su opinión sobre la lectura negativa que ciertos políticos hacen directamente de una gran empresa por el mero hecho de ser grande? ¿Qué apoyos encuentra para estas críticas de la gran empresa y para rebatirlas en la Economía y en otras disciplinas relacionadas con la empresa para tales ataques?
2. ¿Cómo enjuicia las acusaciones contra las empresas que obtienen beneficios extraordinarios? ¿Cree que son el resultado de la conducta despiadada, avariciosa y usurera de sus gestores? ¿A qué factores atribuye las diferencias en el crecimiento de los precios de venta y de los márgenes de beneficios entre las empresas de distribución? Apóyese en los datos ofrecidos en el Anexo del caso para cuantificar los márgenes.
3. ¿Cree que los beneficios extraordinarios de las grandes empresas son la causa de la desigualdad? ¿Cree que la desigualdad podría reducirse quitando a los más ricos su riqueza y distribuyéndola entre el resto de la población?
4. ¿Cuál es su opinión sobre el papel que juegan los fundadores de los grandes imperios empresariales y los altos directivos de los mismos? ¿Cree que las percepciones económicas que consiguen están justificadas?
5. ¿Cuál cree que es el modelo de asignación de recursos y de coordinación económica que podría ser la solución a los problemas del encarecimiento del coste de los alimentos, la elevación del nivel de renta de los ciudadanos, la mejora de la calidad de vida en el trabajo o el suministro de productos a los consumidores con la mejor relación calidad-precio? ¿Cuáles cree que son los principales problemas de la intervención pública y la iniciativa privada?
6. ¿Cree que las acciones filantrópicas de las grandes empresas y/o de sus propietarios pueden cambiar la imagen negativa que pudiesen tener entre ciertos stakeholders? ¿Qué opinión tiene de estas iniciativas de responsabilidad social? ¿Cree que las empresas y los empresarios deben inmiscuirse en los asuntos en principio competencia de los poderes públicos?

ANEXO 1.

Cuentas financieras no consolidadas de Mercadona.

Datos en miles de euros	1999	2000	2001	2002	2003	2004	2005	2006	2007	2008	2009	2010	2011
Balance de situación													
Inmovilizado	486.564	647.653	859.337	1.042.908	1.197.706	1.517.469	1.770.138	1.999.723	2.249.681	2.428.822	2.519.145	2.523.123	2.562.140
Inmovilizado inmaterial	60.648	85.366	100.874	143.968	165.512	16.546	23.714	34.807	66.247	85.396	69.032	64.863	62.518
Inmovilizado material	413.853	551.457	745.410	882.402	1.009.238	1.477.760	1.717.172	1.933.640	2.144.863	2.297.423	2.369.514	2.371.547	2.372.204
Otros activos fijos	12.063	10.830	13.053	16.538	22.956	23.663	29.252	31.276	38.571	46.003	80.599	86.713	127.418
Activo circulante	272.283	382.686	513.646	656.326	909.059	1.050.888	1.221.630	1.580.012	1.588.424	1.895.395	2.040.005	2.537.435	3.226.153
Existencias	116.366	153.042	219.881	243.582	306.351	360.197	391.917	469.476	485.022	531.096	540.868	560.003	558.503
Deudores	40.446	42.774	39.685	45.646	54.374	80.403	87.793	82.646	60.651	47.256	68.244	75.837	78.470
Otros activos líquidos	115.472	186.869	254.080	367.098	548.334	610.288	741.920	1.027.890	1.042.751	1.317.043	1.430.893	1.901.595	2.589.180
Tesorería	114.152	185.749	252.928	366.691	541.270	598.988	730.467	1.020.495	1.032.323	1.302.348	1.420.899	1.890.226	2.576.051
Total activo	758.847	1.030.339	1.372.983	1.699.234	2.106.765	2.568.857	2.991.768	3.579.735	3.838.105	4.324.217	4.559.150	5.060.558	5.788.293
Fondos propios	190.747	238.438	303.261	386.808	503.146	643.675	811.249	1.035.098	1.350.193	1.641.114	1.885.041	2.255.241	2.672.886
Capital suscrito	15.921	15.921	15.921	15.921	15.921	15.921	15.921	15.921	15.921	15.921	15.921	15.921	15.921
Otros fondos propios	174.826	222.517	287.340	370.887	487.225	627.754	795.328	1.019.177	1.334.272	1.625.193	1.869.120	2.239.320	2.656.965
Pasivo fijo	19.305	44.105	41.198	42.501	37.649	37.269	35.473	42.702	39.224	47.487	127.872	200.874	253.263
Acreedores a L. P.	16.308	41.108	38.200	36.502	31.650	31.270	29.474	29.162	23.970	23.452	21.698	19.937	18.044
Otros pasivos fijos	2.998	2.998	2.998	5.999	5.999	5.999	5.999	13.540	15.254	24.035	106.174	180.937	235.219
Provisiones	2.998	2.998	2.998	5.999	5.999	5.999	5.999	13.540	15.254	22.891	15.099	23.446	13.824
Pasivo líquido	548.795	747.796	1.028.524	1.269.925	1.565.970	1.887.913	2.145.046	2.501.935	2.448.688	2.635.616	2.546.237	2.604.443	2.862.144
Deudas financieras	339	1.743	1.732	1.854	1.988	2.048	2.129	2.124	2.149	2.238	2.426	2.371	2.412
Acreedores comerciales	430.113	549.429	795.780	985.265	1.219.382	1.451.037	1.659.122	1.906.627	1.845.610	1.955.349	1.949.407	1.893.403	2.091.246
Otros pasivos líquidos	118.343	196.624	231.012	282.806	344.600	434.828	483.795	593.184	600.929	678.029	594.404	708.669	768.486
Total pasivo y capital propio	758.847	1.030.339	1.372.983	1.699.234	2.106.765	2.568.857	2.991.768	3.579.735	3.838.105	4.324.217	4.559.150	5.060.558	5.788.293
Fondo de maniobra	-273.302	-353.612	-536.215	-696.037	-858.657	-1.010.437	-1.179.412	-1.354.505	-1.299.937	-1.376.997	-1.340.295	-1.257.563	-1.454.273
Número empleados	16.640	19.419	24.243	31.694	38.981	45.854	52.132	54.929	59.425	61.739	61.803	63.142	67.208
Cuentas de pérdidas y ganancias													
Ingresos de explotación	2.532.272	3.130.177	4.190.485	5.383.831	6.714.947	8.160.861	9.619.766	11.305.219	13.008.010	14.308.686	14.428.567	15.270.146	16.476.333
Importe neto Cifra de Ventas	2.527.992	3.124.179	4.185.893	5.377.563	6.706.277	8.144.172	9.601.593	11.286.253	12.984.925	14.283.643	14.402.371	15.242.859	16.448.101
Consumo de mercaderías y de materias	n.d.	n.d.	n.d.	n.d.	n.d.	n.d.	n.d.	n.d.	n.d.	10.816.816	10.955.258	11.411.277	12.358.854
Resultado bruto	n.d.	n.d.	n.d.	n.d.	n.d.	n.d.	n.d.	n.d.	n.d.	3.491.870	3.473.309	3.858.869	4.117.479
Otros gastos de explotación	n.d.	n.d.	n.d.	n.d.	n.d.	n.d.	n.d.	n.d.	n.d.	3.062.327	3.103.669	3.298.722	3.476.708
Resultado Explotación	56.474	67.771	95.342	142.143	181.134	213.142	244.605	332.038	459.291	429.543	369.640	560.147	640.771
Ingresos financieros	11.098	16.622	17.137	14.618	14.667	16.287	21.026	33.346	38.594	51.659	22.446	40.593	73.379
Gastos financieros	2.579	4.319	6.358	8.955	11.419	15.692	17.926	20.362	26.380	37.158	31.554	37.192	45.413
Resultado financiero	9.129	12.303	10.779	5.663	3.248	595	3.100	12.984	12.214	14.501	-9.108	3.401	27.966
Result. ordinarios antes Impuestos	65.993	80.074	106.121	147.806	184.382	213.737	247.705	345.022	471.505	444.044	360.532	563.548	668.737
Impuestos sobre sociedades	18.900	23.349	32.923	42.814	52.938	58.369	60.409	98.676	135.440	123.580	90.264	165.615	194.545
Resultado Actividades Ordinarias	46.093	56.726	73.196	104.992	131.444	155.368	191.296	246.346	336.065	320.464	270.268	397.933	474.192
Ingresos extraordinarios	1.191	2.356	698	2.621	1.041	804	2.393	1.236	5.320	n.d.	n.d.	n.d.	n.d.
Gastos extraordinarios	6.709	7.273	3.902	17.067	7.092	3.104	886	5.777	5.185	n.d.	n.d.	n.d.	n.d.
Resultados actividades extraordinarias	-5.518	-4.919	-3.204	-14.446	-6.051	-2.300	1.507	-4.541	135	n.d.	n.d.	n.d.	n.d.
Resultado del Ejercicio	41.175	51.808	69.992	90.546	125.393	153.068	192.803	241.805	336.200	320.464	270.268	397.933	474.192

Datos en miles de euros	2012	2013	2014	2015	2016	2017	2018	2019	2020	2021	2022	2023
Balance de situación												
Inmovilizado	2.973.782	3.236.426	3.452.266	3.575.406	3.945.720	4.518.292	5.494.407	6.758.558	7.147.855	7.784.658	7.948.197	8.100.250
Inmovilizado inmaterial	55.973	63.853	95.289	107.091	114.689	101.724	139.828	192.743	193.060	170.020	138.037	93.021
Inmovilizado material	2.557.468	2.727.255	2.912.943	3.106.235	3.281.678	3.810.645	4.676.918	5.953.493	6.420.687	6.707.895	6.777.794	6.824.356
Otros activos fijos	360.341	445.318	444.034	362.080	549.353	605.923	677.661	612.322	534.108	906.743	1.082.366	1.182.873
Activo circulante	3.308.156	3.280.907	3.608.120	4.084.708	4.248.917	3.932.262	3.642.168	2.927.803	3.335.332	3.301.613	4.015.726	5.224.804
Existencias	571.769	557.299	612.458	654.579	716.407	747.835	704.439	648.702	679.061	707.868	860.175	801.847
Deudores	83.290	103.915	74.522	92.834	117.005	134.608	119.939	119.259	105.910	118.497	113.778	144.681
Otros activos líquidos	2.653.097	2.619.693	2.921.140	3.337.296	3.415.505	3.049.819	2.817.790	2.159.842	2.550.361	2.475.248	3.041.773	4.278.276
Tesorería	2.602.634	2.583.005	2.883.414	3.256.993	3.301.810	2.849.239	2.689.190	1.954.129	2.461.881	2.449.757	2.957.769	4.204.384
Total activo	6.281.938	6.517.333	7.060.386	7.660.114	8.194.637	8.450.554	9.136.575	9.686.361	10.483.187	11.086.271	12.013.923	13.325.054
Fondos propios	3.019.232	3.438.110	3.884.206	4.392.263	4.911.843	5.113.282	5.583.359	6.076.563	6.674.246	6.971.770	7.528.770	8.336.574
Capital suscrito	15.921	15.921	15.921	15.921	15.921	15.921	15.921	15.921	15.921	15.921	15.921	15.921
Otros fondos propios	3.003.311	3.422.189	3.868.285	4.376.342	4.895.922	5.097.361	5.567.438	6.060.642	6.658.325	6.955.849	7.512.849	8.320.653
Pasivo fijo	223.051	185.801	135.498	106.988	91.743	82.803	66.479	49.709	43.269	40.078	37.049	34.767
Acreedores a L. P.	10.503	10.904	11.029	12.021	18.499	20.371	13.354	4.007	4.055	4.275	4.216	3.767
Otros pasivos fijos	212.548	174.897	124.469	94.967	73.244	62.432	53.125	45.702	39.214	35.803	32.833	31.000
Provisiones	14.723	13.159	17.106	12.182	6.773	6.099	6.142	6.150	6.203	6.221	6.237	7.443
Pasivo líquido	3.039.655	2.893.422	3.040.682	3.160.963	3.191.051	3.254.469	3.486.737	3.560.089	3.765.872	4.074.423	4.448.104	4.953.713
Deudas financieras	n.d.	n.d.	n.d.	n.d.	n.d.	n.d.	n.d.	n.d.	n.d.	n.d.	n.d.	n.d.
Acreedores comerciales	2.170.701	1.990.475	2.096.411	2.224.644	2.266.580	2.344.878	2.421.575	2.480.712	2.674.220	2.804.504	3.119.435	3.430.350
Otros pasivos líquidos	868.954	902.947	944.271	936.319	924.471	909.591	1.065.162	1.079.377	1.091.452	1.269.919	1.328.669	1.523.363
Total pasivo y capital propio	6.281.938	6.517.333	7.060.386	7.660.114	8.194.637	8.450.554	9.136.575	9.686.361	10.483.187	11.086.271	12.013.923	13.325.054
Fondo de maniobra	-1.515.642	-1.329.261	-1.409.431	-1.477.232	-1.433.168	-1.462.435	-1.597.197	-1.712.751	-1.889.249	-1.978.139	-2.145.482	-2.483.822
Número empleados	71.333	74.082	74.228	75.381	79.563	84.485	89.500	95.142	98.161	102.871	104.542	105.286
Cuentas de pérdidas y ganancias												
Ingresos de explotación	17.552.041	18.062.450	18.458.967	19.077.481	19.823.515	21.072.429	22.323.170	23.446.740	24.649.629	25.199.278	27.867.697	31.897.060
Importe neto Cifra de Ventas	17.522.881	18.033.983	18.441.861	19.059.157	19.802.382	21.011.533	22.255.771	23.343.778	24.555.981	25.154.320	27.820.314	31.622.600
Consumo de mercaderías y de materias	13.158.848	13.603.765	13.907.913	14.376.994	15.028.974	16.086.738	16.727.033	17.340.483	18.044.382	18.573.562	20.716.035	23.812.219
Resultado bruto	4.393.193	4.458.685	4.531.054	4.700.487	4.794.541	4.985.691	5.596.137	6.106.257	6.605.247	6.625.716	7.151.662	7.884.841
Otros gastos de explotación	3.736.842	3.798.376	3.875.786	3.935.124	4.015.196	4.590.249	4.828.917	5.310.966	5.604.159	5.723.291	6.177.978	6.660.029
Resultado Explotación	656.351	660.309	675.268	765.363	779.345	395.442	767.220	795.891	1.001.088	900.425	973.684	1.224.812
Ingresos financieros	88.093	87.551	62.647	44.902	26.161	20.226	14.640	10.897	4.563	1.515	6.107	92.273
Gastos financieros	34.229	30.265	0	0	2.994	13.604	22.617	44.444	83.742	35.511	52.083	1.061
Resultado financiero	53.864	57.286	62.647	44.902	23.167	6.622	-7.977	-33.747	-79.179	-33.996	-45.976	91.212
Result. ordinarios antes Impuestos	710.215	717.595	737.915	810.265	802.512	402.064	759.243	762.144	921.909	866.429	927.708	1.316.024
Impuestos sobre sociedades	201.774	202.271	194.656	198.920	166.652	79.839	166.705	139.357	194.646	186.122	209.557	307.094
Resultado Actividades Ordinarias	508.441	515.324	543.259	611.345	636.260	322.225	592.538	622.787	727.263	680.307	718.151	1.008.930
Ingresos extraordinarios	n.d.	n.d.	n.d.	n.d.	n.d.	n.d.	n.d.	n.d.	n.d.	n.d.	n.d.	n.d.
Gastos extraordinarios	n.d.	n.d.	n.d.	n.d.	n.d.	n.d.	n.d.	n.d.	n.d.	n.d.	n.d.	n.d.
Resultados actividades extraordinarias	n.d.	n.d.	n.d.	n.d.	n.d.	n.d.	n.d.	n.d.	n.d.	n.d.	n.d.	n.d.
Resultado del Ejercicio	508.441	515.324	543.259	611.345	636.260	322.225	592.538	622.787	727.263	680.307	718.151	1.008.930

Cuentas financieras no consolidadas de Consum

Datos en euros	1999	2000	2001	2002	2003	2004	2005	2006	2007	2008	2009	2010	2011	2012	2013	2014	2015	2016	2017	2018	2019	2020	2021	2022	2023
Balance de situación																									
Inmovilizado	151.148.860	178.545.800	224.429.140	246.388.512	259.293.979	288.982.218	311.251.176	328.855.867	373.396.614	570.538.343	580.706.404	605.671.314	648.841.486	689.101.387	724.795.106	752.341.598	779.925.152	796.440.499	813.340.770	838.598.259	900.356.903	932.401.880	949.812.311	985.092.995	1.058.602.314
Inmovilizado inmaterial	17.242.320	28.183.660	32.415.470	32.2[illegible].526	31.967.609	28.645.680	41.119.397	52.670.513	69.600.545	258.208.696	121.983.515	121.387.286	124.343.390	120.467.194	120.804.263	119.991.878	119.491.820	118.725.173	106.891.238	97.891.142	89.236.579	77.168.933	64.338.199	60.093.840	54.736.768
Inmovilizado material	121.451.700	138.723.200	174.739.080	194.4[illegible].774	204.558.107	22[illegible].464.962	239.972.719	252.897.331	284.249.790	302.726.150	441.630.125	466.263.548	506.194.129	550.424.738	578.819.205	599.784.463	625.874.112	641.475.700	670.457.354	714.337.619	785.838.872	830.319.142	836.016.948	870.362.324	936.874.414
Otros activos fijos	12.454.840	11.638.940	17.274.590	19.72[illegible].212	22.768.263	3[illegible].871.576	30.159.060	23.288.323	19.546.279	9.603.497	17.092.764	18.020.480	18.303.967	18.209.455	25.171.638	32.565.257	34.559.220	36.239.586	35.992.178	26.369.498	25.281.452	24.913.805	49.457.164	54.636.831	66.991.132
Activo circulante	50.231.980	61.436.370	59.605.420	73.15[illegible].022	68.097.019	7[illegible].149.949	56.618.181	61.883.529	74.589.816	144.785.901	129.030.681	135.080.576	151.306.951	124.061.429	131.396.110	120.951.932	109.688.642	116.066.183	145.849.635	144.313.013	143.255.099	146.395.261	217.795.382	215.859.623	266.253.413
Existencias	26.857.040	30.456.220	30.950.340	37.2[illegible].081	36.780.431	3[illegible].423.463	39.553.488	44.913.395	50.295.432	80.013.183	78.578.031	79.861.765	80.623.961	82.755.326	75.540.779	76.626.172	81.620.468	93.921.365	103.546.928	106.229.468	113.403.656	116.073.141	127.074.482	131.547.397	161.683.779
Deudores	14.982.930	23.566.560	23.927.130	28.2[illegible].057	23.692.881	2[illegible].753.637	8.176.827	7.019.304	12.864.805	40.526.179	34.805.347	29.980.613	29.676.894	12.467.428	10.888.739	8.024.538	9.206.973	9.351.542	18.031.523	23.738.649	22.318.975	22.178.471	23.806.198	24.391.476	30.152.530
Otros activos líquidos	10.392.010	7.413.590	4.727.950	7.64[illegible].884	7.623.707	1[illegible].972.849	8.887.856	9.950.330	11.429.579	24.246.539	15.647.303	25.238.198	41.006.096	28.838.675	44.966.592	36.301.222	18.861.201	12.793.276	24.271.184	14.344.896	7.532.468	8.341.649	66.914.702	59.920.750	74.417.104
Tesorería	10.373.990	7.187.610	4.414.320	7.37[illegible].797	7.062.762	1[illegible].546.952	8.379.460	9.253.445	9.963.911	22.878.750	10.216.843	19.901.677	35.480.632	23.317.512	40.090.595	11.370.404	14.435.802	9.026.873	20.132.685	10.114.082	3.287.243	3.579.782	61.790.066	54.310.019	68.289.291
Total activo	201.380.840	239.982.170	284.034.550	319.52[illegible].534	327.390.998	36[illegible].132.167	367.869.357	390.739.496	447.986.430	715.324.244	709.737.085	740.751.890	800.148.437	813.162.816	856.191.216	873.293.530	889.613.794	912.506.642	959.190.405	982.911.272	1.043.612.002	1.078.997.141	1.167.607.693	1.200.952.618	1.324.855.727
Fondos propios	42.229.830	50.060.780	58.822.230	70.03[illegible].263	82.900.085	9[illegible].226.779	107.725.993	127.714.628	146.357.285	160.755.227	177.777.775	217.183.178	258.539.060	283.507.134	313.172.237	348.649.937	381.937.674	431.397.238	490.905.622	540.377.105	588.732.460	636.478.697	693.947.799	752.143.503	786.359.224
Capital suscrito	27.911.330	33.024.500	38.728.160	47.41[illegible].737	56.041.999	6[illegible].460.843	73.897.286	86.832.078	100.130.923	114.835.642	111.949.869	141.369.036	167.812.092	179.803.927	200.599.656	224.485.855	245.030.730	278.252.147	316.464.118	356.886.785	386.951.815	413.613.789	444.350.797	481.571.656	507.550.271
Otros fondos propios	14.318.500	17.036.280	20.094.070	22.62[illegible].526	26.858.086	2[illegible].765.936	33.828.707	40.881.950	46.226.362	45.919.585	65.827.906	75.814.142	90.726.968	103.703.207	112.572.581	124.164.082	136.906.944	153.145.091	174.441.504	183.490.320	201.780.645	222.864.908	249.597.002	270.571.847	278.808.953
Pasivo fijo	19.775.630	25.727.420	41.848.960	52.05[illegible].915	49.813.304	49.601.474	48.408.035	42.951.081	49.572.662	214.585.829	215.014.193	197.567.360	230.602.859	170.955.587	210.445.925	177.189.223	142.454.051	134.081.715	99.852.924	49.485.689	39.815.324	33.101.620	23.995.904	18.816.901	8.707.383
Acreedores a L. P.	19.677.620	25.101.220	41.651.700	51.96[illegible].429	49.698.151	49.461.487	47.842.702	42.459.498	49.115.947	214.215.966	214.644.330	197.199.658	229.922.721	170.236.677	209.958.131	176.838.923	141.638.462	131.833.573	96.050.496	46.295.297	37.110.811	30.965.445	22.599.916	17.730.416	7.643.064
Otros pasivos fijos	98.010	626.200	197.260	9[illegible].486	115.153	139.987	565.333	491.583	456.715	369.863	369.863	367.702	680.138	718.910	487.794	350.300	815.589	2.248.142	3.802.428	3.190.392	2.704.513	2.136.175	1.395.988	1.086.485	1.064.319
Provisiones	98.010	626.200	197.260	9[illegible].486	115.153	139.987	565.333	491.583	456.715	369.863	369.863	367.702	670.252	670.252	430.252	302.550	777.550	2.031.350	1.031.350	1.031.350	1.031.350	1.031.350	1.031.350	1.031.350	1.031.350
Pasivo líquido	139.375.380	164.193.970	183.363.360	197.43[illegible].356	194.677.609	215[illegible].914	211.735.329	220.074.387	252.056.483	339.983.188	n	326.001.352	311.006.518	358.700.095	332.573.054	347.454.370	365.222.069	347.027.689	368.431.859	393.048.478	415.064.218	409.416.824	449.663.990	429.992.214	529.789.120
Deudas financieras	6.599.850	7.224.490	22.926.460	15.90[illegible].572	13.615.015	2[illegible].734.622	36.746.471	32.213.656	54.443.391	68.577.010	96.957.063	99.263.903	50.222.126	90.069.053	70.559.819	120.308.541	108.947.320	64.198.115	59.045.862	99.808.049	55.072.062	28.712.243	15.539.862	9.069.667	9.873.439
Acreedores comerciales	113.515.990	131.226.709	132.214.470	151.47[illegible].536	155.933.495	15[illegible].894.546	136.731.487	143.625.887	144.753.290	202.090.326	184.923.235	177.309.709	168.586.383	154.020.568	143.286.597	119.361.193	133.585.425	149.508.338	171.032.729	188.017.201	208.146.207	217.623.709	259.436.385	244.572.608	290.605.016
Otros pasivos líquidos	19.259.540	25.742.771	28.222.430	30.05[illegible].248	25.129.099	27[illegible].574.746	38.257.371	44.234.894	52.857.802	69.315.852	75.064.819	89.427.740	92.198.009	114.610.474	118.726.638	107.784.636	122.689.324	133.321.236	138.353.268	145.423.228	151.845.949	163.080.872	174.667.743	176.349.939	229.310.665
Total pasivo y capital propio	201.380.840	239.982.170	284.034.550	319.52[illegible].534	327.390.998	362[illegible].132.167	367.869.357	390.739.496	447.986.430	715.324.244	709.737.085	740.751.890	800.148.437	813.162.816	856.191.216	873.293.530	889.613.794	912.506.642	959.190.405	982.911.272	1.043.612.002	1.078.997.141	1.167.607.693	1.200.952.618	1.324.855.727
Fondo de maniobra	-73.676.020	-77.203.929	-77.337.000	-85.961.[illegible]398	-95.460.183	-96.717.446	-89.001.162	-91.692.778	-81.993.053	-81.550.964	-71.539.857	-67.467.331	-58.285.528	-58.797.814	-56.857.079	-34.710.483	-42.757.984	-46.235.431	-49.454.278	-58.049.084	-72.423.576	-79.370.097	-108.555.705	-88.633.735	-98.768.707
Número empleados	3.41[illegible]	4.022	4.686	[illegible]068	5.453	5.561	5.675	5.1[illegible]8	5.884	8.340	8.745	8.639	9.161	9.493	9.741	10.217	10.709	11.432	13.116	13.417	15.866	16.581	17.494	18.664	19.469
Cuentas de pérdidas y ganancias																									
Ingresos de explotación	450.489.360	529.740.060	584.280.230	652.002.[illegible]25	736.720.059	825.[illegible]33.023	736.349.863	821.842.[illegible]1	985.736.636	1.330.215.533	1.492.252.941	########	1.609.165.708	1.682.057.941	1.679.158.809	1.734.158.683	1.823.384.374	1.994.359.542	2.201.898.196	2.358.128.507	2.547.062.207	2.732.229.762	3.090.361.646	3.121.443.872	3.562.399.565
Importe neto Cfra de Ventas	449.792.780	529.008.030	583.486.990	651.378.[illegible]79	732.239.068	822.[illegible]62.374	733.966.344	818.508.[illegible]8	984.529.522	1.326.173.138	1.489.567.318	########	1.604.537.341	1.674.315.019	1.674.121.486	1.729.581.194	1.819.042.701	1.989.885.995	2.196.923.612	2.352.663.696	2.542.704.676	2.727.723.688	3.085.307.538	3.113.215.357	3.553.422.899
Consumo de mercaderías y de materias	n.d.	n.d.	n.d.	[illegible]d.	n.d.	n.d.	n.d.	n.d.	n.d.	n.d.	1.048.825.385	########	1.119.117.568	1.161.323.764	1.153.113.007	1.187.599.801	1.253.121.697	1.375.855.488	1.524.780.391	1.631.157.049	1.764.318.133	1.883.384.749	2.142.742.186	2.177.386.250	2.490.236.683
Resultado bruto	n.d.	n.d.	n.d.	[illegible]d.	n.d.	n.d.	n.d.	n.d.	n.d.	n.d.	443.427.556	458.384.398	490.048.140	520.734.177	526.045.802	546.558.882	570.262.677	618.504.054	677.117.805	726.971.458	782.744.074	848.845.013	947.619.460	944.057.622	1.072.172.882
Otros gastos de explotación	n.d.	n.d.	n.d.	[illegible]d.	n.d.	n.d.	n.d.	n.d.	n.d.	n.d.	404.330.493	422.956.849	443.272.301	472.104.669	480.670.819	500.830.420	522.330.342	568.743.611	625.616.753	670.320.010	726.513.596	790.997.466	877.732.648	873.492.277	1.012.002.759
Resultado Explotación	8.214.610	10.587.330	12.239.150	14.360.[illegible]46	17.703.394	21.[illegible]22.908	23.412.543	27.632.5[illegible]1	32.503.569	27.606.366	39.097.063	35.427.549	46.775.839	48.629.508	45.374.983	45.728.462	47.932.335	49.760.443	51.501.052	56.651.448	56.230.478	57.847.547	69.886.812	70.565.345	60.120.123
Ingresos financieros	540.900	547.560	750.030	964.[illegible]24	1.187.251	1.[illegible]77.465	1.353.436	1.837.538	3.695.585	5.869.385	967.413	515.746	1.544.997	2.183.555	1.259.704	1.234.644	643.426	667.671	414.992	36.150	157.507	177.967	164.636	256.822	452.697
Gastos financieros	4.505.940	4.909.390	6.211.400	7.862.[illegible]12	9.716.648	10.[illegible]59.869	7.365.409	5.838.548	5.974.546	16.735.190	20.442.859	14.160.175	12.635.499	13.779.550	12.728.844	13.189.109	10.180.408	6.635.009	3.424.980	2.154.435	1.378.187	946.155	1.177.983	467.220	395.684
Resultado financiero	-3.965.030	-4.361.830	-5.461.370	-6.897.[illegible]88	-8.529.397	-9.[illegible]82.404	-6.011.973	-4.001.010	-2.278.961	-10.865.805	-19.475.446	-13.644.429	-11.090.502	-11.595.995	-11.469.140	-11.954.465	-9.536.982	-5.967.338	-3.009.988	-2.118.285	-1.220.680	-768.188	-1.013.347	-210.398	57.013
Result. ordinarios antes Impuestos	4.249.580	6.225.490	6.777.780	7.462.[illegible]58	9.173.997	12.[illegible]40.504	17.400.570	23.631.541	30.224.608	16.740.561	19.621.617	21.783.120	35.685.337	37.033.513	33.905.843	33.773.997	38.395.353	43.793.105	48.491.064	54.533.163	55.009.798	57.079.359	68.873.465	70.354.947	60.177.136
Impuestos sobre sociedades	60.660	308.530	98.720	479.[illegible]30	643.761	[illegible]38.259	5.813.335	935.714	1.666.757	952.225	151.250	1.043.385	1.580.658	1.462.573	1.847.821	1.608.915	4.312.258	4.775.316	1.686.725	2.808.602	2.807.201	2.416.607	3.331.938	2.446.201	2.440.024
Resultado Actividades Ordinarias	4.188.920	5.916.960	6.679.060	6.983.[illegible]28	8.530.236	11.[illegible]82.245	11.587.235	22.695.827	28.557.851	15.788.336	19.470.367	20.739.735	34.104.679	35.570.940	32.058.022	32.165.082	34.083.095	39.017.789	46.804.339	51.724.561	52.202.597	54.662.752	65.541.527	67.908.746	57.737.112
Ingresos extraordinarios	946.160	2.168.490	653.920	1.036.[illegible]16	1.198.985	1.[illegible]89.843	1.054.858	952.528	3.004.295	5.622.719	n.d.	n.d.	n.d.	n.d.	n.d.	n.d.	n.d.	n.d.	n.d.	n.d.	n.d.	n.d.	n.d.	n.d.	n.d.
Gastos extraordinarios	689.900	1.858.640	629.660	768.[illegible]35	1.246.353	2.4[illegible]3.323	2.318.988	11.220.756	16.164.195	9.512.419	n.d.	n.d.	n.d.	n.d.	n.d.	n.d.	n.d.	n.d.	n.d.	n.d.	n.d.	n.d.	n.d.	n.d.	n.d.
Resultados actividades extraordinarias	256.260	309.850	24.260	267.[illegible]31	-47.368	-1.2[illegible]4.480	-1.264.130	-10.268.235	-13.159.900	-3.889.700	n.d.	n.d.	-11.308.388	n.d.	n.d.	n.d.	n.d.	n.d.	n.d.	n.d.	n.d.	n.d.	n.d.	n.d.	n.d.
Resultado del Ejercicio	4.445.190	6.226.820	6.703.320	7.251.[illegible]59	8.482.868	10.3[illegible]7.765	10.323.105	12.427.59[illegible]	15.397.951	11.898.636	19.470.367	20.739.735	22.796.291	35.570.940	32.058.022	32.165.082	34.083.095	39.017.789	46.804.339	51.724.561	52.202.597	54.662.752	65.541.527	67.908.746	57.737.112

Cuentas financieras no consolidadas de Eroski

Datos en miles de euros

Balance de situación	1999	2000	2001	2002	2003	2004	2005	2006
Inmovilizado	543.906	572.405	715.441	812.204	840.060	1.033.298	1.185.821	1.299.781
Inmovilizado inmaterial	10.404	20.842	18.531	19.498	24.873	31.220	45.117	42.584
Inmovilizado material	378.296	414.604	464.387	532.815	538.189	564.317	560.718	556.887
Otros activos fijos	155.205	136.959	232.523	259.891	276.998	437.761	579.986	700.310
Activo circulante	215.627	302.072	312.378	271.271	344.270	340.520	525.811	829.263
Existencias	68.705	85.698	95.658	113.189	111.668	111.073	117.903	130.968
Deudores	61.882	72.980	84.167	85.798	111.502	131.917	146.657	171.232
Otros activos líquidos	83.035	140.541	128.935	67.883	117.050	93.560	257.349	523.516
Tesorería	82.748	139.995	127.472	66.536	116.550	93.241	256.666	521.871
Total activo	759.533	874.477	1.027.819	1.083.475	1.184.330	1.373.818	1.711.632	2.129.044
Fondos propios	316.709	363.226	418.109	476.816	618.209	759.024	1.030.838	1.114.157
Capital suscrito	107.174	123.651	144.438	169.125	303.536	400.017	636.637	668.343
Otros fondos propios	209.535	239.575	273.671	307.691	314.673	359.007	394.201	445.814
Pasivo fijo	24.879	24.760	39.770	54.654	24.254	34.856	45.852	82.927
Acreedores a L. P.	9.567	10.557	24.919	40.297	10.977	17.440	34.977	72.015
Otros pasivos fijos	15.311	14.203	14.851	14.357	13.277	17.416	10.875	10.912
Provisiones	15.311	14.203	14.851	14.357	13.277	17.416	10.875	10.912
Pasivo líquido	417.945	486.491	569.940	552.005	541.867	579.938	634.942	931.960
Deudas financieras	n.d.	22.054	43.978	n.d.	42.314	46.019	47.009	307.308
Acreedores comerciales	n.d.	382.548	380.374	n.d.	423.597	451.863	480.075	416.532
Otros pasivos líquidos	417.945	81.889	145.588	552.005	75.956	82.056	107.858	208.120
Total pasivo y capital propio	759.533	874.477	1.027.819	1.083.475	1.184.330	1.373.818	1.711.632	2.129.044
Fondo de maniobra	130.588	-223.870	-200.549	198.987	-200.427	-208.873	-215.515	-114.332
Número empleados	5.893	6.604	7.846	7.854	8.190	8.578	9.320	9.137
Cuentas de pérdidas y ganancias								
Ingresos de explotación	1.189.373	1.409.860	1.555.457	1.671.071	1.810.419	1.964.709	2.139.065	2.313.721
Importe neto Cifra de Ventas	1.140.214	1.354.575	1.490.690	1.586.791	1.713.401	1.851.336	1.997.566	2.151.390
Consumo de mercaderías y de materias	n.d.	n.d.	n.d.	n.d.	n.d.	n.d.	n.d.	n.d.
Resultado bruto	n.d.	n.d.	n.d.	n.d.	n.d.	n.d.	n.d.	n.d.
Otros gastos de explotación	n.d.	n.d.	n.d.	n.d.	n.d.	n.d.	n.d.	n.d.
Resultado Explotación	58.370	69.864	58.560	78.914	109.900	129.428	153.577	152.580
Ingresos financieros	2.463	3.534	7.277	7.910	4.992	7.253	9.447	18.521
Gastos financieros	4.491	5.526	2.143	4.993	2.352	1.455	8.216	13.852
Resultado financiero	-2.028	-1.992	5.134	2.917	2.640	5.798	1.231	4.669
Result. ordinarios antes Impuestos	56.341	67.872	63.694	81.831	112.540	135.226	154.808	157.249
Impuestos sobre sociedades	425	9.202	10.780	12.517	19.433	25.448	34.525	46.291
Resultado Actividades Ordinarias	55.917	58.670	52.914	69.314	93.107	109.778	120.283	110.958
Ingresos extraordinarios	7.678	7.836	13.669	6.681	6.277	5.522	15.895	10.958
Gastos extraordinarios	25.598	19.223	10.779	16.245	41.886	42.606	59.843	25.349
Resultados actividades extraordinarias	-17.920	-11.387	2.890	-9.564	-35.609	-37.084	-43.948	-14.391
Resultado del Ejercicio	37.997	47.282	55.804	59.750	57.498	72.694	76.335	96.567

Balance de situación	2007	2008	2009	2010	2011	2012	2013	2014	2015
Inmovilizado	1.362.522	1.858.817	2.392.006	2.061.843	1.960.892	2.825.592	2.757.695	2.480.061	2.572.727
Inmovilizado inmaterial	43.645	64.950	45.846	37.639	28.822	24.363	21.282	20.138	29.019
Inmovilizado material	578.798	591.071	484.636	399.147	304.349	297.981	284.855	273.757	266.828
Otros activos fijos	740.079	1.202.796	1.861.524	1.625.057	1.627.721	2.503.248	2.451.558	2.186.166	2.276.880
Activo circulante	1.697.309	2.581.872	2.754.762	1.785.380	1.471.762	452.760	378.890	461.682	273.763
Existencias	144.072	167.229	163.566	140.472	112.782	109.405	99.323	95.177	94.943
Deudores	176.837	278.649	183.022	197.821	175.761	133.100	131.439	158.694	130.591
Otros activos líquidos	1.373.609	2.133.318	2.408.174	1.447.087	1.183.219	210.255	148.128	207.811	48.229
Tesorería	1.371.249	2.117.437	24.951	27.134	130.206	10.396	76.312	10.999	17.216
Total activo	3.099.831	4.440.689	5.146.768	3.847.223	3.432.654	3.278.352	3.136.585	2.941.743	2.846.490
Fondos propios	1.227.415	1.672.581	1.757.295	1.841.653	1.862.063	1.522.920	1.422.098	1.218.832	986.204
Capital suscrito	708.776	1.062.882	431.534	469.182	485.232	495.410	467.916	440.873	430.273
Otros fondos propios	518.639	609.699	1.325.761	1.372.471	1.376.831	1.027.510	954.182	777.959	555.931
Pasivo fijo	329.003	1.050.641	451.698	1.108.631	844.761	1.038.194	1.139.555	1.012.328	1.347.852
Acreedores a L. P.	318.330	1.038.730	387.039	1.072.596	815.517	1.011.395	1.117.776	987.720	1.328.343
Otros pasivos fijos	10.673	11.911	64.659	36.035	29.244	26.799	21.779	24.608	19.509
Provisiones	10.673	11.911	34.043	8.568	5.133	4.722	2.574	7.379	5.839
Pasivo líquido	1.503.413	1.717.467	2.937.775	896.939	725.830	717.238	574.932	710.583	512.434
Deudas financieras	757.722	1.035.657	2.174.568	191.518	192.881	177.483	77.302	146.670	2.103
Acreedores comerciales	400.356	428.098	333.722	341.215	236.863	206.947	199.926	189.146	214.844
Otros pasivos líquidos	345.335	253.712	429.485	364.206	296.086	332.808	297.704	374.767	295.487
Total pasivo y capital propio	3.099.831	4.440.689	5.146.768	3.847.223	3.432.654	3.278.352	3.136.585	2.941.743	2.846.490
Fondo de maniobra	-79.447	17.780	12.866	-2.922	51.680	35.558	30.836	64.725	10.690
Número empleados	10.223	10.787	11.485	10.762	10.550	10.887	10.883	10.657	10.714
Cuentas de pérdidas y ganancias									
Ingresos de explotación	2.480.851	2.717.518	2.874.062	2.461.649	2.197.831	2.076.025	2.055.186	1.999.854	1.972.474
Importe neto Cifra de Ventas	2.296.792	2.487.721	2.591.516	2.257.354	2.011.081	1.893.679	1.847.222	1.771.302	1.752.374
Consumo de mercaderías y de materias	n.d.	n.d.	2.272.748	1.736.822	1.510.471	1.414.786	1.367.770	1.319.867	1.314.535
Resultado bruto	n.d.	n.d.	601.314	724.827	687.360	661.239	687.416	679.987	657.939
Otros gastos de explotación	n.d.	n.d.	308.734	536.828	441.965	522.115	587.016	602.171	572.410
Resultado Explotación	165.311	165.906	292.580	187.999	245.395	139.124	100.400	77.816	85.529
Ingresos financieros	51.361	201.093	m	96.942	65.910	114.061	81.065	33.182	8.547
Gastos financieros	43.118	85.804	361.901	240.725	264.809	212.931	250.108	292.472	320.657
Resultado financiero	8.243	115.289	-198.631	-143.783	-198.899	-98.870	-169.043	-259.290	-312.110
Result. ordinarios antes Impuestos	173.554	281.195	93.949	44.216	46.496	40.254	-68.643	-181.474	-226.581
Impuestos sobre sociedades	6.649	-32.210	-22.035	1.474	6.304	-1.293	-8.656	-13.043	-10.544
Resultado Actividades Ordinarias	166.905	313.405	115.984	42.742	40.192	41.547	-59.987	-168.431	-216.037
Ingresos extraordinarios	6.257	4.943	n.d.	n.d.	n.d.	n.d.	n.d.	n.d.	n.d.
Gastos extraordinarios	64.859	173.890	n.d.	n.d.	n.d.	n.d.	n.d.	n.d.	n.d.
Resultados actividades extraordinarias	-58.602	-168.947	n.d.	n.d.	n.d.	n.d.	n.d.	n.d.	n.d.
Resultado del Ejercicio	108.303	144.458	115.984	42.742	40.192	41.547	-59.987	-168.431	-216.037

Balance de situación	2016	2017	2018	2019	2020	2021	2022	2023
Inmovilizado	2.193.373	2.273.949	2.299.755	2.155.004	1.596.811	2.105.868	1.618.797	1.612.973
Inmovilizado inmaterial	24.374	26.041	26.741	24.306	25.771	24.317	20.204	21.850
Inmovilizado material	269.825	274.186	274.055	263.601	266.439	226.460	236.921	236.390
Otros activos fijos	1.899.174	1.973.722	1.998.959	1.867.097	1.304.581	1.855.091	1.361.672	1.354.733
Activo circulante	562.647	268.992	257.674	390.785	1.345.181	309.078	301.039	298.387
Existencias	97.262	99.616	108.513	128.078	124.648	128.786	127.448	131.347
Deudores	127.396	127.265	124.139	124.889	134.636	139.494	143.257	147.895
Otros activos líquidos	337.989	42.111	25.022	137.818	1.085.897	40.798	30.334	19.145
Tesorería	73.678	10.350	10.490	10.768	11.783	18.094	11.986	8.745
Total activo	2.756.020	2.542.941	2.557.429	2.545.789	2.941.992	2.414.946	1.919.836	1.911.360
Fondos propios	756.347	751.381	756.681	755.902	808.760	355.362	417.465	451.827
Capital suscrito	410.523	400.861	389.011	371.614	344.654	334.455	331.563	332.939
Otros fondos propios	345.824	350.520	367.670	384.288	464.106	20.907	85.902	118.888
Pasivo fijo	1.422.697	1.307.030	1.327.256	569.520	1.596.461	1.296.223	984.661	943.794
Acreedores a L. P.	1.240.675	1.221.519	1.191.942	487.036	1.591.388	1.290.177	977.652	935.582
Otros pasivos fijos	182.022	85.511	135.314	82.484	5.073	6.046	7.009	8.212
Provisiones	178.309	82.015	132.035	79.751	2.670	3.813	4.947	6.234
Pasivo líquido	576.976	484.530	473.492	1.220.367	536.771	763.361	517.710	515.739
Deudas financieras	964	7.075	6.749	750.218	37.745	227.156	15.767	15.932
Acreedores comerciales	220.354	194.632	194.707	230.508	240.155	256.916	222.345	221.324
Otros pasivos líquidos	355.658	282.823	272.036	239.641	258.871	279.289	279.598	278.483
Total pasivo y capital propio	2.756.020	2.542.941	2.557.429	2.545.789	2.941.992	2.414.946	1.919.836	1.911.360
Fondo de maniobra	4.304	32.249	37.945	22.459	19.129	11.364	48.360	57.918
Número empleados	10.874	11.172	3.786	3.723	11.255	3.753	11.143	10.330
Cuentas de pérdidas y ganancias								
Ingresos de explotación	1.941.917	1.950.860	1.956.520	1.987.544	2.021.617	2.226.376	2.054.805	2.087.878
Importe neto Cifra de Ventas	1.749.190	1.734.395	1.727.857	1.751.200	1.779.782	1.992.913	1.817.140	1.846.638
Consumo de mercaderías y de materias	1.296.517	1.284.709	1.275.903	1.291.060	1.310.682	1.459.366	1.337.018	1.373.444
Resultado bruto	665.400	666.151	680.617	696.484	710.935	767.010	717.787	714.434
Otros gastos de explotación	578.469	584.870	579.299	600.706	551.807	650.206	640.856	649.864
Resultado Explotación	86.931	81.281	101.318	95.778	159.128	116.804	76.931	64.570
Ingresos financieros	104.562	4.331	18.743	9.914	269.050	26.084	154.393	15.819
Gastos financieros	354.945	72.246	92.912	99.544	328.833	581.097	135.467	44.268
Resultado financiero	-250.383	-67.915	-74.169	-89.630	-59.783	-555.013	18.926	-28.449
Result. ordinarios antes Impuestos	-163.452	13.366	27.149	6.148	99.345	-438.209	95.857	36.121
Impuestos sobre sociedades	8.968	11.823	14.112	-7.752	27.064	3.997	37.173	4.056
Resultado Actividades Ordinarias	-172.420	1.543	13.037	13.900	72.281	-442.206	58.684	32.065
Ingresos extraordinarios	n.d.	n.d.	n.d.	n.d.	n.d.	n.d.	n.d.	n.d.
Gastos extraordinarios	n.d.	n.d.	n.d.	n.d.	n.d.	n.d.	n.d.	n.d.
Resultados actividades extraordinarias	n.d.	n.d.	n.d.	n.d.	n.d.	n.d.	n.d.	n.d.
Resultado del Ejercicio	-172.420	1.543	13.037	13.900	72.281	-442.206	58.684	32.065

Cuentas financieras no consolidadas de Lidl

Datos en miles de euros	1999	2000	2001	2002	2003	2004	2005	2006	2007	2008	2009	2010	2011	2012	2013	2014	2015	2016	2017	2018	2019	2020	2021	2022	2023
Balance de situación																									
Inmovilizado	212.085	272.555	3[illegible].820	361.561	382.856	427.035	[illegible]17.496	663.511	792.813	868.518	969.937	1.098.196	1.194.934	1.235.916	1.256.781	1.353.103	1.470.001	1.621.434	1.872.545	2.086.791	2.290.080	2.500.626	2.697.928	2.875.123	3.034.264
Inmovilizado inmaterial	31.587	29.157	[illegible].808	25.094	20.549	17.533	16.601	9.353	12.999	12.488	13.468	17.041	18.761	17.640	15.693	14.388	13.822	13.621	12.402	29.486	30.418	36.344	36.722	42.895	45.555
Inmovilizado material	176.432	238.456	28[illegible].128	331.389	356.464	402.539	[illegible]94.904	647.256	771.529	846.932	942.984	1.065.152	1.144.475	1.190.088	1.217.728	1.243.585	1.362.619	1.516.022	1.791.607	1.985.143	2.185.318	2.390.119	2.582.094	2.742.136	2.899.640
Otros activos fijos	4.066	4.942	[illegible].884	5.078	5.843	6.963	5.991	6.902	8.285	9.098	13.485	16.003	31.698	28.188	23.360	95.130	93.560	91.791	68.536	72.162	74.344	74.163	79.112	90.092	89.069
Activo circulante	62.280	63.276	[illegible].772	107.157	105.898	275.679	383.328	326.858	251.477	338.129	304.122	304.478	219.859	227.529	224.818	343.113	302.544	365.413	330.969	351.688	352.001	420.804	428.258	574.976	996.799
Existencias	36.968	48.978	6[illegible].841	67.205	77.709	82.235	83.323	106.380	121.715	158.424	145.021	148.128	143.460	168.094	156.398	165.446	182.144	171.105	211.845	235.123	277.750	310.873	308.874	351.913	671.661
Deudores	2.522	1.703	487	2.711	4.582	5.023	15.698	16.712	19.172	21.852	12.690	13.559	23.254	10.277	7.657	14.786	13.468	3.865	7.174	12.585	19.129	29.273	29.403	15.142	34.193
Otros activos líquidos	22.790	12.996	2[illegible].444	37.241	23.607	188.421	284.307	203.766	110.590	157.853	146.411	142.791	53.145	49.158	60.763	162.881	106.932	190.443	111.950	103.980	55.122	80.658	89.981	207.919	290.945
Tesorería	18.519	10.050	2[illegible].652	35.662	22.691	187.386	282.144	201.593	107.222	152.689	107.714	76.616	22.556	38.664	52.269	155.942	99.510	101.936	82.707	85.117	40.582	63.372	79.834	57.593	65.913
Total activo	274.364	335.831	41[illegible].592	468.718	488.754	702.714	900.824	990.369	1.044.290	1.206.647	1.274.059	1.402.674	1.414.793	1.463.445	1.481.599	1.696.216	1.772.545	1.986.847	2.203.514	2.438.479	2.642.081	2.921.430	3.126.186	3.450.099	4.031.063
Fondos propios	46.877	67.473	9[illegible].336	174.658	178.336	215.144	279.660	272.351	257.042	242.823	268.843	279.451	291.110	304.387	343.960	380.375	454.521	559.407	681.261	831.615	1.002.728	1.175.303	1.326.073	1.518.023	1.710.761
Capital suscrito	43.982	73.432	12[illegible].000	175.100	175.100	175.100	180.000	180.000	180.000	180.000	180.000	180.000	180.000	180.000	180.000	180.000	180.000	180.000	180.000	180.000	180.000	180.000	180.000	180.000	180.000
Otros fondos propios	2.895	-5.959	-2[illegible].664	-442	3.236	40.044	99.660	92.351	77.042	62.823	88.843	99.451	111.110	124.387	163.960	200.375	274.521	379.407	501.261	651.615	822.728	995.303	1.146.073	1.338.023	1.530.761
Pasivo fijo	107.799	132.022	12[illegible].959	102.682	101.693	123.233	192.889	317.139	366.765	487.435	536.283	604.584	592.311	526.280	491.304	576.307	684.860	879.947	817.859	690.409	757.541	811.421	756.625	1.100.831	857.080
Acreedores a L. P.	107.541	131.644	12[illegible].778	102.442	100.953	121.431	191.532	315.039	363.805	484.287	531.837	597.147	577.484	503.710	461.169	536.149	639.353	829.922	768.684	638.048	704.548	762.373	697.473	1.040.476	801.295
Otros pasivos fijos	219	379	180	240	740	1.802	1.357	2.100	2.960	3.148	4.446	7.437	14.827	22.570	30.135	40.158	45.507	50.025	49.175	52.361	52.993	49.048	59.152	60.355	55.785
Provisiones	219	379	180	240	740	1.802	1.357	2.100	2.960	3.148	3.452	3.030	6.217	7.719	9.448	13.267	15.159	15.627	19.292	18.624	23.186	22.489	35.015	38.739	36.451
Pasivo líquido	119.728	136.336	19[illegible]297	191.378	208.725	364.337	428.275	400.879	420.483	476.389	468.933	518.639	531.372	632.778	646.335	739.534	633.164	547.493	704.394	916.455	881.812	934.706	1.043.488	831.245	1.463.222
Deudas financieras	8.889	10.885	12[illegible]793	21.834	11.762	19.201	38.791	36.624	45.270	56.923	62.572	84.750	89.756	112.612	92.330	187.747	130.492	119.758	139.833	232.148	169.933	262.193	275.123	170.248	598.860
Acreedores comerciales	81.587	90.779	147[illegible]52	135.107	160.868	209.611	247.727	307.746	320.824	361.692	316.758	325.918	331.953	278.262	266.125	280.615	242.220	242.264	270.381	280.810	326.553	341.111	376.790	374.086	507.845
Otros pasivos líquidos	29.251	34.672	3[illegible]52	34.437	36.095	135.525	141.757	56.509	54.389	57.774	89.603	107.971	109.663	241.904	287.880	271.172	260.452	185.471	294.180	403.497	385.326	331.402	391.575	286.911	356.517
Total pasivo y capital propio	274.364	335.831	412[illegible]92	468.718	488.754	702.714	900.824	990.369	1.044.290	1.206.647	1.274.059	1.402.674	1.414.793	1.463.445	1.481.599	1.696.216	1.772.545	1.986.847	2.203.514	2.438.479	2.642.081	2.921.430	3.126.186	3.450.099	4.031.063
Fondo de maniobra	-42.097	-40.099	-78[illegible]24	-65.191	-78.577	-122.353	-148.706	-184.654	-179.937	-181.416	-159.047	-164.231	-165.239	-99.891	-102.070	-100.383	-46.608	-67.294	-51.362	-33.102	-29.674	-965	-38.513	-7.029	198.009
Número empleados	n.d.	n.d.	3[illegible]70	3.479	4.169	4.557	5.228	5.801	6.063	7.076	6.944	6.759	7.649	7.709	7.636	7.739	8.009	8.804	9.536	10.176	11.076	11.689	13.012	13.808	14.525
Cuentas de pérdidas y ganancias																									
Ingresos de explotación	471.343	596.544	781[illegible]84	950.304	1.174.685	1.415.837	1.548.507	1.742.718	1.850.479	2.061.040	2.248.422	2.167.465	2.280.573	2.345.456	2.423.251	2.558.967	2.734.987	3.078.293	3.370.940	3.630.052	4.045.726	4.443.165	4.877.728	5.211.011	6.130.754
Importe neto Cifra de Ventas	469.890	594.427	777[illegible]69	946.331	1.170.100	1.409.912	1.548.473	1.736.156	1.842.836	2.051.186	2.237.910	2.158.388	2.268.276	2.331.018	2.400.079	2.532.126	2.708.674	3.049.195	3.335.349	3.594.692	4.008.823	4.398.298	4.825.712	5.144.465	6.079.475
Consumo de mercaderías y de materias	n.d.	n.d.	[illegible]d.	n.d.	n.d.	n.d.	n.d.	n.d.	n.d.	n.d.	1.733.760	1.637.600	1.711.739	1.759.482	1.792.007	1.879.124	1.971.610	2.196.009	2.420.734	2.608.124	2.924.992	3.211.903	3.554.469	3.784.071	4.526.900
Resultado bruto	n.d.	n.d.	[illegible]d.	n.d.	n.d.	n.d.	n.d.	n.d.	n.d.	n.d.	514.662	529.865	568.834	585.974	631.244	679.843	763.377	882.284	950.206	1.021.928	1.120.734	1.231.262	1.323.259	1.426.940	1.603.854
Otros gastos de explotación	n.d.	n.d.	[illegible]d.	n.d.	n.d.	n.d.	n.d.	n.d.	n.d.	n.d.	458.460	488.199	525.255	536.180	550.472	620.203	661.716	724.210	779.791	812.466	893.599	1.005.621	1.122.547	1.181.310	1.352.605
Resultado Explotación	-5	-7.181	-29[illegible]54	-25.623	7.643	43.700	6[illegible].875	49.246	42.428	39.633	56.202	41.666	43.579	49.794	80.772	99.640	101.661	158.074	170.415	209.462	227.135	225.641	200.712	245.630	251.249
Ingresos financieros	648	133	[illegible]84	502	1.561	1.844	[illegible].489	7.056	6.920	6.322	[illegible]	2.254	2.288	1.104	1.130	900	529	422	273	710	2.118	2.704	709	44	1.761
Gastos financieros	4.118	4.002	6[illegible]76	6.478	5.433	4.473	6.550	16.200	18.060	23.361	34.564	27.810	29.734	33.330	29.007	24.091	26.117	17.974	16.044	18.711	9.561	8.844	8.497	8.826	18.137
Resultado financiero	-3.470	-3.869	-6.[illegible]92	-5.976	-3.872	-2.629	-[illegible].061	-9.144	-11.140	-17.039	-25.303	-25.556	-27.446	-32.226	-27.877	-23.191	-25.588	-17.552	-15.771	-18.001	-7.443	-6.140	-7.788	-8.782	-16.376
Result. ordinarios antes Impuestos	-3.475	-11.050	-35[illegible]46	-31.599	3.771	41.071	6[illegible].814	40.102	31.288	22.594	30.899	16.110	16.133	17.568	52.895	36.449	76.073	140.522	154.644	191.461	219.692	219.501	192.924	236.848	234.873
Impuestos sobre sociedades	n.d.	n.d.	[illegible]d.	n.d.	n.d.	n.d.	1.581	14.993	12.167	8.719	9.560	5.502	4.474	4.291	13.322	9.292	1.740	35.584	32.728	41.058	48.512	46.859	42.088	44.832	42.069
Resultado Actividades Ordinarias	-3.475	-11.050	-35[illegible]46	-31.599	3.771	41.071	6[illegible].233	25.109	19.121	13.875	21.339	10.608	11.659	13.277	39.573	27.157	74.333	104.938	121.916	150.403	171.180	172.642	150.836	192.016	192.804
Ingresos extraordinarios	632	145	[illegible]37	510	1.056	2.059	1.957	2.002	3.139	4.947	n.d.	n.d.	n.d.	n.d.	n.d.	n.d.	n.d.	n.d.	n.d.	n.d.	n.d.	n.d.	n.d.	n.d.	n.d.
Gastos extraordinarios	110	902	[illegible]3	202	7.440	6.322	4.574	-580	2.569	3.042	n.d.	n.d.	n.d.	n.d.	n.d.	n.d.	n.d.	n.d.	n.d.	n.d.	n.d.	n.d.	n.d.	n.d.	n.d.
Resultados actividades extraordinarias	522	-757	-[illegible]6	308	-6.384	-4.263	-2.617	2.582	570	1.905	n.d.	n.d.	n.d.	n.d.	n.d.	n.d.	n.d.	n.d.	n.d.	n.d.	n.d.	n.d.	n.d.	n.d.	n.d.
Resultado del Ejercicio	-2.953	-11.808	-35[illegible]3	-31.291	-2.613	36.808	59.616	27.691	19.691	15.780	21.339	10.608	11.659	13.277	39.573	27.157	74.333	104.938	121.916	150.403	171.180	172.642	150.836	192.016	192.804

Cuentas financieras no consolidadas de DIA

Datos en miles de euros

	1999	2000	2001	2002	2003	2004	2005	2006
Balance de situación								
Inmovilizado	53.567	99.685	131.214	135.127	126.401	125.647	121.624	121.323
Inmovilizado inmaterial	10.251	13.956	16.099	15.423	16.718	16.785	17.516	16.842
Inmovilizado material	41.760	76.681	98.063	101.512	90.834	89.474	84.194	83.578
Otros activos fijos	1.556	9.048	17.092	18.192	18.849	19.388	19.914	20.903
Activo circulante	26.142	31.810	43.584	54.917	53.393	45.933	50.435	62.279
Existencias	12.641	13.830	22.124	29.364	27.018	28.608	31.990	44.929
Deudores	2.452	6.756	6.621	6.504	5.668	2.211	1.263	2.215
Otros activos líquidos	11.049	11.225	14.840	19.048	20.707	15.114	17.182	15.135
Tesorería	7.456	6.665	10.035	14.764	16.390	10.270	12.916	11.731
Total activo	79.710	131.495	174.798	190.044	179.794	171.580	172.059	183.602
Fondos propios	13.291	28.956	28.821	35.907	36.170	30.879	25.952	26.301
Capital suscrito	16.035	26.853	32.503	36.169	36.169	36.169	36.169	36.169
Otros fondos propios	-2.744	2.103	-3.682	-262	1	-5.290	-10.217	-9.868
Pasivo fijo	11.111	15.138	39.102	40.498	25.954	24.877	17.208	14.640
Acreedores a L. P.	11.107	13.927	38.229	39.994	25.456	24.131	16.337	13.921
Otros pasivos fijos	4	1.211	873	504	498	746	871	719
Provisiones	4	1.211	873	504	498	746	871	719
Pasivo líquido	55.307	87.401	106.875	113.638	117.670	115.824	128.899	142.661
Deudas financieras	1.470	1.661	2.326	2.207	2.267	2.271	2.401	2.459
Acreedores comerciales	45.827	60.791	83.338	94.667	101.257	99.401	96.735	101.751
Otros pasivos líquidos	8.010	24.948	21.210	16.765	14.146	14.152	29.763	38.451
Total pasivo y capital propio	79.710	131.495	174.798	190.044	179.794	171.580	172.059	183.602
Fondo de maniobra	-30.734	-40.206	-54.594	-58.798	-68.572	-68.582	-63.482	-54.607
Número empleados	794	1.017	1.513	1.757	1.911	1.998	2.209	2.212
Cuentas de pérdidas y ganancias								
Ingresos de explotación	189.857	246.173	354.312	434.077	487.972	490.213	457.142	487.851
Importe neto Cifra de Ventas	187.786	242.857	349.271	426.438	481.367	483.073	450.026	481.492
Consumo de mercaderías y de materias	n.d.	n.d.	n.d.	n.d.	n.d.	n.d.	n.d.	n.d.
Resultado bruto	n.d.	n.d.	n.d.	n.d.	n.d.	n.d.	n.d.	n.d.
Otros gastos de explotación	n.d.	n.d.	n.d.	n.d.	n.d.	n.d.	n.d.	n.d.
Resultado Explotación	-11.567	-12.477	-14.986	-4.976	-3.771	-3.847	-17.857	-19.263
Ingresos financieros	100	123	383	416	330	135	82	289
Gastos financieros	553	774	1.651	2.393	1.982	1.620	1.731	1.681
Resultado financiero	-452	-651	-1.268	-1.977	-1.651	-1.485	-1.649	-1.392
Result. ordinarios antes Impuestos	-12.019	-13.128	-16.255	-6.953	-5.422	-5.332	-19.506	-20.655
Impuestos sobre sociedades	n.d.	n.d.	n.d.	n.d.	n.d.	n.d.	n.d.	n.d.
Resultado Actividades Ordinarias	-12.019	-13.128	-16.255	-6.953	-5.422	-5.332	-19.506	-20.655
Ingresos extraordinarios	80	54	472	4.276	2.603	1.241	1.340	2.821
Gastos extraordinarios	49	3.716	1.302	1.237	1.082	1.200	560	667
Resultados actividades extraordinarias	31	-3.662	-831	3.039	1.521	41	780	2.154
Resultado del Ejercicio	-11.988	-16.790	-17.085	-3.914	-3.901	-5.291	-18.726	-18.501

	2007	2008	2009	2010	2011	2012	2013	2014
Balance de situación								
Inmovilizado	124.199	141.437	144.890	122.759	116.753	110.837	115.021	102.859
Inmovilizado inmaterial	16.991	1.007	940	897	860	826	795	758
Inmovilizado material	86.340	110.968	90.100	73.532	59.813	51.167	50.550	42.323
Otros activos fijos	20.868	29.462	53.850	48.330	56.080	58.844	63.676	59.778
Activo circulante	39.774	72.263	28.846	26.551	82.020	108.964	84.697	101.999
Existencias	26.188	21.665	21.425	20.592	20.487	19.885	19.661	20.504
Deudores	3.176	14.316	1.297	1.152	12.338	14.535	18.914	19.396
Otros activos líquidos	10.410	36.282	6.124	4.807	49.195	74.544	46.122	62.099
Tesorería	9.031	8.291	4.781	4.992	5.579	5.004	3.933	3.918
Total activo	163.973	213.700	173.736	149.310	198.773	219.801	199.718	204.858
Fondos propios	15.423	-35.605	10.977	23.580	49.242	64.417	72.388	78.991
Capital suscrito	36.169	36.169	36.169	36.169	36.169	36.169	36.169	36.169
Otros fondos propios	-20.746	-71.774	-25.192	-12.589	13.073	28.248	36.219	42.822
Pasivo fijo	20.296	19.489	68.940	65.495	60.081	6.807	5.736	4.540
Acreedores a L. P.	18.809	16.048	65.793	63.175	57.913	4.669	4.564	3.857
Otros pasivos fijos	1.487	3.441	3.147	2.320	2.168	2.138	1.172	683
Provisiones	1.487	2.230	1.991	1.465	1.375	1.171	416	196
Pasivo líquido	128.254	229.816	93.819	60.235	89.450	148.577	121.594	121.327
Deudas financieras	3.152	3.466	3.838	3.258	4.526	1.976	1.294	1.455
Acreedores comerciales	97.814	2.969	2.132	1.952	1.618	1.607	1.688	1.051
Otros pasivos líquidos	27.288	223.381	87.849	55.025	83.306	144.994	118.612	118.821
Total pasivo y capital propio	163.973	213.700	173.736	149.310	198.773	219.801	199.718	204.858
Fondo de maniobra	-68.450	33.012	20.590	19.792	31.207	32.813	36.887	38.849
Número empleados	2.702	2.096	1.650	1.493	1.286	1.158	1.039	934
Cuentas de pérdidas y ganancias								
Ingresos de explotación	294.738	515.913	498.085	473.354	461.260	468.655	449.976	412.159
Importe neto Cifra de Ventas	290.328	469.588	485.627	459.669	447.375	455.039	435.680	398.827
Consumo de mercaderías y de materias	n.d.	396.706	362.637	341.223	331.490	337.724	320.909	292.065
Resultado bruto	n.d.	119.207	135.448	132.131	129.770	130.931	129.067	120.094
Otros gastos de explotación	n.d.	199.798	100.852	112.751	107.483	115.080	108.792	103.854
Resultado Explotación	-63.593	[illegible]	34.596	19.380	22.287	15.851	20.275	16.240
Ingresos financieros	275	6.032	71	262	597	184	330	72
Gastos financieros	873	4.304	2.408	1.660	1.494	1.814	16.967	334
Resultado financiero	-598	1.728	-2.337	-1.398	-897	-1.630	-16.637	-262
Result. ordinarios antes Impuestos	-64.191	-78.863	32.259	17.982	21.390	14.221	3.638	15.978
Impuestos sobre sociedades	n.d.	-26.202	-13.928	5.346	-4.342	-1.024	-4.334	9.314
Resultado Actividades Ordinarias	-64.191	-52.661	46.187	12.636	25.732	15.245	7.972	6.664
Ingresos extraordinarios	808	n.d.	n.d.	n.d.	n.d.	n.d.	n.d.	n.d.
Gastos extraordinarios	5.353	n.d.	n.d.	n.d.	n.d.	n.d.	n.d.	n.d.
Resultados actividades extraordinarias	-4.545	n.d.	n.d.	n.d.	n.d.	n.d.	n.d.	n.d.
Resultado del Ejercicio	-68.736	-52.661	46.187	12.636	25.732	15.245	7.972	6.664

	2015	2016	2017	2018	2019	2020	2021	2022
Balance de situación								
Inmovilizado	110.877	98.662	88.608	65.319	55.490	866.898	712.812	658.782
Inmovilizado inmaterial	730	703	679	3	636	38.760	31.791	45.885
Inmovilizado material	39.671	42.630	42.069	40.547	33.889	311.957	343.351	392.146
Otros activos fijos	70.476	55.329	45.860	24.769	20.965	516.181	337.670	220.751
Activo circulante	60.340	52.936	61.399	49.503	50.272	852.939	608.928	584.535
Existencias	19.782	21.701	20.311	18.505	15.015	173.028	155.180	162.919
Deudores	2.737	5.378	5.232	5.800	5.262	509.960	312.626	342.669
Otros activos líquidos	37.821	25.857	35.856	25.198	29.995	169.951	141.122	78.947
Tesorería	3.101	4.502	6.996	3.249	3.555	32.284	18.959	26.916
Total activo	171.217	151.598	150.007	114.822	105.762	1.719.837	1.321.740	1.243.317
Fondos propios	79.359	62.578	55.065	-247	-22.331	438.656	98.085	-47.594
Capital suscrito	36.169	36.169	36.169	36.169	36.169	36.169	36.169	36.169
Otros fondos propios	43.190	26.409	18.896	-36.416	-58.500	402.487	61.916	-83.763
Pasivo fijo	3.453	2.718	1.264	4.893	3.746	409.593	339.559	286.685
Acreedores a L. P.	2.981	2.424	1.010	798	3.543	401.208	325.954	283.820
Otros pasivos fijos	472	294	254	4.095	203	8.385	13.605	2.865
Provisiones	131	74	124	1.690	157	7.799	13.226	2.572
Pasivo líquido	88.405	86.302	93.678	110.176	124.347	871.588	884.096	1.004.226
Deudas financieras	1.586	1.641	884	1.699	245	9.265	10.858	35.469
Acreedores comerciales	1.166	742	572	581	523	659.389	637.335	681.231
Otros pasivos líquidos	85.653	83.919	92.222	107.896	123.579	202.934	235.903	287.526
Total pasivo y capital propio	171.217	151.598	150.007	114.822	105.762	1.719.837	1.321.740	1.243.317
Fondo de maniobra	21.353	26.337	24.971	23.724	19.754	23.599	-169.529	-175.643
Número empleados	827	730	663	613	571	15.791	14.712	14.397
Cuentas de pérdidas y ganancias								
Ingresos de explotación	377.445	361.295	345.898	328.854	294.015	3.871.844	3.855.224	4.097.814
Importe neto Cifra de Ventas	365.097	346.427	323.057	307.950	272.076	3.582.929	3.608.616	3.856.061
Consumo de mercaderías y de materias	272.685	256.142	244.151	236.800	208.977	3.027.503	3.058.525	3.224.011
Resultado bruto	104.760	105.153	101.747	92.054	85.038	844.341	796.699	873.803
Otros gastos de explotación	90.436	92.527	94.221	114.366	104.024	889.522	853.412	888.029
Resultado Explotación	14.324	12.626	7.526	-22.312	-18.986	-45.181	-56.713	-14.226
Ingresos financieros	113	4.120	69	1.975	33	20.546	659	267
Gastos financieros	306	319	246	88	2.093	12.117	288.070	134.481
Resultado financiero	-193	3.801	-177	1.887	-2.060	8.429	-287.411	-134.214
Result. ordinarios antes Impuestos	14.131	16.427	7.349	-20.425	-21.046	-36.752	-344.124	-148.440
Impuestos sobre sociedades	-16.316	3.130	1.859	23.226	1.038	3.675	-1.695	23
Resultado Actividades Ordinarias	30.447	13.297	5.490	-43.651	-22.084	-40.427	-342.429	-148.463
Ingresos extraordinarios	n.d.	n.d.	n.d.	n.d.	n.d.	n.d.	n.d.	n.d.
Gastos extraordinarios	n.d.	n.d.	n.d.	n.d.	n.d.	n.d.	n.d.	n.d.
Resultados actividades extraordinarias	n.d.	n.d.	n.d.	n.d.	n.d.	n.d.	n.d.	n.d.
Resultado del Ejercicio	30.447	13.297	5.490	-43.651	-22.084	-40.427	-342.429	-148.463

Cuentas financieras no consolidadas de Supercor

Datos en euros	1999	2000	2001	2002	2003	2004	2005	2006	2007	2008	2010	2011	2012	2013	2014	2015	2016	2017	2018	2019	2020	2021	2022	2023
Balance de situación																								
Inmovilizado	n.d.	n.d.	9[illegible]330.376	33.591.889	161.257.812	269.009.552	344.210.913	409.897.580	475.332.954	543.859.777	622.342.014	654.489.347	607.448.215	627.998.136	466.502.590	530.780.325	524.330.992	550.293.158	549.867.657	561.954.419	543.491.583	498.008.039	472.160.795	395.564.731
Inmovilizado inmaterial	n.d.	n.d.	[illegible]201.624	2.094.538	22.627.638	27.924.960	41.488.479	46.713.296	60.151.441	73.893.552	3.075.329	2.841.913	3.010.144	1.678.956	1.461.264	1.839.421	2.636.987	2.829.533	2.863.759	2.451.792	2.889.110	2.197.078	8.144.103	7.277.504
Inmovilizado material	n.d.	n.d.	9[illegible]124.600	29.581.358	135.622.752	238.313.617	299.601.487	359.989.724	408.945.700	461.725.811	604.188.912	632.563.883	585.587.302	585.434.933	424.883.586	447.954.298	420.724.186	458.019.216	461.105.465	465.316.705	452.934.172	413.414.719	387.194.134	327.175.173
Otros activos fijos	n.d.	n.d.	[illegible]504.152	1.916.004	3.007.422	2.770.975	3.120.947	3.194.560	6.235.813	8.240.414	15.077.773	19.083.551	18.850.769	40.884.247	40.157.740	80.986.606	100.969.819	89.444.409	85.898.433	94.185.922	87.668.301	82.396.242	76.822.558	61.112.054
Activo circulante	60.340	62.070	3.[illegible]884.153	9.760.36[illegible]	42.852.354	42.478.780	48.244.617	43.983.540	49.132.698	63.755.399	46.648.703	50.681.940	48.891.344	57.052.416	58.703.644	66.139.929	66.788.938	55.730.807	54.394.529	54.850.026	55.071.223	55.079.502	69.801.336	74.985.337
Existencias	n.d.	n.d.	1.864.236	4.191.42[illegible]	11.974.412	17.923.015	23.757.917	24.961.223	27.929.264	30.726.117	30.059.546	34.664.965	32.821.030	38.655.409	44.936.379	51.371.901	45.899.717	47.113.039	49.072.470	50.030.708	50.131.689	50.055.429	57.941.293	64.733.115
Deudores	59.086	60.838	1.[illegible]11.400	4.807.00[illegible]	26.405.064	19.661.586	16.451.861	10.661.166	8.782.125	19.318.235	11.062.399	12.018.526	12.411.839	14.012.731	8.926.845	9.857.947	17.586.378	5.279.437	2.348.493	2.164.260	1.619.044	2.000.258	9.695.866	6.467.138
Otros activos líquidos	1.255	1.232	[illegible]08.516	761.93[illegible]	4.472.878	4.894.179	8.034.839	8.361.151	12.421.309	13.711.047	5.526.758	3.998.449	3.658.475	4.384.276	4.840.420	4.910.081	3.302.843	3.338.331	2.973.566	2.655.058	3.320.490	3.023.815	2.164.177	3.785.084
Tesorería	1.255	1.232	-44.986	621.54[illegible]	1.139.790	2.367.775	3.972.326	3.496.451	4.184.497	3.360.929	4.791.963	3.286.622	2.854.155	2.964.256	3.102.541	3.435.144	2.115.572	1.892.896	2.108.610	1.897.691	2.432.604	2.417.017	1.529.198	1.490.014
Total activo	60.340	62.070	13.[illegible]14.528	43.352.25[illegible]	204.110.166	311.488.332	392.455.530	453.881.120	524.465.652	607.615.176	668.990.717	705.171.287	656.339.559	685.050.552	525.206.234	596.920.254	591.119.930	606.023.965	604.262.186	616.804.445	598.562.806	553.087.541	541.962.131	470.550.068
Fondos propios	59.515	61.249	[illegible]45.049	13.095.405	79.047.556	80.453.103	230.079.233	231.828.209	233.202.376	514.781.180	427.105.966	418.541.791	397.301.811	390.274.850	244.681.079	240.663.697	240.921.249	245.633.591	262.302.737	285.197.199	296.583.483	300.805.924	277.906.206	207.603.505
Capital suscrito	60.101	60.101	[illegible]50.101	12.000.000	50.000.000	50.000.000	125.000.000	125.000.000	125.000.000	239.000.000	239.000.000	239.000.000	239.000.000	239.000.000	239.000.000	239.000.000	239.000.000	239.000.000	239.000.000	239.000.000	239.000.000	239.000.000	239.000.000	239.000.000
Otros fondos propios	-587	1.148	[illegible]84.947	1.095.405	29.047.556	30.453.103	105.079.233	106.828.209	108.202.376	275.781.180	188.105.966	179.541.791	158.301.811	151.274.850	5.681.079	1.663.697	1.921.249	6.633.591	23.302.737	46.197.199	57.583.483	61.805.924	38.906.206	-31.396.495
Pasivo fijo	n.d.	n.d.	n.d.	n.d.	17.059.721	19.840.599	27.334.195	29.320.992	41.151.351	50.164.028	92.419.095	102.840.948	88.381.660	75.012.488	75.328.426	69.517.010	47.091.587	29.543.156	18.784.344	12.288.984	11.052.893	112.830.494	103.455.251	96.998.090
Acreedores a L. P.	n.d.	n.d.	n.d.	n.d.	17.059.721	19.840.599	27.334.195	29.320.992	41.151.351	50.164.028	89.995.576	99.754.088	84.583.432	70.489.038	60.032.623	53.733.629	34.037.971	18.820.448	7.862.209	1.572.951	662.445	101.708.858	89.997.969	81.113.744
Otros pasivos fijos	n.d.	n.d.	n.d.	n.d.	n.d.	n.d.	n.d.	n.d.	n.d.	n.d.	2.423.519	3.086.860	3.798.228	4.523.450	15.295.803	15.783.381	13.053.616	10.722.708	10.922.135	10.716.033	10.390.448	11.121.636	13.457.282	15.884.346
Provisiones	n.d.	n.d.	n.d.	n.d.	n.d.	n.d.	n.d.	n.d.	n.d.	n.d.	n.d.	n.d.	n.d.	n.d.	10.418.129	9.504.760	6.147.966	3.191.168	2.764.791	1.739.823	829.271	829.271	2.413.701	4.221.825
Pasivo líquido	826	821	12.[illegible]9.480	30.256.849	108.002.889	211.194.630	135.042.102	192.731.919	250.111.925	42.669.968	149.465.656	183.788.548	170.656.088	219.763.214	205.196.729	286.739.547	303.107.094	330.847.218	323.175.105	319.318.262	290.926.430	139.451.123	160.600.674	165.948.473
Deudas financieras	n.d.	n.d.	n.d.	n.d.	1.514.182	1.521.508	n.d.	3.319.985	5.121.998	6.606.364	11.183.802	13.821.457	15.190.107	13.815.584	15.805.116	21.556.611	19.674.830	15.350.627	10.807.679	6.618.350	926.521	682.644	3.388.948	1.509.430
Acreedores comerciales	n.d.	n.d.	n.d.	3.353.408	3.906.085	3.598.432	n.d.	5.973.156	7.068.800	6.708.807	7.868.628	6.425.115	5.121.395	7.859.373	6.745.822	9.909.550	6.855.106	5.325.625	10.075.657	11.736.831	13.913.757	13.753.650	14.815.452	1.113.924
Otros pasivos líquidos	826	821	12.7[illegible]9.480	26.903.441	102.582.622	206.074.690	135.042.102	183.438.778	237.921.127	29.354.797	130.413.226	163.541.976	150.344.586	198.088.257	182.645.791	255.273.386	276.577.158	310.170.966	302.291.769	300.963.081	276.086.152	125.014.829	142.396.274	163.325.119
Total pasivo y capital propio	60.340	62.070	13.3[illegible]4.528	43.352.254	204.110.166	311.488.332	392.455.530	453.881.120	524.465.652	607.615.176	668.990.717	705.171.287	656.339.559	685.050.552	525.206.234	596.920.254	591.119.930	606.023.965	604.262.186	616.804.445	598.562.806	553.087.541	541.962.131	470.550.068
Fondo de maniobra	59.086	60.838	3.1[illegible]5.636	5.645.020	34.473.391	33.986.169	40.209.778	29.649.233	29.642.589	43.335.545	33.253.317	40.258.376	40.111.474	44.808.767	47.117.402	51.320.298	56.630.989	47.066.851	41.345.306	40.458.137	37.836.976	38.302.037	52.821.707	70.086.329
Número empleados	n.d.	n.d.	n.d.	n.d.	825	1.648	n.d.	2.651	2.987	3.107	2.789	2.719	2.606	2.698	2.884	3.770	3.654	3.703	3.906	4.018	4.096	4.194	4.244	4.644
Cuentas de pérdidas y ganancias																								
Ingresos de explotación	n.d.	n.d.	4.62[illegible].344	30.974.548	86.142.249	195.252.221	272.105.869	352.580.477	399.985.983	426.730.655	408.682.268	422.218.359	421.491.743	447.637.203	501.610.009	630.655.282	638.617.614	660.305.415	687.713.520	697.419.151	720.932.689	772.655.737	720.188.722	773.481.007
Importe neto Cifra de Ventas	n.d.	n.d.	4.5[illegible].427	30.595.565	83.063.858	183.614.986	258.639.012	331.222.516	376.169.845	403.225.278	406.252.268	419.122.709	417.313.717	443.738.657	497.678.668	620.035.387	633.564.004	652.880.824	681.193.452	690.541.893	714.591.560	767.375.104	712.787.919	767.596.515
Consumo de mercaderías y de materias	n.d.	n.d.	n.d.	n.d.	n.d.	n.d.	n.d.	n.d.	n.d.	n.d.	290.879.220	301.939.086	304.342.607	323.744.084	356.797.747	459.913.737	465.952.473	480.558.300	498.351.463	497.907.920	517.506.224	551.547.680	509.814.521	549.685.885
Resultado bruto	n.d.	n.d.	n.d.	n.d.	n.d.	n.d.	n.d.	n.d.	n.d.	n.d.	117.803.048	120.279.273	117.149.136	123.893.119	144.812.262	170.741.545	172.665.141	179.747.115	189.362.057	199.511.231	203.426.465	221.108.057	210.374.201	223.795.122
Otros gastos de explotación	n.d.	n.d.	n.d.	n.d.	n.d.	n.d.	n.d.	n.d.	n.d.	n.d.	130.811.963	132.465.285	127.933.757	132.198.254	140.502.349	180.654.474	171.266.069	172.945.417	166.777.247	168.831.760	188.206.141	213.509.465	228.674.235	289.775.602
Resultado Explotación	-114	-92	74[illegible].365	940.294	1.674.907	3.281.715	3.488.919	3.065.723	1.927.029	-951.267	-13.008.915	-12.186.012	-10.784.621	-8.305.135	4.309.913	-9.912.929	1.399.072	6.801.698	22.584.810	30.679.471	15.220.324	7.598.592	-18.300.034	-65.980.480
Ingresos financieros	2.745	2.430	207	n.d.	n.d.	n.d.	n.d.	n.d.	65.780	212.130	160.051	123.874	217.116	279.078	73.193	77.334	71.327	65.291	52.266	71.946	63.499	48.991	39.572	50.560
Gastos financieros	n.d.	n.d.	262	156	102.145	486.495	572.216	678.459	1.181.650	1.649.579	2.041.226	2.596.753	3.012.629	2.010.626	1.397.110	1.677.238	1.135.637	640.129	399.855	217.265	96.755	689.788	4.824.292	4.473.276
Resultado financiero	2.745	2.430	-56	-156	-102.145	-486.495	-572.216	-678.459	-1.115.870	-1.437.449	-1.881.175	-2.472.879	-2.795.513	-1.731.548	-1.323.917	-1.599.904	-1.064.310	-574.838	-347.589	-145.319	-33.256	-640.797	-4.784.720	-4.422.716
Result. ordinarios antes Impuestos	2.631	2.339	74[illegible].310	940.138	1.572.762	2.795.220	2.916.703	2.387.264	811.159	-2.388.716	-14.890.090	-14.658.891	-13.580.134	-10.036.683	2.985.996	-11.512.833	334.762	6.226.860	22.237.221	30.534.152	15.187.068	6.957.795	-23.084.754	-70.403.196
Impuestos sobre sociedades	825	820	26[illegible].508	328.708	512.697	756.570	855.097	895.049	-549.487	-2.455.179	-5.330.194	-6.094.716	-4.179.253	-3.009.722	-700.367	-4.201.854	77.213	1.514.518	5.568.075	7.639.690	3.796.767	2.735.354	1.582.173	-99.173
Resultado Actividades Ordinarias	1.806	1.519	48[illegible].802	611.430	1.060.065	2.038.650	2.061.606	1.492.215	1.360.646	66.463	-9.559.896	-8.564.175	-9.400.881	-7.026.961	3.686.363	-7.310.979	257.549	4.712.342	16.669.146	22.894.462	11.390.301	4.222.441	-24.666.927	-70.304.023
Ingresos extraordinarios	n.d.	215	0	231	48.132	499.459	808.116	1.152.998	941.867	558.680	n.d.	n.d.	n.d.	n.d.	n.d.	n.d.	n.d.	n.d.	n.d.	n.d.	n.d.	n.d.	n.d.	n.d.
Gastos extraordinarios	n.d.	n.d.	2	1.204	156.046	1.132.562	1.243.592	896.237	928.346	4.046.337	n.d.	n.d.	n.d.	n.d.	n.d.	n.d.	n.d.	n.d.	n.d.	n.d.	n.d.	n.d.	n.d.	n.d.
Resultados actividades extraordinarias	n.d.	215	-2	-973	-107.914	-633.103	-435.476	256.761	13.521	-3.487.657	n.d.	n.d.	n.d.	n.d.	n.d.	n.d.	n.d.	n.d.	n.d.	n.d.	n.d.	n.d.	n.d.	n.d.
Resultado del Ejercicio	1.806	1.734	48[illegible].800	610.457	952.151	1.405.547	1.626.130	1.748.976	1.374.167	-3.421.194	-9.559.896	-8.564.175	-9.400.881	-7.026.961	3.686.363	-7.310.979	257.549	4.712.342	16.669.146	22.894.462	11.390.301	4.222.441	-24.666.927	-70.304.023

Cuentas financieras no consolidadas de Bon Preu

Datos en euros

	1999	2000	2001	2002	2003	2004	2005	2006	2007	2008	2009	2010	2011
	12 meses Salvedades Normal	12 meses Aprobado Normal	12 meses Aprobado Normal	12 meses Aprobado Normal	12 meses Aprobado Normal	12 meses Aprobado Normal	12 meses Aprobado Normal	12 meses Aprobado Normal	12 meses Aprobado Normal	12 meses Aprobado Normal	12 meses Aprobado Normal PGC	12 meses Aprobado Normal PGC	12 meses Aprobado Normal PGC
Balance de situación													
Inmovilizado	31.544.832	36.409.051	41.015.101	51.024.912	53.198.854	58.850.985	67.526.700	81.654.632	98.253.937	117.845.149	131.716.055	261.958.579	255.495.377
Inmovilizado inmaterial	3.737.021	2.952.355	3.593.266	8.393.216	6.994.937	6.559.160	5.530.110	7.587.404	7.400.520	6.299.735	5.851.866	14.633.650	70.549.532
Inmovilizado material	15.835.901	19.379.496	19.861.880	23.494.945	23.742.713	22.276.611	24.030.815	31.101.978	39.315.391	44.540.840	47.812.905	49.399.428	77.717.960
Otros activos fijos	11.971.911	14.077.199	17.559.955	19.136.751	22.461.205	30.015.214	37.965.775	42.965.250	51.538.026	67.004.574	78.051.283	197.925.501	107.227.885
Activo circulante	16.658.309	19.879.035	18.101.930	30.146.316	29.572.340	33.797.860	38.969.465	48.723.824	45.302.708	47.241.176	60.192.059	86.184.896	101.579.432
Existencias	10.131.601	11.922.061	12.826.757	17.474.793	19.259.554	16.356.227	16.969.650	19.297.481	23.217.124	26.975.551	27.565.236	34.142.028	41.296.822
Deudores	178.500	167.442	386.971	1.885.920	151.895	350.335	510.851	779.722	726.827	761.565	153.494	277.448	922.272
Otros activos líquidos	6.348.207	7.789.532	4.888.202	10.785.603	10.160.891	17.091.298	21.488.965	28.646.621	21.358.757	19.504.060	32.473.330	51.765.420	59.360.338
Tesorería	6.076.929	7.531.879	4.634.815	10.424.065	9.815.302	16.664.355	21.300.793	28.450.180	21.079.691	19.293.796	25.438.104	13.676.158	28.808.011
Total activo	48.203.141	56.288.086	59.117.031	81.171.228	82.771.194	92.648.845	106.496.165	130.378.456	143.556.645	165.086.325	191.908.114	348.143.476	357.074.809
Fondos propios	13.335.946	14.060.770	15.109.131	16.223.880	18.141.163	20.829.780	25.779.726	29.552.749	32.412.256	36.736.876	47.304.924	55.584.410	80.881.766
Capital suscrito	60.101	60.101	60.101	60.104	60.104	60.104	60.104	60.104	60.104	60.104	60.104	60.104	60.104
Otros fondos propios	13.275.844	14.000.669	15.049.030	16.163.776	18.081.059	20.768.676	25.719.622	29.492.645	32.352.152	36.676.772	47.244.820	55.524.306	80.821.662
Pasivo fijo	4.362.284	4.535.807	5.486.495	10.010.669	9.531.683	10.277.189	10.949.958	14.331.716	18.778.809	25.372.988	28.444.093	148.602.039	124.114.069
Acreedores a L.P.	4.031.727	4.370.495	5.321.184	9.792.788	9.422.637	10.090.248	10.706.359	14.028.732	18.415.228	24.948.810	27.694.321	146.898.214	114.246.028
Otros pasivos fijos	330.557	165.312	165.312	217.881	109.045	186.941	243.599	302.984	363.581	424.177	749.772	1.703.825	9.868.041
Provisiones	330.557	165.312	165.312	217.881	109.045	186.941	243.599	302.984	363.581	424.177	516.910	555.371	1.207.506
Pasivo líquido	30.504.912	37.691.509	38.521.405	54.936.678	55.098.348	61.542.876	69.767.481	86.493.991	92.365.580	102.976.461	116.159.096	143.957.027	152.078.975
Deudas financieras	2.565.174	2.144.934	2.746.305	4.549.381	4.347.710	5.667.887	5.295.934	7.367.947	8.707.799	12.368.285	14.064.739	14.389.261	13.549.870
Acreedores comerciales	25.260.932	31.002.103	31.289.463	40.938.857	41.122.971	48.977.325	54.718.890	64.051.042	73.736.106	79.595.952	77.274.889	98.877.838	101.521.265
Otros pasivos líquidos	2.678.805	4.544.473	4.485.638	9.448.439	9.627.667	6.897.663	9.752.658	15.075.003	9.921.675	11.012.224	24.819.468	30.689.928	37.007.840
Total pasivo y capital propio	48.203.141	56.288.086	59.117.031	81.171.228	82.771.194	92.648.845	106.496.165	130.378.456	143.556.645	165.086.325	191.908.114	348.143.476	357.074.809
Fondo de maniobra	-14.950.831	-18.912.599	-18.075.734	-21.578.144	-21.711.523	-32.270.763	-37.238.389	-43.973.838	-49.792.154	-51.858.835	-49.556.160	-64.458.362	-59.302.171
Número empleados	804	936	1.002	1.113	1.113	1.482	1.777	1.918	2.391	2.622	2.799	2.630	3.450
Cuentas de pérdidas y ganancias													
Ingresos de explotación	137.096.176	157.869.138	178.489.156	212.903.036	249.099.472	270.490.422	293.896.744	334.640.107	411.117.829	481.597.026	516.808.193	555.668.609	723.367.779
Importe neto Cifra de Ventas	129.209.771	147.698.793	166.192.985	196.593.255	232.920.774	254.276.377	276.276.273	314.089.830	376.016.949	439.074.258	472.427.920	505.728.079	655.255.896
Consumo de mercaderías y de materias	n.d.	n.d.	n.d.	n.d.	n.d.	n.d.	n.d.	n.d.	n.d.	n.d.	387.825.879	414.836.105	534.437.545
Resultado bruto	n.d.	n.d.	n.d.	n.d.	n.d.	n.d.	n.d.	n.d.	n.d.	n.d.	128.982.313	140.832.304	188.930.234
Otros gastos de explotación	n.d.	n.d.	n.d.	n.d.	n.d.	n.d.	n.d.	n.d.	n.d.	n.d.	117.774.648	122.829.409	157.530.257
Resultado Explotación	-1.643.032	-2.375.401	-3.365.239	-4.867.380	-4.765.258	-4.680.660	-2.233.798	-3.747.889	2.776.122	5.852.927	11.207.665	18.003.095	31.399.977
Ingresos financieros	3.064.041	4.023.416	5.295.706	7.524.324	7.958.931	9.380.891	10.023.283	12.822.360	4.652.259	5.292.787	m	4.254.874	10.630.007
Gastos financieros	384.369	233.288	347.158	476.422	588.533	715.636	601.730	457.715	781.514	1.174.676	1.808.507	10.535.408	5.132.597
Resultado financiero	2.679.672	3.790.128	4.948.548	7.047.902	7.370.398	8.665.255	9.421.552	12.364.645	3.870.745	4.118.111	3.553.384	-6.280.535	5.497.410
Result. ordinarios antes Impuestos	1.036.640	1.414.727	1.583.309	2.180.523	2.605.140	3.984.595	7.187.754	8.616.755	6.646.867	9.971.038	14.761.049	11.722.560	36.897.387
Impuestos sobre sociedades	249.767	338.743	563.730	584.152	1.013.931	1.410.650	2.633.301	3.274.598	2.815.239	3.216.401	4.332.623	3.432.125	9.320.064
Resultado Actividades Ordinarias	786.873	1.075.984	1.019.579	1.596.370	1.591.209	2.573.945	4.554.453	5.342.157	3.831.629	6.754.637	10.428.426	8.290.436	27.577.323
Ingresos extraordinarios	65.076	78.306	121.497	202.032	364.033	291.756	89.499	149.312	1.088.198	248.554	n.d.	n.d.	n.d.
Gastos extraordinarios	385.928	428.515	92.596	680.399	37.734	178.085	-306.016	-682.553	-341.001	277.253	n.d.	n.d.	n.d.
Resultados actividades extraordinarias	-320.851	-350.209	28.901	-478.367	326.299	113.672	395.515	831.865	1.429.199	-28.699	n.d.	n.d.	n.d.
Resultado del Ejercicio	466.022	725.775	1.048.481	1.118.004	1.917.508	2.687.617	4.949.969	6.174.023	5.260.827	6.725.938	10.428.426	8.290.436	27.577.323

	2012	2013	2014	2015	2016	2017	2018	2019	2020	2021	2022	2023
	12 meses Aprobado Normal PGC	12 meses Aprobado Normal PGC	12 meses Aprobado Normal PGC	12 meses Aprobado Normal PGC	12 meses Aprobado Normal PGC	12 meses Aprobado Normal PGC	12 meses Favorable con incertidumbres	12 meses Aprobado Normal PGC	12 meses Aprobado Normal PGC	12 meses Aprobado Normal PGC	12 meses Aprobado Normal PGC	12 meses Aprobado Normal PGC
Balance de situación												
Inmovilizado	270.445.921	264.967.038	267.138.366	318.497.860	365.801.289	411.612.701	467.796.168	485.074.104	376.486.896	453.439.768	445.810.173	440.339.314
Inmovilizado inmaterial	69.901.485	64.237.846	58.278.954	54.601.536	54.167.971	49.138.910	53.104.159	47.031.546	39.710.518	32.997.998	26.505.518	21.789.739
Inmovilizado material	79.715.276	81.652.761	84.117.782	82.162.991	91.828.104	106.259.417	136.667.125	152.927.437	165.938.800	182.771.823	178.602.060	175.936.634
Otros activos fijos	120.829.161	119.076.431	124.741.631	181.733.733	219.805.214	256.214.374	278.024.885	285.115.122	170.837.578	237.669.947	240.702.595	242.612.942
Activo circulante	112.426.563	123.856.115	123.963.128	92.926.442	56.593.098	82.777.168	97.654.099	84.104.056	163.843.899	160.616.978	144.016.957	202.578.925
Existencias	43.719.404	44.909.020	43.210.445	41.802.179	43.538.650	48.186.888	50.627.083	60.138.340	61.023.769	67.118.445	73.846.969	88.504.748
Deudores	708.557	395.358	399.363	418.940	458.634	696.996	1.272.243	1.262.285	1.098.887	1.968.104	5.130.850	7.769.889
Otros activos líquidos	67.998.602	78.551.737	80.353.320	50.705.324	12.595.815	33.893.283	45.754.773	22.703.431	101.721.243	91.530.430	65.039.139	106.304.288
Tesorería	37.944.013	38.484.377	80.190.869	50.457.105	12.310.313	33.648.852	45.351.854	19.688.169	101.450.684	89.420.008	48.852.462	88.678.827
Total activo	382.872.484	388.823.152	391.101.495	411.424.302	422.394.388	494.389.869	565.450.267	569.178.160	540.330.796	614.056.746	589.827.131	642.918.239
Fondos propios	101.569.488	96.976.512	105.925.472	126.558.255	160.432.357	199.567.733	230.286.746	203.976.467	54.962.540	37.216.851	71.173.580	90.792.854
Capital suscrito	60.104	60.104	60.104	60.104	60.104	60.104	60.104	60.104	60.104	60.104	60.104	60.104
Otros fondos propios	101.509.384	96.916.408	105.865.368	126.498.151	160.372.253	199.507.629	230.226.642	203.916.363	54.902.436	37.156.747	71.113.476	90.732.750
Pasivo fijo	121.493.449	112.732.778	89.898.063	68.762.487	54.526.047	58.939.706	78.170.120	79.520.257	126.812.733	135.457.041	135.881.034	116.151.787
Acreedores a L.P.	107.985.346	101.825.818	79.534.658	59.029.982	47.442.455	54.440.654	74.559.863	76.921.633	126.451.311	134.214.091	134.670.762	115.229.978
Otros pasivos fijos	13.508.103	10.906.960	10.363.405	9.732.504	7.083.591	4.499.052	3.610.257	1.598.625	361.422	1.242.950	1.210.272	921.810
Provisiones	1.193.738	1.368.009	2.472.680	2.469.481	2.443.704	514.102	485.986	7.880	7.880	7.880	7.880	7.880
Pasivo líquido	159.809.547	179.113.862	195.277.960	216.103.560	207.435.984	235.882.430	256.993.402	286.681.436	358.555.523	441.282.855	382.772.517	435.973.598
Deudas financieras	15.865.159	18.872.290	16.226.794	16.018.587	20.297.928	24.262.266	27.596.140	28.989.007	40.644.559	41.332.123	45.367.695	45.359.489
Acreedores comerciales	102.986.142	113.703.627	124.148.213	145.596.363	139.863.647	152.310.003	166.322.816	187.542.274	216.504.363	223.880.568	228.071.548	261.506.220
Otros pasivos líquidos	40.958.246	46.537.945	54.902.952	54.488.610	47.274.409	59.310.160	63.074.447	70.150.155	101.406.601	176.070.164	109.333.274	129.107.888
Total pasivo y capital propio	382.872.484	388.823.152	391.101.495	411.424.302	422.394.388	494.389.869	565.450.267	569.178.160	540.330.796	614.056.746	589.827.131	642.918.239
Fondo de maniobra	-58.558.181	-68.399.249	-80.538.405	########	-95.866.363	########	-114.423.489	-126.141.648	-154.381.707	-154.794.020	-149.093.729	-165.231.583
Número empleados	3.477	3.466	3.614	3.742	4.106	4.714	5.370	6.308	7.033	7.861	8.159	8.401
Cuentas de pérdidas y ganancias												
Ingresos de explotación	777.141.715	820.757.600	897.802.463	969.866.436	########	########	1.316.888.781	1.474.625.479	1.635.793.822	1.788.199.004	1.951.397.914	2.256.781.511
Importe neto Cifra de Ventas	700.127.052	743.539.112	815.837.640	885.785.870	985.309.559	########	1.198.384.072	1.346.602.818	1.492.265.373	1.623.582.792	1.781.848.327	2.075.796.152
Consumo de mercaderías y de materias	583.997.519	624.189.846	686.837.316	748.933.701	829.082.325	899.986.947	1.003.445.424	1.125.777.989	1.234.740.477	1.301.168.100	1.479.640.032	1.747.562.590
Resultado bruto	193.144.196	196.567.754	210.965.147	220.932.735	253.029.773	281.746.918	313.443.356	348.847.490	401.053.345	487.030.903	471.757.882	509.218.922
Otros gastos de explotación	165.167.761	181.349.728	196.839.213	199.190.792	213.232.089	240.485.847	284.284.791	320.621.780	364.848.724	415.157.004	437.108.383	484.856.744
Resultado Explotación	27.976.436	15.218.026	14.125.934	21.741.942	39.797.684	41.261.072	29.158.565	28.225.710	36.204.621	71.873.899	34.648.499	24.362.178
Ingresos financieros	7.047.397	7.881.316	7.634.690	6.967.733	11.640.500	8.300.071	10.756.796	11.687.580	13.020.683	9.391.974	9.879.414	6.940.477
Gastos financieros	5.769.987	5.447.472	5.324.607	3.828.108	2.724.806	1.466.717	1.159.237	1.317.559	1.481.132	1.748.659	1.736.306	1.721.413
Resultado financiero	1.277.410	2.433.844	2.310.084	3.139.625	8.915.693	6.833.354	9.597.559	10.370.022	11.539.550	7.643.315	8.143.108	5.219.064
Result. ordinarios antes Impuestos	29.253.845	17.651.870	16.436.018	24.881.568	48.713.377	48.094.426	38.756.124	38.595.732	47.744.172	79.517.214	42.792.607	29.581.242
Impuestos sobre sociedades	8.555.701	4.990.389	4.613.081	7.267.410	12.733.824	10.855.064	8.726.686	8.566.239	11.097.114	18.937.184	9.069.237	9.213.937
Resultado Actividades Ordinarias	20.698.144	12.661.481	11.822.937	17.614.158	35.979.553	37.239.361	30.029.438	30.029.483	36.647.057	60.580.030	33.723.369	20.367.304
Ingresos extraordinarios	n.d.	n.d.	n.d.	n.d.	n.d.	n.d.	n.d.	n.d.	n.d.	n.d.	n.d.	n.d.
Gastos extraordinarios	n.d.	n.d.	n.d.	n.d.	n.d.	n.d.	n.d.	n.d.	n.d.	n.d.	n.d.	n.d.
Resultados actividades extraordinarias	n.d.	n.d.	n.d.	n.d.	n.d.	n.d.	n.d.	n.d.	n.d.	n.d.	n.d.	n.d.
Resultado del Ejercicio	20.698.144	12.661.481	11.822.937	17.614.158	35.979.553	37.239.361	30.029.438	30.029.483	36.647.057	60.580.030	33.723.369	20.367.304

Cuentas financieras no consolidadas de Alcampo

Datos en miles de euros	1998	1999	2000	2001	2002	2003	2004	2005	2006	2007	2008	2009	2010	2011	2012	2013	2014	2015	2016	2017	2018	2019	2020	2021	2022
	12 meses Aprobado Normal	12 meses Aprobado Normal	1 meses Aprobado Normal	12 meses Aprobado Normal	12 meses Aprobado Normal	12 meses Aprobado Normal	12 meses Salvedades Normal	12 meses Salvedades Normal	12 meses Aprobado Normal	12 meses Aprobado Normal	12 meses Aprobado Normal PGC	12 meses Aprobado Normal PGC	12 meses Aprobado Normal PGC	12 meses Aprobado Normal PGC	12 meses Aprobado Normal PGC	12 meses Aprobado Normal PGC	12 meses Aprobado Normal PGC	12 meses Aprobado Normal PGC	12 meses Aprobado Normal PGC	12 meses Aprobado Normal PGC	12 meses Aprobado Normal PGC	12 meses Aprobado Normal PGC	12 meses Aprobado Normal PGC	12 meses Aprobado Normal PGC	12 meses Aprobado Normal PGC
Balance de situación																									
Inmovilizado	801.516	758.859	[illegible]0.108	881.700	827.434	831.222	747.654	747.765	767.916	775.049	821.437	797.760	782.474	773.173	786.000	778.836	720.267	690.047	675.049	676.058	668.641	628.360	775.252	937.741	950.164
Inmovilizado inmaterial	50.783	44.506	38.667	34.399	36.665	26.114	19.506	14.346	3.627	3.466	256	135	14	n.d.	n.d.	n.d.	n.d.	n.d.	n.d.	n.d.	n.d.	n.d.	n.d.	147.312	131.340
Inmovilizado material	602.491	596.967	[illegible]0.268	736.415	724.228	739.515	648.777	650.516	678.716	683.108	726.973	705.659	692.966	683.256	697.066	685.762	689.092	655.531	644.179	651.359	644.247	604.996	576.999	765.936	795.816
Otros activos fijos	148.242	117.386	[illegible]1.173	110.886	66.540	65.593	79.371	82.903	85.573	88.475	94.208	91.966	89.494	89.917	88.934	93.074	31.175	34.516	30.871	24.699	24.394	23.364	198.253	24.493	23.008
Activo circulante	347.544	417.697	[illegible]4.991	402.145	503.326	574.328	641.815	767.385	746.672	807.688	713.567	720.418	566.089	409.861	315.643	277.610	312.801	365.227	387.083	352.893	309.105	281.733	360.589	400.834	542.437
Existencias	195.828	211.730	[illegible]8.372	229.726	238.942	268.996	278.270	271.943	265.422	293.197	274.469	247.079	262.337	229.799	189.980	186.496	208.494	210.213	191.543	194.374	185.714	177.076	169.332	228.139	239.382
Deudores	85.277	85.477	1.427	105.483	105.502	109.795	123.816	120.010	103.320	96.872	83.508	87.397	89.141	89.516	65.440	47.286	48.952	55.857	105.053	87.226	78.056	64.269	57.249	78.286	92.830
Otros activos líquidos	66.439	120.491	[illegible]5.191	66.935	158.882	195.537	239.729	375.432	377.930	417.619	355.590	385.942	214.611	90.546	60.223	43.828	55.355	99.157	90.487	71.293	45.335	40.389	134.008	94.409	210.225
Tesorería	54.580	110.313	[illegible]1.985	64.834	155.492	194.588	238.626	374.445	377.291	416.992	52.325	44.300	37.056	48.603	46.047	29.383	23.679	25.226	28.326	29.628	31.276	27.126	32.846	39.246	60.167
Total activo	1.149.060	1.176.556	1.2[illegible]5.099	1.283.844	1.330.760	1.405.550	1.389.469	1.515.150	1.514.588	1.582.737	1.535.004	1.518.178	1.348.563	1.183.034	1.101.643	1.056.446	1.033.068	1.055.274	1.062.132	1.028.951	977.746	910.093	1.135.841	1.338.575	1.492.601
Fondos propios	332.635	351.023	3[illegible]9.936	370.437	385.161	400.152	408.105	452.716	477.503	513.438	514.475	507.691	266.571	193.164	185.768	198.585	203.584	195.433	137.389	133.218	126.449	123.649	145.596	215.211	329.267
Capital suscrito	69.759	69.759	[illegible]9.759	106.956	106.956	106.956	106.956	106.956	106.956	106.956	106.956	106.956	106.956	106.956	106.956	106.956	106.956	106.956	53.389	53.389	53.389	53.389	53.840	54.136	54.179
Otros fondos propios	262.876	281.264	[illegible]	263.481	278.205	293.196	301.149	346.760	370.547	406.482	407.519	400.735	159.615	86.208	78.812	91.629	96.628	88.477	84.000	79.829	73.060	70.260	91.756	161.075	275.088
Pasivo fijo	221.574	139.780	1[illegible]7.419	145.986	115.495	57.314	39.841	38.958	32.873	28.649	60.691	57.012	56.958	71.519	74.789	63.768	100.663	128.174	143.267	105.540	57.601	56.435	46.842	54.584	186.052
Acreedores a L. P.	186.112	116.420	1[illegible]8.661	127.243	97.424	39.075	20.199	12.766	9.626	9.054	29.257	27.938	27.480	23.353	21.974	21.775	63.657	62.237	80.779	79.442	34.402	33.641	12.699	16.143	144.702
Otros pasivos fijos	35.462	23.361	[illegible]8.758	18.742	18.071	18.239	19.642	26.192	23.247	19.595	31.434	29.074	29.478	48.166	52.815	41.993	37.006	65.937	62.488	26.098	23.199	22.794	34.143	38.441	41.350
Provisiones	35.462	23.361	[illegible]8.758	18.742	18.071	18.239	19.642	26.192	23.247	19.595	20.226	18.092	18.708	22.922	24.475	16.959	17.272	49.278	48.201	13.053	11.706	11.665	23.608	28.085	32.163
Pasivo líquido	594.851	685.753	7[illegible].744	767.422	830.104	948.084	541.523	1.022.476	1.004.212	1.040.650	959.838	953.475	1.025.034	918.351	841.086	794.093	728.821	731.667	781.476	790.193	793.696	730.009	943.403	1.068.780	977.282
Deudas financieras	2.206	12.447	1.[illegible]453	18.437	8.240	5.302	8.182	10.387	5.365	2.268	4.704	6.422	20.343	11.433	25.156	16.034	17.411	22.040	8.653	9.513	10.863	10.096	9.449	7.825	1.382
Acreedores comerciales	478.500	515.405	5[illegible].835	599.512	591.856	683.697	725.104	774.126	749.243	755.694	674.804	647.707	655.428	607.688	524.518	470.308	489.609	505.868	559.434	538.472	540.771	504.315	507.213	652.026	661.340
Otros pasivos líquidos	114.145	157.901	15[illegible].456	149.473	230.008	259.085	208.237	237.963	249.604	282.688	280.330	299.346	349.263	299.230	291.412	307.751	221.801	203.759	213.389	242.208	242.062	215.598	426.741	408.929	314.560
Total pasivo y capital propio	1.149.060	1.176.556	1.2[illegible].099	1.283.844	1.330.760	1.405.550	1.389.469	1.515.150	1.514.588	1.582.737	1.535.004	1.518.178	1.348.563	1.183.034	1.101.643	1.056.446	1.033.068	1.055.274	1.062.132	1.028.951	977.746	910.093	1.135.841	1.338.575	1.492.601
Fondo de maniobra	-197.396	-218.199	-24[illegible].036	-264.303	-247.413	-304.906	-323.018	-382.173	-380.501	-365.625	-316.827	-313.231	-303.950	-288.373	-269.098	-236.526	-232.163	-239.798	-262.838	-256.872	-277.001	-262.971	-280.632	-345.601	-329.128
Número empleados	10.606	10.821	1[illegible].572	12.943	13.041	13.279	13.367	13.394	13.604	13.903	14.652	13.785	13.781	13.518	10.254	10.718	9.853	9.997	9.728	9.945	10.392	13.887	14.658	15.834	16.455
Cuentas de pérdidas y ganancias																									
Ingresos de explotación	1.933.177	2.169.562	2.29[illegible].164	2.478.838	2.652.636	2.877.865	3.140.708	3.231.743	3.355.814	3.443.122	3.494.970	3.348.844	3.343.668	3.263.667	3.233.427	3.153.160	3.136.672	3.187.173	3.242.761	3.310.655	3.407.488	3.414.425	3.349.271	4.150.196	4.579.699
Importe neto Cifra de Ventas	1.911.842	2.146.487	2.27[illegible]867	2.437.063	2.610.899	2.827.441	3.048.948	3.189.386	3.314.109	3.416.880	3.474.175	3.330.469	3.324.272	3.244.382	3.216.411	3.139.226	3.125.054	3.171.753	3.219.972	3.293.987	3.393.754	3.394.397	3.321.733	4.123.409	4.551.142
Consumo de mercaderías y de materias	n.d.	n.d.	n.d.	n.d.	n.d.	n.d.	n.d.	n.d.	n.d.	n.d.	2.765.629	2.649.439	2.652.804	2.604.461	2.578.412	2.517.441	2.906.686	2.535.359	2.570.556	2.621.433	2.688.105	2.670.923	2.546.326	3.177.529	3.536.639
Resultado bruto	n.d.	n.d.	n.d.	n.d.	n.d.	n.d.	n.d.	n.d.	n.d.	n.d.	729.341	699.405	690.864	659.206	655.015	635.719	629.986	651.814	672.205	689.222	719.383	743.502	802.945	972.667	1.043.060
Otros gastos de explotación	n.d.	n.d.	n.d.	n.d.	n.d.	n.d.	n.d.	n.d.	n.d.	n.d.	593.409	574.405	572.458	599.795	575.310	563.526	559.013	568.957	574.267	574.330	622.078	622.379	661.181	814.466	887.875
Resultado Explotación	40.654	48.756	65[illegible]00	70.823	72.824	79.184	97.676	117.799	131.478	146.007	135.932	125.000	118.406	59.411	79.705	72.193	70.973	82.857	97.938	114.892	97.305	121.123	141.764	158.201	155.185
Ingresos financieros	13.879	11.664	11[illegible]07	12.096	11.992	12.947	12.976	10.101	10.230	12.762	[illegible]	7.038	15.721	10.371	45.067	7.412	6.345	11.705	5.536	19.867	6.604	7.963	10.603	91	1
Gastos financieros	12.538	7.885	7[illegible]61	7.488	10.249	8.897	9.367	1.431	4.484	4.998	7.544	6.353	8.249	9.611	7.555	5.492	5.115	4.707	4.872	3.397	359	1.399	2.629	3.930	3.771
Resultado financiero	1.340	3.779	3[illegible]47	4.608	1.743	4.050	3.609	8.670	5.746	7.764	4.110	685	7.472	760	37.512	1.920	1.230	6.998	664	16.470	6.245	6.564	7.974	-3.839	-3.770
Result. ordinarios antes Impuestos	41.994	52.535	69[illegible]46	75.431	74.567	83.234	108.285	126.429	137.224	153.771	140.042	125.685	125.878	60.171	117.217	74.113	72.203	89.855	98.602	131.362	103.550	127.687	149.738	154.362	151.415
Impuestos sobre sociedades	45	n.d.	80	1.000	6.108	22.065	48.852	40.676	43.437	46.162	42.159	39.224	41.707	22.436	21.410	19.469	17.330	23.805	22.813	30.532	22.911	29.066	37.672	34.061	38.064
Resultado Actividades Ordinarias	41.949	52.535	69[illegible]66	74.431	68.459	61.169	57.433	85.753	93.787	107.609	97.883	86.461	84.171	37.735	95.807	54.644	54.873	66.050	75.789	100.830	80.639	98.621	112.066	120.301	113.351
Ingresos extraordinarios	16.936	15.109	2[illegible]04	11.204	19.131	2.634	113.272	3.436	6.946	3.144	n.d.	n.d.	n.d.	n.d.	n.d.	n.d.	n.d.	n.d.	n.d.	n.d.	n.d.	n.d.	n.d.	n.d.	n.d.
Gastos extraordinarios	57.679	49.257	52[illegible]14	64.099	42.790	12.009	3.685	8.578	8.946	-1.182	n.d.	n.d.	n.d.	n.d.	n.d.	n.d.	n.d.	n.d.	n.d.	n.d.	n.d.	n.d.	n.d.	n.d.	n.d.
Resultados actividades extraordinarias	-40.743	-34.147	-50[illegible]10	-52.895	-23.659	-9.375	109.587	-5.142	-2.000	4.326	n.d.	n.d.	n.d.	n.d.	n.d.	n.d.	n.d.	n.d.	n.d.	n.d.	n.d.	n.d.	n.d.	n.d.	n.d.
Resultado del Ejercicio	1.206	18.388	18[illegible]55	21.536	44.800	51.794	16[illegible]020	80.611	91.787	111.935	97.883	86.461	84.171	37.735	95.807	54.644	54.873	66.050	75.789	100.830	80.639	98.621	112.066	120.301	113.351

Cuentas financieras no consolidadas de Carrefour

Datos en miles de euros	1998	1999	2000	2001	2002	2003	2004	2005
Balance de situación								
Inmovilizado	1.277.580	1.324.400	2.281.750	2.368.548	2.399.287	2.541.623	2.372.353	2.541.283
Inmovilizado inmaterial	27.730	36.650	133.410	142.870	149.919	143.644	146.997	145.907
Inmovilizado material	1.184.500	1.205.190	1.918.090	1.726.154	1.801.283	1.676.657	1.617.566	1.792.629
Otros activos fijos	65.350	82.560	230.250	499.524	448.085	721.322	607.790	602.747
Activo circulante	685.590	773.970	1.774.710	2.109.951	2.278.704	2.612.193	3.056.280	3.076.482
Existencias	366.900	392.650	796.680	729.179	649.285	708.164	901.724	992.064
Deudores	143.790	157.030	391.420	620.390	540.569	546.557	583.883	670.988
Otros activos líquidos	174.900	224.290	586.610	760.382	1.088.850	1.357.472	1.570.673	1.413.430
Tesorería	171.870	221.220	585.930	759.919	1.082.603	1.350.963	1.565.005	1.406.524
Total activo	1.963.170	2.098.370	4.056.460	4.478.499	4.677.991	5.153.816	5.428.633	5.617.765
Fondos propios	935.780	966.220	1.678.430	1.966.885	2.125.131	2.287.663	2.335.755	2.453.862
Capital suscrito	113.740	113.550	189.150	202.534	202.534	202.534	202.534	196.822
Otros fondos propios	822.040	852.670	1.489.280	1.764.351	1.922.597	2.085.129	2.133.221	2.257.040
Pasivo fijo	25.870	20.450	115.370	265.497	214.706	181.020	78.421	124.215
Acreedores a L. P.	4.690	4.930	84.300	238.852	177.013	147.293	27.229	25.140
Otros pasivos fijos	21.180	15.520	31.070	26.645	37.693	33.727	51.192	99.075
Provisiones	21.180	15.520	31.070	26.645	37.693	33.727	51.192	99.075
Pasivo líquido	1.001.520	1.111.710	2.262.660	2.246.117	2.338.154	2.685.133	3.014.457	3.039.688
Deudas financieras	n.d.	40.330	106.930	14.077	6.738	7.249	15.818	30.391
Acreedores comerciales	811.700	898.400	1.660.820	1.505.905	1.787.874	2.122.525	2.296.551	2.254.514
Otros pasivos líquidos	189.820	172.980	494.910	726.135	543.542	555.359	702.088	754.783
Total pasivo y capital propio	1.963.170	2.098.370	4.056.460	4.478.499	4.677.991	5.153.816	5.428.633	5.617.765
Fondo de maniobra	-301.010	-348.720	-472.720	-156.336	-598.020	-867.804	-810.944	-591.462
Número empleados	15.662	15.675	35.181	36.027	35.967	n.d.	38.394	39.221
Cuentas de pérdidas y ganancias								
Ingresos de explotación	3.001.930	3.054.490	6.877.750	6.817.715	6.935.452	7.846.555	8.573.989	9.118.136
Importe neto Cifra de Ventas	2.965.110	3.006.550	6.481.070	6.346.878	6.439.337	7.242.933	7.904.998	8.308.537
Consumo de mercaderías y de materias	n.d.	n.d.	n.d.	n.d.	n.d.	n.d.	n.d.	n.d.
Resultado bruto	n.d.	n.d.	n.d.	n.d.	n.d.	n.d.	n.d.	n.d.
Otros gastos de explotación	n.d.	n.d.	n.d.	n.d.	n.d.	n.d.	n.d.	n.d.
Resultado Explotación	158.370	151.530	293.920	282.962	327.270	366.704	429.890	440.434
Ingresos financieros	13.010	8.430	19.040	35.665	99.414	61.264	66.155	64.475
Gastos financieros	2.190	1.330	8.930	16.660	16.999	18.827	16.901	13.650
Resultado financiero	10.820	7.100	10.110	19.005	82.415	42.437	49.254	50.825
Result. ordinarios antes Impuestos	169.200	158.640	304.030	301.967	409.685	409.141	479.144	491.259
Impuestos sobre sociedades	57.950	52.800	125.880	80.077	88.887	128.980	179.737	178.012
Resultado Actividades Ordinarias	111.250	105.840	178.150	221.890	320.798	280.161	299.407	313.247
Ingresos extraordinarios	7.060	6.760	124.840	214.914	45.886	86.013	86.484	58.653
Gastos extraordinarios	-630	2.540	56.730	154.237	56.537	51.741	41.024	63.250
Resultados actividades extraordinarias	7.690	4.220	68.110	60.677	-10.651	34.272	45.460	-4.597
Resultado del Ejercicio	118.930	110.060	246.260	282.567	310.147	314.433	344.867	308.650

Datos en miles de euros	2006	2007	2008	2009	2010	2011	2012	2013
Balance de situación								
Inmovilizado	2.683.928	2.621.198	2.414.948	1.511.165	1.438.836	1.503.022	1.485.551	1.367.631
Inmovilizado inmaterial	190.710	184.816	155.207	104.012	77.154	62.332	52.832	42.221
Inmovilizado material	1.881.567	1.816.644	1.548.769	358.504	319.272	410.729	383.249	345.854
Otros activos fijos	611.651	619.738	710.972	1.048.649	1.042.410	1.029.961	1.049.470	979.556
Activo circulante	2.884.518	2.740.961	2.624.161	2.443.962	1.624.621	1.555.767	1.195.513	1.105.423
Existencias	988.515	1.032.661	922.402	771.345	743.845	701.467	587.344	555.322
Deudores	606.598	673.225	591.505	204.828	217.878	255.087	211.490	165.806
Otros activos líquidos	1.289.405	1.035.075	1.110.254	1.467.789	662.898	599.213	396.679	384.295
Tesorería	1.279.755	1.027.363	1.097.816	1.465.765	662.537	597.229	395.295	381.163
Total activo	5.568.446	5.362.159	5.039.109	3.955.127	3.063.457	3.058.789	2.681.064	2.473.054
Fondos propios	2.461.138	757.341	650.242	583.585	594.740	561.193	533.781	408.086
Capital suscrito	196.822	196.822	196.822	196.822	196.822	196.822	196.822	196.822
Otros fondos propios	2.264.316	560.519	453.420	386.763	397.918	364.371	336.959	211.264
Pasivo fijo	114.268	1.652.854	1.644.933	760.680	127.246	136.385	139.429	47.236
Acreedores a L. P.	19.328	1.519.301	1.503.362	646.164	438	818	979	786
Otros pasivos fijos	94.940	133.553	141.571	114.516	126.808	135.567	138.450	46.450
Provisiones	94.940	133.553	120.846	107.773	120.789	95.436	93.348	7.387
Pasivo líquido	2.993.040	2.951.964	2.743.934	2.610.862	2.341.471	2.361.211	2.007.854	2.017.732
Deudas financieras	36.048	20.597	29.433	44.979	34.667	46.174	67.361	55.498
Acreedores comerciales	2.319.882	2.263.180	1.977.609	1.760.875	1.445.385	1.400.252	1.309.980	1.260.927
Otros pasivos líquidos	637.110	668.187	736.892	805.008	861.419	914.785	630.513	701.307
Total pasivo y capital propio	5.568.446	5.362.159	5.039.109	3.955.127	3.063.457	3.058.789	2.681.064	2.473.054
Fondo de maniobra	-724.769	-557.294	-463.702	-784.702	-483.662	-443.698	-511.146	-539.799
Número empleados	37.604	38.600	36.331	32.474	30.640	29.967	30.458	28.828
Cuentas de pérdidas y ganancias								
Ingresos de explotación	9.291.333	9.833.661	9.963.897	9.241.473	8.965.750	8.720.877	7.610.992	7.453.987
Importe neto Cifra de Ventas	8.443.897	8.887.652	9.039.254	8.356.751	8.104.322	7.897.178	7.532.393	7.355.180
Consumo de mercaderías y de materias	n.d.	n.d.	8.166.773	7.540.478	7.369.303	7.229.384	6.236.755	6.080.709
Resultado bruto	n.d.	n.d.	1.797.124	1.700.995	1.596.447	1.491.493	1.374.237	1.373.278
Otros gastos de explotación	n.d.	n.d.	1.396.713	1.544.204	1.486.237	1.451.324	1.412.906	1.409.766
Resultado Explotación	381.186	389.116	400.411	156.791	110.210	40.169	-38.669	-36.488
Ingresos financieros	83.146	98.762	in	53.538	76.024	68.411	5.217	110.468
Gastos financieros	14.367	18.931	106.657	41.279	16.636	6.534	1.386	13.459
Resultado financiero	68.779	79.831	-34.631	12.259	59.388	61.877	3.831	97.009
Result. ordinarios antes Impuestos	449.965	468.947	365.780	169.050	169.598	102.046	-34.838	60.521
Impuestos sobre sociedades	138.438	144.152	93.624	34.934	31.963	2.937	-13.082	13.198
Resultado Actividades Ordinarias	311.527	324.795	272.156	134.116	137.635	99.109	-21.756	47.323
Ingresos extraordinarios	13.529	93.299	n.d.	n.d.	n.d.	n.d.	n.d.	n.d.
Gastos extraordinarios	9.425	33.992	n.d.	n.d.	n.d.	n.d.	n.d.	n.d.
Resultados actividades extraordinarias	4.104	59.307	n.d.	n.d.	n.d.	n.d.	n.d.	n.d.
Resultado del Ejercicio	315.631	384.102	272.156	134.116	137.635	99.109	-21.756	47.323

Datos en miles de euros	2014	2015	2016	2017	2018	2019	2020	2021	2022
Balance de situación									
Inmovilizado	1.367.241	1.382.965	1.416.356	1.586.124	1.713.101	1.667.529	1.574.009	1.659.637	1.681.992
Inmovilizado inmaterial	59.978	83.400	117.614	219.606	227.630	232.566	213.055	212.084	202.358
Inmovilizado material	341.575	332.799	335.537	391.631	343.561	306.779	329.594	287.784	285.911
Otros activos fijos	965.688	966.766	963.205	974.887	1.141.910	1.128.184	1.031.360	1.159.769	1.193.723
Activo circulante	1.086.859	1.128.791	1.079.636	1.289.298	1.418.272	1.150.218	1.185.030	1.576.142	1.593.922
Existencias	568.822	598.325	614.559	689.942	618.647	635.373	569.967	607.201	695.208
Deudores	211.217	224.356	275.459	349.088	460.118	474.129	458.662	446.517	367.066
Otros activos líquidos	306.820	306.110	189.618	250.268	339.507	40.716	156.401	522.424	531.648
Tesorería	304.938	305.025	186.708	250.095	331.844	38.035	32.879	53.151	104.108
Total activo	2.454.100	2.511.756	2.495.992	2.875.422	3.131.373	2.817.747	2.759.039	3.235.779	3.275.914
Fondos propios	433.336	565.010	531.793	530.382	865.024	401.346	574.483	643.687	550.503
Capital suscrito	196.822	196.822	196.822	196.822	196.822	196.822	196.822	196.822	196.822
Otros fondos propios	236.514	368.188	334.971	333.560	668.202	204.524	377.661	446.865	353.681
Pasivo fijo	37.262	32.615	44.486	209.785	150.691	45.350	47.243	67.396	78.551
Acreedores a L. P.	346	337	2.048	174.032	115.861	8.576	9.567	15.100	10.297
Otros pasivos fijos	36.916	32.278	42.438	35.753	34.830	36.774	37.676	52.296	68.254
Provisiones	7.153	9.608	26.274	25.804	26.826	27.483	28.312	41.238	50.765
Pasivo líquido	1.983.502	1.914.131	1.919.713	2.135.255	2.115.658	2.371.051	2.137.313	2.524.696	2.646.860
Deudas financieras	81.306	54.951	59.547	55.556	54.748	46.366	84.122	88.617	101.833
Acreedores comerciales	1.296.922	1.300.482	1.362.977	1.447.129	1.444.602	1.530.536	1.518.455	1.632.875	1.604.403
Otros pasivos líquidos	605.274	558.698	497.189	632.570	616.308	794.149	534.736	803.204	940.624
Total pasivo y capital propio	2.454.100	2.511.756	2.495.992	2.875.422	3.131.373	2.817.747	2.759.039	3.235.779	3.275.914
Fondo de maniobra	-516.883	-477.801	-472.959	-408.099	-365.837	-421.034	-489.826	-579.157	-542.129
Número empleados	29.499	32.610	31.068	34.326	33.920	33.918	35.275	35.259	34.346
Cuentas de pérdidas y ganancias									
Ingresos de explotación	7.447.843	7.464.915	7.555.509	8.120.635	8.161.218	8.185.548	8.491.008	8.410.186	9.258.774
Importe neto Cifra de Ventas	7.333.295	7.346.328	7.431.262	7.977.108	8.015.078	8.039.806	8.368.248	8.241.332	9.027.949
Consumo de mercaderías y de materias	6.064.636	6.015.365	6.055.421	6.478.399	6.494.075	6.476.732	6.631.676	6.528.962	7.340.611
Resultado bruto	1.383.207	1.449.550	1.500.088	1.642.236	1.667.143	1.708.816	1.859.332	1.881.224	1.918.163
Otros gastos de explotación	1.356.895	1.385.493	1.424.128	1.591.728	1.685.278	1.757.773	1.682.056	1.626.634	1.812.575
Resultado Explotación	26.312	64.057	75.960	50.508	-18.135	-48.957	177.276	254.590	105.588
Ingresos financieros	173.984	202.445	66.742	65.473	632.606	168.242	198.073	192.215	211.692
Gastos financieros	5.058	449	4.529	1.424	2.769	1.722	22.650	5.150	2.676
Resultado financiero	168.926	201.996	62.213	64.049	629.837	166.520	175.423	187.065	209.016
Result. ordinarios antes Impuestos	195.238	266.053	138.173	114.557	611.702	117.563	352.699	441.655	314.604
Impuestos sobre sociedades	8.067	11.520	26.280	10.418	-1.595	-22.819	41.372	58.949	24.739
Resultado Actividades Ordinarias	187.171	254.533	111.893	104.139	613.297	140.382	311.327	382.706	289.865
Ingresos extraordinarios	n.d.	n.d.	n.d.	n.d.	n.d.	n.d.	n.d.	n.d.	n.d.
Gastos extraordinarios	n.d.	n.d.	n.d.	n.d.	n.d.	n.d.	n.d.	n.d.	n.d.
Resultados actividades extraordinarias	n.d.	n.d.	n.d.	n.d.	n.d.	n.d.	n.d.	n.d.	n.d.
Resultado del Ejercicio	187.171	254.533	111.893	104.139	613.297	140.382	311.327	382.706	289.865

CASO 3
CLOSCA Y EL CONSUMIDOR CONSCIENTE

Sergio Camisón-Haba
(Universitat de València)

Melanie Grueso Gala
(Universitat de València)

Objetivos de aprendizaje

1. Diferenciar los distintos tipos de empresas existentes vinculadas a la sostenibilidad según su objetivo de rentabilidad.
2. Reforzar la identificación de estrategias competitivas y corporativas, tanto por modalidad como por dirección.
3. Identificar el papel que puede jugar la sostenibilidad de cara a diferenciar los productos o servicios de una organización.
4. Ser capaz de vincular las estrategias corporativas al refuerzo de la ventaja competitiva de una organización.
5. Identificar el papel de las TIC en la generación de comunidades sostenibles y el refuerzo de la reputación corporativa.

Material recomendado para su estudio

- Guerras, L. Á., Navas, J. E. (2015). *La dirección estratégica de la empresa: teoría y aplicaciones*. Aranzadi, Madrid. Capítulos 6 a 13.
- Web corporativa de la empresa: www.closca.com
- Carter, K., Jayachandran, S., & Murdock, M. R. (2021). Building A Sustainable Shelf: The Role of Firm Sustainability Reputation. *Journal of Retailing*, 97(4), 507-522.

- Gomez-Trujillo, A. M., Velez-Ocampo, J., & Gonzalez-Perez, M. A. (2020). A literature review on the causality between sustainability and corporate reputation: What goes first? *Management of Environmental Quality: An International Journal.*
- La UPV se alía con Closca para reducir el consumo de botellas de plástico: https://valenciaplaza.com/la-upv-se-alia-con-closca-para-reducir-el-consumo-de-botellas-de-plastico.

1. Enunciado

En el 2050 se estima que habrá más toneladas de plástico que peces en el mar, y ya en 2022, el exceso de partículas en el aire de las grandes ciudades europeas contribuye a provocar hasta 200.000 muertes prematuras al año. Las empresas pueden adoptar estrategias para mitigar estos problemas ambientales de forma particular, o emerger con estrategias que ayuden a reducir las externalidades negativas de la actividad económica y la vida humana. Closca es una empresa valenciana que nace precisamente con este segundo propósito. La empresa ha demostrado que la sostenibilidad no está reñida con el crecimiento, sino todo lo contrario, tejiendo alianzas estratégicas con empresas multinacionales como Apple, Fnac, Deloitte o Circ. Este caso ayuda a entender cómo, con la sostenibilidad como hilo conductor, una empresa puede adoptar estrategias comunes ofertando productos aparentemente dispares como cascos, botellas o aplicaciones para *smartphones.*

2. La empresa

INICIOS Y MISIÓN

El nacimiento de Closca respondió a la frustración de su CEO y cofundador, Carlos Ferrando, al percibir que sus esfuerzos al adoptar hábitos en favor de la sostenibilidad ambiental del planeta "resultaban inútiles" frente a la inacción de la inmensa mayoría del su entorno. Closca nació entonces con una misión muy clara: actuar como enlace para unir a las personas con marcas dispuestas a asumir la corresponsabilidad de crear un futuro mejor para todos

El origen de la empresa fue el desarrollo del Closca Helmet, un modelo de casco plegable, eficiente, seguro y conectable premiado por su diseño y reconocido por seguridad. A este, le siguió el desarrollo de la Closca Bottle, que destaca por su solapa de silicona patentada, su diseño y sus sistemas de conectividad. Más recientemente y en respuesta a la crisis sanitaria originada por el COVID-19, la empresa lanzó al mercado la Closca Mask, una mascarilla reutilizable con los más altos estándares de calidad y de producción 100% nacional.

El cliente objetivo de Closca quedó claramente definido desde los propios orígenes de su compañía. Así, tal y como se deriva de su cartera de productos, este es todo aquel ciudadano consciente de los retos medioambientales a los que se enfrenta nuestra sociedad, derivados de un riesgo climático cada vez más acusado y un planeta que se contamina a pasos agigantados.

Tal como señala Carlos, "las empresas no tenemos únicamente la responsabilidad de reducir el impacto que generamos, sino la oportunidad de tener un impacto positivo. Las empresas debemos cuestionarnos qué es lo que podemos hacer no para que nuestro impacto sea menos negativo, sino para que se convierta en positivo y en qué manera podemos generar comunidades que se identifiquen con nuestra marca y persigan a su vez alcanzar un impacto positivo".

Closca se puede pues definir como una empresa de impacto que busca desde las entrañas de su modelo de negocio dar solución a problemas de corte medioambiental que amenazan la sostenibilidad de nuestro modo de vida. El objetivo de Closca, tal como reza su eslogan, es inspirar el cambio hacia un modelo social de consumo y movilidad más sostenible y respetuoso con el medio ambiente.

Las empresas de impacto son aquellas que nacen con el propio objetivo de tener un impacto social o medioambiental positivo en el entorno en el que operan. Con frecuencia, las empresas sostenibles son confundidas con empresas de impacto, pero esta doble vertiente no tiene que darse necesariamente. Mientras que las empresas de impacto centran su objetivo en la solución de problemas sociales o medioambientales relevantes, las empresas sostenibles adoptan patrones de sostenibilidad social, medioambiental, económica o de gobernanza a nivel interno que, aunque normalmente acaban teniendo un importante impacto en el entorno de la organización, frecuentemente se limitan al ámbito de actuación interno.

Una empresa sostenible no puede por tanto catalogarse como empresa de impacto salvo que su origen y su modelo de negocio sea precisamente el logro de este. Una empresa de transporte por carretera podría decidir utilizar vehículos híbridos a fin de reducir su huella de carbono y aumentar su desempeño medioambiental, pero esto no la catalogaría necesariamente como una empresa de impacto. Sin embargo, la creación de una empresa enfocada a el reciclaje de los plásticos vertidos a los mares sí que ganaría esta catalogación. Igualmente, a nivel social, una empresa de consultoría informática podría decidir mejorar las condiciones laborales de sus empleados, mejorando su desempeño social, pero no considerándose una empresa de impacto. Por el contrario, podríamos catalogar de esta manera a una empresa que naciese con el objetivo de integrar colectivos con algún tipo de diversidad funcional al mercado laboral.

Al igual que las empresas de impacto no deben compararse con empresas sostenibles, es necesario diferenciarlas claramente de las empresas sociales o solidarias. Estas últimas, normalmente buscan el cumplimiento de su objeto social por encima de la rentabilidad para el accionista o la maximización de su valor, que queda relegado a un segundo plano. Las empresas de impacto, por tanto, se diferencian de la empresa social en que no renuncian a rentabilidad ni dinámicas de mercado en el camino hacia el cumplimiento de su objetivo social o medioambiental.

La propia confusión alrededor de la definición de las empresas de impacto ha obligado a la Unión Europea a recomendar algunos criterios fundamentales[1] para la definición de la empresa social:

a) La organización debe ser una entidad de Derecho privado establecida en cualquier forma disponible en los Estados miembros y de conformidad con el Derecho de la Unión, y debe ser independiente del Estado y de las autoridades públicas.

b) Ha de tener una finalidad orientada fundamentalmente al interés general o la utilidad pública.

c) Debe desarrollar fundamentalmente una actividad de utilidad social y solidaria cuyo objetivo sea ayudar, con sus actividades, a personas en situación de vulnerabilidad, luchar contra las exclusiones, las desigualdades y las violaciones de los derechos fundamentales, incluso a escala internacional, o contribuir a la protección del medio ambiente, de la biodiversidad, del clima y de los recursos naturales.

d) Debe estar sujeta a una limitación al menos parcial en la distribución de los beneficios y a normas específicas sobre el reparto de beneficios y activos durante toda su existencia, incluido el momento de su disolución; en cualquier caso, la mayoría de los beneficios realizados por la empresa deben reinvertirse o utilizarse de otro modo para alcanzar los objetivos sociales.

e) Debe regirse por modelos de gobernanza democrática, asociando a sus empleados, sus clientes e interesados afectados por sus actividades; el poder de los socios y su peso en la toma de decisiones no pueden basarse en el capital que puedan poseer.

Figura 1. Tipos de empresas según su relación entre rentabilidad objetivo e intencionalidad en la solución de problemas ambientales o sociales.

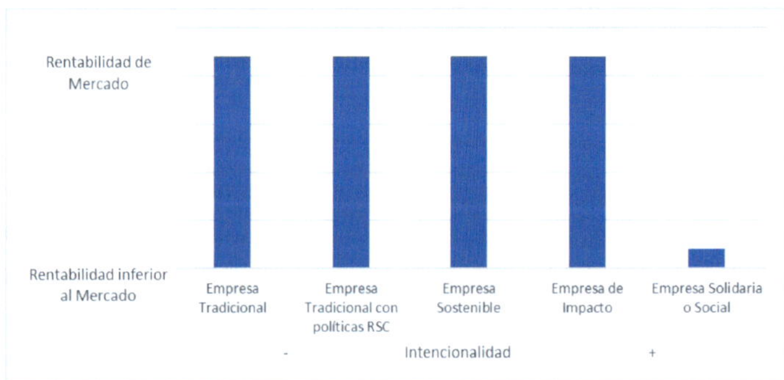

[1] Las directrices completas de la Unión Europea al respecto pueden consultarse en la Resolución del Parlamento Europeo, de 5 de julio de 2018, con recomendaciones destinadas a la Comisión sobre un estatuto para las empresas sociales y solidarias (2016/2237(INL)), accesible en https://www.europarl.europa.eu/doceo/document/TA-8-2018-0317_ES.html

La Figura 1 ejemplifica claramente la relación entre la intencionalidad en la solución de un problema social o medioambiental, y la rentabilidad esperada del negocio. Closca se situaría claramente en el tercer cuartil, siendo una empresa de impacto con un alto nivel de intencionalidad medioambiental que, sin embargo, no renuncia a atractivas rentabilidades objetivo de mercado.

CRECIMIENTO

El crecimiento de Closca a nivel comercial durante los últimos años ha demostrado precisamente que ser una empresa de impacto no está necesariamente reñido con ser una empresa competitiva enfocada a la maximización del valor de sus accionistas. De hecho, y tal como señala Carlos, "la sostenibilidad financiera es la primera parte para desarrollar un proyecto de sostenibilidad, pues de otra manera el proyecto no podrá crecer ni ejecutarse en el largo plazo". Así, mientras que en 2016 las ventas de la empresa totalizaron 0,3 millones de euros, dos años después estas alcanzaban los 1,21 millones y, en 2020 y a pesar de la paralización económica vivida a nivel mundial, las ventas de la compañía se elevaron hasta los 2,65 millones de euros, casi un millón más que el año anterior (Figura 2).

Figura 2. Evolución de las ventas de Closca para el periodo 2016-2020

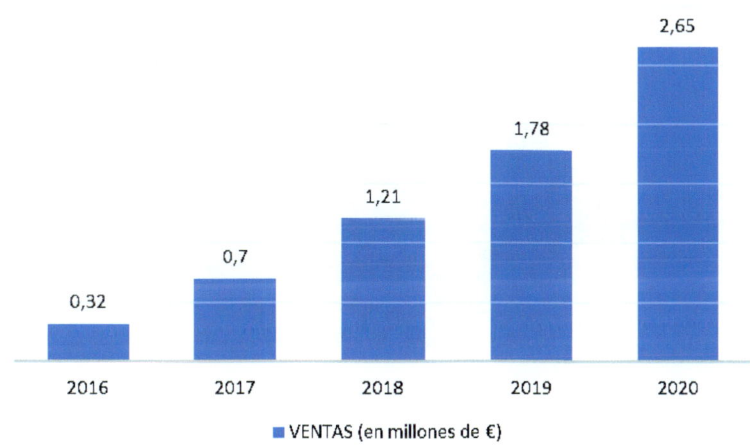

Fuente: elaboración propia desde datos proporcionados por Closca.

La empresa también ha seguido un claro camino en el desarrollo de nuevos productos y mercados. Al nacimiento del Closca Helmet en 2016, le siguió la Closca Bottle en 2017, el Suro Helmet en 2018 y, coincidiendo con la pandemia originada por el COVID-19, la Closca Mask en el año 2020. En 2021, y habiendo demostrado una importante resiliencia frente a las consecuencias económicas derivadas de la pandemia, Closca ha lanzado la Water App.

3. Closca challenges

La agrupación de los productos de Closca como empresa de impacto, se organiza de forma original entorno al reto medioambiental al que cada uno de ellos desea hacer frente:

1. Movilidad, con soluciones en forma de cascos que pretenden hacer la circulación, especialmente dentro de las grandes ciudades, mucho más sostenible.
2. Agua, mediante el desarrollo de botellas y otras soluciones enfocadas a la reducción del consumo de plástico y su posterior vertido a los mares y océanos.
3. Aire, con la producción de mascarillas reutilizables y de producción local que protejan de la contaminación de, sobre todo, grandes núcleos urbanos.

Todos los productos desarrollados por la empresa se generan alrededor de la idea de convertir la marca Closca en la interacción de los conceptos de propósito, impacto medioambiental, diseño, tecnología y funcionalidad (Figura 3). Propósito e impacto, porque los productos de Closca nacen para solventar de forma intencional los problemas medioambientales fundamentales a los que se enfrenta nuestro modo de vida, convirtiendo a los consumidores en "embajadores del cambio". Diseño como una herramienta de diferenciación frente a la competencia. Tecnología y funcionalidad como bases para la construcción de una comunidad digital interconectada alrededor de los productos Closca que forman parte del día a día del ciudadano consciente.

Figura 3. Interacción de propósito, impacto medioambiental, diseño, tecnología y funcionalidad en los productos Closca.

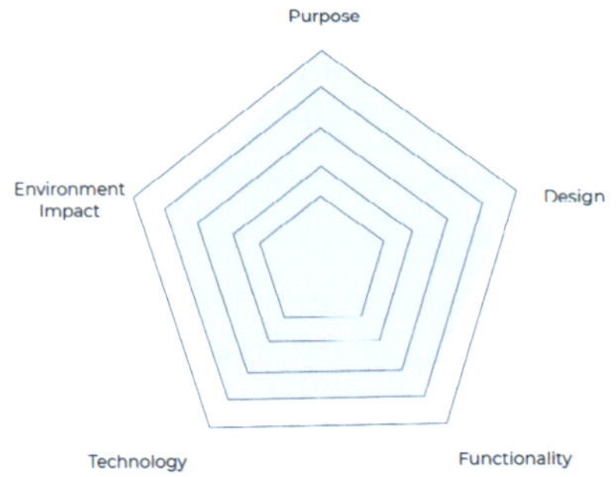

Fuente: Closca

CLOSCA HELMET

El primer producto desarrollado por Closca fue el Closca Helmet, que supuso el arranque de la compañía. El Closca Helmet posee los certificados de seguridad EN1078 y CPSC, además de un innovador sistema de plegado patentado que reduce su tamaño en cerca de un 55% y facilita su guardado en mochilas o bolsas (Figura 4). Además de su funcionalidad, el casco ha sido premiado desde su nacimiento con numerosos premios de diseño (Red Dot Design Award, Gold Delta Design ADI y Eurobike Award) e incorpora un sistema de conectividad con un chip NFC que monitoriza cuestiones de salud y permite avisar a contactos seleccionados en caso de emergencia. El Closca Helmet se ofrece también en su versión Kids, con menor tamaño y un diseño más infantil y personalizable, pero con la misma funcionalidad, tecnología y diseño base de su homólogo para adultos.

Figura 4: Closca Helmet)

Fuente: Closca

Además del Closca Helmet, la empresa ofrece el Closca Helmet Loop (Figura 5), un modelo de casco plegable con un diseño similar al producto principal, los mismos certificados de seguridad EN1078 y CPSC, pero un precio menor que viene acompañado precisamente de la ausencia de un chip NFC pero que lo hace más accesible para clientes con un uso menos intensivo.

El problema al que pretende hacer frente Closca con toda su gama de cascos es la contaminación del aire urbano que caracteriza a las grandes ciudades de prácticamente todo el mundo desarrollado y en vías de desarrollo. Este problema es especialmente acusado en ciertas ciudades europeas que destacan por su densidad demográfica.

Así lo hace notar un estudio publicado por el Instituto de Salud Global de Barcelona (ISGlobal), en colaboración con investigadores del Swiss Tropical and Public Health Institute (Swiss TPH) y de la Universidad de Utrecht [2]. Los investigadores han analizado un total de 1.000 ciudades europeas, valorando los efectos del exceso de contaminación en la mortalidad de sus ciudadanos. Los resultados son demoledores:

Figura 5. Closca Helmet Loop (Fuente: CLOSCA).

Fuente: Closca

1. El 84% de la población concentrada en ciudades europeas está expuesta a niveles de partículas finas ($PM_{2,5}$) superiores a los recomendados por la Organización Mundial de la Salud (OMS).
2. Si estos niveles se redujesen a los recomendados por la OMS, se podrían evitar 51.000 muertes prematuras anuales.
3. Si los niveles de partículas finas y de dióxido de carbono (CO_2) en las ciudades europeas se redujesen hasta los niveles de las ciudades europeas menos contami-

[2] Puede consultar más información del ranking elaborado en https://isglobalranking.org/

nadas (Reykjavík, Tromsø, Umeå, Oulu y, fundamentalmente, otras ciudades nórdicas), se podrían evitar más de 200.000 muertes prematuras cada año.

Estos problemas alcanzan una situación especialmente relevante en España, siendo ciudades como Madrid y Barcelona algunos de los epicentros más contaminados de Europa.

Frente a este problema han surgido importantes presiones regulatorias (esencialmente enfocadas a la prohibición o reducción de la circulación de automóviles en las ciudades), así como desarrollos tecnológicos que han facilitado la transición hacia modelos de movilidad más sostenibles. Entre estos, destacan el automóvil híbrido o eléctrico, modelos de economía colaborativa y, sobre todo, la penetración de patinetes y bicicletas eléctricas como alternativas al transporte tradicional con una huella de carbono igual a cero.

El objetivo de los cascos Closca es facilitar la transición hacia ciudades libres de emisiones mediante la adopción de prácticas de movilidad sostenibles y seguras. La seguridad, precisamente, es uno de los grandes problemas de este tipo de transportes: la legislación no ha obligado hasta muy recientemente al uso del casco en el patinete eléctrico y, aun cuando lo hace, el usuario habitual es reticente a usarlo en una gran cantidad de ocasiones. Los casos Closca adoptan diseños muy atractivos y, sobre todo, poco voluminosos y fácilmente portables para incrementar la tasa de penetración del casco en los usuarios de bicis y patinetes. La efectividad de esta estratégica se plasma en una métrica realmente ilustrativa: el 56% de los consumidores que compran un Closca Helmet están comprando un casco por primera vez.

CLOSCA BOTTLE

Tras el éxito del Closca Helmet, la empresa lanzó al mercado la Closca Bottle (Figura 6), fabricada con vidrio borosilicato, un material libre de BPA, reciclable y que no añade olor ni sabor al agua. Al igual que el Closca Helmet, la Closca Bottle destaca por su diseño, habiendo sido premiada en el Red Dot Design Award en 2018, el Silver Delta ADI Award en 2020 y el IF Design Award en 2021.

La botella incorpora una solapa de silicona patentada que permite engancharla, por ejemplo, a un bolso, una mochila, un patinete o una bicicleta. Al igual que con sus cascos, Closca ha intentado transformar un producto frecuentemente engorroso de transportar, en un accesorio de moda que facilite la transición hacia hábitos de consumo y movilidad más sostenibles.

Recientemente, la empresa ha lanzado la Closca Bottle Wave (Figura 7), con un nuevo diseño, diferentes tamaños, pero las mismas características que la Closca Bottle.

Las botellas de Closca, al igual que los cascos, incorporan un chip NFC que permite conectarse con la Closca Water App, el último lanzamiento de la compañía y que queda analizado en el apartado siguiente.

El reto ambiental al que pretende hacer frente Closca con sus botellas es la contaminación de los mares por el consumo desmedido de plástico. Según datos de ecodes, cada año se vierten 8 millones de toneladas de plástico a los océanos, lo que implicará que, para 2025, estos alberguen una tonelada de plástico por cada tres de peces y que, en 2050, exista más plástico que propios peces en lo que debería ser su hábitat natural.

Figura 6. Closca Bottle.

Fuente: Closca

CLOSCA MASK

Por último, Closca también ofrece mascarillas (Figura 8), que nacieron precisamente como una respuesta a una obligación regulatoria en tiempos de COVID-19, pero que constituyen ahora una línea de negocio separada enfocada a mejorar la relación de los habitantes de las ciudades con la contaminación que les rodea.

La Closca Mask (que también se comercializa en versión Kids) es lavable y reutilizable y, por tanto, respetuosa con el medioambiente dado que permite hasta 25 lavados. Según datos facilitados por Closca, el uso de la Closca Mask en sustitución de la tradicional mascarilla desechable, reduce los niveles de CO_2, NO_2 y NO_x hasta un 40%. Al mismo tiempo, la Closca Mask posee las certificaciones de seguridad CWA 17553: 2020 y las certificaciones de AITEX, EUROFINS y OEKO-TEX.

Figura 7. Closca Bottle Wave.

Fuente: Closca

Figura 8. Closca Mask.

Fuente: Closca

4. El futuro de Closca: Water APP

El futuro de Closca pasa por la expansión de su Water App (Figura 9), una aplicación móvil que permite al usuario encontrar puntos de en los que rellenar las Closca Bottle de forma gratuita. La aplicación, que cuenta con 200.000 puntos de recarga, facilita a los usuarios el acceso a agua gratuita y elimina la necesidad de comprar agua embotellada. Además, los usuarios pueden medir su impacto positivo sobre el medio ambiente por la reducción en el uso de plástico y participar de la comunidad #mylastplasticbottle. De esta manera, tal como indica Carlos, se busca "cambiar la mentalidad del consumidor", que habitualmente "busca calmar su sed con la compra de una botella desechable de agua, que, en el 91% de los casos, no será reciclada". La combinación de una aplicación que facilite el acceso a los puntos de llenado, junto con una botella que se perciba más bien como un accesorio de moda busca dar al consumidor un servicio "más ágil, sostenible y barato". Además, por cada rellenado de botella, los usuarios recibirán *"refill coins" que podrán cancelar por "premios" otorgados por marcas colaboras, desde la propia Closca, hasta empresas multinacionales de la talla de PayPal o Spotify.*

Figura 9. Closca Water App

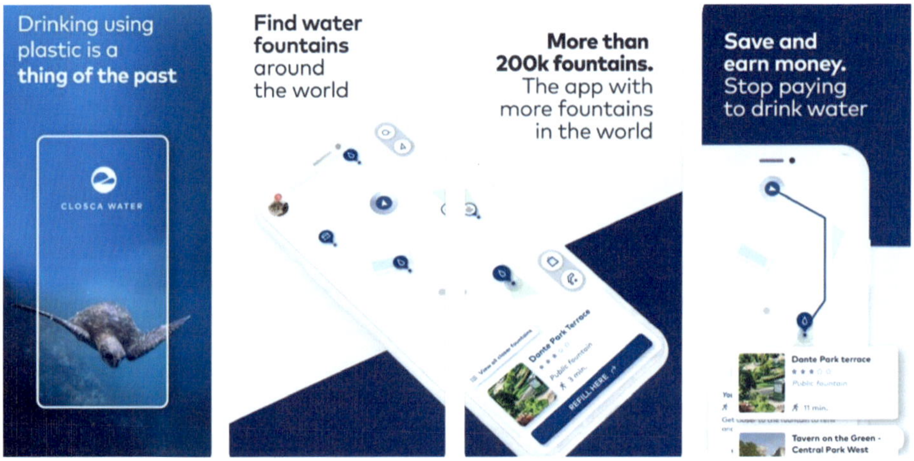

Fuente: App Store de Apple.

os encargados de ofrecer puntos de agua gratuitos son los propios negocios interesados en generar un impacto positivo en la comunidad en la que operan. La aplicación permite también medir a nivel negocio o empresa el impacto que está teniendo, ya no únicamente a nivel de punto de carga, sino a nivel global si se trata de una empresa internacional. De esta manera, permite identificar "quién, cuándo y dónde" es el responsable de ahorrar la generación de residuos plásticos y emisiones de CO2 derivados de su fabricación.

Este posicionamiento es una cuestión clave de cara a mejorar las relaciones con diversos grupos de interés (entre ellos proveedores y clientes), ganar reputación y legitimar el papel social de la empresa, pues permite visibilizar la contribución social y medioambiental que se está llevando a cabo en el entorno de la comunidad #mylastplasticbottle.

Las empresas también consiguen un mejor posicionamiento de su producto o servicio vía atracción de clientes hacia sus comercios y mejor *engagement* vía interacción en un *marketplace* naturalmente segmentado hacia consumidores preocupados por el medio ambiente en general y la generación de residuos plásticos en particular.

La Water App constituye el más reciente modelo de cooperación llevado a cabo por Closca, pero no ha sido el único. Durante los últimos años, Closca ha ganado volumen de ventas y visibilidad colaborando con diferentes empresas fuertemente vinculadas a la sostenibilidad.

Así, se han producido cascos personalizados para empresas como Lime o Circ (Figura 10) que han servido también para testar la funcionalidad NFC del Closca Helmet y su capacidad para agregar datos que permitan medir el impacto medioambiental derivado del cambio hacia estos sistemas de movilidad (en el caso de Lime, por ejemplo, la colaboración implicó la participación de Closca en un total de 80.000 viajes con un ahorro de 4,36 toneladas de dióxido de carbono).

Figura 10. Colaboraciones de Closca con Lime y Circ.

Fuente: Closca

Closca También colaboró con Deloitte Digital en el Festival Internacional de Cannes Lions, donde desarrollaron un sistema de rellenado de botellas interactivo que permitió que todo el evento fuese libre de botellas de plástico. Esto generó a nivel social más de 35 millones de reacciones y abrió la puerta a futuras colaboraciones con Deloitte, sentando las bases sobre las que se ha construido la propuesta comercial de la Water App

Estos son únicamente dos ejemplos de las múltiples colaboraciones que Closca ha llevado a cabo con empresas de la envergadura de Google, Cabify, Allianz, Moleskine, El Corte Inglés o Fnac, entre otros.

5. Epílogo

Closca ha demostrado que la sostenibilidad es, no solo una necesidad para la supervivencia del planeta, sino un concepto sobre el que pueden construirse negocios prósperos y rentables. La empresa ha desarrollado botellas, mascarillas, cascos y, más recientemente, aplicaciones, pero siempre bajo el objetivo de generar una comunidad socialmente responsable e interesada en el devenir ambiental de su entorno. En el desarrollo de su actividad, Closca ha desarrollado ventajas competitivas y activos distintivos importantes que son objeto de análisis en este caso.

Al mismo tiempo, la empresa ha adoptado un modelo colaborativo y una comunidad digital de los que tanto Closca, como las corporaciones de primer nivel que con ella colaboran, se ven ampliamente beneficiadas. El estudio de estas estrategias precisamente resulta fundamental para entender de qué manera la empresa puede afrontar el futuro y escalar sus negocios.

Cuestiones para el debate

1. Identifica el papel que juega la sostenibilidad en el modelo de negocio de Closca y en la definición de su estrategia competitiva.
2. Identifica las que consideres como las mayores fuentes de ventaja competitiva de Closca y analiza tanto su valor como su sostenibilidad. Utiliza para ello herramientas de análisis interno estudiadas en clase.
3. Piensa en alguna empresa de tu entorno en la que la sostenibilidad juegue un papel similar al de Closca. Señala en qué se parece y cuáles son sus diferencias.
4. Identifica la dirección y la modalidad de crecimiento seguida por Closca con el desarrollo de su Water App. Razona tu respuesta.
5. Indica cuál crees que podría ser una estrategia corporativa acertada para el futuro de Closca en lo referente al desarrollo de productos, mercados o su diversificación. Razona tu respuesta.

6. Identifica qué otras ventajas, no necesariamente ligadas a la sostenibilidad, pueden extraer estas empresas de su colaboración con Closca.
7. Identifica la modalidad de crecimiento empleada con Closca en sus colaboraciones con otras empresas. Razona si este tipo de crecimiento da soporte a la estrategia competitiva de la compañía.

CASO 4
GREFUSA: LA APUESTA POR UN MODELO SOSTENIBLE BASADO EN LA INNOVACIÓN

Sergio Camisón-Haba
(Universitat de Valéncia)

María López-Trigo
(EDEM y Universitat Jaume I)

Objetivos de aprendizaje

1. *Identificar políticas específicas de sostenibilidad y vincularlas al conjunto de valores corporativos de la organización.*
2. *Entender de qué manera los cambios en estrategias competitivas y corporativas pueden conducir a la sostenibilidad estratégica y financiera de una empresa y contextualizarlo al ciclo de vida de la industria.*
3. *Identificar el rol de la sostenibilidad en la mejora de las relaciones con las personas empleadas por la organización, su compromiso organizativo o la atracción de nuevo talento.*
4. *Familiarizarse con el uso de modelos internacionales de comunicación no financiera y entender el funcionamiento de los estándares GRI.*

Material recomendado para su estudio

— *Guerras, L. Á., Navas, J. E. (2015). La dirección estratégica de la empresa: teoría y aplicaciones. Aranzadi. Capítulos 2, 3, 4, 5, 7 y 8.*

— *Web corporativa de la empresa:* www.grefusa.com
— *Web con recursos GRI:* www.globalreporting.org
— *Carter, K., Jayachandran, S., & Murdock, M. R. (2021). Building A Sustainable Shelf: The Role of Firm Sustainability Reputation. Journal of Retailing, 97(4), 507-522.*
— *Aranganathan, P. (2018). Green recruitment: A new-fangled approach to attract and retain talent. International Journal of Business Management & Research, 8(2), 69-76.*
— *La sostenibilidad, el nuevo factor clave para atraer y retener el mejor talento. Visto en:* http://www.rrhhdigital.com/secciones/rsc/142123/La-sostenibilidad-el-nuevo-factor-clave-para-atraer-y-retener-el-mejor-talento?target=_self
— *Las empresas sostenibles atraen a los mejores talentos. Visto en:* https://dogood-people.com/las-empresas-sostenibles-atraen-a-los-mejores-talentos/
— *El líder del 'snack' que se forjó vendiendo cacahuetes.* https://www.elmundo.es/comunidad-valenciana/2017/01/08/5871ff81ca4741a41 e8b45f7.html.

1. Enunciado

Este caso repasa la historia de Grefusa, desde sus inicios hasta su gestión en la actualidad por la tercera generación familiar, introduciendo los cuatro ejes clave sobre los que se vertebra la política de sostenibilidad de la empresa. El estudio de estos grandes ejes y las políticas específicas que cada uno de ellos desarrolla, permitirá al alumno entender la relación entre política de sostenibilidad y generación de ventaja competitiva vía la construcción de diferentes recursos intangibles distintivos, centrando la discusión en la relación con las personas. Igualmente, el estudio de la historia de Grefusa permite identificar virajes en sus estrategias corporativas y competitivas importantes que explican el éxito de la organización a lo largo de sus casi 100 años. El caso, además, introduce al alumno a la comunicación no financiera y lo familiariza con la presentación de información vinculada a la sostenibilidad haciendo uso de los estándares GRI.

2. La empresa

ORIGEN Y BREVE HISTORIA

La historia de Grefusa se inicia en el año 1929, cuando es fundada por José Gregori Furió para dedicarse a la comercialización de frutos secos (especialmente cacahuete valenciano) y legumbres. En el año 1962, la segunda generación, formada por Agustín y Alfredo Gregori, toma el relevo en la dirección de la empresa. Es en ese momento cuando, amenazada su actividad por una creciente globalización y competencia de importadores internacionales de una materia prima mucho más económica (como China o EE. UU.), deciden empezar a tostar el cacahuete y venderlo en mercados tradicionales. El éxito de la diferenciación de su producto permitió a Grefusa seguir desarrollando nuevos productos hasta que, finalmente y obsesionados por la innovación y la calidad, deciden, en el año 1986, abandonar la actividad de tueste de cacahuete e introducirse de lleno en la industria del snack procesado. Así, este mismo año, que coincide con el nacimiento de la conocida mascota Grefusito, se inicia un proceso de diferenciación de producto y generación de marca para alejarse de un mercado cada vez más saturado, caracterizado por la competencia en precio y con mayor poder negociador parte de los distribuidores.

Así, la empresa tomo la arriesgada decisión de invertir, solo en maquinaria, una cantidad superior a su volumen de negocio anual, que era de 400 millones de pesetas, e iniciar el desarrollo de aperitivos en forma de snack, negocio que sigue activo hasta el momento.

La estrategia de desarrollo tomada por la empresa y el cambio en el modelo competitivo, que vino acompañada de cambios en la distribución y formato de sus productos, resultó plenamente acertada, pues en 1994, la facturación se había multiplicado por diez, gracias al éxito rotundo de productos como Papadelta, Piponazo, Gublins y MisterCorn; que se siguen comercializando bajo las mismas marcas tras más de 30 años.

La apuesta por la calidad, la innovación, la frescura y la cercanía al cliente se han mantenido hasta la actualidad, con la empresa gestionada por la tercera generación desde el año 2000, cuando Agustín Gregori toma el relevo en la dirección de la organización. Desde entonces, Grefusa ha seguido ampliando su cartera con productos como Pipas G Tijuana, Sabores del Mundo o el desarrollo de la gama de snacks saludables Snatt's.

En la actualidad, Grefusa ocupa una posición de liderazgo en la industria del snack en España, con un nivel de facturación superior a 130 millones de euros y alianzas estratégicas con socios internacionales como Intersnack y Frutorra.

ESTRATEGIA DE SOSTENIBILIDAD Y GOBERNANZA

El objetivo de la estrategia de sostenibilidad de Grefusa, tal como indica su Consejero Delegado, Agustín Gregori es el de "dejar huella positiva en la sociedad" ofreciendo para ello "los mejores alimentos, ingredientes y materias primas". La estrategia se vertebra en cuatro grandes ejes: personas, consumidor, medioambiente y comunidad[1] y se impulsa por el Comité de Sostenibilidad, que se reúne periódicamente para diseñar, seguir, evaluar y comunicar los objetivos y resultados de esta.

La estrategia de sostenibilidad pasa por el alineamiento con los Objetivos de Desarrollo Sostenible (ODS) de las Naciones Unidas (Figura 1) y el diálogo constante con un espectro variado de grupos de interés internos, externos, de mercado y de no mercado.

1 A fin de simplificar el caso, consumidor y comunidad se tratan de forma agregada en los apartados posteriores.

Figura 1: Objetivos de Desarrollo Sostenible (Fuente: Naciones Unidas)

Su objetivo final, es diseñar una gestión ética, responsable y sostenible, que pasa naturalmente por la definición de importantes sistemas de gobernanza. Es por ello por lo que Grefusa cuenta con una Política de Gestión y Supervisión de Riesgos aprobada por el Consejo de Administración, que vela por la identificación, valoración y mitigación de riesgos de la mano de la Dirección de Riesgos y *Compliance* de la entidad.

La empresa presenta una política de tolerancia cero hacia el fraude, el soborno o la corrupción y es por ello por lo que ha desarrollado un Código de Conducta que es el eje nuclear, transversal y común de su política de *Compliance*, Igualmente, la organización dispone de un modelo de Modelo de Cumplimiento y Prevención de Riesgos Penales.

En conjunto, y tal como se indica desde la empresa, el gobierno corporativo es "fundamental para éxito de cualquier organización", pues garantiza el "crecimiento sostenible" y soporta el "crecimiento de las operaciones". En este sentido, además del Consejo de Administración como máximo órgano de gobierno, toma un papel fundamental el Comité de Dirección, que supervisa y toma decisiones en todos los ámbitos relevantes de la empresa.

MEDIOAMBIENTE

En el aspecto ambiental, Grefusa busca minimizar su impacto negativo sobre el entorno en el que opera, trabajando para ello sobre la mejora de los materiales empleados y el *packaging*, la optimización del uso de recursos y la reducción de las emisiones.

El proceso productivo de Grefusa hace uso de materias primas, film y cartón para su envasado. En 2020, el consumo de materias primas en forma de semilla, cereales, aceites, frutos secos y otros ingredientes fue de 32.006 toneladas. El consumo de film y de cartón fue de 890 y 3.292 toneladas respectivamente.

A pesar de que el uso de materiales reutilizados está restringido en la industria por cuestiones de seguridad alimentaria, la empresa emplea un 91% de cartón procedente de fibra reciclada y se asegura de que todas las cajas de cartón adquiridas poseen la etiqueta 100% FSC (Forest Stewardship Council).[2]

El tratamiento del embalaje supone pues una prioridad a nivel organizativo y es por ello por lo que la empresa ha centrado sus esfuerzos en la reducción de un 5,9% del material de *packaging* en el periodo 2018-2022. Para el año 2025, el objetivo es que el 100% de los embalajes de los embalajes empleados sean reciclables.

En cuanto al uso de energía, Grefusa tiene como objetivo reducir su consumo en un 20% para 2023. Las principales fuentes primarias de energía son el gas natural, el gas propano y la electricidad (el 13% de la cual proviene de fuentes renovables en las instalaciones de España, y el 55% en Portugal). El impacto del consumo energético en 2020 ha ascendido a 4.318 y 2.078 toneladas de CO2 equivalente de gases de alcance 1 y 2 respectivamente. El plan de reducción de consumo energético de la empresa para 2023 pasa por la instalación de una planta fotovoltaica (Figura 2) para autoconsumo que ahorrará 584 toneladas de CO2 equivalente al año.

Además, la empresa lleva a cabo diversas medidas de eficiencia energética enfocadas a reducir el consumo de energía y por tanto las emisiones de CO2:

- Control de iluminación en zonas de paso o baja ocupación.
- Sustitución de bombas de vacío de pistón por nuevas de tornillo más eficientes.
- Sustitución de alumbrado a tecnología LED.
- Reducción de potencia contratada.
- Mejoras en los compresores.
- Apagado de líneas.
- Optimización de calderas de vapor y fluido térmico.

2 Esta etiqueta garantiza que los materiales empleados proceden de bosques que han sido auditados por una tercera parte independiente para confirmar que se manejan de conformidad con los rigurosos estándares sociales y ambientales de FSC.

Figura 2: Placas Fotovoltaicas en la sede de Grefusa en Alzira (Fuente: Grefusa).

Figura 3: Planta depuradora en Alzira (Fuente: Grefusa).

En cuanto al consumo de agua, Grefusa devuelve al colector municipal el 100% del agua empleada en Alzira, y el 95% de la consumida en Portugal tras aplicar un tratamiento fisicoquímico y un tratamiento biológico aerobio. Esto es posible gracias a la instalación de una depuradora de aguas empleadas que, en planta de Alzira, se llevó a cabo en los años 90, de forma pionera en la industria.

Los residuos, por su parte, se someten a un tratamiento preventivo, buscando generar la menor cantidad y mejorando su gestión, que se lleva a cabo por gestores autorizados.

PERSONAS

El trato con las personas se articula a través de los siete Grefuvalores (Figura 2) contenidos en el Código de Conducta de Grefusa, el respeto por la ley y los derechos humanos, y el trabajo justo, respetuoso, seguro e igualitario.

En la búsqueda de la igualdad de oportunidades, la empresa dispone del plan de igualdad 2020-2025, mientras que en respeto de la conciliación se ha desarrollado un plan de desconexión digital para que los empleados disfruten de forma efectiva de su tiempo de descanso.

Recientemente, los medios se han hecho eco de la implantación definitiva del teletrabajo en hasta el 50% de la jornada laboral[3], siempre que así lo permita el puesto de trabajo. Con esta medida, tal como indica Vicky Casañ, Responsable de Personas y de Comunicación Interna, Grefusa apuesta "por la flexibilidad y la conciliación, obteniendo de vuelta un mayor nivel de satisfacción y 'GrefuCompromiso'. Como compañía socialmente responsable y comprometida, queremos que exista equilibrio personal y profesional que facilite a nuestro equipo de personas el disfrute de una vida más plena y feliz".

Por último, Grefusa lleva a cabo multitud de actividades a lo largo de los años para fomentar el sentimiento de equipo y la satisfacción de sus empleados. El año 2020 ha supuesto un desafío en este sentido por las limitaciones impuestas por el COVID-19, pero aun así, la empresa ha organizado un conjunto amplio y variado de actividades:

- Teletrabajo para todo el personal que no debiese estar presencialmente por las necesidades inherentes del puesto.
- Gratificación extraordinaria para todas las personas que acudieron durante abril a trabajar físicamente.
- Café gratuito durante abril y mayo en todas las máquinas de vending de Grefusa y Masquepan.

3 https://www.expansion.com/valencia/2022/05/05/6273a354e5fdead13b8b4694.html

- GrefuCatálogo de formación online, con más de 80 propuestas formativas, accesible y gratuito para todos los empleados.
- Chat médico y videollamadas gratuitas con cualquier especialista del seguro médico para todos los empleados asegurados.
- Acciones digitales para seguir potenciando el *engagement* de los empleados, y acompañarlos en los momentos más complicados del confinamiento:
    - GrefuOlimpiadas Online, en las que más de 70 empleados participaron en unas olimpiadas 100% digitales, con retos y juegos semanales a resolver por equipos.
    - Mil Maneras de Confinarte dónde se compartían semanalmente vídeos con imágenes enviadas por los propios compañeros donde mostraban como estaban viviendo el confinamiento.
    - Reto eHealth Challenge, en los que Grefusa ha participado un año más en estos juegos interempresa online.
    - Programa Grefututores, para facilitar la bienvenida y acogida de las nuevas incorporaciones, ya que en muchas ocasiones han sido 100% en digital.

Figura 4: Grefuvalores (Fuente: Grefusa).

A cierre de 2020, Grefusa cuenta con 700 empleados, de los que el 53% son mujeres, y el 90% indefinidos. El modelo de retribución busca el respeto de la equidad interna y la competitividad externa. La empresa ofrece igualmente flexibilidad horaria y jornada intensiva en verano.

Las personas que se incorporan a Grefusa pasan por un GrefuAterrizaje que toma la forma de Plan de Acogida. Una parte relevante de las incorporaciones a Grefusa pasan por el Programa Grefutalento, que busca recién graduados para formarlos en diversas áreas funcionales e incorporarlos al fin de su rotación a la empresa.

La salud y seguridad de los trabajadores es una prioridad, y por ello se llevan a cabo acciones de mejora continua y prevención de riesgos laborales, así como se anima a los empleados a participar en actividades que fomentan la actividad física, como Grefurunners, Grefupadel o Grefuliga.

La empresa tiene además desarrollado el programa Progresa que permite a los empleados realizar el ciclo formativo de grado medio de mantenimiento electromecánico. Igualmente, Grefusa desarrolla anualmente diversos programas y cursos enfocados a mejorar y reciclar los conocimientos de los empleados. En 2020, se han llevado a cabo 6.586 horas de formación.

Por último, trece personas con capacidades diferentes integradas perfectamente en la organización, que goza de plena accesibilidad en la sede corporativa.

COMUNIDAD

El último pilar en el que se apoya la estrategia de sostenibilidad de Grefusa es la contribución a la Comunidad, actuando frente a un conjunto variado de *stakeholders* de mercado y no mercado.

La empresa dispone de un Código de Conducta que se inspira en los principios de la Declaración Universal de Derechos Humanos y el Código Básico Iniciativa de Comercio Ético. Todos los proveedores que quieran trabajar con Grefusa deben alinearse con este Código, además de respetar la legislación vigente. Los proveedores deben igualmente firmar un Código Ético de Proveedores que da acceso a un canal de comunicación con la empresa en lo referente a irregularidades o incumplimientos de los principios del propio Código de Conducta.

Figura 5: Campaña de donación de alimentos de Grefusa en colaboración con la Cruz Roja (Fuente: Grefusa y Europapress).

Además de trabajar en su cadena de suministro, la empresa se compromete con la salud y la seguridad del consumidor, asumiendo en su Política de Calidad la responsabilidad de ofrecer productos 100% seguros y "hacer las cosas bien a la primera". Esto se refleja en, por ejemplo, la eliminación del aceite de palma de todos sus productos desde 2002, siendo desde entonces empleados únicamente aceite de oliva y girasol; o en la reducción del 15% de la sal de sus productos desde el año 2005. En paralelo, la protección del consumidor se completa con la adhesión al código PAOS de autorregulación de la publicidad en alimentos y bebidas dirigido a menores.

En el aspecto de no mercado, Grefusa muestra un fuerte compromiso por la contribución social, sobre la que busca impactar positivamente. La empresa colabora con entidades como Unicef, el Banco de Alimentos, la Fundación Alimentum o la Asociación Española Contra el Cáncer, así como con determinadas organizaciones deportivas. Grefusa colabora también con la Cruz Roja en el fomento de la educación extraescolar, promoviendo programas educativos y de ocio, talleres nutricionales y donaciones de alimentos.

Todas estas actividades han hecho merecedora a Grefusa de diversos reconocimientos, como el premio NAOS[4] otorgado por el Ministerio de Sanidad en 2012 o el Premio Ali-

4 Los Premios Estrategia NAOS tienen como finalidad reconocer y dar mayor visibilidad a aquellos programas, intervenciones u otras iniciativas que entre sus objetivos contribuyan a la prevención de la obesidad, mediante la promoción de una alimentación saludable y/o de la práctica de actividad física regular.

mentos de España[5] otorgado en el año 2014 por el Ministerio de Agricultura, Alimentación y Medioambiente. Las plantas de Alzira, Aldeamayor y Degracias han obtenido por su parte el máximo reconocimiento en la certificación IFS[6] de la Global Food Safety Initiative.

3. Epílogo

Grefusa presenta una estrategia de sostenibilidad equilibrada en el aspecto ambiental, social y económico que permite el estudio de políticas específicas en todas sus dimensiones. Resulta especialmente relevante el estudio de las políticas de Recursos Humanos, que se emplean desde la organización para garantizar la satisfacción, bienestar y compromiso de todos sus empleados. Resultan igualmente de interés el estudio de la gestión de la estrategia competitiva, corporativa y la gobernanza de la organización, que han permitido a la Grefusa, no únicamente sobrevivir a casi 100 años de andadura y dos cambios generacionales, sino seguir creciendo y creando empleo y riqueza en su entorno de actividad.

4. Cuestiones para el debate

Comunicación No Financiera y Estándares GRI

1. Identifica tanta información no financiera como te sea posible en referencia a las políticas de sostenibilidad de Grefusa e indica qué contenidos de los estándares GRI utilizarías para comunicar cada aspecto en una Memoria de Sostenibilidad.

Estrategia Competitiva y Sostenibilidad

2. Grefusa ha modificado su estrategia varias veces a lo largo de su historia. Identifica estos cambios e indica en qué medida consideras que han contribuido positiva o negativamente a su supervivencia y éxito a lo largo de los años. Utiliza para ello tantas herramientas de análisis estratégico como consideres oportunas.

Recursos Humanos y Compromiso Organizativo

3. Identifica las políticas de Recursos Humanos de Grefusa contenidas en el texto y relaciónalas con las funciones objetivo de Recursos Humanos.

---

5 El Premio Alimentos de España reconoce el trabajo de entidades, empresarios y profesionales que se han distinguido por producir, elaborar, comercializar y ofrecer al consumidor alimentos de calidad, con métodos y tecnologías avanzadas y respetuosas con el medio ambiente.

6 El certificado IFS indica que la empresa certificada ha establecido procesos apropiados para garantizar la seguridad de los productos que fabrica y que respeta las especificaciones de sus clientes.

4. ¿Crees que las políticas de Recursos Humanos de Grefusa están enfocadas a mantener un alto nivel de compromiso organizativo en su plantilla? Desarrolla el concepto de Compromiso Organizativo, sus componentes y señala sobre cuál de debería trabajar una empresa en general y Grefusa en particular en el desarrollo de una relación sostenible, duradera y satisfactoria con sus empleados.

CASO 5
DAM: INNOVACIÓN Y COLABORACIÓN AL SERVICIO DE LA PROTECCIÓN DE LOS RECURSOS HÍDRICOS

José María Fernández Yáñez

Beatriz Forés Julián
Universitat Jaume I

Silvia Doñate Hernández
Responsable Departamento de Innovación en DAM

Objetivos de aprendizaje

1. *Analizar las fuentes de la competitividad de un caso de liderazgo en el sector de la depuración y tratamiento de aguas con prácticas excelentes en materia de sostenibilidad medioambiental.*
2. *Conocer y comprender el marco institucional de los Objetivos de Desarrollo Sostenible de la Agenda 2030.*
3. *Vincular la creación de un posicionamiento competitivo robusto mediante estrategias de internacionalización y diversificación relacionada (diferentes productos y aplicaciones, mercados).*
4. *Identificar la importancia de la cooperación y los sistemas de información en los proyectos de sostenibilidad y economía circular.*

5. *Conocer las distintas aplicaciones de los subproductos del reciclaje y tratamiento de aguas residuales.*
6. Sensibilizar al lector de la importancia del agua como recurso esencial y escaso.
7. *Reconocer la importancia que la innovación juega en la mejora del desempeño medioambiental y la protección de los ecosistemas naturales.*

Material recomendado para su estudio

- Camisón-Zornoza, C., Forés, B., Camisón-Haba, S., Fernández-Yáñez, J.M. (2021). *Difusión de las prácticas de responsabilidad social empresarial, sostenibilidad y transparencia informativa: un estudio de caso del Parque Tecnológico de Paterna.* València: Tirant lo Blanch.
- Belda Hériz, I. (2018). *Economía Circular: un nuevo modelo de producción y consumo sostenible.* Madrid: Editorial Tébar Flores.
- Zhexembayeva, N. (2014). *La estrategia del océano esquilmado: cómo impulsar la innovación para adaptarse a la nueva economía circular.* Barcelona: Libros de Cabecera.

Fuente de interés nacionales

Estrategia Española de Economía Circular 2030 (2020): https://www.miteco.gob.es/es/calidad-y-evaluacion-ambiental/temas/economia-circular/estrategia/

Cotec: https://cotec.es/observacion/economia-circular/37040c86-20dc-4a51-8b3b-568994888cb6

Fundación Economía Circular: https://economiacircular.org/

Asociación Española de Directivos de Responsabilidad Social: https://www.dirse.es/dirse/

Red Española del Pacto Mundial: https://www.pactomundial.org/

Depuración de Aguas del Mediterráneo, página de información corporativa: https://www.dam-aguas.es/

Cátedra DAM para la gestión integral y recuperación de recursos del agua residual de la Universitat de València: https://www.uv.es/catedra-dam/es/catedra-dam-gestion-integral-recuperacion-recursos-del-agua-residual.html

Fuentes de interés Internacionales

ODS: https://www.un.org/sustainabledevelopment/es/objetivos-de-desarrollo-sostenible/

Plan de Acción para la Economía Circular de la Comisión Europea (2020): https://ec.europa.eu/environment/strategy/circular-economy-action-plan_es

Ellen MacArthur Foundation: https://www.ellenmacarthurfoundation.org/circular-economy/what-is-the-circular-economy?gclid=CjwKCAjw87SHBhBiEiwAukSeUfX1h7edLr0s9D6JZl7y0z7K45DecXy0vzCBSjUupeXP3x6XouRPpBoCPyoQAvD_BwE

World Business Council for Sustainable Development: https://www.wbcsd.org/Programs/Circular-Economy

1. Introducción

Depuración de Aguas del Mediterráneo S.L. (en adelante, DAM) se constituyó en el año 1995 como una empresa de servicios especializada en el tratamiento de agua a través de la explotación, el mantenimiento y la conservación de estaciones depuradoras y sistemas de saneamiento o abastecimiento. Con la firme voluntad de convertirse en una empresa líder e innovadora, con el paso del tiempo ha ido incorporando nuevas líneas de negocio, entre las que destacan:

- Ingeniería, ejecución de obras hidráulicas y emisarios submarinos.
- Valorización de residuos.
- Estudios y proyectos de Investigación, Desarrollo e Innovación (I+D+i).
- Obras de instalación de producción simultánea de energía eléctrica y térmica con aprovechamiento de biogás.

Así pues, la principal fuente de ingresos de DAM son las aguas residuales a través de contratos de servicio (explotación, mantenimiento y conservación de estaciones depuradoras de aguas residuales -EDAR-) y de construcción (construcción de las mismas estaciones depuradoras o sus ampliaciones. Con todo, la valorización de residuos se ha convertido en una actividad estratégica de DAM, donde la empresa ha apostado e invertido para desarrollar una línea de negocio con claro impacto positivo a nivel de sostenibilidad y en la que se aplican conceptos relacionados con la economía circular.

La misión de DAM consiste entonces en proporcionar un servicio integral de depuración, gestión de residuos y construcción de infraestructuras que contribuya al cuidado del medioambiente en las comunidades en las que opera. En el largo plazo, DAM aspira a convertirse en un referente a nivel europeo, un modelo de empresa sostenible que, a través de la innovación y el desarrollo de modernas formas de gestión especializada en el cuidado del medioambiente, comprenda los intereses y atienda las necesidades de las comunidades donde lleva a cabo su trabajo.

El respeto y el compromiso con la protección medioambiental son pilares fundamentales que se ven plasmados en la declaración de valores de la compañía (ver anexo 1), y en el desarrollo e implementación de una estrategia de responsabilidad social empresarial (RSE) integral. Esta estrategia de RSE está complementada con una exigente política de calidad y un compendio de sistemas de gestión integral de negocio (ver anexo 2).

Contextualizando el anterior compromiso en cifras, la compañía trató en el ejercicio 2019 un total de 817.000.000 m3 de agua, o lo que es lo mismo, la cantidad de consumo equivalente a 9.500.000 habitantes. Por otro lado, la cifra de tratamiento de lodos ascendió a 274.000 Tn MH. El 97% de estos lodos son altamente valorados en el sector de la agricultura, utilizándose el 78% de forma directa en operaciones agrícolas y el 19% restante para la elaboración de compostaje[1].

DAM gestiona plantas de tratamiento de agua prácticamente en todo el territorio nacional (excluyéndose la Comunidad Autónoma de Castilla y León y la Comunidad de Madrid) con delegaciones en las principales ciudades nacionales (Valencia, Barcelona, Sevilla y Zaragoza). Además, en España existe, como se ha indicado, una rama de negocio dedicada al tratamiento de residuos que la empresa gestiona a través de la planta de tratamiento de residuos denominada La Vintena, ubicada en Carcaixent (Valencia). Asimismo, la compañía DAM también cuenta con delegaciones internacionales en Europa (Italia), y Suramérica (Colombia). Sus oficinas centrales se encuentran en la actualidad en la Avenida Benjamín Franklin, 21 del Parque Tecnológico de Paterna.

En la mayor parte de los casos, con excepción en la planta de tratamientos de residuos de La Vintena donde los clientes son privados, los clientes de DAM son Administraciones Públicas, bien directamente o a través de organismos dependientes. En lo que respecta a las cifras de negocio de DAM, las ventas totales de DAM en el ejercicio 2020 fueron un 31,49% superiores a las del año 2019, alcanzando un importe total de 76.960.583 €. Crecimiento que ha venido impulsado principalmente gracias al desarrollo de nuevos negocios internacionales y al sostenimiento de las cifras nacionales. Por tipología de clientes, en el año 2020, los clientes públicos representaron un 91,54% de ventas totales.

Con respecto a los activos totales de la empresa, estos se incrementaron un 18,22% en el año 2020 sobre los del ejercicio anterior, llegando a la cifra de 74.745.240 €. Durante el ejercicio 2020, DAM ha continuado incrementando sus inversiones destinadas a prevenir riesgos medioambientales. Estas inversiones supusieron un 4,39% de las ventas totales de la empresa en 2020, incrementándose un 52% con respecto a las inversiones realizadas por el mismo concepto el año inmediatamente anterior.

En cuanto a la fuerza laboral, la compañía proporciona actualmente empleo a 1614 personas. Cabe mencionar que, durante 2020, y a pesar del prolongado cierre de la actividad que implicó la dispersión a nivel global de la pandemia de COVID-19, DAM continuó creando empleo. Así, la plantilla se incrementó en este ejercicio un 39,26% con respecto al ejercicio 2019. La siguiente tabla 1 recoge la distribución de la plantilla por tipo de contrato y sexo durante los años 2019 y 2020.

1 En el anexo 3 se recogen los principales indicadores de desempeño medioambiental obtenidos por DAM gracias a sus políticas de estímulo para la economía circular y la protección del medioambiente.

Tabla 1. Distribución de la plantilla

	2020			**2019**		
	TOTAL	MUJERES	HOMBRES	TOTAL	MUJERES	HOMBRES
Personas con contrato permanente	1023	142	881	895	122	773
Personas con contrato temporal	591	118	473	264	25	239
Totales	1614	260	1354	1159	147	1012

Fuente: DAM

El incremento de las operaciones de la empresa ha requerido el aumento de la plantilla tanto en términos de contratación permanente, como en contratos de tipo temporal para proyectos acotados en el tiempo. Con respecto a la composición de género de la plantilla, la propia empresa reconoce que por las características de sus operaciones y por las tendencias en el sector económico en el que se insertan, predomina el sexo masculino. A pesar de ello, durante el ejercicio 2020 la plantilla de mujeres de DAM se ha visto incrementada en un 76,87% respecto a 2019, llegando a la cifra de 260 mujeres empleadas, un total del 16,11% de la plantilla.

Por tanto, DAM ha seguido un proceso de crecimiento continuado desde su creación. Dicho crecimiento se ha asentado en el desarrollo de estrategias tanto de expansión (que comprenden las modalidades de penetración de mercado, desarrollo de productos y servicios, y desarrollo de mercados), como también de diversificación relacionada.

Este crecimiento no hubiera sido posible sin el compromiso explícito de la empresa por mantener unos estándares muy exigentes en materia de sostenibilidad que, transversalmente, afectarán a todos y cada uno de los objetivos estratégicos de la empresa. Dado que la empresa tiene como objetivo convertirse en un referente en tecnología medioambiental, la gestión de sus operaciones se realiza bajo parámetros de calidad ambiental que están muy por encima de las exigencias legales vigentes. Dicha calidad, como se describe a continuación, se sustenta en una apuesta constante por la I+D+i aplicada a la protección medioambiental y a la gestión circular de residuos derivados de su actividad.

Dentro de los objetivos de crecimiento y expansión de la empresa, DAM se plantea el futuro de sus estaciones depuradoras de agua residual (en adelante, EDAR), su núcleo de actividad principal. Tras una reunión del departamento de I+D con otros departamentos como el de valorización de recursos, y observando las tendencias del sector, el personal del departamento de innovación considera que en el futuro las EDAR deberían convertirse en verdaderos nodos para la gestión de residuos de todo tipo, y no solo aquellos relacionados con la gestión hídrica, contribuyendo más intensamente a la promoción y mejora de la sostenibilidad medioambiental. En este nuevo estado, las EDAR podrán, a través de diferentes conjuntos de procesos circulares, producir biomasas renovables alternativas a los combustibles fósiles, o generar energía a partir de los propios recursos que la EDAR recibe.

La alta dirección de la empresa DAM es consciente de que abordar estas líneas futuras requiere seguir apostando fuertemente por la innovación y las nuevas tecnologías, así como abrir nuevos lazos de cooperación con los principales agentes del entorno científico, tecnológico y empresarial relacionados se torna imprescindible.

Entre estos agentes no sólo destacan empresas líderes en conocimientos científico-técnicos, sino también Universidades, Institutos de I+D, agentes públicos, que completan las competencias de investigación básica con aquellas vinculadas con el desarrollo y comercialización de los proyectos en el mercado.

Por ello, y a tenor de la dilatada experiencia con la que la empresa cuenta en proyectos de innovación abierta, la dirección de la empresa promueve la reiterada participación en diferentes proyectos de concurrencia competitiva pública, tanto nacionales como internacionales, que permitan apear los nodos de cooperación abiertos con la financiación necesaria para su despliegue. Desde DAM confían que la participación en estos proyectos de innovación colaborativa pueda continuar reforzando su compromiso con la protección ambiental de la que la empresa ha hecho su estandarte desde sus inicios. Este caso de estudio presenta un análisis de la génesis y evolución de DAM, así como sus principales retos en materia de innovación y sostenibilidad.

2. La gestión medioambiental en DAM

La preocupación por la gestión medioambiental ha sido una de las prioridades de la compañía desde su fundación en 1995, impulsada tanto por el propio interés de su sector de actividad, como por importantes grupos de interés como las Administraciones Públicas, que son sus principales clientes, bien mediante contratación directa, o bien a través de organismos públicos dependientes. El agua es un recurso frágil y, desde hace décadas, existe un compromiso impulsado desde las principales instancias europeas y nacionales en favor de su protección y gestión sostenible.

Desde sus inicios, la empresa siempre se ha caracterizado por una estrategia muy proactiva en materia de gestión energética y protección ambiental. Prueba de ello es que, cuando la empresa se presenta candidata en algún tipo de convocatoria competitiva pública o proyecto relacionado con la Administración Pública, la organización no solo cumple con los requisitos legales o normativos en materia medioambiental solicitados en las bases del procedimiento, sino que habitualmente los rebasa.

Con todo, la apuesta de la empresa por llevar a cabo una gestión y tratamiento de las aguas de la forma más sostenible posible no ha venido impulsada únicamente por intereses de agentes externos. La alta dirección de la empresa conocía desde el inicio de las operaciones de la compañía la importancia de la protección ambiental en el sector y apostando por una política y un compromiso firme[2] para la explotación sostenible de las estaciones de aguas residuales, donde la innovación desempeña un papel crucial en la mejora continua de la acción medioambiental. En la actualidad, la competencia funcional sobre responsabilidad social y sostenibilidad es asumida en la organización por el área de administración, a la que se encuentra vinculado el cargo de responsable de RSE.

DAM fue una de las primeras empresas del sector que incorporó una serie de mejoras en sus instalaciones de depuración de aguas residuales como parte de su estrategia de negocio y operativa habitual en las plantas depuradoras. Estas mejoras no solo contemplaban la incorporación de equipos e infraestructuras tecnológicas más eficientes energéticamente, sino que también se realizaron una serie de auditorías de los procedimientos operativos internos y se aplicaron procesos de reingeniería de negocios destinados a optimizar el desempeño en términos medioambientales de cada estación depuradora a través de la innovación de procesos.

Por ello, la apuesta de DAM por la mejora y la protección medioambiental no ha venido impulsada únicamente por los grupos de interés externos de la empresa; sino que, por el contrario, estuvo fuertemente determinada por el interés y la voluntad interna y la cooperación entre departamentos como producción o innovación para su adecuada promoción y gestión. El interés en parcelas como la recuperación de determinados residuos para su posterior aprovechamiento ya era una realidad en DAM antes, incluso, de que conceptos como la economía circular estuvieran en boga.

La economía circular es el paradigma del consumo y la producción que más se alinea con los Objetivos de Desarrollo Sostenible[3] (ODS), focalizándose en la búsqueda de la eficiencia en la producción y el uso de recursos naturales y finitos, en beneficio de la sociedad y del planeta. Este modelo de crecimiento propone redirigir la actividad económica hacia la regeneración de los sistemas naturales haciendo uso de fuentes de energía renovables y modelos de producción circulares que permitan aprovechar los residuos, minimizar el consumo y la polución. Los principios de la economía circular quedan gráficamente recogidos en la siguiente figura 1, mientras que la figura 2 ilustra los 17 ODS de Naciones Unidas.

Por citar algún ejemplo, DAM fue una de las primeras empresas de su sector que presentó candidatura a un proyecto europeo para la recuperación de residuos como el fósforo de las aguas residuales. Asimismo, la directora del departamento de I+D había elaborado una tesis doctoral que versaba precisamente sobre la recuperación de fosfatos de las aguas. En este sentido, el interés y compromiso de la dirección general y departamental de la empresa con la recuperación y tratamiento de residuos presentes en el agua es fundamental para asignar más recursos empresariales a estas cuestiones.

---

2 Ver anexo 4 para conocer estos compromisos con mayor grado de detalle.

3 En la siguiente URL puede consultarse más información acerca de los ODS: https://www.un.org/sustainabledevelopment/es/objetivos-de-desarrollo-sostenible/

Figura 1. Principios básicos de la economía circular

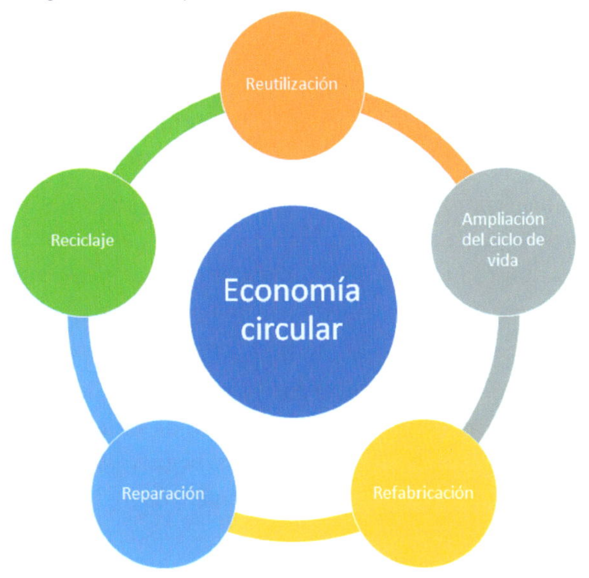

Fuente: elaboración propia

Figura 2. Objetivos de Desarrollo Sostenible

Fuente: https://www.un.org/sustainabledevelopment/es/objetivos-de-desarrollo-sostenible/

La recuperación y valorización[4] de los elementos químicos y residuos presentes en las aguas residuales es solo una parte del proceso, pues DAM también se encarga de su posterior tratamiento, contando con un departamento específico para ello. Así pues, este departamento es el encargado de la gestión de residuos y el ciclo del agua por un lado; y, por otro, de la propia gestión energética a nivel de planta, a fin de estimular, todavía más si cabe, la acción de la empresa en favor de la protección medioambiental.

La empresa también cuenta con un departamento de residuos encargado de la gestión específica de las aguas sanitarias (no las residuales), y que tiene asignadas una serie de responsabilidades a la hora de estimular sinergias con el resto de la empresa en la gestión del ciclo del agua, específicamente en procesos de codigestión o gestión de anaerobios, entre otros.

Por otra parte, DAM vela por controlar los posibles riesgos medioambientales de su cadena de suministro. Para ello, la empresa cuenta con una política de compras integrada en la que establece criterios de evaluación y selección de sus proveedores, velando por identificar siempre los posibles impactos ambientales negativos significativos -potenciales y reales- que se agrupan en las siguientes cuatro temáticas:

- Consumo de materias primas.
- Emisiones y consumo de combustible asociados al transporte.
- Impactos asociados a la disposición de los residuos.
- Olores en la aplicación de los lodos de depuración.

En último lugar, es preciso señalar la importancia de la digitalización a la mejora de la acción medioambiental de la compañía. En este sentido, el grupo empresarial valenciano ha empleado tecnologías como la Inteligencia Artificial (AI) para la creación de entornos virtuales que permiten el desarrollo de gemelos digitales de procesos críticos en las EDAR y, de este modo, mejorar la formación de la fuerza laboral. Por otro lado, la empresa también cuenta con avanzados sistemas de ciberseguridad aplicados a la protección del medioambiente, temática que ha sido el eje de alguno de los recientes proyectos de investigación que la empresa ha desarrollado como Fiberclean -estudio de la presencia de microplásticos en aguas-, el proyecto Esence -detección y eliminación de contaminantes emergentes-, innovando en tecnologías que evitan cualquier impacto negativo en los medios receptores de las aguas que tratan.

Por tanto, los tres vectores más importantes que guían la actuación de la empresa -residuos, agua y energía- se contemplan a lo largo de todas las unidades de la empresa, sus relaciones con la cadena de suministro y cualesquiera de los proyectos que esta desarrolla. El compromiso fiel que la empresa ha mostrado con la gestión sostenible de los recursos hídricos

---

4 La valorización de residuos se ha convertido en una actividad de marcado carácter estratégico para DAM. (ver anexo 5).

ha sido, pues, fruto de la combinación entre la iniciativa interna de la propia empresa, como también del impulso de las Administraciones Públicas y clientes privados preocupados por la sostenibilidad del entorno. La compartición de objetivos y responsabilidades en la gestión del agua entre los diferentes departamentos es esencial para estar a la vanguardia en el sector. Sin minusvalorar la contribución del resto de unidades departamentales, el siguiente apartado recoge las principales acciones impulsadas desde el departamento de I+D+i de DAM en favor del desempeño medioambiental y la promoción de la economía circular.

3. El apoyo de la I+D a la gestión medioambiental

La adecuada gestión de la innovación es esencial para la mejora del desempeño medioambiental resultado de la actividad de la compañía. A nivel de la I+D la empresa DAM cuenta con un enfoque claro orientado hacia los principios de la economía circular y la recuperación de recursos para su posterior aprovechamiento. El conocimiento aplicado para este fin proviene, en primer lugar, de la propia investigación y experiencia operativa de la compañía; y, en segundo lugar, de la investigación universitaria que la empresa aprovecha en su operativa interna. DAM cuenta con una cátedra asociada a la Universitat de València cuya misión entronca con el avance del conocimiento en la gestión integral y la recuperación de recursos provenientes de aguas residuales. Para DAM la creación de sinergias con entidades externas es vital para lograr la excelencia innovadora.

Las políticas y acciones en gestión de la innovación están perfectamente alineadas con la estrategia competitiva de la compañía y los objetivos fijados en términos medioambientales. Para ello, existe una retroalimentación continua entre los departamentos a cargo de gestión de la innovación y de la responsabilidad social corporativa. La empresa cuenta actualmente con la certificación UNE-166.002 de gestión de la I+D+i que impone la adopción de un enfoque holístico en gestión de la innovación, a través de indicadores y objetivos compartidos entre los diferentes departamentos que componen la organización. El objetivo estratégico es conseguir impulsar una cultura de la innovación que cree valor, y redunde en un servicio de calidad y alineado con los ODS del que se beneficie toda la sociedad en la que la empresa desarrolla su actividad.

Para cumplir con todo lo anterior, la estrategia de I+D+i de la compañía DAM consiste en ofrecer productos, servicios y soluciones que permitan un uso eficiente y productivo de los recursos. La aplicación de la innovación y la incorporación de las tecnologías más punteras son esenciales para mejorar el rendimiento medioambiental de la empresa, garantizando que sus operaciones se desarrollen bajo el prisma de la máxima exigencia en términos de sostenibilidad. El vínculo estrecho entre la política estratégica de I+D+i de DAM y los ODS de las Naciones Unidas se materializa mediante el fomento de los siguientes aspectos:

- I+D+i para la creación de valor a largo plazo.
- Innovación en procesos para la mejora de la eficiencia.

- Fuerte compromiso con el respeto al medioambiente y la seguridad, tratando siempre de ir más allá de los requisitos mínimos legales exigibles, gracias al uso de metodologías y tecnologías innovadoras.
- Desarrollo de una vigilancia e inteligencia tecnológica sistemáticas y promoción de la cultura de la innovación.
- Compartición de conocimientos y buenas prácticas.
- Promoción de colaboraciones productivas con socios estratégicos para actividades de I+D de excelencia.

Del anterior listado, además de factores como la excelencia, la importancia de la prospectiva y vigilancia tecnológica o el uso de nuevas tecnologías para ir más allá de los requerimientos legales, destacan la importancia de generar sinergias ya sea internamente en la compañía o mediante socios externos, promoviendo, pues, un modelo de innovación abierto y colaborativo en favor de la sostenibilidad. En cuanto a los principales campos en los que DAM ha centrado sus actividades de I+D+i, estos pueden resumirse en los siguientes puntos:

- Tratamientos de eliminación de materia orgánica y nutrientes.
- Uso de aguas residuales y residuos generados en depuración como recurso: tratamiento y valorización de lodos de depuradora y recuperación de nutrientes.
- Optimización energética y control de procesos.
- Sistemas avanzados de desinfección.
- Vertidos industriales y recuperación de recursos y nutrientes de valor añadido de los mismos.

Durante el año 2020, DAM participó en proyectos internacionales de I+D+i que, en colaboración con potentes socios de ámbito europeo, han supuesto el inicio de dos nuevos campos de trabajo en el área de innovación que se centran en:

- Reducción del impacto ambiental de los microplásticos.
- Desarrollo de nuevas tecnologías de detección in situ para contaminantes emergentes prioritarios y el desarrollo de nuevos procesos de eliminación de estos.

A tenor de estas actividades, puede dirimirse que la unidad encargada de la gestión de la innovación en DAM cuenta con un enfoque claro orientado hacia la economía circular y hacia la recuperación de recursos con el fin de poder ser reutilizados para otros propósitos, extendiendo así su ciclo de vida. Aquí es preciso señalar de nuevo el compromiso de la alta dirección de la compañía con la gestión circular y la innovación pues, en palabras de la responsable del departamento de I+D “la dirección siempre ha propuesto realizar proyectos de investigación y desarrollo implementables en nuestro sector para favorecer la mejora medioambiental”. Compromiso con el desempeño medioambiental que no solo se limita a su principal ámbito de negocio (es decir, la gestión y el tratamiento de aguas residuales), sino que también es extensible a la gestión energética de todos los equipos y procesos que la compañía desarrolla en sus otros múltiples ámbitos de actividad.

DAM está comprometida y contribuye a la consecución de los ODS incluidos en la Agenda 2030 de Naciones Unidas y, para ello, han adoptado e incluido este enfoque en su estrategia, focalizando su contribución y midiendo el desempeño en aquellos ODS que tienen una relación más estrecha con sus actividades. Esta integración de los ODS en la estrategia de DAM surge de la necesidad de la empresa de estructurar e integrar las actuaciones e iniciativas en el ámbito de la sostenibilidad desplegadas en los últimos ejercicios. De este modo, DAM ha establecido la sostenibilidad como una estrategia transversal extendiéndola hacia todos sus grupos de interés con el propósito de generar impactos sociales, económicos y medioambientales positivos para la sociedad en su conjunto.

De las anteriores líneas de actuación prioritarias para la empresa, queda manifiesto su especial interés por la consecución del **ODS 6** (agua limpia y saneamiento), impreso en su razón de ser, el **ODS 13** (acción por el clima), el **ODS 5** (igualdad de género), el **ODS 15** (vida de ecosistemas terrestres), **ODS 16** (paz, justicia e instituciones sólidas), el ODS 9 (industria, innovación e infraestructura), el **ODS 8** (trabajo decente y crecimiento económico) y el **ODS 12** (producción y consumo responsables). La siguiente figura 3 ilustra los ODS sobre los que la empresa DAM tiene sus principales impactos en términos de sostenibilidad y sobre los que están desarrollando líneas de acción con el objetivo de contribuir positivamente a su resolución y al cumplimiento de la Agenda 2030. Esta contribución a los ODS quedará manifiesta en las detalladas acciones que realiza la empresa y que se detallarán en los apartados posteriores.

Por su parte, la siguiente tabla 2 recoge, sin ánimo de exhaustividad, algunas de las acciones que desde DAM han emprendido para en los últimos tiempos para contribuir de manera activa a la consecución de los ODS. Se excluyen en dicha tabla las acciones vinculadas a los ODS 6, 9 y 12, cuya contribución por parte de la empresa se detalla en los apartados posteriores a través del conjunto de acciones emprendidas para velar por la protección de los recursos hídricos, la recuperación en los procesos de depuración de elementos susceptibles de un uso alternativo posterior, y la importancia de la gestión de la innovación para facilitar la consecución de los anteriores fines.

Figura 3. ODS prioritarios en la gestión de DAM

Fuente: DAM

Tabla 2. Ejemplos de medidas adoptadas en DAM en favor de los ODS

ODS	Acción o medida adoptada por DAM
13 ACCIÓN POR EL CLIMA	• Compromiso explícito con la adopción de medidas de lucha contra el cambio climático • Medición y control de las emisiones de carbono de alcance 1 y 2 según la metodología del Ministerio de Transición Ecológica
15 VIDA DE ECOSISTEMAS TERRESTRES	• DAM tiene un claro compromiso con la protección de la biodiversidad, especialmente en aquellos espacios naturales en los que han podido ubicar sus EDAR, velando por la protección de la flora y fauna autóctonas en estos ecosistemas
5 IGUALDAD DE GÉNERO	• DAM cuenta con un plan de igualdad desde 2018. Asimismo, ha recibido el reconocimiento del Visado de Igualdad de la Conselleria de Igualdad y Políticas Inclusivas de la Generalitat Valenciana
8 TRABAJO DECENTE Y CRECIMIENTO ECONÓMICO	• Disposición de un plan de formación que alcanza todos los puestos de la organización. Durante 2020 la media de horas de formación por empleado fue de 7,18 horas • Implementación de un plan de protección de riesgos laborales apoyado en el sistema ISO 45.001 de Seguridad y Salud en el trabajo
16 PAZ, JUSTICIA E INSTITUCIONES SÓLIDAS	• Implementación de un código de conducta y de buenas prácticas corporativas • Disposición de un programa de *compliance*

Fuente: elaboración propia a partir de información de DAM

4. La gestión circular de las estaciones depuradoras de aguas residuales

Una EDAR es una planta destinada a recoger y tratar aguas de uso urbano y/o industrial. Las EDAR se encargan de eliminar desperdicios, grasas y aceites flotantes, arenas o cualquier otro elemento grueso que pueda contener el agua; los materiales decantables tanto orgánicos como inorgánicos; y, finalmente, la materia orgánica biodegradable disuelta. Terminados estos procesos y tratamientos, las EDAR devuelven el agua tratada a un cauce receptor como un embalse, un río, mar, etc.[5] Según DAM, las ventajas de la depuración se pueden resumir en los siguientes puntos:

- Facilita la reducción de la contaminación y aumenta los recursos disponibles debido al tratamiento que reciben, haciendo que el impacto ambiental sea menor que en caso de verter las aguas residuales directamente.
- Son un recurso estable, pues las aguas residuales se obtienen de la actividad humana de una manera continua.
- El proceso de depuración es más barato que los trasvases, la desalinización o la explotación de aguas subterráneas profundas, al consumir menos energía, por lo que hay un ahorro tanto económico como energético.
- Permite disminuir la sobreexplotación de las fuentes hídricas, ya sea mediante su vertido al medio natural o su posterior reutilización, contribuyendo a restaurar el equilibrio entre ritmo de extracción y generación de las aguas.

La primera preocupación de DAM, y la de cualquier otra empresa del sector encargada de la gestión de una EDAR, es la de cumplir con los límites de vertido establecidos por la legislación vigente. Este requerimiento, que tradicionalmente era la principal responsabilidad de las organizaciones encargadas de velar por el buen funcionamiento de estas infraestructuras, hoy en día se ve ampliado, al contemplarse el agua como un recurso escaso cuya protección y correcta gestión son imperativas, y al añadirse nuevas funciones como la recuperación de residuos y otros nutrientes de estas aguas para su uso en nuevos procesos, o la producción de electricidad en el caso del biogás (ver figura 4).

---

5 En el siguiente enlace puede conocerse con mayor detalle el funcionamiento de una EDAR: http://www.upv.es/visor/media/6b11bc20-f52c-11e7-a69a-ed3f85977e27/c

Figura 4. Esquema de funcionamiento de una EDAR

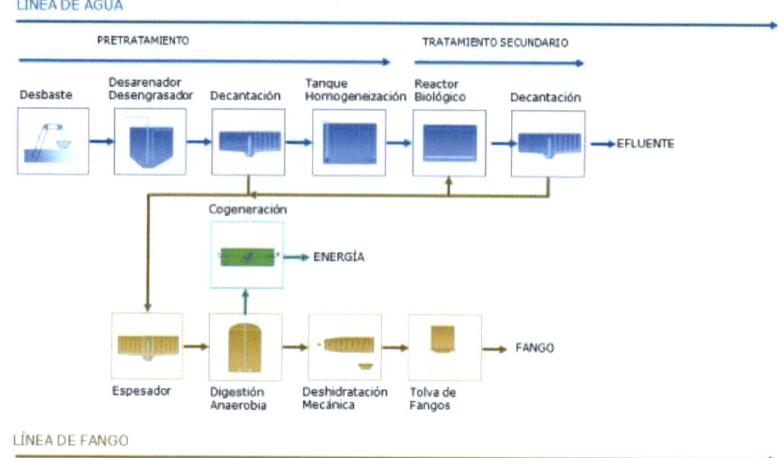

Fuente: https://www.epsar.gva.es/albufera-sur

Partiendo de este enfoque de economía circular de recuperación y aprovechamiento de los recursos para generar valor añadido, DAM recupera nutrientes como el fósforo o el nitrógeno en sus EDAR. Actualmente, también están iniciando plantas piloto para obtener otros materiales de las aguas residuales susceptibles de usos adicionales, como el azufre (son líneas de investigación de la cátedra en este caso). Por otra parte, la empresa también trata los fangos en las EDAR para posteriores usos como el agrícola fundamentalmente o su eliminación responsable en vertedero en caso de ser necesario.

DAM es una empresa autorizada oficialmente para la recuperación y gestión de los fangos procedentes del agua utilizada en agricultura. Desde hace tiempo, la compañía viene realizando una gestión con la aplicación directa o bien tras un compostaje de estos fangos, pues el producto final obtenido es muy valorado en el sector agroalimentario. Esta práctica es, además, un ejemplo muy claro de acción ligada a la economía circular, cuyo resultado es un producto elaborado a partir de residuos, que aporta riqueza a los suelos de cultivo, económicamente eficiente, y medioambientalmente sostenible.

Para llevar a cabo esta aplicación de los fangos en la agricultura la empresa ha incorporado numerosas tecnologías que han supuesto considerables innovaciones de proceso, basadas en la sensorización y digitalización. Un proceso en el que DAM realiza numerosas analíticas para conocer en todo momento la composición y calidad del producto y en el que, gracias a su sistema de control específico, establece una trazabilidad total del producto, que les permite conocer dónde y cómo se está aplicando el producto resultante de los procesos de tratamiento de los lodos recuperados de las aguas residuales. La empresa, por tanto, comparte la filosofía de que lo que no se evalúa no se puede mejorar, de modo que estos indicadores de medición de las contribuciones y los impactos son una cuestión muy presente para la gestión de DAM.

Todo este proceso se acompaña con una gestión eficiente de la energía en la planta depuradora, a través de acciones como el cálculo de la huella de carbono (en alguna ocasión, la empresa también ha realizado el cálculo de la huella hídrica[6]), y también con la incorporación de las tecnologías más eficientes energéticamente para el tratamiento de la materia orgánica y para la eliminación o recuperación de nutrientes antes de su vertido; y que, a su vez, requieran el uso de una menor cantidad de productos químicos. El objetivo es que el proceso sea lo más limpio y medioambientalmente eficiente posible, con el mínimo consumo energético posible por parte de la empresa.

Un ejemplo aplicado de esta gestión interna es el proceso de codigestión. La codigestión es el uso de otro sustrato, además del lodo generado en el propio proceso de tratamiento de la EDAR, en la digestión anaerobia. Este sustrato adicional puede ser un residuo de la industria alimentaria que, sometido a este proceso químico, permite obtener una mayor cantidad de biogás, que puede ser utilizado para la mejora de la eficiencia energética de la EDAR, gracias a sus altos componentes en carbono. Este es otro claro ejemplo de sistema circular basado en el aprovechamiento de los residuos que la normativa sanitaria permite.

La empresa, además, muestra un firme empeño en la mejora continua de sus procesos internos, lo que le lleva a realizar anualmente auditorías internas, y a aplicar nuevas mejoras en equipos e infraestructuras derivadas del desarrollo de proyectos, algunos de los cuales cuentan con el soporte del Instituto Valenciano de Competitividad Empresarial (IVACE) para su financiación. En palabras de la persona responsable del departamento de I+D+i: "Estas subvenciones son muy importantes para poder invertir en equipos más eficientes y que contribuyen a mejorar el enfoque en economía circular en nuestra empresa".

Con todo, los objetivos de la empresa en la promoción de la economía circular en las EDAR no se limitan únicamente a la mejora incremental de los procesos que actualmente se desempeñan; por el contrario, desde DAM siempre están buscando de manera proactiva nuevas aplicaciones y proyectos. Entre las nuevas iniciativas de la compañía destacan particularmente dos de ellas: la gestión de la simbiosis industrial en polígonos o áreas empresariales, y la producción de hidrógeno verde a partir del agua residual tratada. En DAM ya trabajan también en futuras líneas de actuación entre las que destaca la gestión de los procesos de simbiosis industrial en polígonos o áreas empresariales.

Con respecto a la primera iniciativa, la empresa está emprendiendo proyectos destinados a buscar cumplir con futuros reglamentos dado que existen diversos compuestos de preocupación emergente como son, los contaminantes emergentes presentes en el agua por el consumo, entre otros, de fármacos y drogas de abuso de la población y también los microplásticos que también se concentran en el agua residual y que provienen del lavado de prendas sintéticas, del uso de determinados detergentes y cosméticos, del desgaste de

---

6 Este cálculo se realizó en la EDAR de Alzira-Carcaixent (Valencia).

neumáticos, etc. A pesar de que las soluciones tienen que centrarse también en el origen del problema y donde se consumen estos productos, en las EDAR se pretenden buscar alternativas de tratamiento adecuadas para estos compuestos que todavía se está estudiando qué efectos pueden tener en la reutilización posterior de aguas residuales y lodos en agricultura.

La segunda propuesta guarda relación con la recuperación de nuevos materiales o elementos de las aguas residuales que puedan ser aplicados a otros procesos, o servir en nuevos usos, especialmente los relacionados con la producción de energía eficiente. La apuesta actual de DAM se centra en la recuperación del elemento hidrógeno. La idea es aprovechar este gas como una fuente de energía limpia con la que alimentar la propia EDAR y hacerla más autosuficiente y ecológica. Sin embargo, esta innovación podría aplicarse a procesos externos que tengan como propósito la mejora medioambiental, como la alimentación de vehículos propulsados por este elemento o en otros procesos industriales. La colaboración con otros agentes externos es, pues, esencial para acelerar el despliegue de ambas iniciativas.

5. La importancia de la innovación en cooperación para el refuerzo de las acciones en materia de economía circular

La economía circular es un paradigma de gestión medioambiental que enfatiza especialmente, los procesos de actuación colectivos para incrementar las sinergias entre agentes en favor del medioambiente. En DAM son muy conscientes de la anterior premisa y tratan de involucrar siempre a distintos socios en los proyectos de innovación en sostenibilidad[7]. Tal y como apunta la persona responsable del departamento de I+D de la compañía: "la cooperación es fundamental. Los proyectos de economía circular exigen innovar a lo largo de toda la cadena de valor, desde la obtención del residuo hasta el proceso en el que finalmente se aplicará este residuo".

Normalmente, los proyectos de economía circular que DAM lleva a cabo exigen la colaboración con centros de investigación para que estos sean realmente innovadores y cuenten con el conocimiento más a la vanguardia. Por otro lado, también pueden participar empresas gestoras de residuos, otras empresas interesadas en aprovechar el producto obtenido como insumos o darles un uso alternativo, o incluso empresas intermediarias (p.e., una empresa de fertilizantes, que da a conocer el producto a los agricultores). Cuando DAM acomete el desarrollo de un proyecto que guarda relación con la economía circular recurre a dos opciones para formalizar sus alianzas estratégicas: la unión temporal de empresas (UTE) y los consorcios de innovación.

---

7 Ver Anexo 6 para conocer algunos de los principales proyectos de I+D+i colaborativa aplicada a la mejora del desempeño medioambiental que han sido ejecutados por DAM, o en los que ha participado de forma activa.

La unión temporal de empresas es una fórmula recurrida para realizar una obra o explotación sujeta a contratación por la Administración pública. En el contrato que se formaliza entre las partes se determina el aporte de recursos y responsabilidades que cada organización aporta para alcanzar el objetivo que persigue la unión. Mediante este tipo de concesiones DAM no solo ha incrementado su volumen de negocio, sino que también ha podido abordar proyectos de mejora de las instalaciones e implementar sistemas nuevos de eficiencia en los 25 sistemas de depuración de aguas residuales que actualmente la compañía gestiona a lo largo del territorio de la Comunidad Valenciana.

La otra alternativa son los consorcios de innovación, opción predilecta de DAM cuando se trata de una unión estratégica que cuenta con el respaldo de alguna subvención pública. En la presentación de la candidatura de estos proyectos a la convocatoria competitiva pública previa a la concesión, ya se explicita perfectamente las aportaciones de cada socio y sus responsabilidades. Es la modalidad que presenta un mejor encaje en los proyectos relacionados con la economía circular como así lo manifiesta la persona responsable del departamento de I+D+i de DAM, que declara que: "cuando se trata de un proyecto de economía circular, es necesario cubrir varios agentes de la cadena de valor y, por tanto, se valora siempre presentar un proyecto de colaboración entre varias entidades".

Por citar un ejemplo de la importancia que este tipo de alianzas estratégicas tiene para DAM, comentar el caso de su papel como coordinación del proyecto VIOe entre 2017 y 2020 en la EDAR de Alzira-Carcaixent (Valencia). Este proyecto de promoción a la economía circular contó con el respaldo financiero del Centro para el Desarrollo Tecnológico Industrial (CDTI), y con el apoyo en planificación y ejecución del Instituto Tecnológico de la Alimentación (AINIA).

VIOe desarrolló un proceso innovador a partir del cual se puede cerrar el ciclo de recuperación de nutrientes y energía de las EDAR mediante la integración de procesos de digestión anaerobia y la electrometanogénesis al que se le acopla un sistema de cultivo de biomasa acuática autótrofa. Mediante este proceso se consiguen tres productos de alto valor añadido a partir de los fangos recuperados de la estación depuradora: biometano, aprovechable como fuente de energía; una biomasa acuática; y una enmienda orgánica (i.e., biosólido), estas últimas aprovechables para la obtención de fertilizantes y la elaboración de pienso para animales. En definitiva, obtener resultados excelentes en la promoción de la economía circular requiere de la acción conjunta de actividades internas y externas para que realmente sea eficaz y tenga un impacto real en la mejora del desempeño medioambiental. DAM, de acuerdo con sus principios fuertemente alineados con el paradigma de la sostenibilidad y los Objetivos de Desarrollo Sostenible, trata de combinar las dos líneas de acción con el fin de generar externalidades medioambientales positivas en aquellos entornos en los que la empresa opera.

Otro excelente ejemplo de la importancia que tienen las alianzas estratégicas en DAM para el desarrollo de iniciativas innovadoras en el ámbito de la economía circular es PHER-

TILIZER. Un proyecto coordinado por DAM en cuyo desarrollo han participado importantes agentes tanto del ámbito científico (como la Universitat de València, Universidad de Navarra, o CEBAS-CSIC) como del ámbito empresarial (Timac-Agro, Hispatec).

El proyecto PHERTILIZER desarrollará un nuevo fertilizante que permita recuperar y valorizar para el uso agrónomo el fósforo recuperado de una EDAR. A través de este proyecto, se definirá una herramienta informática virtual on-line para la ayuda a la toma de decisiones sobre las estrategias de fertilización que optimizarán el uso de este nuevo fertilizante y apoyará al agricultor en su aplicación. Así pues, es un proyecto que, además de incentivar e impulsar la recuperación de nutrientes en las EDAR y su utilización sostenible, realiza un uso de las nuevas tecnologías para mejorar la calidad del servicio de la aplicación final de los compuestos recuperados.

6. Conclusiones

El caso de Depuración de Aguas del Mediterráneo demuestra que la tensión tradicional entre la optimización de costes y la mejora del desempeño medioambiental es una cuestión caduca. Hoy en día, si una empresa integra como propósito estratégico los principios de la sostenibilidad siempre puede encontrar nuevas formas de contribuir a tan ambicioso como necesario objetivo. No cabe duda que la sostenibilidad es un valor imprescindible como garante del éxito competitivo y la supervivencia de la empresa en el largo plazo, impactando en la diferenciación a partir de la creación de valor ambiental, pero también a través de la mejora de la eficiencia en los costes operativos.

La economía circular representa un marco de actuación excelente para poder tangibilizar los principios de la sostenibilidad en las empresas y estimular así su desempeño medioambiental. Impulsada por acciones como la reutilización, la recuperación, la reducción o el reciclaje, la economía circular se descubre como una oportunidad para que las empresas puedan crecer económicamente sin deteriorar el medioambiente, ni agotar recursos naturales valiosos y escasos como el del caso que aquí nos ocupa: el agua. Las nuevas presiones por parte de los distintos grupos de interés de la empresa y los recientes requerimientos legislativos en la materia tenderán a reforzar la consolidación de este nuevo paradigma de gestión empresarial.

Del mismo modo, este estudio de caso pone de manifiesto la estrecha relación que guardan la mejora medioambiental a través de la economía circular y la gestión de la innovación: pues, si la primera variable fija los desafíos a batir; la segunda se encarga de buscar soluciones a través de nuevos productos, procesos, tecnologías o modelos de negocios para cumplirlos. Dado que encontrar soluciones creativas a problemas organizativos reside en el corazón de toda innovación empresarial, no es descabellado afirmar que una empresa proactiva en la protección de su entorno considera la sostenibilidad como una nueva frontera de la innovación.

En este contexto en el que la innovación se convierte en la principal impulsora de los procesos de mejora medioambiental en el seno de la empresa, aparece una modalidad de gestión de la innovación que encaja de manera sobresaliente con los principios de la economía circular: la innovación colaborativa. Este fenómeno emerge cuando dos o más organizaciones, que pueden pertenecer a campos de actividad y especialización muy distintos, deciden aunar esfuerzos y combinar conocimientos y experiencias en favor de la creación de nuevos productos, procesos o modelos de negocio con ciertos fines, como la promoción de la acción medioambiental en el caso que nos ocupa.

La conclusión fundamental que puede extraerse del caso de Depuración de Aguas del Mediterráneo es que objetivos tan ambiciosos como la protección del medioambiente, ampliamente recogidos en marcos de actuación internacionales, como los Objetivos de Desarrollo Sostenible, requieren de enfoques holísticos que combinen la gestión de la innovación a nivel interno de la compañía, pero que recurran también al apoyo en partners externos que puedan ofrecer nuevas soluciones especializadas o generar sinergias en colaboración con la organización. El compromiso de la dirección y de todos los departamentos es esencial para que este proceso se estructure adecuadamente y cuente con los recursos necesarios para poder llevarse a cabo exitosamente.

Aunque DAM hace mención explícita a los ODS en algunos documentos internos de la compañía, como la visión o política de I+D+i, y estos claramente guían su acción medioambiental, es cierto que todavía tienen margen para la completa consolidación del marco de los ODS en su estrategia y operativa de negocio. Para ello, la fijación de objetivos concretos y la elaboración de documentos que expongan la contribución específica de la empresa a la consecución de cada ODS relacionado con su actividad, así como la adhesión a la Red Española del Pacto Mundial, pueden ser dos primeros pasos a tener en cuenta por la alta dirección como futuras líneas de mejora de la gestión en este ámbito.

Por último, es necesario apuntar que no basta con realizar acciones, ya sean en solitario o en colaboración con otros agentes, en favor de la mejora del desempeño medioambiental. Por el contrario, también es ineludible emprender medidas a nivel corporativo para favorecer su divulgación y puesta en conocimiento a todas las partes interesadas o afectadas por la actividad de la empresa. De este modo, no solo se cumple con la creciente normativa en materia de información no financiera (por ejemplo, la elaboración y divulgación de memorias de sostenibilidad y el Estado de Información No Financiera), sino que, realizadas de forma meticulosa y profesional, estas actividades acrecientan la imagen y reputación empresarial con las consecuentes mejoras de competitividad que ello implica. DAM es también un ejemplo de excelencia en lo que a la divulgación de sus prácticas y acciones en materia de protección medioambiental, así como otras de corte social, se refiere. Toda la información corporativa se recoge de manera estructurada y de libre acceso en su página web, representando, pues, un ejemplo notable de transparencia empresarial[8].

---

8 En la siguiente URL puede consultarse toda la información pública de DAM en materia de sostenibilidad: https://www.dam-aguas.es/rse/

Esta asentada trayectoria en innovación y sostenibilidad, así como los crecientes esfuerzos en transparencia, incrementan las posibilidades de éxito en cualquier acuerdo de innovación colaborativa, tan necesario para empujar al propósito estratégico de liderazgo sectorial de la organización.

Desde DAM conciben el futuro de las EDAR como verdaderos nodos para la gestión de residuos de todo tipo y no solo aquellos relacionados con la gestión hídrica. Las infraestructuras, por tanto, deben migrar hasta alcanzar el estado que comúnmente se denomina como biorrefinería. En este nuevo estadio las EDAR podrán, a través de diferentes conjuntos de procesos circulares, producir biomasas renovables alternativas a los combustibles fósiles. Es un camino que desde DAM tienen claro que ya ha comenzado y que, de acuerdo a iniciativas que proceden desde el ámbito público y privado[9], solo cabe que con el tiempo se consolide.

La otra vertiente por la que DAM considera que transitará el futuro de las EDAR tiene que ver con la gestión energética. De este modo, y en línea con actuaciones que actualmente ya se realizan en esta materia en sus infraestructuras, deben desarrollarse tecnologías que permitan la generación de energía a partir de los recursos que la EDAR recibe, su aprovechamiento interno, pues cabe no olvidar que estas instalaciones son consumidoras de altos niveles de energía, y/o su intercambio con otros agentes.

Como se recoge en el anexo 6, la empresa ha colaborado con organizaciones de muy diverso tipo en proyectos anteriores. Desde el departamento de innovación el debate ahora se centra en la elección de los acompañantes en estos nuevos proyectos que se están gestando en el seno de la empresa para acometer estos retos futuros de las EDAR.

Algunas de las preguntas que se plantean sus miembros son las siguientes: ¿deberían recurrir a algún socio con el que ya han trabajado anteriormente? ¿Es el momento de introducir nuevas figuras como, por ejemplo, los gestores de áreas empresariales donde puede que se instalen estas nuevas EDAR? ¿conviene incorporar a algún socio especializado y con capacidad tractora en tecnologías 4.0 y/o smart grids?, por citar algunas

---

La empresa también dispone de perfil en las redes sociales de LinkedIN y Twitter en los que puede encontrarse más información de proyectos, presentaciones y ponencias públicas, y noticias relacionadas con su ámbito de actividad.

9 Prueba de ello son iniciativas como el Plan de Acción para la Economía Circular de la Comisión Europea (2020) o la Estrategia Española de Economía Circular 2030 (2020), por citar dos ejemplos recientes. Los Ministerios de Agricultura y Pesca, Alimentación y Medio Ambiente y de Economía, Industria y Competitividad han impulsado recientemente el Pacto por la Economía Circular con objeto de implicar a los principales agentes económicos y sociales de España en la transición hacia un este nuevo modelo económico y en el que DAM figura como una de las primeras entidades adheridas a esta iniciativa. Otras instituciones internacionales como la *Ellen MacArthur Foundation* o el *World Business Council for Sustainable Development* vienen realizando una excelente labor desde hace varios años en materia de concienciación y difusión de buenas prácticas en materia de economía circular.

que surgen en el proceso de reflexión colectiva que realizan. La fecha de apertura de las convocatorias de financiación pública está cada vez más cerca y desde el departamento de innovación deben acelerar este proceso de decisión sin demora alguna con el fin de continuar a la vanguardia en su sector, apostando fuertemente por la innovación y las nuevas tecnologías en favor del medioambiente.

Pero mientras todo lo anterior llega, quedan todavía algunas consideraciones que, desde DAM, consideran que podrían reforzar la acción medioambiental de la compañía y que pasan por vencer ciertas resistencias institucionales y legales. Por citar un ejemplo, uno de los elementos que la empresa recupera en grandes cantidades en las EDAR es el fósforo; un recurso que, hasta muy recientemente[10], había sido considerado como un residuo por la legislación española, impidiendo su aprovechamiento en procesos circulares posteriores a su recuperación. Hasta que se ha producido este nuevo cambio en el ordenamiento jurídico, la empresa ha comercializado el subproducto en el extranjero, en países que sí pueden reutilizar este recurso en otros usos productivos al no ser considerado un residuo, como Reino Unido. La nueva legislación española, más favorable a la gestión más sostenible del elemento, reducirá los costes de gestión y ambientales de la empresa, asociados a su transporte, y abrirá también nuevas oportunidades de inversión en usos alternativos del material, contribuyendo así a potenciar la gestión circular de la compañía.

7. Cuestiones para el debate

- En el caso descrito de DAM se reseñan ciertos ODS a los que el desarrollo de su actividad contribuye. ¿Qué otros ODS, de los explícitamente declarados, considera que podrían verse afectados? ¿Cuáles considera que deberían ser prioritarios para la acción estratégica de la empresa? Justifique sus respuestas.
- DAM es una empresa especializada en la gestión de proyectos de innovación colaborativa en favor de la mejora medioambiental junto con otros agentes del sistema científico y/o tecnológico. En este sentido, ¿qué otros agentes del sistema científico y tecnológico nacional o internacional considera que podrían ser partners interesantes susceptibles de ser incorporados a su red de colaboradores? ¿Qué tecnologías concretas podrían ayudar a avanzar en la gestión circular de los materiales recuperados de las EDAR? Justifique sus respuestas.

10 Tras la aprobación del Reglamento (UE) n.º 2019/1009 del Parlamento Europeo y del Consejo, y del Reglamento Delegado (UE) 2021/2086, que serán aplicables a partir del 16 de julio de 2022, no se homogeneiza la condición de residuo o fin de residuo de la estruvita procedente de las aguas residuales, pero se establecen unos criterios técnicos, que garantizan su calidad y seguridad, permitiendo su aplicación en agricultura así como su uso para sintetizar fertilizantes complejos, combinándola con otros compuestos que aporten N y K, nutrientes deficitarios en la estruvita. Se elimina así la barrera legal existente hasta el momento respecto a la utilización de la estruvita procedente de EDAR en agricultura.

- Debido al cambio en el ordenamiento legal respecto al tratamiento del fósforo como un residuo, ¿debería la empresa mantener su política de gestión actual del elemento o continuar investigando proactivamente soluciones para su aplicación quizás a otros propósitos internos? ¿Qué otras aplicaciones se te ocurren para los subproductos de la depuración de las aguas?
- En caso de optarse por la búsqueda de nuevos usos internos del elemento, ¿convendría recurrir a partners externos para descubrir nuevas aplicaciones? ¿qué tipo de socio sería el más adecuado? ¿Cuál sería la modalidad de colaboración más apropiada para este tipo de proyecto? Justifique sus respuestas.

ANEXOS

Anexo 1: valores y compromisos de DAM

Declaración de valores de DAM:

- La satisfacción resultante de un trabajo bien hecho.
- El respeto por el medioambiente y el compromiso con su protección.
- El compromiso con la seguridad y salud de nuestros trabajadores, así como con su desarrollo tanto personal como profesional.

Compromiso anticorrupción:

- DAM está comprometida con la integridad y la transparencia y no consiente ningún tipo de práctica corrupta en el desempeño de su actividad empresarial, ni en el sector público ni en el privado.

Anexo 2: información sobre el Sistema de Gestión Ambiental de DAM

El sistema de gestión ambiental (SGA) está implantado en todos los niveles de la organización siguiendo los principios de la normativa ISO 14.001. El sistema está construido bajo el modelo: "planificar, implantar, comprobar y actuar". La estructura de este SGA es la siguiente:

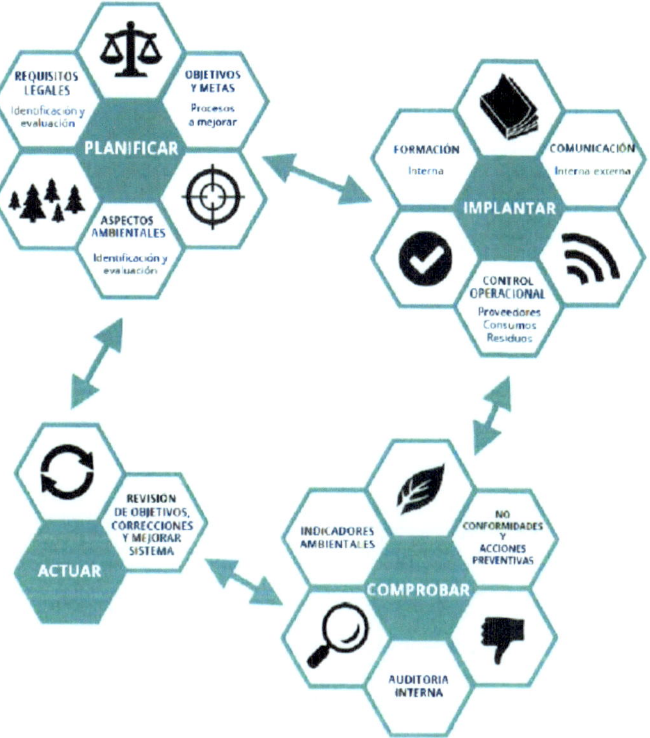

En dicho SGA se explicitan los siguientes compromisos:

- Integrar el respeto al medio ambiente y la salud y seguridad de los trabajadores en la gestión de calidad consiguiendo un compromiso en todo momento por el cumplimiento de la normativa legal y de otros requisitos aplicables, tratando de aumentar progresivamente la satisfacción de estos.
- Comprobar que los aspectos ambientales identificados sean apropiados a las actividades de la empresa desarrollando acciones de control y mejora de los mismos para prevenir la contaminación y, por consiguiente, el deterioro del medio ambiente.
- Facilitar información y formación necesaria al personal de la empresa acerca de los requisitos derivados del SGA y de las actividades anexas.
- Identificar y valorar los aspectos ambientales derivados de las actividades, disponiendo los medios y acciones necesarias para reducir su impacto de forma derivada.
- Llevar a cabo acciones necesarias para eliminar los peligros y reducir los riesgos detectados.
- Asegurar la existencia de una vía que garantice la consulta y participación de los trabajadores.

- Utilizar la mejora continua como herramienta estratégica hacia la calidad total, garante de una correcta gestión ambiental y la salud y seguridad de los trabajadores basándose en una adecuada planificación, realización, verificación y reajuste de todas las actividades llevadas a cabo.
- Revisar periódicamente el sistema con el fin de verificar si es apropiado para la consecución de los objetivos y metas marcados. En esta revisión se evaluará el grado de cumplimiento de dichos objetivos y se establecerán unos nuevos en sintonía con el compromiso de mejora continua.
- Asegurar que las plantas de compostaje proporcionen unas condiciones de trabajo seguras y saludables en todas las actividades que en ella se desarrollan, sobre todo en el manejo de la maquinaria y empleo de productos químicos.

El SGA se integra dentro de una estrategia de responsabilidad social corporativa holística que integra, además de cuestiones medioambientales, otras de carácter social y económico a través de las siguientes actuaciones y compromisos:

- Implantación de sistemas de gestión integral:
  - ISO 9.001 – Control y gestión de la calidad.
  - ISO 14.001 – Identificación y gestión de los riesgos ambientales.
  - ISO 166.002:2014 – Gestión de la I+D+i.
  - ISO 50.001:2011 – Sistema de gestión de la energía.
  - OSHAS 18.001 – Gestión de la seguridad y salud organizacional (actualmente en transición hacia el sistema de gestión ISO 45.001 – Sistema de gestión de la seguridad y salud en el trabajo.
- Comunicación interna y externa de la RSE a través de la elaboración de una memoria de sostenibilidad de conformidad con el estándar Global Reporting Initiative (GRI)[11].
- Delegación en una unidad funcional específicamente encargada de la RSE las acciones de implantar, comunicar, evaluar y mejorar de forma continua la estrategia de RSE.
- Promoción de una Cátedra en colaboración con la Universitat de València con el propósito de poner en valor la importancia de una adecuada gestión integral y recuperación de recursos del agua residual.
- Afiliación a asociaciones con el objetivo de estar al tanto de las últimas tendencias en el sector y en la protección medioambiental, pero también como modo para poder ejercer algún tipo de influencia en su entorno. La siguiente tabla recoge

---

11 Más información sobre este estándar de *reporting* corporativo en: https://www.globalreporting.org/

algunos ejemplos de las asociaciones a las que DAM está vinculada a diferentes niveles de agregación: local, provincial, nacional y supranacional.

Nombre
International Water Association.
Asociación Española de Abastecimiento de Aguas y Saneamiento.
Plataforma Tecnológica Española del Agua.
Plataforma de Tecnología Ambiental.
Catalan Water Partnership.
Asociación Medioambiental Internacional de Gestores de Olor.
Universitat de València.
Asociación para el Abastecimiento de Agua y Saneamientos de Andalucía.
Asociación Española de Empresas de Tecnologías del Agua.
Agrupación Comarcal de Empresarios de Alaquas.
Asociación Química y Medioambiental del Sector Químico de la Comunidad Valenciana.
Instituto Tecnológico de la Industria Agroalimentaria (AINIA).
Asociación Española de Biogás.
Asociación para la Defensa de la Calidad de las Aguas.
Asociación Valenciana de Empresas del Sector de la Energía.
Confederación Empresarial Valenciana
Asociación Clúster de la Energía de la Comunitat Valenciana

Anexo 3: principales indicadores de desempeño y mejora medioambiental de DAM en 2019

Indicador	**Desempeño**
Cantidad anual de agua tratada	817.000.000 m3
Cantidad anual de lodos tratados	274.000 Tn MH
Cantidad anual de emisiones de CO_2 evitadas	45.000 Tn
Cantidad anual de emisiones de SO_2 evitadas	115 Tn
Cantidad anual de emisiones de NO_X evitadas	70 Tn

Anexo 4: compromisos adoptados por la dirección de DAM para la gestión integral del medioambiente, la energía, la calidad y la seguridad y salud en el trabajo

- Rentabilizar la inversión de las Administraciones en las instalaciones, realizando un mantenimiento que garantice la calidad, la seguridad y salud, la protección del medio y la optimización del uso de la energía y los recursos naturales.

- Cumplir con los requisitos del cliente y con los requisitos legales medioambientales y de seguridad y salud, incluidos los relacionados con la eficiencia energética, uso y consumo de la energía y cualquier otro requisito aplicable que la organización suscriba.
- Proporcionar condiciones de trabajo seguras y agradables para la prevención de lesiones y deterioro de la salud relacionados con el trabajo.
- La protección del medioambiente, incluida la prevención de la contaminación y el uso sostenible de los recursos naturales.
- La mejora continua, para la mejora del desempeño y del sistema de gestión.
- Eliminar los peligros y reducir los riesgos para la seguridad y salud en el trabajo.
- La consulta y participación de los trabajadores, especialmente en temas relacionados con la seguridad y salud en el trabajo, canalizada a través de sus representantes cuando proceda.
- Asegurar la disponibilidad de la información y de los recursos necesarios para lograr los objetivos y las metas energéticas.
- El apoyo a la adquisición de productos y servicios de eficiencia energética que impacten en el desempeño energético, así como al diseño de mejoras que optimicen el desempeño energético.

Anexo 5: proceso de valorización de residuos en DAM

DAM es una empresa altamente comprometida con la gestión sostenible de los residuos que genera, y busca de manera proactiva nuevas formas de aprovecharlos y alargar su vida útil siguiendo los principios de la economía circular. De manera genérica, cabe destacar el siguiente conjunto de medidas que DAM realiza en con el fin de dar cumplimiento a las obligaciones como productor de residuos:

- Proceder a la inscripción de las instalaciones en los correspondientes registros de producción de residuos, siguiendo los procedimientos establecidos por el Organismo Medioambiental competente, en función de la tipología y la cantidad de residuos generada.
- Mantener los residuos en condiciones adecuadas de higiene y seguridad, mientras se encuentren en su poder.
- Entregar los residuos a un gestor autorizado para su valorización o eliminación.
- Destinar los residuos potencialmente reciclables o valorizables para estos fines, y evitar su eliminación en todos los casos posibles.
- Sufragar los costes de gestión.

Dentro de su Sistema de Gestión Medioambiental certificado con la ISO 14.001, la empresa cuenta con procedimientos específicos para la gestión de residuos. La siguiente figura ilustra el proceso de valorización de residuos, su gestión en instalaciones específicas para su tratamiento, y sus posteriores nuevos usos.

Anexo 6: Proyectos destacados en gestión de la innovación para la mejora del desempeño medioambiental de DAM

Nombre	Periodo	Finalidad	Entidades participantes	Financiación
ESENCE	Sep 2020 – Dic 2023	Investigar nuevas tecnologías de detección in situ de contaminantes emergentes presentes en las aguas residuales y el desarrollo de nuevos procesos para su eliminación.	-Depuración Aguas del Mediterráneo*[12]. -Fundación Centro Tecnológico de Investigación Multisectorial (CETIM). -Fundación IMDEA Energía.	MINISTERIO DE CIENCIA, INNOVACIÓN Y UNIVERSIDADES

12 (*) Entidad coordinadora del proyecto

FIBER-CLEAN	Sep2017-Ago2021	Minimización de microfibras en el ciclo de vida de los productos textiles. Tiene como objetivo general obtener nuevas soluciones que permitirán reducir la emisión de microfibras a través de toda la cadena de valor, tanto en la fabricación y mantenimiento de tejidos y prendas como en el tratamiento de las aguas residuales donde finalmente terminan gran parte de estas microfibras	Depuración Aguas del Mediterráneo* -Angles Textil, S.A. -Polysistec S.L. -Suavizantes y Plastificantes Bituminosos, S.L, E.G.O. -Appliance Controls, S.L.U, -Magtel Operaciones S.L.U.	
VIOe-	Nov 2017-Oct 2020	Desarrollar un proceso innovador para la valorización efectiva de la materia orgánica y los nutrientes presentes en los fangos y las aguas residuales de EDAR mediante el cual obtener tres productos de valor añadido: biogás, biomasa acuática y una enmienda orgánica en el marco del concepto de la economía circular.	-Depuración de Aguas del Mediterráneo*. -Centro tecnológico AINIA.	
ODEON	Jul 2015-Ago 2018	Desarrollar de un proceso de biorreactor de membranas para la gestión de efluentes salinos (lixiviados de vertederos, aguas residuales del procesado de la oliva, salmuera de desaladoras, o corrientes residuales de otras industrias) para su reaprovechamiento.	-Depuración Aguas del Mediterráneo* -Universitat Politècnica de València a través de dos Institutos de Investigación: Instituto de Seguridad Industrial, Radiofísica y Medioambiental (ISIRYM) y el Instituto de Ingeniería del Agua y Medio Ambiente (IIAMA).	
ANADRY	Sep 2015-Feb 2019	Desplegar una nueva tecnología que tiene como objetivo mejorar el tratamiento y gestión de los lodos producidos en las EDAR de forma que se maximice	-Depuración Aguas del Mediterráneo*. -Centro de Estudios e Investigaciones Técnicas de Gipuzkoa (CEIT). -Ingeniería y Desarrollos Renovables (INDEREN).	

		la producción de biogás y se obtenga un fango adecuado para su uso en agricultura.	-*Euro-Mediterranean Information System on Know-how in the Water Sector* (SEMIDE). -Entidad de Saneamiento y Depuración de Aguas Residuales de la Región de Murcia (ESAMUR).	
SAVING-E	Oct 2015-Mar 2019	Implementar un nuevo proceso de eliminación de nitrógeno en la corriente principal de la línea de aguas de una EDAR urbana de forma que se produzca un incremento en la producción de biogás y una reducción de los costes energéticos en el tratamiento global de la EDAR de alrededor del 40%.	-Grupo GENOCOV de la Universitat Autònoma de Barcelona*. -Depuración Aguas del Mediterráneo. -Plataforma Tecnológica Europea del Agua (WssTP).	
PHORWATER	Sep 2013–Sep 2016	Desarrollar una nueva tecnología para recuperar fósforo en una EDAR para mejorar el rendimiento del proceso biológico de eliminación de nutrientes y el funcionamiento de los procesos implicados en el tratamiento de lodo, de forma que pueda obtenerse un producto reutilizable.	-Depuración Aguas del Mediterráneo*. -Universitat de València a través del grupo de investigación CALAGUA. -Université Claude Bernard, Lyon 1 (a través de LAGEP).	
APROVECHAMIENTO ENERGÉTICO DE LODOS	Sep 2013-Jun2015	Estudiar el aprovechamiento energético de los lodos de las EDAR para minimizar la producción de fangos, y optimizar su aprovechamiento energético mediante la producción de biodiesel.	-Depuración Aguas del Mediterráneo*. -Universitat de València a través del grupo de investigación CALAGUA. -Universitat Jaume I de Castelló.	

CASO 6
UNIÓN DE MUTUAS: UN EJEMPLO EN GESTIÓN ÉTICA Y DEL TALENTO

Beatriz Forés Julián

Montserrat Boronat Navarro

Alba Puig Denia
Universitat Jaume I

OBJETIVOS DE APRENDIZAJE

1. *Identificar el papel de la gestión de los recursos humanos para el desarrollo estratégico de la organización en materia de calidad, innovación y buen gobierno corporativo, ejes de la sostenibilidad.*
2. *Analizar los principales recursos y capacidades que refuerzan su apuesta por la sostenibilidad.*
3. *Comprender el papel de las TIC en la generación de valor organizativo.*

1. Enunciado

La economía del conocimiento ha impulsado un cambio en los pilares sobre los que se asienta la propuesta de valor de las organizaciones. El paradigma clásico de la economía centrado en los activos físicos y tangibles queda ahora relegado por una nueva dirección estratégica de corte más intangible, y cuyo componente clave es el conocimiento y el aprendizaje. Desde esta perspectiva, atender la trilogía «personas, estructuras y relaciones» resulta fundamental, y Unión de Mutuas parece haberlo entendido a la perfección para asentar su propuesta de valor organizativo.

Unión de Mutuas es una asociación de empresas, sin ánimo de lucro ni de captación de empresas o autónomos, que colabora en la gestión de la Seguridad Social conforme a lo establecido en la legislación vigente, prestando sus servicios a sus empresas asociadas, trabajadores y trabajadoras por cuenta propia adheridos, y trabajadores y trabajadoras por cuenta ajena protegidos. Cuenta con 31 centros propios, ubicados, mayoritariamente, en la Comunidad Valenciana, aunque Unión de Mutuas tiene presencia en diez Comunidades Autónomas.

Unión de Mutuas se configura como referente por su importante apuesta estratégica por la gestión de la calidad en búsqueda de la eficiencia, el buen gobierno corporativo y la innovación continua en la prestación de sus servicios sanitarios, que ha logrado alcanzar a través de su magistral política de recursos humanos, basada en la gestión del talento y del conocimiento, y el desarrollo de las personas que la conforman.

2. Las mutuas y el origen de Unión de Mutuas

Comenzar a conocer la entidad que nos ocupa, requiere primero saber las características más destacables de las entidades denominadas *mutuas colaboradoras con la Seguridad Social*. Las mutuas son asociaciones sin ánimo de lucro y constituidas a través de una autorización del Ministerio de Inclusión, Seguridad Social y Migraciones con el que colaboran. Al actuar bajo la dirección y tutela de dicho ministerio, es la Seguridad Social la que marca las líneas de actuación de las mutuas. Además, los recursos económicos de los que disponen las mutuas son fondos públicos y si existen excedentes solo pueden revertirse al Fondo de Reserva de la Seguridad Social. Se rigen por la Ley General de la Seguridad Social (texto refundido aprobado por R.D.L. 8/2015, de 30 de octubre), por el Reglamento sobre Colaboración de las Mutuas de Accidentes de Trabajo y Enfermedades Profesionales de la Seguridad (R.D. 1993/1995, de 7 de diciembre) y posteriores disposiciones de aplicación y desarrollo. Por tanto, Unión de Mutuas es una asociación de empresas sin ánimo de lucro cuyo principal objetivo es colaborar con la Seguridad Social en aspectos relacionados con la salud laboral y el pago de prestaciones. En su origen, estaban únicamente focalizados en las prestaciones relacionadas con los accidentes de trabajo y a lo largo del tiempo se fueron añadiendo más prestaciones.

Como muy bien refleja su denominación, su nacimiento en 1990 vino derivado de la integración de diversas asociaciones previamente existentes: Mutua Industrial Castellonense, Mutua Segorbina, Mutua de Cheste, Mutua Unión Gremial Valentina, Mutua Saguntina y Mutua Unión de Empresas Industriales. A su vez, Mutua Industrial Castellonense recogía ya en su seno a diversas Mutuas de la zona de Castellón. Este proceso de unión continuó en 1992, cuando la Mutua de Azulejeros se integró también en la asociación, y en 2004 con la incorporación de Mutua Gremiat. De esta manera, Unión de Mutuas, aglutina a 16 mutuas, teniendo actualmente presencia en diez Comunidades Autónomas con 31 centros en los que presta servicio.

La entidad describe su misión de la siguiente manera:

"Unión de Mutuas está formada por personas que nos ocupamos de la salud laboral y de la gestión del pago de prestaciones económicas.

Unión de Mutuas, mutua colaboradora con la Seguridad Social n.º 267, es una asociación de empresas, sin ánimo de lucro ni de captación de empresas o autónomos, que colaboramos en la gestión de la Seguridad Social en la gestión integral del accidente de trabajo y la enfermedad profesional de los trabajadores protegidos, con el objetivo de mejorar su salud laboral a través de la prevención y la asistencia sanitaria. También gestionamos el control y el pago de las prestaciones económicas de la contingencia profesional y de la incapacidad temporal derivada de contingencia común, así como las prestaciones de riesgo durante el embarazo y la lactancia natural, el cuidado de menores enfermos de cáncer u otra enfermedad grave y el cese de actividad de los trabajadores autónomos.

Nuestro trabajo se realiza en base a los principios de buen gobierno, asegurando la transparencia en nuestra gestión y conforme los criterios de un modelo de gestión de la excelencia basado en la eficiencia, compromiso con las personas, innovación y sostenibilidad para ofrecer el mejor servicio a las empresas mutualistas y personas trabajadoras asociadas o adheridas a Unión de Mutuas y satisfacer las expectativas legítimas de todos nuestros grupos de interés."

Con respecto a su visión, la concretan como "Ser percibida como una mutua eficiente que contribuya a la sostenibilidad del Sistema de la Seguridad Social, con una gestión socialmente responsable y respetuosa con los principios de buen gobierno, referente en la excelencia de los servicios, y reconocida por la satisfacción de las expectativas legítimas de todos sus grupos de interés".

Todo ello se completa con la explicación de sus valores, que guían su comportamiento como organización: dignidad, excelencia, transparencia y confianza (véase Figura 1).

Como mutua, se ocupa de:

- La gestión de las prestaciones económicas y de la asistencia sanitaria, incluida la rehabilitación, comprendidas en la protección de las contingencias de accidentes de trabajo y enfermedades profesionales de la Seguridad Social, así como de las actividades de prevención de las mismas contingencias que dispensa la acción protectora.

- La gestión de la prestación económica por incapacidad temporal derivada de contingencias comunes.
- La gestión de las prestaciones por riesgo durante el embarazo y riesgo durante la lactancia natural.
- La gestión de las prestaciones económicas por cese en la actividad de los trabajadores por cuenta propia.
- La gestión de la prestación por cuidado de menores afectados por cáncer u otra enfermedad grave.
- Y las demás actividades de la Seguridad Social que le sean atribuidas legalmente.

Es decir, que la actividad mutualista ya incorpora en sí misma un alto componente social, puesto que las mutuas se dedican a la protección de las personas trabajadoras, cuidar de la salud de las personas, gestionar prestaciones sociales, y gestionar recursos públicos. Además, las mutuas no reparten beneficios y los excedentes de la gestión revierten de nuevo a la Seguridad Social.

Figura 1. Valores de Unión de Mutuas

Fuente: https://www.uniondemutuas.es/es/conocenos/mision-y-vision/

3. Órganos de gobierno de Unión de Mutuas

Con el objetivo de entender cómo se han ido desgranando los objetivos en materia de sostenibilidad e implantando dichas prácticas en la entidad, es relevante conocer los órganos de gobierno.

Los órganos de gobierno de las mutuas colaboradoras con la Seguridad Social son: la Junta General, la Junta Directiva y el director gerente, directora gerente en el caso de Unión de Mutuas. La Comisión de Control y Seguimiento es un órgano colegiado de participación institucional y la Comisión de Prestaciones Especiales es el órgano de participación de los trabajadores protegidos por la mutua en la dispensa de las prestaciones y beneficios de asistencia social.

Además de los órganos regulados por ley, Unión de Mutuas se ha dotado de otros que refuerzan su compromiso con el buen gobierno. Entre estos órganos se encuentra la Comisión de Auditoría, formada por delegación de la Junta Directiva y por miembros de esta; el Comité de Ética, que realiza un seguimiento de los valores éticos; la Comisión de Prevención de Delitos y la Comisión de Seguimiento del Código Ético y de Buen Gobierno, que se ocupa del seguimiento de las normas de conducta establecidas en el código.

En relación con todos los órganos de gobierno de Unión de Mutuas, tanto los establecidos por ley como aquellos de los que se ha dotado para garantizar su buen gobierno, la Mutua tiene muy presente la necesidad de avanzar hacia una sociedad más igualitaria y diversa, de acuerdo con sus valores pero también con el camino marcado por la Administración, orientada a la consecución de los Objetivos de Desarrollo Sostenible.

Tanto en la definición de la misión, visión, valores y objetivos, explicados en el anterior subapartado, como en los órganos de la entidad, que van más allá de los exigidos por ley y formados tanto por personal de Unión de Mutuas, como externo, se constata ya el marcado compromiso social.

4. Estrategia y actitud empresarial

A nivel corporativo, el procedimiento de fusiones anteriormente explicado que se ha ido produciendo a lo largo de la historia de la entidad, le ha permitido convertirse actualmente en una mutua de ámbito nacional.

La entidad ha trabajado siempre con un enfoque de mejora continua, con el objetivo de conseguir la excelencia en el servicio y en todos sus procesos. Citando textualmente su propia web, el trabajo de Unión de Mutuas "se realiza en base a los principios de buen gobierno, asegurando la transparencia en nuestra gestión y conforme los criterios de un modelo de gestión de la excelencia basado en la eficiencia, compromiso con las personas, innovación y sostenibilidad para ofrecer el mejor servicio a las empresas mutualistas y personas trabajadoras asociadas o adheridas a Unión de Mutuas y satisfacer las expectativas legítimas de todos nuestros grupos de interés".

Unión de Mutuas, tiene implantado un modelo de gestión basado en el buen gobierno, sostenibilidad y en la máxima transparencia.

Para ello, se apoya:

Por un lado, en el *Código Ético y de Buen Gobierno de Unión de Mutuas* como guía de comportamiento para todas sus actuaciones, un código que ha firmado todo el personal y los órganos de gobierno de la Mutua.

Por otro lado, en el modelo de excelencia EFQM y en un sistema de gestión integrado que garantiza la calidad del servicio, la seguridad del paciente, la seguridad de la información, la protección del medioambiente, el *compliance* penal, la innovación y la gestión como empresa saludable y como empresa socialmente responsable a través del cumplimiento de los requisitos de las correspondientes normas UNE, ISO, el Esquema Nacional de Seguridad en relación con la información, la IQNet SR10..., las cuales, como es preceptivo, se someten a certificación externa anualmente.

Todo esto enmarcado en la *Política de Unión de Mutuas*, que está basada en dos líneas fundamentales:

1. La satisfacción de las necesidades y expectativas legítimas de todos sus grupos de interés.
2. La búsqueda de la mayor eficiencia y eficacia en sus actuaciones, aplicando la innovación a la mejora continua de todos los procesos que conforman su estructura de trabajo.

   Para el desarrollo de estas líneas, Unión de Mutuas asume los siguientes compromisos a los que se le da respuesta a través de planes estratégicos y que se concretan anualmente en acciones:

   - Respetar los principios de la responsabilidad social según la Norma ISO 26000.
   - Proporcionar lugares de trabajo seguros y adecuados dependiendo de riesgos específicos existentes, promoviendo en todo momento la cultura preventiva.
   - Promover mejoras y facilitar planes de salud que permitan conseguir estilos de vida saludables en el entorno laboral, personal y familiar y así también contribuir con la sociedad.
   - Proteger el medioambiente, prevenir la contaminación y contribuir al desarrollo sostenible.
   - Promover el diseño de entornos y servicios con criterios de accesibilidad universal, promoviendo el cumplimiento de los requisitos de deambulación, aprehensión, localización y comunicación.
   - Potenciar las actividades de I+D+i destinadas a generar productos o servicios que aporten valor añadido a sus grupos de interés.
   - Dotar de los recursos tecnológicos y humanos necesarios en condiciones de competitividad óptima.
   - Garantizar las medidas de seguridad necesarias para la adecuada protección de la información y de los servicios

- Fomentar la participación activa de su equipo humano en la mejora continua de la organización, considerando sus conocimientos y su cualificación como un valor estratégico de competitividad.
- Promover la igualdad, diversidad e inclusión mediante una gestión socialmente responsable, integradora, inclusiva y transversal.
- Proporcionar los medios para analizar, evaluar y tratar:
  - Los riesgos asociados con la seguridad del paciente, facilitando la notificación interna de los incidentes, manteniendo en todo momento la confidencialidad del proceso, así como realizar un seguimiento de los indicadores y medidas implantados de manera que se minimice el riesgo sobre el paciente.
  - Los riesgos a los que están expuestos los activos de la organización que afectan a la seguridad de la información en las dimensiones de disponibilidad, integridad, confidencialidad, trazabilidad y autenticidad.
  - Los riesgos penales que permitan prevenir los delitos y minimizar la exposición de la organización de acuerdo con sus políticas de compliance penal.
- Cumplir con los requisitos del sistema de gestión así como la legislación, reglamentación aplicable y todos aquellos requisitos o compromisos que Unión de Mutuas suscriba.

5. Orígenes y evolución de lapolítica de RSC

El origen de la responsabilidad social en la organización puede situarse a principios del año 2002, con el proceso de reflexión sobre los principios y valores de Unión de Mutuas, que concluyeron con la publicación del *Código Ético* en 2003.

Para garantizar la efectividad de esos principios y valores, se definieron una serie de compromisos que conformaron el *I Plan Estratégico de Responsabilidad Corporativa 2003-2006*. Entre estos compromisos se encontraba la difusión del *Código Ético* dentro y fuera de la organización, el desarrollo de una gestión de calidad a través de la ISO 9001 de gestión y el modelo EFQM, la implantación de la norma ISO 14001 de gestión medioambiental y la creación de un comité de ética, presidido por el catedrático de Ética de la UJI D. Domingo García Marzá.

Este *Código Ético* se ha ido revisando para adaptarse a las nuevas necesidades de Unión de Mutuas y en la última revisión, muy reciente, se ha creado el *Código Ético y de Buen Gobierno*.

En el ejercicio de reflexión para la elaboración del *Plan Estratégico 2006-2008*, se definió, por primera vez, la responsabilidad social como un eje estratégico en la Mutua. La línea de responsabilidad social se entendía como "mejora de la percepción de la sociedad en lo referente al compromiso de Unión de Mutuas con la ética, la igualdad y la responsabilidad social y ecológica, contribuyendo a proporcionar un sistema sanitario y preventivo más justo y eficaz, participando de forma activa en todas aquellas actividades en las que se puede aportar valor".

De acuerdo con ello, y para dar continuidad a los compromisos del primer plan de responsabilidad social, se publicó el *II Plan Estratégico de Responsabilidad Corporativa 2007-2010*. Este nuevo plan incluía, entre otros, el compromiso de adherirse al Pacto Mundial, el de elaborar memorias de responsabilidad social, la realización de un plan de igualdad, la realización de un plan de accesibilidad e integración y el desarrollo de la oficina verde.

El *III Plan Estratégico de Responsabilidad Social Corporativa 2011-2013* contemplaba ocho compromisos: el fomento de la cultura de responsabilidad social, la renovación de los estándares de calidad, la potenciación del diálogo con los grupos de interés, el impulso de las buenas prácticas sanitarias, la potenciación de la participación y reconocimiento del personal, la minimización del impacto medioambiental, el desarrollo de proyectos de I+D+i y el fomento de la acción social.

El *IV Plan de RSC 2014-2016* y *V plan de RSC 2017- 2019* de Unión de Mutuas incorporaban seis líneas de actuación: Gestión ética y sostenibilidad, Compromiso con el equipo humano, Compromiso con los grupos de interés externos, Cuidado medioambiental, Transparencia y comunicación y Compromiso social.

A partir de ese momento, la Dirección de Unión de Mutuas integra los planes de responsabilidad social con los planes estratégicos institucionales, en los que tiene definidas 6 líneas estratégicas (LE) que son: Buen gobierno y Responsabilidad Social, sostenibilidad, eficiencia, excelencia, transformación digital y compromiso con el equipo humano y una serie de objetivos estratégicos (OE). Para dar respuesta a estas LE y OE, se definen los planes de gestión anuales de los procesos.

6. Desarrollo y resultados del proyecto

En este punto destacaremos las acciones y resultados de la empresa en cada una de las seis líneas estratégicas. Tal y como se explicará, cada una de las acciones en los siguientes puntos tienen su reflejo en la consecución de los Objetivos de Desarrollo Sostenible (ODS). Los ODS son 17 objetivos (y 169 metas) impulsados por las Naciones Unidas como continuación a los Objetivos de Desarrollo del Milenio (ODM). Estos objetivos conforman los pilares fundamentales de una nueva agenda de desarrollo sostenible, denominada "Transformar nuestro mundo: la Agenda 2030 para el Desarrollo Sostenible", en la cual se comprometieron 193 países en 2015 para su cumplimiento en 2030, y que está vigente desde el 1 de enero de 2016. Se centran, básicamente, en la igualdad entre las personas, la protección del planeta y en aseguramiento de la prosperidad, incidiendo en aspectos tales como el cambio climático, la desigualdad económica o la innovación. En concreto, estos 17 objetivos son:

- Objetivo 1: Fin de la pobreza

- Objetivo 2: Hambre cero
- Objetivo 3: Salud y bienestar
- Objetivo 4: Educación de calidad
- Objetivo 5: Igualdad de género
- Objetivo 6: Agua limpia y saneamiento
- Objetivo 7: Energía asequible y no contaminante
- Objetivo 8: Trabajo decente y crecimiento económico
- Objetivo 9: Industria, innovación e infraestructura
- Objetivo 10: Reducción de las desigualdades
- Objetivo 11: Ciudades y comunidades sostenibles
- Objetivo 12: Producción y consumo responsables
- Objetivo 13: Acción por el clima
- Objetivo 14: Vida submarina
- Objetivo 15: Vida de ecosistemas terrestres
- Objetivo 16: Paz, justicia e instituciones sólidas
- Objetivo 17: Alianzas para lograr los objetivos

En el caso de Unión de Mutuas, los ODS a los que contribuye de forma específica a través de su *Plan estratégico 2020-2022* son los siguientes (véase la Figura 2 para una representación gráfica):

- Objetivo 3: Salud y bienestar
- Objetivo 4: Educación de calidad
- Objetivo 5: Igualdad de género
- Objetivo 6: Agua limpia y saneamiento
- Objetivo 7: Energía asequible y no contaminante
- Objetivo 8: Trabajo decente y crecimiento económico
- Objetivo 9: Industria, innovación e infraestructura
- Objetivo 10: Reducción de las desigualdades
- Objetivo 11: Ciudades y comunidades sostenibles
- Objetivo 12: Producción y consumo responsables
- Objetivo 13: Acción por el clima
- Objetivo 16: Paz, justicia e instituciones sólidas

- Objetivo 17: Alianzas para lograr los objetivos

Figura 2. ODS a los que Unión de Mutuas contribuye con el Plan Estratégico 2020-2022

Fuente: Informe de Sostenibilidad de Unión de Mutuas 2020

1.- Buen Gobierno y Responsabilidad Social:

En relación con el buen gobierno y responsabilidad social, Unión de Mutuas desarrolla acciones que contribuyen, en especial, a los ODS 8 (trabajo decente y crecimiento económico), 16 (paz, justicia e instituciones sólidas) y 17 (alianzas para lograr los objetivos).

Ha implantado un sistema de gestión de *compliance* penal certificado con arreglo a la UNE 19601, con medidas de vigilancia y control orientadas a la prevención de delitos con trascendencia penal para la Mutua y a la reducción significativa del riesgo de cometerlos. Este sistema cuenta con una política interna y otra externa de *compliance* penal, y una Comisión de Prevención de Delitos que lo impulsa y supervisa su implementación.

Por otra parte, ya en 2002 elaboró su *Código Ético*, como se ha apuntado. Este código ha ido evolucionando con el transcurso del tiempo y en 2012 incorporó las normas de comportamiento en que se materializan los valores de la Mutua, dando lugar al *Código Ético y de Conducta*. En 2020 se aprobó una nueva edición, denominada *Código Ético y de Buen Gobierno*. Este código se ha concebido desde sus inicios como un documento abierto y dinámico, capaz de incorporar los avances de la organización, fruto a su vez de los cambios legislativos y de las expectativas de sus grupos de interés.

Desde 2003, Unión de Mutuas tiene un Comité de Ética, órgano asesor de la Junta Directiva y de los profesionales de la Mutua en la toma de decisiones sobre cuestiones éticas e instrumento para el desarrollo y seguimiento de nuestros valores éticos, y una Comisión de Seguimiento del Código Ético y de Buen gobierno, que vela por la aplicación de las normas establecidas en el *Código Ético y de Buen Gobierno*.

Además, Unión de Mutuas decidió hace unos pocos años visibilizar este compromiso con el buen gobierno y la ética mediante la adhesión a los Principios del Pacto Mundial, que formalizó en 2007.

Además, puso en marcha un proyecto, desarrollado en varias fases, del que se informa en las memorias, para estudiar a fondo sus grupos y subgrupos de interés y jerarquizarlos teniendo en cuenta el interés y la influencia que Unión de Mutuas pueda tener en ellos y viceversa; y definir los asuntos relevantes (materiales, como se conocen en el marco del modelo GRI) y priorizarlos. El proyecto concluyó con varias reuniones con distintos grupos de interés para conocer su opinión sobre estos asuntos y para saber si había otras expectativas (legítimas) que en la Mutua no se hubieran contemplado.

Entre los grupos a los que se consultó, como es lógico, estaba su equipo humano, en relación con el cual ha implementado acciones especialmente vinculadas a los ODS 3 (salud y bienestar), 4 (educación de calidad), 5 (igualdad de género), 8 (trabajo decente y crecimiento económico) y 10 (reducir las desigualdades) a las que se hace referencia en el apartado de compromiso con el equipo humano.

1.1 Transparencia y comunicación

El primer concepto de la gobernanza es la transparencia y la rendición de cuentas. Además, en Unión de Mutuas, es uno de los cuatro valores, junto con la dignidad, la excelencia y la confianza.

La gestión de la RSC en Unión de Mutuas se comunica a través de memorias cuyo contenido es sometido a verificación por auditores externos. Todas las memorias en materia de RSC están colgadas en la página web desde el 2006, por lo que su apuesta por la transparencia interna y externa es firme. Su web también contiene diversa información institucional y organizativa, así como todas las memorias de sostenibilidad y de gobierno corporativo y los informes de gobierno corporativo, que viene elaborando desde 2016.

Tal y como se ha avanzado anteriormente, los trabajadores de la empresa son conocedores de toda esta información; es más, firman la adhesión al *Código Ético y de Buen Gobierno* de la entidad, en plena consonancia con los valores éticos que definen la personalidad y misión de Unión de Mutuas. Además, según la directora gerente adjunta, "la entidad pone especial énfasis en la formación de su plantilla en materia de RSC y sostenibilidad", pues de ello depende la garantía del buen gobierno de la organización.

Sus memorias de RSC, además, se realizan atendiendo a los criterios del Global Reporting Initiative (GRI) y son verificadas por AENOR. La GRI es una institución internacional no-gubernamental que pretende dar impulso a la elaboración de memorias de sostenibilidad por parte de todo tipo de organizaciones, promoviendo así la transparencia y la toma de conciencia y responsabilidad. De esta forma, la GRI proporciona un marco para la elaboración de memorias de sostenibilidad, elaborando una serie de estándares (denominados Estándares GRI) basados en las mejores prácticas a nivel de sostenibilidad para que, aquellas organizaciones que lo deseen puedan evaluar y dar a conocer así su desempeño a nivel económico, ambiental y social. Estos estándares se crearon en 2016 y se actualizan de forma continua. La GRI es un centro de colaboración oficial del Programa de las Naciones Unidas para el Medio Ambiente (PNUMA).

1.2.- Compromiso social

Unión de Mutuas tiene un fuerte compromiso social, que se refleja en muchas de las acciones que desarrollan. Entre estas acciones, destaca el compromiso con la transferencia de conocimiento a la sociedad en aquellas materias que guarden relación con su actividad.

Dentro de esta línea de compromiso social, Unión de Mutuas también realiza una importante labor encaminada a la mejora de la accesibilidad, que se refleja en la mejora continua de la accesibilidad de los centros de Unión de Mutuas. También se ha comprometido a hacer accesible su sitio web de conformidad con el Real Decreto 1112/2018, de 7 de septiembre, sobre accesibilidad de los sitios web y aplicaciones para dispositivos móviles del sector público, publicado en el Boletín Oficial del Estado a fecha 19 de septiembre de 2018.

En 2021 ha implantado el Modelo Bequal y ha conseguido el sello Bequal Plus.

El sello Bequal busca reconocer y distinguir a aquellas entidades que son socialmente responsables con la discapacidad y que van más allá de la legislación vigente.

El sello Bequal identifica y pone en valor el compromiso y esfuerzo de aquellas empresas que han incorporado políticas empresariales que favorecen la inclusión de las personas con discapacidad como trabajadores, consumidores o usuarios de servicios, a través de la implantación de políticas sobre discapacidad en todas las áreas de la empresa.

El certificado Bequal es una fórmula de evaluación por un tercero, que determina el grado de compromiso en materia de responsabilidad empresarial con la discapacidad en áreas esenciales como son la estrategia y liderazgo, la gestión de los recursos humanos, el cumplimiento de las condiciones básicas de accesibilidad de los centros de trabajo y atención al cliente, la compra responsable, la acción social y la comunicación externa.

Contar con el Sello Bequal no significa únicamente ser socialmente responsable con la discapacidad, significa también estar alineado con los objetivos de desarrollo sostenible y la Agenda 2030, una iniciativa reconocida globalmente.

Para ello, Unión de Mutuas ha elaborado el *Plan de Diversidad de Unión de Mutuas 2021-2025*.

El plan de diversidad tiene diferente acciones planificadas para dar respuesta a los siguientes objetivos:

- Mejorar la accesibilidad de los entornos.
- Mejorar la accesibilidad de la web, vídeos y formatos audiovisuales.
- Adaptar los servicios a los intereses legítimos en materia de diversidad de los grupos de interés.

- Adaptar los planes de prevención de riesgos laborales.
- Asegurar la no discriminación por razón por diversidad.
- Incorporar el conocimiento de las personas de distintas generaciones en los proyectos de la mutua.
- Asegurar la objetividad en los procesos de selección, contratación, acogida y desarrollo profesional.
- Informar a grupos de interés internos y externos en materia de diversidad.
- Formar a personal de Unión de Mutuas en la atención a personas con discapacidad, incorporando la diversidad al modelo de liderazgo de la mutua.
- Fomentar la diversidad y accesibilidad en el suministro de bienes y servicios a Unión de Mutuas.
- Posibilitar la comunicación a personas con discapacidad auditiva.
- Realizar *networking* en materia de diversidad con la finalidad de aprender y aportar conocimiento.
- Promover las prácticas con personas con discapacidad.
- Promover la reinserción laboral de trabajadores protegidos por Unión de Mutuas que tras un accidente de trabajo se reconoce una incapacidad total.

Otra de las acciones de Unión de Mutuas que demuestran su compromiso con un trato igualitario a su personal y de sus trabajadores y trabajadoras a todas las personas con las que se relacionan es el desarrollo de una *Guía para el trato a personas con diversidad funcional*, publicada en 2015, y la adhesión al Charter de la Diversidad, en 2016.

Además, hace años Unión de Mutuas empezó a acondicionar sus centros para hacer de ellos espacios accesibles para personas con limitaciones.

A 31 de diciembre de 2021, el 2% de los empleados de Unión de Mutuas presenta algún tipo de discapacidad, y el 2,7% proceden de una nacionalidad distinta a la española.

Estas medidas tienen su principal reflejo en los ODS trabajo decente y crecimiento económico (ODS 8), reducción de las desigualdades (ODS 10), y alianzas para lograr los objetivos (ODS 17).

2.- Sostenibilidad

Aunque Unión de Mutuas trabaja en un sector con poco impacto medioambiental, hace lo posible por proteger el medioambiente y fomentar el cuidado medioambiental, lo que está ligado a varios objetivos de desarrollo sostenible: ODS 6 (agua limpia y saneamiento), 7 (energía asequible y no contaminante), 13 (acción por el clima) y 12 (producción y consumo responsables),

El compromiso con el medioambiente queda reflejado en el *Código Ético y de Buen Gobierno*, la *Política de Unión de Mutuas* y los planes estratégicos, a través de la línea estratégica "Sostenibilidad" y, concretamente, en el objetivo estratégico "Contribuir a reducir el impacto ambiental" .

Fue en el primer plan de RSC donde se estableció el compromiso de implantar un sistema de gestión ambiental, que puso en marcha en el año 2003 con la certificación ISO 14001, que renueva anualmente.

Con el fin de reducir el impacto ambiental, Unión de Mutuas elabora planes de acción ambiental con medidas relacionadas con el consumo y la eficiencia energética, la apuesta por los recursos renovables o la gestión de residuos, vertidos, emisiones, así como iniciativas para sensibilizar a la plantilla en el cuidado y el compromiso medioambiental. Algunas de estas medidas se recogen en su *Guía Medioambiental*, que incluye una serie de recomendaciones y consejos prácticos para la oficina y el hogar destinados a mejorar la eficiencia y reducir el consumo energético, las emisiones de gases contaminantes, el consumo de agua, los residuos, y el uso de papel, entre otros.

Algunas de las iniciativas concretas que se han llevado a cabo han sido, en materia de eficiencia energética: la instalación de paneles solares para la generación de agua caliente sanitaria; la sustitución del gasoil por gas natural en las calderas de su centro hospitalario; la utilización de equipos de iluminación con reactancia electrónica y lámparas de bajo consumo; la instalación de equipos de aire acondicionado con sistema inverter o VRV; cambios de ventanas de aluminio en carpinterías exteriores por otras con rotura de puente térmico con cristal de cámara; virtualización de servidores; screenes exteriores enrollables sobre las ventanas de despachos expuestos a una fuerte radiación solar,; la instalación de alumbrado con tecnología LED y sistemas de control centralizado de climatización. Además, ha procedido a la digitalización de las imágenes radiológicas para la eliminación de los residuos químicos de revelador y fijador; usa papel sostenible con certificado FSC y papeleras con recogida selectiva que facilitan el reciclaje de papel; ha implantado una herramienta para la digitalización de documentos y para reducir el consumo de papel; cuenta un plan para la reducción de plástico; su hospital, el Instituto de Traumatología Unión de Mutuas, está inscrito en el Registro de Huella de Carbono; ha elaborado un plan de movilidad sostenible...

Otra muestra del compromiso de Unión de Mutuas con el medioambiente es su adhesión a la Comunidad #PorElClima, a través de la cual se compromete a reducir con sus acciones la contaminación causante del cambio climático.

2.1. Fomento de la responsabilidad social en la cadena de valor

Unión de Mutuas también procura el fomento de la responsabilidad social entre sus proveedores, a través de las cláusulas de responsabilidad social incorporadas a los pliegos de condiciones particulares de los expedientes de contratación, entre las que se cuentan cláusulas sociales relativas a la inserción sociolaboral de personas en riesgo de exclusión social, calidad del empleo, apoyo a la economía social, diversidad funcional, igualdad de oportunidades entre mujeres y hombres, etc.

En relación con los proveedores, Unión de Mutuas está sujeta a las normas de contratación pública y ello implica la obligación de establecer un marco de relaciones con los proveedores que respete el principio de igualdad, con observancia estricta de los principios informadores de la contratación pública.

Partiendo del respeto a estas normas, en Unión de Mutuas aplica una instrucción de contratación socialmente responsable, en que se explicitan las cláusulas de responsabilidad social que constan en los pliegos de condiciones particulares de sus expedientes de contratación y es de destacar el hecho de que sus proveedores deben conocer y respetar el *Código Ético y de Buen Gobierno* de la mutua; asumir el cumplimiento de la normativa que les sea aplicable; respetar las normas en materia de seguridad, higiene y salud laboral de su personal; no utilizar mano de obra infantil; respetar el medioambiente....

3.- Eficiencia y Excelencia

Unión de Mutuas ha realizado una apuesta importante por mejorar la calidad y eficiencia de sus servicios, por crear nuevos servicios innovadores y por establecer nuevas formas de contacto con el cliente, relacionadas con la digitalización y el uso de Internet.

Esto le ha llevado a ofrecer dos nuevos servicios online a través de las oficinas virtuales (véase Figura 4):

- Mutua On Line: entendido como un espacio exclusivo para mutualistas y tramitadores RED en la página web de Unión de Mutuas, con información sobre altas y bajas, accidentes de trabajo, estudios de siniestralidad, tramitación de solicitudes de prestaciones económicas, etc.
- Mutua On Line Pacientes, que facilita a los pacientes con procesos sanitarios abiertos acceder a información de su historia clínica, sus citas médicas, pruebas radiológicas y prestaciones económicas obtenidas.

Figura 4. Captura de la página web de Unión de Mutuas

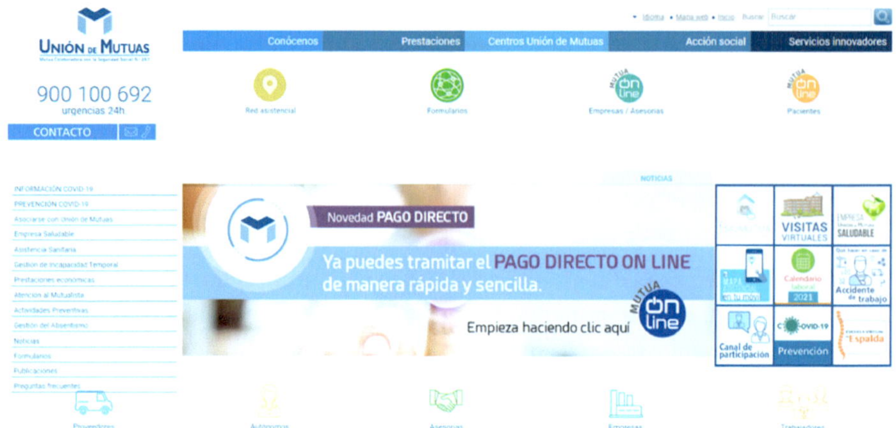

Fuente: https://www.uniondemutuas.es/es/inicio/

La apertura de nuevos canales de comunicación con los clientes también le ha llevado a mejorar su página web www.uniondemutuas.es, en la que se incluyen servicios entre los que destacan:

- @bsenCOST: una aplicación web, de acceso libre, para estimar los costes derivados del absentismo de causa médica en las empresas a partir de información suministrada por las mismas.
- TMEprev: un portal un Portal web de carácter formativo-informativo que aborda la prevención de los trastornos músculo esqueléticos (TME) presentando, para los sectores con mayor incidencia de estas patologías. TMEprev contiene tablas de ejercicios personalizadas para los trabajadores de empresas mutualistas que soliciten acceso.
- Escuela Virtual de Espalda: un portal web, creado por Unión de Mutuas, de carácter formativo-informativo, apoyado en contenido audiovisual, para la divulgación de los riesgos más habituales relacionados con lesiones músculo-esqueléticas en la espalda y su prevención a través de buenas prácticas.
- Ergomaq: aplicación informática que permite la generación y gestión de informes de verificación ergonómica de maquinaria.
- e-SInAcc: una aplicación informática accesible vía web que permite a los usuarios investigar (en prevención de riesgos) accidentes de trabajo (con o sin baja), incidentes o sucesos de interés preventivo.
- FisioMutua: aplicación que facilita, vía Internet y mediante un sistema de contraseñas, el acceso de los usuarios (trabajadores de empresas asociadas a Unión de Mutuas) a tablas de ejercicios en formato vídeo, como refuerzo en el domicilio de su proceso de rehabilitación.

- Edición y difusión de la guía de buenas prácticas en materia de prevención del COVID.
- Edición y difusión de guías sectoriales sobre prevención de salud y riesgos laborales.

Figura 5. Principales distinciones obtenidas por Unión de Mutuas

Fuente: elaboración propia a partir de https://www.uniondemutuas.es

Su trayectoria y constante innovación han sido reconocidas por el Club de Innovación, otorgándole el Premio a la Mejor Empresa Innovadora en la categoría de Organizaciones sin ánimo de lucro, en 2020. Algunos de los servicios de Unión de Mutuas que reflejan su elevado grado de innovación, y que han sido reconocidos con este premio, son el uso de las tecnologías de realidad virtual, la realidad inmersiva y la gamificación, para contribuir a una mejor rehabilitación y reincorporación al trabajo de los pacientes, así como los servicios y plataformas anteriormente reseñados. Su esfuerzo por la innovación y tecnología de vanguardia ha llevado también a Unión de Mutuas a la creación de unidades médicas especializadas y equipos innovadores para la rehabilitación (p. ej., la Unidad de Medicina Hiperbárica, la tecnología Human Tecar, la cinta antigravitatoria Alter G, la plataforma de ejercicio multiaxial, las Unidades de Diagnóstico por la Imagen, Ondas de Choque, Apnea del Sueño, Valoración Funcional y Sistema Medx, etc.).

Todas estas mejoras han repercutido en la obtención de índice de satisfacción de usuarios de servicios del 92,51%, un índice de satisfacción de perceptores de prestaciones del 72,80% y un índice de satisfacción de un 100% en los hospitalizados en el Hospital Instituto de Traumatología de Unión de Mutuas en el año 2021.

Estas acciones han derivado en la obtención de certificaciones, entre las que se encuentra el modelo EFQM +500, adhesiones a organizaciones, como el Pacto Mundial, y premios y reconocimientos, entre los que destaca la Acreditación QH de Excelencia en Calidad Asistencial, categoría Sello Base + 3 Estrellas (véase Figura 5)

Todas estas acciones tienen contribuyen claramente a la mejora de la salud y el bienestar (ODS 3), la igualdad de género (ODS 5), el trabajo decente y crecimiento económico (ODS 8) y a la reducción de las desigualdades (ODS 10).

5.- Transformación Digital

Con su *Plan Director de Sistemas*, Unión de Mutuas continúa con uno de sus pilares básicos, el desarrollo propio de aplicaciones corporativas, para lograr la completa transformación e integración digital de todos sus sistemas. Con el foco en la usabilidad, la optimización de los procesos y la adaptación a los requisitos de la administración electrónica, el desarrollo propio corporativo sigue siendo el motor del cambio y de la evolución digital y tecnológica de esta entidad. Unión de Mutuas ha ido adaptando e integrando en todos sus procesos y sistemas las tecnologías de la información y de las comunicaciones que han resultado facilitadoras para lograr una correcta transformación digital (analizando el flujo de los procesos, adoptando metodologías de desarrollo y capacitando los sistemas acorde a las nuevas necesidades). Alineada con las necesidades y estrategias inherentes a una entidad colaboradora con la Seguridad Social y con el objetivo de "Lograr la transformación e integración digital" de los procesos, Unión de Mutuas no olvida que las tecnologías de la información y de las comunicaciones deben ser siempre una fortaleza, y la integración de nuevos conceptos de administración y gestión en ellas, una oportunidad para la mejora que permita la participación de todos los procesos críticos en su evolución y facilite la integración de todas sus necesidades.

6.- Compromiso con el equipo humano

Es usual decir que el equipo humano es el principal activo de una empresa y, al menos entre las empresas que apuestan por la responsabilidad social, debe ser así. Unión de Mutuas, y en relación con los ODS mencionados, ha trabajado mucho para ello. Cabe destacar tres cuestiones en particular.

En primer lugar, la igualdad: ya antes de que se aprobase la Ley Orgánica 3/2007, para la igualdad efectiva de mujeres y hombres, se había incorporado a un plan de RSC de la Mutua el compromiso de elaborar un plan de igualdad. Se creó una Comisión de Igualdad, se encargó la realización de un diagnóstico de situación y la comisión preparó un plan que fue aprobado por el Comité de Empresa y la Dirección y posteriormente sometido a evaluación externa.

Ahora ha puesto en marcha el sexto plan de igualdad y, en el camino, ha ido avanzando en materia de igualdad: se han ido ampliando diferentes tipos de permisos y se promueve y facilita la corresponsabilidad (sin la cual no puede pensarse en igualdad), habiéndose difundido internamente una guía de beneficios de trabajar en Unión de Mutuas para facilitar su conocimiento; elaboró, con el primer plan de igualdad, un protocolo para supuestos de acoso; en los planes de formación, abiertos a toda la plantilla, se tienen en cuenta las necesidades del personal con algún tipo de limitación funcional y, por ejemplo, se facilita intérprete de la lengua de signos cuando se apunta a algún curso una persona con discapacidad auditiva...

En segundo lugar, por lo que se refiere al equipo humano, Unión de Mutuas considera que, si la comunicación es importante para la transparencia, aún lo es más en relación con las personas. Por ello, el personal dispone de diversos canales de comunicación que facilitan el diálogo de forma vertical y horizontal. Y, además de la política de puertas abiertas de la Dirección y de la cadena de liderazgo, realiza evaluaciones del desempeño: en las reuniones para la evaluación del desempeño en la Mutua, quienes evalúan escuchan las opiniones y solicitudes de las personas evaluadas y les explican lo que consideran puntos fuertes y aspectos que deben desarrollar, orientando dichas reuniones a la mejora y el crecimiento personal y profesional de quienes son evaluados.

Finalmente, en relación con el equipo humano, habría que destacar la implementación de un sistema de gestión de Empresa Saludable, para promover y proteger la salud, la seguridad y el bienestar de los trabajadores, y la sostenibilidad del ambiente de trabajo. En el marco de este modelo ha puesto en marcha numerosos proyectos: el *Plan de Salud Cardiovascular*, el *Plan de Trastornos Musculoesqueléticos*, el de *Movilidad Segura y Responsable*, el *Proyecto emocion.es*, el *Plan de Madurez y Bienestar en el Trabajo*... En la guía *Organizaciones saludables, nuestra experiencia*, que está en su página web, explica la forma en que ha implantado este modelo de Empresa Saludable y propone alternativas para que diferentes tipos de empresa, según sus posibilidades, puedan avanzar en el camino de las organizaciones saludables.

Con tal de evaluar su impacto en este punto, así como posibles necesidades y expectativas de su personal, Unión de Mutuas lanza continuamente encuestas de opinión y de riesgos psicosociales, tratadas por su Grupo de Apoyo Psicosocial.

Los resultados de la encuesta del personal, publicados en su *Memoria de Sostenibilidad y de Gobierno Corporativo* del 2020, arrojan un índice de satisfacción del personal del 89%, un índice de implicación del 72%, y un índice de participación del 84%.

Tal y como se declara en su página web, el compromiso de la Mutua con los derechos humanos en general y con la igualdad en particular queda reforzado con la adhesión al Pacto Mundial, a la iniciativa de empoderamiento de las mujeres del Pacto Mundial y ONU Mujeres, al Chárter de la Diversidad, a la Red+D de Empresas Comprometidas con la Diversidad, a la Red de Empresas por una Sociedad Libre de la Violencia de Género del Ministerio de Igualdad, al Pacto Valenciano contra la Violencia de Género y Machista, a la Red de Empresas Sana+Mente Responsables y a la Red NUST (Nuevos Usos Sociales del Tiempo).

6.1. La composición de las plantillas

Es también política de Unión de Mutuas la estabilidad en el empleo. En este sentido, lo primero que observamos es la estabilidad y la calidad de los contratos. Las condiciones laborales generales nos indican que los contratos son mayoritariamente indefinidos y de jornada completa. De hecho, el 94,80% de la plantilla tenía un contrato estable a diciembre de 2021.

La antigüedad media en 2021 es de diecisiete años, con un total de 145 nuevas contrataciones, de las que el 17% concluyeron con contratos indefinidos, y una rotación voluntaria total de 3,78. Además, favorecen la contratación de personal con residencia cercana al lugar de trabajo, lo cual, además, facilita la conciliación de la vida laboral con la familiar y personal.

6.2. Presencia de mujeres en cargos de responsabilidad

Desde el primer Plan de Igualdad, Unión de Mutuas ha buscado la presencia equilibrada de mujeres y hombres en todas las categorías profesionales, incrementando año a año el número de mujeres en puestos de responsabilidad. El equilibrio de ambos sexos está presente en el Comité de Dirección, con los mismos porcentajes de hombres y mujeres; y en la cadena de liderazgo, que cuenta también con un 54,56% de mujeres. En este sentido, de las 635 personas que conforman la plantilla de Unión de Mutuas en diciembre de 2021, 426 son mujeres y 209 hombres.

Por otro lado, es de destacar que Unión de Mutuas facilita información todos los años sobre las retribuciones al personal como miembro de la Red DIE de empresas con el distintivo "Igualdad en la Empresa", así como en la Memoria de Sostenibilidad y de Gobierno Corporativo.

6.3. Medidas de equidad en la plantilla

El compromiso con la igualdad está presente en Unión de Mutuas en la Política de Unión de Mutuas, que exige el respeto a los valores y normas de su *Código Ético y de Buen Gobierno.* A continuación, la Tabla 1 presenta las principales medidas y objetivos contenidos en el V Plan de Igualdad de Unión de Mutuas 2020-2022.

Tabla 1. Medidas y objetivos del V Plan de Igualdad de Unión de Mutuas 2020-2022

MEDIDAS	OBJETIVOS
EMPLEO	1. Incluir la perspectiva de género en las fases de captación, selección y contratación en el acceso a Unión de Mutuas. a) Realizar formación en materia de igualdad entre mujeres y hombres para que las personas de Unión de Mutuas que intervienen en los procedimientos de acceso al empleo incorporen a estos la perspectiva de género. b) Formar en materia de igualdad entre mujeres y hombres a las personas que son contratadas por primera vez en Unión de Mutuas. 2. Introducir medidas de acción positiva que permitan un fomento efectivo del principio de igualdad en la empresa. a) En el acceso al empleo, a igualdad de méritos y capacidad para el desempeño del puesto de trabajo a cubrir, priorizar la contratación del sexo menos representado en el puesto correspondiente.
CLASIFICACIÓN Y PROMOCIÓN PROFESIONAL	1. Aplicar la perspectiva de género en materia de clasificación y promoción profesional. a) Realizar formación en materia de igualdad entre mujeres y hombres para que quienes intervienen en los procesos de evaluación apliquen criterios igualitarios en sus evaluaciones. 2. Introducir medidas de acción positiva que permitan un fomento efectivo del principio de igualdad en la empresa. a) A igualdad de méritos y capacidad para el desempeño de un puesto de trabajo, fomentar la incorporación al mismo de las personas del sexo infrarrepresentado.
FORMACIÓN Y SENSIBILIZACIÓN	1. Promover la formación en condiciones de igualdad para todo el personal. a) Realizar los cursos de formación dentro de la jornada laboral, teniendo en cuenta, en su caso, y hasta donde resulte posible, los diferentes horarios y turnos de trabajo de quienes asistan a ellos. 2. Promover la formación en materia de igualdad en el ámbito interno. a) Utilizar las herramientas de comunicación interna para la formación y sensibilización en materia de igualdad. b) Formar a agentes de igualdad.
RETRIBUCIONES	1. Mantener un sistema retributivo equilibrado e igualitario para todo el personal de Unión de Mutuas. a) Realizar un seguimiento de las retribuciones para comprobar que se sigue manteniendo la igualdad retributiva entre mujeres y hombres.
CONCILIACIÓN Y CORRESPONSABILIDAD	1. Promover la conciliación de la vida laboral, familiar y personal en Unión de Mutuas e impulsar la corresponsabilidad. a) Sensibilizar al personal de Unión de Mutuas en materia de igualdad de trato y oportunidades y de corresponsabilidad mediante las herramientas de comunicación interna existentes. b) Mantener actualizadas las medidas de conciliación en Unión de Mutuas. c) Procurar la promoción de la corresponsabilidad en los mensajes publicados en el calendario de Unión de Mutuas

SALUD LABORAL Y PREVENCIÓN DE RIESGOS LABORALES	1. Promover una formación orientada a la mejora de las condiciones de salud, seguridad y bienestar del personal sin distinción de sexo, edad, orientación sexual, estado civil, nacimiento, raza o etnia o cualquier otra condición o circunstancia personal o social. a) Incorporar a la agente de igualdad en el equipo de gestión de "Empresa Saludable". 2. Promover la salud laboral con perspectiva de género a) Conocer la opinión de la plantilla sobre su situación laboral. b) Facilitar información relativa a los cuidados de la salud de la mujer después del embarazo. c) Facilitar en los reconocimientos de empresa análisis de PSA a los hombres y análisis de vitamina D a las mujeres.
PREVENCIÓN DE LA VIOLENCIA DE GÉNERO	1. Facilitar a las víctimas de violencia de género el ejercicio de su derecho a la asistencia social integral o hacer efectiva su protección. a) Conceder a las víctimas de violencia de género que quieran hacer efectivo su derecho a la asistencia sanitaria integral, cuando opten por ejercerlo por un octavo de la jornada, que se acojan al mismo sin reducción salarial, por un máximo de doce meses. b) Facilitar un permiso retribuido de quince días para el traslado de víctimas de violencia de género que se vean obligadas a abandonar el puesto de trabajo en la localidad donde estaban prestando servicio para hacer efectiva su protección o su derecho a la asistencia social integral. c) Conceder anticipos salariales a víctimas de violencia de género que acrediten su situación independientemente de su antigüedad. 2. Sensibilizar en materia de violencia de género al personal de Unión de Mutuas. a) Usar las herramientas de comunicación interna para sensibilizar en materia de violencia de género al personal b) Sensibilizar en materia de violencia de género en los mensajes publicados en el calendario de Unión de Mutuas
DIVERSIDAD	1. Transversalizar la diversidad con perspectiva de género a) Formar a la cadena de liderazgo y personas designadas en materia de diversidad, incorporando la diversidad al modelo de liderazgo de la Mutua. b) Elaborar el decálogo de Unión de Mutuas en materia de diversidad con el objetivo de informar y formar en sesgos inconscientes. c) Mantener la colaboración con la Red Acoge en materia de diversidad
COMUNICACIÓN	1. Sensibilizar y fomentar la igualdad. a) Difundir internamente las actuaciones realizadas en materia de igualdad de Unión de Mutuas. b) Difundir externamente actuaciones destacadas realizadas en materia de igualdad en Unión de Mutuas. c) Revisar la *Guía para el uso no sexista del lenguaje y la imagen* en Unión de Mutuas. d) Colaborar con organizaciones externas para el fomento de la igualdad. e) Desarrollar acciones conmemorativas de días internacionales relacionados con la igualdad.

Fuente: elaboración propia a partir de la información publicada por la empresa en su V Plan de Igualdad 2020-2022

6. Conclusiones y perspectivas de acciones futuras

Para completar el estudio, es interesante proponer cuáles son las líneas de futuro que se plantea la entidad, en especial aquellas relacionadas con la sostenibilidad y responsabilidad social corporativa.

Las líneas de futuro que Unión de Mutuas pretende trabajar en materia de sostenibilidad se integran en el propio plan estratégico que se va revisando anualmente. Acorde con los principios de mejora continua y excelencia de la entidad, los objetivos a conseguir en el futuro se van marcando según el análisis que se hace de la información procedente de distintas fuentes:

1. Los sistemas de certificación. Unión de Mutuas realiza una gestión por procesos a través de la aplicación del Modelo EFQM, lo que les obliga a una revisión de todos sus procesos, donde los expertos que deben certificar el cumplimiento de los estándares, externos a la entidad, evalúan todo el sistema de gestión y además, identifican líneas de mejora. Estas líneas de mejora se convierten en una de las entradas más importantes para plantear la estrategia.
2. Encuestas a los grupos de interés para identificar qué esperan de Unión de Mutuas (y también para medir los niveles de satisfacción). Estas encuestas se realizan tanto por SMS, como telefónicamente, como a través de la herramienta de gestión de proyectos e indicadores.
3. Realización de *focus group* periódicos, con representantes de los grupos de interés, también para establecer posibles líneas de mejora, alineando los objetivos legítimos de los grupos de interés con la estrategia de la entidad.
4. Análisis de cuál es su contribución a los ODS y a partir de ahí planteamiento de cómo pueden seguir mejorando esta contribución, estableciendo objetivos con los que Unión de Mutuas pueda aportar mayor valor.

Con el fin de avanzar en la consecución de los objetivos en materia de sostenibilidad, Unión de Mutuas considera necesaria la transversalidad de la función de la RSC y que la responsabilidad en estos tópicos no recaiga en un departamento concreto sino en el sentir de toda la plantilla.

En este sentido, la sostenibilidad, que está en el propio objeto social de la empresa al gestionar servicios, está presente en todo el desarrollo de su *Plan estratégico para el 2020-2022*.

De este modo, la directora gerente adjunta remarca en la entrevista realizada que ambos planes, RSC y estratégico, se funden: "Ya no hay un plan de gestión de la RSC, sino que está integrado dentro del plan estratégico de la organización, que se lleva a cabo a través de los distintos planes de igualdad, digital, etc., por lo que todo se integra dentro del plan corporativo de la organización".

Dentro del compromiso por la plantilla, destacar el esfuerzo de la compañía por proseguir: a) con su lucha contra las desigualdades, lo que les lleva a adoptar un Nuevo *Plan de*

*Igualdad 2022-2025*y constituir una nueva Comisión de Igualdad, y b) con la mejora de la salud y bienestar de la plantilla, formalizando nuevos proyectos de Organización Saludable.

Otra de sus férreas apuestas es la de continuar con el proceso de digitalización o servitización de sus sevicios así como la implantación del proyecto de telemedicina, mejorar la oferta de valor a sus stakeholders y la apertura de nuevos canales de comunicación con ellos. La inversión en nuevos sistemas de información como el sistema de Business Intelligence recientemente adoptado es buena muestra de ello. Un tratamiento adecuado de la información, tanto interna como externa, posibilita su incorporación a sus servicios a través de mejoras o innovaciones con las que diferenciarse de otras organizaciones, mejorando también el nivel de satisfacción de los mutualistas y también de los demás stakeholders, gracias a que puede redundar en una mejora de la eficiencia y la eficacia en la gestión. La vigilancia tecnológica asociada a la gestión del conocimiento permite, así, contribuir al propósito estratégico del liderazgo de la mutua en un sector tan dinámico y complejo como el de la salud.

Actualmente se encuentran además trabajando en la denominada gestión de riesgos, estrechamente asociada a la sostenibilidad, ya que se trata de analizar, gestionar y prevenir los posibles riesgos que puedan poner en peligro la consecución de sus objetivos en términos de desempeño social, medioambiental y económico.

Bibliografía

— Página Web Unión de Mutuas: https://www.uniondemutuas.es

— Entrevista realizada a la Directora gerente adjunta de Unión de Mutuas, Teresa Blasco, con el apoyo de la persona especialista en proyectos de RSC. Fecha y hora de la entrevista: 27/09/2021 de 9h. A 10.30h.

— https://www.nunsys.com/business-intelligence-caso-de-exito-ibm-cognos-y-union-de-mutuas/ (consultado el 6 de mayo de 2022).

— Merino, C., Antonio, O., & Murcia, J. (2017). Vigilancia tecnológica en la práctica de salud laboral: el caso de unión de mutuas. *Economía Industrial*, Nº 406, pp. 71-79

Cuestiones para el debate

1. ¿Considera que los sistemas de información son palancas clave del modelo de negocio desarrollado por Unión de Mutuas? ¿Por qué? ¿Qué ventajas considera que tiene su adopción para los ODS/sostenibilidad en Unión de Mutuas?
2. ¿Cuáles cree que son las tres principales fortalezas de Unión de Mutuas en materia de sostenibilidad?
3. ¿Cuáles considera que son los principales retos de Unión de Mutuas con respecto al desarrollo sostenible?

CASO 7
GOURMET: UN CASO EJEMPLAR DE RESILIENCIA BASADO EN LA SOSTENIBILIDAD SOCIAL Y MEDIOAMBIENTAL

CARLES CAMISÓN-HABA

Objetivos de aprendizaje

1. *Desarrollar la capacidad de identificar tendencias y retos en el entorno general o específico de una empresa.*
2. *Adquirir habilidades para incluir los retos de la sostenibilidad y la competitividad en la adopción de decisiones estratégicas, incluyendo las referentes tanto a la formación de la cartera de negocios como a la elección del posicionamiento competitivo.*
3. *Desarrollar la capacidad de análisis del impacto de la sostenibilidad sobre la gestión empresarial en industrias sensibles al cambio de los hábitos de compra y la mayor valoración de aspectos relacionados con la salud, el bienestar y el medio ambiente.*

Material recomendado para el estudio del caso

— Balances anuales de la Distribución Española. Kantar World Panel.

— Web de la compañía www.gourmet.es.

— Vega, G. (2021), Retos de la industria cárnica ante las nuevas tendencias de consumo en el mundo. *The Food Tech*, 4 de febrero de 2021. https://thefoodtech.com/tendencias-de-consumo/retos-de-la-industria-carnica-ante-las-nuevas-tendencias-de-consumo-en-el-mundo, Consultado el 14 de julio de 2024.

1. Planteamiento

El sector de alimentación se encuentra en un momento único por la cantidad de variables que convergen en las circunstancias actuales. Considerado un sector vital y de primera necesidad, se enfrenta a la disyuntiva de cómo generar fidelidad en el consumidor, satisfacción para el trabajador, rentabilidad para el accionista y ahora también sostenibilidad para la sociedad. Todo ello en un mercado que se podría considerar lo más cercano a la competencia perfecta, con una intensa rivalidad competitiva.

En este entorno es más importante que nunca adelantarse a los rivales y aprovechar las tendencias del sector, siendo la sostenibilidad una de las más significativas. Gourmet es un claro ejemplo de cómo subirse a esta ola pese a todas las adversidades. La compaña ha sabido virar tanto en estrategia como en política de producto y diseño de procesos, apostando por incardinar la sostenibilidad social y medioambiental en su apuesta competitiva. Con esta decisión, Gourmet se ha convertido en un actor con una alta resiliencia incluso ante eventos extraordinarios, que ilustra a la perfección las interacciones entre sostenibilidad, supervivencia y satisfacción de sus stakeholders clave.

2. Historia de Gourmet

En 1975 el matrimonio Joaquin Corell y Antonia Temprano inicia la actividad en un obrador en el centro de Valencia. Anteriormente, los padres de Joaquín tenían una mantequería ubicada en Valencia capital, por lo que desde muy joven empezó a tener contacto con el sector alimentario. Su experiencia posterior en una empresa de especias y aditivos alimentarios terminó por germinar la idea de fundar su propia empresa.

Probablemente el aprendizaje familiar heredado condicionó su elección de misión, centrando inicialmente su campo de actividad en la elaboración de patés frescos y ampliándolo posteriormente con fiambres de especialidad y salchichas alemanas.

Desde sus inicios, esta pareja de emprendedores apostó por un profundo respeto por la tradición y las recetas clásicas alemanas y belgas. Esto fue especialmente significativo en el caso de las salchichas Picken, preservando el saber hacer de los maestros charcuteros germanos a través de una selección de materias primas nobles, un proceso de ahumado natural y la condimentación con especias.

Durante su casi medio siglo de vida, la empresa ha sabido combinar la tradición con una fuerte orientación al consumidor y las nuevas tendencias del mercado, adaptando su surtido con nuevos productos, que han culminado con la apertura de su nueva fábrica de platos preparados en 2021 tras una inversión de 5 millones de euros.

El crecimiento de la compañía la indujo a trasladarse al polígono de Fuente del Jarro en Paterna y convertirse en interproveedor de Mercadona en 2007. Sin lugar a dudas, la mayor dificultad con la que se ha encontrado en toda su historia fue el incendio que en 2017 asoló precisamente la planta construida en este parque industrial en 2017. Invocando a la mitología griega, la empresa realizó un asombroso ejercicio de resiliencia y cual ave Fénix ha terminado por resurgir de sus cenizas, no solo recuperando su actividad previa sino creciendo y diversificando su negocio. La inversión en la reconstrucción de la planta, cifrada en 16 millones de euros, habla claro en cuanto a la ambición de la empresa por mirar hacia el futuro.

Actualmente Gourmet está controlada por la segunda generación, en cuyas tareas de gestión participan los hermanos Davinia y Rubén Corell Temprano, que iniciaron la profesionalización de la empresa en 2012 de la mano de su director general externo Jaime Alvarez.

3. Principales magnitudes y portfolio de productos

El equipo humando de Gourmet está formado actualmente por 95 personas, si bien alcanza picos de hasta 130 trabajadores en campaña, entre octubre y diciembre.

La empresa cerró 2020 con una cifra de negocio próxima a los 12 millones de €, con un crecimiento del 8% respecto al ejercicio anterior y un total de 2.100 toneladas de producto comercializado.

El surtido actual se divide en 5 categorías de productos y 2 marcas diferentes; Picken para salchichas y La Cuina para patés, fiambres, cremas y platos preparados. Las 5 categorías que componen el surtido son las siguientes:

1. Salchichas clásicas alemanas: encontramos variedades como la clásica Frankfurt, la especiada bratwurst, la bockwurst de ternera o la más ligera de pavo.

2. Platos preparados: lasañas y canelones de pollo, boloñesa, espinacas o setas y foie.

3. Patés tradicionales: amplio surtido de patés de pato, oca, ibérico u otras variedades a las finas hierbas, a la pimienta o con setas.

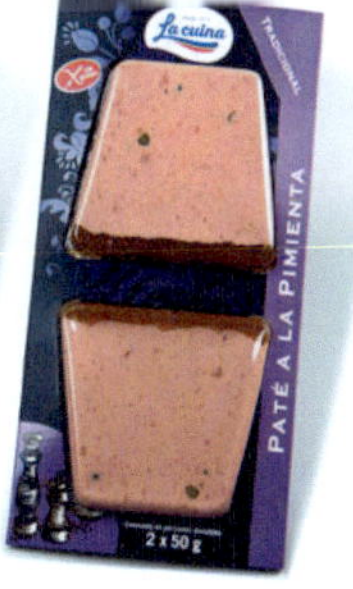

4. Fiambres cocidos y asados: variedades como pechuga de pollo braseada, pavo a la trufa, cabeza de jabalí o pollos rellenos.

5. Cremas untables: de queso, salami, jamón york, sobrasada o hummus.

4. Estrategia

La estrategia competitiva de la empresa ha pasado por diferentes fases desde el modelo de interproveedor hasta la actualidad:

2007-2012: como interproveedor de Mercadona, el 96% de las ventas dependen de un solo cliente, lo cual genera múltiples ventajas a nivel operacional y planificación, pero conlleva, además de un riesgo muy elevado una desconexión con la realidad del negocio más allá de Mercadona.

2013-2016: los riesgos de depender de un solo cliente se materializan en 2013, lo que obliga a un cambio de rumbo y una estrategia "de supervivencia". Fruto del Plan Estratégico se apuesta por diversificar clientes, canales y productos. Este cambio implica una fuerte inversión en la profesionalización de la empresa, abordando la creación de nuevos departamentos (comercial, I+D, calidad, operaciones) y una orientación total a la captación de negocio. La agilidad con la que se aborda este cambio de rumbo permite sostener la facturación (se pasa de 13 MM€ en 2013 a 10,6 MM€ en 2016) y conseguir la deseada diversificación.

2017-actualidad: la empresa prosigue optimizando la eficiencia, afianzando su surtido con productos de valor añadido y poniendo el foco del crecimiento en la expansión internacional. El grave incendio de 2017 no detiene la determinación de Gourmet, convirtiendo una crisis en una oportunidad de renovar sus instalaciones y seguir en su estrategia de innovación de nicho, ocupando de manera transversal diferentes categorías de producto dentro de las industrias cárnica y de platos preparados.

Actualmente su estrategia se apoya en diferentes ejes:

1. Notoriedad de marca: hacer que las marcas sean más reconocidas por el consumidor, para lo cual se está invirtiendo en la principal ventana al consumidor, el packaging, a través de una amplia renovación de los envases y rehaciendo la arquitectura de marca, que a su vez ha ido evolucionando con el paso del tiempo (ver imagen inferior). También se está mostrando muy activa en las redes sociales, con publicaciones en Facebook, Twitter o Pinterest, y frecuentes posts en su blog.

2. Penetración: aumentar presencia en la gran distribución para llegar a cada vez más hogares. Actualmente el canal de grandes superficies representa más de 2/3 de la cifra de negocios. La empresa se encuentra presente en los lineales de alguna de las cadenas nacionales y regionales más importantes, destacando Mercadona, Consum, Alcampo, Carrefour, Ahorramás y Mas y Mas. Por su parte el canal HORECA llegó a representar un 34% del volumen de negocio antes de la pandemia y con la vuelta a la normalidad se espera que recupere su nivel previo.
3. Compromiso con el consumidor: cuidar la calidad de las materias primas y la seguridad alimentaria en las recetas, para seguir ofreciendo un equilibrio entre sabor y salud a los consumidores. Este compromiso está avalado por su trayectoria en certificaciones de calidad:
   - ISO 9001: Desde 2003 hasta 2007.
   - IFS (International Food Standard): Desde 2008 hasta el incendio en 2017, y desde 2019 hasta la actualidad.
   - BRC (British Retail Consortium): Desde 2013 hasta el incendio en 2017.
4. Internacionalización: aumentar la presencia fuera de España para llegar a nuevos mercados. Destaca la presencia en cadenas de distribución de México, Francia, Alemania, Hungría y países escandinavos.

5. Modernización: inversión en nuevas tecnologías para la mejora del proceso productivo, con el fin de ser más competitivos. El montante total de inversiones en las dos fábricas asciende a 21 millones de €.
6. Desarrollo de nuevos productos: adaptarse a las nuevas tendencias y cambios en el mercado a través de la innovación en producto y packaging. La incorporación de la gama de platos preparados es un claro guiño a las nuevas tendencias del mercado y la demanda de productos de conveniencia y saludables.

5. El entorno: el consumidor consciente y la regulación verde

Gourmet está instalada en un entorno caracterizado por fuerzas que intensifican progresivamente la apuesta por la sostenibilidad. Los factores que ejercen mayor presión en este sentido son la conciencia social respecto a los problemas medioambientales y la regulación verde.

A la histórica triple B (bueno, bonito y barato) se une ahora la S de sostenible. Satisfacer la demanda del consumidor implica no solo el qué (cumplir sus necesidades) sino el cómo, exigiendo a las empresas que lideren la búsqueda de soluciones a problemas medioambientales y trasladando en parte a las grandes marcas la responsabilidad de ayudar a mejorar el medio ambiente. Diversos estudios ponen cifras a este cambio de tendencia. Según el GlobalWebIndex[1], el 79 % de los consumidores globales se muestra muy preocupado por la basura de plásticos en el océano y un 64% quiere envases reciclables y respetuosos con el medio ambiente.

Otro de los estudios más relevantes fue encargado en julio de 2019 por DS Smith[2], la empresa líder en envases sostenibles de Europa, con una muestra de 3.395 encuestados en Bélgica, Alemania, Polonia y el Reino Unido. Dicho estudio buscaba comprender las actitudes y hábitos de los consumidores sobre el embalaje, el reciclaje y la gestión de residuos. Preguntados por la escala de prioridades, un 86% decían que las cuestiones medioambientales son el mayor problema al que se enfrenta hoy en día la sociedad. Los resultados del estudio indicaban que para el 91% de los encuestados preferían productos con menos plástico y un 62% estarían dispuestos a pagar más por ello. El mismo estudio avala el cambio de hábitos del consumidor en cuanto al reciclado, cifrando en un 59% los encuestados que reciclaban más que 5 años atrás.

1 GlobalWebIndex, (2019), Sustainable Packaging Unwrapped

2 https://www.dssmith.com/packaging/about/media/news-press-releases/2019/11/six-in-ten-europeans- willing-to-pay-more-for-reduced-plastic-packaging

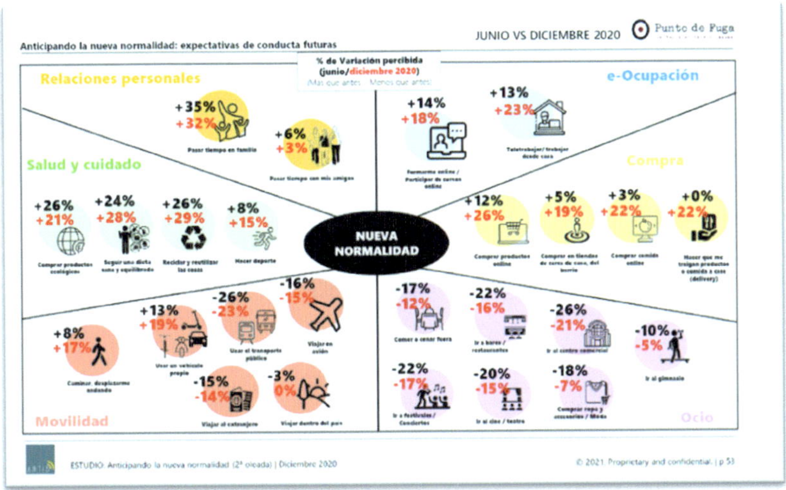

El paso de las palabras a los hechos por parte del consumidor es una realidad que además se ha acentuado a raíz de la pandemia de Covid-9. De acuerdo con el *Estudio: Anticipando la Nueva Normalidad* [3], la nueva normalidad ha traído consigo un consumidor diferente en varios ámbitos:

1. Más importancia a las relaciones personales.
2. Teletrabajo y formación online.
3. Menos gasto en ocio, especialmente el relativo a servicios.
4. Cambio en la movilidad, en detrimento del transporte público.
5. Hábitos de compra: más online y delivery, más peso a la compra local.
6. Mayor relevancia de la salud y el cuidado, con mayor énfasis en la compra de productos ecológicos, la apuesta por una dieta sana y equilibrada y el reciclaje y reutilización de las cosas.

Los puntos 5 y 6 son especialmente significativos para Gourmet, puesto que inciden directamente sobre distintos aspectos críticos en la decisión de compra cuya evolución ha sido significativa. A destacar las marcas socialmente responsables, los productos o envases ecológicos o sostenibles y la apuesta por la compra de proximidad a proveedores locales, reduciendo con ello el impacto de la huella de carbono.

3 Estudio: Anticipando la Nueva Normalidad (2º oleada) – Diciembre 2020 ARTIS

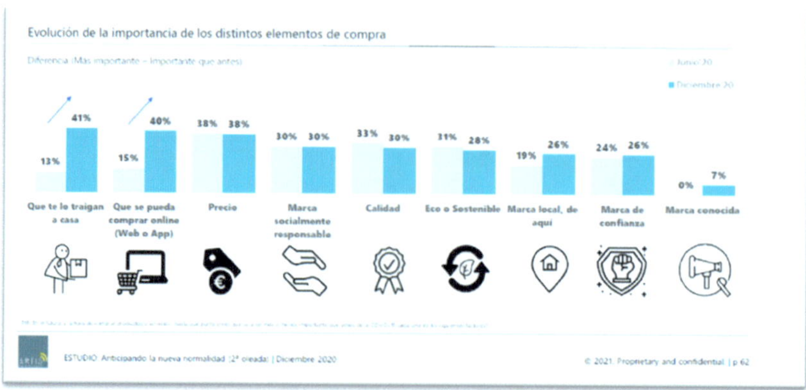

La segunda fuerza ambiental a destacar es la presión normativa, que está aumentando y originando cambios en materiales y procesos.

En 2015, todos los Estados Miembros de las Naciones Unidas aprobaron 17 Objetivos como parte de la Agenda 2030 para el Desarrollo Sostenible, en la cual se establece un plan para alcanzar los Objetivos en 15 años.[4] Los Objetivos de Desarrollo Sostenible (ODS) constituyen un llamamiento universal a la acción para poner fin a la pobreza, proteger el planeta y mejorar las vidas y las perspectivas de las personas en todo el mundo.

Este acuerdo global avala el consenso creciente sobre la necesidad de poner las pautas de producción, distribución y consumo en la senda de la sostenibilidad, la lucha contra el cambio climático y el fortalecimiento de nuestras acciones para proteger los océanos, los ecosistemas y la biodiversidad. Los gobiernos de todo el mundo están respondiendo con leyes, regulaciones e impuestos diseñados para impulsar este cambio.

Los Estados miembros de la Unión Europea han asumido un papel de liderazgo en la aplicación de los ODS. En comparación con el resto del mundo, siete Estados miembros de la EU-27 figuran entre los diez primeros puestos de la clasificación en el índice global de los ODS, y todos los Estados miembros de la EU-27 se encuentran entre los cincuenta primeros de los 156 países evaluados.[5]

De entre las directivas aprobadas por la Unión Europea, destaca la relativa a la reducción del impacto de determinados productos de plástico en el medioambiente. Según la Comisión Europea, más del 80% de la basura hallada en el mar es plástico [6]. Los productos cubiertos por esta legislación constituyen el 70% del total de los desechos marinos. Debido a su lento proceso de descomposición, el plástico se acumula en mares y playas,

---

4 https://www.un.org/sustainabledevelopment/es/development-agenda/

5 https://ec.europa.eu/info/sites/default/files/reflection_paper_sustainable_annexii_es_0.pdf

6 https://ec.europa.eu/commission/presscorner/detail/en/MEMO_18_3909

en la UE y en el mundo. El plástico es ingerido por los animales, como tortugas, focas, ballenas y aves, y también por peces y mariscos, por lo que acaba llegando a nuestros platos.

La principal directiva al respecto fue aprobada el 5 de junio de 2019[7] y se encuentra en vigor desde el 3 de julio de 2021. El acuerdo, alcanzado de forma casi unánime, es una parte integral de la Estrategia del Plástico y un elemento importante del Plan de Economía Circular. Prohíbe la fabricación y venta de los siguientes plásticos de un solo uso:

- Cubiertos de plástico de un solo uso (cucharas, tenedores, cuchillos y palillos).
- Platos de plástico de un solo uso.
- Pajitas.
- Bastoncillos de algodón para los oídos fabricados en plástico.
- Palitos de plástico para sostener globos.
- Plásticos oxodegradables y contenedores alimenticios y tazas de poliestireno.

La implementación de estas medidas tendrá como objetivo reducir la basura en más de la mitad para los diez artículos de plástico de un solo uso, evitando daños ambientales que de otro modo costarían € 22 mil millones para 2030. También evitará la emisión de 3,4 millones de toneladas de CO2 equivalente para 2030.

Otras medidas destacadas son las siguientes:

- Los Estados miembros deberán recuperar el 90% de las botellas de plástico en 2029. En 2025 el 25% del plástico de las botellas deberá ser reciclado y el 30% en 2030.
- Quien contamina paga. Los productores de tabaco o de aparejos de pesca deberán pagar el coste de la recogida de parte de los residuos generados por sus productos.
- Los fabricantes estarán obligados a advertir del impacto ecológico de los cigarrillos con filtros de plástico, las tazas de plástico, las toallitas húmedas y las compresas higiénicas.

6. El mercado y los clientes

El mix de canales de venta de Gourmet otorga un peso muy significativo a la gran distribución, con cerca de un 70% de las ventas dependiendo de grandes superficies. Esta relevancia lo hace especialmente sensible a las decisiones que se toman en este canal. Y son precisamente estas empresas las que mayor sensibilidad han demostrado ante las nuevas directrices de los gobiernos y demandas del consumidor.

En España destacan los procesos llevados a cabo por Aldi o Consum, donde se preguntó a los grupos de interés que clasificasen la importancia de diversas cuestiones relacionadas con la sostenibilidad. Los resultados se muestran en las siguientes matrices, de

7 https://www.boe.es/doue/2019/155/L00001-00019.pdf

acuerdo con los estándares de la Global Reporting Initiative (GRI). El eje Y destaca la importancia de los temas según la perspectiva de los grupos de interés. El eje X indica el alcance del impacto en la estrategia de Consum y Aldi respectivamente.

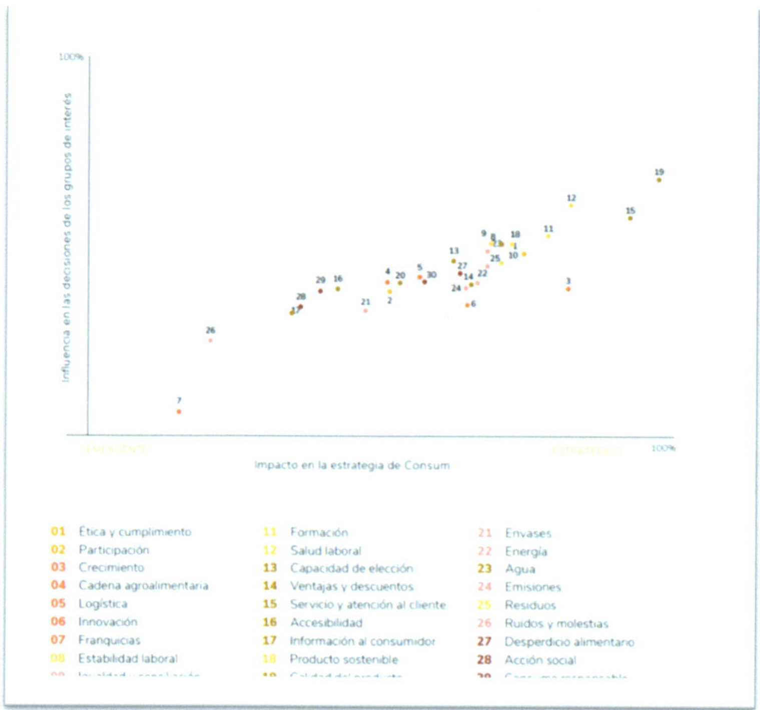

Los resultados de estos estudios han servido para revisar regularmente las prioridades en materia de sostenibilidad y con ello redefinir los objetivos e iniciativas. Ejemplos de ello son la ampliación por parte de Aldi de los surtidos de productos sostenibles, ecológicos, comercio justo y veganos, siendo reconocida como la cadena pionera en estas gamas.

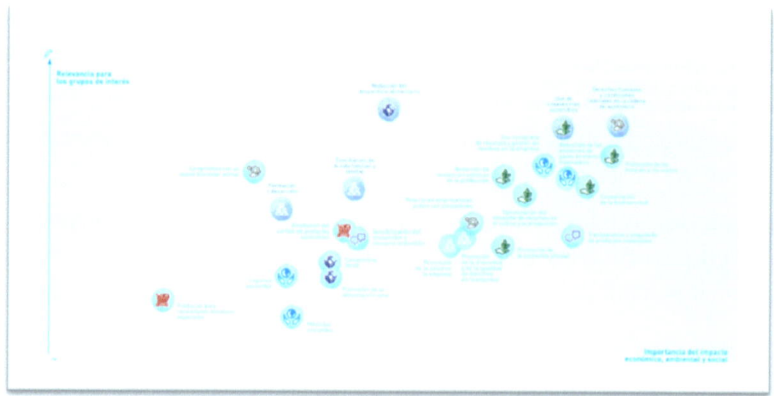

A raíz de estos informes, las principales cadenas de alimentación españolas se están adaptando rápidamente a los cambios, impulsando numerosas iniciativas a diferentes niveles y haciendo un esfuerzo por comunicarlo, como se puede apreciar en las memorias de responsabilidad social que publican anualmente, de las cuales se muestran a continuación algunos extractos.

El líder de mercado, Mercadona, ha hecho de la lucha contra el plástico su bandera y está liderando su reducción y eliminación a través de 6 fases con fecha límite 2025.

Por su parte, Carrefour y Lidl, segundo y tercer operador nacional respectivamente, no se quedan atrás y se marcan como objetivo para el 2025 que el 100% de los envases de plástico de productos de marca propia sean reciclables.

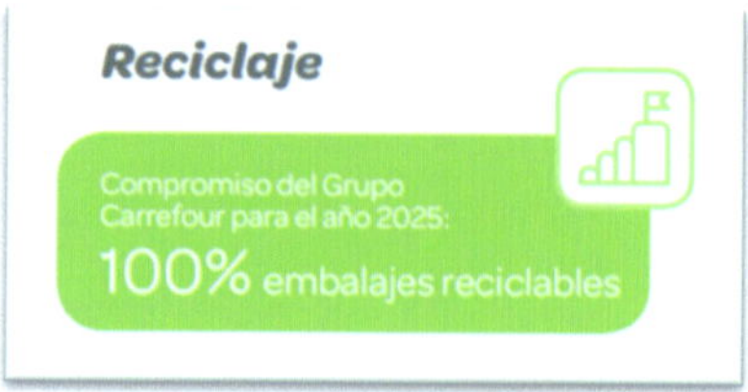

Lidl, no obstante, da un paso más en su estrategia *Reset Plastic* y exigirá además que el material reciclado en la composición de los envases de marca propia deberá alcanzar un 25% mínimo.

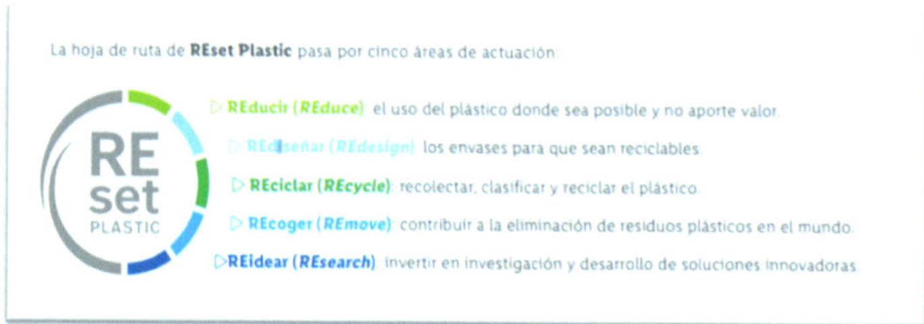

Una de las principales derivadas de todo este proceso son los productos bio, que han capitalizado mejor que nadie la tendencia sostenible, suponiendo en 2019 el 2,24% del gasto total en alimentación en España, frente al 1,51% en 2015, como se muestra en la siguiente tabla. Esta evolución ha sido especialmente rápida si lo comparamos con la media europea, lo que ha permitido casi convergir en el consumo per cápita en 2019, con 50,22€ en España frente a 55€ en Europa.

Evolución de las ventas de alimentación y bebidas BÍO en hipermercados y supermecados

	2019	2018	2015
Gasto Total Alimentación España (M€)	105.466	103.085	99.040
Convencional	97,76 %	97,89 %	98,49 %
Bio	2,24 %	2,11 %	1,51 %
Gasto Alimentación Bio España (M€)	2.363	2.180	1.502
Origen Vegetal (M€)	1.311,50	1.231,00	888,43
Origen Animal (M€)	1.051,50	949,00	613,57
Consumo per cápita/año (€)	2.241,66	2.205,80	2.133,50
Convencional España	2.191,44	2.159,17	2.101,23
Bio España	50,22	46,63	32,27
Bio de media en UE	55,00	50,50	45,60

Fuente: Elaboración Alimarket con datos del MAPA

Los principales actores del hard discount, Lidl y Aldi, están siendo especialmente proactivos en cuestiones de sostenibilidad y han aprovechado para erigirse como líderes en el segmento bio sin perder su foco y posicionamiento en precio, como muestra el siguiente extracto de Kantar World Panel[8]:

En el caso de Lidl, es el primer supermercado con la certificación de su sistema de gestión para minimizar el desperdicio de alimentos, siendo la única empresa que trabaja con Residuo Cero en todas sus plataformas logísticas de la península, lo que acredita la gestión, clasificación, valorización y recuperación de los componentes de forma centralizada.

El supermercado alemán destaca además por su programa propio de Materias Primas, que trata de garantizar unas condiciones óptimas para la extracción de un amplio abanico de productos, mostrados a continuación, así como el bienestar animal. Todo ello avalado por las certificaciones correspondientes que se muestran a continuación:

8 *Balance de la Distribución Española en 2020.* Kantar World Panel, Febrero 2021.

Por su parte, la apuesta por etiquetas limpias y surtido saludable es otro de los grandes ejes de la sostenibilidad en el sector, cuyo protagonista está siendo Mercadona. La cadena valenciana ya inició hace tiempo esta senda con la tendencia sin gluten y actualmente sus esfuerzos se centran tanto en la reducción de grasas, azucares y aditivos, como en el impulso de productos veganos.

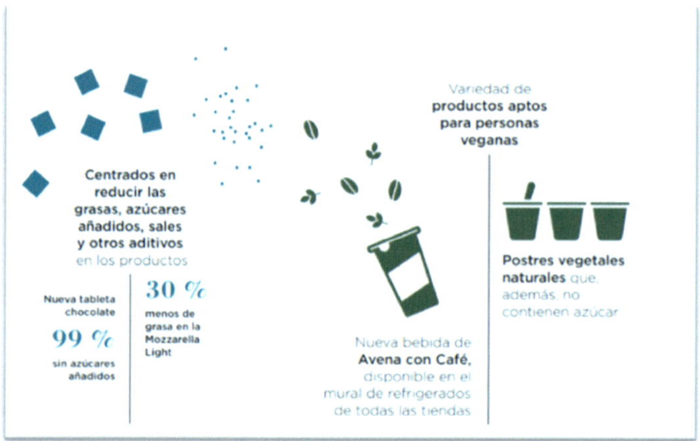

No menos importante está siendo la apuesta por proveedores locales, en línea con la creciente preocupación por el entorno más cercano. Esta apuesta se ve reflejada en todas las memorias con el creciente número de proveedores locales y su importancia relativa.

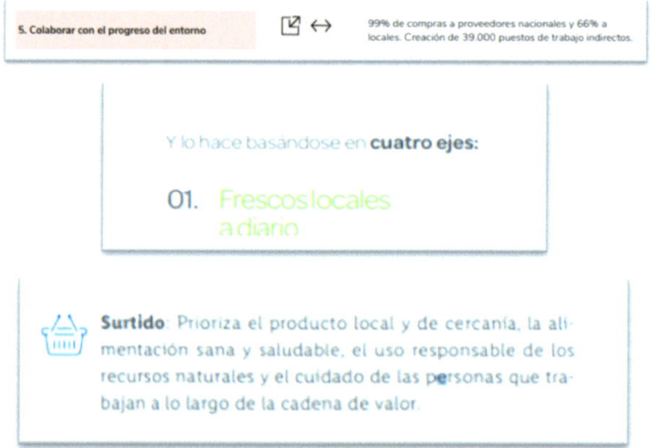

Como veremos más adelante, algunas de estas tendencias se alinean con las iniciativas en sostenibilidad que está emprendiendo Gourmet, lo que ofrece una oportunidad para capitalizarlas y aumentar la penetración en el canal.

Por otro lado, no se puede descuidar lo que está sucediendo fuera de nuestras fronteras, máxime cuando uno de los objetivos de Gourmet es precisamente la internacionalización. Si fijamos la vista en mercados exteriores, los retailers británicos están a la vanguardia de las iniciativas.[9]

El supermercado Waitrose se propone adelantar el objetivo de eliminar todos los plásticos de un solo uso, lo que supuso 31.000 toneladas en 2018. Para cumplir este objetivo facilita la compra de cereales, pasta o cerveza a granel, eliminando todo tipo de envases y promueve que los consumidores traigan sus propios tarros para la carne, pescado o queso.

Tesco, el líder del mercado británico, se marcó como objetivo eliminar los materiales difíciles de reciclar, incluyendo PVC y poliestireno, que supusieron 252,5 toneladas en 2017. Este objetivo se traslada a sus proveedores, a los que exige soluciones creativas con una fecha límite.

Por su parte, el segundo operador del mercado, Sainsbury, afirma que en 2025 reducirá a la mitad la cantidad de plástico que utiliza, en parte por la introducción de botellas rellenables.[10]

Con todos estos ejemplos observamos una tendencia generalizada y creciente de máxima exigencia en el ámbito de la sostenibilidad por parte de las grandes superficies hacia sus proveedores.

7. La competencia

El auge del consumidor eco-consciente obliga a las empresas a ser más sostenibles y transparentes y transmitir confianza con el objetivo de ganarse el corazón del consumidor. La sostenibilidad se ha convertido en una obligación en las industrias en que compite Gourmet. Las empresas han captado el mensaje y están reaccionando de forma innovadora, viendo en ello una forma de crear una ventaja competitiva.

La industria alimentaria busca nuevas soluciones flexibles que aumenten la vida útil del producto mejorando su conservación. En este caso encontramos nuevos materiales con diseños prácticos y reutilizables que permiten reducir el desperdicio de comida y la generación de residuos.

Un ejemplo destacado es Coca-Cola, que ha invertido en Europa Occidental 180 millones de euros en soluciones de embalaje sostenibles actuales y futuras, incluyendo un prototipo de botella fabricada a base de plásticos marinos.[11]

Si observamos los principales actores del sector cárnico en el que compite Gourmet, vemos un importante número de iniciativas en cuestiones de sostenibilidad.

---

9 https://www.bbc.com/news/uk-49674153

10 https://www.theguardian.com/environment/2019/sep/12/sainsburys-plans-to-halve-its-plastic-packaging-in-six-years

11 https://www.coca-cola.eu/news/supporting-environment/coca-cola-sets-ambitious-new-sustainable-packaging-goals-for-western-europe

Empresa	Iniciativas más destacadas
ARGAL	1. Bienestar animal: certificado Welfare Quality. 2. Abastecimiento responsable de cadenas de suministro: certificación SEDEX. 3. Productos ecológicos certificado. 4. Cogeneración de energía para las fábricas de Lleida y Lumbier para autoconsumo y venta de electricidad, y aprovechamiento de calor. 5. Uso de energía fotovoltaico con certificado ISO. 6. Material reutilizable en la recepción de mercancías y en los procesos de elaboración se utilizan cajas y bandejas reutilizables, apilables y lavables. 7. Depuradoras biológicas: tres plantas depuradoras biológicas para el tratamiento del agua con el objetivo de reducir el gasto energético. 8. Enfoque en las personas: prevención de riesgos, comedor con sello AMED, plan de igualdad. 9. Lucha contra el desperdicio alimentario: excedentes van a bancos de alimentos locales. 10. Packaging: material reciclado, packs biodegradables, colaboración en proyecto BIOBARACTIVE para el desarrollo de envases biocompostables, colaboración en proyecto europeo VEGAN NEW PACK para desarrollar bioplásticos competitivos y sostenibles.
CAMPOFRIO	1. Optimización del consumo energético en las fábricas: inversión en nuevas tecnologías de eficiencia energética. Proceso de transformación de las unidades de refrigeración para que sean compatibles con refrigerantes respetuosos con el medio ambiente. 2. Mejorar la eficiencia de los sistemas de transporte y logística. 3. Reducir los materiales de envasado: investigación con plásticos de base biológica elaborados con materiales naturales y láminas biodegradables de papel y aluminio.
CARNICAS SERRANO	1. Donación a través del banco de alimentos. Fomento de los valores que existen alrededor del deporte: patrocinio de vueltas a pie. 2. Modelo de economía circular basado en el sistema de pooling de Chep: mediante el uso compartido de palés y la optimización del transporte de mercancías, este modelo ofrece ahorro de costes, eficiencia de los procesos logísticos y una significativa reducción de las emisiones de carbono. Este último año supuso un ahorro en madera de 26.040 dm3, equivalente a más de 25 árboles salvados; una disminución de emisiones de CO2 en 30.000 kilogramos, equiparable a realizar la vuelta al mundo en camión; y 2.451 kilogramos menos de residuos, una cantidad equivalente a un camión de residuos lleno.
INCARLOPSA	1. Reducción de consumo: instalación de iluminación LED en las plantas para mejorar la eficiencia y reducir nuestro consumo e impacto ambiental. 2. Bienestar animal: certificado Welfare Quality. 3. Vida saludable: lanzamiento de productos veganos.
EL POZO	1. Bienestar animal. 2. Economía circular: residuo Cero. 3. Beneficios sociales: guardería para los hijos de los empleados, becas escolares, instalaciones deportivas y asistencia sanitaria las 24 horas del día. 4. Fomento del deporte: patrocinio del club eLPOZO Murcia Fútbol Sala, el Alhama Club de Fútbol eLPOZO Femenino, el Equipo Paralímpico Español, La Vuelta Ciclista a España y eLPOZO BienStar de Natación Sincronizada Alhama de Murcia. 5. Alimentación saludable: colaboración activa con universidades, centros de investigación y asociaciones científicas de España en proyectos dirigidos a mejorar la calidad nutricional de los productos.

8. Política de sostenibilidad

La sostenibilidad está presente en el ADN de Gourmet y así lo demuestran sus valores, que reflejan una fuerte conciencia con el medio ambiente, la solidaridad y el compromiso social.

Valores

- **Tradición:** mantenemos las recetas originales de maestros charcuteros belgas y alemanes, porque nos gusta disfrutar del placer del sabor tradicional.
- **Satisfacción del consumidor:** buscamos satisfacer las necesidades de los consumidores.
- **Equipo humano:** cuidamos lo más valioso con lo que cuenta Gourmet.
- **Innovación:** creemos en la innovación como estilo de vida y como vía de mejora continua.
- **Medio ambiente:** ayudamos a la conservación del medio ambiente como el tratamiento residuos y el control de gases emitidos.
- **Solidaridad:** colaboramos con numerosas causas solidarias como la donación de productos para el Banco de Alimentos y otras ONG's.
- **Compromiso social:** apoyamos el deporte y salud como base para una vida sana. Colaboramos con el Club de baloncesto Picken Claret y múltiples eventos deportivos.

Este mismo compromiso se observa en la Política Corporativa (anexo 1), donde 2 de los 7 principios apuntan a cuestiones de sostenibilidad y responsabilidad social:

- Satisfacción del cliente
- Mejor Servicio
- Trabajo en Equipo
- Mejora Continua
- Responsabilidad Medioambiental y Sostenibilidad
- Responsabilidad Social
- Defensa Alimentaria

Esta carta de intenciones se ha visto refrendada en múltiples iniciativas de sostenibilidad y cuenta con diferentes certificaciones que avalan su empeño, como la ISO 14001, obtenida en 2019 y encaminada a la mejora continua en la gestión de los riesgos medioambientales que puedan surgir con el desarrollo de la actividad empresarial.

Más allá del objetivo primario de protección del medio ambiente, cumplir con esta norma permite a las empresas reforzar su imagen de empresa sostenible y respetuosa con el medio ambiente, alineándose con las tendencias y legislación actual, así como con las demandas de sus clientes y consumidores.

Sus aportaciones al medio ambiente le han valido a Gourmet el reconocimiento público a través de galardones, como el Premio Fuente de Oro 2021 otorgado por Asociación de Empresas del Polígono Industrial Fuente del Jarro (ASIVALCO) por su aportación a reducir las emisiones en el polígono.

Las iniciativas enmarcadas en la política de sostenibilidad de la empresa se clasifican en cuatro grandes ejes según su naturaleza:

1. Economía circular y eficiencia en los recursos naturales
2. Nutrición y bienestar
3. Diversidad e inclusión
4. Cadena de suministro

Economía circular y eficiencia en los recursos naturales

La generación de residuos va aparejada al desarrollo de la sociedad y supone uno de los retos medioambientales más complejos que afrontamos actualmente, provocando un enorme impacto en la contaminación y contribuyendo al cambio climático.

Sin embargo, cuando los residuos se gestionan adecuadamente, pueden convertirse en valiosos recursos que contribuyan a la preservación de las materias primas y con ello aseguren la sostenibilidad económica y medioambiental.

El modelo de economía circular está basado en los principios de identificación de residuos y contaminación, el uso continuado de los productos y los sistemas naturales de regeneración, generando un sistema de aprovechamiento de recursos donde prima la reducción, la reutilización y el reciclaje o valorización de los elementos.

Dentro de este eje destacan las siguientes iniciativas de Gourmet:

1. Reciclaje y valorización de los diferentes tipos de residuos generados durante el proceso:
   - ✓ Residuos peligrosos: tratados por Safetykleen.
   - ✓ Papel y cartón: gestionados por Rekunion.
   - ✓ Residuos mixtos (plásticos y films con restos orgánicos): el proveedor Recytrans se encarga de reciclarlos y enviarlos posteriormente a una planta de valorización de residuos (R12).
   - ✓ Residuos SANDACH, tratados por Selev Biogroup. Dentro de este grupo incluimos los subproductos animales no destinados a consumo humano (también llamados residuos tipo III), que se derivan de la transformación de alimentos de origen animal, que por motivos comerciales o de índole sanitario no pasan a la cadena alimentaria.
   - ✓ Lodos de depuración de aguas: con la instalación de la depuradora se ha conseguido reducir los vertidos. A través del especialista SITRA se valorizan los residuos sólidos R3 (los lodos), siendo su destino final una planta de biogás y/o compostaje.

Todos estos residuos son retirados en contenedores facilitados por los diferentes gestores autorizados y tras su transformación o tratamiento permite volver a incorporarlos a otro proceso industrial. Para la correcta clasificación y diferenciación de los tipos de residuos hay un plan de formación para los empleados de Gourmet.

Estas iniciativas están avaladas por la certificación Zero Waste, obtenida en 2019, que reconoce a las organizaciones que recuperan las distintas fracciones de residuos que generan, dentro del alcance definido, evitando así el vertedero como destino final.

Este sistema no implica generar residuo cero, sino el manejo ordenado de los residuos para reducir su generación, prepararlos para su reutilización y/o transformar los residuos en materias primas y reintroducirlos en la cadena de valor.

El resultado es que el 92% de los residuos generados actualmente en la empresa se están tratando con especialistas.

2. Consumo eficiente de las diferentes fuentes de energía.

Este eje gira alrededor de una decidida apuesta por las energías renovables y en concreto por la solar, con una inversión de 236.000€ en un parque fotovoltaico cuya potencia conjunta alcanza los 362,10kW.

Desde que empezó a funcionar, la empresa ha dejado de emitir a la atmósfera 285 toneladas de CO2, lo que supone una media de ahorro de 206 toneladas anuales.

Esta iniciativa supuso el reconocimiento de la televisión pública valenciana À Punt, que se hizo eco en un reportaje en el que recogió la aportación en favor del medioambiente con la instalación de las placas solares.

Dentro de este epígrafe destaca también el cambio de las calderas de diésel por otras de gas natural, cuyas emisiones de CO2 son inferiores.

En tercer lugar, se ha conseguido reducir el consumo de agua gracias a un plan de optimización de la producción, que permite alinear producciones y con ello reducir los ciclos de limpieza necesarios.

3. Reducción del desperdicio alimentario gracias a medidas preventivas como la reducción y control del stock. En los casos donde la prevención no ha sido suficiente y se ha generado un excedente, se destina a organizaciones caritativas como el Banco de Alimentos.
4. Packaging sostenible: sin duda el packaging está en el epicentro de la revolución verde, tanto por la corriente legislativa como por el peso que le otorga el consumidor. Asimismo, los requisitos que están poniendo las grandes superficies obligan a cualquiera de sus proveedores a avanzar en esta dirección.

En este sentido, Gourmet está centrando sus esfuerzos de innovación en reducir la cantidad de envases y cambiarlos por otros más sostenibles, impulsado una serie de mejoras.

Dentro de su gama clásica, el film plástico utilizado en la base de las bandejas para patés y fiambres loncheados es 100% reciclable y utiliza hasta un 15% de plástico reciclado para su elaboración.

En segundo lugar, Gourmet ha lanzado al mercado la Gama la Cuina Select, una nueva selección de patés basada en la sostenibilidad. Este innovador envase, además de ser 100% reciclable (su barqueta de papel se puede tirar directamente al contenedor azul) permite reducir el consumo de film de plástico un 70% gracias a la base formada por papel.

En los dos ejemplos mencionados Gourmet se anticipa en 4 años al requisito planteado por algunas grandes superficies de que el 100% de los envases de plástico de productos de marca propia sean reciclables para 2025.

Además, todas estas mejoras no implican una menor vida del producto. Con la atmósfera controlada la vida útil se mantiene en 45 días, otorgando un equilibrio perfecto entre sostenibilidad, salud y conveniencia para el consumidor.

Otra gama en la que Gourmet ha puesto todo su empeño en hacerla sostenible son los platos preparados a base de pasta, que incluyen lasañas y canelones. Estos envases son también 100% reciclables y además reducen la cantidad de plástico gracias a la base formada por madera de álamo con papel siliconado y, en menor medida, de aluminio.

Nutrición y bienestar

El segundo eje de la política de sostenibilidad incide en la calidad nutricional de los productos y el bienestar que generan al consumidor. Dentro de este apartado destacan las siguientes acciones:

a. Mejoras nutricionales: un claro ejemplo es la ya referida gama La Cuina Select, que además del packaging sostenible, pone el foco en los valores medioambientales y nutricionales, cuidando la composición y exhibiendo una etiqueta limpia; con menos aditivos, sin colorantes, sin fécula y con un contenido reducido de sal respecto a otros patés del mercado.

   Otra de las mejoras a nivel nutricional lo suponen los productos bajos en grasa. En esta línea se ha desarrollado una gama de salchichas de pollo o pavo que además de ser aptas para los intolerantes a la lactosa reducen el contenido en grasa hasta un 30%. Esto es especialmente significativo en la variedad de pavo, que presenta tan solo un 3% de grasa, y que además de este beneficio también ha conseguido reducir el contenido en sal en un 25%.

   En tercer lugar, se está trabajando en productos orientados al segmento vegetariano y/o vegano, sustituyendo los ingredientes de origen animal por otros de origen vegetal, consiguiendo con ello un mayor aporte nutritivo.

   Por un lado, se está desarrollando una gama de patés vegetales, que consisten en emulsiones de vegetales (espinacas, champiñones, tomate o aceitunas) con leche, queso o aceite. Con ello se consigue una textura cremosa que realza el sabor de los productos.

   Por otro lado, se ha lanzado una gama vegana, que sustituye las proteínas de origen animal que aportan la carne, la leche o el huevo, por proteínas de origen vegetal. Se trata de emulsiones de proteínas vegetales con aceite de girasol, a las que se le añaden diferentes especias para conseguir un sabor característico. Dentro de esta gama se incluyen patés y salchichas, y el objetivo es ampliarla en el futuro.

b. Etiquetado responsable, avalado por la certificación IFS FOOD, que exige que cualquier eslogan o texto que figure en el diseño del packaging debe estar respaldado por análisis externos independientes conforme a la legislación vigente. Algunos ejemplos que podemos encontrar en los productos de Gourmet son "Alto contenido en proteínas", "Pollo 100%", "Sin lactosa", "-25% contenido de sal" o "-30% contenido de grasa".
c. Promoción estilo de vida saludable: a través del blog de la página web se publican de forma periódica artículos detallando buenos hábitos y como llevar una alimentación sana y equilibrada.

Diversidad e inclusión

Este apartado tiene un claro componente social, destacando iniciativas que persiguen mejorar la inclusión de colectivos desfavorecidos:

a. Promoción de la diversidad gracias a la contratación activa de personas discapacitadas y a la apuesta por proveedores CEE (Centro Especial Empleo). Estas empresas están conformadas por plantillas con al menos un 70% de personas con discapacidad en un grado igual o superior al 33%.). Actualmente se adquieren a CEE los Equipos de protección Individual (EPI).
b. Política de igualdad: el 52% plantilla de Gourmet son mujeres y de los 7 integrantes del equipo directivo, 3 son mujeres. Ambas medidas han impulsado el reconocimiento en 2020 con el *Distintiu Violeta*, por su compromiso en materia de igualdad de oportunidades entre mujeres y hombres y la no discriminación dentro de la compañía.
c. La conciliación laboral y familiar ocupa un puesto importante dentro de las prioridades de Gourmet, como lo señala la estructura organizativa, donde el responsable de conciliación depende directamente de dirección general (anexo 2).
d. Compromiso en el ámbito del deporte y especialmente el femenino, con el objetivo de fortalecer el papel de la mujer en el ámbito deportivo. Esto se ve reflejado en el patrocinio del club de baloncesto Picken Claret por 15° año consecutivo, tanto el equipo femenino como el juvenil masculino, y del primer equipo femenino del Club Les Abelles de rugby, que luce en su pantalón la marca "La Cuina". Fruto de este compromiso con el papel de la mujer en el deporte y en la sociedad en su conjunto la compañía fue galardonada con el premio *Empresa 2019* en la I Gala del Deporte Femenino de Valencia Plaza Deportiva.

El compromiso social de Gourmet ha sido reconocido en 2021 con el *I Premio a la Sostenibilidad y la Transparencia Empresarial*, en la modalidad Compromiso Social, otorgado por OBSET. Observatorio de Sostenibilidad y Transparencia. La distinción se justifica por el asombroso ejercicio de resiliencia que la compañía ha realizado tras la destrucción de su planta productiva en 2017, resurgiendo de sus cenizas no sólo con la mejora de la cifra de negocio y la diversificación de la gama de productos, sino además no dejando a nadie atrás asumiendo un compromiso de retorno con todos sus trabajadores.

Cadena de suministro sostenible

Por último, una pieza fundamental de la política de sostenibilidad es la cadena de suministro, en este ámbito las acciones y resultados conseguidos son los siguientes:

a. Reducción de la huella de carbono gracias a la apuesta por proveedores regionales. Este hecho tiene especial relevancia en el cerdo y sus derivados, que suponen la principal materia prima que usan los productos elaborados por Gourmet, y donde se aplica el criterio de Kilómetro 0, ya que provienen íntegramente de proveedores regionales de la Comunidad Valenciana. Por su parte, en el resto de las materias primas la política de compras prioriza los proveedores nacionales antes que extranjeros.

   Como veíamos anteriormente, la apuesta por proveedores locales y de proximidad es una de las tendencias de mayor crecimiento que demandan tanto los consumidores como las grandes superficies, lo que ofrece una oportunidad de crecimiento para Gourmet.

b. Promoción conducta ética a los proveedores. Destaca el ejemplo de los proveedores logísticos por reducir su huella de carbono. Este compromiso está respaldado por las certificaciones ISO 14001 y Euro 6, cuyo propósito es limitar las emisiones de ciertos gases contaminantes que emiten los vehículos de carretera a través de vehículos menos contaminantes.

   El compromiso ético también se traslada a los proveedores de materias primas, especialmente en el ámbito del bienestar animal. En este sentido, varios de los proveedores de carne de Gourmet ya cuentan con el certificado Animal Welfair.

c. Logística de pallets reutilizables. A través del proveedor LPR se utiliza un servicio de alquiler y devolución de pallets, entregando los pallets necesarios en la planta de producción y recogiéndolos en los puntos de recogida. Esta operativa contribuye a una cadena de suministro sostenible y eficiente. Por un lado, se ahorra en gastos de transporte y combustible; por otro lado, se reduce la huella de carbono de la cadena de suministro. Por último, una vez finalizado el ciclo de vida de un pallet, se procede a su reciclaje y transformación, aplicando una vez más el criterio de cero residuos.

8. Balance del pasado y retos para el futuro

Gourmet ha interiorizado la idea de que la sostenibilidad es cada vez menos una elección y más una necesidad. Su análisis estratégico también ha llegado a la conclusión de que, en el entorno actual, apostar por la sostenibilidad tiene recompensa, y puede suponer un claro elemento diferenciador que otorgue una ventaja competitiva frente a otros fabricantes, como lo demuestran los estándares cada vez más altos que exigen las grandes superficies a sus proveedores. En este sentido, la empresa tiene la oportunidad de utilizar su posición de ventaja en este ámbito como palanca para ganar cuota de mercado. La dimensión de la empresa, antaño un factor limitador, no es ahora óbice para abordar estas cuestiones y terminar siendo una empresa ejemplar.

Asimismo, Gourmet ha entendido que el entorno dinámico en el que navegamos nos obliga a seguir mirando el horizonte. La sostenibilidad no puede ser entendida como una fotografía estática del presente sino un ejercicio dinámico, en constante cambio, al que se debe seguir nutriendo. Ejemplos de ello son dos nuevas iniciativas de calado que la empresa está abordando en estos momentos.

La primera de ellas, la elaboración de una memoria de sostenibilidad, que aglutine y visibilice todas las acciones que se están realizando. El desarrollo de un informe no financiero es una excelente oportunidad para recabar datos del impacto de las acciones de la empresa y valorar su creación de valor para los distintos grupos de interés. Sin embargo, este proceso obligará probablemente a la organización a nuevos ejercicios de análisis y de reflexión interna y externa que debería concretar antes de avanzar en su balance de sostenibilidad.

En segundo lugar, con la voluntad de seguir siendo ejemplar, Gourmet ha asumido el reto de servir de empresa tractora para que otras se sumen al movimiento por la sostenibilidad, a través de la participación como socio fundacional del Observatorio de Sostenibilidad y Transparencia (OBSET) en colaboración con los distintos parques empresariales de Paterna, la Universitat de Valencia, y otras organizaciones y empresas. Esta iniciativa es una oportunidad para que Gourmet demuestre públicamente de nuevo su compromiso con su entorno local. Sin embargo, no deja de ser consciente del riesgo que entrañan tanto este compromiso como la elaboración y difusión de su memoria de sostenibilidad, por cuanto al ponerse en primer plazo de la escena pública la posibilidad de imitación de sus mejores prácticas crece sustancialmente.

La dirección de la compañía tiene igualmente abierto el debate sobre las consecuencias que pueda tener el nuevo escenario económico de inflación e incertidumbre sobre las elecciones del consumidor, y el grado en que puedan alterar sus preferencias de sostenibilidad dentro de sus atributos de compra.

Otra inquietud estratégica importante en el seno del equipo directivo es si la ampliación de su cartera de productos ha conllevado un aumento de su exposición a contingencias impredecibles que puedan deteriorar su posicionamiento de mercado. La amplia extensión de gama de productos que tiene Gourmet supone un arma de doble filo: si bien aporta desarrollo comercial y múltiples oportunidades de crecimiento, al mismo tiempo puede suponer una generadora de complejidad y costes invisibles a todos los niveles, pudiendo además convertirse en una pérdida de foco en el core business de la empresa. El plan estratégico de Gourmet deberá analizar si disponer de una gama tan amplia es una fortaleza o más bien una debilidad, y de qué factores dependerá que evolucione en uno u otro sentido.

Otros retos latentes provienen del entorno de mercado en que Gourmet se desempeña. El primero de estos desafíos es que el posible ataque mediático hacia los productos ultraprocesados afecte a la percepción del consumidor y por tanto puede poner en jaque los esfuerzos de sostenibilidad de empresas como Gourmet. Cómo abordar esta problemática es un problema estratégico de relieve que obligará a repensar las perspectivas de demanda a medio y largo plazo y cómo deberían manejarse las estrategias de sostenibilidad y de comunicación para controlar y reducir los riesgos de percepción consustanciales al producto.

La estructura de la industria y el juego de relaciones dentro del sistema de valor también son fuentes de preocupaciones estratégicas en las que la sostenibilidad resalta como factor crítico. En primer lugar, no es ningún secreto que la industria alimentaria compite en inferioridad de condiciones con su principal cliente, las grandes superficies, cuyo poder de negociación es superior por el desigual tamaño de ambas partes. Este desequilibrio negociador ha dado pie en los últimos años a un proceso de concentración en la industria alimentaria, con múltiples fusiones y adquisiciones, con el objetivo de ganar fuerza negociadora, además de otros objetivos ligados a la reducción de costes gracias a economías de escala. ¿Cómo puede competir un fabricante de nicho, como Gourmet, en este entorno?

Además, las grandes superficies están apostando decididamente por impulsar la marca de distribución, en detrimento de la marca del fabricante. No se tiene una seguridad plena del efecto que puede tener esta tendencia hacia las marcas blancas sobre la sostenibilidad, ni tampoco de los trabajos que la empresa debería desplegar para incluir este tema entre sus retos estratégicos.

Cuestiones para el debate

1. Analizar cómo puede afectar el contexto socio-económico actual a las elecciones del consumidor en la cesta de la compra y más concretamente a los productos que se identifican como sostenibles.
2. La amplia extensión de gama de productos que tiene Gourmet supone un arma de doble filo; si bien aporta desarrollo comercial y múltiples oportunidades de crecimiento, al mismo tiempo puede suponer una generadora de complejidad y costes invisibles a todos los niveles, pudiendo además convertirse en una pérdida de foco en el core business de la empresa. ¿Consideras una fortaleza o más bien una debilidad disponer de una gama tan amplia?
3. El ataque mediático hacia los productos cárnicos y ultraprocesados afecta a la percepción del consumidor y por tanto puede poner en jaque los esfuerzos de sostenibilidad de empresas como Gourmet. ¿Cómo abordarías esta problemática?
4. En los últimos años se está dando un proceso de concentración en la industria, con múltiples fusiones y adquisiciones, con el objetivo de generar economías de escala. Identifica como afectan estos movimientos al diagrama de fuerzas competitivas

de Porter y define que acciones podría llevar a cabo un fabricante de nicho como Gourmet en un sector que tiende a la concentración de actores.

5. Las grandes superficies están apostando decididamente por impulsar la marca de distribución, en detrimento de la marca del fabricante. ¿Qué efecto puede tener esto sobre la sostenibilidad y como debería posicionarse Gourmet ante esta apuesta?

ANEXO 1. POLÍTICA CORPORATIVA

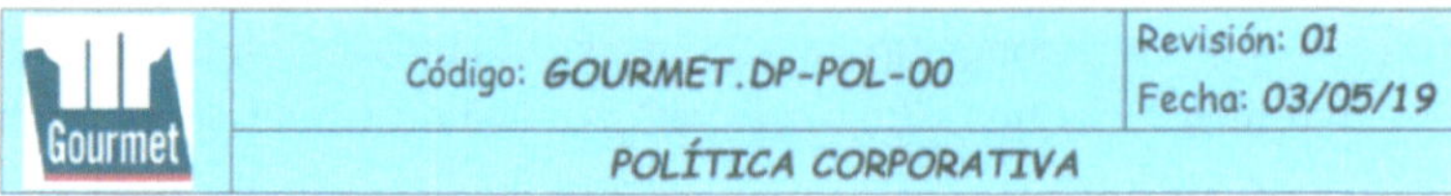

Partiendo de la base que, en GOURMET, S.A. entendemos la Seguridad Alimentaria y la Calidad de los productos y servicios como derecho de nuestros clientes, el respeto a nuestro entorno como valor de futuro para nuestros hijos y la responsabilidad ética y social como deber para el bienestar de todos, la Dirección General de GOURMET, S.A. establece una Política Corporativa basada en los siguientes principios, que han de ser respetados por todos los miembros de nuestra organización:

- ✓ SATISFACCIÓN DEL CLIENTE: Suministrar productos que satisfagan las necesidades y expectativas de los clientes y consumidores, y cumplan los requisitos legales y reglamentarios aplicables, alcanzando y manteniendo una buena reputación en Seguridad Alimentaria, Legalidad, Autenticidad y Calidad.

- ✓ MEJOR SERVICIO: Entregar los productos a unos precios competitivos y a tiempo, alcanzando y manteniendo una buena reputación en Servicio al Cliente.

- ✓ TRABAJO EN EQUIPO: Considerar la Calidad y Seguridad Alimentaria, Legalidad, Autenticidad y Medio Ambiente como una tarea de todos los empleados de la compañía y un factor clave para la competitividad.

- ✓ MEJORA CONTINUA: Mejorar continuamente la Seguridad Alimentaria, Legalidad, Autenticidad y Calidad de los productos y servicios mediante la formación y motivación adecuadas del personal de la compañía y la potenciación de la planificación y las acciones preventivas y de mejora.

- ✓ RESPONSABILIDAD MEDIOAMBIENTAL Y SOSTENIBILIDAD: Realizar las actividades de la compañía con el compromiso de proteger al medio ambiente, prevenir la contaminación, cumpliendo la legalidad vigente y otros compromisos que la organización adquiera así como la mejora continua en su desempeño ambiental, haciendo especial hincapié en la utilización sostenible de los recursos naturales, mediante el uso eficiente y racional fundamentalmente del agua y de la energía como medidas para evitar los principales impactos, y de otras materias primas, promoviendo su reutilización y reciclado.

- ✓ RESPONSABILIDAD SOCIAL: Cumplir con la legislación nacional e internacional en materia de responsabilidad social; garantizando a sus empleados un entorno de trabajo seguro y saludable, una igualdad de oportunidades, una retribución justa y un trato respetuoso; promoviendo actividades deportivas y culturales; y colaborando en lo posible con instituciones altruistas como los Bancos de Alimentos.

- ✓ DEFENSA ALIMENTARIA: Garantizar que los productos suministrados a los clientes están protegidos frente a robos o sabotajes en las áreas controladas por la compañía.

ANEXO 2. ORGANIGRAMA Necesitamos una imagen de mejor calidad

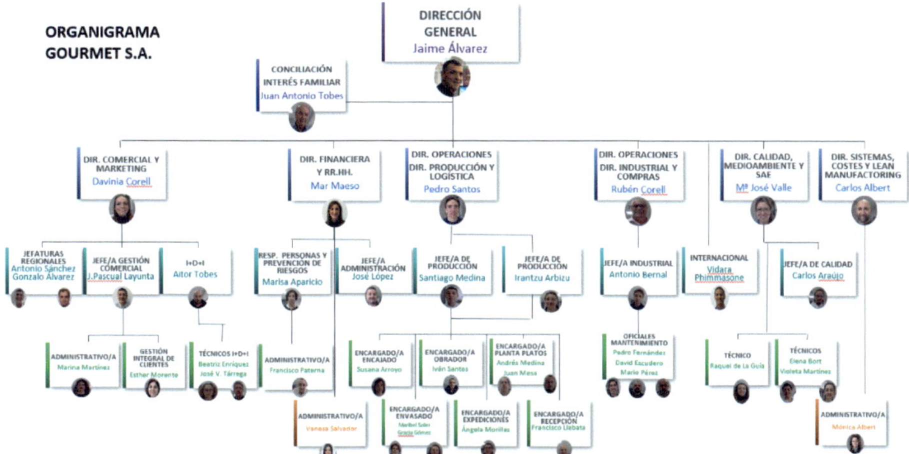

CASO 8
HAPPŸDONIA: LA TECNOLOGÍA AL SERVICIO DEL BIENESTAR LABORAL

Olga Broto Ruiz

José Mª Fernández Yáñez
Universitat Jaume I

Mª Carmen Lacuesta Sobrino
ÿPeople & Culture Manager de Happÿdonia

Objetivos de aprendizaje

- *Resaltar la importancia de gestionar adecuadamente la felicidad y el bienestar de la fuerza laboral en las organizaciones.*
- *Destacar el papel de softwares como Happÿdonia, destinados a mejorar la toma del pulso de las organizaciones, incrementar el bienestar de sus empleados, al mismo tiempo que permiten incrementar la productividad.*
- *Apuntalar la relación que existe entre la felicidad y los Objetivos de Desarrollo Sostenible.*
- *Identificar el rol y las funciones de la figura del Chief Happiness Officer.*
- *Poner en valor el papel que la tecnología de empresas como Nunsys puede jugar en el ámbito de los ODS.*

Material recomendado para su estudio

- *Águila Obra, A. R. D., & Padilla Meléndez, A. (2003). La evolución de las formas organizativas de la estructura simple a la organización y red virtual. Investigaciones Europeas de Dirección y Economía de la Empresa, 9 (3), 1135-2523.*
- *Ahmed, S. (2019). La promesa de la felicidad. Buenos Aires (Ar): Caja Negra.*
- *Castro-Martínez, A., & Díaz-Morilla, P. (2020). Comunicación interna y gestión de bienestar y felicidad en la empresa española. Profesional de la Información, 29 (3).*
- *David, S. (2013): "How Happy is your organization?", Harvard Business Review Blog Network, March 20:* http://blogs.hbr.org/2013/03/how-happy-is-your-organization/
- *Fisher, C. D. (2010). Happiness at work. International Journal of Management Reviews, 12(4), 384-412.*
- *Muñoz, P. A. E., & Casallas, M. I. R. (2021). Relación entre felicidad en el trabajo y desempeño laboral: análisis bibliométrico, evolución y tendencias. Revista Virtual Universidad Católica del Norte, (64), 241-280.*
- *Najeh, H. (2019). The function" Chief happiness officer" and the double performance Reality and perspectives in African countries Case of B2S Morocco. Journal of Behavior Studies in Organizations, 2, 18-15.*
- *Rodríguez, A., & Reverté (eds) (2018). Felicidad. Barcelona (Es): Editorial Reverté y Harvard Business Review Press.*
- *Silva Munar, J. L. (2018). Gestión estratégica de la felicidad. Santiago (Ch): Universidad de Atacama RIL editores.*
- *Toigo, C.H. and de Mattos, E.J. (2021), "Happier and greener? The relationship between subjective well-being and environmental performance". International Journal of Social Economics, 48 (12), 1697-1717.*

Felicidad no es hacer lo que uno quiere, sino querer lo que uno hace

Jean Paul Sartre

Después de cinco años de andadura y el auténtico convencimiento de que la herramienta Happÿdonia era excelente para mejorar la comunicación en organizaciones de características muy diferentes, Mª Carmen Lacuesta se preguntaba hasta dónde podían llegar. La comunicación se había convertido en un elemento clave en las organizaciones del siglo XXI, que respondían a nuevos esquemas organizativos y debían superar retos como los planteados por el teletrabajo y la dispersión geográfica. Se comenzaba a tomar consciencia de que los intangibles de todo tipo, y especialmente el conocimiento, eran el elemento esencial en una economía que pasaba de ser industrial a ser creativa.

Hasta el momento, el desarrollo de la herramienta, desde su nacimiento, se había basado en dar respuesta a necesidades específicas de distintas organizaciones. En primer lugar, de la propia Nunsys, la empresa donde se desarrolló, y después, de los propios clientes. Sin embargo, ¿era el momento de innovar de otro modo? Algunos medios situaban a Happÿdonia al lado de Slack o Basecamp pero, ¿cómo diferenciarse de sus competidores y quiénes eran realmente? Y, aún más, ¿cómo ir más allá de la mera funcionalidad donde competir con herramientas como el propio Teams de Microsoft podía resultar difícil? Hasta el momento, lo habían conseguido poniendo el foco en la felicidad, haciendo fácil y accesible el uso de la herramienta para cualquier usuario e incluyendo elementos diferenciales, sobre todo vinculados a la medición, pero ¿era esto suficiente? ¿qué debían hacer para continuar con ese camino?

Happÿdonia era una herramienta transversal que podía ser utilizada con carácter táctico, pero que también podía ser utilizada con carácter estratégico. ¿Cuáles eran los próximos pasos?

1. El origen de Happÿdonia

Happÿdonia surgió como respuesta a los desafíos que planteaba el rápido crecimiento de Nunsys, la empresa tecnológica donde se incubó (ver anexo 1). Esta había aumentado su tamaño, a través de numerosas adquisiciones, en un sector en el que la dificultad no radicaba solo en la captación de clientes, sino también en la de un talento cuya oferta era inferior a la demanda y donde cada vez había una mayor dispersión geográfica.

Los responsables de Nunsys eran conscientes de que el crecimiento a través de adquisiciones requería la adecuada resolución de cuatro aspectos complejos para generar valor: la cohesión de los productos y servicios, la integración de los sistemas de información, el alineamiento cultural y la retención de las personas clave. Y, precisamente, en relación con este último, en 2017, la empresa se encontraba con que:

- La comunicación y la interacción entre los distintos profesionales que la conformaban era cada vez más costosa y complicada.
- La información y el conocimiento, en lugar de absorberse e integrarse, cada vez estaban más dispersos y ocultos en pequeñas islas.
- El sentido de pertenencia y la compartición de valores comenzaba a deteriorarse.

Para afrontar esta situación y dentro de un plan de mejora de Recursos Humanos, cuyo objetivo era poner el foco en las personas como motor de la empresa, Nunsys decidió apostar por el desarrollo de una herramienta de carácter digital: Happÿdonia. Esta herramienta se focalizaría en la mejora de la comunicación interna, la integración del equipo y la mejora del bienestar de las personas.

Sin embargo, a diferencia de otras herramientas más tradicionales y dado el cambio de modelo que se estaba produciendo en las organizaciones:

- Su perspectiva de la comunicación interna tendría una mirada que iría mucho más allá del planteamiento unidireccional e integraría cuestiones que, tradicionalmente no han sido objeto de este tipo de iniciativas.
- La mejora del bienestar de las personas se vincularía a la felicidad, en un momento en el que la felicidad en el trabajo estaba sustituyendo a la tradicional satisfacción y en la que se vinculaba con los resultados de la empresa. De hecho, este aspecto cobraba tanta relevancia que se convirtió en el protagonista de su nombre: Happÿdonia.

El potencial de la herramienta era muy alto, dada su transversalidad y la importancia que la comunicación a todos los niveles en las empresas estaba adquiriendo. Tras una excelente acogida interna, se decidió exportar la solución al mercado, acelerar su desarrollo y convertir el proyecto en una empresa con identidad propia dentro del grupo empresarial Nunsys.

Las anteriores premisas habían permeado en los propósitos y objetivos de Happÿdonia como organización. Así pues, la misión de la compañía consistía en "ofrecer el instrumento adecuado para dar soporte a un nuevo modelo de relación empresa-trabajador". Por otro lado, la visión de Happÿdonia aspiraba a "convertirla en el indicador digital de referencia para valorar la experiencia de los empleados en las organizaciones".

Las nuevas funcionalidades se habían desarrollado bajo demanda de las empresas usuarias que, como consecuencia de la utilización intensiva de la herramienta, habían detectado otras posibilidades de uso. En primer lugar, la facilidad de uso de la herramienta había posibilitado que englobara otras funcionalidades que hasta el momento se gestionaban directamente desde tecnologías más complejas para los usuarios (como por ejemplo un ERP), reduciendo la denominada brecha digital. En segundo lugar, el carácter estratégico de la herramienta había llevado a que sus funcionalidades se hubieran ido extendiendo a otros ámbitos.

A todo ello había que añadirle que Happÿdonia se había desarrollado bajo un entorno de software como servicio (más conocido como SaaS por sus siglas en inglés, de

Software as a Service) diseñado para que su integración en cualquier organización fuera muy sencilla, dado que la infraestructura, es decir, los servidores, la red, la virtualización y el almacenamiento se gestionaban por Happÿdonia a través de la nube. En la figura 1 puede verse el entorno SaaS en el que opera.

Figura 1. *Entorno SaaS de Happÿdonia*

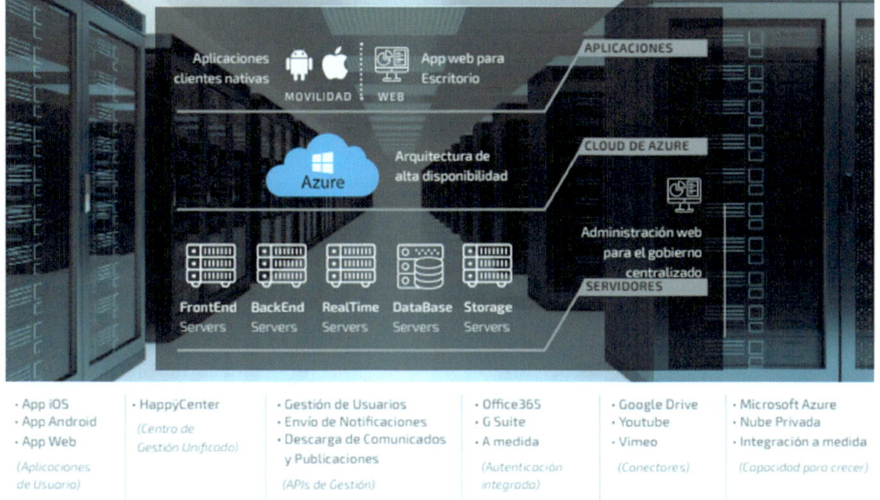

2. La felicidad en las organizaciones: la figura del director de Felicidad

La búsqueda de la felicidad y el logro del bienestar como plataformas de desarrollo del potencial humano y mejora de su calidad de vida son dos de los fines que la humanidad persigue desde los confines del tiempo. Ya en la antigua Grecia, el filósofo Aristóteles (384-322 a.C.) planteaba que el objetivo último o bien supremo de la humanidad era alcanzar la felicidad entendida esta no como una combinación de honores y riqueza, sino como la manera de ser y actuar conforme a unos valores y virtudes buenos. La persona feliz sería, pues, aquella que vive su vida del mejor modo posible actuando de manera excelente, y eso significaba ser lo mejor en tanto que ser humano.

Libros de autoayuda, talleres de pensamiento positivo, charlas motivacionales y otras iniciativas se han esforzado en los últimos años en convencernos de que la felicidad puede conseguirse. El fenómeno se ha extendido de tal forma que ha contado con propuestas muy diversas. Así, por ejemplo, en 2013 Coca-Cola anunció el lanzamiento de una página web con más de 400 estudios sobre felicidad y salud que quería convertirse en un referente en esta materia. Lo hizo a través del llamado Instituto Coca-Cola de la

Felicidad, creado por la división española de la empresa. Coca-Cola era un ejemplo claro de la agenda global que estaba desarrollándose en torno a la felicidad. De hecho, desde 2013, el 20 de marzo se celebra el Día Internacional de la Felicidad[1].

Entre los muchos nombres clave en torno a la felicidad destaca el de Seligman[2], que llegó a formular una ecuación que explicaría la proporción de factores que dan como resultado la felicidad: la herencia genética, en un 50%; la voluntad, en un 40%; y únicamente un 10% correspondiente a cuestiones como el nivel de ingresos o la educación. Frente a esta tendencia se han alzado voces que señalan que la felicidad, como promesa de vivir de una determinada manera es una técnica para dirigir a las personas (Ahmed, 2019).

Como no podía ser de otra forma, la cuestión de la felicidad también ha llegado a las empresas, donde se ha dejado de aludir a conceptos más clásicos como el de la satisfacción, para abordar un constructo más amplio, el de la felicidad en el trabajo. Su definición ha contado con enfoques muy diversos, desarrollados en el ámbito científico sobre todo en los últimos diez años[3], que van desde la citada satisfacción hasta el hedonismo (ver anexo 2). Este nuevo planteamiento ha llevado a que aparezcan nuevas posiciones en la empresa, como la del *Chief Happiness Officer* (CHO) o Director de Felicidad[4].

El CHO surge en empresas de Silicon Valley, como una figura que puede estar asociada a la dirección de Recursos Humanos o a la de Comunicación Interna. Su objetivo es aumentar la retención y la productividad de los empleados (ver anexo 3 relativo a la productividad en Europa) creando un ambiente de trabajo agradable, pero la clave está en que, al situarse a medio camino entre la comunicación y la gestión de los recursos humanos, también trabaja cuestiones estratégicas de la empresa (Najeh, 2019). Aunque el puesto no está todavía claramente consolidado, sus funciones aúnan tareas de comunicación y de diagnóstico y vigilancia del clima social de las organizaciones. Para ello utiliza indicadores como la calidad de la comunicación y las relaciones, la fidelización, el compromiso y la motivación o la tasa de ausentismo.

---

1 La Asamblea General de la ONU decretó en su resolución 66/281 esta fecha para reconocer la relevancia de la felicidad y el bienestar como aspiraciones universales de los seres humanos y la importancia de su inclusión en las políticas de gobierno.

2 Presidente de la Asociación Estadounidense de Psicología en 1998 (APA, en sus siglas del inglés)

3 La producción científica sobre el tema la lidera Estados Unidos, pero el segundo país con mayor número de publicaciones sobre felicidad en el trabajo y desempeño laboral es España (Muñoz y Casallas, 2021).

4 Esta figura también se identifica con etiquetas como: *Chief Wellbeing Officer, happiness manager*, gerente de felicidad, *happiness consultant*, asesor de felicidad, especialista en felicidad o experto en felicidad. Hay empresas que, aunque no dispongan de una Dirección de Felicidad propiamente dicha, desarrollan sus funciones a través de otras figuras, tales como: responsable de experiencia de empleado, clime, unidad de desarrollo profesional, etc.

Esta nueva figura está muy vinculada con la nueva forma de abordar la comunicación interna que, como ya hemos señalado, plantea Happÿdonia y a la de otras herramientas que aparecen en el mercado, vinculadas con la felicidad.

La función del CHO consiste en crear eventos que promuevan una sensación de bienestar entre los empleados. Por ello, entre sus principales tareas destacan[5]:

- Escuchar al empleado, implementando canales de comunicación donde pueda expresar sus propuestas, ideas, satisfacciones e insatisfacciones y donde también pueda obtener reconocimiento.
- Crear un ambiente de trabajo agradable que incluya tanto los elementos físicos (la decoración y organización del espacio o el ruido, por ejemplo), como actividades que generen un mejor ambiente de equipo.
- Conocer la motivación y el compromiso del empleado, a través de encuestas y otras iniciativas.
- Implementar hábitos saludables, como aquellos relacionados con la dieta, el deporte o la relajación.
- Fomentar la conciliación entre la vida personal y profesional de los empleados, con iniciativas como el trabajo flexible, remoto u otras.
- Velar por el desarrollo profesional de los empleados, haciendo un seguimiento de su evolución y otorgándole responsabilidades, proyectos, formación, etc, en los que pueda desarrollar nuevas habilidades profesionales.
- Integrar a los nuevos empleados en la compañía.
- Fomentar una estructura empresarial más horizontal en la que no haya barreras entre posiciones y que responda a la evolución que, de facto, se está produciendo en las organizaciones (ver anexo 4).
- Comunicar los valores e ideales de la empresa.

Existen ya programas, como el de la UNIR en España, orientados a formar a esta nueva figura y otros desarrollados por consultoras o empresas, cuyos programas pueden darnos una idea de algunas de estas funciones[6]. Pese a todo, en España era una función que no se

5 En el caso español, de acuerdo con Castro-Martínez y Díaz-Morilla (2020) las principales responsabilidades de la dirección de felicidad son, por este orden: mejorar el entorno y el clima laboral, potenciar el salario emocional, aumentar la motivación, retener el talento, la escucha activa, aumentar la implicación, mejorar la imagen de la organización entre sus empleados, potenciar la racionalización de horarios y la conciliación laboral, potenciar la comunicación interna, reconocer la valía de los empleados, asesorar a la dirección y otras tareas.

6 Puede consultarse el Programa Executive en Chief Happiness Officer de la UNIR en https://www.unir.net/empresa/curso-chief-happiness-officer-cho/ u otras iniciativas privadas como la de Depar-

abordaba de manera generalizada en las empresas y, mucho menos, de forma estructurada y planificada, pese a que existe un claro conocimiento de esta figura y de sus funciones. Cada entidad la interpretaba en función de su organigrama, normas y valores. (Castro-Martínez y Díaz-Morilla, 2020). Admiral, Soltel, Sngular o Habitissimo era algunos ejemplos de empresas a nivel nacional que siguiendo la estela de grandes corporaciones globales como Google, Apple o Netflix habían incorporado exitosamente esta figura directiva.

3. Los ODS y el valor de la felicidad

En el año 2015 se acordaron los Objetivos de Desarrollo Sostenible (ODS) al amparo de las Naciones Unidas, tras acciones previas como la Agenda 21 y la Declaración de Río (1992) o los Objetivos del Milenio (2000). Los ODS, contenidos en la Agenda 2030, son objetivos de carácter universal, que requieren el esfuerzo coordinado de gobierno, empresas, y sociedad civil en general para su cumplimiento exitoso, en favor de la prosperidad, de las personas y el planeta. Articulados en 17 objetivos, 169 metas y 232 indicadores cubren aspectos desde la triple óptica de la sostenibilidad: económica (por ejemplo, empleo digno y crecimiento económico); social (por ejemplo, igualdad de género, educación de calidad); y, medioambiental (por ejemplo, lucha contra el cambio climático, protección de la biodiversidad).

Con todo, a pesar de que los ODS pretenden de facto mejorar la calidad de vida de las personas y estimular el desarrollo sostenible universal, no incluyen, en su formulación actual, ningún objetivo ni meta específicos destinados a la felicidad de las personas. No obstante, es posible establecer con las debidas precauciones una asociación entre la felicidad y alguno de los ODS. En concreto el número 3, correspondiente a salud y bienestar. Para ello, será necesario en primer lugar esclarecer la relación entre felicidad y bienestar.

Una vasta mayoría de la literatura científica especializada considera la felicidad y el bienestar como términos sinónimos y plenamente intercambiables[7]. En ese caso, el ODS número 3 estaría haciendo por tanto referencia directa a la felicidad. Sin embargo, y para considerar también otras perspectivas, si ambos conceptos mantienen su identidad nos encontramos con que, siguiendo el diccionario de la Real Academia de Lengua Española:

- El bienestar se define como el conjunto de las cosas necesarias para vivir bien;
- La felicidad es el estado de grata satisfacción espiritual y física.

---

tamento de Felicidad en https://www.departamentodefelicidad.com/formacion-cho-certificacion-chief-happiness-officer/, ambos consultados el 23 de abril de 2022.

7 Ver, entre otros: Flores-Kanter, 2018; Boehm & Lyubomirsky, 2009; Caunt, Franklin, Brodaty, & Brodaty, 2013; Lyubomirsky & Lepper, 1999.

Por tanto, la felicidad es un constructo más complejo, que incluye, en función de la perspectiva adoptada para su definición al bienestar y, por tanto, aquellas empresas que tienen como objetivo la felicidad de sus trabajadores, contribuyen al citado ODS de salud y bienestar.

De hecho, puesto que puede resultar complejo llegar a determinar hasta qué punto las comunidades serán más felices con el avance de la Agenda 2030, se han desarrollado otras alternativas a nivel macroeconómico, por parte de gobiernos y organizaciones. Así, junto a la medida del Producto Interior Bruto ampliamente utilizada desde el acuerdo de Bretton Woods (1944)[8], se han puesto en práctica diferentes iniciativas a nivel nacional e internacional para medir la felicidad. A nivel nacional destacan algunas como el Índice de Felicidad Bruta Nacional de Bután, pionera en todo el mundo, o la Medida del Bienestar Nacional de Reino Unido. Incluso gobiernos como el de Emiratos Árabes Unidos han incluido el correspondiente Ministerio de la Felicidad[9]. También Naciones Unidas desarrolla su propio Informe Mundial de la Felicidad.

4. Happÿdonia: una herramienta para la felicidad

Como ya se ha indicado, la semilla de Happÿdonia surgió en un contexto en el que la empresa Nunsys necesitaba encontrar una solución para mejorar la comunicación interna, y aumentar el sentido de pertenencia y la compartición de valores que se estaban deteriorando con el imparable crecimiento de la compañía. Así, a mediados del año 2017, dentro de un plan de mejora impulsado desde el departamento de recursos humanos, se inició una línea de trabajo con una herramienta digital cuyo foco debía concentrarse en tres aspectos clave, siempre manteniendo a las personas como principal motor de la compañía: la mejora de la comunicación interna, la integración del equipo de trabajo, y el incremento del bienestar de las personas.

Con las anteriores líneas maestras comenzó a tomar forma la herramienta Happÿdonia. Desde entonces se trabaja con una propuesta de mejora continua de las funcionalidades existentes, todo ello enfocado a optimizar los siguientes aspectos dentro de la empresa:

- Democratización y mejora de la comunicación interna, ayudando a los empleados a adaptarse al mundo tecnológico, digitalizando y unificando los canales de comunicación y eliminando la brecha digital.

---

8 Hay estudios como el de Hall (2018) que demuestran que existe una correlación positiva entre el incremento del PIB y la felicidad hasta que se cubren las necesidades materiales mínimas, que se pierde una vez superado un umbral económico determinado.

9 Fue en 2016 cuando el primer ministro y vicepresidente de Emiratos Árabes Unidos anunció la creación de este ministerio. Emiratos Árabes Unidos ocupó el puesto 21 de un total de 156 países en la edición de 2019 que el informe anual sobre felicidad mundial de Naciones Unidas publicó. Frente a todo esto, algunas organizaciones como Amnistía Internacional, en su informe 2017/2018 sobre Derechos Humanos, concluían que este estado restringe arbitrariamente diversos derechos.

- Mejora de la experiencia del empleado y el bienestar laboral dentro de las organizaciones.
- Mayor facilidad en la difusión de la cultura y los valores de la organización, implicando a toda la fuerza laboral.
- Mayor participación de los empleados en las actividades de la compañía, facilitando su interacción y participación.
- Acercamiento de los equipos de trabajo tanto geográficamente como entre los trabajadores de la oficina y el resto.
- Optimización de la comunicación entre equipos, *managers*, y entre los propios compañeros.
- Ahorro de tiempo en la generación y consumo de información corporativa.
- Mayor agilidad en los trámites y gestiones de RRHH.
- Ahorro de costes al disminuir el tiempo de gestión y clasificación de la información.
- Mayor capacidad de lectura continuada y medición de la motivación y estados de ánimo de la fuerza laboral en su conjunto.

Happÿdonia favorece un modelo de lo que se ha venido a llamar "empresas con alma", empresas que no solo tienen entre sus objetivos maximizar los beneficios para sus propietarios o accionistas, sino que también desean hacer partícipe a sus empleados de su éxito, contar con sus opiniones, y diagnosticar en qué medida son felices en la organización. Tal y como indican desde la empresa, una participación más activa de la fuerza laboral multiplica las capacidades para afrontar los retos y cambios constantes, pues el negocio necesita cada vez más de la suma de todos.

El diseño general y el listado de funcionalidades de la herramienta digital Happÿdonia permite implementar actividades en el seno de la organización que la literatura científica (por ejemplo, Seligman, 2011; Mckee, 2017; Amabile y Kramer, 2017) ha demostrado que tienen impacto positivo en la felicidad individual de las personas que la componen. Así, disponer de un entorno en el que la dirección puede comunicar la visión del futuro y dar sentido al trabajo de cada miembro de la organización, en que las personas pueden comunicarse fácilmente para tratar aspectos laborales y no laborales, en el que pueden también ayudarse mutuamente o expresar sus emociones, sin duda contribuye a incrementar las sensaciones positivas que una persona siente y experimenta en su entorno laboral.

El diseño de la interfaz de la herramienta permite sondear a la fuerza laboral con preguntas para diagnosticar sus estados de ánimo y conocer el nivel de felicidad general. Para ello, la dirección de la empresa puede optar entre once tipos distintos de preguntas para realizar esta toma del pulso de la organización (preguntas de respuesta única, selección múltiple, o selección rápida del icono o emoji que mejor representa el estado actual de la persona, por citar solo unas pocas). De esta manera, la empresa puede analizar el estado de felicidad de las personas que componen la organización y adoptar medidas más apropiadas para que esta sea un lugar más productivo y un entorno de bienestar para las personas que pasan en ella un gran número de horas anualmente.

Además, más allá del bienestar o la gestión de la felicidad de la fuerza laboral, la herramienta cuenta con toda una serie de módulos extra que tienen como principal propósito mejorar la experiencia del empleado y contribuir a la productividad del departamento de recursos humanos, digitalizando y agilizando los trámites del día a día. Estos módulos son los siguientes:

- Carpeta personal. Permite a los usuarios acceder a su documentación personal (por ejemplo, su nómina) desde su perfil de usuario de forma cómoda y segura. Este módulo optimiza los tiempos de gestión y distribución de documentos individuales al permitir envíos masivos de forma automatizada y segura con una auditoría de operaciones.
- Gestión del calendario laboral. Facilita la forma en la que la fuerza laboral puede solicitar sus vacaciones o justificar sus ausencias. De este modo, la dirección puede valorar las solicitudes de vacaciones de los usuarios en el contexto del plan de vacaciones para todo el equipo y, a partir de estos datos, decidir de acuerdo con este plan general y el saldo individual de cada usuario.
- Registro horario. Facilita la recogida del registro y control horario del equipo. Permite cubrir el horario de la plantilla sin necesidad de presencia física; es decir, es compatible con el teletrabajo.
- Solicitudes ampliadas. Gestiona cualquier trámite, petición o solicitud de los usuarios de manera ágil, con fácil seguimiento y accesibilidad al histórico de trámites para extraer los datos.
- Evaluaciones de desempeño. Realiza evaluaciones de desempeño al equipo de forma sencilla y eficaz. Permite configurar las plantillas de evaluación, identificando las metas y los objetivos a alcanzar.
- Procesos. Permite articular acciones de comunicación personalizadas a los usuarios. Facilita, por ejemplo, la sistematización de los procesos de *on boarding*, pero también otros como el acceso y seguimiento de la formación continua de la fuerza laboral en forma de píldoras formativas (prevención, EPIS, procedimientos internos, etc.).
- Firma digital. Simplifica los procesos de firma digital de documentos o contratos sin salir de la aplicación con una firma plenamente válida. Además, permite acceso fácil y ordenado al histórico de documentos firmados con el fin de poder realizar un seguimiento del estado de las firmas en proceso.
- Notas de gasto. Agiliza el proceso de gestión de las notas de gasto de los usuarios. A través de la aplicación, la fuerza laboral puede registrar sus gastos relacionados con el desempeño de su trabajo (por ejemplo, dietas, parquímetros, hoteles, etc.), y así se notifican a la empresa de forma sencilla y detallada.

- Happycenter. Es el módulo desde el que se administra la herramienta con posibilidad de asignar roles, de forma que es posible delegar el poder de decisión (por ejemplo, a un responsable de departamento, ofreciendo así cierta independencia a los diferentes subgrupos que puedan crearse en una misma empresa). La empresa tiene todo el poder de decisión a la hora de decidir cómo organizar los grupos (por departamentos, por proyectos, por áreas geográficas, etc.). Como cabría esperar, los grupos son privados (solo los usuarios que forman parte del mismo reciben la información) y son únicos (en función del enfoque y objetivo, y cuentan con posibilidades de personalización *look and feel*). Los empleados también pueden crear grupos sociales públicos de libre adhesión para mejorar las relaciones sociales y compartir aficiones (*running*, cocina, cine, etc.).
- Muro de inicio. Ventana de comunicación muy visual similar a la de algunas redes sociales. La comunicación aparece por orden de aparición. Su aspecto resulta familiar a los usuarios y es una funcionalidad perfecta para contar historias, compartir relatos y comunicar ideas entre la fuerza laboral. Este muro de inicio es diferente para cada usuario, pues su contenido variará en función de los grupos a los que este pertenezca.
- Chats. Para evitar problemas se seguridad y con la LOPD que pueden darse mediante el uso de herramientas externas, Happÿdonia cuenta con un módulo de chat que permite a los usuarios estar en contacto de manera sencilla sin necesidad de recurrir a aplicaciones externas. Dispone además la ventaja de que la empresa tiene este gobierno del chat, pudiendo gestionar rápidamente la entrada y salida de personas cuando, por ejemplo, estas dejan de trabajar en la empresa.
- Buzoneo masivo. El sistema permite el buzoneo masivo de información corporativa. Además, es un canal óptimo para comunicar las posibles incidencias que surgen en el día a día de la organización como, por ejemplo, una solicitud de material de oficina, o una incidencia, con la posibilidad de adjuntar fotografías y documentación que contribuyan a su rápida resolución.

Asimismo, cabe destacar que la aplicación cuenta con múltiples idiomas, lo que puede ser una importante ventaja para empresas que cuentan con unidades de negocio internacionales. Así pues, gracias a esta funcionalidad la empresa puede enviar a través de un único envío un comunicado en tres idiomas y cada usuario destinatario, en función de su configuración, recibirlo en uno de estos tres idiomas preseleccionados sobre un amplio abanico disponible en la aplicación. Por último, es preciso señalar que la aplicación permite la desconexión digital. Cada usuario puede seleccionar el intervalo de tiempo en que no desea recibir ningún tipo de notificación ni responder a ningún tipo de pregunta destinada a conocer el pulso de la organización. Desde Happÿdonia consideran que con esta funcionalidad se contribuye a la desconexión laboral y a mejorar el bienestar de la fuerza laboral en su horario fuera de oficina.

5. Las métricas en Happÿdonia

Una de las fortalezas de Happÿdonia es la posibilidad que ofrece de analizar todos los datos en tiempo real y, como consecuencia, el impacto de todas las acciones que se llevan a cabo desde la plataforma, posibilitando su mejora.

A través del denominado Happycenter, la herramienta permite a los administradores (en función de su nivel de autorización) obtener métricas e indicadores en tiempo real que proceden del análisis de datos de diversas fuentes que se concretan en:

- El "happydometro" o termómetro de la felicidad, que permite medir de qué manera están impactando en el clima de la organización las acciones realizadas a través de la plataforma. Estos datos se miden a través de las respuestas de las encuestas, tarjetas que preguntan directamente al usuario cómo se encuentra (tarjetas "hoy me siento") y de las reacciones y estados de ánimo virtuales que utilizan los usuarios en distintos ámbitos de la herramienta. Así, por ejemplo, cuando en los grupos se permite la interacción de los usuarios, estos pueden reaccionar sobre el contenido publicado, con reacciones positivas o negativas a través de emoticonos previamente ponderados.

  Esta medición también puede verse de forma evolutiva, mediante gráficas que muestran su histórico.
- Análisis de actividad por días y horas. Este tipo de análisis posibilita identificar los momentos de mayor actividad, filtrando por fechas (días, semanas, horas), permitiendo valorar cuando una iniciativa puede tener más impacto de forma que su alcance sea mayor y su viralización se produzca en el menor tiempo posible.
- Usuarios más activos. La herramienta ofrece un ranking en función de las acciones realizadas por los usuarios. Para ello, otorga puntos a cada tipo de acción, en función de lo que la organización que la utilice establezca (por ejemplo, más puntos si se genera una idea). Esto facilita a las organizaciones la detección de embajadores internos en función de las distintas actividades y temáticas.
- Tasa de lectura:
  - De comunicados. En cada comunicado se podrá analizar el porcentaje de lectura, examinando quién lo ha leído y quién no y, en aquellos casos en que exista interacción, también podrá analizarse el número de comentarios y/o de reacciones. Además, la herramienta incorpora acuse de recibo o confirmación de lectura, para aquellas cuestiones que se consideren especialmente relevantes.
  - De documentos. Al igual que sucede con los comunicados, Happÿdonia te permite analizar si los documentos que se suben a la plataforma han sido leídos y consultados por los usuarios y, también, ver qué usuarios los han leído y qué usuarios no.
- Tasa de participación en encuestas, tanto anónimas como nominales.
- Asistentes a eventos internos (formación, reuniones, actividades, etc.).

Además, la posibilidad de estructurar la plataforma por grupos organizativos en función de la estructura de la empresa, no solo te permite adaptar su utilización, sino también el análisis de las métricas de cada uno de estos grupos.

Todos estos datos se muestran de una forma muy intuitiva y son exportables a PDF o a Excel permitiendo su tratamiento posterior o su enriquecimiento con otros datos.

Happÿdonia ya está trabajando en otras funcionalidades de análisis que posibilitarán:

- Una mayor segmentación de las métricas actuales a través de etiquetas específicas que puedan asignarse a cada usuario y estén relacionadas, por ejemplo, con cuestiones como la edad, el género, las competencias, etc. lo que permitirá su filtrado por categorías sin necesidad de constituir previamente grupos.
- El filtrado de aquellos usuarios menos activos, de forma que puedan plantearse acciones concretas para incentivar el uso de la herramienta o con otros objetivos.
- La inclusión de comparativas por períodos.
- La inclusión de etiquetado de acciones por campaña que posibiliten poder medir el éxito de una campaña o conjunto de acciones.

La herramienta había evolucionado y había alcanzado la cifra 86.000 usuarios en diciembre de 2021, desde los 300 usuarios a finales de 2017 (ver anexo 5).

6. Otras herramientas para la felicidad: Happÿdonia y sus competidores

En el mercado abundaban soluciones tecnológicas que tenían como finalidad mejorar en todo o en parte la gestión de los recursos humanos, su productividad y su felicidad y la comunicación empresarial. Algunas habían surgido con esa finalidad y, otras, simplemente incluían funcionalidades que lo permitían (como las que las herramientas más generalizadas, tipo Microsoft Teams, ya estaban incorporando) o disponían de módulos para la gestión de la felicidad en el seno de la organización, a pesar de no ser el *core* de sus funcionalidades (era el caso de *Software* de Recursos Humanos). Además, existían algunos competidores focalizados en el nicho específico de la gestión de la felicidad y el bienestar de los empleados entre los que se encontraban los que se detallan a continuación:

Happyforce

Herramienta que, a través de preguntas cortas y sencillas, permitía diagnosticar diariamente la felicidad de la fuerza laboral. Cada día, las personas de la organización podían compartir cómo se sentían, interactuar con otros compañeros o contestar a preguntas sencillas. El sistema de Happyforce se estructuraba conceptualmente en cuatro niveles para conocer los niveles de compromiso de los empleados estableciendo similitudes con la pirámide de Maslow.

En base a la pirámide anterior, Happyforce contaba con un total de siete *scores* que, de acuerdo con el equipo de diseño de la herramienta, tenían una mayor probabilidad de impactar en el compromiso y felicidad de la fuerza laboral. Cada uno de estos siete *scores* medían diversos parámetros que de manera conjunta impactaban en el índice global de felicidad de la organización (*Happyness Index*), y que permitían a la administración y dirección de la empresa tomar el pulso de la organización y obtener el conocimiento necesario para acompañar y guiar a la fuerza laboral. Los *scores* y sus respectivos indicadores son los siguientes:

- Bienestar: salud y estrés, diversidad e igualdad y ambiente laboral.
- Motivación intrínseca: maestría, autonomía y propósito.
- *Feedback*: escucha activa, libertad de opinión, frecuencia y calidad.
- Alineación: confianza y visión, valores y ética, roles y objetivos.
- Relación: confianza, relación con *managers*, relación con compañeros de trabajo.
- Reconocimiento: beneficios, compensación, reconocimiento.
- *Employee net promoter score*: satisfacción de los empleados dentro de la empresa.

Figura 2. *Happiness Index*

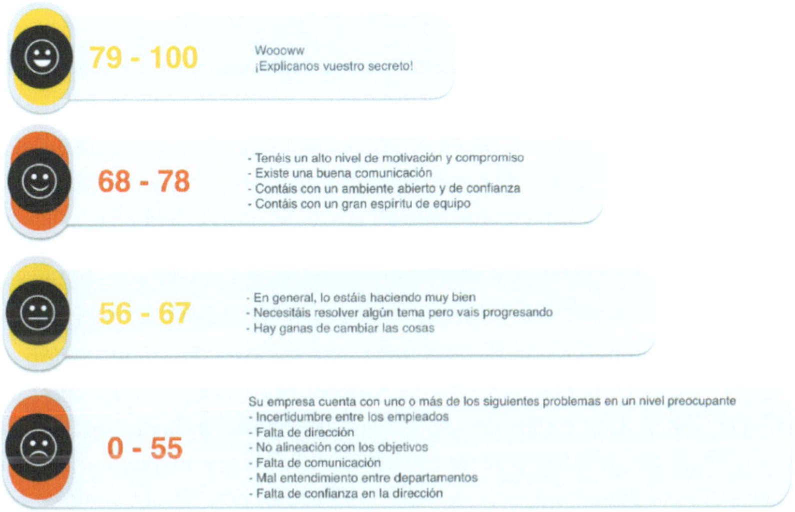

A partir de la suma de los anteriores parámetros para el agregado de la fuerza laboral de la empresa se obtenía una puntuación en el *Happiness Index* entre cero y cien puntos, que puede interpretarse por parte de la dirección de la empresa siguiendo las indicaciones de la figura 2.

Workplace

Esta solución, dependiente de la compañía Meta (Antigua Facebook), ofrecía un buen ecosistema para facilitar la comunicación y colaboración entre la fuerza laboral. Sus ventajas fundamentales eran dos: permitía a los empleados interactuar en todo momento desde su propio *smartphone*, y además hacerlo en un entorno que a cualquier usuario de la red social Facebook le resultará familiar. Las siguientes son algunas de las funcionalidades características de la aplicación que, en algunos casos, eran compartidas o se habían adaptado:

- Permitía hacer videollamadas y enviar notas de voz.
- Contaba con un muro para postear contenidos por parte de los usuarios, compartiendo ideas o dando opiniones.
- Facilitaba la compartición de información con otras compañías.
- Proporcionaba a la dirección un potente panel de análisis de datos.
- Disponía de un espacio colaborativo en el que las personas podían cargar recursos y fomentar el aprendizaje organizativo.
- Permitía reconocer méritos a las personas, o celebrar hitos a nivel grupal.
- Estimulaba la consolidación de la cultura empresarial.
- Ofrecía una integración sencilla con otras herramientas colaborativas de proveedores omo Google o Microsoft, entre otros.

Por tanto, este software ofrecía mucho más que una simple herramienta de comunicación empresarial, permitiendo a las empresas construir una verdadera comunidad de empleados, integrada y con una adecuada protección de datos personales.

Dialenga

Dialenga se presentaba como una solución para estructurar la comunicación de una organización. El objetivo fundamental de esta herramienta era estimular la comunicación entre la fuerza laboral de una empresa, de tal manera que esta pudiera aportar sus ideas, implicarse y colaborar en el logro de los objetivos. Al igual que Happÿdonia, Dialenga también apostaba por poner a las personas en el centro de los procesos, tratando de facilitar al máximo sus trámites internos con la empresa y que estos fueran fáciles de llevar a cabo. Por otro lado, compartía con las anteriores plataformas las siguientes funcionalidades:

- Acceso a contenidos volcados por la empresa o los empleados.
- Comunicación centralizada en un único canal.
- Experiencia móvil mejorada para enviar encuestas de satisfacción, estado de ánimo, o consultas vinculadas al negocio.

- Portal de análisis de datos que permitía diagnosticar visuamente los flujos de comunicación.
- Envío y firma de documentación (por ejemplo, nóminas o certificados de retenciones).
- Otras funcionalidades como la gestión de las vacaciones y ausencias.

7. El futuro de Happÿdonia

Pero ¿contribuía suficientemente Happÿdonia a generar felicidad entre los profesionales vinculados a una empresa? ¿se generaban como consecuencia de ésta los efectos perseguidos en torno a la retención y la productividad de los empleados? ¿producía o podía producir otros efectos positivos vinculados con los ODS? Según los últimos estudios realizados en España (ver anexo 6) los principales factores de la felicidad en el trabajo eran un buen horario, un buen ambiente y un buen jefe y, además, la importancia que daban a la felicidad iba en aumento según los últimos estudios (ver anexo 7) ¿Convertía eso a Happÿdonia en una buena herramienta?

Además, hasta el momento, Happÿdonia había puesto el foco en la felicidad, pero la empresa estaba convencida de que existían muchas otras posibilidades tanto en el ámbito social como en el medioambiental y también estos factores estaban cobrando importancia en la empresa (ver anexo 7). ¿Era el momento de sacarle más partido en este sentido? ¿Cuáles debían ser los próximos pasos?

En su hoja de ruta para el desarrollo de las próximas funcionalidades de la herramienta, el equipo de Happÿdonia estaba trabajando para que la herramienta fuera una auténtica plataforma de apoyo a la gestión de la sostenibilidad y la responsabilidad social corporativa en el seno de las organizaciones. En este sentido, se estaban planteando soluciones de apoyo a la dirección de las empresas para poner en marcha acciones solidarias, midiendo la participación de los usuarios, así como para estimular retos específicos que colectivamente pudieran obtener mayor relevancia. Los principales ámbitos de actuación serían los relacionados con la solidaridad (donaciones de sangre, banco de alimentos, colaboración con ONGs, ...), el respeto y cuidado del medioambiente o las actividades de promoción de la salud de las personas. Pero ¿podía hacerse más?

Si Happÿdonia quería convertir la herramienta en un software de referencia a nivel nacional y, por qué no, a nivel internacional, debía marcar la diferencia frente a competidores de muy diversos tipos en un entorno, el tecnológico, donde todo tendía a la transversalidad y donde, por tanto, solo unos pocos podían sobrevivir.

8. Cuestiones para el debate

1. ¿Qué nuevas funcionalidades podrían incorporarse a la herramienta de Happÿdonia teniendo en cuenta no solo sus competencias y capacidades sino aquellas que pueden considerarse un elemento diferenciador respecto a sus competidores?
2. ¿Cómo puede una herramienta como la de Happÿdonia ayudar a un CHO en el desempeño de sus tareas y funciones?
3. ¿Puede Happÿdonia contribuir aún más al desarrollo de los ODS? ¿Cómo?

ANEXOS

Anexo 1. Etapas de desarrollo de Nunsys y empresas integradas

Figura 3. *Etapas de desarrollo de Nunsys*

Tabla 1. *Detalle de algunas de las empresas integradas en Nunsys*

Nombre	Localización	Año
ISI Consulting, S.L.	Valencia	2013
Assessors informatics Solutions S.L.	Valencia	2013
Infonova Consultores S.L.	Valencia	2014
Lindatel S.L.	Murcia	2014
Ingeniería de Redes Broadcast S.L.	Valladolid	2014
CSP Telco S.L.	Valencia	2015
Infotecnics S.L.	Onteniente	2015
Investigaciones e Innovaciones en Informática Aplicada S.L.U.	Castellón	2016
Computer Bios Informática S.L.	Valencia	2016

Internet XPress	Valencia	2017
Six Group	Valencia	2017
Agora Telecom	Castellón	2018
Castle CRM y Freedom Soft	Barcelona	2018
Soltek	Barcelona	2018
Hermes	Valencia	2018
QNK	Valencia	2019
BMR	Palma de Mallorca	2019
Euroelettra	Castellón	2019
C.B.D. S.A.	Valencia	2019
Sothis	València	2022

Anexo 2 - Diversos modelos de felicidad en el trabajo

Es difícil establecer un único modelo de felicidad en el trabajo, puesto que son muchas las teorías que intentan explicarla y, aun cuando lleva tiempo haciéndose referencia a la relación entre felicidad en el trabajo, sólo recientemente se ha investigado en torno a ésta (a partir de 2017).

De acuerdo con Wright (2014) los estudios relacionados con la felicidad en el trabajo se pueden clasificar en torno a cuatro perspectivas de la felicidad:

- La perspectiva hedonista relaciona la felicidad con altas frecuencias de afecto positivo y bajas frecuencias de afecto negativo. Es la concepción más generalizada de la felicidad, pero poco estudiada en relación con el trabajo, a excepción del agotamiento emocional en el trabajo.

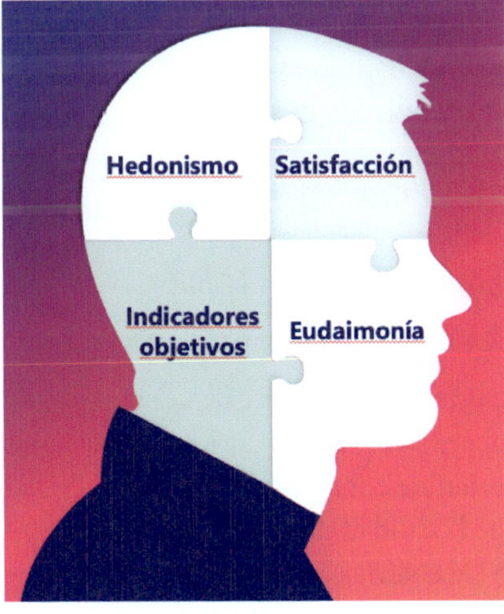

- La felicidad como satisfacción es el enfoque más común para examinar la felicidad en las organizaciones. Sin embargo, las relaciones entre satisfacción laboral y desempeño no son consistentes y algunos investigadores mantienen que puede no ser una aproximación eficaz para medir la felicidad.
- La tercera perspectiva considera que la felicidad puede ser agregada entre los individuos y entenderse a partir de características concretas del entorno físico, social o personal.
- El cuarto enfoque de la felicidad fue planteado por Aristóteles en la Ética a Nicomáco y hace énfasis en el crecimiento personal y el desarrollo de las habilidades y los talentos.

Siguiendo el modelo clásico de Fisher (2010), la felicidad en el trabajo es un paraguas que incluye un conjunto variado de elementos tanto personales como grupales, que se muestran en la tabla siguiente.

Tabla 2. *Elementos de la felicidad en el trabajo*

Nivel transitorio	Nivel personal	Nivel de unidad
• Estado de satisfacción laboral • Afecto momentáneo • Estado de flujo • Estado de ánimo momentáneo en el trabajo • Estado de compromiso • Disfrute de la tarea • Emoción en el trabajo • Estado de motivación intrínseca	• Satisfacción en el trabajo • Afecto disposicional • Compromiso organizativo afectivo • Implicación en el trabajo • Estado de ánimo típico en el trabajo • Compromiso • Prosperidad • Vigor • Florecimiento • Bienestar afectivo en el trabajo	• Satisfacción laboral moral/colectiva • Tono afectivo grupal • Estado de ánimo del grupo • Compromiso a nivel de unidad • Satisfacción con la tarea del grupo

Otra perspectiva interesante es la de David (2013) que mantiene que para saber cómo de feliz es una empresa, dada la dificultad del término, debíamos hacernos las siguientes preguntas y diseñar un modelo organizativo para dar respuesta a las mismas:

- ¿Los empleados disfrutan de sus relaciones y de su entorno de trabajo?
- ¿Los miembros del equipo desempeñan funciones que les permiten poner en práctica sus habilidades?
- ¿Entienden el propósito o misión de la empresa?
- ¿Sienten que forman parte de algo que realmente importa?

Para algunos autores, puesto que no existe una definición científica asentada del concepto de felicidad en el trabajo porque cada entienda posee su propio sistema organizativo, normas y valores, es preferible considerarla como la calidad emergente del sistema de interacciones resultante de la calidad de las corrientes de comunicación e información dentro de la organización (Hassani, 2017).

Anexo 3. Productividad en Europa

Desde la llegada de la democracia, España ha experimentado una transformación económica y social muy notable. Nuestra renta per cápita se ha duplicado, nuestra tasa de empleo ha aumentado en más de 15 puntos y nuestras empresas se han integrado con éxito en el comercio y las redes de financiación internacional. Sin embargo, nuestro país no ha conseguido reducir sustancialmente la brecha de renta que mantiene con las economías más avanzadas de la UE y la principal causa es la baja productividad de la práctica totalidad de nuestros sectores económicos, tal y como muestra el documento elaborado en 2021 por la Oficina Nacional de Prospectiva y Estrategia del Gobierno de España, titulado España 2050: Fundamentos y propuestas para una Estrategia Nacional de Largo Plazo[10]. Además, las cifras no parecen mejorar, tal y como se muestra en el gráfico siguiente.

Gráfico 1. *Productividad por ocupado. Variación entre 4T de 2019 y 3T de 2021, en %*

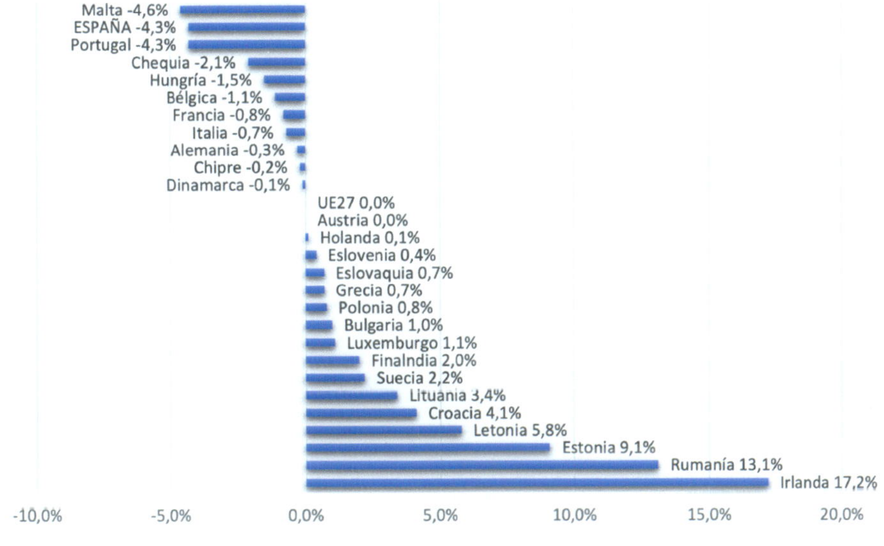

Fuente: Eurostat

[10] Oficina Nacional de Prospectiva y Estrategia del Gobierno de España (coord.) (2021): «España 2050: Fundamentos y propuestas para una Estrategia Nacional de Largo Plazo». Madrid. Ministerio de la Presidencia 2021. Consultado en https://www.lamoncloa.gob.es/presidente/actividades/Documents/2021/200521-Estrategia_Espana_2050.pdf, el 23 de abril de 2022.

Anexo 4. Evolución de las formas organizativas

Aun cuando no existe una explicación única para la forma de las organizaciones, podemos observar una evolución de esta, tal y como se refleja en el gráfico 2 que responden a las aportaciones de la Economía (Aproximación Económica) y las aportaciones de la Teoría de la Administración y Organización (Aproximación contingente). Sin embargo, la continua adaptación de las empresas ante el entorno turbulento que se les presenta ha hacho que aparezcan múltiples formas y modelos que buscan, entre otros canalizar los flujos de información en todas direcciones e incentivar a los empleados en la adquisición de habilidades y destrezas y formas de trabajo en común, tal y como se plantea en la tabla 3.

Gráfico 2. *Evolución de las formas organizativas*

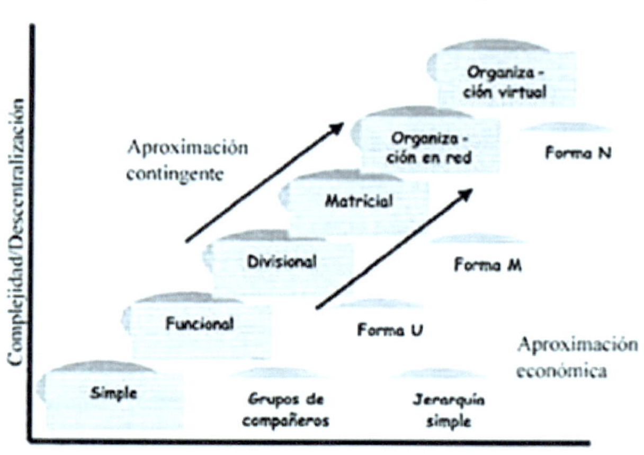

Fuente: Águila Obra & Padilla Meléndez (2003)

Tabla 3. Algunas propuestas de nuevas formas organizativas

Denominación	**Autor**
Adhocracia	Mintzberg (1983); Malone y Rockart (1991)
Organización post-industrial	Huber (1984)
Organización circular	Ackoff (1989)
Mercado interno	Malone, Yates y Benjamín (1987); Ouchi (1980)
Organización en red	Miles y Snow (1986, 1992); Eccles y Crane (1987); Ghoshal y Barlett (1990)
Organización federal	Handy (1989, 1992)
Organización basada en el conocimiento	Badaracco (1991)

Cluster organization	Milis (1991)
Open corporation	Wagner (1991)
Organización virtual	Davidow y Malone (1992); Bridges (1994)
Internal network	Snow, Miles y Coleman (1992)
Organización infinitamente plana	Quinn (1992)
Tecnocracia	Burris (1993)
Organización horizontal	Ostroff y Smith (1992)
Forma postburocrática	Heckscher (1994)
N-form	Hedlund (1994)
Organización lateral	Galbraith (1994)
Estructuras hipertextuales	Nonaka y Takeuchi (1995)
Platform o estructura plana	Ciborra (1996)
T-form	Lucas (1996)
Cellular	Miles, Snow, Mathews, Miles y Coleman (1997)
Estructuras fractales	Morales (1999)

Fuente: Águila Obra & Padilla Meléndez (2003)

Anexo 5. Happÿdonia en cifras

Figura 4. *Happÿdonia en cifras (2022)*

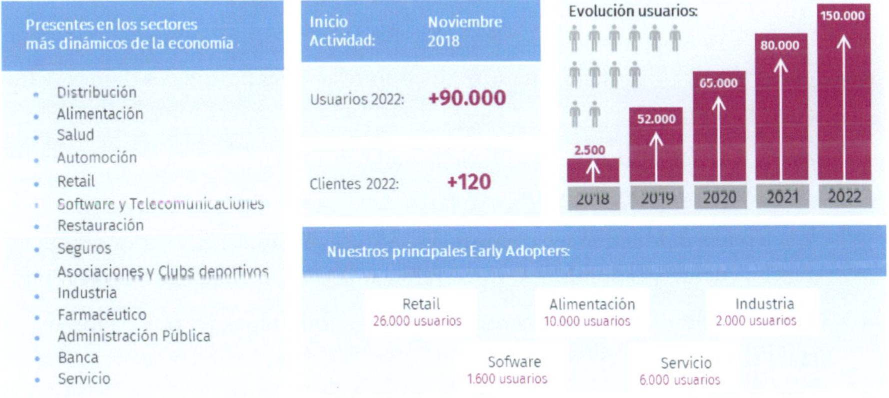

Anexo 6. Encuesta Adecco sobre felicidad en el trabajo en España

A continuación, se muestran los factores más importantes para ser feliz en el trabajo de la VIII Encuesta Adecco sobre la Felicidad en el Trabajo y una breve descripción de cada uno de ellos. La gráfica compara los resultados obtenidos en 2017 y 2018. Hay que tener en cuenta que existen algunas variaciones en función del género, el nivel salarial o, incluso, el tipo de trabajo, por citar algunos casos.

Gráfico 3. *Factores más importantes para ser feliz en el trabajo (escala de 0 a 10)*

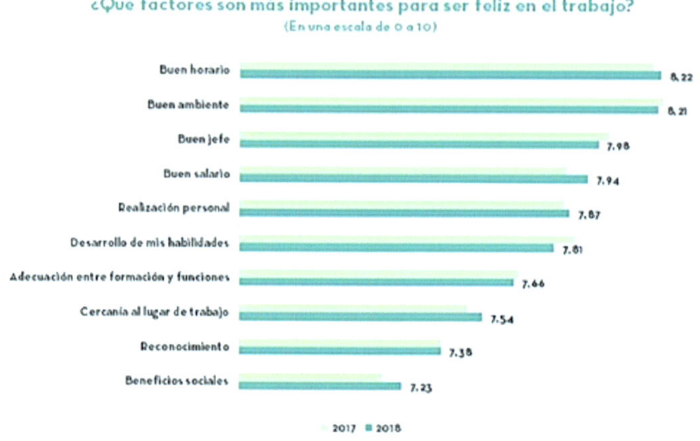

Fuente: VIII Encuesta Adecco La Felicidad en el Trabajo

- Buen ambiente de trabajo, que se traduce en relaciones personales fluidas y clima de compañerismo.
- Buen horario de trabajo y flexibilidad horaria, de manera que sea posible conciliar la vida personal y profesional.
- Un buen jefe o líder que sepa transmitir motivación a sus equipos, que escuche y tenga en cuenta sus opiniones, y mantenga una actitud empática y respetuosa.
- Salario acorde al desempeño y responsabilidad individual del trabajador, de manera que pueda sentirse reconocido.
- Realización personal, es decir, poder alcanzar sus motivaciones profesionales (que pueden ser de los más variadas: contribuir al bienestar de la sociedad, mantenerse en constante aprendizaje, desarrollar actividades creativas, plan de carrera...).
- Desarrollar competencias profesionales y habilidades personales, es decir, facilitar que el empleado pueda poner todo su potencial al servicio de la empresa y crecer con ella.

- Adecuación de las funciones a la formación del trabajador, de manera que los objetivos no estén ni por encima (en cuyo caso surgiría estrés, frustración...), ni por debajo de sus capacidades (Esto último daría lugar a aburrimiento, sentirse infravalorado...).
- Cercanía del lugar de trabajo al domicilio. Cuanto menor sea el tiempo que el trabajador invierte en desplazamientos, mayor será su calidad de vida.
- Reconocimiento por parte de compañeros y jefes de manera que se genere un clima de trabajo positivo y constructivo en el que todos los miembros de la organización puedan sentirse valiosos.
- Beneficios sociales: seguro médico, dietas, planes de pensiones, descuentos en determinados servicios...son elementos adicionales con los que el trabajador se siente recompensado más allá de su salario.

Anexo 7. Qué valoran los profesionales en un empleo

El estudio llevado a cabo por Randstad en torno a lo que valoran los profesionales en un empleo y cómo relacionan su vida personal con la profesional ponen de manifiesto que los españoles consideran su vida personal más importante que la profesional por encima de la media de los 33 países encuestados.

Gráfico 4. *Algunos datos en torno a la relación de la vida personal y profesional. Comparativa entre España y otros países.*

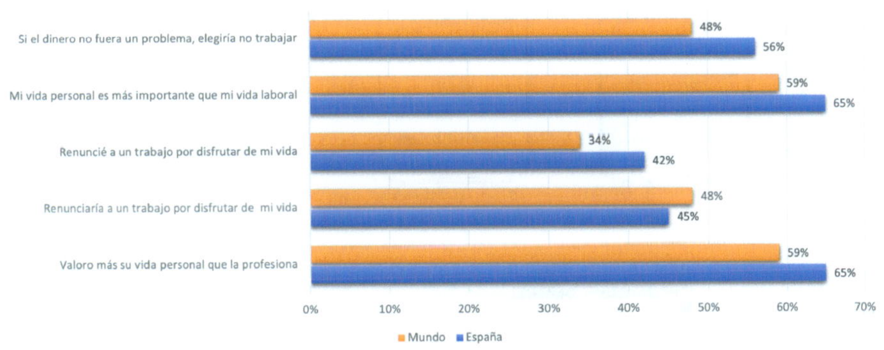

Fuente: Ramstad Workmonitor 2022

Pero, además, también se pone de manifiesto que la sostenibilidad social y medio ambiental empieza a ser esencial a la hora de elegir un trabajo. Estas cuestiones también están por encima de la media, en el caso, español, salvo alguna excepción.

Gráfico 5. *Algunos datos en torno a la importancia de las cuestiones sociales y medioambientales en el ámbito profesional*

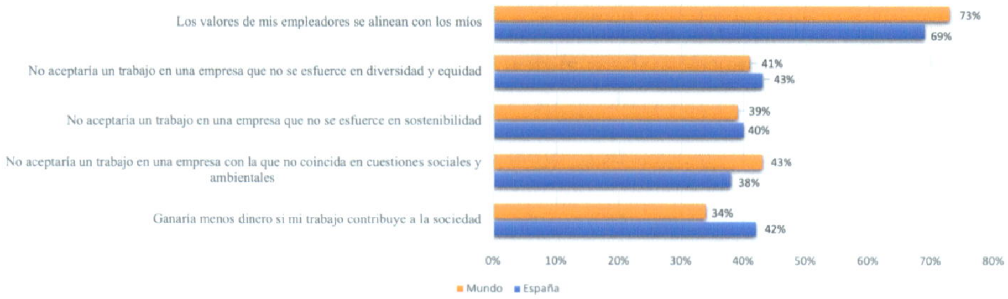

	Mundo	España
Los valores de mis empleadores se alinean con los míos	73%	69%
No aceptaría un trabajo en una empresa que no se esfuerce en diversidad y equidad	41%	43%
No aceptaría un trabajo en una empresa que no se esfuerce en sostenibilidad	39%	40%
No aceptaría un trabajo en una empresa con la que no coincida en cuestiones sociales y ambientales	43%	38%
Ganaría menos dinero si mi trabajo contribuye a la sociedad	34%	42%

Fuente: Ramstad Workmonitor 2022

Anexo 8. Algunas capturas de pantalla de la herramienta Happÿdonia en su versión para smartphone y web

Figura 5. *Capturas de la herramienta Happÿdonia*

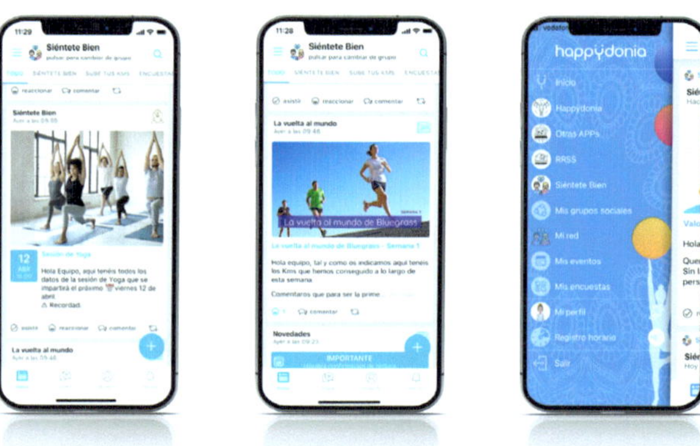

CASO 9
ROBOTNIK: LA APUESTA TECNOLÓGICA POR LA SUPERVIVENCIA HUMANA

Olga Broto Ruiz
Universitat Jaume I

Objetivos de aprendizaje

1. Ser conscientes del impacto que algunas de las actividades que realizamos tienen en la huella de carbono y, consecuentemente en el ODS 11 correspondiente a ciudades y comunidades sostenibles.
2. Generar reflexión en torno a los cambios más realistas y viables en la logística de la última milla y la recogida de residuos y qué papel pueden y deben generar los robots y, en su caso, las empresas españolas como Robotnik.
3. Discutir acerca de los retos que la tecnología robótica supone y el cambio que plantea, así como las medidas a implementar para generar crecimiento sostenible en las tres dimensiones.
4. Desarrollar un pensamiento disruptivo a la hora de innovar que genere productos y servicios que supongan un auténtico cambio y, consecuentemente mejoras exponenciales o auténticos elementos de diferenciación en el mercado.
5. El caso permite además poner de manifiesto como la toma de decisiones en torno a algunas cuestiones es compleja y tiene consecuencias en distintas dimensiones de la sostenibilidad y del modelo de empresa y sociedad. Por este mismo motivo es posible abordarlo en su totalidad o parcialmente a través de diversas materias del programa.

Material recomendado para el estudio del caso

- BCG (2021). Robotics Outlook 2030: How Intelligence and Mobility Will Shape the Future. En https://www.bcg.com/publications/2021/how-intelligence-and-mobility-will-shape-the-future-of-the-robotics-industry, consultado el 14 de abril de 2022.
- Bravo, J., García, M. A., & Schlechter, H. (2018). *Automatización e Inteligencia Artificial, desafíos del Mercado Laboral* (No. 50). Working Paper. En https://s3.us-east-2.amazonaws.com/assets.clapesuc.cl/media_post_6488_5b2a9b1b75.pdf, consultado el 14 de abril de 2022.
- Deloitte (2020). Logística de Última Milla. Retos y soluciones en España. En https://www2.deloitte.com/content/dam/Deloitte/es/Documents/operaciones/Deloitte-es-operaciones-last-mile.pdf, consultado el 14 de abril de 2022.
- Joyce, A., Paquin, R. L., & Pigneur, Y. (2015). The triple layered business model canvas. In *A tool to design more sustainable business models. ARTEM Organizational Creativity International Conference. Nancy, France.*
- Joyce, A., & Paquin, R. L. (2016). The triple layered business model canvas: A tool to design more sustainable business models. *Journal of cleaner production*, *135*, 1474-1486.
- Mckinsey Global Institute (2017) Job Lost, Jobs Gained: Workforce Transitions in a Time of Automation. En https://www.mckinsey.com/featured-insights/future-of-work/jobs-lost-jobs-gained-what-the-future-of-work-will-mean-for-jobs-skills-and-wages#, consultado el 15 de abril de 2022.
- Osterwalder, A. y Pigneur, Y. (2011). Generación de modelos de negocio.
- Pandey, D., Agrawal, M., & Pandey, J. S. (2011). Carbon footprint: current methods of estimation. *Environmental monitoring and assessment*, *178*(1), 135-160.
- Tirado Robles, M. C. (2020). *¿Qué es un robot? Análisis jurídico comparado de las propuestas japonesas y europeas* (No. ART-2020-118780).

La robótica y otras combinaciones harán que el mundo sea bastante fantástico en comparación con el que conocemos hoy en día.

Bill Gates

Roberto Guzmán sentado en su despacho esperaba a su equipo y sonreía satisfecho. Cuando unos meses antes otra de las empresas implicadas les habló por primera vez del proyecto Audere, le pareció muy atractivo, ya que les permitiría probar el potencial de sus robots autónomos en entornos urbanos. En Robotnik pensaban que este tipo de robots contaba con un estupendo futuro. Terminado el proyecto, el robot había alcanzado un TRL entre 6 y 7. Era el momento de extraer aprendizajes y definir próximos pasos, puesto que era necesaria otra interacción tecnológica si querían comercializarlo. Aunque había algunas barreras que salvar, como el marco legal relativo a la introducción de este tipo de vehículos en las ciudades, tenía buenas sensaciones. Las mismas sensaciones que casi 20 años atrás, hicieron que se embarcase en la robótica, un área que, para algunos, todavía era ciencia ficción.

Desde el principio lo tuvo claro, su compañero de viaje debía ser Rafael López, un ingeniero de telecomunicaciones con el que había coincidido profesionalmente en otra empresa, y que no dudó ni un momento cuando Roberto le propuso montar Robotnik. Comenzaron al más puro "estilo garaje" que muestran las películas de Hollywood. De hecho, ni siquiera tenían teléfono, acudían al bar Richard, en la acera de enfrente, para hacer sus llamadas. Sin embargo, tras años de esfuerzo, la empresa facturaba casi tres millones de euros y los retos eran distintos. La filosofía seguía siendo la misma, pero el mundo había cambiado y la empresa, con cerca de 70 personas en plantilla, presencia en más de 50 países y varias líneas de negocio, debía tomar otro tipo de decisiones. El proyecto Audere podría ayudarles a reflexionar sobre algunos temas importantes para la propia empresa e, incluso, por qué no, para el futuro de la humanidad.

1. Robotnik

Robotnik nació en Valencia en 2002 y, desde entonces, se dedicó a diseñar, fabricar y comercializar robots y manipuladores móviles. Aunque pudiera parecer extraño, a sus empleados no les resultaba sencillo explicar que era un robot puesto que, para todos aquellos ajenos al mundo de la robótica, la palabra robot solía relacionarse con la imagen que nos ofrecen el cine y la literatura . Sin embargo, la delimitación del concepto de robot era mucho más compleja y muy cambiante tanto por la evolución de la tecnología, cada vez más sofisticada, como porque dependía de la disciplina que lo considerase y del lugar en que se situara (ver Anexo 1).

En el ámbito de la robótica, se hablaba de dos tipos de robots: robots de servicio y robots industriales. En un primer momento, Robotnik centró su actividad en la robótica industrial y la automatización, pero luego se especializó en la robótica de servicio por dos motivos: la elevada competencia en la robótica industrial y la creciente participación de la empresa en proyectos de I+D. En ambos casos, los robots optimizaban tareas que resultaran repetitivas, tediosas o peligrosas. Sin embargo, existían bastantes diferencias.

De acuerdo con la Federación Internacional de Robótica, los robots de servicio eran aquellos robots o equipamientos que realizaban tareas útiles para el ser humano excluyendo las aplicaciones de automatización industrial. La amplitud de esta definición se debía a sus múltiples utilidades. Tendían a ser más pequeños y móviles que sus homólogos industriales y no tenían por qué ser totalmente autónomos. Además, sus funcionalidades eran muy diversas. Robotnik se había especializado en robots de servicio para actividades de logística, inspección y mantenimiento tanto en el interior como en el exterior de la empresa.

Los sistemas robóticos de Robotnik podían estar controlados por un operador de forma remota o funcionar de manera autónoma. En el caso de los robots móviles colaborativos o AMP (del inglés, *Autonomous Mobile Robots*):

- Estaban concebidos para compartir el espacio de trabajo con personas.
- Contaban con diferentes soluciones de localización que les permitían acometer rutas flexibles, frente a las rutas fijas propias de los vehículos de guiado automático (AVG, del inglés Autonomous Intelligent Vehicle)
- Podían realizar movimientos omnidireccionales.
- Tenían funciones inteligentes avanzadas como el seguimiento de personas, el acoplamiento de maquinaria o la comunicación por voz.
- Contaban con un Sistema de Gestión de Flota (SFG) que podía coordinar de forma óptima una flota de robots y los recursos compartidos de una organización.

Además, la interfaz de usuario de estos robots posibilitaba generar mapas, redefinir rutas y adoptar distintos puntos de referencia. De hecho, los robots de Robotnik eran capaces de actuar en entornos adversos, en zonas contaminadas e, incluso, en algunos casos, estaban preparados para labores como la detección de explosivos. Por todo ello, desarrollaban tareas tan dispares como el transporte de carros en centros hospitalarios, tareas en el interior de tuberías o mantenimiento e inspección en centrales nucleares[1].

Robotnik desarrollaba sus robots utilizando ROS[2] (del inglés, Robot Operating System). De esta forma, a diferencia de la mayor parte de empresas del sector, no priorizaba la

---

1 En este video podrás ver claramente cómo funciona y qué tipo de labores desempeñan los robots de Robotnik: https://www.youtube.com/watch?v=EahSRTS5qoA&t=95s

2 ROS era el Sistema Operativo para Robots, nacido en 2007 en la Universidad de Stanford, con el objetivo de crear un marco de trabajo flexible capaz de simplificar la programación e interconexión entre robots y dispositivos asociados en distintas plataformas. Si quieres saber más sobre ROS, puedes consultar el documento Robot Operating Systema (ROS), desarrollado por el Grupo de Trabajo de Innovación de

dependencia del proveedor sobre la innovación, no generaba la necesidad de escribir códigos no reutilizables o aprender APIs[3] nuevas, etc. Además, Robotnik era considerada una de las mejores empresas del mundo en el desarrollo de robots basados en este sistema[4].

Para ello, Robotnik había conformado un equipo de profesionales que, no solo fueron cuidadosamente seleccionados por sus conocimientos y sus habilidades, sino que, además eran propietarios de la empresa, puesto que Robotnik era y es una Sociedad Limitada Laboral. Esta forma societaria, poco frecuente, tiene como característica principal que una gran parte de su capital social es propiedad de los trabajadores, en el caso de Robotnik casi el 100%, lo que supone un incentivo constante dado que el éxito es compartido. Además, cuenta con una serie de ventajas de diversa índole (a la hora de obtener ayudas, bonificaciones fiscales, etc.).

No es de extrañar que, dado el buen hacer de la empresa y las características del sector en el que se encontraba, como veremos con una tendencia de constante crecimiento y expansión, los resultados de Robotnik (ver anexo 2) no hubieran hecho más que mejorar desde sus inicios, tal y como refleja el gráfico 1.

Desde el principio Robotnik tuvo claro su carácter internacional, por ello está presente en más de 50 países y más del 80% de su facturación se debe a clientes extranjeros. Además, supo diversificar su negocio aprovechando todas las posibilidades que el mercado de robots ofrecía. De esta forma, el 70% de su facturación correspondía a la venta de robots y el 30% restante de proyectos de I+D financiados por diversas instituciones que le permiten multiplicar su carácter innovador. Es precisamente en su área de I+D donde Robotnik ya había desarrollado otros proyectos punteros en ámbitos como la salud, la agricultura o la seguridad, donde se enmarca el proyecto Audere.

---

la Asociación Española de Robótica y Automatización (AER) en https://www.aer-automation.com/wp-content/uploads/2022/03/ROS_articuloAER.pdf (consultado el 10 de abril de 2022)

3 API es una abreviatura de Application Programming Interfaces, que en español significa interfaz de programación de aplicaciones. Se trata de un conjunto de definiciones y protocolos que se utilizan para desarrollar e integrar el software de aplicaciones permitiendo la comunicación entre dos aplicaciones de software a través de un conjunto de reglas.

4 Fuente: The Robot Report (2019). Top 10 ROS -based robotics companies in 2019, en https://www.therobotreport.com/top-10-ros-based-robotics-companies-2019/

Gráfico 1. *Evolución del volumen de negocio y el EBITDA de Robotnik (2002 -2020)*

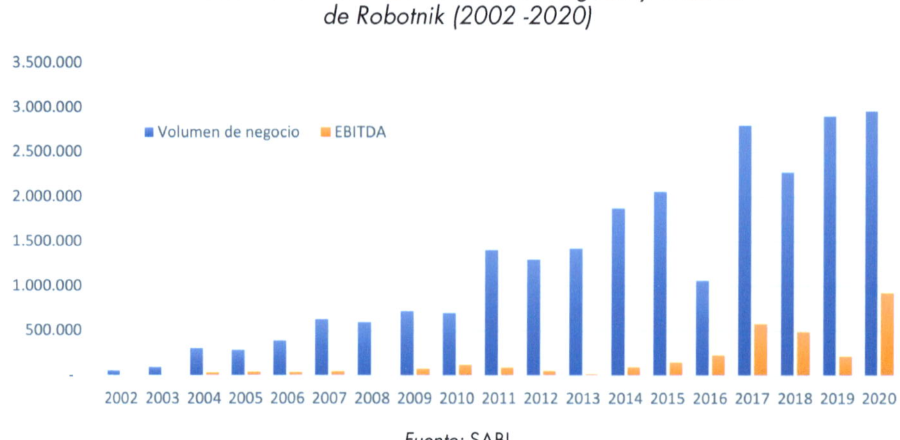

Fuente: SABI

2. Estado actual del sector de la robótica

El sector de la robótica profesional es complejo ya que cuenta con más de 500 empresas que fabrican productos que pueden dividirse en cuatro categorías:

- robots y robots colaborativos (*cobots*) industriales convencionales;
- servicios profesionales fijos o estacionarios, como los destinados a aplicaciones médicas y agrícolas;
- servicios profesionales móviles, como los relacionados con la limpieza profesional, la construcción o las actividades submarinas;
- los denominados vehículos de guiado automático, para el transporte de cargas grandes y pequeñas en logística o líneas de montaje.

Aunque conocer el futuro del sector de la robótica es complejo dada la variedad de empresas, sectores y aplicaciones involucradas, se estima que, durante los próximos diez años el volumen del mercado mundial de la robótica crecerá de 6 a 10 veces, pasando de los actuales más de 25.000 millones de dólares a los 160-260 mil millones (BCG). De acuerdo con estas mismas previsiones, el protagonismo pasará de los robots industriales a los robots de servicios profesionales, tal y como se pone de manifiesto en el gráfico 2.

Algunas de las palancas de su crecimiento son y seguirán siendo la industria 4.0 y la digitalización, pero también factores como los rápidos avances en automatización, la inteligencia artificial, el almacenamiento de energía o el aprendizaje automático. Otros elementos que están contribuyendo a su desarrollo son la escasez de personal cualificado en determinadas posiciones o, en el caso de los robots de servicio, la mayor velocidad, el ahorro de costes laborales, el aumento de la seguridad, la mayor consistencia y la perfección.

Gráfico 2. *Mercado global de Robots en miles de millones de dólares* (2015, 2019, 2020 y previsiones 2030)

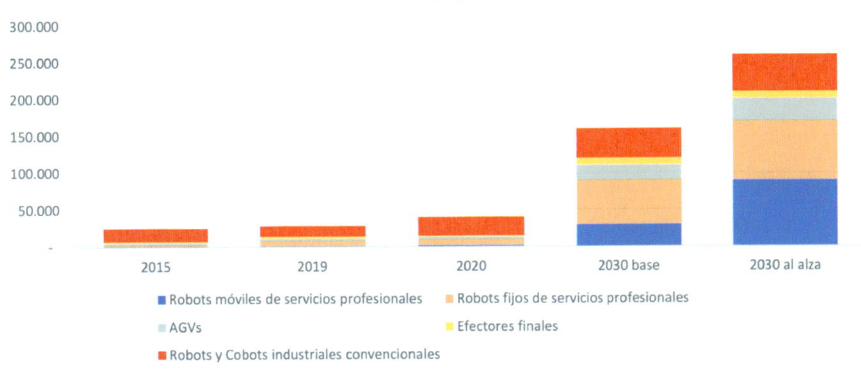

Fuente: BCG (2021)

En el caso de los robots de servicios, y excluyendo, de nuevo, a aquellos robots de servicios personales, destacan especialmente algunos sectores como:

- la logística, que ha pasado de 52.000 unidades en 2018 a 114.000 en 2020;
- la defensa, que ha pasado de las 17.000 en 2018 a las 22.000 en 2020,
- otras áreas del sector público, que han pasado de las 14.000, en 2018, a las 28.000 unidades, en 2020

El gráfico 3 refleja estos y otros datos relevantes.

En cuanto a sus funcionalidades, el último informe de World Robotics 2021, elaborado por la Federación Internacional de robótica señalaba que las categorías de robots de servicios que más se estaban expandiendo eran las de Robots Móviles Autónomos (AMR) y de entrega, los de limpieza y desinfección, los enfocados a la medicina y la rehabilitación y los de automatización de restaurantes, en parte como consecuencia de la pandemia. Además, las estimaciones muestran que van a seguir creciendo, dado que, aunque la mayoría de los AMR y robots de entrega se habían destinado a ambientes interiores de producción y a almacenes, estaba iniciándose una tendencia hacia los entornos mixtos y grandes oportunidades para el mercado de robots de entrega de última milla que ya se estaban utilizando en diferentes proyectos piloto en varios países, aunque todavía dependen de la modificación de las regulaciones sobre vehículos autónomos para desplegar su verdadero potencial en la logística y otros ámbitos de transporte urbano.

Otro segmento que había crecido con fuerza era el de los robots de limpieza profesionales que, gracias a la pandemia, había evolucionado. Ahora eran capaces de pulverizar desinfectantes para limpiar en profundidad o esterilizar superficies con luz ultravioletas. Por ello los expertos creen que es otro segmento que crecerá con mucha fuerza en diversos entornos (médico, hogar, etc.) en los próximos años.

Gráfico 3. *Ventas globales de robots de servicio para uso profesional entre 2018 y 2020 (en miles de unidades)*

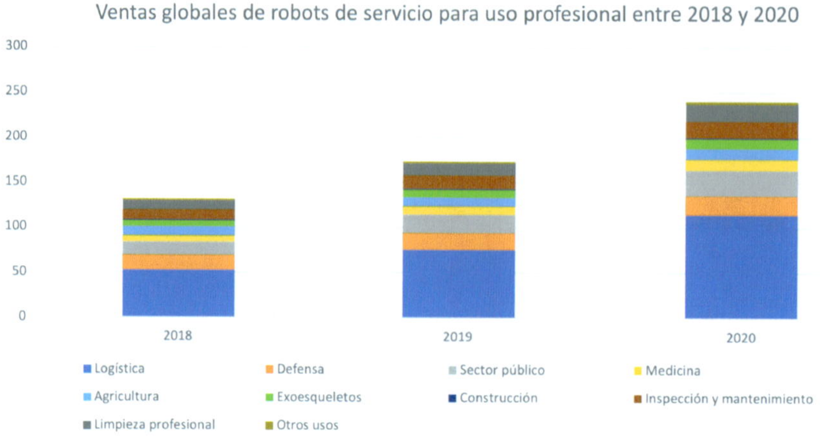

Ventas globales de robots de servicio para uso profesional entre 2018 y 2020

300
250
200
150
100
50
0
2018
2019
2020

Logística
Defensa
Sector público
Medicina
Agricultura
Exoesqueletos
Construcción
Inspección y mantenimiento
Limpieza profesional
Otros usos

Fuente: International Federation of Robotics (2020)

También los robots de servicios personales también estaban aumentando su protagonismo, con las consecuencias que esto tenía en la generalización de su aceptación por parte de los ciudadanos que se habían habituado al uso de asistentes digitales basados en voz (como Siri o Alexa) o al de robots de limpieza (como la Conga o la Rumba).

Las empresas más importantes de sector (ver anexo II) se encuentran en Suiza (a la cabeza con ABB Ltd.), Estados Unidos (con empresas como Ryder System, Inc.; Lincoln Electric Holdings, Inc.; Omnicell, Inc.) y Japón (con empresas como Fanuc, Corp. O Yaskawa Electric Corp.). España tan solo cuenta con una empresa en el número 22 del ranking, Artificial Intelligence Structures S.A. Los 60.091,90 millones de dólares de las 45 primeras empresas del sector se reparten tal y como se muestra en el gráfico 4, evidenciando la posición de partida de diversos países.

España había destacado como uno de los principales compradores de robots industriales, ocupando la décima posición en 2020 (World Robotics, 2021). Esto era así, debido a la estrecha relación de la robótica industrial con industrias como la automovilística, donde se instalaron el 47% del total de unidades de este tipo de robots en 2019, y a la posición de España como fabricante de vehículos europeos, solo por detrás de Alemania, según la Organización Internacional de Constructores de Automóviles.

Sin embargo, en los últimos años, otros sectores estaban introduciendo la robótica, no solo industrial, en nuestro país. La metalurgia y la alimentación eran un buen ejemplo, tal y como se refleja en el gráfico 5.

Gráfico 4. *Facturación de las principales empresas del sector por según país de procedencia en 2020 (en millones de dólares)*

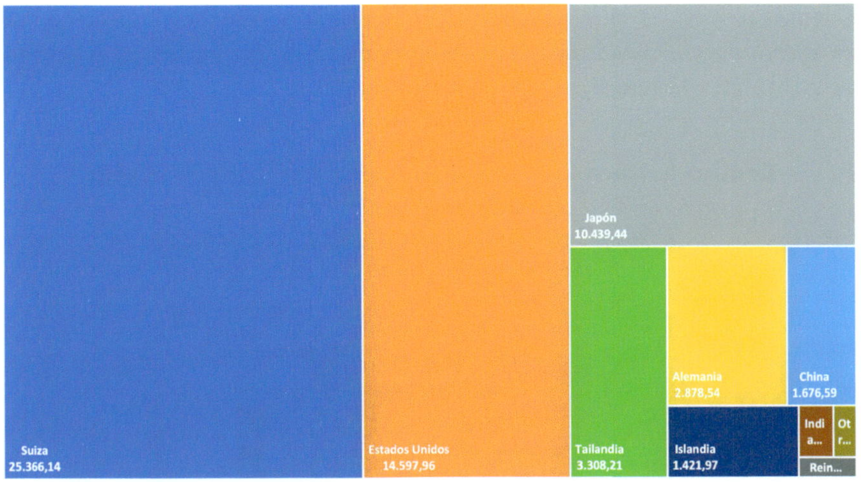

Fuente: Elaboración propia a partir de datos de Statistay[5] de SABI[6]

Gráfico 5. *% de empresas que utilizan robots en España (primer trimestre de 2020)*

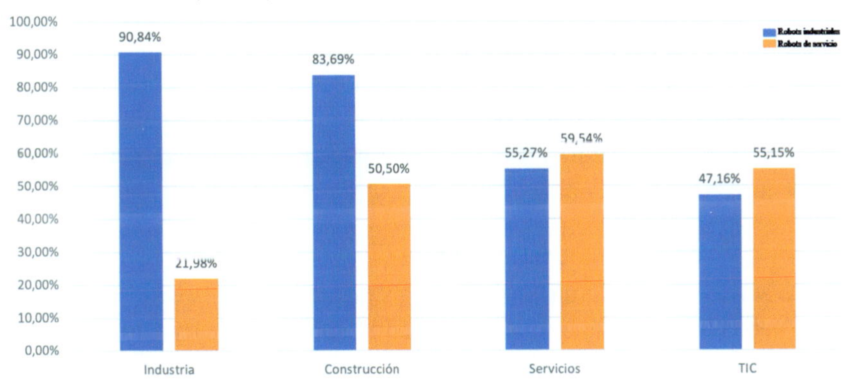

Fuente: INE

---

5 Los países que integran el grupo de "otros" son: Israel, Hong Kong, Singapur, Canadá, Francia y Finlandia. Por otro lado, algunas de las empresas incluidas en el ranking no serían consideradas dentro del ámbito de la robótica según algunas de las definiciones anteriormente consideradas.

6 Los datos de facturación de la empresa española han sido obtenidos a través de SABI y convertidos de euros a dólar aplicando el tipo de cambio de 31 de diciembre de 2020.

Así, aunque la mayor parte de los robots en nuestro país continúan siendo industriales, el número de robots de servicio crece y es especialmente relevante en algunos sectores y en algunas actividades, tales como: tareas de vigilancia, seguridad o inspección; transporte de personas o bienes; limpieza o eliminación de residuos; y sistemas de gestión de almacén. El gráfico 6 muestra su situación por sectores.

Gráfico 6. *Porcentaje de empresas que utilizan robots de servicio en España (primer trimestre de 2020)*

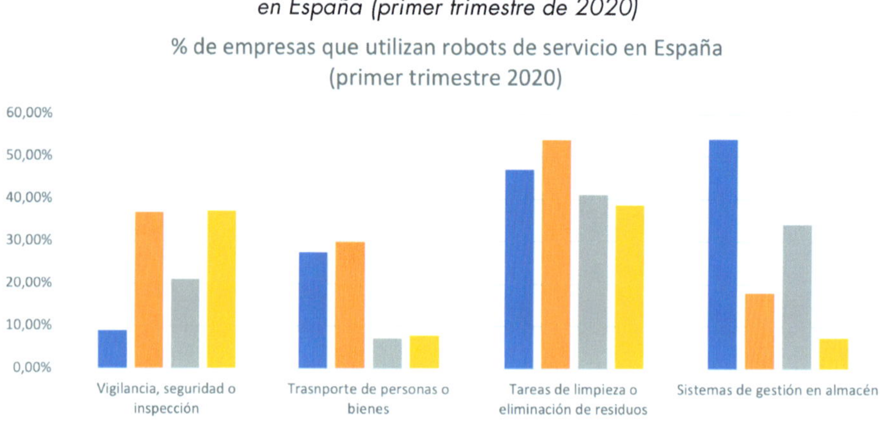

Fuente: INE

Evidentemente, el papel de España como productor dista mucho de su papel como comprador. Sin embargo, hay varias empresas relacionadas con el sector radicadas en nuestro país (ver anexo 3), aunque solo algunas son fabricantes y cuentan con capital español, como Robotnik. Junto a ella, cabe destacar algunas que se recogen en la tabla 1.

3. El proyecto Audere

El objetivo del proyecto Audere era diseñar y desarrollar un sistema inteligente que mediante vehículos autónomos y conectividad 5G propusiera una solución para dos retos esenciales en las ciudades del siglo XXI: la recogida de residuos sólidos urbanos y la logística de la última milla.

Al igual que en muchos otros proyectos, éste necesitaba de la involucración de diversos actores, puesto que incluía múltiples tecnologías y desarrollo de prototipos tanto de hardware como de software. Por ello, aunque Robotnik era la empresa responsable de los robots móviles, también formaron parte de éste otras empresas como:

- Industrias Alegre, una empresa que desarrolla soluciones en plástico para diversos sectores. Fue la responsable de los contenedores inteligentes de logística y/o residuos.

- Fivecomm, una *startup* valenciana que nació en el seno de la Universidad Politécnica de Valencia, orientada al uso e implementación de la tecnología móvil 5G para aplicaciones industriales. Gestionó la infraestructura de comunicaciones que se requería.

Tabla 1. *Empresas españolas de robótica (2020).*

Empresa	Inicio	Qué hace	Facturación	EBITDA	Empleados
PAL Robotics (Barcelona)	2008	Integra robots humanoides y robots móviles avanzados. Foco en la logística, el retail y lo social.	4.587.940	95.004	46
ASTI Robotics (Burgos)	1982	Soluciones de logística interna y externa mediante AGVs.	24.503.229[7]	1.742.979	187
INSER Robótica (Bizkaia)	1987[8]	Automatización de lineales del sector alimentario y bienes de consumo no duraderos.	10.819.953	263.104	63
MACCO Robotics (Sevilla)	2013	Soluciones robóticas para hospitality	76.363	-210.088	8
Sadako Technologies (Barcelona-Valencia)[9]	2012	Con foco en el sector del reciclaje	1.149.722	422.990	23
AURA Robotix (Madrid)[10]	2015	Soluciones robóticas médicas: herramientas de diagnóstico y asistentes de rehabilitación	37.225	7.524	3
UAV Navigation (San Sebastian de los Reyes)	2004	Diseño de soluciones de guiado, navegación y control para Vehículos Aéreos no Tripulados	1.525.362	344.712	25

7 Datos disponibles de 2019. Se corresponden con la facturación de la empresa en España.

8 Surgen a partir de otra empresa en funcionamiento desde 1.973 que integró el primer robot industrial en España.

9 Las oficinas técnicas de la empresa se encuentran en Barcelona, de donde es originaria, pero ha trasladado su sede social a Valencia.

10 Aun cuando su sede social está en Vizcaya y forma parte del ecosistema Heath 2.0 Basque, se trata de un *spin off* de la Universidad Politécnica de Madrid.

ASAI Industrial (Zaragoza)	2001	Automatización industrial para sectores diversos (automoción, logística, alimentación,...)	2.426.957	227.844	28
Ingenersun (Vizcaya)	2008	Automatización de procesos industriales (automoción, aeronáutica, electrodomésticos, ...)	3.569.993	97.335	22
Kivnon (Barcelona)	2009	Robótica móvil para diversos sectores (automoción, logística, salud, ...)	11.930.505	-2.509.031	170

Fuente: Elaboración propia con datos de las propias empresas y de SABI.

- Mosaik Urban Systems. Una empresa que se autodefine como artesana de la sostenibilidad y que se ha especializado en la gestión de proyectos sostenibles. Fue la encargada del desarrollo de las aplicaciones de front-end y back-end.

También colaboraron en el desarrollo de Audere, el Instituto Tecnológico del Embalaje, Transporte y Logística (ITENE), el Instituto Tecnológico de Informática (ITI) e investigadores del Instituto de Telecomunicaciones y Aplicaciones Multimedia (iTEAM) de la Universidad Politécnica de Valencia. La demostración final del sistema se validó usando la red 5G de Orange.

Además, las pruebas piloto, realizadas en 2021 se hicieron en dos entornos diferentes: residencial y universitario. Para ello, el proyecto contó con la colaboración del futuro barrio de la Pinada y del campus de la Universidad Politécnica de Valencia. El proyecto fue financiado por la Agència Valenciana de la Innovación.

4. El robot

Cuando Roberto comenzó a analizar con Rafael, director de I+D de Robotinik, ambos lo vieron claro, debían utilizar el RB-VOGUI. El RB-VOGUI era un robot terrestre, altamente modular, autónomo y colaborativo pensado para el transporte de materiales en exteriores e interiores y cuyo diseño ya aportaba un esquema avanzado de colaboración humano-robot, sobre el que realizaron algunas modificaciones.

El robot ofrecía múltiples ventajas de partida ya que estaba:

- Preparado para los exteriores, pues su diseño se enfocaba a la navegación autónoma en entornos industriales exteriores, que se caracterizan por ser terrenos irregulares y por tener una gran variedad de obstáculos estáticos y dinámicos.
- Diseñado para el transporte de cargas de hasta 200 kg.

- Capacitado para recoger datos del entorno para generar un mapa de éste y localizarse y navegar en él de forma fiable y segura.

Imagen 1. *RB-VOGUI de Robotnik*

Su diseño incluía recursos que permitían el seguimiento de personas, la detección de gestos y el control basado en voz. Además, apenas hacía ruido y sus rutas podían ser optimizadas mediante un software que diseña la ruta más adecuada entre los distintos puntos.

Para Robotnik, el proyecto implicaba diversos retos. En primer lugar, el desarrollo de un sistema de localización y navegación fiable y eficiente, capaz de operar en zonas sin cobertura GPS, de forma que le permitiera también navegar por interiores donde esta señal no alcance. En segundo lugar, el desarrollo e implementación de un sistema de seguridad del robot certificable que permitiera las operaciones de transporte en aquellas zonas peatonales urbanas que estos iban a compartir con transeúntes, bicicletas o patinetes eléctricos, entre otros.

Por todo ello, se planteó la adaptación eléctrica y mecánica del vehículo y la fabricación de los primeros prototipos. Asimismo, se desarrolló un sistema de gestión de flota en la nube, capaz de interoperar con el sistema Audere, responsable de la coordinación de la flota de robots, contenedores del sistema y eventos de transporte de los usuarios.

Este Sistema de Gestión de Flotas se encarga de centralizar la gestión de la flota de robots, ofreciendo una capa superior de abstracción que permite interactuar con toda la flota de robots como si fuera un sistema único. Puede ser gestionado desde varios dispositivos de comunicación estándar, de forma, que los operarios pueden acceder a los robots desde cualquier ubicación (oficina, almacén, hogar...) y mediante cualquier dispositivo (PDA, teléfono móvil, tableta, ordenador, ...). Además, permite establecer distintos niveles de acceso con distintos privilegios, en función de las tipologías de usuario. Asimismo, incluye una interfaz gráfica que permite:

- Planificar misiones[11]
- Asignar tareas
- Planificar rutas
- Monitorizar la flota de robots
- Conocer la ubicación de cada robot, su estado, el nivel de batería, el estado de la misión, etc.
- Monitorizar eventos y alarmas
- Monitorizar eventos y alarmas de los robots y de los controladores que gestionan la comunicación con ascensores, puertas y muelles de carga / descarga

Todos los datos generados eran enviados a la nube donde, mediante algoritmos eficientes de analítica de datos y una plataforma de gestión de robot, se generaría las alarmas automáticas. De esta forma:

En el caso de la entrega de paquetería, Audere permitiría a las empresas de logística programar un robot para que hiciera el envío y se recibiera a la hora y en el lugar deseado.

- En el caso de la recogida de residuos urbanos, los responsables de dicha recogida podrían monitorizar en tiempo real, desde una plataforma alojada en la nube, el nivel de llenado de los contenedores, su apertura, ubicación y temperatura y autorizar su vertido.

Imagen 2. *Robot proyecto Audere para entrega de paquetería*

[11] La operatividad estándar de una flota de robots en entornos logísticos requiere la ejecución periódica de operaciones de transporte. Estos se definen dentro del SGF como misiones y se gestionan dentro de una base de datos dinámica de acceso remoto. Un usuario puede definir misiones con diferentes niveles de detalle. Además, es posible asignar un robot a una misión determinada o dejar que sea el sistema inteligente quien decida a qué robot de la flota le ordenará dicha misión.

5. El reto de Audere y la sostenibilidad

Pero ¿por qué Audere? La respuesta era clara. Vivimos en un mundo cada vez más urbanizado. En 2020, alrededor del 55% de la población mundial, esto es 4.200 millones de habitantes, vivía en ciudades y se estima que, en 2050, la cifra se duplicará[12]. En el caso español, hasta el 80% de la población se concentra en áreas urbanas (37,4 millones de personas). De hecho, 5 áreas metropolitanas concentran más del 30% de la población nacional (Valencia es una de ellas junto a Madrid, Barcelona, Sevilla y Bilbao). Se estima que en 2050 las áreas urbanas concentrarán al 88% de la población.

En estas ciudades se producen además dos paradojas. Los mismos ciudadanos y empresas preocupadas por la sostenibilidad:

- Son los que demandan cada vez mayores niveles de servicio e inmediatez en las entregas de productos, sin tener en cuenta los impactos que ello implica.
- Están generando toneladas de residuos que suponen un reto, no solo en su tratamiento y reciclado, sino también en su gestión y recogida.

La primera de las situaciones se relaciona directamente con la denominada logística de la última milla, conocida también como distribución capilar. Es decir, con el trayecto que lleva el producto directamente al cliente o al destino indicado por éste. Los problemas generados por esta actividad se están multiplicando tanto por el incremento de la demanda de transporte de paquetería derivada del comercio electrónico, como por la nueva forma de consumo de algunos servicios, relacionada con el reparto (más conocido por su término inglés *delivery*), por ejemplo, de restauración. En el caso del comercio electrónico, su cuota ha crecido en España un 37% de 2018 a 2021 y está previsto que aumente hasta un 11,4% para 2023. En el caso del *delivery*, a finales de 2019 existían cerca de 4,7 millones de perfiles de clientes finales en plataformas como Globo u otras.

Como consecuencia de todo ello, la logística de la última milla está teniendo enormes consecuencias en torno a:

- el impacto medioambiental generado por el transporte;
- la congestión urbana que provoca el aumento de este tipo de tráfico;
- la aparición de empleos asociados a la misma, con características y condiciones en ocasiones no deseables;
- o la propia eficiencia y eficacia de la logística, por sí misma o como elemento de diferenciación.

---

12 Según el Banco Mundial, ver https://www.bancomundial.org/es/topic/urbandevelopment/overview#1, consultado el 15 de abril de 2020.

Por su parte, la gestión y recogida de residuos sólidos urbanos es otro de los retos de las ciudades. De acuerdo con los datos del INE, las empresas gestoras recogieron en España, en 2019, 22,8 millones de toneladas de residuos, lo que supuso un 0,3% más que en 2018. Esto supone 483,7 kilogramos de residuos urbanos por habitante (un 0,5% menos que el año anterior).

Su recogida (a través de contenedores, puerta a puerta, sistemas neumáticos, puntos limpios, recogidas comerciales y específicas) y su transporte, además de su tratamiento y eliminación, no solo suponen un coste elevado para los ciudadanos que los municipios sufragan total o parcialmente a través de las denominadas tasas de basura, sino que, además se enfrenta a:

- la reducción del impacto medioambiental que el propio transporte de basuras genera;
- importantes cambios derivados de un futuro con una especialización superior de la gestión, con un enfoque en la diferenciación del tratamiento por tipo de residuos cada vez mayor;
- requerimientos de personal con unas condiciones de trabajo que deben ser revisadas y adaptadas, dada la tarea a desarrollar, destinando un mayor número de profesionales al denominado empleo verde;
- la mejora de la eficiencia.

El proyecto Audere podría ser la solución para reducir algunas de los impactos negativos en la sostenibilidad medioambiental que planteaban estos dos desafíos. Posiblemente, también tendría impactos positivos en la sostenibilidad social y económica de los mismos, pero era necesario hacer una reflexión sobre todo ello.

a. La sostenibilidad medioambiental

Según datos de la OMS, hasta el 80% de la población está sometida a niveles de contaminación inadmisibles y la mortalidad por contaminación del aire es 20 veces superior a la de las víctimas mortales en accidentes de tráfico[13]. El 25% de las emisiones totales de gases contaminantes en España proceden del transporte de mercancías.

Según el Foro Económico Mundial, las emisiones urbanas relacionadas con la logística de la última milla están en camino de aumentar en más del 30% hasta 2030 en las cien ciudades más importantes del mundo por número de habitantes. Esto supone que, si no se realiza ninguna intervención en las emisiones de estas ciudades, podrían alcanzar los 25 millones de toneladas de CO2 anuales para ese año. En Estados Unidos, según uno de los Monthly Energy Review publicados en 2019, el principal informe de estadísticas

---

[13] Fuente: Deloitte (2020). Logística de Última Milla. Retos y soluciones en España. En https://www2.deloitte.com/content/dam/Deloitte/es/Documents/operaciones/Deloitte-es-operaciones-last-mile.pdf, consultado el 15 de abril de 2022.

energéticas de la administración estadounidense, en 2016 el transporte de mercancías superó en emisiones de dióxido de carbono a las plantas energéticas por primera vez desde 1979 y casi un cuarto de esas emisiones procedían de lo que en el mundo de la logística se conoce como "la última milla", es decir, el último trecho entre el centro de distribución y el destino final del paquete. En el caso español, el Inventario de Gases de Efecto Invernadero (GEI) publicado por el Ministerio para la Transición Ecológica y el Reto Demográfico en 2020, el sector de actividad con más peso en el total de emisiones del GEI es el transporte (27,7%), seguido de la industria (21,4%).

Pero es que, además, el efecto de las entregas de última milla se multiplica por distintos motivos. Así, en una ciudad como Madrid, el transporte de mercancías supuso el 10% de la flota automovilística en 2021 pero, además, contribuyó un 20% al tráfico y la congestión y un 30% a la emisión de gases contaminantes. Ello se debe a que este tipo de transporte:

- Requiere de velocidades medias más bajas, más tiempo en carretera y más litros de combustible por kilómetro.
- Implica más paradas con más tiempo de inactividad del vehículo y más tiempo a ralentí que otro tipo de desplazamientos.
- Cuenta con entregas fallidas. Se estima que hasta un 5% de las entregas de última milla fallan y, evidentemente, cada entrega fallida es un desperdicio de recursos.
- Requiere de rutas más complejas, debido al gran número de paradas individuales, por lo que es más difícil planificar y optimizarlas.
- Aumenta también como consecuencia de las devoluciones, que contribuyen a empeorar la eficiencia y sostenibilidad de los repartos. La tasa media de retorno de productos es de un 20% de media, dependiendo del producto[14].

Hay que tener en cuenta que la huella de carbono anual de una empresa como Amazon en 2018[15], fue más alta que la de muchos de los 27 países de la Unión Europea.

Por si esto fuera poco para poner de manifiesto la necesidad de reinventar el modelo logístico, las disposiciones aprobadas en la nueva Ley de Cambio Climático establecen que 49 municipios españoles con más de 50.000 habitantes contarán a partir de 2023 con zonas de bajas emisiones, como las que ya funcionan en algunas ciudades. La nueva legislación también afectará a otros 410 municipios con una población superior a 20.000 residentes, que estarán obligados a desarrollar sus propios protocolos contra la contaminación atmosférica durante los períodos en que se superen los límites de emisiones de algunos gases contaminantes.

14 Dopson, E. (2021). The plague of Ecommerce. Return Rates and How to Maintain Profitability. En https://www.shopify.com/enterprise/ecommerce-returns, consultado el 15 de abril de 2022.

15 Las emisiones de gases de efecto invernadero en millones de toneladas, en 2018, de acuerdo con los datos publicados por la Agencia Europea del Medio Ambiente y la propia Amazon, fueron de 44,4 millones por parte de la empresa, frente a los 11,7 millones de Letonia o los 23,8 millones de Croacia.

Entre las posibles soluciones para mitigar la huella de carbono que todo ello origina, se proponen: la generación de compensaciones de carbono por la entrega[16], la centralización de las entregas, la renovación de la flota o la incorporación de flotas de emisiones. También la optimización y eficiencia de las rutas mediante el uso de datos o el desarrollo de nuevos modos de reparto. Estos dos últimos son los abordados por el proyecto Audere, reduciendo las emisiones de CO2.

Es evidente que la recogida de residuos urbanos también produce un impacto sobre la huella de carbono. Solo el Ayuntamiento de Barcelona cuenta con 1.276 vehículos de limpieza y gestión de residuos[17]. Y, aunque los camiones de basura están siendo modernizados (ver anexo 5) tras más de un siglo de historia, su impacto es superior al de otros vehículos por motivos similares a los de la logística de la última milla (velocidades medias más bajas, paradas, ...) y porque la flota de vehículos en muchos casos está envejecida. Además, la recogida cada vez más especializada de los residuos (plástico, vidrio, papel y cartón, ...) si bien intenta aprovechar la utilización de los mismos vehículos que llevan cajas distintas en su interior, puede suponer, en ocasiones, un incremento de los desplazamientos para su adecuado tratamiento y reciclado.

Por todo ello, gracias al proyecto Audere, se reduciría el impacto ambiental negativo per cápita de las ciudades, prestando especial atención a la calidad del aire y a la gestión de los desechos municipales y de otro tipo, tal y como se refleja en el ODS 11 y, en particular, en su objetivo 6. Además, también se mitigaría el cambio climático, objetivo 11b de este ODS, al reducirse la huella de carbono.

b. La sostenibilidad económica y social

El Objetivo de Desarrollo Sostenible 8 recoge dos tipos de metas: aquellas orientadas al crecimiento económico inclusivo y sostenible, que requieren de productividad, emprendimiento, creatividad, innovación y otras acciones que lo generen siempre incluyendo la perspectiva de la sostenibilidad; y las dirigidas a la generación de empleo. Pero, no cualquier tipo de empleo, sino decente, para todos, seguro y sin riesgos.

---

16 Algunas empresas las realizan bajo formas diversas y algunos países están planteando compensaciones económicas como la denominada "tasa Amazon" que está preparando el Gobierno de España para gravar las entregas de paquetería a domicilio.

17 Datos aparecidos en Metropoli, una publicación de Global Media Group, el 30 de julio de 2020. En https://www.metropoliabierta.com/informacion-municipal/ayuntamiento-barcelona-flota-3000-vehiculos_29814_102.html, consultado el 15 de abril de 2022.

Gráfico 7. *Crecimiento promedio anual del Producto Interior Bruto per cápita a nivel mundial*

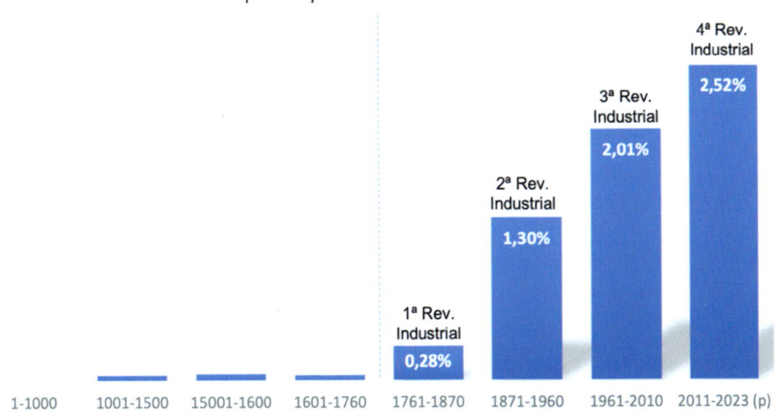

Fuente: Bravo, García y Schlechte, 2018

En relación con el crecimiento económico, es evidente que la tecnología ha incrementado el PIB per cápita a nivel mundial a lo largo de la historia, tal y como se refleja en el gráfico 7 y que la cuarta revolución industrial, que incluye la robótica y la inteligencia artificial, está haciéndolo aún más.

De nuevo, el proyecto Audere es un buen ejemplo de ello ya que permite a las empresas y a otro tipo de organizaciones:

- La sustitución de los costes asociados al personal y a las posibles incidencias relativas a este (bajas laborales, curva de aprendizaje, etc.) por los de los robots de servicio y su mantenimiento, cuya estimación debe ser todavía ajustada.
- Ventajas derivadas de la interconexión de los robots con otros elementos, contenedores, depósitos de mercancías, etc. y de las posibilidades que esta, junto a la inteligencia artificial, ofrece de optimizar rutas o reaccionar en tiempo real a determinadas incidencias, por poner algunos ejemplos.

Pero, además:

- En el ámbito de la logística de la última milla, posibilita prestar un servicio de entrega estandarizado que, en muchas ocasiones puede convertirse en un plus de diferenciación para las empresas.
- En el ámbito de la recogida de residuos urbanos, puede resolver los problemas de personal que en algunos casos se plantean para las posiciones relacionadas con esta actividad.

Sin embargo, en relación con el segundo tipo de metas, y poniendo el foco en el papel de los robots en la creación y/o eliminación de empleo en los dos ámbitos del proyecto y en sus consecuencias, son muchas las consideraciones a tener en cuenta.

Algunos expertos[18] llevan años anunciando que los robots y la automatización de algunos trabajos dejarán a más de 800 millones de personas sin trabajo de aquí a 2030, sobre todo en aquellos casos en los que las tareas sean repetitivas y de escasa cualificación. Así ocupaciones altamente susceptibles de ser afectadas por este cambio tecnológico son aquellas como el transporte y la logística, si bien su dificultad aumenta en ambientes impredecibles. Puesto que Naciones Unidas calcula que la población mundial habrá llegado a los 8.500 millones de personas en esa fecha, la cifra supone que los robots desplazarán de sus empleos aproximadamente al 10% del total de la humanidad.

Sin embargo, al mismo tiempo se incrementará la necesidad de profesionales en sectores como la salud, puesto que en 2030 más de 300 millones de personas tendrán más de 65 años; la tecnología, donde ya existe más demanda que oferta en muchos países; la energía, ante el reto que supondrá el cambio que requieren los nuevos escenarios; etc.

Esto supone que entre 75 y 375 millones de personas necesitarán cambiar de trabajo y, como consecuencia desarrollar nuevas habilidades y aprender nuevos conocimientos. Como suele ocurrir en la historia, esto no es nuevo (ver anexo 6), si bien, la velocidad y la cantidad en tiempos exponenciales como los actuales, puede marcar la diferencia. Identificar a los grupos con mayor vulnerabilidad es un elemento indispensable para poder implementar políticas y medidas que enfrenten adecuadamente los desafíos de la automatización (Bravo, García y Schlechte, 2018)[19]. Para algunos, la solución es frenarla.

En todo caso, identificar a los grupos con mayor vulnerabilidad es un elemento indispensable para poder implementar políticas y medidas que enfrenten adecuadamente los desafíos de la automatización (Bravo, García y Schlechte, 2018). Repartidores de la última milla y profesionales de la recogida de residuos urbanos pueden verse afectados por proyectos como Audere, que reducen trabajos repetitivos, tediosos y peligrosos, con la consecuente disminución de empleos asociada.

- En el caso de los repartidores no existe demanda alguna en cuanto a su cualificación, puesto que los únicos requisitos profesionales que exigen las empresas son contar con un coche, furgoneta, moto o bicicleta (dependiendo del tipo de última milla), ser mayor de edad y, en ocasiones, tener un smartphone con acceso a internet. No suele haber entrevista de trabajo, sino encuentros grupales donde se les explican las condiciones y los aspirantes deciden si aceptar o no. Sin embargo, su nivel de formación presenta un perfil muy similar al del conjunto de los ocupados en España.

---

18 Mckinsey Global Institute (2017) Job Lost, Jobs Gained: Workforce Transitions in a Time of Automation. En https://www.mckinsey.com/featured-insights/future-of-work/jobs-lost-jobs-gained-what-the-future-of-work-will-mean-for-jobs-skills-and-wages#, consultado el 15 de abril de 2022.

19 Bravo M., J., García, A., & Schlechte, H. (2018). *Automatización e Inteligencia Artificial: Desafíos del Mercado Laboral.* 50. Centro Latinoaméricano de Políticas Económicas y Sociales. En https://s3.us-east-2.amazonaws.com/assets.clapesuc.cl/media_post_6488_5b2a9b1b75.pdf, consultado el 15 de abril de 2022.

Además, este tipo de trabajos representa para muchos una vía de acceso al mercado laboral, les aporta flexibilidad horaria y es compatible con otras actividades. En muchas ocasiones el profesional del reparto debe ser un autónomo, esto es asumir el riesgo de su "negocio", aun cuando normativas como la denominada Ley Ryder, en 2021 trataron de evitarlo. (Ver anexo 7, para más información)

- Tanto en el caso de los profesionales de la recogida de residuos (peones o mozos de recogida de basura), que son aquellos que realizan todas las funciones relacionadas con la incorporación de basuras de los distintos contenedores al camión, como en el de los conductores de camión, no se requiere estudio alguno. Solo se demandan conocimientos básicos de los mecanismos del camión y algunos relativos a la seguridad y la salud en el trabajo, además del carné C2 para el conductor y algunas nociones de sensibilización medioambiental. Todos ellos están sometidos tanto a riesgos biológicos como químicos y a un alto índice de siniestralidad (el más alto del sector) que suele tener como causas los sobreesfuerzos, los golpes o la proyección de partículas o fragmentos, por citar algunos de los más importantes (Ver anexo 8, para más información). Sus salarios oscilan entre los 24.000 y los 35.000 euros por 35 horas semanales en función de la ciudad.

6. El futuro del proyecto Audere

Ensimismado en todos estos temas, Roberto no fue consciente de que su equipo había entrado en la sala de reuniones. Se puso en pie y dijo: hoy es un día importante, son muchos los temas que tenemos que abordar.

Robotnik siempre había sido una empresa preocupada por la sostenibilidad en todos sus ámbitos y el proyecto Audere era una clara apuesta por ello, pero ¿estaba la sociedad concienciada y preparada para abordar algunos cambios? ¿qué papel debían desempeñar los robots de Robotnik en la mejora del impacto medioambiental? Eran ya muchas las empresas que estaban trabajando en soluciones robotizadas para afrontar algunos de estos retos, tanto del lado de los grandes retailers (Amazon, Alibaba, Jd.com, ...) como por el de los fabricantes de robots (Nuro[20], Delivers.AI[21], Starship, Marble,...) y la

---

20 Para conocer más información sobre Nuro, puedes visitar su web (https://www.nuro.ai) y leer este artículo aparecido en Invertia el 7 de febrero de 2022, sobre por qué este robot apuesta por la carretera: "Así es Nuro, la apuesta más ambiciosa de Silicon Valley en el sector de los repartos". En https://www.elespanol.com/invertia/disruptores-innovadores/america-tech/20220207/nuro-apuesta-ambiciosa-silicon-valley-sector-repartos/647685604_0.html, consultado el 14 de abril de 2022.

21 Para conocer más información sobre Delivers.ai, puedes visitar su web (https://delivers.ai) y leer este artículo aparecido en Business Insider, sobre el acuerdo de la empresa con Globo y sus primeros repartos en Madrid en 2022: Globo lanza sus primeros robots autónomos de reparto a domicilio junto con Goggo y Delivers.AI que estará en las calles de Madrid en 2022. En https://www.businessinsider.

simplicidad a nivel de barreras regulatorias en mercados como Asia o Estados Unidos, estaba permitiendo el desarrollo de programas piloto en muchas ciudades, pero ¿era esa la forma de hacerlo? ¿qué ventajas podía aprovechar Robotnik? También en el caso de la recogida de residuos hacía años que estaban apareciendo múltiples iniciativas[22]. Además, el 5G se estaba extendiendo. ¿Era el momento de apostar por ello? ¿Estaban los robots preparados para contribuir a los retos de sostenibilidad de estos dos desafíos?

7. Cuestiones para el debate

1.- Ser conscientes del impacto que algunas de las actividades que realizamos tienen en la huella de carbono y, consecuentemente en el ODS 11 correspondiente a ciudades y comunidades sostenibles.

2.- Generar reflexión en torno a los cambios más realistas y viables en la logística de la última milla y la recogida de residuos y qué papel pueden y deben generar los robots y, en su caso, las empresas españolas como Robotnik.

3.- Discutir acerca de los retos que la tecnología robótica supone y el cambio social y económico que plantea, así como las medidas a implementar para generar crecimiento sostenible.

4.- Desarrollar un pensamiento disruptivo a la hora de innovar que genere productos y servicios que supongan un auténtico cambio respecto a la sostenibilidad y, consecuentemente mejoras exponenciales o auténticos elementos de diferenciación en el mercado.

ANEXOS

Anexo 1.- Algunas consideraciones en torno a definición de robot y sus tipologías

Aunque el punto de partida fue el de que un robot es una máquina, independientemente del nivel de autonomía, desarrollo y complejidad que vaya adquiriendo, hoy día existen múltiples definiciones de robot. Así, la Japan International Robots Association (JIRA) ha clasificado los robots en seis grupos diferentes, teniendo en cuenta su nivel de inteligencia. Sin embargo, para algunas asociaciones como la Robotic Industry Association (RIA) de Estados Unidos, las dos primeras clases de esta clasificación no estarían incluidas en sus estadísticas como robot porque no son reprogramables.

es/glovo-comienza-hacer-pruebas-robots-autonomos-reparto-979893, consultado el 14 de abril de 2022.

22 Puede verse esta noticia de 2017 sobre el camión de basura autónomo de Volvo, en Suecia. En https://es.motor1.com/news/145988/volvo-camion-basura-autonomo/, consultado el 14 de abril de 2022.

Tabla 2.- Clasificación de los robots teniendo en cuenta su nivel de inteligencia

Clase 1	Dispositivos de manipulación manual	Los maneja un operador acreditado y tienen distintos grados de libertad.
Clase 2	Robot de secuencia fija	Utiliza un mecanismo predeterminado fijo para realizar etapas sucesivas de una tarea, por lo que es difícil modificar este funcionamiento.
Clase 3	Robot de secuencia variable	Es más fácil de modificar comparado con la clase 2.
Clase 4	Robot de reproducción	La maquina registra los movimientos del operador humano y luego los replica.
Clase 5	Robot de control numérico	Un programa de control de movimiento remplaza los movimientos grabados de los robots que han sido clasificados en la clase 4.
Clase 6	Robot inteligente	Tiene medios para comprender el entorno y capacidad para completar con éxito una tarea a pesar de los cambios que se produzcan en las condiciones del entorno.

Fuente: Tirado Robles, 2020

En el caso europeo hay múltiples definiciones en función del sector, la normativa aplicable y las necesidades que surgen del mercado. La propia Unión Europea es consciente de la necesidad de crear una definición generalmente aceptada de robot y de inteligencia artificial, dos términos cada vez más relacionados, dado que su proliferación va a implicar retos a diversos niveles. Por ello, en 2017, pidió a la Comisión que propusiera definiciones europeas comunes, tomando en consideración algunas características propias de un robot inteligente, como son:

- capacidad de adquirir autonomía mediante sensores y/o mediante el intercambio de datos con su entorno (interconectividad) y el intercambio y análisis de dichos datos;
- capacidad de autoaprendizaje a partir de la experiencia y la interacción (criterio facultativo);
- un soporte físico mínimo;
- capacidad de adaptar su comportamiento y acciones al entorno;
- inexistencia de vida en sentido biológico

De estos rasgos podríamos deducir que algunos ingenios que a primera vista podríamos considerar robots, no lo sería, por ejemplo, los programas de ordenador que no tienen soporte físico. De hecho, la Comisión Europea presentó una Comunicación donde, indirectamente, sin definir el concepto de robot, hizo referencia a ellos separándolos de la Inteligencia Artificial. En ella consideraba que ésta puede ser un programa informático (asistentes de voz, motores de búsqueda, sistemas de reconocimiento facial, ...) o estar incorporada en dispositivos de hardware (por ejemplo, robots avanzados, automóviles autónomos, drones, ...).

Anexo 2.- Evolución del volumen de negocio y el EBITDA de Robotnik

Tabla 3.- Volumen de negocio y EBITDA Robotnik (2002-2020)

Año	Volumen de negocio	EBITDA
2002	56.019	3.150
2003	97.759	2.826
2004	307.003	38.160
2005	292.803	46.372
2006	394.153	40.232
2007	631.033	47.224
2008	597.083	1.735
2009	723.697	81.084
2010	702.573	121.418
2011	1.411.801	92.664
2012	1.299.185	55.103
2013	1.429.236	17.335
2014	1.877.333	95.778
2015	2.062.743	149.918
2016	1.063.774	229.488
2017	2.802.058	579.987
2018	2.277.582	488.606
2019	2.908.894	216.334
2020	2.966.468	925.292

Fuente: SABI

Anexo 3.- Empresas asociadas a la Asociación Española de Robótica y Automatización en noviembre de 2020

Incluye fabricantes, distribuidores, integradores, startups, empresas, centros tecnológicos, escuelas, especialistas en robótica, en sensórica, en visión artificial, en periféricos, ... y ponen de manifiesto tanto la diversidad de tipología de empresas vinculadas al sector, como la complejidad del concepto robot ya mencionada.

Tabla 4.- Listado empresas Asociación Española de Robótica y Automatización

Alterity Global	Infranor Spain, S.L.	Pilz Industrieelektronik. S.L.
Aritex Cading S.A.	Ingemat, S.L.	Prograbox Formación y Peritajes Industriales
Asea Brown Boveri S.A.	Ingemotions 2010, S.L.	Roboteco Soldadura y Automatización
BCN Vision, S.L.	Ingenersun, S.L.	Robotnik Automation, S.L.L.
Clem Ecologic, S.L.	Ingeniería de Aplicaciones, S.A.	Robotplus, S.L.
Did Automation, S.L.	Inser Robótica, S.A.	Schunk Intec, S.L.U.
DPR de Automatismos, S.L.	Institut Anna Gironella de Mundet	Sick Optic-Electronic, S.A.
Especialistas en Automatismos y Mantenimiento (INALI)	Institut Escola del Treball	Sil Tooling Engineering Solutions, S.L.
Fanuc Iberia, S.L.U	Institut Químic de Sarrià IQS	Sumcab Specialcable Group, S.L.
Fegemu Automatismos, S.L.	IOC-UPC	Universal Robots Spain, S.L.
Festo Automation S.A.U	JKE Robotics, S.L.	Universidad de Málaga
Fundación Eurecat	Kivnon Logística, S.L.U.	Universidad Politécnica de Madrid
Fundación Cartif	Kuka Iberia, S.A.U.	Universidades de Vigo
Fundación Tecnalia Research&Innovation	Mecánica Moderna, S.A.	Vicosystems, S.L.
Fundación Tekniker	Misati, S.L.	Vifer Automation, S.L.
Fundación Universidad y Tecnología La Salle	Mobile Industrial Robots, S.L.	Voltec Electrosistemes, S.L.
Gimatic Iberia, S.L.	Murrelektronik Spain, S.L.U.	Wenglor Sistemas de Sensores, S.L.
Global Robot Expo, S.L.	Omron Electronics Iberia, S.A.U.	Xperobot_Rerrovial Servicios
Guerin, S.A.U.	Onrobot South Europe, S.L.	Yaskawa Ibérica, S.L
Infaimon, S.L.	Pal Robotics	Zimmer Group Iberia, S.L.

Fuente: 2020 Insight. Anuario de la Asociación Española de Robótica y Automatización. Disponible en: https://www.mtstech.eu/wp-content/uploads/2020/12/AER-INSIGHT-2020.pdf, consultado el 14 de abril de 2022.

Anexo 4.- Empresas más importantes del mundo por facturación en robótica

Tabla 5- Principales empresas del sector de la robótica

Ranking	**Nombre**	**Localización**	**Web**	**Ingresos (en millones de dólares)**			**Tasa de crecimiento anual compuesto**	**Número de empleados**
				2018	**2019**	**2020**		
1	ABB Ltd.	Switzerland	http://www.abb.com	27.739,14	27.972,45	25.366,14	-2,94%	105.600
2	Ryder System, Inc.	United States	http://www.ryder.com	8.413,95	8.925,80	8.420,09	+0,02%	39.000
3	FANUC Corp.	Japan	http://www.fanuc.co.jp	6.580,10	5.830,97	4.699,88	-10,61%	8.164
4	YASKAWA Electric Corp.	Japan	http://www.yaskawa.co.jp	4.431,08	4.354,53	3.800,18	-4,99%	12.889
5	KUKA AG	Germany	http://www.kuka-ag.de	3.830,51	3.574,65	2.839,36	-9,50%	13.700
6	Cal-Comp Electronics (Thailand) Public Co., Ltd.	Thailand	http://www.calcomp.co.th	3.497,85	3.303,42	3.308,21	-1,84%	–
7	Lincoln Electric Holdings, Inc.	United States	http://www.lincolnelectric.com	3.028,90	3.002,30	2.657,42	-4,27%	10.700
8	Nachi-Fujikoshi Corp.	Japan	http://www.nachi-fujikoshi.co.jp	2.284,02	2.285,14	1.859,19	-6,63%	7.242
9	Marel hf	Iceland	http://www.marel.com	1.413,41	1.441,17	1.421,97	+0,20%	–
10	iRobot Corp.	United States	http://www.irobot.com	1.091,64	1.212,12	1.425,61	+9,31%	1.209
11	Omnicell, Inc.	United States	http://www.omnicell.com	787,31	897,03	892,21	+4,26%	2.860

12	Helix Energy Solutions Group, Inc.	United States	http://www.helixesg.com	739,82	751,91	733,56	-0,28%	1.536
13	Beijing Roborock Technology Co., Ltd.	China	https://en.roborock.com		605,81	643,73	+3,08%	536
14	Suntak Technology Co., Ltd.	China	http://www.suntakpcb.com	546,38	536,16	617,04	+4,14%	5.455
15	EFORT Intelligent Equipment Co., Ltd.	China	http://www.efort.com.cn	204,29	197,25	160,33	-7,76%	1.418
16	Datamatics Global Services Ltd.	India	http://www.datamatics.com	130,18	161,00	162,25	+7,62%	5.545
17	UiPath, Inc.	United States	https://www.uipath.com		148,47	336,16	+50,47%	–
18	The Hi-Tech Gears Ltd.	India	http://www.thehi-techgears.com	106,52	128,42	96,64	-3,19%	741
19	Blue Prism Group Plc	United Kingdom	http://blueprism.com/	73,74	123,53	178,21	+34,20%	1.005
20	Guangzhou Risong Intelligent Technology Holding Co., Ltd.	China	http://www.risongtc.com	114,73	115,35	112,87	-0,54%	507

21	Velodyne Lidar, Inc.	United States	http://www.velodynelidar.com	142,90	101,40	95,36	-12,61%	309
22	Airtificial Intelligence Structures SA[23]	Spain	http://www.airtificial.com	18,19	8,47	6,14	-100,00%	–
23	Jiangsu Beiren Robot System Co., Ltd.	China	http://www.br-robot.com	64,08	66,80	66,83	+1,41%	565
24	Solteq Oyj	Finland	http://www.solteq.com	67,19	65,27	66,70	-0,24%	597
25	Polaris Ltd.	Singapore	http://www.wearepolaris.com	17,09	39,85	23,52	+11,22%	49
26	LS telcom AG	Germany	http://www.lstelcom.com/de	32,63	36,20	28,47	-4,45%	224
27	Tinavi Medical Technologies Co., Ltd.	China	http://www.tinavi.com	19,38	35,32	19,19	-0,33%	290
28	Leader Harmonious Drive Systems Co., Ltd.	China	http://www.leaderdrive.com	34,07	28,92	30,51	-3,61%	660
29	Stereotaxis, Inc.	United States	http://www.stereotaxis.com	29,35	28,90	26,63	-3,19%	120

[23] Los datos de facturación de la empresa española han sido obtenidos a través de SABI y convertidos de euros a dólar aplicando el tipo de cambio de 31 de diciembre de cada ejercicio.

30	PKSHA Technology, Inc.	Japan	http://pkshatech.com/ja/	13,62	28,09	68,37	+71,24%	240
31	Balyo SA	France	http://www.balyo.fr	27,48	22,88	23,92	-4,52%	146
32	Shentong Robot Education Group Co., Ltd.	Hong Kong	http://www.srobotedu.com	18,05	22,64	16,59	-2,77%	136
33	Farmers Edge, Inc.			14,00	17,94	33,64	+33,94%	500
34	Delta Drone SA	France	http://www.deltadrone.com	12,35	17,90	14,80	+6,24%	449
35	EHang Holdings Ltd.	China		10,05	17,63	26,09	+37,45%	240
36	Navya SA	France	http://www.navya.tech	21,95	17,33	11,77	-18,76%	–
37	Ekso Bionics Holdings, Inc.	United States	http://www.eksobionics.com	11,33	13,92	8,88	-7,80%	40
38	Affordable Robotic & Automation Ltd.	India	http://www.arapl.co.in	9,31	11,70	11,61	+7,66%	–
39	Kraken Robotics, Inc.	Canada	http://www.krakenrobotics.com	5,18	11,41	9,00	+20,24%	–
40	OTRS AG	Germany	http://www.otrs.com	9,82	10,28	10,71	+2,93%	85

41	Autonomous Control Systems Laboratory Ltd.	Japan	http://www.acsl.co.jp	3,35	7,41	11,82	+52,22%	45
42	Nano Dimension Ltd.	Israel	http://www.nano-di.com	5,08	7,09	3,42	-12,35%	87
43	ReWalk Robotics Ltd.	Israel	http://www.rewalk.com	6,55	4,87	4,39	-12,44%	49
44	Kudan Inc.			1,80	3,31	4,02	+30,71%	–
45	Odyssey Marine Exploration, Inc.	United States	http://www.odysseymarine.com	3,28	3,07	2,04	-14,63%	14
46	Odico A/S	Denmark	http://www.odico.dk	0,65	0,75	0,75	+4,95%	32

Anexo 5.- Algunos ejemplos de cambios en los sistemas de recogida de residuos urbanos

El camión de basura celebra un siglo de historia. Inventado por George Roby Dempster, alcalde de Knoxville, en 1935, revolucionó la forma de manejar residuos en los países desarrollados. El Dempster-Dumpster, era un recipiente donde se colocaban los residuos con un elevador que permitía subirlos al camión sin que los trabajadores se bajaran del vehículo. Permitió reducir hasta en un 75% el trabajo necesario para transportar residuos.

Son muchos los ejemplos que encontramos, tanto por parte de los fabricantes de vehículos como derivados de la iniciativa de los distintos actores involucrados en la recogida de residuos urbanos, tendentes a la reducción del impacto medioambiental que esta actividad provoca. A continuación, se recogen algunos de ellos.

Ejemplos de fabricantes de camiones:

- Camión de recogida de basura eléctricos de Nikola, en alianza con Republic Services, para el desarrollo de camiones de recogida de basura eléctricos con una autonomía de 240 kilómetros. Su objetivo es fabricar 35.000 unidades anuales para un mercado (el de la basura) que es uno de los más estables de la industria.
- Camión de recogida de residuos urbanos híbrido de Irizar: con un sistema de propulsión eléctrico acompañado con un extensor de rango alimentado por gas

natural comprimido que le permitirá moverse en modo eléctrico en el interior de las ciudades y ampliar su tiempo de trabajo con un motor con emisiones inferiores a los tradicionales vehículos diésel. También existen modelos completamente eléctricos alimentados por baterías.

- Camión de basura eléctrico de volvo: 100% eléctrico, con cuatro baterías de iones de litio. Todos sus accesorios, incluidos sus sistemas hidráulicos, se accionan eléctricamente. Una de sus ventajas adicionales es que, al ser totalmente eléctrico, no solo no produce emisiones, sino que no hace ruido.

Ejemplos de incorporación de novedades por parte de algunos municipios:

- El Ayuntamiento de Valladolid ha incorporado a la flota de camiones recolectores del Servicio de Limpieza cuatro nuevos vehículos con tecnología híbrida. La entrada en marcha de los vehículos, que han costado casi 1,2 millones de euros...

  ... Los camiones adquiridos por el Ayuntamiento disponen de tecnología híbrida, equipados con batería recargable de alto rendimiento, de manera que realizan las labores de izado, descarga y compactación de residuos utilizando la energía acumulada en las baterías, empleando solo el motor de combustión para el movimiento.

  Fuente: Equipamientos y servicios municipales (2019). En https://www.eysmunicipales.es/actualidad/el-ayuntamiento-de-valladolid-incorpora-nuevos-camiones-hibridos-de-recogida-de-residuos, consultado el 15 de abril de 2022.

- La ciudad de Granada cuenta con sensores volumétricos que sirven para detectar cuándo hay que recoger las basuras y dónde. Esta información llega a los camiones de basura y les muestra la ruta óptima para proceder a la recogida. Este sistema aporta eficacia, reduce gastos y permite que la ciudad esté más limpia y con menos ruido y tráfico. EL proyecto se ha puesto en marcha en colaboración con Ferrovial Servicios y Cisco.

  Fuente: Ayuntamiento de Granada (2017). En https://www.granada.org/inet/wprensa.nsf/xtod/464DDCB63E9E592BC12581B4004563DA, consultado el 15 de abril de 2022.

Otras formas de gestionar los residuos:

- La ciudad de Bergen, en Noruega, ha implantado un sistema subterráneo de recogida y gestión de basuras que supone un entramado de más de 7.000 metros de tuberías que confluyen en tres puntos centrales donde se procede a gestionar y reciclar la basura correctamente. El tratamiento de la basura es eficaz y la ciudad se mantiene más limpia gracias a este sistema que cuenta con sensores volumétricos con tecnología láser que permiten pesar los residuos e impulsarlos por las tuberías a toda velocidad. Esto y el resto del proceso se han conseguido gracias a big data, dispositivos conectados e inteligencia artificial. El sistema llega a detectar incluso a los usuarios del servicio, que son identificados y pagan impuestos en función del uso que hacen de él.

Fuente: eSMARTCITY.es (2017). En https://www.esmartcity.es/comunicaciones/bergen-ciudad-transformadora-sistema-inteligencia-recogida-de-residuos, consultado el 15 de abril de 2022.

Anexo 6.- Luditas, la gran rebelión contra las máquinas del siglo XIX

A inicios del siglo XIX, los trabajadores vieron empeorar sus condiciones laborales y de vida debido al uso de maquinaria en las tareas agrícolas e industriales, lo que implantó jornadas laborales más largas y duras, redujo la demanda de mano de obra e impuso salarios más bajos. La respuesta por parte de algunos, como el movimiento ludita, fue la destrucción de la maquinaria en las fábricas. Ante esto, entre 1811 y 1816 miles de soldados ingleses tuvieron que entrar en combate contra ellos.

Los trabajadores de la industria textil fueron los primeros en sufrir las consecuencias de la entrada de las máquinas en sus fábricas, llegándose a aprobar en febrero de 1812 la denominada Framebreaking Bill, que castigaba con la pena de muerte la destrucción de un telar.

Fuente: Historia – National Geographin (2019). Luditas, la gran rebelión contra las máquinas del siglo XIX. En https://historia.nationalgeographic.com.es/a/luditas-gran-rebelion-contra-maquinas-siglo-xix_14175, consultado el 15 de abril de 2019.

Anexo 7.- Algunos datos en torno al perfil profesional de repartidores

De acuerdo con el informe realizado por adigital y Afi[24] en septiembre de 2020, sobre repartidores de "delivery":

- Su nivel de formación presenta un perfil muy similar al del conjunto de los ocupados en España. El 53% de los repartidores ha alcanzado como máximo la educación secundaria (50% en la media nacional), otro 42% tiene un título universitario (45% en la media nacional) y solo el 5% apenas ha completado la educación primaria (el mismo porcentaje que la media nacional para el conjunto de sectores de la economía).
- Otro dato destacado es el hecho de que dos de cada tres repartidores tenían otra ocupación antes del inicio de la prestación del servicio de reparto, como asalariado (34%) o como autónomo (29%) lo que evidencia que este tipo de actividad presenta ciertas ventajas en comparación con otras ocupaciones.
- Este tipo de trabajos representa para muchos una vía de acceso al mercado laboral (para uno de cada tres repartidores ha sido su primer trabajo; dos de cada tres

---

24 adigital y Afi (2020). Importancia económica de las plataformas digitales de delivery y perfil de los repartidores en España. En https://www.adigital.org/media/importancia-economica-de-las-plataformas-digitales-de-delivery-y-perfil-de-los-repartidores-en-espana.pdf, consultado el 15 de abril de 2020.

proceden de América Latina; y más del 40% tienen entre 29 y 39 años, más del 22% tienen entre 40 y 49 años y el 11%, más de 50 años) y les aporta flexibilidad horaria y, por tanto, compatibilidad con otras actividades. En términos de ingresos, son equiparables con otras actividades comparables en el comercio minorista, la hostelería o la restauración.

- En términos de ingresos, los repartidores declaran ingresar, de media, unos 332 euros semanales, lo que equivaldría a algo más de 17.300 euros brutos al año, por encima del salario mínimo interprofesional. Aunque esta situación varía en función del número de horas trabajadas y de las empresas[25].
- Un alto porcentaje de los repartidores son emigrantes y con una edad superior a los 40 años y, en términos de ingresos, sus salarios son equiparables a otras actividades. Su jornada laboral es muy distinta en función del tipo de reparto que efectúan, pues en algunos casos las rutas se consideran optimizadas para efectuarlas en 8 horas, sin tener en cuenta diversas variables que pueden llevarlos a disminuirlas o a ampliarlas[26].

Por otra parte, el auge de los repartidores ha incrementado los accidentes de tráfico. Las furgonetas de reparto aumentaron su siniestralidad de 700 accidentes, en 2012, a más de 11.000, en 2017 y aunque la cifra de fallecidos se mantenía estable, aumentaron un 32% los conductores y pasajeros heridos. Sin embargo, desde la DGT se señala que este colectivo no tiene más accidentes que otros conductores.

Por otra parte, muchas fuentes denuncian que el trabajo de repartidor no solo es precario, sino muy arriesgado. Asociadas tanto al carácter de autónomo de este tipo de profesionales, como a los sistemas que algunas plataformas utilizan para el reparto de pedidos, así como a la presión de entrega en algunas situaciones y franjas horarios.

La importancia que está cobrando este perfil profesional ha hecho aparecer incluso escuelas de repartidores[27], respaldadas con financiación del Ministerio de Transportes, Movilidad y Agenda Urbana y de la Dirección General de Tráfico, para desarrollar una serie de competencias, tales como: conducción eficiente y sostenible, uso de tecnologías, atención al cliente, ... También ha hecho que aparezcan empresas sociales como Koiki

---

25 Según datos del portal tucursogratis, en 2022, las empresas de reparto pagarían a sus trabajadores entre 1.250 euros al mes, en el caso de DHL, hasta los 1.039 euros mensuales en el caso de SEUR, pasando por los 56 euros por bloque de 4 horas de Amazon o los entre 17-18.000 euros brutos anuales de correos. Puedes consultarlo en: https://www.tucursogratis.net/como-trabajar-de-repartidor-y-cuanto-gana/#Trabajar_en_Amazon_Flex_Espana_2022_requisitos_opiniones_y_cuanto_se_gana, consultado el 15 de abril de 2022. En cualquier caso, estas cifras son orientativas, puesto que dependen de múltiples factores.

26 No es lo mismo trabajar repartiendo comida que pedidos para Amazon o entregando la compra de un supermercado. Si trabajas para transportar paquetería, tu día a día consiste en acudir a una plataforma logística a cargar paquetes y entregar la mercancía en el menor tiempo posible. Puesto que no puedes irte sin realizar todos los envíos, en ocasiones la jornada de trabajo se alarga ante la imposibilidad de entregar los pedidos.

27 Ver, por ejemplo, https://www.unologistica.org/escuela-de-repartidores/#1579103177165-40dc66e9-53a1

que pretenden crear empleo para aquellas personas que lo tienen más difícil, puesto que un empleo cambia la vida e impacta en el ámbito psicológico, social y físico; y, además, reducir las emisiones de CO2 apostando por un reparto de proximidad, andando, en bicicleta o en vehículo eléctrico.

Para más información, puede consultarse: El papel de las plataformas digitales en la transformación del mundo del trabajo[28]. OIT (2021)

Anexo 8.- Algunos datos en torno al perfil profesional de profesionales de la recogida de residuos urbanos

Las operaciones de gestión asociadas a las empresas de recogida de los residuos sólidos urbanos suponen, para los trabajadores de dichas empresas, una exposición tanto a riesgos biológicos como químicos, tal como se recoge en la Nota Técnica de Prevención 717: Gestión y tratamiento de residuos urbanos. Riesgos laborales en centros de transferencia emitida por el Ministerio de Trabajo y Asuntos Sociales y el Instituto Nacional de Seguridad e Higiene del Trabajo.

A nivel biológico los restos de basura y los residuos pueden ser fuentes de infecciones transmisibles al hombre. Igualmente, la exposición a sustancias químicas, de diversa naturaleza, que se genera en el desarrollo de las distintas actividades como: limpieza de pintadas, retiradas de cárteles, utilización de productos químicos relacionados con el mantenimiento, reparación de vehículos, lavado de contenedores, el polvo en suspensión en las plantas de reciclado, la fermentación de materia orgánica con la presencia de otros contaminantes tales como SH2amoniaco, u otros compuestos orgánicos volátiles (COV), como metano, etano, etc,... todas ellas son factores de riesgos evaluados por los servicios de Prevención de Riesgos Laborales de las empresas del sector.

Además de estos riesgos, este tipo de trabajadores se enfrenta a riesgos:

- De seguridad. Que pueden a su vez dividirse en categorías relacionadas con caídas, cortes, atrapamientos y atropellos por partes móviles de la maquinaria y los vehículos, accidentes de tráfico o golpes con objetos y herramientas.
- Sobreesfuerzos
- Ruido
- Vibraciones originadas por el propio movimiento del camión y de las partes móviles
- Condiciones ambientales de humedad y temperatura.
- Trabajo nocturno, en los casos en que se produzca

[28] En https://www.ilo.org/global/research/global-reports/weso/2021/WCMS_823119/lang--es/index.htm, consultado el 15 de abril de 2022.

Por otra parte, el empleo en el sector ha crecido en relación con las actividades de la gestión y el tratamiento de residuos, donde el sector de residuos lideró la creación de nuevos empleos en la economía ambiental o el denominado empleo verde en España en 2019 (el 36,3%).

El Programa de las Naciones Unidas para el Medio Ambiente (PNUMA) define el empleo verde como aquellos trabajos en agricultura, actividades de fabricación, investigación y desarrollo, administración y servicio que contribuyen sustancialmente a preservar o restaurar la calidad medioambiental.

El informe "Perspectivas sociales y del empleo en el mundo[29]" de la OIT señala que la transición hacia una economía verde destruirá unos seis millones de puestos de trabajo, pero a la vez se generará 24 millones, de tal manera que por cada puesto perdido se generarán cuatro nuevos. El Foro Económico Mundial, en su informe "The Future of Jobs Report 2020[30]" indica que un 46% de los trabajadores tendrá que cambiar su actividad actual por otra ligada a la economía verde.

29 En https://www.ilo.org/global/research/global-reports/weso/trends2022/lang--es/index.htm, consultado el 15 de abril de 2022.

30 En https://www.weforum.org/reports/the-future-of-jobs-report-2020, consultado el 15 de abril de 2022.

CASO 10
ITINERANTUR: TRADUCTORES DE PAISAJES

Beatriz Forés Julián

Alba Puig Denia
Universitat Jaume I

Belén Salvador

Chema Rabasa
(Itinerantur)

Objetivos de aprendizaje

1. Analizar un caso de excelencia de empresa de servicios de ecoturismo.
2. Entender el concepto de ecoturismo a través del estudio de las prácticas, productos y servicios que la empresa ofrece en el mercado.
3. Identificar el papel de la sostenibilidad para la diferenciación y creación de valor de la empresa.

Material recomendado para su estudio

Organización Mundial del Turismo:

- https://www.unwto.org/es/desarrollo-sostenible/ecoturismo-areas-protegidas
- https://www.unwto.org/es/tourismo-por-los-ods
- https://www.unwto.org/es/turismo-agenda-2030

Web corporativa de la empresa: https://itinerantur.com/

Pacto Mundial de Naciones Unidas https://www.pactomundial.org/

Forés, B.; Lidón, M.L.; Ferreres J.B.; Fernández, J.M. (2022). *Los objetivos de desarrollo sostenible en la evolución de turismo.* Tirant Lo Blanch, Valencia.

1. Introducción

El desplazamiento de la población del campo a la ciudad ha llegado a niveles desorbitados en los últimos años, y especialmente en España, donde más de 5.000 municipios tienen menos de 1.000 habitantes, según datos del Instituto Nacional de Estadística (INE).

La diversificación de la oferta de ocio ha dado un fuerte impulso al turismo rural, con la apertura de alojamientos y restaurantes y el desarrollo de programas de actividades, que están contribuyendo a dinamizar la economía de este entorno y frenar la despoblación en algunos lugares.

En el sector turístico se están realizando importantes esfuerzos para contribuir a la creación de empleo y, en consecuencia, al asentamiento de la población en el medio rural. Para que esta tendencia genere un impacto positivo en estas zonas, la promoción de un turismo sostenible o ecoturismo debe ir unida al incremento de la educación y sensibilización medioambiental.

La educación como ente transformador puede dar respuesta al desarrollo sostenible de las comunidades, y a su vez contribuir a disminuir el impacto que las prácticas turísticas producen en el ambiente y el ecosistema.

Ecoturismo, formación y sensibilización ambiental son precisamente las claves sobre las que se sienta la apuesta de valor de Itinerantur para lograr objetivos de sostenibilidad y una conciencia responsable con el uso de los recursos naturales.

2. Itinerantur

2.1. Orígenes de Itinerantur

El nacimiento de Itinerantur como empresa de servicios de ecoturismo fue inesperado. Los dos socios fundadores, Belén Salvador y Chema Rabasa, pertenecen al campo de las ciencias ambientales y tenían claro que querían desarrollar algún proyecto relacionado con el medio ambiente, aunque nunca se habían planteado crear una empresa turística. Fueron dos amigos franceses los que les animaron a dedicarse al sector turístico; de esta forma, en verano de 2012, sus amigos les pidieron que les preparasen una propuesta de rutas para poder visitar la provincia de Castellón que no se centrara en los típicos lugares turísticos. Tras la planificación propuesta por Belén y Chema, sus amigos les comentaron que se les daba muy bien y que se deberían plantear dedicarse a ello de manera profesional.

Fue entonces cuando Chema y Belén presentaron sus propuestas de proyectos y planes de empresa a dos concursos de ideas que tenían como premio la formación gratuita para emprendedores: uno propuesto por Bancaja y el CEEI de Valencia y otro por la CAM (la desaparecida Caja de Ahorros del Mediterráneo) y la universidad CEU-Cardenal Herrera. En ambos casos, sus proyectos fueron seleccionados y de la unión de dichos proyectos nació Itinerantur. Su idea principal era incidir en los conceptos de naturaleza y cultura, explorar más allá de los lugares clásicos explotados turísticamente o dando una perspectiva diferente a la que normalmente el turista estaba acostumbrado, centrándose, así, en un turismo responsable. De hecho, Chema insiste en que ellos trabajan con excursionistas y no turistas, haciendo alusión al carácter responsable y muy local del turismo que promueven, ya que la mayoría de sus clientes no pernoctan fuera de sus domicilios habituales. La firma inició formalmente su actividad en 2013 y cuatro años después se convirtió en una Sociedad Limitada.

Tras varios meses desarrollando el plan de empresa y pensando nombres apropiados nació Itinerantur que, aunque destacan que muy pocas veces se pronuncia bien a la primera, viene del latín y significa "en ruta" o "en camino". Los responsables de la misma se autodenominan, desde sus inicios, Traductores de Paisajes, concepto acuñado por ellos: a través de itinerarios guiados a lo largo de la geografía castellonense y con diferentes temáticas desvelan los secretos de los paisajes culturales de nuestra tierra mediante técnicas de interpretación patrimonial. Sus grandes líneas de negocio las conforman la formación, las experiencias sostenibles y la consultoría, tal y como se expondrá a continuación.

Imagen 1. Interpretación del paisaje

Fuente: https://itinerantur.com/

2.2. Negocios que cubre la empresa

En Itinerantur son pioneros en el desarrollo y oferta de actividades que combinan el turismo activo y la interpretación del patrimonio natural-cultural. Su principal actividad es la transmisión de su conocimiento a todos los públicos, impulsando, a su vez, prácticas de desarrollo sostenible para asegurar la conservación del territorio. De esta forma, tiene un carácter pluridisciplinar, y centra sus actividades en la formación, promoción, desarrollo y puesta en valor del patrimonio a través del impulso de una oferta turística responsable, además de actuar como agencia de viajes, proporcionando experiencias auténticas y sostenibles. En concreto, en la actualidad, son tres sus principales líneas de negocio, tal y como se ha comentado anteriormente. A continuación, se indica en qué consiste cada una de ellas y los servicios que abarca (https://itinerantur.com/):

- Itinerantur Formación: Se enfoca en la transmisión de conocimiento relacionado con la puesta en valor y la conservación de recursos naturales y culturales a distintos públicos, tales como administraciones públicas, técnicos y profesionales del turismo, centros formativos o escuelas, entre otros. Para ello, llevan a cabo proyectos de educación ambiental a medida, talleres, jornadas, charlas, viajes, etc. Además, a través de su blog y con la realización de campañas de sensibilización, educación ambiental y divulgación del patrimonio, pretenden hacer llegar la formación en este ámbito a la sociedad en general.

Imagen 2. Actividades de formación y sensibilización ambiental

Fuente: https://itinerantur.com/

Su afán por aprender y por abrirse nuevas oportunidades de negocio vinculadas les lleva a estrechar lazos con los principales agentes de su sistema de innovación, participando activamente en multitud de congresos, jornadas y seminarios, como el congreso de turismo organizado en la Universitat Jaume I.

- Itinerantur Experiencias Sostenibles: Esta rama de negocio está enfocada en proporcionar a los clientes una experiencia turística responsable (ecoturismo), traduciendo el patrimonio cultural y natural para sus clientes mediante la oferta de experiencias únicas y personalizadas a las motivaciones de los clientes, lo que se conoce en inglés como turismo *bespoke*, esto es "hecho a medida". Los servicios que se ofertan van desde actividades programadas, como rutas e itinerarios guiados, hasta paquetes turísticos completos con alojamiento, restauración y actividades. En estas actividades tratan de poner en valor la cultura, la historia, las tradiciones, el patrimonio y la gastronomía local de los diversos municipios pequeños -y no tan pequeños- de la provincia de Castellón.

  En muchas de sus rutas interpretativas se ofrece a los excursionistas almuerzos, degustaciones y catas guiadas de productos exclusivamente locales: pan, quesos, embutidos, vinos de la tierra, zumo de oliva, fruta de temporada, mermeladas, etc. Tal y como señalan sus responsables, "la experiencia se completa con el envío de un reportaje fotográfico de la experiencia de alta calidad a todos los participantes. De este modo, otorgamos a la actividad senderista un contenido de calidad y experiencias sensitivas (ver, tocar, oler, escuchar y saborear) adaptado a todos los públicos".

Imagen 3. Experiencias turísticas sostenibles

Fuente: https://itinerantur.com/

En la actualidad la empresa se ha concentrado en el diseño de experiencias sostenibles para las Administraciones Públicas de diferentes localidades, que las ofrecen gratuitamente al público final, disminuyendo las actividades propias a visitantes particulares. De esta forma, evitan que la propia empresa se haga auto-competencia en este tipo de actividades, tal y como declara Chema.

- Itinerantur Consultoría: Ofrece a las empresas e instituciones asesoramiento y ayuda para planificar, promocionar, comercializar y gestionar proyectos y otras iniciativas relacionadas con el turismo responsable con tal de poner en valor el patrimonio cultural y natural.

  Entre sus servicios, ofrecen planificación turística sostenible, actividades de diseño y señalización de rutas turísticas y la creación de centros de interpretación, la creación y promoción de productos turísticos sostenibles, y el asesoramiento turístico y ambiental dirigido a entidades tanto de carácter público como privado. Itinerantur hace inventarios de recursos locales, georreferencia, evalúa y articula los recursos, servicios y oferta turística de los territorios para darles la orientación como producto turístico responsable y su integración en el destino.

  Además, realizan labores técnicas de campo y gabinete, elaboran memorias e informes específicos ambientales y turísticos, y desarrollan estudios técnicos relacionados con la potencialidad turística del medio ambiente de los municipios en la provincia de Castellón, en los que se centra gran parte de la labor que desarrolla Itinerantur.

  Entre los servicios que ofrecen en esta categoría destacan los Planes de Sostenibilidad Turística en Destino (PSTD), que son una herramienta impulsada desde la Secretaría de Turismo en el marco del Plan Estratégico del Turismo Español 2030 en colaboración con las diferentes Comunidades Autónomas con el fin de fomentar la reconversión de los destinos turísticos españoles y mejorar su resiliencia contribuyendo al cumplimento de los ODS planteados en la Agenda 2030.

  Itinerantur también ayuda a los destinos turísticos a presentar candidaturas a programas de ayudas promovidos por la Unión Europea, como los Fondos Next Generation, y que pueden financiar íntegramente los PSTD.

Imagen 4. Señalización del territorio

Fuente: https://itinerantur.com/

A pesar de que las actividades de señalización de rutas, homologación de senderos, diseño de paneles interpretativos de recursos naturales y culturales, creación de cartografía turística y folletos, y vídeo-márquetin turístico no fueron consideradas en el plan inicial de la empresa, han sido clave para la misma al poder acceder a nuevos contratos de consultoría y asesoramiento en materia de recursos turísticos. Estas son, pues, actividades que refuerzan el posicionamiento de la empresa y amplían su capacidad para crear rutas turísticas que muevan a los visitantes por el territorio de la manera más ordenada y eficiente.

Todas estas actividades tratan de promocionar e impulsar un turismo responsable, respetuoso con la naturaleza y el patrimonio, así como aumentar la calidad de la oferta de los destinos turísticos, sobre todo los destinos maduros, y diferenciarlos frente al incremento de la competencia. Específicamente, tal y como describen en su página web, sus actividades se centran en:

- Contribuir a la sensibilización y educación medioambiental, concienciando sobre los impactos de nuestras acciones y del modo de vida actual.
- Fomentar la creación y desarrollo de nuevos modelos y formas de turismo, basados en el respeto a la naturaleza y el bienestar de las poblaciones locales.
- Promover actividades que permitan disfrutar de la diversidad y del patrimonio, y contribuir a su protección y conservación.

El carácter intangible de los servicios que ofrece la empresa les incita a invertir en cuidar de forma especial su imagen a través de una apuesta firme por las nuevas tecnologías, estando presente en las principales redes sociales, blogs de especialización y medios de comunicación (televisión y prensa). Su proactividad y especial cuidado en la difusión de sus principales actividades y eventos, a través de la combinación de los medios de comunicación tradicionales y de vanguardia, les ha permitido llegar a un mayor público y conseguir un mayor número de colaboradores. Tal es el compromiso de la empresa con la sensibilización y divulgación medioambiental en la sociedad que han elaborado y elaboran cápsulas divulgativas (Itinerantur Te Cuenta) y microdocumentales especializados, como "Paisajes del Maestrat", premiado en la segunda edición de MEDI, en 2019, todos ellos disponibles en su canal de YouTube.

Como dato a destacar de su evolución continuada, en 2018 ejercieron de guía de más de 2.200 personas, repartidas en 117 grupos, tanto españolas como de otras nacionalidades como Alemania, Reino Unido, Francia, Canadá, Holanda, Estados Unidos, Argentina y Japón. En 2021, a pesar de ser año de crisis por coronavirus y sin presencia de visitantes extranjeros, las cifras fueron las siguientes:

- Total aproximado de participantes en actividades: 2900
- Total actividades realizadas: 199
- Total campañas de actividades: 14
- Total proyectos para la administración pública: 8
- Total cursos de formación realizados: 10
- Total webinars realizados: 2
- Total seguidores en RRSS: 13436
- Total premios recibidos: 2
- Total apariciones en medios de comunicación: 10

2.3. Misión y visión de Itinerantur

La misión de Itinerantur es poner en valor los recursos naturales mediante la práctica del turismo responsable. Pretenden que su actividad sirva para que buena parte de los beneficios se queden en el territorio donde se realiza la experiencia turística y, de esta forma, ayudar a la conservación del patrimonio, promoviendo la estima por los recursos propios y su conservación, tanto entre las personas que viven la experiencia como entre la población local que recibe dichos beneficios.

Itinerantur lleva a cabo su misión desde tres perspectivas diferentes que conforman su actividad:

- con su negocio de consultoría, pretenden fomentar la correcta gestión de los recursos turísticos por parte de las organizaciones turísticas y agentes implicados;

- a través de la formación, promueven el cuidado de los recursos locales, ya sean culturales o naturales; y
- mediante la oferta de experiencias, proporcionan a los turistas experiencias personalizadas y sostenibles.

Con respecto a su visión, desde Itinerantur apuntan que pretenden ser un referente en el ámbito del turismo responsable.

Su misión y visión se basan en una serie de valores, publicados en su web, que guían su forma de actuar, tales como Calidad, Colaboración, Conocimiento, Desarrollo sostenible, Innovación, Pasión, Responsabilidad, y Transparencia.

Imagen 5. Principales valores de Itinerantur

Fuente: elaboración propia a partir de la información de la página web de Itinerantur

3. Actitud empresarial

3.1. Actitud y estrategia

La imprenta innovadora de la empresa es fiel reflejo del carácter proactivo de sus socios fundadores, preocupados por la búsqueda constante de nuevas oportunidades de negocio (p.e. licitaciones públicas, proyectos de señalización, formación para colegios) vinculadas con la sostenibilidad. De hecho, su diversificación de servicios, abordada en el punto previo, la convierte en un referente a nivel provincial pues, tal y como declaran, no consideran que en la actualidad exista una empresa que pueda suponer una competencia directa de sus servicios, por la diferenciación y carácter integral de estos.

Los directivos de Itinerantur destacan su labor en la realización de planes estratégicos y campañas de divulgación ambiental y turística, en los que dedican grandes esfuerzos por conocer al público objetivo e idear acciones comunicativas personalizadas de máximo impacto. Además, consideran fundamental la interacción con la ciudadanía para generar información valiosa para sus clientes, y para la medición del impacto de sus acciones.

Aunque los directivos de la empresa mantienen una visión positiva de la competencia, consideran que la profesionalización e innovación de los agentes que ofrecen servicios similares vinculados con el turismo responsable en la provincia es reducida; sin embargo, sí que destacan la existencia de empresas potentes en Valencia y, sobre todo, en Alicante.

3.2. Planificación estratégica

Tal y como declaran los fundadores de Itinerantur, el éxito de los nuevos proyectos turísticos que desarrollan depende de una correcta formulación de la planificación estratégica, como también lo hace el desarrollo de su propia actividad de servicios.

Para una planificación de éxito los directivos destacan el papel de las TIC y la profesionalización de su plantilla, con estudios superiores en diferentes carreras universitarias y cursos de especialización. Otra de las bazas de su éxito radica en su experiencia profesional, que les ha permitido conocer muy bien los agentes de las principales administraciones públicas encargadas de la planificación y gestión turística.

Chema destaca también la importancia de la atención personalizada y la rápida respuesta a las necesidades e inquietudes de potenciales clientes, así como la participación en diferentes congresos y jornadas, y en diversas asociaciones de las que forman parte incluso como junta directiva, como por ejemplo Tour & Kids, que es el club de producto de Turismo Familiar de la Comunitat Valenciana (España) creado por la Asociación de Turismo Familiar de la Comunidad Valenciana, cuyo objetivo principal es la promoción y fomento del turismo familiar, o CV Activa, la asociación valenciana de empresas de turismo activo y ecoturismo, fundada por ellos y otras empresas colaboradoras, y que hoy es considerada por Turisme CV como un agente interlocutor esencial en la estrategia pública de desarrollo turístico

Las dificultades impuestas por las restricciones derivadas de la COVID, especialmente a la actividad turística y a la formación en colegios, han obligado a la empresa a incrementar sus esfuerzos para la búsqueda y presentación de proyectos a convocatorias públicas de ayudas y subvenciones, tanto autonómicas, nacionales como europeas. Esto les garantiza poder mantener el nivel de competitividad que exigen sus servicios, estando a la vanguardia de nuevas TIC, y manteniendo una plantilla de siete trabajadores.

3.3. Estrategias de crecimiento de Itinerantur

Como oportunidades de crecimiento de Itinerantur los directivos destacan la posibilidad de abrir nuevos mercados internacionales, a través de acuerdos de cooperación con agentes de turismo foráneos, que les permita contactar con nuevas empresas y grupos de particulares. Es esta la parte del negocio que más rentabilidad económica supone, y ampliarla podrá significar la mejora de los salarios, el aumento del tiempo disponible para centrarse en proyectos de mayor valor añadido y la mejora de la calidad de vida de los trabajadores en general.

También contemplan, como así está ocurriendo ya, el aumento de los proyectos para desarrollar planes de sostenibilidad turística de municipios, así como la nueva certificación "S de Sostenibilidad" que vendrá de una norma UNE y que permitirá la diferenciación de empresas como Itinerantur, que ya ha sido requerida para formar parte del grupo de iniciativas piloto con las que se evaluará el funcionamiento de la nueva certificación.

4. Orígenes y evolución de la política RSC

4.1. La sostenibilidad en el ADN de la empresa

La sostenibilidad está en las propias raíces de la empresa, pues Itinerantur ya nace con dicha finalidad, siendo, por tanto, una característica intrínseca a ellso como personas y como iniciativa empresarial. Promueven desde sus orígenes un turismo responsable, que abarca las tres esferas de la sostenibilidad: la social, la medioambiental y la económica.

Imagen 6. Las tres esferas de la sostenibilidad en Itinerantur

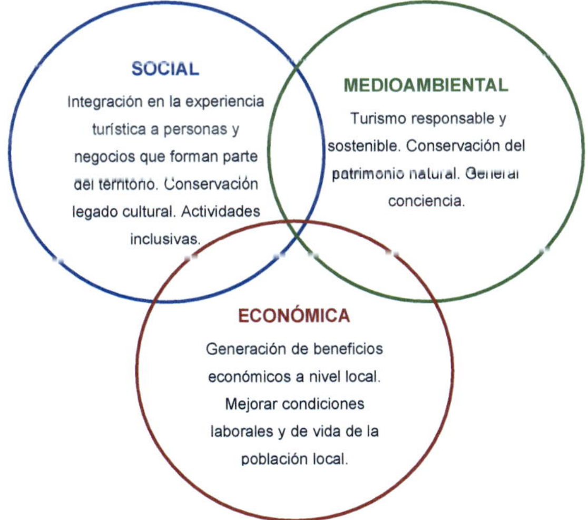

Fuente: elaboración propia

Con respecto a la parte social, desde Itinerantur implican e integran en la experiencia turística a las personas y negocios que forman parte del territorio, como los productores, comercios, guías locales, actividades de agroturismo, etc. Involucran a la población local en la toma de decisiones, tratando, de esta forma, de mejorar la calidad de vida de las personas que viven en los pueblos y territorios donde se realiza la experiencia turística, ayudando a crear mejores lugares para vivir. Además, su actividad es siempre respetuosa con la sociedad y la cultura, y promueven activamente la conservación del legado cultural y el mantenimiento de la biodiversidad. De hecho, su interpretación de la forma de hacer turismo tiene siempre en cuenta la experiencia de los habitantes mayores y el empuje de jóvenes comprometidos con el territorio. Igualmente, algunas de sus actividades son inclusivas, facilitando el acceso y la participación de personas con diferentes capacidades y movilidad reducida.

En cuanto a la esfera medioambiental, Itinerantur aboga por un turismo sostenible, tratando de minimizar los impactos negativos sobre el medio ambiente. Además, contribuyen de forma positiva y activa a la conservación del patrimonio natural, generando conciencia y un mayor entendimiento sobre los problemas medioambientales.

Con lo que atañe a la esfera económica, destacar que las actividades de Itinerantur facilitan que se generen beneficios económicos a nivel local, de forma que puedan mejorarse las condiciones laborales y de vida de la población local y el bienestar de las comunidades receptoras.

4.2. Principales líneas de acción u objetivos prioritarios

Como ya se ha comentado, la sostenibilidad está en el ADN de Itinerantur, por lo que la mayoría de sus objetivos y sus actividades están intrínsecamente relacionadas con la sostenibilidad. De esta forma, la empresa está totalmente alineada con muchos de los denominados Objetivos de Desarrollo Sostenible (ODS) aunque, desde Itinerantur muestran cierto escepticismo con respecto a la funcionalidad o utilidad de los ODS porque, si bien reconocen que es importante que las empresas tengan una guía o modelo que les ayude a vincular su negocio con la sostenibilidad, piensan que existe demasiado "greenwashing" en este ámbito.

De los 17 ODS, desde Itinerantur destacan que su actividad está relacionada, sobre todo, con los ODS 3, 4, 8, 11, 12, 13, 15 y 17. A continuación se describen brevemente estos ODS (página web de la Naciones Unidas (https://www.un.org):

- ODS 3: Garantizar una vida sana y promover el bienestar en todas las edades.
- ODS 4: Garantizar una educación inclusiva, equitativa y de calidad y promover oportunidades de aprendizaje durante toda la vida para todos.
- ODS 8: Promover el crecimiento económico inclusivo y sostenible, el empleo y el trabajo decente para todos.

- ODS 11: Lograr que las ciudades sean más inclusivas, seguras, resilientes y sostenibles.
- ODS 12: Garantizar modalidades de consumo y producción sostenibles.
- ODS 13: Adoptar medidas urgentes para combatir el cambio climático y sus efectos.
- ODS 15: Gestionar sosteniblemente los bosques, luchar contra la desertificación, detener e invertir la degradación de las tierras, detener la pérdida de biodiversidad.
- ODS 17: Revitalizar la Alianza Mundial para el Desarrollo Sostenible.

4.3. Principales retos o problemas en el desarrollo del proyecto/plan de sostenibilidad

Aunque Itinerantur nace ya con una filosofía basada en principios de sostenibilidad, la puesta en marcha de su proyecto con el enfoque sostenible no ha estado exenta de problemas y dificultades. Según sus fundadores, uno de los principales problemas a los que se enfrentaron, y que siguen teniendo, es la dificultad de conseguir personal con su misma visión. Para poder hacer frente a este reto, colaboran con centros educativos superiores como la Escuela de Hostelería, la escuela superior de arte y diseño y la Universitat Jaume I, ofreciendo prácticas de empresa y contratando, en muchas ocasiones, a alumnos y alumnas que encajan con su filosofía.

Por otro lado, la digitalización de la empresa ha supuesto también un importante reto para que Itinerantur pudiese proseguir por su apuesta de turismo responsable. De entre los diferentes retos vinculados a la digitalización de la empresa, en Itinerantur destacan la necesidad de actualización de la ERP, para la cual obtuvieron una ayuda desde la Diputación de Castellón.

4.4. Principales agentes colaboradores en materia de sostenibilidad

La puesta en marcha de un proyecto vinculado con la sostenibilidad requiere de la colaboración de múltiples agentes externos. En el caso de Itinerantur, se muestran a continuación las diferentes asociaciones y organismos con los que han colaborado para poder desarrollar, implementar y mejorar su negocio sostenible (las imágenes que aparecen a continuación se han tomado de la página web de Itinerantur):

Itinerantur obtiene ayudas de la Diputación de Castellón y de Turisme Comunitat Valenciana para poder llevar a cabo la transformación digital de su empresa.

En Itinerantur están comprometidos con la empleabilidad juvenil, por ello colaboran con el programa de prácticas externas del grado de turismo de la Universitat Jaume I. De hecho, actualmente han integrado a la plantilla una egresada de este grado de turismo que se formó con ellos en prácticas.

Itinerantur solicita ayudas económicas a los diferentes programas de la Cámara de Comercio de Castellón, tanto para el desarrollo de nuevas estrategias tecnológicas como para la contratación de personas jóvenes con estudios superiores.

4.5. Principales hitos alcanzados en materia de sostenibilidad

De todas las actividades que vienen realizando, Chema destaca dos hitos de los que están especialmente orgullosos, uno en referencia a su área de formación y otro con respecto a las experiencias.

En cuanto al área de formación, uno de sus mayores logros es la obtención de un premio relacionado con la educación. Concretamente, recibieron el premio a la mejor empresa de educación ambiental en la Comunidad Valenciana, otorgado por el Centro de Educación Ambiental de la Comunitat Valenciana (CEACV) en el año 2021, dependiente de la Conselleria de Transición Ecológica.

Con respecto al área de experiencias, Chema recalca sus actividades vinculadas con los olivos milenarios de la pequeña población de Canet lo Roig. En este sentido, en Canet lo Roig cientos de Olivos Milenarios están oficialmente catalogados, y a base de trabajo de campo y comercial, tras años de llevar grupos de personas a conocer dicho patrimonio único, el ayuntamiento y la empresa comenzaron a colaborar con el fin de ofertar una serie de experiencias alrededor de estos olivos. En total, en 2022 han sido 7 actividades en torno a los olivos y el patrimonio asociado. Con su actividad, pretender ofrecer motivaciones adicionales a los propietarios de olivos milenarios para que se sientan más atraídos, si cabe, por la conservación y protección de este cultivo vivo. Insistiendo, de esta forma, en la sensibilización medioambiental.

Itinerantur ha recibido, además, numerosos premios y reconocimientos por su actividad. A continuación, se señalan los más relevantes, por orden cronológico. Muchos de estos premios y reconocimientos están relacionados con el ámbito de la sostenibilidad:

2021 Premios Cámara de Comercio. Premio al Turismo 2020, categoría Innovación

2021 CEACV. Premios a la mejor empresa de Educación Ambiental de la Comunidad Valenciana.

2019 IX Premios "COPE Castellón" Categoría Turismo 2019

2019 Certificación SICTED

2017 Premio "Jorge Londoño" de Turismo Ecológico (Fund. EDC Natura)

2017 Certificación Tour and Kids Turismo Familiar

2016 Premio SER Viajeros Comunitat Valenciana. Mejor iniciativa de Ecoturismo.

2016 Premios de Turismo de la Comunitat Valenciana. Mejor empresa de Turismo Responsable.

2016 Código Ético del Turismo Valenciano

2016 Código Ético Mundial para el Turismo de la OMT

2014 Certificación Qualitur

2014 Certificación "Marca Parcs Naturals de la Comunitat Valenciana"

4.6. Perspectivas y acciones de futuro en materia de sostenibilidad

Aunque Itinerantur se ha convertido en un referente en materia de turismo responsable, Chema señala que aún queda camino por recorrer para continuar mejorando y seguir trabajando en pro de la sostenibilidad. Si bien destaca que pretenden continuar en la misma línea de trabajo que hasta ahora, quieren también desarrollar nuevas acciones que permitan a la empresa mejorar más aún su modelo de negocio en el ámbito de la sostenibilidad.

Concretamente, las líneas de actuación futuras que destacan son:

- Promover más intensamente la educación ambiental.
- Incrementar la formación y habilidades de la plantilla al respecto de la educación ambiental.
- Desarrollar proyectos alineados con la economía del bien común.
- Incluir la "huella de carbono" en los presupuestos que presentan a los ayuntamientos que contratan sus servicios.
- Aumentar la presencia del turismo responsable en todos los proyectos que implementen, y darlo a conocer entre sus seguidores.

- Incidir en el marketing responsable y continuar creando contenido audiovisual, como los microdocumentales que muestran lugares de la provincia, su patrimonio y riqueza cultural y natural, y actividades de turismo sostenible que pueden realizarse.

5. Conclusiones

A pesar de ser una empresa de turismo activo de creación relativamente reciente (9 años en 2022), Itinerantur se ha posicionado en el mercado turístico con una robusta propuesta de valor diferenciada, combinando servicios para reforzar su principal razón de ser: la educación y sensibilización medioambiental, tan necesaria en el mundo en el que vivimos amenazado por la emergencia climática.

A través de la prestación de múltiples servicios ecoturísticos, como servicios de formación especializada para la conservación y la conciencia ecológica; experiencias y viajes sostenibles adaptados; y la gestión y desarrollo de proyectos de turismo activo y responsable, a través de la prestación de servicios de consultoría especializada, Itinerantur contribuye al desarrollo del turismo experiencial y sostenible. Estas acciones facilitan el impulso hacia la transformación verde y digital del sector y mejorando la competitividad y sostenibilidad de los destinos turísticos.

Para Itinerantur, turismo sostenible, ecológico, responsable, de naturaleza y ecoturismo son, más que la descripción de un modelo turístico, las banderas de un movimiento social activo que busca ser una garantía para la sostenibilidad, fomentando el respeto al medio natural y al bienestar de las poblaciones locales.

Sus señas de identidad, derivadas de la formación en ciencias ambientales de sus fundadores, y el carácter persistente y proactivo de los mismos les han permitido construir una marca de excelencia y calidad en la prestación de productos y servicios de turismo responsable de la provincia de Castellón. Este esfuerzo por abrir los ojos a la sociedad a otra forma de hacer turismo les ha valido la obtención de varios premios y reconocimientos en estos últimos años.

Entre los valores que diferencian su actividad frente a otros competidores cabe destacar, por un lado, el acercamiento de la naturaleza y cultura locales a la sociedad en general; en segundo lugar, conseguir que la población valore el proyecto de dinamización que proponen; y, en tercer término, la participación en la proyección económica y social de las zonas del interior de Castellón.

Sus acciones de promoción de los recursos naturales, históricos y culturales, las costumbres y la gastronomía tienen una importante repercusión en la sociedad y en los destinos turísticos, especialmente en el turismo de interior, ya que ayudan a frenar el fenómeno conocido como la "España vaciada".

Con nuevas oportunidades de negocio y nuevos retos, algunos de ellos impuestos por la pandemia, la digitalización y las necesidades crecientes de profesionalización parecen ser sus grandes apuestas para afianzar su estrategia de posicionamiento y abrirse a nuevos mercados internacionales.

7. Cuestiones para el debate

1. De la lectura del caso, ¿qué capacidades distintivas destacaría de Itinerantur? Razone su respuesta.
2. Atendiendo a la diversidad de servicios que ofrece, ¿considera que existe alguna oportunidad de negocio que la empresa debería aprovechar? ¿Por qué? ¿Qué acciones futuras le propondría para seguir con su estrategia de crecimiento?
3. Navegue por la página web de Itinerantur, ¿qué fortalezas y debilidades considera que esta tiene?

CASO 11
INSTITUTO DE TECNOLOGÍA CERÁMICA: INNOVAR PARA CRECER DE UN MODO SOSTENIBLE

Beatriz Forés Julián

Alba Puig-Denia

José Mª Fernández-Yáñez
Universitat Jaume I

Irina Celades López
Responsable del área de sostenibilidad del ITC - AICE

Objetivos de aprendizaje

- Destacar el papel que un instituto de investigación especializado desempeña como estímulo a la innovación y a la competitividad de las empresas localizadas en un distrito o clúster industrial.
- Entender los grandes retos y estrategias vinculadas con la sostenibilidad económica, social y medioambiental de un instituto de investigación puntero.
- Comprender la importancia de la innovación colaborativa para impulsar la transición digital y ecológica del sector cerámico.
- Conocer diferentes proyectos de economía circular y simbiosis industrial en la industria cerámica.

Material recomendado para su estudio

- Forés, B. (Dir), Fernández-Yáñez, J.M. Boronat-Navarro, M., Puig-Denia, A., Lara, M.L., Broto, O., Martínez, M. (2022). *Análisis Social, Económico y Medioambiental del Distrito Industrial Cerámico*. Tirant lo Blanch, Valencia.
- PWC y Asociación Española de Fabricantes de Azulejos y Pavimentos Cerámicos -ASCER- (2021). *Impacto socioeconómico y fiscal del sector de azulejos y pavimentos cerámicos en España*. Disponible online en la siguiente URL: https://transparencia.ascer.es/media/1039/informe-impacto-socioeco-sector-cer%C3%A1mico_ascer.pdf [fecha de consulta, 16 de mayo de 2022].

1. Introducción

La innovación se ha convertido en un motor clave del avance de las empresas y es un campo privilegiado de colaboración, sobre todo en el sector cerámico, que asume grandes retos económicos y medioambientales.

La llegada de una nueva economía basada en el conocimiento y la innovación, baja en carbono y que asuma nuevos retos como el cambio climático, hace imprescindible la colaboración público-privada en I+D+i como poderosa herramienta de generación de productividad, empleo y bienestar.

La colaboración entre el sistema público y privado se torna, además, fundamental para la investigación de carácter más aplicado, pero sigue persistiendo la paradoja de la ciencia europea que explicita que, a pesar del importante avance científico y tecnológico, la explotación e impacto alcanzado del mismo es limitada (figura 1). Por tanto, perduran lagunas importantes en la comercialización de los potenciales productos o servicios tanto en su etapa de primera validación en el mercado, como en su intento de escalado posterior durante su despliegue.

Figura 1. *La paradoja de la ciencia en Europa*

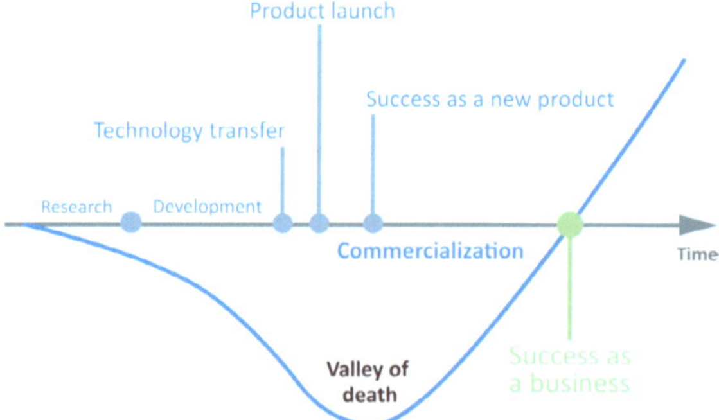

Fuente: http://www.qieurope.com/

Las universidades y centros de investigación necesitan complementar sus capacidades con las de las empresas para ser capaces de trasladar con éxito la I+D+i del laboratorio a la economía, evitando así el conocido valle de la muerte entre la investigación y el mercado. La industria es capaz de transformar una tecnología viable en una tecnología adaptada a una necesidad de mercado, que se pueda fabricar, construir y comercializar eficientemente y con un riesgo controlado; es decir la industria es capaz de añadir a la viabilidad tecnológica la viabilidad económica y comercial necesaria para garantizar el éxito de un nuevo producto.

Este es uno de los principales objetivos del Instituto de Tecnología Cerámica de Castellón: ser el mejor *partner* tecnológico, explorando continuamente nuevas oportunidades de mercado, y buscando encontrar soluciones específicas que resuelvan problemas y cubran las necesidades de la industria cerámica, principalmente.

2. Instituto de Tecnología Cerámica

2.1. Orígenes del ITC

El ITC se define como "un equipo humano profesionalizado, muy cualificado que cuenta con infraestructuras y equipamiento técnico y científico adecuado para realizar proyectos de I+D+i y transferencia de tecnología a las empresas, con el objetivo de generar innovación y mejorar el posicionamiento estratégico del sector cerámico a escala internacional".

El ITC se fundamenta en el convenio entre la Universitat Jaume I de Castelló (UJI) y la Asociación de Investigación de las Industrias Cerámicas (AICE). La cooperación universidad-empresa ha dado lugar al Instituto de Tecnología Cerámica (ITC) como respuesta a las necesidades de las empresas del clúster cerámico español.

El principio de lo que conocemos hoy como el ITC nacía, tal como está publicado en el BOE del 10 de septiembre de 1969 según la Orden del 16 de agosto de ese mismo año, por parte del Ministerio de Educación y Ciencia, en la Facultad de Química de la Universidad de Valencia, de la mano del profesor Agustín Escardino Benlloch.

En aquel entonces se denominó "Instituto de Química Técnica de Formación Profesional e Investigación" y su objetivo fundamental era el de aplicar los conocimientos obtenidos en la Universidad en la generación de servicios de apoyo a las industrias, ayudando a las empresas a resolver la problemática generada en los procesos de producción y tratando de buscar fórmulas innovadoras para promover su competitividad.

Así, aquel incipiente ITC comenzó a preparar, desde la Universidad, a especialistas en Química Técnica, además de promover la colaboración con las industrias químicas de la Comunitat Valenciana, crear las bases de un servicio de documentación e información químico-técnica y promover líneas de investigación y experimentación que pudieran ayudar a las empresas a crecer.

En 1970 ya se firmaron dos convenios de investigación con empresas cerámicas, y en 1975, la actividad investigadora, que además del ámbito de la tecnología cerámica abarcaba otros ámbitos, se centró exclusivamente en la industria cerámica. Justo en ese año, se llevó a cabo con la Asociación Española de Fabricantes de Azulejos y Pavimentos Cerámicos (ASCER), orientado a la localización y caracterización de arcillas para ser utilizadas como materias primas para la industria cerámica en la Comunitat Valenciana.

2.2. Etapas de crecimiento

Al centrar todas sus actividades en el ámbito cerámico, en 1983 se adoptó la denominación: Instituto de Química Técnica (Tecnología Cerámica) para comenzar a desarrollar parte de las actividades de investigación en el campus universitario de Castellón.

Por otra parte, en 1984 se creó la Asociación de Investigación de las Industrias Cerámicas (AICE), por iniciativa de la Generalitat Valenciana, a través del entonces conocido por IMPIVA, y hoy en día Instituto Valenciano de Competitividad Empresarial (IVACE), en colaboración con varias empresas del sector cerámico, ubicándose en el seno del propio Instituto. En ese año se estableció también el primer convenio de colaboración entre la Asociación de Investigación y el Instituto de Química Técnica (Tecnología Cerámica).

En 1990 se instaura, según el Decreto 27/1990 del 12 de febrero del Consell de la Generalitat Valenciana, el Instituto Universitario concertado de Tecnología Cerámica entre la Universidad de Valencia (Estudi General) y la Asociación de Investigación de las Industrias Cerámicas. Posteriormente, con la creación de la Universitat Jaume I de Castellón, pasa a firmarse un convenio de colaboración con la misma y la sede del Instituto se traslada, en 1997, a un nuevo edificio ubicado en el Campus Riu Sec de la Avda. Sos Baynat de la Universitat Jaume I de Castellón.

En 2005 se produce una fusión con ALICER, la Asociación para la Promoción del Diseño Cerámico, por lo que el centro desplegó su actividad en dos sedes hasta 2011 aproximadamente, en donde todo el personal se trasladó a la sede UJI, unificando la labor.

En 2017, y por necesidades de ampliación de la actividad, la Generalitat Valenciana, cedió al Instituto de Tecnología Cerámica unas instalaciones construidas en el Polígono SUPOI-8 de Almassora (Castellón), en donde en la actualidad se están desarrollando y ampliando acciones orientadas a la estrategia 4.0, el hábitat, los estudios sobre producto acabado, la inteligencia competitiva y que además se están ampliando aún más con la construcción de una nueva planta piloto orientada a la descarbonización de la economía, entre otras acciones.

2.3. Negocios que cubre la empresa

La evolución que ha experimentado el sector cerámico a lo largo de los últimos años ha abarcado todos los aspectos del sistema de producción de baldosas cerámicas (materias primas, etapas de proceso, propiedades del producto acabado), tanto en lo que se refiere a la profundización en los conocimientos que los sustentan, como a la aplicación a nivel industrial de los mismos, tomando además en consideración todas las mejoras o innovaciones que se han realizado con respecto a equipamientos, metodología de trabajo, etc. En sus 50 años de historia, el objetivo del ITC ha sido apoyar y potenciar la competitividad del sector cerámico español, cubriendo, especialmente, las necesidades de las pequeñas y medianas empresas cerámicas que forman el tejido empresarial de este sector, y que, salvo contadas excepciones, no pueden generar siquiera una pequeña parte de la tecnología que necesitan para mantener su competitividad en los mercados nacional e internacional.

Lo más importante para el ITC es potenciar la difusión y transferencia de los conocimientos generados, poniendo especial énfasis en que estos lleguen a las empresas y así puedan generar innovación.

Así, el ITC está trabajando en una serie de líneas que considera muy importantes para las nuevas aplicaciones de la cerámica y para que esta industria continúe escalando primeros puestos a escala global, teniendo en cuenta la complejidad de los mercados.

Las líneas sobre las que está trabajando el ITC se centran en:

1. **Edificios**: en este campo el ITC pretende desarrollar productos sistemas y materiales para mejorar la eficiencia energética, confort, y propiedades mejoradas en la edificación.
2. **Ciudades**: El ITC considera muy importante la aplicación de cerámica en el ámbito urbano, por eso trabaja en el desarrollo de productos y sistemas innovadores para adaptar las urbes al cambio climático, y un ejemplo sería el proyecto LIFE CERSUDS, el sistema Urbano de Drenaje Sostenible instalado en Benicàssim (www.lifecersuds.eu)
3. **Personas Usuarias**: La personalización de los productos incorpora valor añadido para quienes los utilizan, por eso desde el ITC se contempla el desarrollo de productos y procesos que incorporen valor añadido en base a diseño y prestaciones diferenciadas. Por ejemplo, la impresión cerámica en 3D puede aportar esa diferenciación en la prestación. Últimamente y en este sentido, trabaja en la recuperación del patrimonio artístico e histórico, como ha sido el caso de la reproducción a través de cerámica impresa en 3D, de la uña de un dinosaurio de Morella (Castellón) que existió hace millones de años. También entran en este ámbito las plataformas que integran el sistema de Inteligencia Competitiva del ITC, el Observatorio Tecnológico, el de Mercado y el de Tendencias del Hábitat, todos ellos con el apoyo del IVACE de la GVA.
4. **Materiales**: En esta línea, el ITC está trabajando para desarrollar materiales cerámicos avanzados destinados a para nuevos usos, nuevos recubrimientos cerámicos, o nanomateriales y seguridad, entre otros.
5. **Economía Circular**: El ITC, en esta línea considera fundamental el diseño y desarrollo de procesos y productos que tengan en cuenta los principios de la Eco-

nomía Circular, apoyándose en la eficacia en el uso de recursos en su conjunto, especialmente los naturales y su análisis de ciclo de vida.

6. **Energía**: En este ámbito, el ITC está trabajando en el desarrollo de procesos cerámicos de bajo impacto ambiental, con el mínimo consumo de combustibles fósiles. Se desarrollan proyectos orientados a lograr una etapa de cocción más eficiente y sostenible y también a la eficiencia energética y a la descarbonización de la industria cerámica.

7. **Procesos Industriales**: Yendo más allá del control y la incorporación de nuevas tecnologías en la fábrica cerámica para hacer los procesos más eficientes y flexibles, el ITC está trabajando en la implantación de la estrategia 4.0 en la industria cerámica, en este sentido es pionero en los primeros avances tecnológicos, profundizando en la implantación de la estrategia 4.0, ya no solo en los procesos de fabricación, sino también en su integración en la promoción del producto cerámico en las tiendas y puntos de venta.

Tabla 1. *Principales servicios del ITC*

SERVICIOS	DESCRIPCIÓN	ASPECTOS QUE INCLUYE
Análisis y ensayos	Infraestructura tecnológica de avalada competencia técnica, tanto por el elevado número de acreditaciones externas, como por la dotación en personal cualificado, equipamiento científico e instrumentación.	1. Análisis químico 2. Análisis físico-estructural 3. Microscopía y análisis superficial 4. Caracterización cerámica 5. Laboratorio de producto acabado
Estrategia empresarial	Soluciones para empresas para mejorar su visión estratégica. Disposición de una plataforma de lanzamiento a la innovación cerámica que sintetiza gran parte de los procedimientos para conseguir un producto exitoso en su puesta en el mercado (sistema "Innolancer").	1. Estudios de mercado 2. *Focus group* cerámicos 3. Vigilancia tecnológica 4. Inteligencia competitiva 5. Auditorías de producto cerámico 6. *Product management* cerámico 7. Plan de marketing cerámico 8. Test de producto 9. Dinámicas de *Design Thinking* 10. Digitalización de la promoción en el punto de venta 11. Innolancer

Materiales y producto	Situados a la vanguardia mundial de materiales cerámicos tradicionales. Apoyo para lograr la mejora continua de los productos en las empresas, ya sea en ámbitos técnicos o estéticos, incorporando los nuevos desarrollos Inkjet en decoración. Investigación para la obtención de productos de mayor valor añadido.	1. Materiales cerámicos y aditivos 2. Simulación aplicada al desarrollo de materiales y productos 3. Tintas de impresión Inkjet 4. Materiales fotocatalíticos 5. Funcionalización de superficies 6. Soporte en reclamaciones 7. Geopolímeros 8. Nuevos productos cerámicos
Procesos productivos	Capacidades necesarias, tanto en equipo humano como en medios técnicos, para que las empresas cerámicas optimicen sus procesos productivos, disminuyendo costes de producción, aumentando beneficios y sin perder de vista la sostenibilidad del proceso.	1. Asesoramiento y auditoría técnica 2. Mejora del proceso 3. Control y optimización de procesos industriales 4. Diseño y control de equipos 5. Simulación de procesos industriales 6. Planta piloto 7. Fabricación aditiva 8. Industria 4.0
Sistemas constructivos	Investigación, desarrollo e innovación de nuevos sistemas constructivos en los que la cerámica es protagonista, contribuyendo a aplicaciones arquitectónicas bioclimáticas y con eficiencia energética.	1. Soluciones bioclimáticas y eficiencia energética 2. Evaluación de nuevos sistemas 3. Nuevas aplicaciones para la arquitectura 4. Soporte para prescriptores
Sostenibilidad / Salud laboral	Investigación y asesoramiento al sector cerámico, y también a otros sectores productivos, en la optimización de formas y usos de la energía, la utilización de energías alternativas, y la optimización de procesos y productos, entre otros, para lograr un crecimiento y desarrollo industrial que no impacte en el entorno, o que reduzca estos impactos al mínimo.	1. Contaminación atmosférica 2. Ahorro energético 3. Geotermia somera 4. Reciclado y valoración de residuos 5. Gestión integral del agua 6. Exposición a agentes químicos o físicos 7. Normativa de seguridad laboral 8. Estrategia de comunicación ambiental 9. Auditoría medioambiental

Fuente: https://www.itc.uji.es/servicios/

Por otra parte, con tal de mejorar la competitividad de la industria cerámica, el ITC creó en 2006 el Observatorio Cerámico. Este observatorio es un importante instrumento de apoyo para las empresas del sector al proveer de información relevante complementaria a la adquirida por fuentes internas, permitiéndoles, de este modo, mejorar la eficiencia en la toma de decisiones, sobre todo, de carácter estratégico, y reducir la incertidumbre en un mercado global donde los cambios son rápidos y complejos. Para ello, en el Observatorio Cerámico se utilizan técnicas de investigación de mercado, vigilancia tecnológica y *coolhunting*, conformando un potente sistema de inteligencia competitiva al servicio del sector cerámico.

Este sistema de inteligencia competitiva se articula en tres plataformas especializadas: el Observatorio de Mercado, el Observatorio de Tendencias del Hábitat y el Observatorio Tecnológico. En la siguiente figura 2 se resume en qué consiste cada una de estas plataformas.

Figura 2. *Observatorios del ITC.*

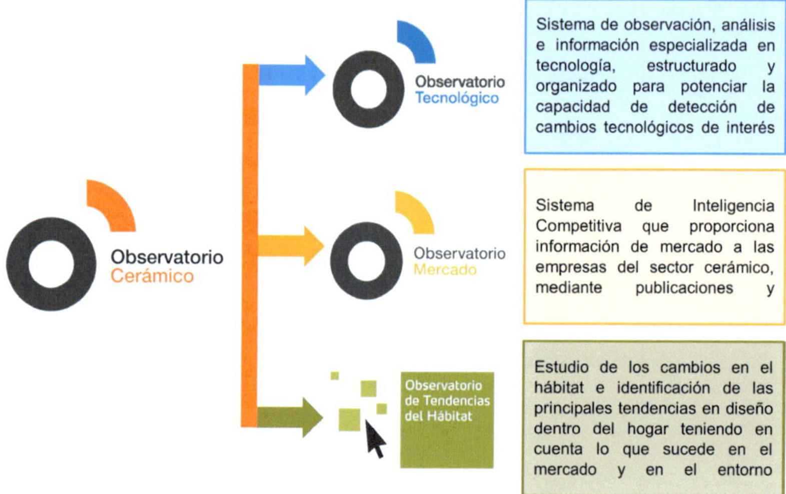

Fuente: https://www.itc.uji.es/observatorio-ceramico/

2.4. Estructura organizativa de la entidad

El principal órgano de Gobierno es el Consejo Rector, compuesto por representantes de las empresas cerámicas del clúster cerámico, representantes de la Universidad Jaume I y de las administraciones públicas, además de asociaciones empresariales o entidades vinculadas.

Por otra parte, existe una Dirección de Investigación, una Subdirección y una Secretaría.

Actualmente la plantilla la componen alrededor de 120 personas, estructuradas en diferentes Áreas: Análisis y Ensayos, Materiales y Tecnologías Cerámicas, Hábitat, Sostenibilidad, de las que dependen diversas Unidades, todas ellas enfocadas a mejorar la competitividad de la industria cerámica ofreciéndoles servicios tecnológicos avanzados, formación, estudios de inteligencia competitiva, transferencia de tecnología y sobre todo, innovación a través de los alrededor de 100 proyectos de I+D+i que el centro lleva a cabo anualmente.

En el ITC se trabaja para ofrecer a la industria cerámica y a la sociedad sostenibilidad, innovación, competitividad y compromiso social, con una gran conciencia de la necesidad de adaptación a las nuevas exigencias del entorno, por lo que se han llevado a cabo sucesivas reestructuraciones del esquema organizativo y de gestión para responder con mayor eficacia y eficiencia a las demandas existentes y latentes de los diversos grupos de interés.

Figura 3. *Organigrama del ITC*

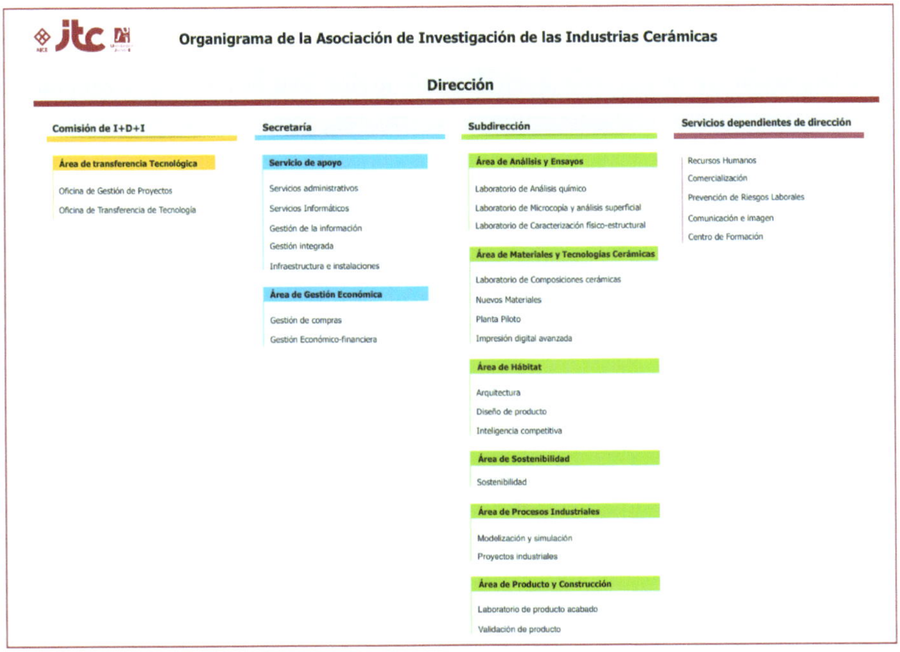

Fuente: ITC

2.5. Cultura del ITC

El Instituto de Tecnología Cerámica se distingue por ser pionero en el sistema de cooperación universidad-empresa que aplica este modelo al clúster cerámico español, ubicado en Castellón y provincia en más de un 90%. Al haber nacido en una Universidad ha tenido capacidad de comprender, por la cercanía al sector cerámico, que podía dar respuesta a la problemática y las necesidades de las empresas cerámicas para crecer y ser más competitivas.

Las empresas necesitan resolver sus problemas con inmediatez, lo contrario repercute en pérdidas de tiempo y dinero. Además, es fundamental generar innovación para poder competir en los mercados internacionales. Uno de los principios fundamentales del Instituto de Tecnología Cerámica es investigar, capitalizar conocimiento, transferir tecnología, ofrecer formación actualizada, diseñar servicios de alto valor para las empresas, y con el apoyo de las administraciones públicas en la financiación de proyectos de I+D+i, es un motor generador de innovación en todos los ámbitos de la cadena de valor de la empresa cerámica.

En su apuesta por la excelencia el ITC ha incorporado dentro de la cultura corporativa y estrategia empresarial una serie de actuaciones de RSC que contemplan 3 ámbitos de actuación: social, ambiental y económica. Estas acciones se describirán en el posterior punto 4.

MISIÓN

Proporcionar conocimiento y servicios que impulsen la innovación y la competitividad en toda la cadena de valor de la industria cerámica y afines.

VISIÓN

Ser un referente internacional en investigación científica, tecnología y transferencia del conocimiento mediante un modelo profesionalizado, sostenible y colaborativo para actuar como una organización tractora del tejido empresarial desde la Comunidad Valenciana.

VALORES

El Instituto de Tecnología Cerámica es una entidad abierta y colaborativa, responsable y honesta, cercana y accesible, eficiente, fiable y segura y dinámica.

2.6. Relación del ITC con el resto de entidades representativas del clúster cerámico

El ITC mantiene relaciones muy estrechas con diversos agentes regionales vinculados con el clúster o distrito cerámico, especialmente con Asociación Española de Fabricantes de Azulejos y Pavimentos Cerámicos (ASCER); la Asociación Nacional de Fabricantes de Fritas, Esmaltes y Colores Cerámicos (ANFFECC); La Asociación Española de Fabricantes de Maquinaria y Bienes de Equipo para la Industria Cerámica (ASEBEC) o la Asociación Española de Fabricantes de Ladrillos y Tejas de Arcilla Cocida (HISPALYT). Además de que la relación con estas asociaciones está basada en contacto prácticamente a diario, todas ellas son miembros del Consejo Rector del instituto. Con otras entidades como la Asociación Española de Técnicos Cerámicos (ATC); el Centro Europeo de Empresas Innovadoras (CEEI); la feria anual internacional especializada en productos del ser CEVISAMA, o el foro de recubrimiento cerámico QUALICER y diversas plataformas, también se mantienen relaciones de colaboración muy estrechas y fluidas.

Plataformas en las que el centro está integrado o con las que colabora:

- Plataforma Tecnológica Española del Agua (PTEA).

- Plataforma Tecnológica Española de Química Sostenible SUSCHEM España.
- Plataforma Tecnológica Española del Hidrógeno y de las Pilas de Combustible PTE-H- PC.
- Plataforma Tecnológica Española de Eficiencia Energética-PTE-HPC.
- Plataforma Española de Fabricación Avanzada MANU-KET.
- Plataforma Tecnológica Española de Seguridad Industrial -PESI.
- Plataforma Tecnológica Española de Materiales Avanzados y Nanomateriales-MATERPLAT.
- Asociación Ibérica de la Fotocatálisis- AIF.
- Sociedad Española de Cerámica y Vidrio-SECV.
- Asociación Española de Técnicos Cerámicos-ATC.
- Plataforma Tecnológica de los Sectores Manufactureros Tradicionales-PLATECMA.
- Alianza de las Tecnologías Habilitadoras de la Comunitat Valenciana- TECH4CV.
- Alianza de Tecnologías Innovadoras- INNDROMEDA.
- Plataforma Tecnológica Española de la Construcción-PTEC.
- Plataforma de Economía Circular Rqueerre (Universidad de Zaragoza (UNIZAR).
- Plataforma En Circular de la Asociación de Diseño de la Comunidad Valenciana-Asociación de Diseño de la Comunidad Valenciana (ADCV).
- *Water Europe.*
- *Sustainable Process Industry through Resource and Energy efficiency* -SPIRE.
- *European Virtual Institute on Knowledge-based Multifunctional Materials* AISBL-KMM VIN.
- *European initiative for sustainable development by Nanotechnologies-* NANOFUTURE Europe.
- *European Technology and Innovation Platform on Renewable Heating and Cooling-* RHC-ETIP.
- *Advanced Engineering Materials and Technologies*-EUMAT.
- *Sustainable Chemistry*-SUSCHEM-Europe.
- *European Association of Research and Technology Organisations-* EARTO.
- *European innovation partnership on raw materials.* EIP *Raw Materials.*
- *European Construction Technology Platform*-ECTP.
- *Organic Electronics and Printed Association-* OE-A.

- *ATI Technology Centres mapping*-ATI.

Además, el centro está integrado en REDIT, la Red de Institutos Tecnológicos de la Comunidad Valenciana y en FEDIT, la Federación Nacional de Centros Tecnológicos de España.

Asimismo, es sede en España, en la Universitat Jaume I y concretamente en el ITC, del *Chapter* o sección española de la Sociedad Americana de Cerámica (ACERS).

3. Evolución del ITC: principales ratios

3.1. Recursos humanos

El ITC se compone de un equipo multidisciplinar, formado y altamente cualificado para poder dar respuesta a las múltiples necesidades de las empresas integradas en el distrito de la cerámica. Para una organización que proporciona servicios de alto conocimiento y valor añadido a las empresas como el ITC, el capital más importante que dispone son sus recursos humanos. Tras un descenso en la cifra de personal empleado entre los años 2011 y 2013, desde entonces la fuerza laboral no ha dejado de crecer, salvo durante el año 2020, donde se produjo un descenso muy ligero del personal empleado.

Hoy en día, en el ITC trabajan 119 personas, de las cuales 76 son mujeres, mientras que el número de hombres asciende a 62. Con ánimo de velar por la integridad del personal, el ITC cuenta con un departamento encargado específicamente de garantizar el principio de igualdad entre hombres y mujeres. Tal y como se recoge en la siguiente tabla xxx, el ITC es una organización en la que prima el personal femenino, superando siempre en la última década el número de hombres que componen la fuerza laboral del centro.

Tabla 2. *Fuerza laboral del ITC.*

Anualidad	Hombres	Mujeres	Total
2011	49	81	130
2012	38	65	103
2013	29	53	82
2014	27	48	75
2015	28	48	76
2016	33	50	83
2017	32	53	85
2018	36	61	97
2019	38	70	108
2020	37	69	106
2021	48	71	119

Fuente: ITC

Con respecto a los niveles de formación, de las 76 mujeres contratadas actualmente por el centro, 21 cuentan con el título de doctorado y 22 son licenciadas universitarias. En cuanto al personal masculino, 9 de ellos son doctorados y 20 poseen estudios de licenciatura o grado. El área de conocimiento que más abunda en el centro es el de la ingeniería química, aunque también existen otros perfiles de especialización más variados como la arquitectura, la publicidad y relaciones públicas, el márketing e investigación de mercados, la matemática computacional o la geología, entre otras disciplinas.

En definitiva, puede afirmarse que el ITC cuenta con un equipo multidisciplinar, diverso, paritario y altamente formado que, de acuerdo con la propia dirección del centro, constituyen la mayor riqueza del centro en cuanto a la capacidad de generación de conocimiento e innovación. La amplia variedad de especializaciones con las que cuenta la fuerza laboral garantiza la amplitud de miras ante las diferentes problemáticas y desafíos a los que esta puede enfrentarse en el día a día de su trabajo.

3.2. I+D y transferencia tecnológica

El desarrollo de tecnologías que sirvan para acrecentar la competitividad de las empresas del sector cerámico y acercarlas a alcanzar la excelencia ha sido el principal leitmotiv del ITC desde su fundación. Para poder ofrecer este nuevo conocimiento a las organizaciones en el distrito industrial de la cerámica, el ITC ha venido realizando una fuerte apuesta por la I+D+i que solo en los últimos cuatro años alcanza los 19,5 millones de euros (tabla 3).

Tabla 3. *Inversión en I+D*

	2018	2019	2020	2021	Inversión total en los últimos cuatro años
Inversión I+D, en millones de euros	3.9	5.2	4.7	5.7	19.5

Fuente: ITC

La relevancia del centro como un actor vital en los procesos innovadores que se llevan a cabo en la industria cerámica le permite participar anualmente en un elevado número de contratos de I+D+i. Así pues, en el año 2020 el ITC participó en 112 proyectos de I+D+i, de los cuales 40 contaron con soporte de fondos públicos regionales, estatales o europeos, mientras que los 61 restantes fueron financiados con fondos privados de empresas y otras entidades. Los proyectos privados se realizaron en cooperación con 59 empresas y otras 9 entidades distintas a las empresas y la cuantía de la inversión en I+D fue de 1.168.946€.

Figura 4. *Datos de innovación y transferencia del ITC en 50 años*

Fuente: ITC

Por otro lado, la transferencia tecnológica es una actividad para que las empresas del distrito, a partir del nuevo conocimiento generado por la investigación básica y aplicada desarrollada desde el ITC, puedan aprovechar e incorporar nuevos conocimientos aplicables a la fabricación de productos o la mejora de sus procesos. Desde el ITC han sido conscientes desde sus inicios de la importancia que tiene poner a disposición de las empresas el conocimiento más avanzado y las tecnologías de más vanguardia. En su 50 aniversario, el ITC recopiló toda una serie de datos referentes a las actividades de I+D+i y transferencia tecnológica. Más allá de las más que llamativas cifras de proyectos ejecutados, o los honrosos reconocimientos obtenidos en forma de premio, destaca el buen desempeño de las actividades innovadoras, plasmado en una propiedad intelectual que se compone de 65 nada desdeñables patentes. La siguiente figura 4 recoge estos datos.

3.3. Formación

Además de la investigación, la transferencia de tecnología y el asesoramiento a las empresas del distrito de la cerámica, el ITC también realiza una intensa labor de formación. En 2020, incluso a pesar de la difícil situación derivada por la irrupción de la pandemia de COVID-19, el centro impartió un total de 24 cursos por un total de 417 horas de formación a 451 alumnos. Asimismo, es preciso destacar que el personal del ITC también acude regularmente a nuevos cursos que les permite continuar en la frontera del conocimiento en sus respectivas áreas de especialización. Nuevamente en el ejercicio 2020, fueron un total de 80 los cursos, jornadas, y talleres formativos a los que asistió alguna persona o equipo de trabajo del ITC.

3.4. Actividad asociativa

El prestigio como entidad con el que cuenta el ITC en el sector de la cerámica queda perfectamente plasmado en la elevada tasa de organizaciones asociadas al centro. Así, en 2020 el número total de socios ascendía a 220 entidades, lo que representa prácticamente la totalidad de organizaciones que componen la filiera o sector cerámico verticalmente integrado en el distrito industrial de Castellón de la Plana.

4. Actitud empresarial del ITC: ser el mejor socio tecnológico

En enero de 2021 se inició una reflexión estratégica del ITC, liderado por su dirección, que se ha consolidado en un Plan Estratégico para los siguientes 4 años (2021 – 2025). Este plan se ha realizado de manera formal y en colaboración con una empresa que es especialista no solo en empresas sino también en otro tipo de entidades como es el ITC. Según apuntan los directivos para el instituto es fundamental establecer los cimientos de trabajo para los próximos años que permitan acercar sus servicios de I+D e innovación a las demandas reales y actuales de los clientes, así como orientarlos a las diferentes políticas de innovación de las administraciones.

Con respecto al compromiso con los objetivos, apuntan que en la actualidad hay un proyecto en marcha de seguimiento de la actividad del instituto por objetivos, amparado por el mencionado Plan Estratégico. Estos objetivos tienen tanto carácter económico como de actividades fundamentales del centro: difusión, colaboración con empresas, participación en propuestas competitivas de I+D, transferencia y explotación de resultados.

Los directivos desean que la implantación y seguimiento de este proyecto realmente refleje la actividad y que sirva para monitorización de las distintas áreas de trabajo. En una segunda fase se planteará la forma de reconocimiento en base a la consecución de los mismos.

Uno de los principales objetivos del centro es ser **sostenible** en el tiempo y no depender de los vaivenes de las políticas de I+D de las administraciones, eso supone que el crecimiento base estará subordinado a la capacidad de generar valor al sector industrial. Según declaran desde el ITC "como cualquier entidad generadora de I+D propia, parte de la actividad viene vinculada a proyectos de I+D financiados por las entidades públicas y por tanto hay un crecimiento secundario dependiente de los ingresos que podamos atraer en un momento determinado. Como toda entidad privada sin ánimo de lucro, todo el remanente generado por la actividad económica del centro está destinado a sufragar las reinversiones en la asociación, y a cubrir los gastos en actividades públicas, generalmente deficitarias.

Por lo que respecta al carácter empresarial, los directivos del ITC declaran que este es incisivo en la búsqueda de nuevas oportunidades y sobre todo a la hora de buscar nuevas aplicaciones de la cerámica en entornos distintos a los tradicionales, que han sido los higienistas (baño y cocina) para llevarla a abrir nuevos nichos de mercado en entornos públicos, del urbanismo, la arquitectura, el interiorismo o incluso hospitalarios, dotando al material cerámico de nuevas funciones como las biocidas o viricidas, por ejemplo.

Otra de sus palancas de su proactividad estratégica es la estrecha relación y colaboración basada en la confianza que guarda con los principales agentes que conforman su ecosistema, ya mencionada anteriormente. Hace unos meses a través de REDIT, la Red de Institutos Tecnológicos de la Comunidad Valenciana, se llevaron a cabo dos estudios sobre Investigación Responsable, RRI (*Responsible Research Investigation*) a cargo del Grupo Ingenio de la UPV-CSIC y SROI (*Social Return on Investment*) a cargo de la entidad certificada en Europa por el sello *Social Value, ClicLab*, basados en datos del año 2020, siendo este un año especialmente complicado a causa de la pandemia, concretamente, por cada euro invertido en actividades sociales del ITC, se ha repercutido en 3,21 € en la sociedad. Según el estudio, con una inversión total de 30.513.220,59€ se ha conseguido un impacto social actual total de 97.999.906,67€ por parte de ITC-AICE. Asimismo, para estas actividades se ha conseguido un valor de 7.865.492,11€ de impacto positivo en los Objetivos de Desarrollo Sostenible (ODS).

5. Actitud y recursos para la sostenibilidad

En el ITC trabajan para ofrecer a la industria cerámica y a la sociedad en general no solo mejoras en el campo de la innovación y competitividad, vitales para la supervivencia del sector cerámico, sino también para cubrir aspectos cuyo impacto trasciende los resultados económicos, como son la sostenibilidad y la responsabilidad social. La dirección del instituto es consciente de la necesidad de adaptarse a estas nuevas demandas del entorno guiadas por un grupo de stakeholders cada vez más amplio y diverso, y por ello han llevado a cabo una reestructuración del esquema organizativo y de gestión para afrontar y satisfacer dichas demandas de una manera eficaz y eficiente.

A pesar de que este espíritu por impulsar acciones y proyectos en beneficio de la sociedad ha permeado todas las unidades departamentales del instituto, este cuenta con un área de trabajo específicamente dedicada a la sostenibilidad. Este departamento de sostenibilidad cubre tres grandes líneas de trabajo: (I) aspectos medioambientales (emisiones, agua, residuos y comunicación ambiental), (II) aspectos relacionados con la eficiencia energética de los procesos, y (III) temas relacionados con aspectos de salud laboral.

El departamento está formado por quince personas, de las cuales ocho son de perfil sénior, cinco pertenecen a la categoría junior o de joven profesional, y los dos restantes son técnicos de laboratorio. Cada técnico desarrolla su trabajo en alguna de las tres líneas comentadas anteriormente; no obstante, la estructura de la unidad es flexible a fin de que los diferentes miembros puedan apoyarse mutuamente y generar sinergias entre las diferentes líneas de trabajo que se manejan. A fin de poder financiar las acciones amparadas en cada una de las tres líneas anualmente tratan de identificar proyectos y programas públicos o privados a los cuales acudir para obtener financiación y ofrecer los conocimientos más novedosos.

Cuando el programa o el proyecto ampara acciones o iniciativas en las que el ITC cuenta con un elevado *expertise* este actúa como impulsor y figura principal; mientras que en las ocasiones en las que su experiencia y sus líneas de trabajo únicamente cubren una parte total de conocimiento necesario para desplegar exitosamente el proyecto, entonces suelen participar como colaboradores, siempre manteniendo un espíritu proactivo en favor del éxito de la iniciativa. Cuando los proyectos que van a ser presentados ante convocatorias de financiación pública son impulsados desde la empresa privada, el ITC trata, además de ofrecer sus capacidades tecnológicas, apoyar de manera integral a la empresa, asesorando desde el momento de gestación y redacción del proyecto, así como en la búsqueda de las líneas de financiación más adecuadas y atractivas a su demanda.

Incluso aunque el proyecto a impulsar tenga una relación menor con la mejora del desempeño en sostenibilidad, o esté enfocado a ámbitos más distantes, como la mejora de la productividad o la digitalización, siempre se realiza un análisis sobre la sostenibilidad, pues tal y como confirma un responsable del propio departamento de sostenibilidad del ITC "en la última década sí que hemos observado que casi todos los programas de financiación en la parte de impactos esperados se obliga a realizar algún análisis sobre la sostenibilidad del proyecto".

Más allá de las acciones que se llevan a cabo en el propio departamento de sostenibilidad, el ITC, en su apuesta por la excelencia en todos sus ámbitos de trabajo, han incorporado en su cultura y estrategia empresarial una serie de actuaciones que impactan de manera concisa sobre las tres dimensiones que conforman la sostenibilidad: económica, social y medioambiental. Este compromiso, impulsado y apoyado desde la dirección de ITC, se vio plasmado en el año 2006 a través de la implantación de una serie de herramientas y sistemas de que permiten al centro conciliar aspectos sociales, medioambientales y económicos. Se detallan a continuación las acciones más significativas en cada dimensión.

5.1. Dimensión social

El ITC ha venido materializando a lo largo de las últimas décadas su compromiso con la sociedad mediante una contribución activa a la mejora social en relación con su personal, empresas proveedoras, empresas cliente, alumnado, asociaciones profesionales del sector cerámico, universidades y todas aquellas partes interesadas que se relacionan directa o indirectamente con su ámbito de actividad.

Para ello, el ITC ha desarrollado e implementado una política social cuyo objetivo primordial radica en la mejora de la calidad de vida y de las relaciones tanto de su personal en el entorno laboral, como con sus públicos y grupos de interés. Las medidas más fundamentales adoptadas por el centro abarcan aspectos como proporcionar facilidades para compaginar la vida laboral y personal de la plantilla, la integración de colectivos desfavorecidos como fuerza laboral, apoyar la formación de todas las personas de la organización, y orientar la comercialización de manera que esta sea más responsable y vinculada a una mayor ética profesional.

Por poner un ejemplo de estas medidas, actualmente el centro tiene un convenio suscrito con la Fundación ADECCO, a través del Plan Familia, por el que dos personas familiares del personal que trabaja en ITC con funciones o movilidad reducida o necesidades especiales se están beneficiando en la actualidad de la atención, cuidados y motivación proporcionados por especialistas de esta Fundación.

Cabe destacar también en este ámbito social los esfuerzos que el ITC realiza en materia de igualdad entre mujeres y hombres, destacando su III Plan de Igualdad aprobado en octubre de 2021. Este plan, impulsado desde el departamento de recursos humanos en colaboración con una consultora especializada, ha permitido al instituto el fomento e implementación de medidas, acciones y otras iniciativas que garantizan la igualdad real de oportunidades, abarcando todos los ámbitos y actividades que se llevan a cabo.

Por último, tanto el personal interno como las empresas proveedoras y clientes disponen de mecanismos para que puedan manifestar sus quejas, opiniones y sugerencias que son tenidas en cuenta por el centro para poder implementar nuevas medidas que permitan la mejora continua de su desempeño en materia social.

Con respecto a acciones de carácter social enfocadas a la sociedad en su conjunto, es posible destacar el importante papel que jugó el ITC durante la primera ola de la pandemia de COVID-19. A partir del Decreto del Estado de Alarma y el confinamiento generalizado de la población, un equipo de personas del ITC puso sus recursos técnicos en marcha para poner al servicio del Estado y de la protección de la ciudadanía equipos de protección individual. Así, se utilizó la maquinaria de impresión cerámica en 3D para producir piezas de protección sanitaria como viseras para pantallas protectoras, máscaras de buceo adaptadas, u otras piezas hospitalarias necesarias para construir respiradores asistidos, abrepuertas, o tiras de sujeción de mascarillas, por mencionar solo unos pocos ejemplos.

Las acciones no se limitan únicamente al ámbito regional en el que opera fundamentalmente el centro, sino que tratan también de aportar su grano de arena en acciones que tienen una dimensión mucho más global. Así pues, en marzo de 2022 ante la eclosión del conflicto entre Ucrania y Rusia, el ITC ha realizado donaciones económicas al pueblo ucraniano a través de una de las ONGs internacionales con presencia en los territorios en conflicto. Asimismo, habilitó un punto de recogida de material sanitario e higiénico para canalizar las donaciones individuales.

5.2. Dimensión medioambiental

Desde sus orígenes, el ITC ha asumido el compromiso con la sociedad y el entorno de integrar en su estrategia y en la globalidad de sus operaciones la protección y el respeto por el medio ambiente. Para ello, el ITC cuenta con un Sistema de Gestión Ambiental (UNE-EN ISO 14001) debidamente implantado y certificado.

Desde el año 2006, la dirección del centro implementó métodos de trabajo orientados al desarrollo sostenible teniendo en cuenta todos los aspectos ambientales de las actividades del ITC, así como los impactos que generan en su entorno, con la firme decisión de utilizar todos los medios a su alcance para erradicarlos o minimizarlos. Se ha promovido una cultura del uso responsable y eficiente de los recursos naturales y el tratamiento adecuado de los residuos en el que la mejora continua sirve de base para el perfeccionamiento del sistema.

Por otro lado, el ITC impulsa la colaboración en proyectos de I+D+i con un foco pleno en aspectos destinados a mejorar el desarrollo sostenible del entorno tanto con empresas como con organismos vinculados a la administración, la investigación especializada y, en general, con todos sus grupos de interés, incluyendo clientes proveedores y su propio personal interno.

Por citar algunos ejemplos, en abril de 2022, gracias al apoyo del Instituto Valenciano de Competitividad Empresarial y a la colaboración con investigadores de elevado prestigio de la Universitat Jaume I, el ITC ha logrado por primera vez en sus instalaciones la combustión mediante hidrógeno en un horno cerámico, con el fin de validar si esta tecnología puede representar un importante hito en la descarbonización de la industria cerámica. Actualmente la combustión mezcla gas natural con hidrógeno, aunque el equipo de proyecto espera poder lograr una combustión utilizando exclusivamente el hidrógeno como material muy pronto. También están trabajando en otros proyectos interuniversitarios para encontrar fuentes de energía alternativas como la geotermia.

Más allá de la descarbonización de la industria y la búsqueda de fuentes de energía alternativa, otros proyectos están aunando los esfuerzos del ITC y otros actores con el fin de proteger recursos naturales escasos y valiosos, como el agua. En este sentido cabe citar la iniciativa promovida a través de la creación de un *Living Lab* orientado a la recuperación de recursos y la reutilización de aguas residuales en la provincia de Castellón. El ITC participa en este proyecto coordinado por el Instituto de Ingeniería del Agua y el Medio Ambiente (IIAMA-UPV) y el Grupo de Economía del Agua de la Universitat de València. El proyecto cuenta con el respaldo de la Agencia Valenciana de la Innovación.

Asimismo, en aras a fomentar la mejora del desempeño medioambiental de las empresas del sector cerámico, el ITC realiza ingentes esfuerzos por divulgar las mejores prácticas en este ámbito. Prueba de ello es la "Guía de ahorro energético en el sector de baldosas cerámicas de la Comunidad Valenciana" con el fin de incrementar la eficiencia energética de las plantas productivas.

5.3. Dimensión económica

A lo largo de las últimas décadas, el ITC se ha destacado como un centro de investigación y desarrollo con una alta vocación emprendedora, adaptándose a las nuevas demandas sociales y a los cambios que se han venido produciendo en el contexto económico.

Aun siendo una entidad privada sin ánimo de lucro, el centro cuenta con una política económica de calidad que define perfectamente los objetivos de productividad y rentabilidad. Además, cuentan con un sistema de gestión y control de la actividad con criterios avanzados y mecanismos que permiten realizar un seguimiento de la actividad, y conocer su evolución.

Desde el ITC tienen muy claro que la planificación estratégica a largo plazo implica generar y consolidar hábitos de análisis y medición de los resultados obtenidos de la actividad. Esta planificación tiene en cuenta los ámbitos macrosociales, macroeconómicos y microsectoriales. Por ello, implica un refuerzo esencial para la colaboración con entidades de la economía social que se integran en el tejido asociativo del sector cerámico, colaboración que se instrumenta a través de múltiples acciones de cooperación interempresarial.

5.4. Transparencia informativa

Hoy en día, la legitimidad de las organizaciones para operar en el mercado descansa cada vez más en la obtención del beneplácito de un mayor número de grupos de interés con objetivos más amplios y heterogéneos que el mero desempeño económico. En este contexto, no basta únicamente con implantar prácticas y acciones más sostenibles, sino que también estas deben ser comunicadas adecuadamente a los anteriores *stakeholders* en aras de ofrecer una visión más transparente de las actividades de la organización.

En el ITC son plenamente conscientes de esta demanda de información por parte de los diferentes actores sociales afectados en mayor o menor medida por sus actividades. Por ello, comprometidos con la transparencia informativa, ponen a disposición de la sociedad toda la información referente a sus actividades a través de un portal de transparencia que se facilita a demanda, siempre y cuando el requerimiento no contravenga la actual legislación vigente en materia de protección de datos.

5.5. Principales líneas de acción en sostenibilidad y ODS prioritarios

Las líneas estratégicas y acciones en el ámbito se han descrito en los anteriores apartados. De todas ellas pueden extraerse los principales ODS a los que el ITC contribuye mediante el desempeño de su actividad:

ODS 4- Educación de calidad

ODS 5 - Igualdad de género

ODS 6 - Agua limpia y saneamiento

ODS 7- Energía asequible y no contaminante

ODS 9 - Producción y consumo responsable

ODS 11 - Ciudades y comunidades sostenibles

ODS 13 - Acción por el clima

ODS 17- Alianzas para el logro de los objetivos

Figura 5. *ODS prioritarios para el ITC*

Fuente: elaboración propia

5.6. Principales hitos alcanzados en materia de sostenibilidad

A lo largo de su trayectoria durante las últimas cinco décadas, el ITC ha sido una entidad que ha sido galardonada en numerosas ocasiones y en certámenes de muy diversa índole. A continuación, se recogen los principales hitos y reconocimientos que le han sido otorgados al centro en reconocimiento a su labor en el campo de la sostenibilidad.

1. Premio Onda Cero Medio Ambiente al Instituto de Tecnología Cerámica como Centro de Referencia especialmente en el ámbito de Medio Ambiente y por el estudio sobre emisiones ácidas a la atmósfera. Castellón, Junio, 2011.
2. El Programa LIFE de la CE premió al ITC como *partner* en el proyecto AIRUSE: Testing and Development of air quality mitigation measures in Southern Europe, con el Premio: "Best of the Bests Green Cities Project". Año 2018.
3. LIFE CERSUDS. Reconocido por la CE junto con otro proyecto LIFE en toda España por InvestEU para que la agencia de comunicación Burson Cohn & Wolfe llevara a cabo una campaña de difusión a escala nacional como ejemplo de inversión de los fondos europeos en proyectos dedicados a mejorar el bienestar y el desarrollo en Europa. Año 2019
4. LIFE CERSUDS elegido por la CE, junto con 2 proyectos más en toda Europa como ejemplo de innovación en materia de resiliencia de las ciudades frente al cambio climático. Año 2019.

6. Cooperación y alianzas en sostenibilidad: el ODS 17

Acciones tan ambiciosas como la promoción del desarrollo sostenible solo pueden conseguirse a través de asociaciones cooperativas sólidas. El ITC ha trabajado siempre intensamente en el forjado de relaciones con socios capaces de complementar sus capacidades nucleares con el fin de poder llevar a cabo proyectos de innovación colaborativa con las mayores garantías de éxito. Esta modalidad de trabajo se ha trasladado a las acciones que tienen como objetivo el desarrollo de nuevas tecnologías y procesos en el ámbito de la sostenibilidad. A continuación, se ilustran algunos de los proyectos colaborativos ejecutados más recientemente clasificados en tres grandes grupos: proyectos de simbiosis industrial, eficiencia energética y mejora de la salud y seguridad.

6.1. Proyectos de simbiosis industrial

Proyecto LIFE EGGSHELLENCE

Valoración de residuos propios y ajenos.

Desarrollo de materiales alternativos.

Enlace:

https://www.lifeeggshellence.eu/

Objetivos:

El proyecto europeo LIFE EGGSHELLENCE: vincula a dos sectores productivos muy diferentes: los de producción y procesado de huevos y el de producción cerámica. Ambos sectores pretenden establecer una simbiosis industrial en concordancia con los principios de la Economía Circular, en este caso, reutilizando los residuos de miles de toneladas de cáscaras de huevo que se producen cada año para procesarlos como materia prima en la fabricación de azulejos cerámicos.

Proyecto SOST-RCD

Enlace:

https://www.itc.uji.es/el-proyecto-sost-rcd-convierte-residuos-de-construccion-y-demolicion-en-recursos-para-una-construccion-mas-sostenible/

Objetivos:

El objetivo principal del proyecto es la investigación y desarrollo de nuevas tecnologías que permitan generar productos a partir de residuos de construcción y demolición, con características análogas a los materiales de construcción procedentes de materias primas vírgenes, y que ayuden a mejorar los sistemas de gestión actuales de este tipo de residuos. Asimismo, proponer y mostrar las ventajas -tanto ambientales como económicas- de materiales constructivos más sostenibles.

Proyecto GREEN BRINE

Enlace ITC:

http://py.itc.uji.es/fichaPY.aspx?idProy=%272441%27

Objetivos:

El objetivo principal del presente proyecto estratégico es la valorización integral de salmueras de distinta naturaleza generadas en las actividades de conservación y aderezo en el sector industrial valenciano a través de sistemas integrados sostenibles (bajo coste y respetuosos con el medioambiente) para la obtención de compuestos de alto valor añadido, depuración de agua y generación productos de interés industrial como vectores energéticos y químicos. Por tanto, se desarrollará la mejora de la gestión de residuos de alta salinidad y materia orgánica generados en las industrias de aceitunas y encurtidos mediante la implementación de un sistema integrado por procesos sostenibles como la tecnología de membranas y las celdas de combustible microbiana (reconocidas como tecnologías verdes) para minimizar el impacto medioambiental de su actividad industrial. Dentro de las tecnologías a implementar en este proyecto, se desarrollarán membranas cerámicas basadas en materiales arcillosos para el tratamiento de estas corrientes; estas membranas de microfiltración pueden emplearse en ambientes agresivos en los que las membranas poliméricas no presentan un buen comportamiento, siendo su precio similar a las membranas poliméricas y claramente inferior a las membranas cerámicas comerciales.

Proyecto EROS

Enlace ITC:

http://py.itc.uji.es/fichaPY.aspx?idProy=%272334%27

Objetivos:

El proyecto EROS tiene como objetivo principal la implantación de un sistema real de economía circular, que parte del reciclaje de palas eólicas y residuos del sector aeronáutico para cerrar el ciclo en su aplicación en otros sectores como la industria cerámica, incluyendo a los soportes, las fritas, esmaltes y tintas, y en el propio sector del transporte. De esta manera se reduce el consumo de recursos fósiles, ya que se mantiene la sostenibilidad a largo plazo de la cadena de suministro, así como el impacto negativo de estos materiales en el medio ambiente al final de su vida útil

Proyecto VALORES

Enlace ITC:

http://py.itc.uji.es/fichaPY.aspx?idProy=%272444%27

Objetivos:

El objetivo principal del proyecto es la valorización del carbonato cálcico contenido en las cenizas obtenidas tras la eliminación, mediante los procesos combinados de secado y gasificación, del residuo de lodo de la industria papelera. Planteamos sustituir carbonato cálcico natural obtenido por procesos trituración y molienda, con consumo intensivo de energía, por el generado como ceniza en el proceso de gasificación de lodos, para su aplicación en las industrias cerámica y del caucho.

Proyecto LIFE CERSUDS

Diseño y desarrollo de nuevos productos basados en la reutilización o reciclaje del stock cerámico.

Enlace:

http://www.lifecersuds.eu/

Objetivos:

El proyecto europeo LIFE CERSUDS Ceramic Sustainable Urban Drainage System, que cuenta con la financiación de la Comisión Europea a través del programa LIFE, ha desarrollado un sistema urbano de drenaje sostenible (SUDS) que utiliza material cerámico de bajo valor comercial como sistema filtrante de pavimentación.

6.2. Proyectos de eficiencia energética

Proyecto ENERGÈTIC

Difusión e implementación de buenas prácticas de ahorro y eficiencia energética.

Alternativas energéticas. Producción y uso de hidrógeno u otras fuentes energéticas más sostenibles.

Disminución de la dependencia del gas.

Objetivos:

Líneas estratégicas para la transición energética del proceso de fabricación de baldosas cerámicas

El proyecto ENERGETIC tiene como objetivo el estudio de las diferentes opciones que tiene el sector cerámico para adaptar su proceso de fabricación al futuro escenario planteado por la Comisión Europea hasta el 2050 orientado a una producción industrial sostenible que descarbonice la economía. El proyecto plantea diversas estrategias de optimización y aumento de la eficiencia energética del proceso de fabricación cerámico, pero también pretende ir más allá y propone alternativas basadas en nuevos procesos productivos. Una de las líneas de trabajo contempla la posibilidad de electrificación del proceso actual, proponiendo la aplicación de bombas de calor en el proceso de fabricación cerámico, y, por otra parte, planteando el diseño y construcción de un prototipo de horno eléctrico piloto, con el que se llevarán a cabo diferentes estudios energéticos, y se analizará su viabilidad ante la posibilidad de una futura electrificación del sector. Por otra parte, se está estudiando el aprovechamiento energético de las corrientes de los hornos cerámicos mediante innovadores intercambiadores de calor, el almacenamiento de esta energía y la monitorización y optimización de parámetros clave relacionados con la combustión. Otro aspecto que se aborda es el estudio experimental de la concentración de CO2 presente en las emisiones de los hornos, para así poder buscar los sistemas más adecuados de captura de este CO2. Además, otra de las líneas de trabajo está dedicada al estudio de la incorporación de combustibles alternativos al gas natural, como pueden ser los biocombustibles o el H2, y a la integración de energías renovables en las plantas de fabricación de baldosas para el suministro tanto de calor como de electricidad.

Empresas relacionadas:

KERABEN, ARGENTA, KEROS, FABRESA Y BELCAIRE

6.3. Proyectos de mejora de la seguridad y salud

Proyecto PGNANO

Enlace ITC:

http://py.itc.uji.es/fichaPY.aspx?idProy=%272172%27

Exposición laboral a nanopartículas y partículas ultrafinas generadas en procesos industriales.

Programa: Proyectos de I+D en colaboración con empresas. IVACE.

Empresas participantes:

ITC-AICE, UNIMAT, KERAJET, INDUSTRIAS OCHOA, SALUDES

Proyecto: LIFENANOHEALTH

Reducción de nanopartículas en los puestos de trabajo.

Programa: LIFE environment and resource efficiency.

Empresas participantes:

ITC-AICE, CSIC, UPC, UNIMAT, CERÁMICAS SALONI, TALLERES MECÁNICOS COMAS

7. El futuro

ITC pretende incrementar su contribución a afrontar los principales desafíos a los que se enfrenta el sector cerámico vinculados a la crisis de materias y sus elevados costes. Para ello está impulsando acciones de vigilancia tecnológica a través de la plataforma de inteligencia competitiva Vigilancer que contribuyan a incrementar el conocimiento necesario para impulsar una verdadera transición digital del sector cerámico. Los directivos del ITC son conscientes de que solo las empresas tecnológicamente avanzadas podrán realizar una transición energética hacia una economía hipocarbónica.

Esta voluntad por impulsar una transformación tecnológica del sector también le ha llevado a iniciar recientemente el proyecto KER-IA que cuenta con el respaldo del Instituto Valenciano de Competitividad Empresarial (IVACE). Este proyecto pretende aplicar técnicas de Inteligencia Artificial (IA) y Big Data a fin de mejorar los procesos industriales y la ayuda en la toma de decisiones en el ámbito de la fabricación y venta de productos cerámicos.

Pues, desde el ITC son conscientes de la importancia del uso extendido de estas técnicas de mejora y optimización de los procesos de negocio del sector cerámico, para que sus productos y servicios de investigación avanzados tengan la acogida y encaje necesario. Para el Instituto de Tecnología Cerámica es una línea estratégica generadora de conocimiento que posteriormente se podrá transferir y aplicar a las empresas.

8. Cuestiones para el debate

1. El ITC presenta grandes retos vinculados con la transición ecológica y digital. ¿Cuáles considera que deben ser las claves para su éxito? Razona la respuesta

2. Los responsables del área de transferencia tecnológica del ITC han comentado que, en ocasiones, cuesta trasladar al tejido empresarial el resultado de las innovaciones del centro y que estas los adopten integrándolas en sus negocios. ¿Qué estrategias se te ocurren para estimular la transferencia de nuevas tecnologías y procesos productivos al tejido empresarial y mejorar su tasa de adopción? Razona la respuesta.